青藏高原丝绸之路的
考古学研究

ARCHAEOLOGICAL STUDY
ON THE SILK ROADS OF THE
QINGHAI-TIBET PLATEAU

仝 涛 著

上

文物出版社

图书在版编目（CIP）数据

青藏高原丝绸之路的考古学研究／仝涛著．-- 北京：
文物出版社，2021.4
ISBN 978 - 7 - 5010 - 6583 - 7

Ⅰ.①青…　Ⅱ.①仝…　Ⅲ.①青藏高原－丝绸之路－
考古学　Ⅳ.①K872.7

中国版本图书馆 CIP 数据核字（2021）第 073767 号

审图号：GS(2021)9755 号

青藏高原丝绸之路的考古学研究

著　　者：仝　涛

责任编辑：孙　丹
责任印制：苏　林

出版发行：文物出版社
社　　址：北京市东城区东直门内北小街 2 号楼
邮　　编：100007
网　　址：http://www.wenwu.com
经　　销：新华书店
印　　刷：宝蕾元仁浩（天津）印刷有限公司
开　　本：787mm×1092mm　1/16
印　　张：42
版　　次：2021 年 4 月第 1 版
印　　次：2021 年 4 月第 1 次印刷
书　　号：ISBN 978 - 7 - 5010 - 6583 - 7
定　　价：680.00 元（全二册）

仝涛

中国社会科学院考古研究所副研究员，获四川大学历史学博士学位、德国图宾根大学考古学博士学位。主要从事青藏高原考古、丝绸之路考古发掘与研究工作。主持的西藏阿里故如甲木墓地和曲踏墓地考古发掘、青海乌兰泉沟吐蕃时期壁画墓考古发掘分别入选当年"全国十大考古新发现""中国考古新发现"等。

主持或参与多项中外考古研究项目，如国家社会科学基金"汉唐时期青藏高原丝绸之路的考古学研究"、德国考古研究院"中国青藏高原北部的丝绸之路"等项目。主要代表作包括 *The Silk Roads of the Northern Tibetan Plateau during the Early Middle Age（from the Han to Tang Dynasty）as Reconstructed from Archaeological and Written Sources*（Oxford：British Archaeological Reports，2013）、《青海都兰热水一号大墓的形制、年代及墓主人身份探讨》等。

地图 1-1 青藏高原北部自然地理概况

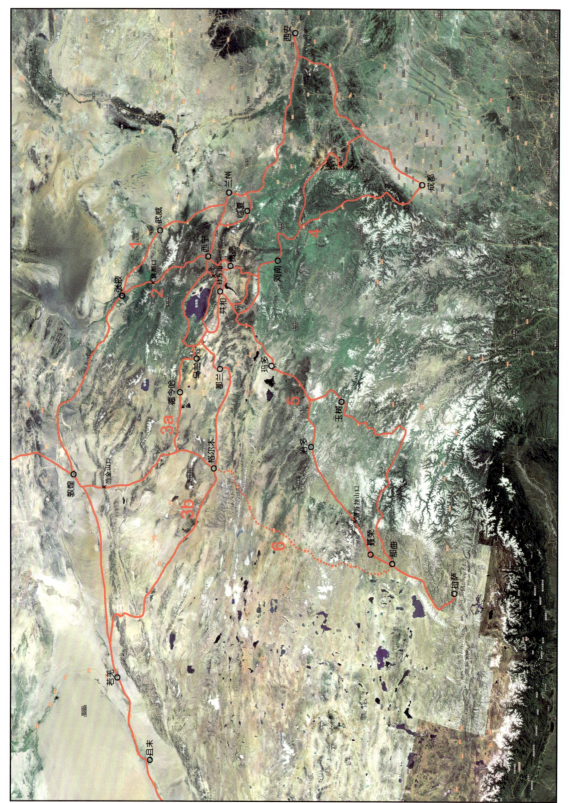

地图 3 - 1　青藏高原北部丝绸之路路线图

路线 1：陆地丝绸之路主干道（河西走廊段）
路线 2：青藏高原丝绸之路（祁连山道）：西宁—张掖
路线 3：青藏高原丝绸之路（柴达木道）
　　3a：西宁—乌兰—德令哈—敦煌
　　3b：西宁—都兰—格尔木—若羌
路线 4：青藏高原丝绸之路（河南道）：成都—青海湖
路线 5：青藏高原丝绸之路（唐蕃古道）：西安—西宁—拉萨
路线 6：青藏高原丝绸之路（逻些—沙洲道）：敦煌—格尔木—拉萨

注：

路线 1 与当代河西走廊交通路线高度吻合；
路线 2、3、4 主要依据《唐代交通图考》[1]、《中国文物地图集·青海分册》[2]以及《丝绸之路河南道》[3]；
路线 5 主要依据《唐代从青海到拉萨的交通》[4]；
路线 6 "逻些—沙洲道" 的走向基本与现代青藏公路吻合，但在古代是否开通并长期使用尚未得到考古学材料的支持；路线 3a 和 3b 之间存在穿越柴达木盆地的便道[5]；路线 3a 和 3b 之间有都兰与路线 5 相接[6]；路线 4 与河湟谷地各地及藏东之间也存在的不少便道[7]，这些相对次要的路线均未在

此外，该图中表现。

参考文献：
[1]严耕望：《唐代交通图考》第二卷《河陇碛西区》，"中研院"历史语言研究所集刊之八十三，1983 年，第 497—584 页，图 8。
[2]国家文物局：《中国文物地图集·青海分册》，中国地图出版社，1996 年，第 29—30 页。
[3]陈良伟：《丝绸之路河南道》，中国社会科学出版社，2002 年，图 1、2、8、10、11、12、13、16。
[4]Satō Hisashi, The route from Kokonor to Lhasa during the T'ang period, Acta Asiatica Bulletin of the Institute of Eastern Culture, no. 29：1–19. 1975, p. 19.
[5]绍国秀编：《中国西北稀见地方志》，1994 年，中华全国图书馆文献缩微复制中心，第 9 册，图 99。
[6]陈良伟：《丝绸之路河南道》第 190 页、第 193 页，图 13。
[7]陈良伟：《丝绸之路河南道》，图 10。

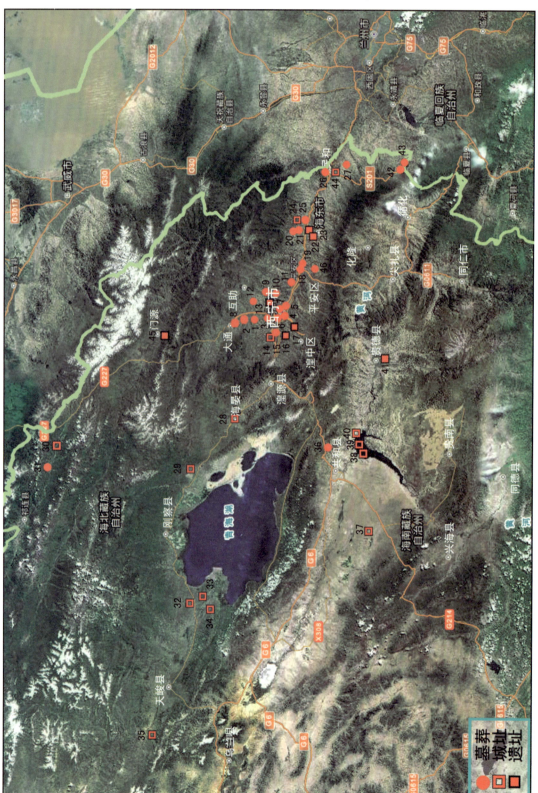

地图 4 - 1 青藏高原北部汉晋时期遗址分布图

1. 上孙家寨墓地　2. 下陶家寨墓地　3. 陶家寨墓地　4. 彭家寨墓地　5. 南滩墓地　6. 吴仲墓地　7. 西宁砖瓦厂北朝墓葬　8. 黄西墓地　9. 总寨墓地　10. 汪家庄墓地　11. 高寨墓地　12. 下马圈墓地　13. 什字遗址　14. 破塌城（临羌新县故城）　15. 多巴墓地　16. 扎兰坡遗址　17. 李儿村遗址　18. 石家营墓地　19. 窑房墓地　20. 柳墓山墓地　21. 裙子山墓地　22. 蚂蚁山遗址　23. 南滩遗址　24. 老鸦城（破羌城）　25. 白崖子墓地　26. 东顺墓地　27. 三家原墓地　28. 三角城（西海郡龙耆城）　29. 孕海古城　30. 河西古城　31. 白石崖墓地　32. 北伏阳古城　33. 南向阳古城　34. 铁卜恰古城伏俟故城　35. 加木格尔滩古城　36. 沙索麻墓地　37. 支冬加拉古城　38. 曹多隆古城　39. 曲沟古城　40. 龙羊峡古城　41. 鱼山遗址　42. 胡李家墓地　43. 祁家墓地　44. 下川口古城　45. 塔龙滩遗址　46. 古城墓地

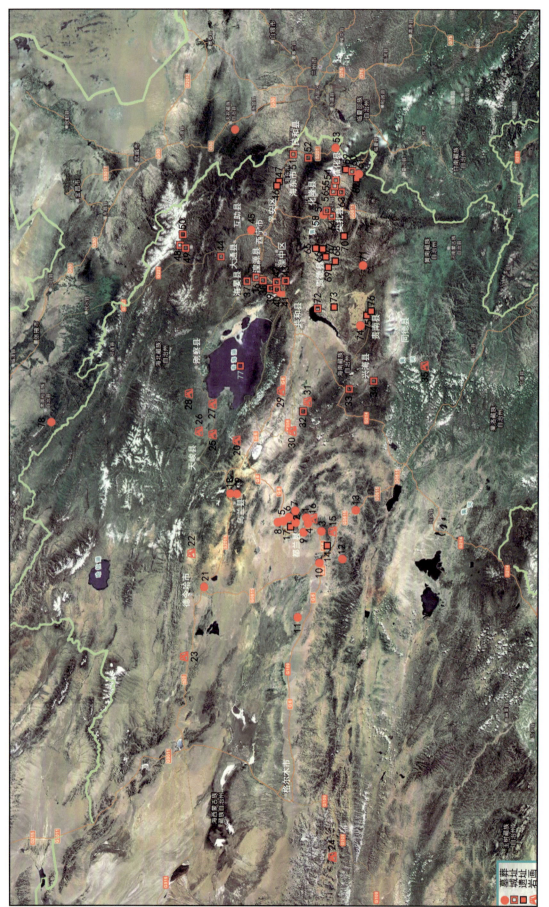

地图 6-1 青藏高原北部唐—吐蕃时期遗存分布图

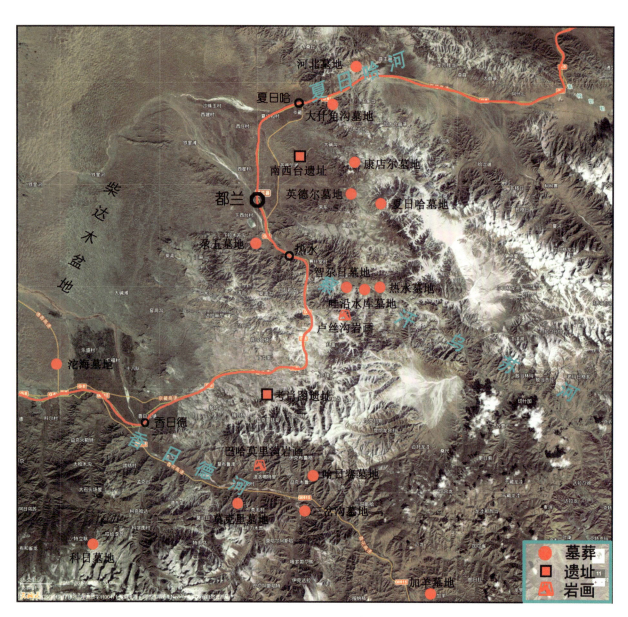

河北墓地
夏日哈
大仟角沟墓地
南西台遗址
康店尔墓地
英德尔墓地
都兰
夏日哈墓地
承五墓地
热水
智尕日墓地
热水墓地
血沿水库墓地
卢丝沟岩画
沱海墓地
考肖图遗址
香日德
凹哈真里沟岩画
哈日赛墓地
一亥沟墓地
莫克里墓地
科日墓地
加羊墓地

柴达木盆地

夏日哈河
香日德河

墓葬
遗址
岩画

地图 6-2　都兰地区吐蕃时期遗存分布图

地图 6 - 3　都兰热水墓地分区示意图

地图 6 - 4　热水墓地 I 区示意图

总目录

上 编
青藏高原北部丝绸之路的考古学研究

下 编
青藏高原西部丝绸之路的考古学研究

目　录

上　编
青藏高原北部丝绸之路的考古学研究

序
探索"高原丝绸之路"的新起点

"丝绸之路"是德国地理学家 F. 李希霍芬（F. von Richthofen）最初提出的一个概念，是指代汉代中国通向西方（这里所指的西方，主要是中亚南部、西部以及古代印度）的一条以丝绸贸易为主的交通路线。后来，这个概念随着时代的发展也不断发生变化：一是在时间轴上，人们意识到事实上早在汉代以前，以中国中原地区为出发点的东西方交流已经有之，因而从汉代一直向前追溯到史前时代，也向后延续到汉唐宋元以后，将不同时代的东西方交流的路线均纳入其中；二是在地理空间上，也突破了狭义的陆上丝绸之路（也称之为"沙漠丝绸之路"）的空间范围，提出更为北方的"草原丝绸之路"和南方以海上交通为主的"海上丝绸之路"，以及区域间形成的"西南丝绸之路"等不同的概念。今天，广义上的"丝绸之路"这个概念不仅可以指代以古代中国为出发点的东西方交往的各条道路或路网，甚至可以指代中西文化交流的诸多历史和文化层面。

然而长期以来，在有关丝绸之路的讨论中，地处号称"世界屋脊"之上的青藏高原基本上没有被纳入到这个体系当中。按照人们一般的认识，这是由于其地处高寒雪域，自然环境险恶，人烟稀少，所以古往今来皆被视为"畏途"，因此在传统的汉、藏历史文献记载中对此几乎完全失语。如果将中国西南地理空间上极为辽阔、地理位置上极其重要的青藏高原排斥在这个体系之外，便无法全面地认识丝绸之路的形成与发展，不能正确地评价高原各族人民在不同历史时期为开拓这些道路所做出的伟大贡献。

经过多年来历史学、民族学和考古学等多学科的共同努力，人们已经越来越清楚地认识到，高原丝绸之路不仅整合和重构了青藏高原内部各区域间的交通路网，也将其拓展到南亚、中亚和东亚地区，成为连接北方草原丝绸之路、沙漠丝绸之路和南方西南丝绸之路的枢纽和结点；同时，也通过印巴次大陆的印度洋、东南亚以及中国东海、南海等出海口岸连接海上丝绸之路。在若干条东西走向的路线之间，形成南北纵向的干线，如同一张经纬相交的路网，将"一带一路"联结成一个整体，意义十分重大。

中国考古学者为高原丝绸之路研究做出了不懈的努力。中国社会科学院考古研究所（以下均简称社科院考古所）仝涛博士的国家社科基金成果"青藏高原丝绸之路的考古学研究"，就是其中的代表作之一。

仝涛先是作为我的博士生在四川大学获得博士学位，后又西行求学，在德国图宾根大学获得博士学位，是国内不多的拥有海内外"双博士"头衔的年轻人。他学成归国之后，一度已经入职国内南方某著名高校，这里海风习习，气候温润，校园环境优美。等待他的，也是当时不少"海归"所追求的高校教师们的生活方式：待遇可观，工作生活有规律，在进行教学科研的同时，也可以根据自己的研究兴趣有选择地开展一些田野工作。但是，连我也没有想到，时任社科院考古所所长的王巍先生通过我向他发出盛情邀请，希望他到考古所西藏队工作，承担起青藏高原考古的重担，这让他面临一个人生的重大选择：是留在海边风景如画的高校，还是走上冰雪高寒的青藏高原？作为导师，我真的也感到两难。

仝涛很快做出了他的选择，放弃已经刚刚到手的一切：高校入职通知书、图书证、住房证、各种人才津贴……，毅然决然地北上，然后西进，踏上了青藏高原。不止一次，当我在西藏西部平均海拔高度4000多米的考古工地上和他相遇的时候，高原的风沙已经把他那张原本白皙精致的面庞打磨得稍显粗糙黝黑，也平增了几分沧桑感。谈到考古工作和考古发现，他的眼神里仍然充满兴奋和激动，但我也能明显感到，难掩的疲乏之情也悄然跃上他的眼角。后来社科院考古所王巍、陈星灿前后两任所长都跟我谈起过西藏西部阿里高原考古工作的艰辛程度，感叹社科院考古所在全国所布下的考古点当中，仝涛带领的西藏队条件是最艰苦的，心疼和感动交织杂糅在一起溢于言表。后来考古所为西藏队进行了全方位的高水平的配置，工作条件大为改观，也正是考古所领导对仝涛工作的肯定与关怀。

仝涛的这本新著《青藏高原丝绸之路的考古学研究》，是他承担的国家社会科学基金项目的结项成果，经历一波三折的磨难才得以完成，今天能够顺利通过结项并公开出版，实为难得。如果没有社科院及考古所等科研部门对他的大力帮助和支持，没有全国哲学社会科学规划办公室对从事西藏考古工作的考古学者充分的理解、包容和关怀，这一切都很难成为现实。我相信他的心中和我一样，也满怀感恩之情。

这本专著的特色和贡献都十分鲜明。首先，仝涛对于何为"高原丝绸之路"做了学术史的梳理和研究回顾，从文献和考古两个方面总结归纳了有关这一命题的理论依据和资料积累，将其放置在欧亚大陆的广阔视野之下进行了考察。根据他近年来在青藏高原的北部和西部地区开展实地考古调查与发掘的学术经历，他又将全书划分为

"青藏高原北部丝绸之路"和"青藏高原西部丝绸之路"两大板块进行分析论述,使问题的讨论更加精准地聚焦在他所掌握的考古学资料之上,从而使全书基于考古发现进行历史叙事的脉络非常清晰。

其次,全书以文献记载和考古资料相互结合的方式,进行纵横两个方向上的拓展,从而初步勾勒出青藏高原北部、西部这两个重要区域考古学所反映出的中外文化交流的历史线条,虽然这些线条还是"粗线条",但却具有较高的可信度。在这个缺乏文献史料的研究领域,考古学发挥的作用体现得很充分,考古学用实物史料弥补了诸多历史细节和历史场景,这是对习近平总书记在"9·28"重要讲话中对于考古学"延伸了历史轴线、增强了历史信度、丰富了历史内涵、活化了历史场景"的历史作用和学术价值一个生动的诠释。

第三,这部著作中的不少研究个案,体现出全涛在运用历史文献、结合考古材料以复原其历史背景上的扎实学术训练与功力。这里仅举一例。对于学术界多年来聚讼未决的青海都兰热水一号大墓的年代与墓主,全涛基于考古材料的细致观察和分析,首先确定这应是一座具有很高等级的大墓,又根据墓中残留的丝绸、金银器的风格特点,将墓葬的年代定在公元 7 世纪末到 8 世纪初。针对过去学术界提出的墓主人可能是吐蕃派驻吐谷浑地区的"某位最高军政长官"的观点,全涛提出了自己新的看法,认为这个时期之内吐蕃派驻吐谷浑的军政长官中,无人可以达到可享有这个墓葬等级的规格,所以应当改变思路,从吐蕃占领吐谷浑之后,吐谷浑邦国的王室贵族角度来思考墓主人的可能性。接下来,他利用敦煌古藏文文书、《贤者喜宴》等文献史料,梳理了 7 至 8 世纪吐蕃占领下的吐谷浑故地,发现《吐谷浑(阿柴)纪年残卷》中曾记载 689 年吐蕃王室与吐谷浑联姻,将墀邦公主嫁给吐谷浑王为妻,这位公主在 706 年已经是一个年轻的吐谷浑邦国可汗的母后,协助其子参与各种政治大事,"如果这位年轻的可汗是在 689 年后的一两年内出生的话,其年龄应该在十五六岁左右。由于他在母后政下已经称王,因此可以推测他的生父,即老的吐谷浑王,在 689—706 年之间已经去世……这位去世的老吐谷浑王很可能就是热水一号大墓的主人"。他的这个观点提出之后,一度引发了热议,也带给全涛超出学术讨论范围之外的、意想不到的一些烦恼。

2021 年,被称为"2018 血渭一号大墓"的墓葬入选 2020 年度全国十大考古新发现,其中一个最为重要的原因,是在这座与全涛所讨论的"热水一号大墓"相距不远的墓葬中,出土了一枚银质古藏文印章,上面的文字经多位古藏文专家认读,断定为"外甥阿柴王之印",由此可知这也是一座与吐蕃联姻形成所谓"甥舅关系"的吐谷浑(阿柴)小邦之王的墓葬。这个考古新发现为全涛的论点提供了极为重要的佐证,也证明他的观点所具有的前瞻性和合理性。类似这样的例子，在这部新著中还有不少，比如对西藏西部出土黄金面具的研究、对甘肃大长岭吐蕃墓地出土器物的研究等等，都颇见功力，反映出他受到欧亚考古和中国考古双重学术训练的开阔视野和扎实文献基础。

当然，"高原丝绸之路"考古研究，还是一个新的研究领域，目前所取得的成果，还不足以构建起整个青藏高原考古和中外文化交流的学术体系，只是对其中某些地区考古学研究的先端性探索。我相信全涛不过是站在了一个新的起点上而已，绝不会就此止步不前。作为全涛的师友，更是研究同道，我更愿与他、与更多奋战在青藏高原的研究者们一起同行，生命不止，探索不止，乐此而不疲。

霍 巍

2021 年 4 月 29 日

于四川大学江安花园

绪　论
关于"丝绸之路"与"青藏高原丝绸之路"

　　"丝绸之路"指的是从公元前第一千纪后半叶到公元第一千纪前半叶穿越欧亚大陆、连接东端的中国及西端的罗马帝国的一系列交通路线，通过这样一个复杂的网络，东西方不但实现了双向的物质流动，同时也形成了相互之间的文化交流。这一充满了浪漫色彩的词汇最初是由德国地理学家李希霍芬于 1877 年创造出来的，特指"从公元前 128 年至公元 150 年间，中国与中亚、中国与印度间以丝绸贸易为媒介的这条西域交通道路"①。但当时这一概念并没有得到学术界的响应和接受。直到 20 世纪初，"丝绸之路"才被一些西方考古学家和探险家重新发现，例如德国的艾伯特·赫尔曼、瑞典的斯文赫定、英国的斯坦因和德国的冯·勒考克。中国学术界最早使用"丝绸之路"这一术语的可能是夏鼐先生，他在 1958 年发表的《青海西宁出土的波斯萨珊朝银币》② 一文中首次使用了"丝绸之路"一词；此外，他 1963 年关于丝绸的研究文章《新疆新发现的古代丝织品——绮、锦和刺绣》更是多次使用了这个词汇③。

　　"丝绸之路"的概念后来不断得到细化和引申。"海上丝绸之路"一词于 1913 年由法国的东方学家沙畹首次提及④，特指东方与西方古代贸易和文化交往的海上通道，这是学术界"丝绸之路"概念的第一次扩展。但它被广泛使用经历了一个长期的过程，20 世纪早期的中国学者如冯承钧、张星烺等普遍以"海交史"或"中西交通史"来涵盖这一研究领域。日本学者三杉隆敏在其具有海外游记风格的著述——《探寻海上丝

---

①　F. F. Von. Richthofen, *China：Ergebnisse eigener Reisen und darauf gegründeter Studien*, Bde. I, II und IV（von 5）in 3 Bdn. Berlin, D. Reimer, 1877；王冀青：《关于"丝绸之路"一词的词源》，《敦煌学辑刊》2015 年第 2 期。

②　夏鼐：《青海西宁出土的波斯萨珊朝银币》，《考古学报》1958 年第 1 期。

③　夏鼐：《新疆新发现的古代丝织品——绮、锦和刺绣》，《考古学报》1963 年第 1 期。

④　〔法〕沙畹著，冯承钧译：《西突厥史料》，中华书局，1958 年。

绸之路——东西陶瓷交流史》中，开始使用"海上丝绸之路"的概念①。中国人是饶宗颐先生在1974年最早使用"海上丝绸之路"一词②。80年代之后，国内媒体与学术界才广泛接受并使用，形成一股关注"海上丝绸之路"的热潮，并由学术界扩展至社会全体③。

作为陆地丝绸之路的一个重要分支，"草原丝绸之路"指的是横贯欧亚大陆北方草原地带的交通道路，有别于"绿洲—沙漠"通道，史前时期尤其是青铜时代的大量考古材料证实了它的存在和繁荣。"草原丝绸之路"的概念大概是由我国学者在20世纪80年代受到"丝绸之路"研究热潮启发而提出的。1989年我国学者曾举行一次关于"草原丝绸之路"的学术讨论会，认为考古资料证明了在广袤的草原上存在一条鲜为人知的"草原丝绸之路"，它曾经是中国与西方世界交流较早的通道之一④。90年代以来，由于联合国教科文组织举行"草原丝绸之路"考察⑤以及更多研究成果的涌现，使得这一称谓广为人知。

20世纪80年代中国学者还提出了"西南丝绸之路"的概念⑥，用以指代经中国西南地区的四川、云南到缅甸和印度一带的"滇缅道"或"蜀身毒道"，后有人称其为"南方陆上丝绸之路""西南丝绸之路""南方丝绸之路"等。但由于这条路线缺乏足够的文献和考古证据支持，深入研究的后劲不足，且具有一定争议，其为学界和社会所接受的程度相对比较有限。

由此可知，当今"丝绸之路"的概念已经远远超越了李希霍芬时代的时空维度。在某种程度上，作为名称的"丝绸之路"不但将基于文献的中西交流史重新加以标记，成为学界对于从中国出发到达欧亚大陆其他部分的商贸事实、传统以及具体内容的一种指称，同时由于不断更新的考古材料，填补了这些交通网络上更多的空白区域和关键节点，增添了更多的支脉。当然新概念的提出并非主观臆想，首先是基于文献资料的证据，同时需要考古材料的支撑，尤其是后者，只有如此才能够不断更新认知和加深论证，才会为学界和社会大众广泛接受。如果缺乏持续的、多元的考古新材料，任

---

① 三杉隆敏：《海のシルクロードを求めて——東西やきもの交渉史》，大阪：創元社，1968。
② 饶宗颐先生的《海上之线路与昆仑舶》一文刊登在1974年6月《"中研院"历史语言研究所集刊》第45本第4分册上，文中正式提出了"海上丝路"的称谓。见王翔：《谁最早提出"海上丝绸之路"》，《人民日报（海外版）》1991年10月9日。
③ 周长山：《"海上丝绸之路"概念之产生与流变》，《广西地方志》2014年第3期。
④ 王坤、傅惟光：《辽代的契丹和草原丝绸之路》，《理论观察》2015年第6期。
⑤ 刘迎胜：《"草原丝绸之路"考察简记》，《中国边疆史地研究》1992年第3期；卢明辉：《"草原丝绸之路"——亚欧大陆草原通道与中原地区的经济交流》，《内蒙古社会科学》1993年第3期。
⑥ 陈炎：《汉唐时期缅甸在西南丝道中的地位》，《东方研究》1980年第1期；江玉祥主编：《古代西南丝绸之路研究》，四川大学出版社，1990年。

何新的概念也只能停留在假说的阶段，也只能昙花一现、如同空中楼阁，缺乏继续存在和发展的生命力。

"青藏高原丝绸之路"这一概念，便是在丰富的文献资料和新出土的考古材料基础之上提出的，它是青海境内的"丝绸之路"以及西藏境内的"唐蕃古道"等一些跨区域、跨文化通道的贯通和综合。青海境内的"丝绸之路"一向被称为"青海丝绸之路"或"丝绸之路青海道"，是陆路"丝绸之路"主干道东段经过青海地区的通道。传统的"丝绸之路"主干道开通于公元前 2 世纪，其最为著名的一段是始自长安或洛阳，经过河西走廊，在敦煌分叉后形成南北两支，沿着塔克拉玛干南北缘西进，此后两条路线合流，穿越伊朗高原，终于地中海东岸的安条克和提尔。在公元后的几个世纪间，这条交通路线成为连接中国中原地区与西方的大动脉，它的路线走向深受自然环境变迁的约束，它的兴衰深受所途经的各个国家和族群的政治环境的影响。欧亚大陆东西两端之间的文化与经济交往，表现为沿线各族群间的"接力"传递和互通有无，由此逐渐形成你中有我、我中有你、难以隔离的文化面貌。

在隋朝于 589 年重新统一之前，中国经历了三百年的分裂期，频繁的战乱造成河西走廊的拥塞不通，东部也与都城长安时断时通。青藏高原的北部地区，包括东部的河湟地区和西部的柴达木盆地，由于自然环境恶劣，群山阻隔，之前一直被认为是不宜通行的地段，此时却成为连接塞北与江南的中继站，甚至一度取代了河西走廊。鲜卑后裔所建立的吐谷浑国，逐渐成为这一地区的主宰者，开始扮演丝绸之路中间商的角色。通过青海地区的交通路线由此被称之为"青海丝绸之路""青海道""羌中道""吐谷浑道"，由于该路线的东段穿越黄河以南地区，再向东与长江中下游地区的南朝政权相通，故而又被称为"河南道"。①

1958 年，夏鼐根据青海西宁出土的波斯萨珊银币，结合文献记载首次以"丝绸之路"称呼这条路线，并论证了它在青海境内的具体走向②。而"青海丝绸之路"称谓最终为学界和大众所接受，有赖于二十世纪八九十年代以来考古工作者在柴达木盆地开展的以都兰热水吐蕃墓地为代表的一系列发掘工作③，极富异域风格的各类吐蕃时期遗物源源不断地涌现，刷新了学界对青藏高原北部地区在古代中西文化交流中地位和功能的认识。大量唐朝、中亚和西亚丝绸的发现，更加凸显了"丝绸之路"概念的恰

---

① 陈良伟：《丝绸之路河南道》，中国社会科学出版社，2002 年。

② 夏鼐：《青海西宁出土的波斯萨珊朝银币》，《考古学报》1958 年第 1 期。

③ 许新国：《青海考古的回顾与展望》，《考古》2002 年第 12 期；许新国：《中国青海省都兰吐蕃墓群的发现、发掘与研究》、《青海丝绸之路在中西交通史中的地位和作用》，均载许新国：《西陲之地与东西方文明》北京燕山出版社，2006 年，第 132—147 页。

当与贴切①。一些学者也将从长安出发经西宁到达拉萨的"唐蕃古道"统合到"丝绸之路青海道"之中②。

与青海地区的交通路线不同，学界似乎还不习惯将西藏境内的古代交通路线纳入"丝绸之路"范畴之中，而是多以"唐蕃古道""茶马古道""麝香之路"③、"食盐之路"等名之。迄今为止的大部分"丝绸之路"路线图，无一例外地都绕开了这一高海拔地区，似乎这里一直是一块闭塞不通、文化孤立的地理单元，在中西文化交流史上微不足道、乏善可陈。

当然这并非历史的真实。唐朝时期吐蕃开始成为青藏高原的主宰者，连接拉萨和长安的"唐蕃古道"开通并频繁使用，为吐蕃打开了通向唐朝的河西地区、中原地区，中亚、西亚和南亚地区的大门，对吐蕃的军事扩张和文化繁荣起到了关键性作用。同时唐朝也因为这条通道的开通，与南亚诸国建立了直接的官方联系，促进了古代中国与印度的文化交流。吐蕃还经营、利用自卫藏地区向横断山区延伸至川、滇西北地区的交通网络，为其向青藏高原东部的军事征伐、行政管理和经济文化交流服务，这一方向的路线可被视为"唐蕃古道"的分支。除了"唐蕃古道"和"青海道"之外，吐蕃还开拓、启用了另一条进入中亚的路线，即从卫藏地区经阿里和克什米尔地区到达中亚，这一路线被称为"中道"或"勃律道"。该路线在卫藏和阿里地区之间的空间跨度较大，并缺乏考古资料的支撑，使我们对其具体经行路线没有足够的把握，但它的存在是毋庸置疑的。

张云先生在 1996 年出版的《丝路文化·吐蕃卷》④ 中，首次将吐蕃时期青海丝绸之路和西藏境内的一些古代交通路线统称为"吐蕃丝路"，并进行了深入的论证。他认为历史上的确存在过一条纵贯高原的吐蕃丝路，"'吐蕃丝路'是名副其实的，是古代沟通东方与西方、中国文化与世界文化的丝绸之路的一个组成部分，具有丝绸之路的一般特点：以丝绸作为纽带，连接着青藏高原地区各文化圈之间，以及青藏高原与周边各地人民之间的深情厚谊……可以说，唐代时期的吐蕃丝路是国际商业大循环中的一个重要环节"。这一提法相当有见地，青藏高原上的这些交通路线并非仅仅是局限在

---

① 许新国：《吐蕃墓出土蜀锦与青海丝绸之路》，载四川大学中国藏学研究所编：《藏学学刊》第 3 辑，四川大学出版社，2007 年，第 93—116 页。

② 张得祖：《丝绸之路在青海》，《青海师范学院学报（哲学社会科学版）》1982 年第 1 期；苏海洋、雍际春：《丝绸之路青海段交通线综考》，《丝绸之路》2009 年第 6 期；崔永红：《丝绸之路青海道盛衰变迁述略》，《青海社会科学》2016 年第 1 期。

③ 常霞青：《麝香之路上的西藏宗教文化》，浙江人民出版社，1988 年。

④ 张云：《丝路文化·吐蕃卷》，浙江人民出版社，1996 年；张云：《吐蕃丝绸之路与文化交流》，《光明日报》2017 年 11 月 7 日。

高原内部的局部或片段式的通道，而是向外辐射延伸的跨地域、跨文明的系统性联系网络，它们将唐朝、吐蕃、尼泊尔、印度、中亚乃至西亚连接在一起，应该站在更广的欧亚大陆的视角来审视它们的价值与功能。

　　但"吐蕃丝路"的称谓似乎存在时代上的局限，不少交通路线在更早前的"前吐蕃时期"已经发展成熟，并融入整个"丝绸之路"交通网络之中。这一推论源自于近年来青藏高原西部地区的考古发现。近十年来，我国西藏阿里地区、尼泊尔穆斯塘地区出土的大批汉晋时期丝绸和其他类别的物品，显示了西藏西部与新疆和中亚以及南亚次大陆之间广泛的联系。它显然是南疆地区丝绸之路向青藏高原西部的延伸，并通过这一路线与尼泊尔、印度等地区建立联系[①]。"丝绸之路"的标志性物品——来自中原地区的丝绸，已经成为这一地区贵族们所追逐的奢侈品，并充当着文化交流载体的重要角色，它很有可能进一步由这些区域穿越喜马拉雅山脉，输入到南亚国家。这一区域的路线被称为"西藏西部的丝绸之路"[②]，它与青藏高原北部地区的丝绸之路都是在整个欧亚大陆"丝绸之路"运转驱动之下产生的，存续于同一个时空体系内，彼此之间具有远程的整体联动关系。这一发现使我们重新思考人类对于跨越青藏高原与其他文明沟通交往的能力、动力、途径及模式，有必要将青藏高原作为一个整体来进行审视和观察。故而霍巍先生、本人及一些学者适时提出并论证了"青藏高原丝绸之路"这一称谓[③]，它涵括了"青海丝绸之路""唐蕃古道""西藏西部丝绸之路""吐蕃丝绸之路"等区域性、历时性交通路线，是在青藏高原考古学发展过程中，随着考古新材料的不断扩充和对高原古代文化认知的逐渐增加而形成的，是对东西方"丝绸之路"交通与文化交流网络的进一步补充和延伸。当然，截止目前来看，这一交通网络中还存在不少空白区域和关键节点，这有待未来通过更多的考古工作来对其进一步补充和完善。

① a. 仝涛：《西藏阿里象雄都城"穹窿银城"附近发现汉晋丝绸》，《中国文物报》2011 年 9 月 23 日第 4 版；b. 中国社会科学院考古研究所、西藏自治区文物保护研究所：《西藏阿里地区噶尔县故如甲木墓地 2012 年发掘报告》，《考古学报》2014 年第 4 期；c. 仝涛：《西藏西部的丝绸与丝绸之路》，《中国国家博物馆馆刊》2017 年第 2 期。
② 同①c。
③ 仝涛：《考古发现填补青藏高原丝路缺环》，《中国社会科学报》2016 年 8 月 25 日第 7 版；霍巍：《"高原丝绸之路"的形成、发展及其历史意义》，《社会科学家》2017 年第 11 期；霍川、霍巍：《汉晋时期藏西"高原丝绸之路"的开通及其历史意义》，《西藏大学学报（社会科学版）》2017 年第 1 期；霍巍：《"高原丝绸之路与文化交融互动"专栏》，《中华文化论坛》2020 年第 6 期；霍巍：《唐蕃古道上的金银器和丝织品》，《光明日报》2020 年 12 月 19 日第 10 版。

上　编
青藏高原北部丝绸之路的考古学研究

第一章
青藏高原北部自然地理概况

第一节　自然地理概况[①]

青藏高原雄踞亚洲内陆，被誉为"世界屋脊"，由于超高的海拔、庞大的面积和相对年轻的年龄，一直被视为一个独特的地理单元。整个高原大部分地区海拔在 3500 米到 5000 米之间。青藏高原的主体在我国境内，主要包括两个地区：西南部的西藏自治区和东北部的青海省，此外还包括四川省西北部和新疆维吾尔自治区东南角。青藏高原北部地区大致与青海省相重合。

青海省居于北纬 32°—39°、东经 90°—103°之间，面积辽阔，东西长 1200 千米，南北宽 800 千米。90%的地区为高山和高原，平均海拔在 3000 米左右。大多山脉呈西北—东南走向，因此各类地理单元沿着纬线方向分布。唐古拉山系位于青海省西南部，是青海省与西藏自治区的界山。在中部地区，昆仑山和巴颜喀拉山几乎将整个青海等分为两半。南部为青南高原，北部为柴达木盆地。在北部边缘，阿尔金山和祁连山将柴达木盆地与塔里木盆地、河西走廊分开。从整个青海的自然地理状况来看，可以分为三个主要的地理单元[②]。

一　东部季风区（地图 1 - 1①区）

东部季风区包括祁连山东段，为一系列西北—东南走向的山系，长约 1000 千米，海拔 4000 米。其东段在青海东北部形成一个海拔 2500 米以上的高原。冷龙岭是青海和

[①] 本研究中使用的地名依据国家测绘局测绘科学研究所地名研究室编：《中国地名录——中华人民共和国地图集地名索引》，地图出版社，1983 年，以及 C. Hsieh, J. Hsieh, *China：A provincial atlas*, New York：Simon & Schuster Macmillan, 1995.

[②] 张忠孝：《青海地理》，青海人民出版社，2004 年，第 208—213 页。

甘肃的分界线，是该区域唯一有冰冠的高山。在其南部是一系列谷地，自北而南依次是大通河谷地、湟水谷地和黄河谷地。

湟水是黄河的支流，自西向东流淌，长达 170 千米。湟水谷地曾经是青海与外界联系的主要交通路线，青海省会西宁坐落于此。大通河是湟水支流，西北—东南流向，长约 90 千米。在南部，黄河深切高原，形成一系列峡谷急流。在东北部的祁连山脉，有中国最大的湖泊——青海湖（Lake Kokonor），青海省由此而名。青海湖东部的日月山，是进入青藏高原的门户，也是重要的自然地理分界线，分隔季风区与非季风区、外流区域与内流区域、农耕区与草原牧区，同时也是黄土高原的最西界。祁连山的河谷地带孕育了丰厚的农耕用地，周边环绕的群山适宜放牧。在一些盆地和黄河的支流河谷，也有不少适宜农耕和放牧的地带。

二 西北干旱区（地图 1-1②区）

西北干旱区主要是柴达木盆地，还包括茶卡盐湖、共和盆地和祁连山脉西段地区。该区域属于整个海西蒙古族藏族自治州和海南藏族自治州的辖区。祁连山西段海拔高于东段，也有一些平行的河谷和带冰冠的高山。高山融雪孕育了甘肃河西走廊与柴达木盆地的农业、畜牧业。阿尔金山海拔平均为 4000 米，将柴达木盆地与塔里木盆地隔开，并通过当金山口与河西走廊相通。

柴达木盆地是一个巨大的戈壁盆地，是中国内陆第三大盆地，东西长 800 千米，南北宽 250 千米，面积 20 多万平方千米。年均降水量为 50 毫米，最西部地区在 20 毫米以下。盆地内有 40 多个内流河，较大的河流有那仁格勒河、格尔木河、柴达木河和察汗乌苏河，都靠冰川融雪补给，在盆地中心地带干涸并形成盐湖。在高山脚下形成河流冲积扇，继而形成一些绿洲和城市，包括察汗乌苏河、香日德河、格尔木河和巴音河，河流周围分别为都兰县、香日德镇、格尔木市和德令哈市。盆地内西北部到中心地带大部分地区是少有植被的盐碱地，从冲积扇到盆地中心区域的自然地貌与塔里木盆地和河西走廊地区相似。

三 青南高原高寒区（地图 1-1③区）

青南高原占有整个省份一半的面积，山脉众多，包括唐古拉山、巴颜喀拉山、阿尼玛卿山、布尔汗布达山以及昆仑山脉的一段。平均海拔超过 4000 米，多数山峰达到 5000 米。大部分地区冰川覆盖，湖泊湿地星罗棋布，其中扎陵湖和鄂陵湖是黄河源头两个最大的高原淡水湖泊，同时这里还是长江和澜沧江的源头。东北部的黄河谷地有一些耕作区和牧业区，西南部为可可西里自然保护区。

高原的东南部由于印度洋暖湿气流的影响和海拔的下降，降雨量从 200 毫米上升到 600—700 毫米，植被相应地从高寒荒漠到高山草原再到高寒草甸，仅有少数较低的河谷地带才适宜从事农耕。

第二节　人口与居民

青海是典型的多民族聚居区，截止到 2010 年，全省人口为 580 万，其中汉族占 53%，其余为藏族（24%）、回族（15%）、土族、蒙古族和撒拉族。人口包括农民和牧民，根据地理环境状况的变化分布极不均衡。主要农业区集中在东部湟水谷地，同时也是人口最为集中的地区。西宁的人口密度为每平方千米 288 人，而在西部地区，每平方千米仅为 2 人。汉族、土族和回族主要居住于东部较低海拔地区，藏族居住在南部以及甘青交界的高山地带。撒拉族分布在循化自治县的黄河谷地。大部分蒙古族分布于柴达木盆地周边的草原和戈壁，以及东南部的一些县区。与周边自然环境相适应，藏族与蒙古族多采取流动的畜牧业或半农耕的生产生活方式，而汉族和其他少数民族主要从事农业。当然这种情况目前由于经济的快速发展已经发生了急剧的变化。

第二章
青藏高原北部丝绸之路研究概况

第一节　青藏高原北部古代交通研究回顾

由于独特的自然地理条件，青藏高原的古代交通一直是一个关注度较高的课题，在过去数十年间产生了大量研究成果。最初，学界关注的焦点并非是连接东西方向的丝绸之路，而是将中原内地与拉萨河谷连接起来的唐蕃古道。这一路线沿南北方向贯通整个青藏高原，不但将唐朝与高原古国吐谷浑和吐蕃相连通，同时还延伸至南亚的尼泊尔和印度，不仅对汉藏文化的交流与融合发挥过重要作用，同时也在中印两大文明古国的交流史中书写下浓墨重彩的一笔，因而古代文献中的相关记载较为丰富。不少学者通过对汉藏文献的梳理分析，并结合实地考察，对唐蕃古道具体的经行地点做过大量的考证工作。

清末民初学者周希武在其《玉树调查记》① 一书中对唐蕃古道上的重要地点——玉树地区的山川地貌、部落土司、宗教风俗、牧业种植等均做了详细记录和考证，还对人们所关心的玉树二十五族的宗教风俗，亦有详尽记述。他于 1914 年 10 月 8 日从兰州出发，于 11 月 26 日到达玉树，书中详细记录了对这条线路的调查经历。

日本学者佐藤长对青藏高原历史地理进行了系统的考证，其研究具有非常重要的价值。他发表了数篇论文，讨论了中原地区和西藏之间交通的大致路线，以及发生在该路线上的重要历史事件。论文《隋炀帝征讨吐谷浑的路线》② 考察了文献记载中隋炀帝进军吐谷浑的路线。《吐谷浑的诸根据地》③ 一文对吐谷浑城址和主要要塞进行了考证，同时也详细追踪了唐将李靖在吐谷浑境内的军事活动情况。

---

① 〔清〕周希武著，吴均校释：《玉树调查记》，青海人民出版社，1986 年。
② 〔日〕佐藤长著，梁今知译：《隋炀帝征讨吐谷浑的路线》，《青海社会科学》1982 年第 1 期。
③ 〔日〕佐藤长著，王丰才译：《吐谷浑的诸根据地》，《西北史地》1982 年第 2 期。

通过爬梳大量文献资料，严耕望对唐朝的主要交通线路进行了卓有成效的分析。他的代表作《唐代交通图考》中用一整章节对青海地区的军事要塞和驿站进行了准确定位①。虽然其研究侧重于唐代的交通，但也追溯了较早时期的历史。他基于翔实的史料和严谨的推理，从点到点、段段相接地复原出明晰而详细的交通路线，然而青海湖以西的广袤地区没有涉及，因为这一区域当时并没有在唐王朝的有效统治之内。由于缺乏考古资料的支持，书中有部分地名位置的考证还有待商榷。

自魏晋时期以来，尤其是吐谷浑移居并建国于青海地区以后，青藏高原北部地区在东西方的交往中扮演的角色越来越重要，逐渐融入丝绸之路的交通网络之中。由于这一路线的开通和兴盛与吐谷浑密切相关，有关其历史、疆域和政治一度引起一批学者的浓厚兴趣。日本学者松田寿男的《吐谷浑遣使考》讨论了吐谷浑境内的一些地名的位置，以及吐谷浑与周邻地区、南朝政权和柔然之间的商贸和使节往来②，勾勒出了唐蕃古道的走向，虽然对不少地点的考证被证明是不够精确的，但他的研究是结合历史地理和重要史实的最早尝试。他也首次提出了一些重要问题，吸引了许多后来者的关注。

20 世纪 40 年代，国民政府官员吴景敖花了数年时间对中国西北和西南边疆进行田野考察，撰成考察报告《西陲史地研究》③。该书记录了这些地区的主要地理特征、语言、历史和民族。通过他的努力，重建了青藏高原北部及相邻地区基本的交通网络，确定了三条通过都兰地区连接新疆于田的路线。在另一方向，这条路线向东南延伸，穿越黄河南岸，经四川最终到达长江下游地区。

唐长孺的《南北朝期间西域与南朝的陆路交通》一文讨论了西域和南朝之间的陆路交通④。通过对文献记载、佛教典籍和吐鲁番文书等丰富资料的分析，他指出在南北朝时期益州（今四川成都）和新疆鄯善之间存在一条"河南道"，与传统的河西走廊的丝绸之路并行。

吴焯的《青海道述考》通过对文献记载的梳理，将青海境内的"羌中道""湟中道""河南道"等道路统称为"青海道"，以时间先后为序，并以翔实的史料为基础，

---

① 严耕望：《唐代交通图考》第二卷《河陇碛西区》，《"中研院"历史语言研究所集刊之八十三》，1983 年，第 497—584 页。

② 松田寿男：《吐谷浑遣使考（上）》，《西北史地》1981 年第 2 期；松田寿男：《吐谷浑遣使考（下）》，《西北史地》1981 年第 3 期。

③ 吴景敖：《西陲史地研究》，中华书局，1948 年。

④ 唐长孺：《南北朝期间西域与南朝的陆路交通》，载唐长孺著：《魏晋南北朝史论拾遗》，中华书局，1983 年，第 168—195 页。

对这些路线自史前到唐宋时期的使用情况和具体走向进行了系统的阐述①。

周伟洲对吐谷浑进行了系统研究，其专著《吐谷浑史》② 一书对于吐谷浑的兴衰历史，及其在东西方交通史上的重要地位进行了全面梳理。他的另外一篇论文《古青海路考》③ 根据古史记载，概括了青海丝绸之路从西汉一直到南宋时期的发展演变历程，展现了完整的历史图景。然而作者认为唐和五代时期"青海路"衰落，这大概是以中原为中心的视角。实际上大量的吐蕃时期考古材料证实了吐蕃对丝绸之路的控制及其繁荣情况。薄小莹在《吐谷浑之路》④ 一文中，着重对南朝经四川和青海通往西域的路线走向分段进行了确认，并将其置于南北朝的历史大背景下，阐发了这条"吐谷浑之路"对于南北朝各方的影响。

一些重要考古遗址的发现，对于确认丝绸之路的具体走向具有很大帮助，如吐谷浑都城伏俟城⑤以及环青海湖的一些古城址⑥。系统的田野调查能够获取更有说服力的结论。陈良伟主要调查了从四川到青海的交通路线，大量的田野调查资料是其著作《丝绸之路河南道》⑦ 的主要价值所在。他的调查始自四川西部，途经黄河流域和柴达木盆地，终于新疆东南部。大部分可能经行的路线和交通节点都考察到并记录下来，标示出沿途的遗物、遗址及佛教遗存，年代跨度自旧石器一直到元代。以路线为纲会在一定程度上造成年代学上的混乱，但跨越大历史时段的交通路线考证更加明朗和有说服力。首位记录青藏高原北部遗迹的西方地理学家安德烈亚斯·格鲁施克（Andreas Gruschke），其主要著作《西藏外围青海地区的文化遗迹》重点记录了现存的藏传佛教寺庙，其中一个章节简要介绍了非佛教遗迹⑧。他的旅行考察同样值得重视，所获资料为该地区文化史的研究提供了丰富的地理学信息。

唐蕃古道是连接唐王朝与吐蕃政治核心区域之间的高原通道。关于唐蕃古道的讨论颇多，较早对这一路线进行系统考证的是日本学者佐藤长，他在《唐代从青海到拉萨的交通》一文中，通过引用大量的汉文、蒙古文和藏文资料，结合前人的考察路线，深入探讨了唐朝及后来史书的相关记载，对不少邮驿地名进行了考证和定位，基本廓清了西宁和拉萨之间的路线及距离。在这些研究的基础上，佐藤长著成

① 吴焯：《青海道述考》，《西北民族研究》1999 年第 2 期。
② 周伟洲：《吐谷浑史》，宁夏人民出版社，1984 年。
③ 周伟洲：《古青海路考》，《西北大学学报》1982 年第 1 期。
④ 薄小莹：《吐谷浑之路》，《北京大学学报》1988 年第 4 期。
⑤ 黄盛璋、方永：《吐谷浑故都——伏俟城发现记》，《考古》1962 年第 8 期。
⑥ 青海省文物考古工作队：《青海湖环湖考古调查》，《考古》1984 年第 3 期。
⑦ 陈良伟：《丝绸之路河南道》，中国社会科学出版社，2002 年。
⑧ A. Gruschke, *The cultural monuments of Tibet's outer provinces*: *Amdo*, *volume 1. The Qinghai part of Amdo*, Bangkok, 2001.

《西藏历史地理研究》一书①。中国学者的相关研究起步较晚。季羡林通过对唐代中印文化交流记载的梳理，指出中印交通除了传统的陆路和海路外，还存在"尼泊尔路"和"蜀川牂牁路"，但前者"不合常规"，文成公主之后便重又榛塞，后者则"艰苦难行"②，使用率不高。黄盛璋通过考证，认为中国纸和造纸法是在唐朝通过"吐蕃泥波罗道"经西藏传入印度的，中尼之间的班尼巴至库梯山口（Banepa-Kuti Pass）是连接中尼之间的国际商道③。但吐蕃和尼泊尔古商道的详细线路则不易考证和确认，学者们也仅仅大致勾勒出其主线条。随着探索和实地考察的增多，学术界对这一条路线的认识也变得越来越清晰。吴均依据实地探察，对佐藤长所推定的自截支桥至悉诺逻驿一段唐蕃古道路线进行了修正④。1984 年和 1985 年青海省文化厅唐蕃古道考察队对该古道的西段（西宁至拉萨）和东段（西安至西宁）进行了全面实地考察，在此基础上，陈小平对唐蕃古道的走向和路线进行了详细的描述，对吴景敖和佐藤长所推定的路线进行了进一步修正和补充⑤。陆耀光编著《唐蕃古道考察记》，汇集了考察队员们所写的该条路线的走向、道程以及古道沿途城镇、驿站、军塞地望等方面的考察报告⑥，确定了唐蕃古道的大致经行路线。正是自此次官方组织的考察活动及其成果发布之后，"唐蕃古道"这一称谓开始成为这条高原之路的固定称呼。

唐蕃古道与青藏高原北部和东部周邻地区之间的连接线也受到学者关注。李宗俊《唐代河西走廊南通吐蕃道考》⑦ 一文结合史书典籍和敦煌文献记载与实地调查，对河西走廊经祁连山诸山口到达吐蕃的交通路线进行了分析，指出祁连山有九条通道通往吐蕃境内。虽然由于横断山脉的阻隔，青藏高原东部地区的交通条件与北部和西部地区均无法比拟，但在吐蕃时期也有了明显的拓展，可被视为唐蕃古道网络的一个组成部分。唐蕃古道向东部的分支关注度较低，相关的探索较为薄弱。冯汉镛发表一系列文章，通过爬梳文献，探讨了蜀地经牂牁道西南行、经吐蕃雪山南界、沿雪山南脚行走入天竺的路线，他指出盐源是唐时西蜀通吐蕃的交通枢纽之一。又分析了大理和永昌（保山）经博南山道和大秦路通往印度的路线，并言及雅州、黎州和维州通吐

① Satō Hisashi, The route from Kokonor to Lhasa during the T'ang period, *Acta Asiatica Bulletin of the Institute of Eastern Culture*, 1975, no. 29, pp. 1 – 19.
② 季羡林：《唐太宗与摩揭陀——唐代印度制糖术传入中国问题（下）》，《文献》1988 年第 3 期。
③ 黄盛璋：《关于中国纸和造纸法传入印巴次大陆的时间和路线问题》，《历史研究》1980 年第 1 期。
④ 吴均：《自截支桥至悉诺逻驿唐蕃古道的走向》，《中国藏学》1988 年第 2 期。
⑤ 陈小平：《唐蕃古道的走向和路线》，《青海社会科学》1987 年第 3 期。
⑥ 陆耀光主编：《唐蕃古道考察记》，陕西旅游出版社，1989 年。
⑦ 李宗俊：《唐代河西走廊南通吐蕃道考》，《敦煌研究》2007 年第 3 期。

蕃的路线。① 赵心愚《吐蕃入滇与滇藏交通的发展》② 一文，指出直到 7 世纪中期开始，吐蕃入滇的路线才开始发挥重要作用，入滇的路线主要为自拉萨东行，经澜沧江、金沙江河谷南下，过神川铁桥，最后抵达大理这一路线。此外，南诏后来控制的今四川盐源地区也有一条通往康藏腹地的大道，这一路线后来逐渐成为滇藏间的民间商道。但这些通道都未经实地考察的验证，而且缺乏丰富的考古学材料的佐证。

第二节　青藏高原北部古代文化史研究回顾

对异域商品的青睐是丝绸之路贸易和交换的原始驱动力③，因此丝绸之路会对大多交通路线的十字路口带来商业上的繁荣。"贸易"一词意指商品和观念的交换，因此被定义为地域间相互作用的机制或是不同文化之间的交流和对话，这种活动导致了大量的输入和输出，使异域文化对本土生产技术、审美情趣以及日常生活产生巨大影响。青藏高原的丝绸之路从欧亚大陆其他区域带来不同的商品、语言、生活方式和宗教信仰，各种文化传统共存一处，互相交织。从逐渐消失和零碎的考古遗存中提取相关的信息，以此确定相对应的不同人群，揭示丝绸之路沿线的文化交流过程，是丝绸之路研究中最为重要、也是难度最大的方面。

裴文中认为沿祁连山之南、缘湟水通往青海湖、经柴达木盆地到达新疆的道路，是连接东西方的主要交通线④。他的这一论断是在对于湟水流域的大量旧石器遗存分析的基础上获得的。裴文中的著述是基于考古遗迹分析而进行的丝绸之路文化交流研究的最早的尝试。1956 年在青海西宁发现了更有说服力的考古证据，出土有一满罐萨珊银币，总数超过 76 枚。夏鼐对此进行了深入研究⑤，将银币断代为 5 世纪。夏鼐首次从西宁所处地理环境的重要性上论述了它在 4 世纪末到 6 世纪初与西方世界在商业和交通上的联系。他的观点得到了冯汉镛的补充⑥，后者认为根据汉文献记载，即使在 5—6 世纪之后，这条交通线仍然持续繁荣。

吴焯《四川早期佛教遗物及其年代与传播途径的考察》一文对四川地区所见的东

---

① 冯汉镛：《川藏线是西南最早的国际通道考》，《中国藏学》1989 年第 1 期；《唐代西蜀经吐蕃通天竺路线考》，《西藏研究》1985 年第 4 期；《唐五代时剑南道的交通路线考》，《文史》第 14 辑，中华书局，1982 年；《唐代马湖江通吐蕃路线行程考》，《文史》第 30 辑，中华书局，1988 年，第 85—86 页。

② 赵心愚：《吐蕃入滇与滇藏交通的发展》，《西藏研究》2006 年第 2 期。

③ J. Tucker, *The Silk Road: Art and history*, London: Philip Wilson Publishers, 2003, p. 15.

④ 裴文中：《史前时期之中西交通》，《辩证公论》1948 年第 4 期。

⑤ 夏鼐：《青海西宁出土的波斯萨珊朝银币》，《考古学报》1958 年第 1 期。

⑥ 冯汉镛：《关于"经西宁通西域路线"的一些补充》，《考古通讯》1958 年第 7 期。

汉晚期佛教图像进行了深入研究，他认为这类图像是通过青海的丝绸之路自西域地区输入的①。20 世纪 80 年代，随着考古发掘工作的深入开展，丰富的出土资料展现在世人面前，为丝绸之路研究提供了崭新的视角。国家文物局编著的《中国文物地图集·青海分册》②，对于考古新发现的分布做了综合全面的介绍。1999—2001 年间，青海省文物考古研究所与日本的丝绸之路学研究中心合作开展了多学科的综合性调查，出版了《中国青海省丝绸之路研究》③ 一书。这次考察活动不但包括考古学，同时也涉及地理学和环境学方面的研究，涵盖了青海境内的所有重要交通路线及沿线的大量遗址和出土物。该书的末尾还附录了一些最新的考古发现和相关的研究文章。

20 多年来柴达木盆地周缘的吐蕃墓葬出土了大量遗物，包括木器、漆器、金银器、丝绸、皮革、彩绘木棺及其他材质的器物。针对这些出土物的介绍文字所见不少，然而迄今还没有出版系统、完整的考古发掘报告，多数器物甚至都无法了解它们的准确出处，使进一步的研究困难重重，这不能不说是非常令人遗憾的。

许新国和赵丰对都兰出土的丝织品进行了系统梳理和分析④，对它们的类型、组织结构、装饰图案及所属年代进行了细致的讨论。他们将这批丝织品划分为四个阶段——北朝晚期、隋代、唐代早期和盛唐时期，阐明了对经锦和纬锦的技术区分、东方与西方的纺织传统，同时也讨论了丝绸之路相关的问题。许新国将饰有相对动物和联珠纹的经锦归类为蜀锦，他强调这些织锦是通过河南道输入的⑤。饰含绶鸟图像的织锦是萨珊文化圈的常见织锦类型，其主要有两个来源：波斯地区和粟特地区⑥。许新国还重点讨论了带有阿波罗形象的织锦，将这类织锦的年代定为北朝晚期到隋代⑦。林梅村在其研究中根据西亚新发现的早期伊斯兰织锦的艺术风格，将带有一组以鹰纹和凤纹图案的织锦产地定为伊斯兰地区，并由此认为伊斯兰艺术不仅受拜占庭、波斯和粟特艺术的影响，而且得益于遥远的中国文化⑧。甘肃省博物馆收藏有 7 件唐代丝织品，包括锦、绫、印花绢等，有关专家将其进行了分析，认为其兼具东西方风格，基本代

---

① 吴焯：《四川早期佛教遗物及其年代与传播途径的考察》，《文物》1992 年第 11 期。
② 国家文物局：《中国文物地图集·青海分册》，中国地图出版社，1996 年。（因频繁引用，后文简省部分书的出版信息。）
③ The Research Center for Silk Roadology ed., Studies of the Silk Road in Qinghai Province, China, *Silkroadology*, 2002, vol. 14, Nara：The Nara International Foundation.
④ 许新国、赵丰：《都兰出土丝织品初探》，《中国历史博物馆馆刊》1991 年第 15—16 期。
⑤ 许新国：《吐蕃墓出土蜀锦与青海丝绸之路》，载《藏学学刊》第 3 辑，四川大学出版社，2007 年。
⑥ 许新国：《都兰吐蕃墓出土含绶鸟织锦研究》，《中国藏学》1996 年第 1 期。
⑦ 许新国：《青海都兰吐蕃墓出土太阳神图案织锦考》，《中国藏学》1997 年第 3 期。
⑧ 林梅村：《青海都兰出土伊斯兰织锦及其相关问题》，《中国历史文物》2003 年第 6 期。

表了唐代丝绸生产的主流，来源可能是青海都兰墓地。①

此外，自 20 世纪 80 年代后期到 21 世纪初，青海都兰吐蕃墓葬盗掘活动极为猖獗，大量出土文物被走私到海外，包括一大批丝织品。这其中较有代表性的流散文物有美国芝加哥私人藏马鞍织物和较完整的儿童裙衣、美国克利弗兰艺术博物馆收藏的儿童衣物等，霍巍先生推断这批丝织品来自于青海吐蕃墓葬②。瑞士阿拜格基金会也收藏了一批吐蕃时期丝织品，该博物馆馆刊组织专家对这批藏品进行了系统的复原和研究③，根据其发表的资料来看，丝织品的古藏文题记、图案风格、织造技术手法等均与迄今所见的青海都兰吐蕃墓葬所出丝织品高度一致，极有可能也是来自青海都兰或周边地区。

都兰出土的吐蕃时期金银器虽然数量不少，但多数为零散的小件饰物，对这类器物的研究并不系统和深入。许新国将热水一号大墓祭祀坑内出土的一组镀金银饰片复原后推定为舍利容器，并与甘肃、陕西、江苏等地所见的舍利器做了比较，指出它们的共性和差异。又通过对其图案造型及所用包镀金工艺的比较，认为它与中亚粟特人所使用的金银器非常接近。④

许新国还介绍了另一批棺椁式的舍利容器⑤，认为其来自于中原地区，随着汉藏文化的交流传播到吐蕃。由于这批器物是在西宁古董市场上发现的，其真伪无法核实。霍巍对近十年来考古出土和流散于海外的吐蕃金银器进行了梳理和讨论⑥，其中一大批是都兰吐蕃墓葬出土，另有一部分流散海外的器物，很有可能也是来自于都兰地区的吐蕃墓葬。霍巍将这批器物进行了分类和统计，概括了吐蕃系统金银器的特点、风格和制作工艺，指出它们一方面可能受到唐代器物的影响，另一方面具有自身的显著特点，还大量吸收了萨珊和粟特等外来文化因素。除了个别器物可能是纯粹的舶来品外，更多的是在复杂的历史背景下吐蕃接受外界多种文化影响形成的金属器体系。

在乌兰县大南湾墓地中，出土有 1 枚拜占庭金币和 6 枚萨珊银币⑦。这几枚钱币都

① 林健、赵丰、薛雁：《甘肃省博物馆新藏唐代丝绸的鉴定研究》，《文物》2005 年第 12 期。
② 霍巍：《一批流散海外的吐蕃文物的初步考察》，《故宫博物院院刊》2007 年第 5 期。
③ K. Otavsky, Stoffe von der Seidenstraße：Eine neue Sammlungsgruppe in der Abegg-Stiftung, In：K. Otavsky ed., Entlang der Seidenstrasse：Frühmittelalterliche Kunst zwischen Persien und China in der Abegg-Stif-tung. *Riggisberger Berichte* 6（Riggisberg 1998），pp. 13 – 41.
④ 许新国：《都兰吐蕃墓中镀金银器属粟特系统的推定》，《中国藏学》1994 年第 4 期；许新国：《都兰热水血渭吐蕃大墓殉马坑出土舍利容器推定及相关问题》，《中国历史博物馆馆刊》1995 年第 1 期。
⑤ 许新国：《都兰出土舍利容器——镀金银棺考》，《中国藏学》2009 年第 2 期。
⑥ 霍巍：《吐蕃系统金银器研究》，《考古学报》2009 年第 1 期。
⑦ 刘宝山：《青海都兰县出土拜占庭金币》，《中国文物报》2004 年 7 月 24 日第 1 版；许红梅：《都兰县出土的东罗马金币考证》，《青海民族研究》2004 年第 2 期；青海省文物考古研究所：《青海乌兰县大南湾遗址试掘简报》，《文物》2002 年第 12 期。

出土于一个墓葬上建筑的柱洞内，年代都属于5—6世纪，是探讨吐谷浑统治时期东西文化交流的重要物证。但对该遗址和出土物的年代和性质尚缺乏细致的分析。

二十世纪八九十年代青海都兰地区的一系列考古发现，迅速引起了国际学者的关注。瑞士西藏艺术史学者阿米·海勒于2003年发表《8—9世纪吐蕃墓葬所揭示的丧葬礼仪》① 一文，她对都兰吐蕃墓葬所出土金属器物和带刻划图案的动物骨骼进行了探讨，认为8—9世纪间当地的宗教信仰融合了佛教和非佛教因素。她在另一篇论文《吐蕃王国的中亚考古遗存》② 中，以广阔的视野检视了一批都兰出土器物和部分私人收藏的金银器，将其年代推定为7—9世纪。阿米·海勒还将眼光投向拉萨大昭寺所收藏的一件银壶③，将其与中亚和都兰地区出土物进行了联系和分析，她强调这些器物的制作风格具有多元性特征，吸收融合了粟特地区和中原地区多种因素。

海西州德令哈市附近的重要发现继续吸引学者们的关注。2002年青海省文物考古研究所在郭里木发掘了两座吐蕃墓葬，出土了3件彩绘木棺。这些木棺上所绘内容陆续得以发表并展开讨论④。2006年本人有幸获得机会去德令哈市郊一处简陋的临时存放地临摹这批木棺，长达两周的近距离观察和细致分析为本书的部分章节的讨论提供了重要的基础资料。最近这些年，同类的彩绘木棺又不断地涌现出来，使得我们对于吐蕃统治下青海地区的文化面貌的认识更加完整和清晰。

近十年来青海海西地区的考古工作进展较为迟缓，但仍然有一些调查和发掘工作。2014年为配合热水哇沿水库的建设，青海省文物考古研究所与陕西省考古研究院共同对水库建设设计区域内的官却和遗址与古代墓葬进行了抢救性发掘，共清理房址10座，灶坑31个，墓葬25座，祭祀坑6座，出土了陶器、钱币、卜骨、古藏文简牍、珠饰、丝织物残片等重要文物，为全面了解热水墓地的性质和空间分布，研究该地区古代民族的生活状况、聚落形态、手工业技术和丧葬习俗等问题提供了重要资料，这可

---

① A. Heller，Archeology of funeral rituals as revealed by Tibetan tombs of the 8th to 9th century，In：M. Compareti，P. Raffetta，G. Scarcia，eds.，*Ēran ud Anērān*：*Studies presented to Boris Ilíc Marsak on the occasion of his 70th birthday*，Rome：Electronic Version（October 2003）-Updated August 2006. http：//www. transoxiana. org/Eran/Articles/heller. html.

② A. Heller，Archaeological artefacts from the Tibetan empire in central Asia，*Orientations*，2003，vol. 34，no. 4，pp. 55 – 64.

③ A. Heller，The Silver Jug of the Lhasa Jokhang：Some observations on silver objects and costumes from the Tibetan Empire（7th-9th century），2002. http：//www. asianart. com/articles/heller/.

④ 许新国：《郭里木吐蕃墓葬棺板画研究》，《中国藏学》2005年第1期；罗世平：《天堂喜宴——青海海西州郭里木吐蕃棺板画笺证》，《文物》2006年第7期；霍巍：《西域风格与唐风染化——中古时期吐蕃与粟特人的棺板装饰传统试析》，《敦煌学刊》2007年第1期；霍巍：《青海出土吐蕃木棺板画的初步观察与研究》，《西藏研究》2007年第2期；仝涛：《木棺装饰传统——中世纪早期鲜卑文化的一个要素》，载四川大学中国藏学研究所编：《藏学学刊》第3辑，四川大学出版社，2007年，第165—170页。

以说是近些年吐蕃考古最重要的收获①。为配合玉树地区"4·14"大地震的灾后重建工作，自 2012 年起，青海省文物考古研究所联合四川大学考古系等机构，组成联合考古队，在玉树地区连续开展了三年考古调查与发掘工作，在史前细石器文化、古代岩画、石棺葬文化以及吐蕃时期的封土石丘墓、佛教摩崖造像等方面均取得了一系列重要新发现。其中对聂龙加霍列墓群和章齐达墓群两处吐蕃时期墓葬群的考古发掘尤其值得关注②，这是首次在玉树地区开展的主动性考古发掘工作。考古队共发掘墓葬 17座，出土有大量陶器、漆器、铁器、银器等，是继都兰吐蕃墓葬发掘之后的一项重要收获，对于了解玉树地区吐蕃时期的考古学面貌及其在青藏高原交通格局中的地位具有重要参考价值。同时通过实地调查发现，在曾经被视为几乎是空白区域的玉树囊谦和果洛地区，吐蕃时期的遗存都非常集中，且独居特色，这大大改变了之前认为的柴达木盆地周缘为青海吐蕃时期遗存唯一高度集中地区的认识。大量吐蕃时期墓葬及出土物，足以证明玉树及周邻地区是唐蕃古道上的重要交通节点。

然而这一工作目前才刚刚起步，尚未引起足够的关注。随着近些年通天河上游地区岩画和吐蕃摩崖石刻的发现与系列研究，这一认识得以进一步补充和加强。根据历年来陆续公布的资料，吐蕃摩崖石刻包括有玉树贝纳沟、勒巴沟，以及与唐蕃古道相连接的西藏昌都仁达、扎廓西、朗巴朗则等，四川石渠县照阿拉姆、须巴神山，甘肃扁都口等地，多处石刻附有藏文题记，无论从佛教造像艺术还是从铭刻的史料价值而论都是十分珍贵的材料。多数学者认为，从青藏高原东麓的这批摩崖造像上，既可见到可能源自吐蕃本土的印度—尼泊尔风格的影响，也蕴含有浓厚的汉地文化因素，体现出吐蕃与中原唐文化的密切联系，这是伴随着吐蕃的扩张，藏文化东向发展的结果③。

---

① 青海省文物考古研究所、陕西省考古研究院：《青海都兰县哇沿水库古代墓葬 2014 年发掘简报》，《考古与文物》2018 年第 6 期；青海省文物考古研究所：《青海都兰热水哇沿水库发掘古代遗址和墓葬》，《中国文物报》2015 年 7 月 3 日第 8 版。

② 乔红、张长虹、蔡林海等：《青海玉树三江源地区史前文化与吐蕃文化考古的新篇章》，《青海日报》2015年 4 月 24 日第 11 版。

③ 青海省文物考古研究所、四川大学中国藏学研究所：《青海玉树勒巴沟古秀泽玛佛教摩崖造像调查简报》，载四川大学中国藏学研究所编：《藏学学刊》第 16 辑，中国藏学出版社，2017 年，第 63—94 页；青海省文物考古研究所、四川大学中国藏学研究所、四川大学考古学系：《青海玉树勒巴沟吾娜桑嘎佛教摩崖石刻调查简报》，同上，第 95—147 页；四川省文物考古研究院、石渠县文化局：《四川石渠县新发现吐蕃石刻群调查简报》，《四川文物》2013 年第 6 期；霍巍：《青藏高原东麓吐蕃时期佛教摩崖造像的发现与研究》，《考古学报》2011 年第 3 期；汤惠生：《青海玉树地区唐代佛教摩崖考述》，《中国藏学》1998 年第 1 期；阿米·海勒：《公元 8—10 世纪东藏的佛教造像及摩崖石刻》，载《国外藏学研究译文》第十五辑，西藏人民出版社，2001 年；聂贡官却才旦、白玛朋：《玉树地区吐蕃时期石窟雕像及摩崖介绍》，《中国藏学》1988 年第 4 期。

第三节　本研究的学术目的

一般来讲，关于丝绸之路的研究，包含不同层次的研究对象：首先需要面对的是丝绸之路的地理基础问题，即历史地理学的认知、理解、考证与复原，然后上升为文化交流的探讨，两者的研究构成丝绸之路论证的完整内涵。人类对丝绸之路认知和开拓是一个循序渐进的过程，建立在对地理环境和不同人群的探索与交往的基础之上。尤其是对于自然环境恶劣险要的地区，无论是漫无边际的沙漠和海洋，还是江河深谷和雪山高原，对于人类的每一步跨越，都会充满着艰险和挑战，因此在古代文献中或多或少都可以找到一些线索。

此前有关青藏高原北部丝绸之路的研究，大多聚焦于考证路线的具体走向及相关的重要历史事件，这些交通网络的重建主要基于对文献的梳理和分析，可以说历史学传统是丝绸之路研究的基石。但这一传统存在很多局限性，例如文献记载的零散和空缺，地理名词的历史变更，古代民族语言上的障碍等等，使得很多重要地点充满争议，或某一地域被长期忽视。此外，文献记载内容主要为国家重大政治事件，或者是主流阶层的重要活动，虽然具有很强的代表性，但必然会忽视丝绸之路上的大部分人群，诸如普通商人、手工业者及农牧业者，他们的身份如非迫不得已，一般不会出现在文献记载中，而实际上他们才是丝绸之路文化交流的主要执行人，也是大多数考古遗存的直接相关者。如果考虑到青藏高原一直被中原王朝视为化外之区，环境险恶，资源匮缺，即便是有相关记载也会着墨不多，这无疑会加重对考古资料的依赖程度。尤其是对于青海地区的吐蕃时期遗存来说，通过对文献记载的分析所获取的信息是极为片面和模糊的，而自 20 世纪 80 年代以来取得的重大考古成果，可以说足以颠覆这些片面的认识。例如都兰地区，古代文献中几乎没有提到这个看似偏僻的地区，实际上却分布着青海地区最为集中的吐蕃时期遗迹和墓葬群。通过对这些墓葬出土物的分析，学术界才首次了解吐蕃占领这一地区之后的文化面貌及其对丝绸之路的使用情况。而与此相反的例子则是吐谷浑统治时期，虽然文献记载中有关吐谷浑参与丝绸之路贸易和交流的事例非常丰富，但迄今鲜能见到可以明确确定为吐谷浑时期的遗迹和遗物。这种文献记载与考古遗存分布的不对称和不均衡性，在历史时期考古资料中是不多见的，这使得将文献记载与考古成果进行交叉整合的研究工作变得十分必要，同时这也是我们获取对该地域古代文化相对完整认识的最有效方法与途径。

正是因为存在这样的必要性，本编将不会对各条高原通道所途经的具体地点进行历史地理学的考证，但对于与该地域交通路线密切相关的重要历史事件，以及路线的开拓和发展过程，将结合相关的文献记载进行勾勒，并列举相关的考古资料作为补充和论证。这些考古资料主要包括同一时期的城址、要塞、居址、墓葬和岩画等，它们所处的地理位置可以标示出当时交通路线的通行和使用情况。东西方文化的互动是丝绸之路的精髓所在，考古遗存中出土有大量具有指标性价值的各类物品，如丝绸、茶叶、漆器、金银器、铜器、铁器和半宝石等，显示出贸易和交换所开展的广度和深度。此外还有大量关于语言文字、装饰内容、丧葬习俗、宗教信仰方面的图像或有形载体，足以反映丝绸之路沿线不同文化传播、碰撞和转化的动态效应[①]，这部分将是本书的研究重点所在。

本编研究将试图达成以下学术目标：利用文献资料对于青藏高原北部丝绸之路拓展的历史过程进行概述；建立青藏高原北部地区汉唐时期考古资料的汇集；在空间上确定丝绸之路沿线重要考古遗址的分布情况；对于重要考古遗迹和遗物的历史背景和文化面貌进行综合分析，对于来自异域的文化因素进行溯源和追踪；破解具体考古材料所反映的历史文化图景。

本编第三章首先系统地梳理了文献中所反映的青藏高原北部丝绸之路创通过程，按照年代的顺序勾勒出重要的关联性事件和人物及路线的具体走向。第四、五、六章与此相呼应，对丝绸之路沿线的考古发现进行综合性分析，其中包括墓葬、居址、城址、要塞及大量各类遗物，揭示它们的空间分布、类型、艺术风格、来源等，尤其是所反映的跨地域文化互动与交流情况。作为本编研究的主体内容，这三章不仅涵盖了该区域考古学文化的总体面貌，同时关注了大量易于被忽视的具体细节，这些细节可以折射出丝绸之路文化交流的具体情形。例如第六章第二节对于吐蕃时期金银器的分析、第六节对新近发现的彩绘木棺进行的分析，等等。最后的第七章对吐蕃时期考古的若干专题进行了更为深入和集中的探讨，尝试解决部分重要墓葬和其他遗存的性质和年代问题。

---

① V. Elisseeff, ed., *The Silk Roads: Highways of culture and commerce*, New York, 2000, p. 15.

第三章
文献记载中的青藏高原北部交通

第一节　汉代之前

　　根据汉文文献，最早生活在青海地区的是羌人。"羌"字常常被认为是羊和人的结合，羌人自然被解读为放牧的族群。他们居住在商代（公元前 17 世纪—前 11 世纪）和西周（公元前 11 世纪—前 8 世纪）的西北部边境。在公元前 1400 年，"羌"出现在商代的甲骨文中①。根据公元前 4 世纪成书的《穆天子传》②的记载，西周时期的周穆王（公元前 956 年—前 918 年在位）西游至昆仑山与西王母相会，西王母可能是西部羌人的女性首领。在战国（公元前 5 世纪—前 3 世纪）初期，河湟地区少耕作，但牲畜兴旺，人们靠狩猎为生。后来随着秦国的兴起，羌部落改变了生活方式，一个名为爱剑的羌族奴隶，开始在秦国学习农耕和动物饲养技术，并将这些技术带回到羌人的部落。③

　　在秦献公统治时期（公元前 384 年—前 362 年），随着秦国日渐增长的军事威胁，爱剑的后人及其部落被迫"附落而南，出赐支河曲数千里，与众羌绝远"，一些学者认为他们构成了后来藏族的一个组成部分。其他的羌人部落西迁，甚至到了天山南路，他们后来被称为"婼羌"。另外，不少部落向青藏高原东部渗透。在经历了一个迁徙和解体的变动期后，羌人沿着青藏高原的北部和东部山麓广泛分布，从新疆的昆仑山到青海东部和甘肃南部，以及四川西部和云南北部，在中国西南部形成了一个羌人的分布带，可以说，他们的迁徙和扩散主要是通过这些区域的重要交通路线实现的。

---

① 顾颉刚：《从古籍中探索我国的西部民族：羌族》，《社科科学战线》1980 年第 1 期；R. A. Stein, *Tibetan civilization*, Eng. transl. by J. E. S. Driver, Reprint, California: Standford University Press, 1972, p. 29.

② （佚名）撰，［晋］郭璞注：《穆天子传》，上海古籍出版社，1990 年，第 10 页。

③ ［南朝宋］范晔撰，［唐］李贤注：《后汉书》卷八七《西羌传》，中华书局，1965 年，第 2875 页。

第二节　汉晋时期（公元前206年—公元317年）①

一　西汉和新莽时期（公元前206年—公元25年）

（一）汉朝的经营

西汉初年，羌人与匈奴结盟，这可能因于文化上的近似性，使得羌人与匈奴的民族属性较之于汉族更为接近②。青海羌人和西域羌人一时成为匈奴进攻汉朝的"右臂"，他们的联合对汉庭造成了严重威胁，因此汉庭计划对其进行摧毁。

公元前177年，匈奴成功地迫使大月氏从甘肃河西走廊西迁，远走伊利河流域，余部退保南山（今祁连山）中，定居于湟中，与羌人部落混杂，此后被称为"湟中月氏胡"。他们的迁移路线显然是通过湟水的支流进行的。古代历史学家很少注意到更早期这些路线的存在。司马迁（公元前145年—前86年）记载张骞在公元前139年—前126年出使西域时，简单提及了"羌中道"③。张骞自月氏还，沿着南山（今昆仑山）而行，试图通过羌人的地盘回到汉境，但又被匈奴俘获。很显然这些路线当时是在匈奴的直接控制之下，而沿途的主要居民是羌人部落。

来自匈奴的威胁及抗击匈奴的行动是汉朝打通河西走廊的导火索。汉武帝（公元前141年—前87年在位）发动了持续的大规模军事行动，尤其是在公元前121年，汉朝军队深入到匈奴部落2000余里，甘肃的河西走廊被肃清并向东方开放。从金城（今兰州）沿祁连山一直到盐泽（今新疆东南部罗布泊）的广阔地带"空无匈奴"④。然而这一状况没有维持太久，在公元前112年，羌人和匈奴恢复联系，重新形成联合，大举攻汉。汉武帝动员了十万之众，由李息和徐自为率领进行讨伐。汉军在枹罕（今甘肃临夏）击溃羌人，进而攻占了湟水流域，大部分羌人归降，汉政府筑令居塞（今甘肃永登），负责对羌人的管理，并保障河西走廊丝绸之路的安全。一部分羌人则"远去湟中，迁往西海（今青海湖）、盐池（今茶卡盐湖）附近。此后汉朝加强迁徙汉人，巩固新拓疆土，在湟水谷地建立了具有军事和邮驿性质的"亭"，将西平、令居和金城连成了一线：在今西宁置西平亭和东亭，分别掌管西宁以西和以东的区域；在今大通置

---

① 本书专指从西汉至西晋时期。
② D. Twitchett, M. Loewe, eds., *The Cambridge history of China* (volume 1): *The Ch'in and Han Empires*, *221 B. C. – A. D. 220*, Cambridge, 1986, p. 424.
③ ［汉］司马迁：《史记》卷一二三，中华书局，1959年，第3159页。
④ 《汉书》卷六一《张骞李广利传》，中华书局，1962年，第2691页。

长宁亭，掌管通往北方河西走廊一线。

汉宣帝统治时期（公元前73年—前49年），先零羌通匈奴，渡湟水西迁到"人所不田处以为畜牧"，与诸羌盟誓寇边①，赵充国在公元前60年率六万汉军进行讨伐。汉军渡黄河，过四望峡（今乐都老鸦峡），进入湟水谷地②。汉军瓦解了羌人的联盟，将其驱赶到青海湖一带，俘获大量牲畜和车辆。将金城郡扩大为属国，辖13个县，其中允吾（今民和）、破羌（今乐都）、临羌（今湟源）、安夷（今平安）四县在青海湟水谷地，并将金城郡治移至允吾③。由此湟水流域正式被纳入汉政府的统治体系，沿线的交通格局初步成形。

（二）赵充国和屯田

屯田是两汉时期主要的边疆经略政策，利用士兵和农民垦种荒地，以取得军队供养和税粮。在最初的实践成功之后，赵充国参考西域屯田经验④，建议汉朝皇帝放弃武力征讨，代之以垦荒屯田。根据《汉书》记载⑤，赵充国在其《屯田奏》中，提到从临羌到浩门（今甘肃永登）之间，"羌虏故田及公田，民所未垦，可二千顷以上，其间邮亭多坏败者，臣前部士入山，伐林木大小六万余枚，皆在水次。愿罢骑兵，留弛刑，应募……分屯要害处，冰解漕下，缮乡亭，浚沟渠，治湟峡以西道桥七十所，令可至鲜水（今青海湖）左右。"汉政府采纳了这一建议，一大批汉人离开故土奔赴青海，将内地先进的生产工具和生产技术传入河湟地区，汉族移民的增进直接导致了汉文化的传播，加强了河湟地区与中原内地的联系。

（三）王莽和西海郡

西汉末年，王莽致力于开拓疆土⑥，公元4年，利诱卑禾羌人放弃青海湖、允谷（今共和东南）和茶卡地区，西迁之更遥远的西部。在新获取的领地内，王莽设置西海郡，以龙夷城（今海晏三角城）为郡治，下设环湖五县⑦，从内地迁徙大批罪犯到该地以充边⑧。汉人的势力达到了青海湖畔，汉人对青海湖地区的移民和开发也始见记载。

---

① 《后汉书》卷八七《西羌传》，第 2877 页。

② ［东汉］班固撰，［唐］颜师古注《汉书》卷六九《赵充国传》，第 2975—2976 页。

③ 《汉书》卷二八《地理志下》，第 1610—1611 页。

④ D. Twitchett, M. Loewe, eds., *The Cambridge history of China（volume 1）：The Ch'in and Han Empires, 221 B.C. – A.D. 220*, p. 419.

⑤ 同②，第 2986 页。

⑥ 《汉书》卷九九《王莽传》，第 4077—4078 页。

⑦ 同①，第 2878 页。

⑧ 同⑥。

（四）祁连山通道的拓展

祁连山横亘在羌中和张掖、酒泉、敦煌三郡之间，多是海拔三四千米的雪山。文献记载显示，西汉政府已经尝试开启穿越祁连山的通道。《汉书》记载①，公元前61年，为了进攻青海湖畔的羌部落，酒泉郡（今酒泉）郡守辛武贤上奏汉宣帝，建议在七月上旬从武威、张掖和酒泉调发军队，带足三十天的口粮，从张掖和酒泉分兵同出，一同攻击青海湖北的羌族部落，湟中的赵充国引兵西进配合。赵充国否决了这个计划，他认为从武威和张掖穿越祁连山的峡谷通道过于危险，这有可能导致羌人与匈奴的结盟。这表明青海湖地区和河西走廊的武威、张掖之间有一些路线是相通的，尽管对于军队负重长途跋涉来说不太容易实现。

二 东汉时期（25—220年）

（一）马援与湟中

东汉初，羌人频繁扰边，《后汉书》记载②，汉政府计划从湟中撤出，但这一提议遭到陇西太守马援的强烈反对。光武帝（公元前5年—公元57年）采纳了他的建议，命令武威太守把从金城迁来的三千多客民全都放回湟中故地。马援又在湟中地区设置长吏，修治城郭，建造工事，开导水利，鼓励人们发展农牧业生产，郡中百姓从此安居乐业。马援还通过羌族豪强说服塞外羌人，让他们与塞内羌族结好，共同开发边疆。另外，羌、匈奴、月氏等少数民族，凡来降者皆奏请朝廷封其酋豪以侯、王、君等爵位，赐以印绶，委任这些有威望的首领管理本族、本部落事务。这些措施加强了东汉政府对湟中地区的控制，促进了各个族群之间的文化融合。随着人口的增长，公元200年，东汉政府在西平亭基础上设置西平郡，代替金城郡直接掌管湟水地区。

（二）青海湖和榆谷地区的发展

东汉时期羌汉战争频繁，客观上促进了河湟以南地区交通的发展，这伴随着胜利者对新领地的积极拓殖以及失败者被迫对新逃亡地的探索。大小榆谷位于黄河南岸，在今贵德以西。根据《后汉书》记载③，东汉初烧当羌居于该地，后来起兵反汉，与汉军战于该地，皆以失败告终。因为羌人北阻大河，早期无桥，公元88年，众羌四万余

---

① 《汉书》卷六九《赵充国传》，第2977—2980页。
② 《后汉书》卷二四《马援传》，第835—836页。
③ 《后汉书》卷八七《西羌传》，第2885页。

人借河上结冰渡河攻汉①，同年春，护羌校尉邓训发湟中六千人，"缝革为船"，即用牛羊皮筏子渡河，迫使迷唐率部西迁②。93 年，护羌校尉贯友为进击迷唐，在黄河上建造了用大船连接的浮桥，在大小榆谷一带"夹逢留大河筑城坞，作大航，造河桥，欲度兵击迷唐"。而后来迷唐请降，"和帝令迷唐将其种人还大、小榆谷，迷唐以为汉作河桥，兵来无常，故地不可复居，辞以种人饥饿，不肯远出"③。由此可见湟中地区与九曲之地的交通已经连为一体。101 年之后，迷唐渐弱，被迫远徙赐支河首（今黄河河源的果洛、玉树一带），依发羌而居。其部众从河湟地区远徙黄河河源，当借助了一部分后来的唐蕃古道。汉朝夺取大小榆谷之后，喻糜相曹凤驻军龙耆城（今海晏三角城），并修缮西海郡城堡，增广屯田，殖谷富边，隔塞了羌胡交关之路，列屯夹河，共有 34 部之多，大小榆谷由此被纳入汉朝的统治之下④。

三　魏、西晋时期（220—317 年）

（一）治无戴的行程

三国时期（220—280 年），蜀魏为了争夺甘青地区进行了长期的战争。青海羌人似乎更倾向于蜀国，这可能根植于文化和族属的认同，也离不开地缘和交通上的诸多联系。四川西北部地区羌人广布，与青海地区的羌人部落具有共同的族源和相近的文化面貌。从青海到益州的交通路线多是顺着各大河谷而下，这些地理知识都为羌人熟知。蜀国采取"和夷"的民族政策，借助羌、胡的力量，尤其是羌人，成为蜀国在陇右的左膀右臂和联合力量。这一时期的战争和迁徙，在客观上大大促进了由青海河湟地区到达蜀汉的交通路线的使用，如在 254 年，蜀将姜维在攻占魏国狄道、临洮和河关后，徙三县民户入蜀，这种大规模的族群迁徙活动，需要河湟地区与巴蜀间的交通发展十分成熟的情况下才能得以实现，这也必然会促进两个地区文化上的互相渗透与交流。

凉州胡王治无戴的行程是一个更为鲜活的例子。《三国志》记载⑤，248 年治无戴围攻武威，家眷留于青海，后来在龙夷之北战败，蜀将姜维"出石营，从强川，乃西迎治无戴"，并将其安置在成都繁县。治无戴的行程，从武威到龙夷，经甘肃南部进入四川，最后到达成都，实际上提供了这一时期青海丝绸之路南通巴蜀的具体走向。

---

① 《后汉书》卷一六《邓寇传》，第 609 页。
② 同①，第 610 页。
③ 《后汉书》卷八七《西羌传》，第 2884 页。
④ 同③，第 2885 页。
⑤ ［西晋］陈寿：《三国志》卷二六《魏书·郭淮传》，中华书局，1959 年，第 735 页。

（二）张轨的军事行动

《晋书》记载[1]，308 年，西平郡守曹祛图谋推翻前凉张轨的统治，张轨派其子张寔率步骑三万进讨，另遣两个将军率八百骑兵，自姑臧（今武威）西南出石驴（今祁连山扁都口）进据长宁（地图 3-1，路线 2），曹祛派兵拒战于黄陂（今大通长宁川），张寔诡道出浩门（今门源），战于破羌，歼灭曹祛部众。自此，西平郡地归入张轨的直接控制之下，他采取了一系列措施，促进了青海东部地区经济文化的发展。

第三节　吐谷浑时期（300—663 年）

一　东晋十六国时期（317—420 年）

（一）战争与移民

4 世纪初到 5 世纪 30 年代，中国北方进入五胡十六国时期，汉族和各少数民族先后建立了 20 多个政权。复杂动荡的时局和频繁的族群迁移，使得北方丝绸之路交通格局重新调整，地域文化之间的交流和融合更加活跃。河湟地区在 397 年建立了第一个少数民族政权——南凉，它与邻国为争夺河西走廊进行了连年的战争，并将被征服地区的各族人口强制迁徙到统治中心和军事要镇。400 年，从姑臧掠回居民八千户。401 年攻打后凉，徙二千余户而还，又从北凉临松（今张掖南）掠民六千户。402 年从显美（今永昌东）掠回二千户，同年，徙凉泽、段家（两地在今武威东）民五百余户而还。405 年，南凉取得河西五郡之地，徙西平、湟河诸羌 3 万余户于河西。414 年，西秦夺取南凉乐都，迁万余百姓于枹罕（今甘肃临夏西北）。频繁的战争和迁徙，是这一时期河湟地区与河西走廊的一个突出特征，在客观上促进了青海河湟谷地与河西走廊及周边区域的民族融合和文化交流。

406 年，南凉主秃发傉檀护送流落在南凉境内的西凉李暠之女敬爱于酒泉，"假道于北山（在今门源县境），鲜卑遣褒送敬爱于酒泉，并通和好。玄盛遣使报聘，赠以方物"[2]。其所经之路，似乎是毋庸置疑的。三年后（409 年），当把守姑臧通往湟水大道的南凉右卫将军折掘奇镇据石驴山叛变，傉檀便担心"奇镇克岭南，乃迁于乐都"，并遣镇军敬归攻打石驴山，被折掘奇镇击败而死，从此，南凉便失去了对祁连山北河西

---

① ［唐］房玄龄：《晋书》卷八六《张轨传》，中华书局，1974 年，第 2224 页。
② 《晋书》卷八七《凉武昭王李玄盛传》，第 2263 页。

走廊地区的统治,退回到湟水流域,由此可见这条路线对于南凉政权的战略重要性①。而这个石驴山,就是前述张轨分兵自姑臧南下进攻长宁所经的石驴。

在各个政权往来征战中,青海湖以西的区域越来越受到重视,开发和利用的程度有明显的提高,此前较少涉及的交通路线,逐渐被进一步探索。413 年,河湟地区被北凉政权所控制,416 年,北凉王沮渠蒙逊遂循海(今青海湖)而西巡,至盐池(今茶卡盐湖),祀西王母寺②。这说明青海湖西部毗邻区域已经开始为河西走廊所建立的政权所关注。

(二)求法僧侣

赴印求法的佛教高僧在这一时期开始出现于青海丝绸之路上。399 年,法显和其随从从长安开始了漫长的求法行程。他们度陇至乾归国(即西秦)、傉檀国(即南凉),此后翻越了养楼山(今西宁以北)到达张掖。

法显之后不久,420 年,另外一个高僧昙无竭(法勇),"初至河南国,仍出海西郡,进入流沙到高昌郡,经历龟兹、沙勒诸国,登葱岭,度雪山……进入罽宾国",此处"河南国"可能指的是西秦。"海西郡"当为青海湖,流沙可能指的是吐谷浑境内的河卡地区,但尚不是十分确定。经流沙之后到达高昌郡(今吐鲁番)。从整体路线来看,昙无竭所走路线的东段与法显相同,西段经过青海湖之后,可能是经过柴达木盆地,通过阿尔金山口到达新疆。

西行求法的佛教高僧所经行的路线说明,青海湖以西地区已经融入一个跨国际的交通网络。甘肃的河西走廊在此之前曾经是西行求法的唯一陆路通道。在这一时期政权更迭,战乱频仍,而青海湖以西地区却是相对比较安宁的地带,加之这一时期立足青海的少数民族政权对于青海湖以西地区更为重视,对交通路线已经有了清晰的了解,沿线地区可能已经建立起了可以保障商旅通行的驿站、后勤补给点或军事要塞,这为西行求法的僧侣创造了必须的条件。

(三)吐谷浑国的建立

吐谷浑对青藏高原北部地区的统治是青海丝绸之路发展历程中的一个重要转折点,对青海境内交通路线的开拓、使用和维系做出了重大贡献。根据《魏书》和《晋书》的记载,吐谷浑本为辽东鲜卑慕容部,3 世纪末从慕容部分离,西迁阴山。

---

① 《晋书》卷一二六《秃发傉檀载记》,第 3153 页。
② 《晋书》卷一二九《沮渠蒙逊载记》,第 3197 页。

西晋永嘉末年（312—313 年），经陇山，渡洮河，定于枹罕，从此开始向东西方向扩张领地。其疆域南到昂城（今四川阿坝）和龙涸（今四川松潘），西南到洮河、白兰，达数千里。

吐谷浑孙子叶延（329—351 年在位）继位后，正式立国，号吐谷浑国，史籍中一般也用吐谷浑作为族名和政权名，西北少数民族称之为"阿柴虏"或"野虏"，藏文史料中称之为"A-za"或"Ha-za"。有的史书又称其为"河南"或"河南国"。《梁书》记载："河南王者，其先出自鲜卑慕容氏……其地则张掖之南，陇西之西，在河之南，故以为号。"[①] 吐谷浑立国后，开始与周边政权建立了官方联系，371 年遣使前秦（都城长安），390 年遣使西秦（都城在今甘肃兰州西）。吐谷浑向这些政权进贡，并被封为"沙洲牧、白兰王"。沙洲位于今贵德西南部的穆格滩，白兰位于今扎陵湖、鄂陵湖为中心的黄河源区。这里由于地域广阔，环境艰险，常常是吐谷浑战败后逃亡的后方避难所。

二 南北朝时期（420—581 年）

（一）出使与战事

南北朝后期，多数小政权逐渐被较大政权吞并，几经周折，最终北魏于 439 年统一中国北方，与汉族流亡政权在长江流域建立的南朝相互对峙。在蒙古草原上柔然崛起，对抗北魏。青海地区的诸多小政权如南凉、西秦、北凉等均为北魏所并，而吐谷浑则日渐强盛，获取了包括甘肃南部、四川西北部和整个青海地区的大面积疆土。由于北魏政权控制着丝绸之路的主要交通线，汉族政权与西域之间以及与共同对抗北魏的盟友柔然之间的联系，主要靠吐谷浑境内的交通线路。423 年，吐谷浑王阿豺派遣使节出使刘宋（420—479 年），与汉族政权建立了稳固的联盟，这一联盟政策在接下来的几任吐谷浑王任期内得以延续，两国频频往来，仅刘宋一朝，从 429 至 475 年间，吐谷浑进贡达 12 次之多。与此同时，粟特、北凉和柔然所派遣的使节也从河西经吐谷浑境到达刘宋西境成都，然后继续前往长江下游地区的都城建康（今南京）。从青海经四川到达建康的河南道一时成为南朝与西域之间的最重要的陆路交通路线。

在这一时期，柴达木盆地首次明确地出现于历史学家的记载中，说明这一地域开始被探索和利用。根据《魏书·吐谷浑传》记载，439 年，北凉乐都太守沮渠安周在魏军追击下逃奔吐谷浑，吐谷浑王慕利延惧魏军南下，率众逾沙漠西道，可能就是穿

---

① ［唐］姚思廉：《梁书》卷五四《诸夷传》，中华书局，1973 年，第 810 页。

越了柴达木盆地。《宋书》《魏书》和《北史》中均记载，445年，当北魏军队攻击吐谷浑的馒头城（今共和西南）时，慕利延又被迫拥其部落西度流沙，入于阗境内，杀其王，占其地，并南入罽宾（今克什米尔地区）①。这一逃亡及西征路线显然是途经了柴达木盆地。慕璝的儿子被囊战败，被追至三危（今甘肃敦煌）南之雪山生擒，这里是经过柴达木盆地北缘进入敦煌的必经之地。在这次战争中，吐谷浑派遣使节前往刘宋政权求救，进贡乌丸帽、女国金酒器、胡王金钏等贵重礼物，宋文帝回赠牵车一辆②。一年后慕利延返回了故土。

由北魏发动的战争规模相当巨大，吐谷浑几被灭亡，不得不暂时举国西迁。也正是因为这次战争，经柴达木盆地通往甘肃西部和新疆南部的交通线开始受到重视并频繁使用。在北魏的压力下，吐谷浑向柴达木盆地为中心的西部地区扩张领土，由宁西将军领部落三千镇守，以御西胡，保障这条交通路线的畅通无阻。

在吐谷浑王拾寅统治时期（452—481年），北魏又向吐谷浑发动了数次战争，473年后，两个政权停战，互派使节，进入友好交往阶段。根据《魏书》的记载，473—534年间，吐谷浑派往北魏的使节达56次之多，大大促进了吐谷浑与中原和北方地区的文化交流，使其进入到吐谷浑历史上的鼎盛时期。

这一时期柔然和南齐政权（479—502年）继续联合对抗北魏。由于两个政权分别居于北魏的北方和南方，他们之间的沟通交往只能迂回绕开中原地区进行，居于西北一隅的吐谷浑便是最佳的路线选择，也具有重要的战略意义。南梁时期（502—557年）西域的政权嚈哒、高昌、龟兹、和田和波斯与南梁的使节往来，也经由吐谷浑地区进入四川，沿长江抵达建康。这一线路一时繁忙兴盛。由此"吐谷浑道"成为沟通东方和西方的一条重要的国际干线。

（二）商贸往来

由于与北魏政权之间的密切联系，吐谷浑在政治、经济和文化上经历了一个快速发展的时期。在吐谷浑王伏连筹统治时期（490—529年），吐谷浑进入鼎盛阶段，疆域西达新疆东部，鄯善（今新疆若羌）和且末至少在508年前归入吐谷浑境。开阔的疆域和统一的治理，为丝绸之路的繁荣提供了便利条件，商业贸易随即快速发展起来。各政权间的使节往来势必会促进物品的交换，献贡和回赠一般都是本土特有的、具有代表性的高规格物产。商人常跟随外国使团进行商贸。据《周书》记载，553年，吐

---

① ［北齐］魏收：《魏书》卷一○一《吐谷浑传》，中华书局，1974年，第2237页。
② 《宋书》卷九六《鲜卑吐谷浑传》，第2372页。

谷浑王夸吕向南齐派遣了一个商队，当他们通过凉州返回吐谷浑时被西魏凉州刺史偷袭，凉州"获其仆射乞伏触扳、将军翟潘密、商胡二百四十人，驼骡六百头，杂彩丝绢以万计"①。吐谷浑是商道上的重要向导、中间商和译者。《梁书》提到嚈哒国"其言语待河南人译然后通"②，这里的河南国人应该指的是吐谷浑人。长距离的贸易带给吐谷浑的是巨额的利润。文献记载表明吐谷浑拥有大量的商品，例如前所言俘获吐谷浑商队的同一个西魏官员还联合突厥军队袭击了吐谷浑，成功夺取了吐谷浑的根据地，房获了大量宝物。商人在国家财政中扮演了重要角色。《周书》记载吐谷浑国无统一赋税，而任何时候如果有需要，就从富裕家族和商旅中征收财物。

马匹、牛、骆驼等也是吐谷浑的重要输出特产。吐谷浑人引入波斯草马，放入青海湖海心山，驯养出了"能日行千里"的青海骢③。他们训练舞马，并将其进贡给刘宋和梁。499年吐谷浑给北魏送了50头牦牛。460年北魏攻击吐谷浑，夺取了超过二十万头骆驼和马匹。文献多次提到吐谷浑产蜀马，这很有可能是青海地区与四川西北部地区相互交流的结果。

（三）求法高僧

在这一时期从益州经过吐谷浑境内到达西域的高僧明显增加。440—444年慧览，502年释明达和475年法显，都通过这一途径到达西域④。

长安和西域之间的路线仍然为高僧所用。518年，敦煌人宋云和惠生出发去印度求经，《洛阳伽蓝记》中有关于宋云西行路线的详细记载："初发京师，西行四十日，至赤岭，即国之西疆也……发赤岭，西行二十三日，渡流沙，至吐谷浑国。路中甚寒，多绕风雪，飞沙走砾，举目皆满，唯吐谷浑城左右暖于余处。……从吐谷浑西行三千五百里，至鄯善城……从鄯善西行一千六百四十里，至左末城。"⑤宋云和惠生所经行的路线显然就是吐谷浑道（地图3-1，路线3b）。"赤岭"即日月山，"吐谷浑城"应该坐落于柴达木盆地，很可能为都兰的香日德地区。宋云一行经过柴达木盆地的南缘西行至塔里木盆地南缘的鄯善和且末，吐谷浑道与北方的丝绸之路主干道在此地汇合。

北周时期河西走廊为突厥人所控，印度高僧阇那崛多（Jnanagupta，一译"志德"）通过吐谷浑道自犍陀罗东来长安。他于535年经和田到达吐谷浑国，然后到达鄯州

① ［唐］令狐德棻：《周书》卷五〇《异域传下·吐谷浑》，中华书局，1971年，第913页。
② 《梁书》卷五四《诸夷传·滑国》，第812页。
③ 《魏书》卷一〇一《吐谷浑传》，第2240—2241页。
④ 唐长孺：《南北朝期间西域与南朝的陆道交通》，载唐长孺著：《魏晋南北朝史论拾遗》，中华书局，1983年，第168—195页。
⑤ ［北魏］杨衒之著，周祖谟校释：《洛阳伽蓝记》第五卷，科学出版社，1958年，第95—96页。

（今乐都）①。他所经过的路线可能与宋云和惠生的路线重合。

三　隋唐时期（581—663 年）

（一）隋炀帝的征战

589 年隋平江南，统一中国，结束了长达数个世纪的分裂状态。吐谷浑与中原王朝在短暂的冲突之后，向隋遣使贡方物。596 年隋文帝将宗室女光化公主嫁给吐谷浑王世伏，此后吐谷浑"朝贡岁至"，进入稳定的友好交往阶段。隋炀帝（569—618 年）即位后，改变国策，立意经营西域，控制丝绸之路。当时张掖成为西域各国和中原商旅的聚散地②，但突厥和吐谷浑南北夹峙，屡寇河西，对丝绸之路形成干扰，隋炀帝于是在 609 年发动征服吐谷浑的战争。

根据《隋书》③的记载，隋朝军队从长安出发，经过陇西、洮河，到达临夏。然后在临津关（今民和南）渡黄河，到达乐都和西宁。五月，进入长宁谷（今西宁北部的北川河谷），度星岭（今北川河和大通河之间），宴群臣于金山（今大通河南部）之上。当隋炀帝过大通河时，桥坏，他因此杀掉了负责造桥的高官。隋派四路兵马围袭吐谷浑王，伏允带数十骑遁逃。当隋军在六月经大斗拔谷（今甘青之间的扁都口）时，山路隘险，遇暴风雪，士卒冻死者大半，最后到达张掖（地图 3 – 1，路线 2）。征战迫使伏允逃亡南部党项山谷之地，上万吐谷浑人投降隋朝，其故地皆空。自西平临羌城以西，且末以东，祁连以南，雪山（今阿尼玛卿山）以北，东西四千里，南北两千里，皆为隋有。隋在吐谷浑地区置四郡，大开屯田，发天下轻罪徙居之。青海西部地区首次为中原王朝统辖，并且扩张到柴达木盆地，使自长安经过柴达木盆地至塔里木盆地南缘一线道路畅通无壅。但这样的状况没有延续多久，随着隋朝 618 年的灭亡，天下大乱，伏允复其故地，屡寇河右，郡县不能御。④

位于青藏高原东麓的附国首次遣使隋朝⑤。汉文史料记载⑥：608 年，附国王派遣素福等八人使隋，次年又派遣使率嘉良夷六十人朝贡。他们"欲献良马，以路险不通，请开山道，修职贡"，隋炀帝考虑到巨大的人力成本并没有同意。这应是青藏高原东麓古国与中原王朝建立直接官方联系的最早记录。

---

① 唐长孺：《南北朝期间西域与南朝的陆路交通》，第 168—195 页。
② ［唐］魏征：《隋书》卷六七《裴矩传》，中华书局，1973 年，第 1578 页。
③ 《隋书》卷三《炀帝纪》，第 73 页。
④ 《隋书》卷八三《西域传·吐谷浑》，第 1844—1845 页。
⑤ 《隋书》卷八三《西域传·附国》，第 1858 页。
⑥ 同上，第 1859 页。

（二）唐对吐谷浑的战争

618 年唐灭隋，又与吐谷浑接壤。625 年，伏允请求开通承风戍的边界互市，获得唐王朝的同意[①]。承风戍位于贵德北部的承风岭，是唐与青藏高原之间的重要关卡。由于吐谷浑不断寇扰唐边境，并阻碍了唐通西域的交通，因此唐王朝在强盛之后，开始大规模征伐吐谷浑。据汉文史料记载[②]，634 年唐朝派遣三路兵马进攻吐谷浑。第一路目标为吐谷浑都城伏俟城（位于青海湖西畔）、积石道（今兴海县）、且末道和鄯善道（今新疆东南）；第二路自洮州（今甘肃临洮）出兵，目标为盐泽道（今茶卡盐湖地区）；第三路自松州（今四川松潘）向赤水道（今青海湖东南）。三路军队直指吐谷浑中心以及西部、南部后方的军事堡垒，主要的进攻方向为两条线（地图 3－1，路线 3、4）。从军事计划上看，第二和第三路军队很明显是沿着河南道进发，然而由于羌人隔阻，没有成功。第一路军队则顺利进军，北路军攻下了伏俟城，"逾赤水，涉青海，历河源、且末，穷其西境"。伏允逃至突伦碛（今且末与和田之间的戈壁滩），进而逃至于阗。南路军追吐谷浑余部，沿唐蕃古道转战积石山（今阿尼玛卿山）、星宿川（今黄河上源星宿海），至于柏海（今黄河之源的扎陵湖和鄂陵湖），最后与北路兵马会于大非川（今青海湖畔的切吉草原）。唐军征战的线路包括经柴达木盆地的路线（地图 3－1，路线 3b）和唐蕃古道的北段（地图 3－1，路线 5）。从唐朝前期的军队部署和后期的行军路线来看，当时已经全盘掌握了青海地区的交通条件和吐谷浑的重要军事要地，并对吐谷浑王的惯常逃遁路线和隐蔽据点有了非常深入的了解，这为后来唐朝通过吐谷浑地区打通西域以及唐蕃古道的开通奠定了基础。

吐谷浑被征服后成为唐的藩属，唐以诺曷钵为河源郡王、吐谷浑可汗，两者密切交往。640 年，唐以宗室女弘化公主许诺曷钵，陪送以大量珍贵妆奁，稳固了吐谷浑与唐朝之间的姻亲关系。

（三）唐蕃古道的开通

6 世纪末至 7 世纪初，雅隆王朝自西藏中部崛起，吞并了众多部族小邦，形成了强大的吐蕃王朝。松赞干布赞普统治时期（629—650 年），吐蕃成功征服了北部的苏毗、西部的象雄和东部的党项和白兰，西藏大部成为吐蕃领地。

634 年，吐蕃派遣首批使者向唐王朝朝贡，建立了官方联系。这是整个朝代首个上

---

① 崔永红、张得祖、杜常顺编：《青海通史》，青海人民出版社，1999 年，第 174 页。

② ［后晋］刘昫：《旧唐书》卷六九《侯君集传》，中华书局，1975 年，第 2509—2510 页；［宋］欧阳修：《新唐书》卷二二一《西域传上·吐谷浑》，中华书局，1975 年，第 6225—6226 页。

百人规模的使团，其中有官员和非官方人员①。数年之后，在松赞干布得知唐朝公主嫁给东突厥和吐谷浑之后，也向唐王朝提出了同样的请求。在偷袭唐王朝的四川西部边境之后，他的这一要求得到满足。641 年，文成公主嫁于松赞干布，自唐蕃古道入藏，江夏郡王李道宗持节送之。李道宗曾经参加唐对吐谷浑的战争，因此对路线非常熟悉。当文成公主经过吐谷浑时，诺曷钵修建行馆隆重接待，松赞干布于柏海迎接。

唐蕃通婚是唐蕃古道开通的标志性事件。文成公主给西藏中部地区带来了大量的丝绸服饰、佛经、医书、工艺书籍等，蚕种及造酒、碾、纸墨工匠等也首次输入吐蕃②。同时通婚还带来了唐蕃之间二十多年的和平，期间唐朝大量的丝绸、金银器等各类物品进入吐蕃，吐蕃也向唐朝输入手工业制品和各类物产，有的贡品被赞誉为 "中世纪的奇迹"③，如巨型金鹅形酒器（646 年）④，饰有狮子、象、驼马、獥羝形象的金城造型，金瓮、金颇罗等（657 年），以及野马和大拂庐（654 年）⑤。唐蕃古道的开通大大促进了唐文化在青藏高原的传播，对吐蕃文化的发展产生了深远的影响。

与弘化公主入吐谷浑和文成公主入藏基本同时，位居喜马拉雅山中部的泥婆罗国（今尼泊尔）国王光胄也将尺尊公主（Bhrikuti Devi，布里库提）嫁于松赞干布，这样唐朝与吐谷浑和吐蕃之间、吐蕃与泥婆罗之间，都通过姻亲关系加强了官方联系，由此带动了交通路线的开发建设，并能以国家之力为这一国际交通线路提供后勤支持和安全保障。从唐朝长安出发，经青海吐谷浑，到吐蕃逻些，再到泥婆罗，最终延伸到印度和南亚诸国的 "唐—蕃—尼古道" 全线贯通，成为唐朝与高原诸国和印度之间往来的主要通道。

唐蕃古道一经开通，便充分发挥了其 "近而少险阻"⑥ 的地理位置优势。第一个探索并走完 "唐—蕃—尼古道" 全程的唐朝人是王玄策，他分别于 643、648 和 657 年三次通过唐蕃古道出使北印度，使摩揭陀国与唐朝建立直接的官方往来，取得了巨大的外交成就⑦。此后双方使节在长安和拉萨之间频繁往来，基本都通过唐蕃古道。在

① D. Twitchett, M. Loewe, eds., *The Cambridge history of China*（volume 3）: *Sui and T'ang China*, *589 – 906*, *Part I*, Cambridge, 1979, p. 230.
② a. 《旧唐书》卷一九六《吐蕃传》，第 5221—5222 页；萨迦·索南坚赞著，陈庆英、仁庆扎西译注：《王统世系明鉴》，辽宁人民出版社，1985 年，第 91—93 页；b. R. A. Stein, *Tibetan civilization*, Eng. transl. by J. E. S. Driver, Reprint, California: Standford University Press, 1972, p. 58.
③ E. H. Schafer, *The golden peaches of Samarkand: A study of T'ang exotics*, The regents of the University of California, 1963, p. 254.
④ 同②a，第 5222—5231 页。
⑤ ［宋］王钦若：《册府元龟》卷九七〇《外臣部·朝贡三》，中华书局，1967 年，第 11402 页。
⑥ ［宋］志磐著，释道法校注：《佛祖统记校注》卷三三，上海古籍出版社，2012 年，第 733 页。
⑦ 霍巍：《从考古材料看吐蕃与中亚、西亚的古代交通——兼论西藏西部在佛教传入过程中的历史地位》，《中国藏学》1995 年第 4 期。

634—842 年的二百多年间，唐蕃使节交往共 290 余次，其中唐朝派往吐蕃使节 100 余次，吐蕃使唐 180 余次①。在 670 年大非川之战之前，唐朝对吐蕃具有绝对优势，唐蕃使节交往的主要内容为朝贡、请婚、报聘、吊唁等。

此外，唐蕃古道开通后，大唐高僧多取此道赴印求法。根据义净《大唐西域求法高僧传》记载，太宗、高宗和太后三朝，计有 60 高僧沙门到印度求法，在确定经陆路赴印的 19 人中，12 人取唐蕃古道至印度或返回内地，包括玄照、道生、玄太、道希、道方、末底僧诃、玄会等人。而经西域和中亚地区往返印度的仅有 6 人②。

道宣于 658 年前后著成的《释迦方志》中将"唐—蕃—尼古道"称为"东道"，详细记载了沿途所经地点和具体线路："其东道者，从河州西北度大河，上漫天岭，减四百里至鄯州。又西减百里至鄯城镇，古州地也。又西南减百里至故承风戍，是隋互市地也。又西减二百里至清海。海中有小山，海周七百余里。海西南至吐谷浑衙帐。又西南至国界，名白兰羌，北界至积鱼城，西北至多弥国。又西南至苏毗国。又西南至敢国。又南少东至吐蕃国。又西南至小羊同国。又西南度呾仓法关，吐蕃南界也。又东少南度末上加三鼻关，东南入谷，经十三飞梯、十九栈道。又东南或西南，缘葛攀藤，野行四十余日，至北印度泥婆罗国。（此国去吐蕃约九千里）。"③即经今天的天水、临洮、兰州、乐都、西宁、日月山、恰卜恰、温泉、黄河源，越巴颜喀拉山，由清水河镇至玉树，逾唐古拉山经那曲入藏，然后经日喀则、吉隆宗喀到达尼泊尔加德满都谷地。道宣并没有亲历这条路线，如此详尽的经行记录，很可能是来自王玄策所著的《中天竺国行记》（今轶）。

第四节　吐蕃时期（663—842 年）

一　吐蕃王国的扩张与唐蕃古道的经营

松赞干布去世后，大臣禄东赞掌握政权，开始攻取吐谷浑。663 年吐蕃军队发动了对吐谷浑的战争，在黄河岸边击溃吐谷浑，诺曷钵和弘化公主率数千帐投奔唐境。占领吐谷浑之后，唐朝调遣十万军队在大非川与吐蕃决战，唐军惨败，从此吐蕃稳固地控制了吐谷浑全境，并以吐谷浑为根据地，与唐朝在陇西、河西走廊和西域展开激烈角逐。

---

① 谭立人、周原孙：《唐蕃交聘表》，《中国藏学》1990 年第 2 期；谭立人、周原孙：《唐蕃交聘表（续）》，《中国藏学》1990 年第 3 期。

② 张云、张钦：《唐代内地经吐蕃道与印度的佛教文化交流》，《西藏民族学院学报（哲学社会科学版）》2013 年第 1 期。

③ ［唐］道宣著，范祥雍点校：《释迦方志》，中华书局，1983 年，第 14—15 页。

虽然吐蕃在各个方向扩张，当时的政治环境和自然条件决定了向东北扩张将获取最大利益，会大大超出向南的拓展①。吐谷浑当时已经是掌控青海丝绸之路商贸三个多世纪的高原王国，地理位置极为重要。吐蕃统治者深知，占领吐谷浑地区不但可以与强盛的唐朝建立更直接的经济和文化联系，还可以参与到更大区域的、回报丰厚的丝绸之路贸易中②，此举或许也是吐蕃王国在一个世纪内得以迅速强大的重要原因之一③。吐谷浑和苏毗地区以善养良马著称，为吐蕃军队提供大量的"大料集"④。气候原因可能对此政治局势产生了一定影响，重建的降水变化显示，正是在576—675年间青藏高原北部地区相对湿润⑤，有利于马匹和粮食的生产。根据敦煌和米兰的吐蕃文书记载⑥，吐谷浑地区经常提供谷物粮食，并将其运往沙州（敦煌）和米兰，显然是通过青海的丝绸之路（地图3-1，路线3a、3b）来实现的。

青海丝绸之路为吐蕃开启了通往唐朝和西域的大门。7世纪后半至8世纪前半，吐蕃与唐朝通过祁连山通道在河西走廊展开激烈的拉锯战，多次攻陷河西诸州。吐蕃王国在赤松德赞统治时期（755—797年）达到强盛顶峰，安史之乱（755—763年）爆发之后，吐蕃乘虚而入，先攻占陇右各州，766年占甘州和肃州，781年攻陷沙州，至此河西地区尽为吐蕃所有。763年侵犯到唐都城长安，唐王朝被迫动员所有军事力量进行抵抗。吐蕃对河西走廊的占领持续了一百年，直到张仪潮于848年起兵推翻吐蕃统治。

在西域，吐蕃成功利用青海丝绸之路的战略优势，策动龟兹、疏勒及弓月的反唐叛乱。从7世纪后半期到8世纪初，吐蕃数次夺取安西四镇，并与阿拉伯联合进攻费尔干纳地区。吐蕃军队在塔里木盆地和中亚地区的活动应该也经由其他通道实现，如连接卫藏地区和喀喇昆仑山、帕米尔地区的所谓"中道"⑦，以及与勃律地区连通的

---

① C. I. Beckwith, The Tibet Empire in the west, In：M. Aris, Aung San Suu Kyi, eds., *Tibetan studies in honour of Hugh Richardson：Proceedings of the international seminar on Tibetan studies, Oxford 1979*, Warminster：Aris & Phillips, 1980, pp. 30 – 38.

② 陈庆英、高淑芬：《中国边疆通史丛书：西藏通史》，中州古籍出版社，2003年，第34页。

③ R. A. Stein, *Tibetan civilization*, Eng. transl. by J. E. S. Driver, Reprint, California：Standford University Press, 1972, p. 62.

④ F. W. Thomas, *Tibetan literary texts and documents concerning Chinese Turkestan（Part II：Documents）*, London, 1951, pp. 5 – 7.

⑤ P. Tarasov, Karl-Uwe Heussner, M. Wagner et al., Precipitation changes in Dulan from 515 BC – 800 AD inferred from tree-ring data related to the human occupation of NW China, *Eurasia Antique*, 2003, vol. 9, pp. 303 – 321.

⑥ F. W. Thomas, *Tibetan literary texts and documents concerning Chinese Turkestan（Part II：Documents）*, p. 17, Fr. 66；p. 30, M. I. xxviii, 1.

⑦ 〔日〕森安孝夫著，钟美珠、俊谋译：《中亚史中的西藏——吐蕃在世界史中所居地位之展望》，《西藏研究》1987年第4期；殷晴：《古代于阗和吐蕃的交通及其邻关系》，《民族研究》1994年第5期；霍巍：《从考古材料看吐蕃与中亚、西亚的古代交通——兼论西藏西部在佛教传入过程中的历史地位》，《中国藏学》1995年第4期。

"勃律道"①。但由于过于遥远的空间距离和极端恶劣的自然条件，使得这些通道都是辅助性和临时性的，无法取代青海道的主导地位。在 7 世纪末唐朝重新夺回了安西四镇后，经青海入西域严重受阻，吐蕃才寻求开通勃律道进入中亚②。

吐蕃控制了河西走廊和新疆南部的丝绸之路主干道，使青海丝绸之路成为整个丝绸之路交通网络中的一个内网。在唐蕃边境地区，双方都修建大量军事堡垒和哨所。唐朝一侧在鄯州（乐都为州治，管辖黄河谷地地区）广置烽戍，在边境的可通行关口设立了十多个军，其中西宁的河源军是其中最关键的军事要冲③。在新占领的吐谷浑、河西走廊和西域地区，吐蕃推行吐蕃化政策，复制管理体系，设置行政单位"冲"（khroms）④，迁入吐蕃移民，推广吐蕃的语言和文字、宗教信仰和服饰⑤。

唐蕃古道这一时期更加成熟和完善，吐蕃在整个占领区内已经建立了一整套驿传系统⑥，每百里设一驿⑦，各驿站除设置驿吏外，还安置斥候⑧，在驿递功能外，又能兼顾对交通路线的军事控制。在唐蕃古道沿线，出现了许多桥梁和馆驿，使之成为连接卫藏地区和东北边鄙的交通大动脉。《新唐书·地理志》⑨ 详细记载了 742 年前后的具体驿程⑩：

> 鄯城县"有河源军（军城在今西宁市古城台），西六十里有临蕃城（今湟中县多巴镇），又西六十里有白水军（今湟源县东）、绥戎城，又西南六十里有定戎城（今湟源县日月乡），又南隔涧（今湟源县药水河）七里有天威军，军故石堡城（大小方台）……又西二十里至赤岭（日月山），其西吐蕃，有开元中分界碑。自振武（即石堡城）经尉迟川（今倒淌河）、苦拔海（今尕海）、王孝杰米栅，九十里至莫离驿（今共和县恰卜恰镇，一说在共和县达连海一带）。又经公

---

① 王小甫：《七至十世纪西藏高原通其西北之路——联合国教科文组织（UNESCO）"平山郁夫丝绸之路研究奖学金"资助考察报告》，载史卜麟锡教授停年纪念论丛委员会编：《春史卜麟锡教授停年纪念论丛》，釜山：图书出版公司，2000 年 12 月，第 305—321 页。
② 杨铭：《吐蕃与南亚中亚各国关系史述略》，《西北民族研究》1990 年第 1 期。
③ 崔永红、张得祖、杜常顺编：《青海通史》，青海人民出版社，1999 年，第 172—173 页。
④ G. Uray, Khrom: Administrative units of the Tibetan Empire in the 7th – 9th centuries, In: M. Aris, Aung San Suu Kyi eds., *Tibetan studies in honour of Hugh Richardson: Proceedings of the international seminar on Tibetan studies, Oxford, 1979*, Warminster: Aris & Philllips, 1980, pp. 310 – 318.
⑤ 同③，第 194—200 页；王献军：《唐代吐蕃统治河陇地区汉族琐谈》，《西藏研究》1989 年第 2 期。
⑥ 张广达：《吐蕃飞鸟使与吐蕃驿传制度——兼论敦煌行人部落》，载北京大学中国中古史研究中心编：《敦煌吐鲁番文献研究论集》，中华书局，1982 年，第 167—178 页。
⑦ 《新唐书》卷二一六《吐蕃传》，第 6072 页。
⑧ 齐德舜：《吐蕃斥候考》，《中国藏学》2009 年第 3 期。
⑨ 《新唐书》卷四○《地理志》，第 1041—1042 页。
⑩ 《新唐书·地理志》以天宝元年（742 年）为标准年代，见华林甫：《二十世纪正史地理志研究述评》，《中国地方志》2006 年第 2 期。

主佛堂（约在今兴海县县城略北哇滩古城，一说在今兴海县河卡乡一带）、大非川（今兴海县大河坝河上游）二百八十里至那录驿（水塔拉河中游地区），吐谷浑界也。又经暖泉（今温泉）、烈谟海（今苦海），四百四十里渡黄河，又四百七十里至众龙驿（今称多县清水河镇）。又渡西月河（今称多县扎曲），二百一十里至多弥国西界。又经氂牛河（又作牦牛河，今通天河）度藤桥（今称多县尕朵乡吾云达一带），百里至列驿（今玉树县隆宝镇，原结隆乡）。又经食堂、吐蕃村（今玉树县年吉措，又名野鸡海）、截支桥（今杂多县子曲桥），南北两石相当，又经截支川（今杂多县子曲河谷），四百四十里至婆驿（杂多县子曲河上游子野云松多一带）。乃度大月河（今杂多县扎曲河上游扎阿曲）罗桥（约在今扎尕拉松多一带），经潭池、鱼池，五百三十里至悉诺罗驿（今杂多县当曲以北）。又经乞量宁水（今杂多县当曲）桥，又经大速水（今西藏聂荣县索曲）桥，三百二十里至鹘莽驿（今西藏聂荣县北），唐使入蕃，公主每使人迎劳于此。又经鹘莽峡十余里，两山相釜，上有小桥，三瀑水注如泻缶，其下如烟雾，百里至野马驿（今西藏聂荣县东北）。经吐蕃垦田，又经乐桥汤，四百里至合川驿（今西藏那曲）。又经恕谌海，百三十里至蛤不烂驿（今那曲南桑雄），旁有三罗骨山，积雪不消。又六十里至突录济驿，唐使至，赞普每遣使慰劳于此。又经柳谷莽布支庄，有温汤，涌高二丈，气如烟云，可以熟米。又经汤罗叶遗山及赞普祭神所，二百五十里至农歌驿（今拉萨市北羊八井）。逻些在东南，距农歌二百里，唐使至，吐蕃宰相每遣使迎候于此。又经盐池、暖泉、江布灵河，百一十里渡姜济河，经吐蕃垦田，二百六十里至卒歌驿（今曲水）。乃渡藏河，经佛堂，百八十里至勃令驿鸿胪馆，至赞普牙帐，其西南拔布海（今羊卓雍湖）"。①

关于唐蕃古道线路的记载，具体到各个驿站、桥梁、间隔里程，还包括自然地标、水道、附属国边界和个别重要驿站的使用情况，取代了《释迦方志》单纯以国别为单位的粗略记载，显示出唐蕃古道在吐蕃统一控制后对这条通道的经营和使用情况。

文献中也首次提到了自都城逻些通过柴达木盆地到沙州的交通路线（地图 3-1，路线 6）②，其走向很可能与今天的青藏公路和铁路线基本重合。这说明柴达木盆地当时已经成为一个交通枢纽地带。

---

① 对于沿途具体地点所对应的现代地名和位置，参考陈小平：《唐蕃古道》，三秦出版社，1989 年，以及崔永红：《文成公主与唐蕃古道》，青海人民出版社，2017 年。

② 芈一之：《八至十世纪甘青区社会状况述论》，《青海民族学院学报》1986 年第 2 期；崔永红、张得祖、杜常顺编：《青海通史》，青海人民出版社，1999 年，第 210 页。

二 通婚、遣使和商贸

唐蕃之间在政治和文化上的密切交流，得益于青藏高原北部区域紧邻唐境的地理位置优势，尤其是在唐蕃之间战争间隙短暂的和平阶段。706 年，当双方都几乎被无休止的战争耗尽之时，他们签订了友好协议。710 年，金城公主嫁于吐蕃赞普赤德祖赞，带着丰厚的嫁妆前往吐蕃，包括数万匹锦缯和杂伎诸工，以及来自龟兹的乐人[1]。通婚带来短期的和解，734 年唐蕃在日月山竖立了界碑。

670 年大非川之战后，唐朝对于吐蕃的优势地位逐渐削弱，安史之乱后更是丧失殆尽。但这一时期双方由于时战时和，互派使节更加频繁，主要任务是会盟、请和修好、朝贡、归俘、请婚、请市、请定界、吊唁等[2]。822 年，刘元鼎被派往吐蕃会盟，他的经行路线被详细记载下来[3]，可以看出与文成公主和金城公主入藏路线大方向基本一致。除了唐朝使团外，还有大量唐朝俘虏、佛教高僧和百伎出现在吐蕃境内。史载 782 年，吐蕃送还没蕃将士僧尼等八百人归唐，807 年，蕃使送唐俘僧惟良阐等四百五十人归唐[4]。随着吐蕃佛教的兴起，大量唐朝僧人入蕃，顿渐之争前到吐蕃的汉僧有 34 位之多[5]，他们翻译佛典，协助建塔造像，传播佛法。如此众多的汉僧在吐蕃活动，对于唐文化和唐朝佛教在吐蕃的传播起到了一定作用。当刘元鼎出使吐蕃，吐蕃赞普以"华制"馔味酒器盛情款待，并用来自唐朝的百伎演奏各类唐乐[6]。可见吐蕃人喜好唐人餐饮、服饰、乐器等物质生活，已习之以为风尚。

随着唐蕃互派使节的增多，大量奢侈物品以进贡或回赐形式在唐蕃之间交换。无论是官方还是民间往来，丝绸都是最为重要和最受欢迎的物品。719 年吐蕃遣使求和，唐王赐予吐蕃王室及高级贵族大量丝织品[7]。733 年唐朝使节李暠访问吐蕃，"以国信物一万匹、私觌物二千匹，皆杂以五彩遣之"[8]。吐蕃进贡的方物则以金银器为主，730 年进贡金器皿、金鸭盘盏、玛瑙杯等[9]，736 年进贡数百具形制奇异的金银器物[10]。

---

[1] 《新唐书》卷二一六《吐蕃传》，第 6081 页。
[2] 谭立人、周原孙：《唐蕃交聘表》，《中国藏学》1990 年第 2 期；谭立人、周原孙：《唐蕃交聘表（续）》，《中国藏学》1990 年第 3 期。
[3] 《新唐书》卷四〇《地理志》，第 1041—1042 页。
[4] 《旧唐书》卷一二《德宗本纪》，第 332 页，《宪宗本纪》，第 422 页。
[5] 索南才让：《唐代佛教对吐蕃佛教的影响》，《西藏民族学院学报》2008 年第 5 期。
[6] 同[1]，第 6103 页。
[7] 《册府元龟》卷九八〇《外臣部·通好》，第 11511 页。
[8] 《旧唐书》卷一一二《李暠传》，第 3336 页。
[9] 《册府元龟》卷九七九《外臣部·和亲二》，第 11502 页。
[10] 《旧唐书》卷一九六《吐蕃传》，第 5233 页。

除了官方的物品交流之外，唐蕃边境地区的互市也开通了。731 年和 815 年分别在日月山和陇州①（今陕西陇县）设立互市。吐蕃主要出售马匹、各类动物产品及本土物产，从唐朝主要购入丝绸和茶叶。作为唐蕃古道上的重要节点，日月山的贸易市场在这一时期空前兴盛。

吐蕃王国的扩张使得其境内的这些交通网络比以往更加完善和实用。历史上丝绸之路的重要性起起落落，部分是受到草原和农耕文明（中国、印度、伊朗和美索不达米亚）之间关系稳定性的影响，部分也是因为主要农耕文明地区经济和政治条件变迁的结果。当农耕文明或者游牧帝国占领了丝绸之路的大部分地区时，商人旅行更为自由，安全成本也更低，并且交通也更为兴旺②。跟与唐朝的贸易往来相比，吐蕃与西域的贸易情况以及青海道在吐蕃掌控下的使用情况，文献中有关记载并不多。实际上吐蕃与粟特、突厥、回鹘、黠嘎斯等民族的贸易和文化交流相当频繁，文献中提及一些吐蕃物产，如黄金、白银、麝香、食盐、牛羊、布匹、奴隶等，从吐蕃输入到中亚地区，中亚的细锁子甲、长剑等大量流入吐蕃③。这些物产的交换很大程度上是通过青海丝绸之路实现的。随着吐蕃在中亚的扩张和丝绸之路的延伸，不少中亚人也出现在吐蕃本部。至少在 8 世纪，在卫藏地区已经居住有不少来自于中亚的佛教僧侣、艺术家和商人④，他们多数是通过青藏高原北部的丝绸之路到达这里：摩尼教僧侣来自突厥（回鹘地区）、粟特和中原地区；景教僧人来自伊朗；伊斯兰教信徒来自阿拉伯地区⑤。很有可能在 7 世纪，吐蕃的本土宗教——苯教，已经吸收了一些外来因素。伊朗对苯教的宇宙观施加过影响，当吐蕃征服流行佛教的河西走廊和中亚地区时，双方也产生了相互碰撞，吸收了不少佛教的成分⑥。

第五节　小结

对于青藏高原丝绸之路的开拓，古人所面临的最大的障碍，就是难以逾越的高山

---

① 《新唐书》卷二一六《吐蕃传》，第 6085、6100 页。

② 〔美〕大卫·克里斯蒂安著，刘玺鸿译：《丝绸之路还是草原之路？——世界史中的丝绸之路》，载周伟洲主编：《西北民族论丛》2016 年第 14 辑，第 291—313 页。

③ C. I. Beckwith, Tibet and the early medieval florissance in Eurasia: A preliminary note on the economic history of the Tibetan Empire, *Central Asiatic Journal*, 1977, vol. 21, pp. 89 – 104.

④ 同③。

⑤ R. A. Stein, *Tibetan civilization*, Eng. transl. by J. E. S. Driver, Reprint, California: Standford University Press, 1972, p. 60.

⑥ S. G. Karmay, A general introduction to the history and doctrines of Bon, *Memoirs of the research department of the Toyo Bunko*, no. 33, Tokyo, 1975, pp. 171 – 218.

峡谷以及高海拔地区恶劣的自然环境。除了横断山区外，青藏高原庞大的山系和河谷，多沿东西走向分布，因而东西向的通道相对容易，而要打通南北向通道则困难重重，需要绕过一些分水岭上的狭隘山口、趁冬季结冰时跨越一些无法修建桥梁的河流，还要应对缺乏补给的人烟稀少地带，这遏制了人类向高海拔地区的进发，以及高原内部的交流互通。自然因素之外，政治和军事因素对通道发展进程的影响也具有决定性意义，民间的通道在局部地区自古都已存在，甚至也存在跨越一定区域的商业通道，但其利用并不固定和频繁，需要官方的推动才能将局部的片段连接成跨越长距离的网络，并通过建立驿站和军事据点固定下来，保持其常年畅通无阻。

从文献记载来看，青藏高原丝绸之路的开拓是分阶段、自北而南、从较低海拔到较高海拔的一个历史过程。青藏高原东北部的河湟谷地海拔最低，交通路线开发最早，与河西走廊的丝绸之路主干道基本并行，在西汉时期已经成为丝绸之路网络的一个组成部分，并且纳入了中原王朝统一的管理体系。而日月山以西的青海湖地区，由于海拔较高，地处险远，虽然新莽和东汉时期这一地区也划归了中原王朝管理，但仅仅作为帝国的边疆要塞和有限的农业区，在东西方交通联系和文化交流上并没有体现出足够的价值。

横贯青藏高原北部地区的丝绸之路，注定只能依赖游牧民族才得以开拓和发展。汉晋南北朝时期，先后主宰这一地区的分别是羌人和吐谷浑人，他们在中原王朝的军事压力下不得不向西部扩展，因此自青海湖向西跨越柴达木盆地、最终抵达塔里木盆地的东西向交通逐渐发展起来。东西走向的庞大山系将这一区域沿东西方向分割，规定了这一通道的基本方向，昆仑山和祁连山的高山融水沿南北向注入深处于内陆的柴达木戈壁滩，沿盆地的边缘地带孕育了一系列绿洲，为过往迁徙的游牧民族提供生存的基地，也为过往商队、使者、僧侣、军队提供补给。在南北朝时期，由于河西走廊战乱频繁，加之自敦煌经楼兰到若羌的丝绸之路南线已经因环境变化局部废弃[①]，这条线路迎来了历史上第一个黄金时期。与此同时，北魏、隋朝和唐朝向青藏高原北部的扩张，对吐谷浑这一高原王国的生存空间产生挤压，迫使吐谷浑进一步去认知周边海拔更高、环境更艰险的自然地带，白兰、河源等地往往成为其逃脱中原军队征讨的避难地，这促进了南北向通道的开发利用，为唐蕃古道的贯通奠定了基础。吐谷浑成为最了解并能充分利用青藏高原北部交通地理的丝绸之路主宰者。

唐蕃古道从北向南纵贯整个青藏高原，需要跨越数个高大的分水岭和峡谷，是整个青藏高原最为艰险的道路之一，只有依靠官方强有力的支撑才可以开通和维护，并

---

① 周廷儒：《论罗布泊的迁移问题》，《北京师范大学学报（自然科学版）》1978 年第 3 期。

依赖沿途所经的多个政权的支持与合作。与横贯东西的青海道不同，唐蕃古道的最终开通是以通婚为纽带、以佛教为动力而实现的，并以之作为象征。当然，其背后仍然是唐朝对吐蕃和吐谷浑的绝对实力优势。唐朝与吐谷浑和吐蕃、吐蕃与尼泊尔均在 640 年前后通婚结亲，这看似历史上的偶然事件，促成了唐朝与几个高原王国之间的信任与合作。佛教输入和友好的文化交流成为唐蕃古道承载的主要功能，中原王朝首次可以跨越青藏高原，与南亚次大陆古代文明实现直接的交往。自此中原文明与印度之间，除了沙漠丝绸之路和海上丝绸之路之外，又开通了新的路线——高原丝绸之路，这是人类文明克服自然屏障、打通高原壁垒的一个伟大创举，也是沿途各民族、政权实现和平交往、互联互通愿望的体现。

唐蕃古道的开通为吐蕃打开了通往外部世界的窗口，也打开了其战略扩张的潘多拉盒子。吐蕃在雅隆河谷崛起后，南有喜马拉雅山脉的阻隔，北有物产富饶、文化先进的吐谷浑和唐朝的巨大引力，自然选取东北向作为其扩张的主要方向。唐蕃古道之所以沿东北方向经玉树、青海湖到达长安，而没有选取经羌塘和格尔木更加平坦的正北方向，或是向东跨越横断山区通往益州，主要是因为这一路线虽然崎岖险要，但沿途定居点较多，并且距离吐谷浑统治的中心——青海湖地区和中原王朝的政治文化中心也更加接近。在征服羊同、苏毗、白兰、党项和吐谷浑等高原王国的过程中，吐蕃掌握了青藏高原大部分地区的江河山川地理信息，在各条交通沿线建立众多馆驿和军事要塞，保证对新领地的有效控制。

吐蕃经营和利用唐蕃古道和青海道两百多年，使其成为吐蕃境内输入和输出政治、军事、经济和文化要素的主动脉。卫藏地区与中原王朝、西域、南亚诸国都建立起直接的官方联系，吐蕃沿着这些通道向东北和西北扩大领地，输出影响，唐朝和西域的人员、商品、文化也源源不断地输送到吐蕃腹地，对吐蕃民族的构成、吐蕃文化的面貌特征都产生了极为深远的影响。

第四章

汉晋时期(公元前 3 世纪—公元 3 世纪)考古遗存

第一节　西汉之前考古资料综述

青藏高原的人类历史始于何时？人类向青藏高原扩张的模式和群体的动态变化过程是怎样的？这一直都是学术界充满兴趣而又一时无法解决的问题。线粒体 DNA 的分析证据表明，远古时期的藏族人基因源自北亚和西伯利亚人群[①]。藏族群体 Y 染色体和线粒体 DNA 的大范围抽样谱系研究结果表明，现代藏族人群和东亚其他人群具有最近的共同祖先，共祖的时间最早在距今 3 万年以上，说明早在旧石器时代晚期，藏族已经生活于青藏高原。另外，藏族也有一些和汉族共享的、相对年轻的单倍型线粒体 DNA，共祖时间在距今 1 万年至 7000 年间，表明在新石器时代早期，应该发生了人群第二次迁入青藏高原的事件。这一次汉族的祖先群体——氐羌部落人群进入了青藏高原，并与旧石器时代的藏族人群融合，最终形成现代藏族的人群格局和遗传背景[②]。

分子生物学的分析在一定程度上得到了考古学的支持。可靠的考古证据和碳十四年代数据可以将人类在青藏高原的活动溯推至旧石器时代（距今 4 万—3 万年）[③]。这一阶段的遗址发现于小柴旦（位于柴达木盆地中部）、黄河上游谷地（共和附近）、青

---

① A. Torroni，J. Miller，L. Moore et al.，Mitochondrial DNA analysis in Tibet-Implications for the origin of the Tibetan population and its adaptation to high altitude，*American Journal of Physical Anthropology*，1994，vol. 93，no. 2，pp. 189 – 199.

② M. Zhao，Q. Kong，H. Wang et al.，Mitochondrial genome evidence reveals successful Late Paleolithic settlement on the Tibetan Plateau，*Proceedings of the National Academy of Sciences of the United States of America*，2009，vol. 106，no. 50，pp. 21230 – 21235.

③ W. Huang，The prehistoric human occupation of the Qinghai-Xizang Plateau. *Göttinger Geographische Abhandlungen*，1994，vol. 95，pp. 201 – 219.

海湖南部地区和西藏羌塘高原的色林错、尼阿木底等①。对于人类征服青藏高原的过程，学者们提出并论证了"三级跳模式"，即人类自高原北部的低海拔地区，通过较高海拔的青海湖东部地区，分阶段地逐步迁徙到更高海拔的高原中部地区②。青海湖畔的试掘提供了初步的证据，支持旧石器时代晚期人群从低海拔地区短期进入高原进行搜食行为，他们可能是通过黄河或湟水谷地到达这一地区③。这一推断不但得到了分子生物学、古气候和细石叶技术传统的支持，而且也与晚期文献记载中的高原人群迁移大趋势相吻合。

距今 1.4 万年至 1 万年，青海湖西畔的江西沟和黑马河已经出现了小型的季节性狩猎营地遗址。距今 8000 年前后，青藏高原以东的黄土高原西部，粟黍农业得到快速发展，人群向人口相对稀少的西部扩张，狩猎采集人群活动范围受到排斥和挤压。距今7000 年前后，青海湖地区出现了最早的陶器，显然是受到东部农业文化区的强烈影响。位于共和盆地的拉乙亥遗址与中国北方的同时期石器制作技术表现出很多共性，还出现了类似的粮食加工工具，暗示两地之间存在一定的关联性④，食物搜寻者的身份已经开始发生变化，出现了由猎人向农业或牧业方向转化的趋势⑤。

青藏高原新石器时代遗址的数量较旧石器时代有明显增长，但遗址分布的海拔高度明显下降，主要集中在海拔 2500 米以下的河谷地带。东北部的河湟谷地是新石器遗址最为集中的区域。新石器文化包括仰韶晚期（距今 5500—5000 年）和马家窑文化（距今 5300—4000 年）。马家窑文化因最早在甘肃省临洮县瓦家坪马家窑遗址发现而得名，主要分布在甘肃境内，青海省境内集中分布在湟水谷地的乐都、民和、大通和黄河上游的兴海、贵德、循化和化隆⑥。该文化房址多为半地穴式，墓葬多为土坑墓，以原始农耕经济为主，兼有狩猎和家畜饲养业。发现有石制和骨角生产工具和狩猎工具，主要粮食作物为粟和黍，饲养的家畜为猪、狗、羊、牛等，有发达的彩陶。

① X. L. Zhang et al., The earliest human occupation of the high-altitude Tibetan Plateau 40 thousand to 30 thousand years ago, *Science*, 2018, vol. 362, no. 6418, pp. 1049 – 1051. DOI: 10. 1126/science. aat8824.

② a: P. J. Brantingham, H. Z. Ma, J. W. Olsen et al., Speculation on the timing and nature of Late Pleistocene hunter-gatherer colonization of the Tibetan Plateau, *Chinese Science Bulletin*, 2003, vol. 48, pp. 1510 – 1516; b: D. B. Madsen, H. Z. Ma, P. J. Brantingham et al., The Late Upper Paleolithic occupation of the northern Tibetan Plateau margin, *Journal of Archaeological Science*, no. 33, 2006, pp. 1433 – 1444.

③ 同②b。

④ 盖培、王国道：《黄河上游拉乙亥石器时代遗址发掘报告》，《人类学学报》1983 年第 1 期。

⑤ 汤惠生：《青藏高原旧石器时代晚期至新石器时代初期的考古学文化及经济形态》，《考古学报》2011 年第 4 期。

⑥ 青海省文物考古研究所：《青海省考古五十年述要》，载文物出版社编：《新中国考古五十年》，文物出版社，1999 年，第 455—467 页；崔永红、张得祖、杜常顺编：《青海通史》，青海人民出版社，1999 年，第 6 页。

马家窑文化遗址的分布说明新石器时代以粟黍为主的农业人群已经大规模常年定居在青藏高原低海拔河谷地带。从马家窑文化的空间分布变化趋势可以看出青藏高原东北麓地带人群活动的轨迹：马家窑文化的四个类型（石岭下类型、马家窑类型、半山类型、马厂类型），表现出自东向西发展的趋势[①]；河西走廊的武威和酒泉发现该文化遗址，应与湟水流域的早期文化有密切的关联；马家窑文化自青藏高原东麓南下，一直到达四川北部地区；西藏昌都卡若遗址的打制石器、彩陶、半地穴式建筑基址以及人工栽培作物粟，可能都是受到甘青地区马家窑文化的影响所致[②]。由此可见氐羌系统人群在青藏高原东北和东南地区的移动规律，实际上体现了这一区域早期的交通的拓展状况。

齐家文化（距今 4200—3600 年）是新石器文化晚期向青铜文化早期过渡的文化，是马家窑文化马厂类型的继承和发展，分布区域和出土遗存组合特征与马家窑文化相似，而最西部已达青海湖畔[③]。原始农业仍然是主要的生业形态，生产工具继承了马家窑文化的特点，家畜饲养有了较大发展，渔猎经济仍是重要的辅助经济。冶铜业已经起源，出现了中国最早的铜镜[④]。冶金考古研究揭示了齐家文化与更遥远的北方和西方之间的关联性，尤其是欧亚草原地带的塞伊玛—图尔宾诺文化现象已经输入到这一地区，并进一步以甘青地区为媒介，将这些外来因素向中原地区传递[⑤]。这一联系和接触并非单向的，而是双向相互作用的过程[⑥]。考古资料首次展现出一个宏大的欧亚大陆图景，显现出沟通东西方的丝绸之路的雏形。

青藏高原青铜时代遗址数量较新石器时代显著增多，分布空间扩张至海拔 4000 米以上。辛店文化（距今 3400—2400 年）主要分布在海拔 2500 米以下的湟水谷地，集中于民和、乐都、互助和大通，以农业为主，兼营畜牧，有发达的彩陶和石制、骨制生产工具，丧葬习俗继承了马家窑文化和齐家文化的特点。辛店文化与中原地区青铜文化的联系很明显，陶器装饰纹样显然是来自中原地区的风格[⑦]。

---

① 安金槐编：《中国考古》，上海古籍出版社，1992 年，第 103 页。
② 西藏自治区文物管理委员会、四川大学历史系：《昌都卡若》，文物出版社，1985 年，第 151—156 页。
③ 青海省文物考古研究所：《青海省考古五十年述要》，第 459 页。
④ 青海省文物考古研究所、北京大学考古文博学院：《贵南尕马台》，科学出版社，2016 年，彩版九。
⑤ L. G. Fitzgerald-Huber, Qijia and Erlitou: The question of contacts with distant cultures, *Early China*, 1995, no. 20, pp. 17 – 67；林梅村：《塞伊玛——图尔宾诺文化与史前丝绸之路》，《文物》2015 年第 10 期；高江涛：《试论中国境内出土的塞伊玛——图尔宾诺式倒钩铜矛》，《南方文物》2015 年第 4 期；刘翔：《青海大通县塞伊玛——图尔宾诺式倒钩铜矛考察与相关研究》，《文物》2015 年第 10 期；胡保华：《试论中国境内散见夹叶阔叶铜矛的年代、性质与相关问题》，《江汉考古》2015 年第 6 期。
⑥ J. J. Mei, Qijia and Seima-Turbino: The question of early contacts between Northwest China and the Eurasian Steppe. *Bulletin of The Museum of Far Eastern Antiquities*, 2003, vol. 75, pp. 31 – 54.
⑦ 中国大百科全书编辑委员会编：《中国大百科全书·民族》，中国大百科全书出版社，1992 年，第 585—586 页。

卡约文化（距今 3600—2600 年）主要分布在海拔 2500—3400 米的黄河上游谷地、共和盆地和青海湖盆地。这一时期遗址数量猛增，分布地域急剧扩大，畜牧业生产比前代有了很大发展，陶器制造衰退，生产工具除了沿用前代的石、骨器外，农作物以粟麦为主。冶铜技术比齐家文化时期又进了一大步，多见各类小件青铜工具和兵器，明显受到了中原和北方草原地带的影响①。

诺木洪文化（距今 3000—2400 年）则分布在海拔 2700 米以上的柴达木盆地东部地区，有 40 多个遗址，其中以巴隆的搭里他里哈、香日德的下柴克遗址最为重要②。房屋主要为木结构建筑和土坯围墙，圈栏内饲养羊、牛、马、骆驼以及牦牛，动物畜养已经成为重要的经济活动。有石制和骨制农业生产工具，冶铜业比较进步，还发现有毛织物、皮革制品等，可能为本地制作。最重要的是发现两件残木车毂，显示畜力牵引的木车已经创造出来并投入使用，这对于青藏高原的交通发展具有重大的意义。诺木洪的文化面貌与其他已知文化差别明显，但并非隔绝孤立的。早期的陶器受到新疆东部地区的影响，土坯房屋的出现显示其可能通过阿尔金山口与新疆南部绿洲农业文化建立了密切联系。晚期的陶器有卡约文化的因素，与卡约文化的西进有关③。柴达木盆地在这一时期已经表现出东西方文化碰撞交汇的特征。

由此可见，在距今 3600 年之后，以种植大麦和牧羊为主的农牧混合经济人群大规模扩张，并永久定居至海拔 3000 米以上的高海拔地区。人类在向青藏高原定居的过程中，给青藏高原东北边缘地区带来的农业技术革新发挥了决定性的作用④，尤其是麦作农业和青铜农业工具的出现和流行是其中最为关键的因素。河湟地区这些农业生产和手工业技术，应该源自河西走廊地区⑤，它们的输入大大促进了河湟地区氏羌人群聚落的发展，使得他们在全球气候变冷的环境条件下，仍然有足够的能力在青藏高原东北缘不断开拓生存空间，形成越来越多的聚落，为后来汉代聚落的分布和青海丝绸之路的形成奠定了基础。

---

① M. Wagner, Kayue-Ein Rundkomplex des 2. Jahrtausends v. Chr. am Nordwestrand des chinesischen Zentralreiches, In: R. Eichmann, H. Parzinger, eds., *Migration und Kulturtransfer*, *Der Wandel vorder-und zentralasiatischer Kulturen im Umbruch vom 2. zum 1. vorchristlichen Jahrtausend*: *Akten des Internationalen Kolloquiums Berlin*, 23. bis 26. *November 1999*, Bonn, 2001, pp. 37 – 56；青海省文物考古研究所：《青海省考古五十年述要》。

② 青海省文物考古研究所：《青海省考古五十年述要》。

③ 水涛：《甘青地区青铜时代的文化结构和经济形态研究》，载水涛：《中国西北地区青铜时代考古论集》，科学出版社，2001 年，第 193—327 页。

④ G. Dong, D. Zhang, X. Liu et al., Response to Comment on "Agriculture facilitated permanent human occupation of the Tibetan Plateau after 3600 BP", *Science*, 2015, vol. 348, no. 6237.

⑤ 陈国科：《西城驿——齐家冶金共同体——河西走廊地区早期冶金人群及相关问题初探》，《考古与文物》2017 年第 5 期。

第二节　汉晋时期墓葬

根据 2002 年的统计，青海省经过调查的汉晋时期遗址达到 236 处[①]，其中 50 余处为墓地，一半以上面积在 1 万平方米以上[②]。大多数汉晋墓葬集中于青海省东北部的湟水中下游地区，尤其是今西宁、大通、互助、平安、乐都和民和地区（地图 4 - 1）。黄河上游地区分布较少，在青海湖及其以西的广袤地区，除了共和之外，汉晋墓葬极为稀见。迄今为止，大部分汉晋时期墓葬都只经过简单的调查，只有一些大型墓地如大通上孙家寨墓地，西宁南滩墓地、彭家寨墓地、童家寨墓地和陶家寨墓地，互助汪家庄墓地，平安北村墓地和高寨墓地，以及民和东垣汉墓等，在过去数十年内经过科学的考古发掘。经粗略统计，自 20 世纪 70 年代至今，共发掘汉晋时期墓地 30 余处 200 余座墓葬[③]。

虽然大部分为抢救性发掘，这些墓地仍然出土大量的材料，以下的章节将以上孙家寨墓地为典型，进行详细的类型学分析，然后对其他重要墓地进行简单介绍。墓葬随葬品种类丰富，数量庞大，将在最后对其中具有区域文化交流指标意义的材料进行集中讨论。

一　上孙家寨汉晋墓地（地图 4 - 1：1）

上孙家寨墓地位于大通县后子河乡，南距西宁 14 千米，在湟水主要支流北川河西岸。这一带青铜时代墓葬数量很多，可见本地族群在该地区长期定居。汉代遗址数量也较多，上孙家寨墓地是河湟地区规模最大的汉晋时期墓地，面积达 50 万平方米以上。青海省文物考古研究所在 1973—1981 年间进行了考古发掘。为了工作的方便，该遗址被划分为两个区：甲区和乙区。甲区东西长 1000 米，南北宽 500 米，共发掘了 170 座汉晋墓葬，相对比较集中；乙区共发掘汉晋墓葬 12 座。这 182 座汉晋墓葬根据建造墓室的用材，可以分为三大类：41 座土圹墓，30 座木椁墓和 111 座砖室墓[④]。发掘报告在 1993 年出版，其中两座最重要的墓葬在早前单独发表[⑤]。

---

① 许新国：《青海考古的回顾与展望》，《考古》2002 年第 12 期。
② 国家文物局：《中国文物地图集·青海分册》，中国地图出版社，1996 年。
③ 张启珍、李冀源：《从河湟汉墓看"河西初开"时的多元族群融合》，《青海民族大学学报（社会科学版）》2018 年第 1 期。
④ 青海省文物考古研究所：《上孙家寨汉晋墓》，文物出版社，1993 年。
⑤ 青海省文物管理处考古队：《青海大通上孙家寨的匈奴墓》，《文物》1979 年第 4 期；青海省文物考古工作队：《青海大通县上孙家寨——五号汉墓》，《文物》1981 年第 2 期。

上孙家寨汉晋时期墓葬从公元前 1 世纪延续到公元 3 世纪，墓葬形制和随葬品组合的演变序列非常完整，通过它们可以窥见汉文化在河湟地区传播和融入土著文化的过程。三类墓葬和相应的墓葬实例列举如下①。

（一）土圹墓

简单的土圹墓为一个垂直向下的土坑，或掏土洞为墓室，带有斜坡或阶梯墓道，墓室内不见木棺和砖室。所有土圹墓都形制简陋，规模较小。根据其墓葬结构，可以分为两型。

I 型　竖穴土坑墓

共有 16 座墓葬为竖穴土坑墓，墓室平面呈圆角长方形，规模小。在 4 座墓葬中放置有灰砖，以象征砖室。5 座墓葬中有木棺或瓦棺。木棺腐朽严重，仅可辨别其形状为长方形；瓦棺皆用板瓦拼成。所有墓葬为单人葬，未经扰乱。人骨多为仰身直肢葬，仅有 2 例为仰身屈肢葬。随葬品较少，主要为泥质陶器，也有少量夹砂陶。个别墓葬中出土铜镜、石砚、铁器、玉珠、玻璃器、漆木器和铜钱。大多数墓葬仅随葬几个陶罐，还有一些墓葬不见任何随葬品。

墓葬 M154 是该类墓葬中随葬物品最为丰富的一例（图 4 - 2 - 1）。土坑长 3.78、宽 1.62、深 1.86 米。土坑内仅见木棺痕迹。墓主人为 14—15 岁的青年男性，仰身直肢葬，头向北。随葬品包括 3 件陶罐、2 件漆木器、1 件石砚板、1 件残铁器和少许动物骨骼。

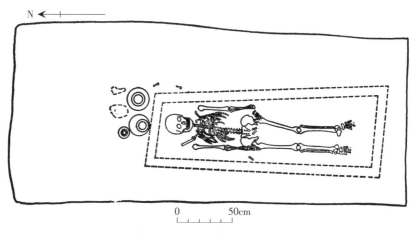

图 4 - 2 - 1　上孙家寨 M154

（《上孙家寨汉晋墓》第 11 页，图 7）

---

① 以下墓葬介绍均引自青海省文物考古研究所编著《上孙家寨汉晋墓》，文物出版社，1993 年。

II 型 带墓道的土洞墓

共有 25 座带墓道的土洞墓。墓葬建造时先挖斜坡或阶梯墓道，在其底部再挖一圆角长方形的墓室，墓室的入口处为拱形，有的用木板或立木封门。洞室平面呈长方形，宽度与墓道相当或稍宽。葬具为简单的木垫板（1 例）或长方形木棺（14 例）。16 座为单人葬墓，8 座为合葬墓。二次葬很常见。有 4 座二次葬的人骨上放有灰砖。葬式多为仰身直肢葬，少数俯身屈肢葬。大多数墓葬的随葬品都多于 I 型墓葬，包括陶灶、铜镜、铜鼎、带钩、铁器和漆耳杯等，一些墓葬中还出土铜钱和动物骨骼。

M126（图 4 - 2 - 2），墓向正北，带斜坡墓道，坡度为 28°，长 3.98、宽 0.74、底端深 2.30 米。洞室平面呈长方形，长 2.92、宽 0.74—0.96、高 1.34 米。木棺长 2.06、宽 0.67 米。墓主人为 28 岁左右的青年男性，仰身直肢葬，面向西。随葬物品有 3 件陶罐，1 件铁器和一些狗骨。

（二）木椁墓

此类墓葬都带有斜坡墓道和一套木棺椁。墓道通向墓室正中，所有墓葬都有一个或多个木椁，约三分之一的墓葬在木棺外用 3—5 个竖立的木柱加固，多数墓室的入口用立木封门。根据其墓葬结构，可以分为两型：

I 型 洞室木椁墓

共 20 例，有斜坡墓道，洞室为圆角方形，木椁大小与洞室相当，多已腐朽。根据个别保存相对完整的木椁，可以对其复原：长方形，底、壁用数块木板拼成，盖板用

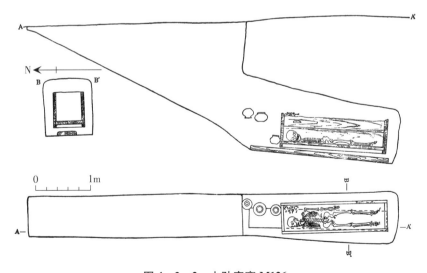

图 4 - 2 - 2 上孙家寨 M126

（《上孙家寨汉晋墓》第 17 页，图 12）

木板或半圆木横搭，前端无挡板，普遍用立木插堵，在一些墓葬中还在椁室外竖立一些木桩以加固椁室。17 座墓葬内有棺或底板，而在大多墓葬内已腐朽不见。棺为木板拼合，有的带有铜质饰物。共有 9 座单人葬墓和 11 座夫妇合葬墓，人骨多为仰身直肢葬，俯身直肢葬和仰身屈肢葬较少见。有的墓葬为二次葬或二次扰乱葬。随葬物品主要为陶器，也有一些铜铁器和漆木器。铜钱包括半两钱和五铢钱。与土圹墓相比，发现有更多动物骨骼，包括马、牛、羊、猪、狗、鸡等，多为头骨或部分肢骨，少数为整牲。

墓葬 M135（图 4 - 2 - 3），墓向正北，斜坡墓道，坡度 27°，长 7.36、宽 0.78—1.00、底端深 4.90 米。洞室平面为圆角长方形，长 4.00、宽 2.40、高 3.00 米。葬具为一椁两棺，椁长 3.60、宽 2.04、高 0.92 米，以木板和方木拼成，挡板外用木桩加固，无前挡板，前挡处用独木封堵。两棺并列放于椁后方。东侧棺长 2.20、宽 0.74、残高 0.17 米，墓主人为 40—50 岁男性；西侧棺长 2.14、宽 0.60、高 0.20 米，墓主人为一成年女性。二人头皆向北，仰身直肢葬。随葬物品放置于棺前侧，包括 5 件陶罐，1 件陶盆，1 件铜釜和狗及其他动物骨骼。

II 型　竖穴木椁墓

共 10 座，墓葬由带墓道的竖穴土坑和木椁构成。竖穴土坑为长方形，木椁与 I 型墓葬相同，仅一座墓例外，为砖木混合结构。围绕着木椁周边出现有二层台，用以支撑木椁盖板和墓坑填土。椁内有棺，大多数为夫妇合葬，仅有一例为单葬墓。均为一次葬，葬式为仰身直肢葬和仰身屈肢葬。其中 8 座墓葬随葬有陶器，数量通常为 3 到 5

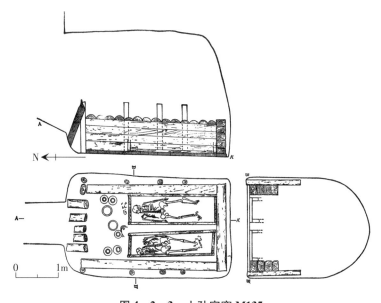

图 4 - 2 - 3　上孙家寨 M135

（《上孙家寨汉晋墓》第 25 页，图 18）

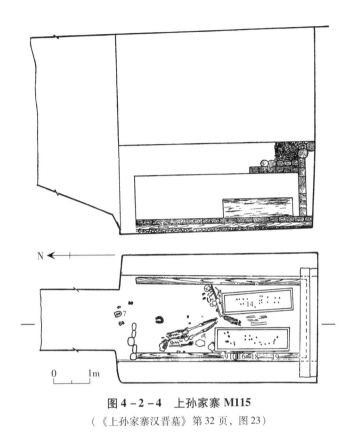

图 4 - 2 - 4　上孙家寨 M115

（《上孙家寨汉晋墓》第 32 页，图 23）

件。其他器物多见铜镜、铜钱、石砚和铜车马。铜钱出土数量悬殊，有的仅有一两枚，有的多达数百枚。4 座墓葬中出土有动物骨骼。墓葬 M115 内发现有木简牍。

墓葬 M115（图 4 - 2 - 4）墓向正北，带斜坡墓道，坡度为 17°，长 13.82、宽 1.50、底端深 4.70 米。竖穴土坑长 5.80、宽 3.5、深 5.50 米。东西两壁有二层台。葬具为一椁双棺。椁为方木拼成，两侧壁外立圆木加固，无前挡，用立木封堵。椁室长 5.30、宽 2.20、高 1.90 米，上部堆积木炭层。两个内棺并列放置于椁内后侧。东侧棺长 2.04、宽 0.66 米，墓主人为男性。西侧棺长 2.10、宽 0.66 米，内为一女性。双棺均残高 0.55 米。棺外原应有鎏金铜饰，已散落地上。该墓早年被盗扰，男女尸骨均被弃于棺外。随葬品较为丰富，但都失去原位，包括 4 件陶壶、1 件陶灶、3 枚铜镜、1 枚铜印、96 件铜车马器、6 件铜弩构件、3 件铁刀、1 套石砚、1 件玉鼻塞、1 件木盒、大量木简牍和 400 多枚五铢钱，另外还有一些铜、铁质抓钉和棺饰件。

（三）砖室墓

砖室墓都带有墓道，少数墓葬上还残留有封土堆。营建砖室墓的次序如下：先挖出墓道和墓室的土坑或侧室的土洞，然后用砖砌墓室及甬道，当将墓主人和随葬用品放置入墓室后，回填土坑，在墓葬上方夯筑封土冢。墓道一般位于墓室正中，呈长方形，为斜坡状，少数为阶梯形。墓道的长短、宽窄与墓室的规模大小成正比。墓门为拱形，门券以上砌筑仿地面建筑的额墙。墓门用砖封堵。根据墓室平面结构、墓顶形制的区别，可将砖室墓分为四种类型。

I 型　单室券顶墓

共 36 座，均带斜坡墓道，长方形墓室，墓室券顶结构。墓室内有木棺的为 14 座，多数已腐朽，人骨扰乱严重。从头骨数量来看，除单人葬和 2 人合葬外，还出现了 3 人以上的合葬墓。葬式主要为仰身直肢葬，少数为俯身屈肢葬和侧身屈肢葬，二次葬也较多见。随葬物品包括陶器、铜器、铁器、漆器及各类饰物。一部分墓葬中发现有动物骨骼。

墓葬 M91（图 4-2-5）墓向正北，斜坡墓道坡度为 25°，宽 0.90、底端深 3.90米。墓道未完全揭露，长度不明。砖室平面呈长方形，长 4.50、宽 1.60、高 1.76 米。墓室内有两木棺，大小相当，长 2.06、宽 0.60、高 0.54 米。西侧棺内为一男性，面向西；东侧棺内为一女性，面向上，皆为仰身直肢葬。随葬品放置于墓室前侧，包括 1 件砖灶，3 件陶罐、陶灯、铜盆、漆案、石砚、铜镜和煤精耳珰各 1 件，2 枚五铢钱、2 件木马、2 件木盒和一堆动物骨骼。

II 型　单室穹隆顶墓

9 座砖室墓为单室穹隆顶式，由斜坡墓道、墓门、甬道和墓室构成。墓室为方形，四壁逐渐收分成为穹隆顶。有的墓葬在入口处有一堵矮墙。4 座墓葬内发现有木棺残迹，但形制不明。3 座单人葬，2 座合葬，1 座多人合葬，2 座迁葬墓。多数人骨扰乱严重，葬式不明。可以辨别 1 具骨架为仰身直肢葬。1 座墓葬内可见二次葬和二次扰乱葬。随葬品有陶器和釉陶器、铜器、各类饰珠，个别墓葬有动物骨骼。

墓葬 M111（图 4-2-6），墓向正北，斜坡墓道长 6.68、宽 0.90、底端深 3.84米。在墓葬入口处有一甬道。墓室近方形，四壁略有弧度，穹隆顶，长 3.0、宽 2.8、高 3.3 米。墓室内东南角放置一具女性骨骼，仰身直肢葬，无葬具。头前和股骨下分别放置一块灰砖。随葬品包括 1 件陶罐和一些动物骨骼。

III 型　前后室券顶墓

该类型砖室墓有 5 座，有前后两室，皆为券顶。有的墓葬有一侧室。4 座墓葬中有木棺。可以鉴别的墓葬中多为多人合葬墓，合葬 2—6 个个体。多数骨骼被扰乱，葬式清楚的有仰身直肢葬和二次葬。随葬品有陶器、铜器、铁器、漆木器、钱币和各类珠饰，有的墓葬有动物骨骼。

乙区墓葬 M12（图 4-2-7），头向正南，墓道宽 1.50、底端深 3.55 米，长度不明。墓室入口处有一短甬道，两室平面皆为方形。墓室总长 2.94、最宽 2.06、最高 1.80 米。双室皆为券顶。墓室后部放置两具木棺，东棺长 1.96、宽 0.50 米，墓主人为一位女性；西棺长 2.16、宽 0.54，墓主人为一位男性。其年龄和具体葬式不详。随葬物品有 5 件陶罐、1 件陶灶、1 件铜镜、2 件木马和 10 枚五铢钱。

IV 型 前后室穹隆顶墓

共 57 座。规模较大，都有两个墓室。14 座墓葬为前室方形穹隆顶，后室长方形券顶；其余 43 座前后室皆为穹隆顶。前室平面皆为方形，后室多为方形，少数为长方形。其中，11 座墓葬有 1—2 个长方形侧室。7 座墓葬在前室内砌有砖台。大多数墓葬内有一具木棺，只有 1 座墓葬为一棺一椁。多为合葬墓，合葬 2—16 个个体，多数骨骼被严重扰乱，因此葬式不明。但可见有仰身直肢葬、仰身屈肢葬和二次葬。随葬品主要为陶器，包括罐、灶、仓、井等。铜器多为餐具，铁器多为工具。漆木器多数腐朽。饰物材质多样，有金、银、玉、玻璃、骨、角、石、琥珀等。大多数墓葬内发现有铜钱，最多达 145 枚。少数墓葬内有动物骨骼。

乙区墓葬 M6（图 4 - 2 - 8），地表有圆形封土堆，高 10、直径 20 米，墓向正北。斜坡墓道坡度为 10°，长 31.50、宽 1.90—2.10、底端深 4.80 米。砖室结构包括五个部分：墓门、穹隆顶前室、穹隆顶后室、前室甬道和后室甬道。墓室总长 14.5、最宽 4.40、高 4.20 米。前室内靠近西壁和南壁砌砖台，在后室甬道处砌有另外一个砖台。墓室内发现有 16 具骨架，包括 7 个成年男性、7 个成年女性和 2 个儿童，骨骼均凌乱，散落在墓室淤泥中。随葬陶器多放置在前室，一些贵重物品则放置在后室。随葬品有大量陶器和釉陶器，种类有瓮、罐、瓶、碗、盘、盆、灯、灶、井和器盖；铜器有甑、簪、镜、弩机构件等；半宝石饰物有绿松石、玛瑙、琥珀等；铜钱有五铢和半两钱；另外还发现有漆木器、银指环、谷物、铁棺钉、砖雕器物等，在甬道内发现山羊骨骸 1 具。

二 汉晋时期其他重要墓地

在过去数十年，由于中国西部地区的大规模基本建设，考古工作者发现和发掘了一大批汉晋时期墓地，出土了大量随葬物品。其中一些墓地规模较大，进行了多年的发掘工作。这些墓葬在地图 4 - 1 中进行了标注，本节选取其中一部分重要墓地进行具体介绍。

（一）西宁南滩墓地（地图 4 - 1：5）

位于西宁市南部，是青海省最大的东汉时期墓地之一。1964—1985 年进行了小规

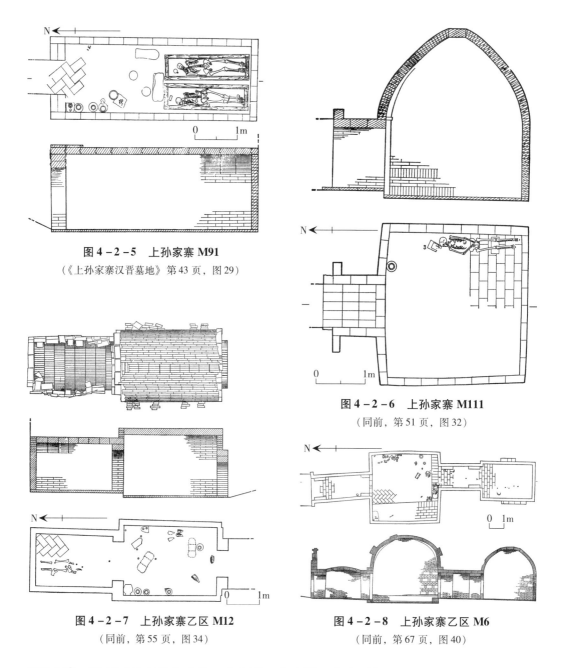

图 4 - 2 - 5　上孙家寨 M91

（《上孙家寨汉晋墓地》第 43 页，图 29）

图 4 - 2 - 6　上孙家寨 M111

（同前，第 51 页，图 32）

图 4 - 2 - 7　上孙家寨乙区 M12

（同前，第 55 页，图 34）

图 4 - 2 - 8　上孙家寨乙区 M6

（同前，第 67 页，图 40）

模发掘①，清理了两座单室砖墓，出土了一些木器，有木耳杯、木马和木牛车模型以及一些陶器。1999 年，在修建环城高速过程中，发现并清理了 23 座墓葬②。除了 M62 是

---

① 青海省文物管理委员会：《西宁市南滩汉墓》，《考古》1964 年第 5 期；任晓燕：《记西宁南滩的一座汉墓》，《青海文物》1987 年第 3 期。

② The Research Center for Silk Roadology ed., Studies of the Silk Road in Qinghai Province, China, *Silkroadology*, 2002, vol. 14, Nara: The Nara International Foundation, pp. 196 - 203.

一个土坑木椁墓外，其余墓葬皆为砖室墓：1 座为三室墓，2 座为双室墓，其余皆为单室墓。墓葬出土 400 余件随葬品，包括 60 件陶器，13 件砖雕器物，5 件泥质器物，54 件铜器，12 件铁器，11 件玉器，2 件玻璃器和 281 枚铜钱（图 4 - 2 - 9、10）。这些器物与上孙家寨墓地所出基本一致。从形制和年代序列来看，仅有 M62 可断为王莽时期，其余都为东汉中期。

（二）西宁陶家寨墓地（地图 4 - 1：3）

该墓地是西宁地区最大的汉墓群，位于西宁北郊的陶家寨村，墓地面积达 24 万平方米。20 世纪 50 年代还保留有 30 多座封土堆[①]。1980 年发掘了 6 座砖室墓，其中 2 座单室墓和 1 座双室墓皆为夫妇合葬墓，另外有 3 座双室墓为多人合葬墓，包含有 4—6 个个体。以 M1 为例，形制为双室带短甬道，后室券顶，前室顶部被毁。墓葬内出土 4 具木棺，放置于两个墓室内。每个木棺有一具人骨，皆仰身直肢葬。前室内的两具人骨为一男一女，后室的两具皆为男性。随葬品放置在靠近墓门的位置以及后室内，有陶罐、盆、灶、甑等。在墓主人耳朵周边散落一些珠饰（图 4 - 2 - 11）。

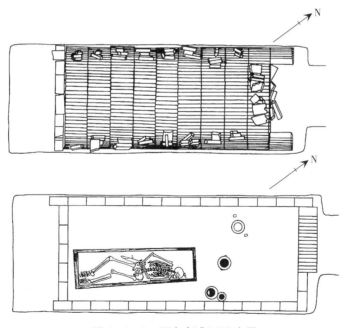

图 4 - 2 - 9　西宁南滩 M37 上层

（Studies of the Silk Road in Qinghai Province, China, pp. 199, fig. 7）

---

① 许淑珍：《西宁市陶家寨汉墓清理简报》，《青海考古学会学刊》1984 年第 6 期；The Research Center for Silk Roadology ed., Studies of the Silk Road in Qinghai Province, China, pp. 134 - 136.

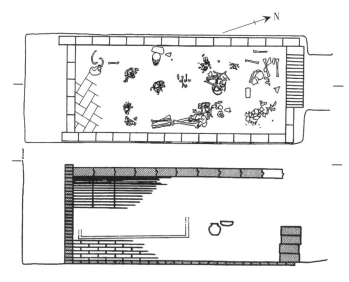

图 4 – 2 – 10　西宁南滩 M37 下层

（Studies of the Silk Road in Qinghai Province, China, p. 200, fig. 8）

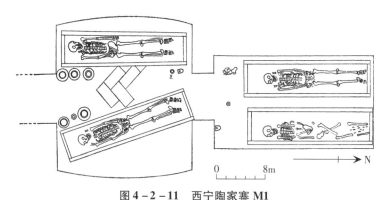

图 4 – 2 – 11　西宁陶家寨 M1

（《西宁市陶家寨汉墓清理简报》第 36 页，图 3）

2002—2006 年，青海省文物考古研究所对该墓地进行了大规模发掘，共清理汉晋墓葬 89 座[1]。2011 年又发掘了 2 座带斜坡墓道的券顶砖室墓，出土陶器、铜器、木器、琉璃饰品等 31 件（套），年代为东汉早期[2]。

（三）西宁彭家寨墓地（地图 4 – 1：4）

位于西宁东部彭家寨村，是一处重要的汉墓分布地点。在 1949 年前村东南地表可见

---

[1]　青海省文物考古研究所：《青海省西宁市陶家寨汉墓 2002 年发掘简报》，《东亚古物 B 卷》，文物出版社，2007 年，第 311—350 页；任晓燕、乔虹：《西宁陶家寨汉晋墓地——青海省基建考古重要发现》，载青海省文物考古研究所编著：《再现文明》，文物出版社，2013 年，第 140—149 页。

[2]　青海省文物考古研究所：《青海西宁陶家寨汉墓发掘简报》，《文物》2015 年第 9 期。

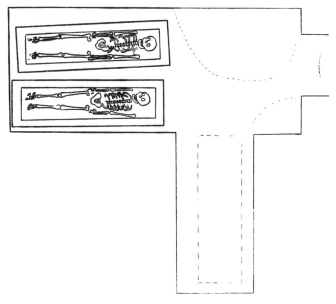

图 4 – 2 – 12　西宁彭家寨 M1

（《西宁彭家寨两座汉墓发掘简报》第 42 页，图 1）

30 余处封土堆①。20 世纪 50 年代因平整土地大部分被毁。1977 年发掘了 2 座砖室墓，都被盗扰，不过一号墓（M1）出土大量器物。一号墓为长方形砖室，带一侧室和一个墓道。主室内有两具木棺，内置男女人骨各一具。葬式为仰身直肢葬，面部和周身都包裹丝绸，但朽坏严重。女性人骨随葬谷物、木梳和耳环。侧室内有一木棺，内为一具男性骨骼。墓葬内随葬品还包括车马器、彩绘木马、木牛车、木案、木雕动物、摇钱树、建筑明器和一些陶器。（图 4 – 2 – 12）

（四）互助汪家庄墓地（地图 4 – 1：10）

位于湟水支流沙塘川东岸，距互助县城南 11.5 千米、湟水北 3 千米。1979 年清理了 10 余座墓葬②。该墓地包括了三种类型的墓葬：3 座土坑墓，3 座木椁墓和 4 座砖室墓，有单人葬、夫妇合葬墓和多人合葬三类。随葬物品包括陶器、砖雕器、铜器、玉器和玻璃器。墓葬年代为西汉晚期到东汉晚期。

互助县还有一些墓地经过科学发掘。宗寨墓地面积为 4000 平方米，1979 年 20 多座墓葬被发掘，主要有两种形制：土坑墓和砖室墓。随葬物品包括陶罐、瓶、灶、井、

---

① 杨铁军：《西宁彭家寨两座汉墓发掘简报》，《青海文物》1991 年第 6 期。

② 青海省文物考古队、互助县文化局图书馆：《青海互助土族自治县王家庄汉墓》，《青海考古学会会刊》1993 年第 5 期；The Research Center for Silk Roadology ed., Studies of the Silk Road in Qinghai Province，China，p. 130.

仓和五铢钱。但未见正式发掘报告①。

（五）平安县古城墓地（地图 4-1：46）

位于古城乡北村之南，北距平安县城 20 千米。1996 年和 1998 年经过两次发掘，共清理了 7 座墓葬。第二次发掘的 2 座墓葬（M6 和 M7）公布了简报②。

两座墓葬均为带斜坡墓道纵连券顶单室砖墓。墓道平面为长方形，呈斜坡状。墓室先挖长方形竖穴土坑，再用砖砌筑。顶部用楔形条砖纵连弧起券。M6 为二次葬，墓室内有一男一女 2 具人骨。女性有木棺，朽坏严重，但可辨榫卯结构。人骨为仰身直肢葬。男性无葬具，人骨摆放在方形砖台上。主要随葬品放置在女性木棺前，有陶罐和铜釜。男性棺前仅发现一件砖灯。女性木棺内及男性头骨前各置一枚铜钱。（图 4-2-13）

M7 内有三具木棺，自东向西排列（编号为一、二、三）。一号木棺内人骨为一位 20—25 岁的男性，仰身直肢葬，头戴黄色平上帻，插木簪。身穿右衽棉短衣，双手拱于腹前。棺内底部铺有麦秆编成的草帘，尸骨上撒有粟等谷物。二号棺内人骨为一位

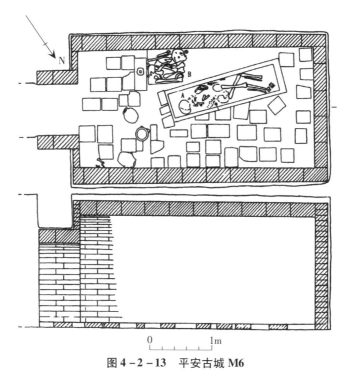

0   1m

图 4-2-13　平安古城 M6

（《青海平安县古城青铜时代和汉代墓葬》第 32 页，图 6）

---

①　The Research Center for Silk Roadology ed., Studies of the Silk Road in Qinghai Province, China, p. 127.

②　青海省文物考古研究所：《青海平安县古城青铜时代和汉代墓葬》，《考古》2002 年第 12 期。

50—60 岁的女性，仰身直肢葬，头顶绾圆髻，戴角质发钗，发髻顶部戴黄色巾帼，面部覆黄色方形面巾，戴黑色玻璃耳珰，口含 1 枚铜钱，外着右衽长单衣，内着棉短衣，双手拱于腹前。头右侧有半圆形枕头，下部铺有草帘。三号棺内为一位 50—60 岁的男性，仰身直肢葬，头顶绾圆髻，圆髻下系有包巾，再戴红色介帻，插木簪固定。身盖短棉被，服饰不明。头枕半圆形枕头，身下无草帘。头侧有粟类植物残迹。三号棺顶放置系白绢的杨树枝，绢上有黑色字迹，可能为旌幡。（图 4 - 2 - 14）

两座墓共出土 36 件随葬品，包括陶器、铜器、漆木器、玻璃器等，随葬品主要置于棺顶及棺前，包括饮食器具、食物残渣、贴身妆奁用具和饰物、镇墓兽及牛车模型等。

由于干燥的气候环境以及未被盗扰，平安古城北村汉墓是青海境内迄今为止保存最好的一批汉墓，人骨的发式、头饰、服饰清晰可辨，穿戴与中原汉人相同，墓葬砖室结构与其他地区汉墓结构完全相同，而不见本地所固有的文化因素，这为认定这批汉墓的族属提供了重要依据。根据墓葬形制和随葬器物特征，推断这两座墓葬年代为东汉早期。

（六）民和县东垣汉墓（地图 4 - 1∶26）

位于民和县川口镇东垣村周围，

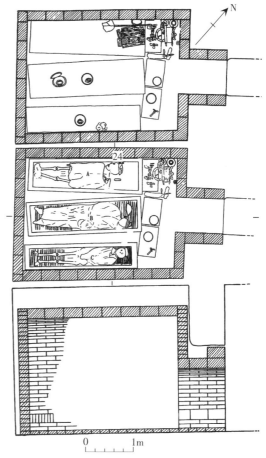

图 4 - 2 - 14　平安古城 M7

（《青海平安县古城青铜时代和汉代墓葬》第 33 页，图 7）

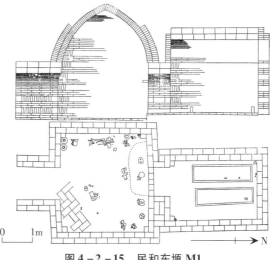

图 4 - 2 - 15　民和东垣 M1

（《青海平安与民和两座汉墓清理记》第 52 页，图 2）

在湟水南岸。墓群面积较大,约1.5万平方米[1]。地表原有封堆数十座,平整土地时陆续被夷平。1984年发掘2座汉墓,出土器物37件[2]。两座墓葬皆为南北向带有长方形墓道的砖结构双室墓。M1前室内有三具人骨,被扰乱,后室内有双棺,空无人骨。由于墓室保存完好,推测可能最早埋葬的人骨已经迁走,仅留下前室陪葬的人骨。该墓葬出土28件随葬品,有陶器、釉陶器、五铢钱、铁器、金耳环和石珠。(图4-2-15)

(七)互助县高寨墓地(地图4-1:11)

位于互助县高寨乡东庄村北300米的台地上,所在地为湟水北岸二级台地,是一处汉晋时期大型墓地。地表散布着10余座封土堆,高6—20米,直径4—9米[3]。1990年清理了其中两座被盗严重的墓葬[4]。

两座墓葬均为带墓道的砖室墓,由墓道、墓门、甬道和墓室构成。M1为单室穹隆顶墓,墓室为长方形,墓壁略有弧(图4-2-16)。墓室内有三棺,被盗扰严重。人骨有4具,包括2个男性和1个女性,另外1具无法辨别性别。随葬品有58件,包括陶器和模型、铜质工具、铜镜和五铢钱。M2为前后室穹隆顶墓,斜坡式墓道,墓门为拱形券顶,用砖封堵,上方有砖砌门墙,有砖雕斗拱、椽子、门楼等仿木结构装饰,用红黑彩描绘,砖上有朱书"高陵尉徐卿府吉舍"8字。前室内有4具木棺,3具为长方形,用木板拼合,1具为独木舟形,均用红色彩绘。人骨被扰动,散置棺外,应该有5具人骨。后室置3具木棺,饰红黑色彩绘图案,两侧木棺内各有1具人骨,中间木棺被盗墓分子弃至野外,人骨不见。随葬品60余件,有陶器、釉陶器、木器、铜器、砖雕器、钱币等。陶器为罐等生活用具和仓、灶、井等明器。木器有生活用具、车马器、房屋建筑模型等。铜器有龟形铜砚、铜镜。铜钱有五铢和货泉两种。(图4-2-17、18)

两座墓葬均为家庭合葬墓。

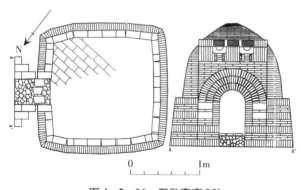

图4-2-16 互助高寨M1
(《青海互助县高寨魏晋墓的清理》第39页,图2)

① 青海省文物考古研究所:《青海民和县东垣村发现东汉墓葬》,《考古》1986年第9期。
② 国家文物局:《中国文物地图集·青海分册》,第86页。
③ 同②,第96页。
④ 青海省文物考古研究所:《青海互助县高寨魏晋墓的清理》,《考古》2002年第12期;吴平:《青海互助县高寨乡东庄村汉墓清理记》,《青海考古学会会刊》1984年第6期。

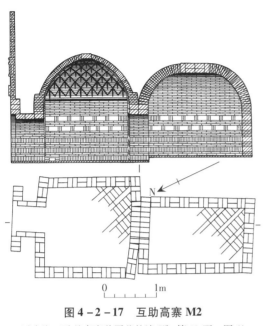

图 4 - 2 - 17　互助高寨 M2

(《青海互助县高寨魏晋墓的清理》第 42 页，图 6)

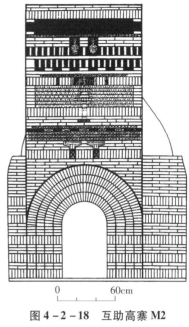

图 4 - 2 - 18　互助高寨 M2

(同前，第 43 页，图 7)

其中 M2 较多车马器，铭文"高陵尉"显示其较高的社会地位。墓门上门墙的建筑风格在河西走廊地区汉晋墓中比较常见。从墓葬形制和出土器物来看，其年代应该为汉末至魏晋初期。

青海地区除了上述汉晋墓地之外，还有 40 多处稍小规模的墓地，其中一些经过科学发掘，而大部分仅仅做过调查。一些墓地仅仅搜集过零散资料，具体的地点和详细情况不得而知。如乐都①和民和②出土的铜官印说明它们来自于非常重要的墓葬，墓主人身份可能是汉朝政府大员。这些发现显示了汉朝政府在这一地区的统治状况，但墓葬的具体情况无法得知。

三　汉晋时期遗址

青海地区在两汉时期由于城市经济发展尚处在初级阶段，城市数量相对较少。迄今为止大部分文献记载中的汉代城市都被发现，虽然有些地望还存在争议。但经过正式考古发掘的仅占很小一部分，地图 4 - 1 中标注了大部分经过调查和发掘的遗址。从空间分布上来看，大多数汉晋时期城址位于交通要道上，尤其是在河湟流域宽平的谷地。城址一般为平面长方形或方形，面积较大者达 4 万平方米。城市为本地区的政治

---

① 白万荣：《青海乐都发现东汉"诏假司马印"》，《文物》1995 年第 12 期。

② 赵存禄：《青海民和县出土的二方铜印》，《文物》1987 年第 3 期。

中心和经济中心，占有丰富的水源和便利的交通条件。在这些城址中有两个最为重要，即破羌城和龙耆城（西海郡治）。

（一）破羌城（老鸦城）（地图 4 - 1∶24）

公元前 60 年赵充国征服诸羌后，汉政府设置破羌城，晋代废弃。该城址位于乐都县高庙镇老鸦村西南①。老鸦村在老鸦峡西侧入口处，是青海省与东部地区之间的咽喉要道。湟水流经城址南部。仅存城址东北角，南部和西部被洪水破坏。东段城墙残长 39、宽 4.5、高 2—3 米。北段城墙长 21、宽 4.5、高 3—5 米。城墙夯筑，有 2 城门。城墙外护城河深 7、宽 6.5 米。虽然大多数文献都清晰记载了该城址确为破羌城，但遗存的确切年代尚存疑问，因为在城址范围内很少发现汉代遗迹。而在城址西 4 千米处有大型汉墓群——白崖子村墓地，面积 3 万多平方米②。墓地地表散落墓砖和陶器，1942 年该墓地发现了"三老赵掾之碑"，后来又发现赵氏家族墓地。石碑铭文中提到赵充国居于破羌县，为这段历史提供了佐证。

（二）西海郡龙耆城（三角城）（地图 4 - 1∶28）

西海郡故城东汉时名龙耆城，又作"龙支""龙夷"，确定为海晏县的三角城城址，位于青海湖东北岸，海晏县城东北 250 米处③。20 世纪 30 年代发现，50 年代进行了考古调查④。城址平面为方形，长 650、宽 600 米，城墙残高 4 米，周有 4 门。城内可见 3 座长方形和方形围墙建筑。西南角处扰乱较为严重，暴露许多砖瓦残片。城址内零星可见各类遗物，有瓦当、钱范和铜钱。铜钱种类有五铢、半两、货布、货泉和大泉五十。最重要的发现是"虎符石匮"和两件刻有"西海"文字的瓦当，证实了该城址为西海郡故城龙夷城（后来又称龙耆城）。后文将对其进行详细的介绍。根据文献记载⑤，西海郡设立于公元 4 年王莽统治时期，当时设立环湖五县，并迁汉人充边（参见第三章第二节）。其他四县名称不见记载，但考古工作者通过调查找到了它们，即海晏县甘子河乡尕海古城、刚察县吉尔孟乡北向阳古城、共和县曲沟乡曹多隆古城和兴

---

① 国家文物局：《中国文物地图集·青海分册》，第 22 页；The Research Center for Silk Roadology ed.，Studies of the Silk Road in Qinghai Province，China，pp. 112 – 113.

② 国家文物局：《中国文物地图集·青海分册》，第 26 页；The Research Center for Silk Roadology ed.，Studies of the Silk Road in Qinghai Province，China，p. 113.

③ 国家文物局：《中国文物地图集·青海分册》，第 125 页；The Research Center for Silk Roadology ed.，Studies of the Silk Road in Qinghai Province，China，pp. 104 – 106.

④ 安志敏：《青海古代文化》，《考古》1959 年第 7 期。

⑤ 《汉书》卷九九《王莽传》，第 4077—4078 页。

海县河卡乡支冬加拉古城①。

（三）加木格尔滩古城（地图 4 - 1：35）

位于天峻县城西 14 千米，北邻布哈河，南依天峻山，北纬 37°21′，东经 98°45′，海拔 3485.51 米。1996 年发现。初步的调查显示，该古城为长方形，东西长 750 米，南北宽约 600 米，东墙和北墙被毁。西墙留有一部分，墙基宽 8 米，高 1.8 米，为人工夯筑。城内可见房屋建筑 8 座，沿城墙分布；主体建筑 1 座，位于城址中心；有 2 座城门，北门宽 12 米，西门宽 20 米。城址内有三个围墙围成的区域，I 区为长方形，长 80、宽 78 米，墙基宽 4 米，西墙有一门，宽 6、高 0.2—0.5 米；II 区为长方形，长 75、宽 68 米，北墙靠近东北角有一门，宽 10 米，墙外围有壕沟；III 区为梯形，长 110、宽 85 米，有 2 门，北门宽 12 米，西门宽 20 米。建筑基址堆积成丘，高约 0.5 米，暴露出基础部分的砾石堆积。地表分布大量砖瓦残块，三座房址经过考古发掘，出土有棱形乳丁方砖，以及大量粗绳纹板瓦、筒瓦和瓦当，其中一件瓦当带有铭文"常乐万亿"。②

发掘者根据瓦当将该城址年代断为南北朝时期，认为城址和宫室建筑规模宏大，可能与吐谷浑王国关系密切。但这类铭文瓦当主要流行于东汉时期，在南北朝时期没有出现过。另外，吐谷浑是游牧民族的生活方式，修建这类定居式城址的可能性也不会太大，吐谷浑都城伏俟城城址内就很少见此类大规模的宫室基址，因此该古城的年代应该不会晚至吐谷浑时期。

第三节　汉晋时期遗存的族属

无论从文献记载还是考古资料来看，青海时期汉晋遗存的族属并非单一的汉族，还混杂有大量本地的羌人和其他族群。很显然，汉晋墓葬的形制和随葬品组合都受到中原地区的强烈影响，基本上看不出明显的差别，显示出两地之间联系密切。但很难将它们毫无区分地统一归属为汉人集团，因为除了直接的中原汉人移民外，渐进式的文化接触同样会导致文化面貌的趋同性。尤其是青海地区汉晋时期墓葬在墓葬形制和随葬品特征上，都显示出相对于中原地区演进滞后的现象，这说明渐进式的文化影响可能多于直接的跨地域移民。对于族属认定最具有说服力的，毫无疑问应该是带有

① 青海省文物考古队：《青海湖环湖考古调查》，《考古》1984 年第 3 期；李智信：《青海古城考辨》，西北大学出版社，1995 年，第 184—194 页。
② The Research Center for Silk Roadology ed., Studies of the Silk Road in Qinghai Province, China, pp. 210 - 211.

文字的材料，不但能够明示墓主人具体身份，同时也可以与文献记载中的史实相印证、补充。对其进行详细的分析有助于展现出一个明确的、具象的民族融合的历史图景。

一 汉族移民

在汉晋时期的墓葬出土物中，文字材料最能直接地揭示墓主人的族属和身份，但其数量并不多。其中最为典型的是青海地区所见最早的汉碑——"三老赵掾之碑"①。1942 年该碑发现于乐都县高庙镇白崖子汉墓，出土时轻微受损，运输过程中断作两节，后来在 1951 年毁于大火，残碑现存青海省博物馆。完整碑高 1.10、宽 0.55、厚 0.17 米。碑额大篆书"三老赵掾之碑"六个大字，落款为"光和三年十一月丁未造"（公元 180 年）。全文 23 行 694 字，内容为描述西汉名将赵充国征服羌人、开发河湟地区以及其后世子孙屯田戍边、继续其伟业的历史。墓主人赵宽（死于 152 年）是赵充国六世孙，曾被封为"三老"和"护羌校尉假司马"，在惨烈的汉羌战争中生存下来。其墓葬位于破羌城，该城建立于公元前 60 年赵充国征服羌人之后（参见第三章第二节）。该碑见证了两汉时期汉人集团扎根青海、艰难开拓的历史过程，是早期汉人进驻青海的有力史证。

上孙家寨墓地甲区 M115 提供了另外一个典型例子②。该墓葬内基本没有发现土

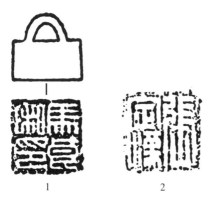

图 4-3-1 上孙家寨墓地出土铜印
（《上孙家寨汉晋墓》第 151 页，图 10、20）

著文化因素，随葬品及其组合特征也显示墓主人应该是一位汉人。墓葬内出土一枚方形铜印，阴刻篆书"马良私印"，显然是一个汉人名字（图 4-3-1：1）。在墓内双棺之间放置有 240 件汉文木简③，简牍内容包括三个部分：兵法；军法、军令；目录。文中引用了一些《孙子兵法》中的文句，可以对现存文献进行补充。李零认为这些简牍全部是古代军法、军令一类的文书④。根据墓葬规模来看，墓主人应该是一个汉族军事将领，在其戎

① 谢佐、格桑本、袁复堂：《青海金石录》，青海人民出版社，1993 年，第 66—74 页；沈年润：《释东汉三老赵掾碑》，《文物》1964 年第 5 期。
② 刘万云：《青海大通县上孙家寨———五号汉墓》，《文物》1981 年第 2 期。
③ 青海省文物考古研究所：《上孙家寨汉晋墓》，第 186—194 页。
④ 李零：《青海大通县上孙家寨汉简性质小议》，《考古》1983 年第 6 期。

马一生中军事行动与策略、军队管理等是很重要的内容，以至于在其死后将这些指导性文献随葬身边。他的随葬物品还包括1套铜弩机、3把铁刀和1套车马器等军事装备（图4-3-3）。该墓葬没有具体的纪年，出土的铜钱皆为武帝、昭帝、宣帝和平帝时期，未见王莽钱币。所出的四乳四螭纹镜（图4-3-2）属于西汉晚期器物，结合土圹木椁墓室结构及铜车马器、明器等特征，发掘者将墓葬的时代定为西汉晚期。人骨葬式显示在墓主人下葬后不久墓葬即被扰乱。这一时期正是汉羌冲突剧烈的时期，很可能马良参与了赵充国时代汉军征服羌人的军事行动。而大通县的地理位置具有重要的军事意义，西汉在此地设长宁亭，掌管西宁通往北方河西走廊一线，是当时重要的驻军地区和军事要冲，马良在这一区域应该有一系列军事作为。无论具体情形如何，至少可以看出，在汉人进驻青海地区的初期，军事活动在社会生活占据了主要的地位。

图4-3-2 上孙家寨 M108 出土铜镜

（《上孙家寨汉晋墓》图版57：2）

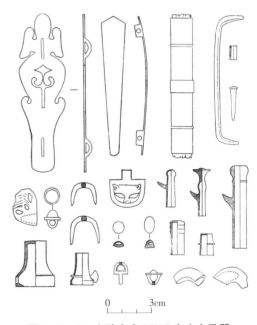

0   3cm

图4-3-3 上孙家寨 M115 出土车马器

（同前，第147页，图87）

还有其他一些证据明确显示了汉人身份。上孙家寨墓地墓葬 M164 出土私印，墓主人名为"张定汉"①（图4-3-1：2）。墓葬出土2件铁刀和1套石砚，大概是识文断字的军士。在上孙家寨墓地中一共有12座墓葬出土了这类石砚，说明随着汉人的迁入，汉文书写传统在本地已经相当通行了。

王莽时期先后建成东海郡、南海郡、北海郡，于公元5年在青海湖沿岸设立西海郡，郡治为龙夷城。为了标榜"四海归一"的丰功伟绩，新莽王朝在西海郡城内

① 青海省文物考古研究所：《上孙家寨汉晋墓》，第152页。

立"虎符石匮"。这一大型石刻于1942年在海晏县三角城被发现,1956年青海省文物管理委员会将其移至海晏县文化馆。石刻分为上下两个部分:上半部为一卧虎,基座为方形,两侧各有两个方形孔,用以加固或运输;下部为基座的下半部,上面的中心有一凹槽,使得上半部分形似顶盖。虎形部分长1.32、高0.46米,基座的两个部分扣合后长1.39、宽1.17、高1.57米。基座正面阴刻3行共13个篆体汉字:"西海郡虎符石匮,始建国元年十月癸卯,工河南郭戎造"(图4-3-4)。始建国元年为王莽年号,即公元9年。西海郡的虎符石匮建造年代是始建国元年十月,这正是王莽新政与西汉王朝政权更替交接之时,王莽企图以符命之说为其夺取政权大造舆论,是以"石匮""匮策"之类东西假托天命,这类"符瑞"公元6年开始出现,在公元8年之后愈来愈多①,西海郡的"虎符石匮"正是这种情况下的产物②。这一发现证实了西海郡治的具体位置为今海晏县三角城,并见证了青海湖地区归属中原政权的历史转折。

西海郡还出土有带"西海"铭文的瓦当,经复原完整铭文应为"西海安定元兴元年作当"③(图4-3-5)。元兴元年为公元105年。该瓦当应为喻糜相曹凤重建龙夷城时期遗存。"西海"铭文再次印证了三角城为西海郡治龙夷城,"安定"则暗示在长期动荡之后汉政府对政治稳定的期待。

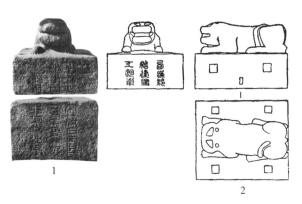

图4-3-4 海晏三角城出土"虎符石匮"石刻
(《中国文物地图集·青海分册》图版97:1;《青海古代文化》第381页,图2)

图4-3-5 海晏三角城出土瓦当
(《中国文物地图集·青海分册》图版97:5)

---

① D. Twitchett, M. Loewe, eds., *The Cambridge history of China*(volume 1):*The Ch'in and Han Empires*, *221 B. C. - A. D. 220*, p. 231.
② 卢耀光:《西海郡虎符石匮管见》,载青海省文化厅、青海省文物考古研究所编:《青海考古五十年文集》,青海人民出版社,1999年,第138—144页。
③ 黄盛璋:《元兴元年瓦当与西海郡》,《考古》1961年第3期。

墓主人服饰特征是认定族属的一个重要依据。大多数汉墓的保存环境比较差，尸骨腐朽严重，服饰无法留存。但平安县古城墓地 M7 完整保留下来 3 位墓主人的发式、服饰和头饰，包括圆髻、介帻、巾帼、木簪、角钗，男女分别着右衽短衣和右衽长衣，为典型的汉人装束。此外，汉晋墓葬的出土物中，有大量贴身饰物如铜带钩、扣饰、玻璃耳珰、玉佩饰等，妆奁用具如漆木盒、铜镜、发钗、梳篦等，都与中原汉人服饰习俗相同。

遗传学分析结果证明，上孙家寨汉晋时期墓葬的主人有不少为汉族移民。学者从上孙家寨距今 3300—3000 年前的卡约文化墓地和汉晋时期墓地中，成功获取 59 个个体的遗传学信息，分析结果表明这两个时期人群并不是一脉相承的[①]。卡约文化时期的上孙家寨先民与现代西南地区藏缅语族人群较为接近，与汉晋时期的居民并不是同一人群，汉晋时期的居民则与现代汉人更为接近。

二 本土羌人

除了在整体上为统一的"汉制"之外，汉晋时期墓葬还表现出一些本土特征，与中原地区的汉晋墓葬有所区别。其中最为显著的就是二次扰乱葬，它并非通常所谓的二次葬，而是一种特殊的葬式，即先以某一葬式埋入墓主人，经过一段时间后，生人又进入墓室有意扰乱墓主人身体的局部。这种葬式不见于中原等地的汉墓，而在青海地区的齐家文化、卡约文化中很常见。这一葬俗在上孙家寨墓地中至少有 5 例，显然是承袭了当地的传统习俗。例如 M127（图 4－3－6），墓主人锁骨、肩胛骨、盆骨及四肢完整，基本保持原状。胸部则凌乱不堪，为二次扰乱所致。头骨置于下肢骨之间，应为二次扰乱之前所在位置。其他典型例子有墓葬 M105、M106 和 M130。

动物殉葬习俗是另一个本土因素。这一习俗盛行于西汉中期到王莽时期，不仅普遍见于大型木椁墓中，而且还存在于小型土坑墓中。上孙家寨墓地的 182 座墓葬中，

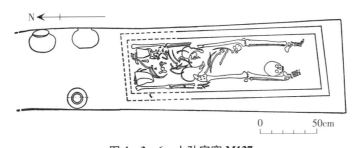

图 4－3－6 上孙家寨 M127

（《上孙家寨汉晋墓》第 15 页，图 11）

① 张芃胤等：《青海大通上孙家寨古代居民 mtDNA 遗传分析》，《人类学学报》2013 年第 2 期。

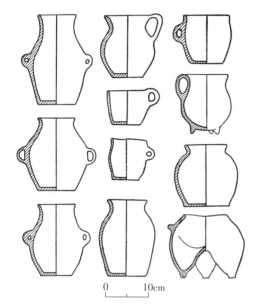

0   10cm

图 4 - 3 - 7   上孙家寨墓地出土的夹砂陶器
(《上孙家寨汉晋墓》第 130 页，图 77)

有动物骨骼的达 51 座。动物种类包括羊、马、牛、狗、猪和鸡，通常为动物的一部分，有时放置整个动物。大多放置在棺侧（见图 4 - 2 - 1、3），有的则放置于棺盖之上（见图 4 - 2 - 2），或者与墓主人骨骼混杂在一起。东汉时期，有动物殉葬的墓葬数量减少，说明这一习俗随着汉化的加深而逐渐衰退。动物殉葬习俗在中原地区汉晋墓葬中相当少见，而在青海的卡约、辛店、唐汪文化墓葬中非常常见，反映的是本地的文化传统。

随葬的陶器也反映了一些本土特征。在中原地区，西汉中期以后的陶器基本不见绳纹装饰，多数器物为素面。而在青海地区的汉晋时期墓葬中，绳纹陶器极为发达，主要流行于西汉中期至东汉早中期。至东汉晚期，器表绳纹装饰消失，开始向素面发展。至汉末魏晋初期，多数器物已经呈素面了。可见陶器饰绳纹应该是本地所固有的传统。另外，夹砂陶在本地流行的时间为西汉昭宣时期，器形有单耳罐、双耳罐和单耳三足罐（图 4 - 3 - 7），有夹砂红陶和夹砂灰陶两类。在昭宣时期之后夹砂陶趋于式微，代之以汉式泥质陶器。

青海地区汉墓中也多见骨角器，如骨管、骨笄、骨质配饰、角簪、牙饰等，与卡约文化一脉相承，而在其他地区的汉墓中比较少见[1]，应该也属于本地所固有的传统。

体质人类学分析表明，西宁陶家寨墓地出土的人骨与本土早期的卡约文化人骨非常接近，在主要形态特征上表现出了很强的一致性[2]。陶家寨墓地 M5 的 14 个个体的线粒体 DNA，与本地区喇家遗址古人群在遗传结构上具有一定连续性，而与现代人群比较，它们与羌族人群有较近的亲缘关系[3]。因此虽然从考古学文化面貌上来看，陶家寨汉墓与中原地区区别并不明显，但其主体民族可能仍然是土著的羌人。

① 张启珍、李冀源：《从河湟汉墓看"河西初开"时的多元族群融合》，《青海民族大学学报（社会科学版）》2018 年第 1 期。
② 张敬雷：《青海省西宁市陶家寨汉晋时期墓地人骨研究》，吉林大学博士论文，2008 年。
③ 李胜男、赵永斌、高诗珠等：《陶家寨墓地 M5 号墓主线粒体 DNA 片段分析》，《自然科学进展》2009 年第 11 期。

三 匈奴

在汉晋时期定居于河湟地区的还有匈奴人，考古出土
物的实证之一就是上孙家寨墓地乙区 M1 出土的一枚铜印。
铜印高 2.9 厘米，长、宽各 2.4 厘米，为骆驼形纽，屈肢跪
卧于方形台座上，底部阴刻篆文"汉匈奴归义亲汉长"八
字① （图 4 - 3 - 8）。

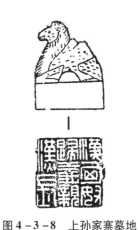

**图 4 - 3 - 8 上孙家寨墓地
出土的铜印**

（《上孙家寨汉晋墓》第 151 页，
图 89）

汉晋时期，中原政府对边疆少数民族施以怀柔安抚之
策，大行封绶之制。自西汉开始，汉政府加封归顺内附的
部落首领、君长和属官以各类封号，如单于、王或长，并
颁赐印绶。根据级别的不同，印绶分为金、银、铜质地。
这一制度在西北地区最为盛行，《汉书·西域传》记载，
西域诸国"佩汉印绶，凡三百七十六人"。由于西北地区
羌汉冲突尤为剧烈，汉晋时期颁予羌人的印绶也较多，考
古出土的有新疆维吾尔自治区沙雅发现的"汉归义羌长"铜印，甘肃西和发现的"晋
归义羌侯"金印，甘肃泾州出土的"汉率善羌长"铜印、甘肃宕昌的"魏率善羌仟
王"铜印以及陕西靖远的"晋归义羌王"金印②等。

西汉政府颁发给匈奴印绶，始于汉宣帝甘露三年（公元前 51 年）呼韩邪单于到长
安，汉赐以玺绶、冠带等。根据《汉书·匈奴传》记载，王莽时曾改"匈奴单于玺"
为"新匈奴单于章"，引起匈奴不满。匈奴使者说"汉赐单于印，言'玺'不言
'章'，又无'汉'字，诸王以下乃有'汉'言'章'。今去'玺'加'新'，与臣下
无别，愿得故印"③。这段记载说明匈奴单于以下的诸臣所赐予的印绶，印文中皆冠以
"汉"字，以示其臣属关系。

还有一些类似的匈奴印章被发现，如"汉匈奴归义亲汉君""汉匈奴守善长""汉
匈奴破虏长"等④。这些印章以及上孙家寨出土的铜印，印文有"汉"无"章"，应同

---

① 青海省文物管理处考古队：《青海大通上孙家寨的匈奴墓》，《文物》1979 年第 4 期。
② J. C. Y. Watt, J. Y. An, A. F. Howard et al., *China：Down of a Golden Age*, 200 - 750 AD, Exhibition Cata-
logue, New York：The Metropolitan Museum of Art, New Haven and London：Yale University Press, 2004,
p. 193；任树民：《陕西白水县发现"晋归义羌王"印》，《考古》1991 年第 3 期。
③ 《汉书》卷九五《匈奴传》，第 3820 页。
④ 黄盛璋：《匈奴官印综论》，《社会科学战线》1987 年第 3 期；许新国：《大通上孙家寨出土"汉匈奴归义
亲汉长"铜印考说》，《青海社会科学》1989 年第 4 期。

属南匈奴遗物。南匈奴于公元 50 年与北匈奴分裂，归顺汉庭①。大通处于羌汉交界之间，并非匈奴住地，墓主人应为率众归顺汉朝的匈奴首领。汉处之于此，当属西部都尉管辖，此印可能即西部都尉所刻封。然而文献中并没有关于匈奴人在湟中地区活动的确切记载，这枚印章的发现弥补了文献记载的缺失。

上孙家寨乙区 M1 为前后室穹隆顶砖室墓，出土随葬品除此印外与其他墓葬并无太大差别。墓葬内 1 具人骨为壮年男性，2 具为年逾 60 岁的老年女性，其头骨特征与蒙古近代组最为接近，明显属于蒙古人种北亚类型②。称"亲汉长"者必有部众，该墓周边区域应当有不少墓葬为匈奴人遗存。但因汉化已深，无法从墓葬本身确定其族属差别。

第四节　出土遗物所反映的区域文化互动

根据出土遗物的类型学和年代学分析，上孙家寨汉晋时期墓地可以分为六个时期，从西汉的汉宣时期（公元前 1 世纪后半叶）延续到东汉和魏晋初期（公元 3 世纪中期）。其他汉晋时期墓地基本上都在这个时间框架之内。墓葬形制的演进基本上追随中原地区的节奏，这些变化毫无疑问是受到中原地区汉文化影响所致。在此过程中，土著文化要素还有一定保留，但从西汉中期之后，这些因素越来越少，呈逐渐消失的趋势。

除了来自中原地区的汉文化和本土固有的羌文化要素外，汉晋时期遗存中还可以观察到其他一些外来因素，通过对它们的分析可以窥见汉晋时期河湟地区在跨地域文化交流中所起到的作用。

一　中原汉文化在青海地区的传播

青海地区的汉晋时期墓葬在形制演变上基本与中原地区汉墓的变化轨迹相似，即由简单的长方形木椁墓向砖室墓发展，砖室顶部的结构由券顶向穹隆顶发展。但新形制产生及旧形制消失的时间，均比中原地区稍有滞后。埋葬习俗上也与中原地区保持一致。在中原地区，至西汉的昭宣时期，夫妇同穴合葬逐渐代替了并穴合葬之风，夫妇各用一套陶器随葬。王莽前后则出现了在一个墓葬内不同墓室中分置三棺到四棺的新现象，开始了数代合葬于一墓之风，随葬品往往只有一套。青海汉晋时期墓葬表现出同样的规律，在昭宣至王莽时期前后的合葬墓只有夫妇同穴合葬一种形式，陶器各

① D. Twitchett, M. Loewe, eds., *The Cambridge history of China* (volume 1): *The Ch'in and Han Empires*, 221 B. C. – A. D. 220, p. 400.
② 潘其风、韩康信：《内蒙古桃红巴拉古墓和青海大通匈奴墓人骨的研究》，《考古》1984 年第 4 期。

图 4 - 4 - 1　上孙家寨墓地出土夹砂陶器

（《上孙家寨汉晋墓》：1. 第 118 页，图 67：6；2. 第 126 页，图 74：5；3. 第 127 页，图 75：1；
4. 第 115 页，图 65：1；5. 第 107 页，图 60：1；6. 第 113 页，图 63：5；7. 第 111 页，图 62：6；
8. 第 109 页，图 61：15；9. 第 96 页，图 52：8；10. 第 99 页，图 54：2；11. 第 93 页，图 50：1）

用一套。东汉早中期出现了多人合葬习俗，但随葬陶器始终只有一套，其出现时间比
中原地区略晚。

　　在主要随葬品中，汉式陶器占绝大多数，虽然具有某些地方特征，但陶系、制
法、器形特征与中原汉墓相同。陶器种类有仓、灶、井、灯、壶、罐、瓮、杯等
（图 4 - 4 - 1）。陶器的时代越晚，形制越接近陇西和关中地区汉墓。东汉晚期出现釉
陶器，器形与关中地区相同。随葬明器方面，中原地区两汉时期流行模型器和动物俑
两大类。秦和汉初首先出现了仓、灶模型，西汉中期至东汉，又有井、磨盘、猪圈、
楼阁等模型和猪、羊、狗、鸡等动物俑。在青海汉晋时期墓葬中，只有仓、灶、井组
合，时间上也晚于中原地区一个阶段。灶模型是西汉后期才在本地开始出现，仓和井
模型要晚至东汉晚期出现，盛行于汉末魏晋初。陶器应该都属于本地制造，基本上是
对中原地区的模仿。动物俑、楼阁庄园等模型在该地区不见或少见，这说明该地区的
庄园经济并没有发展起来。

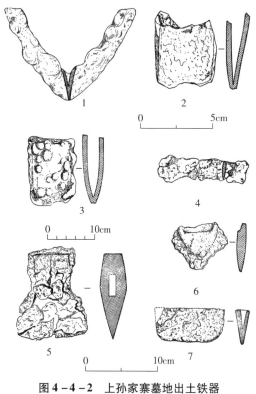

图 4 - 4 - 2　上孙家寨墓地出土铁器

（《上孙家寨汉晋墓》第 156 页，图 91）

这些特征都符合以中原为中心的大一统的汉文化边缘地带的考古学文化面貌。从全国范围来看，"汉制"于西汉早中期在中原地区形成，在西汉中晚期以后，各地域间的差别逐渐缩小，大都表现出趋同的特征。汉墓的分布区也基本上与汉政权的疆域相吻合，这是汉政府在边陲地区移植汉人统治体系、实行驻军屯田、移民实边的结果。这些措施促进了中原地区与边陲地区交通的发展，以及物资、人员、思想观念等方面的频繁交流，汉文化以前所未有的速度对边远地区辐射影响，加快了这些地区的汉化速度。

其他随葬品如铜铁器、货币、漆器、丝绸、玉石器、玻璃煤精饰物等，器形也都与中原地区所出类同，只是在种类和数量上要少得多。铜镜、漆器、丝绸及其他铜铁器物很有可能自内地输入，在时代上并没有类似陶器和墓葬形制上的明显滞后，它们的输入很可能是商业行为或政治活动的结果。

汉政府在河湟地区驻军屯田，并严格控制该地区的商业贸易活动。在上孙家寨墓地，共出土 48 件铁器，器形有 15 种，主要为生产工具，其中包括 2 件铁铧、6 件铁锸、1 件铁镰、1 件铁铲、2 件铁斧、3 件铁锛（图 4 - 4 - 2）。东汉时期铁器的生产制造被国家严格控制[1]，铁器作坊集于中原地区和黄河下游地区。距离青海地区最近的铁器生产中心在陕西（6 处）和四川（3 处）[2]。汉代青海及河西走廊地区的铁器很可能来自这些地区。

本地区出土的铜器中，铜镜是最重要的外来商品之一（图 4 - 4 - 3），它们的形制、装饰图案和组成成分都与中原地区所出铜镜一致[3]，它们可能出自同一处作坊。

---

[1] D. Twitchett, M. Loewe, eds., *The Cambridge history of China*（volume 1）：*The Ch'in and Han Empires*, 221 B. C. - A. D. 220, p. 583.

[2] 王巍：《东亚地区古代铁器及冶铁术的传播与交流》，中国社会科学出版社，1999 年，第 47 页。

[3] 青海省文物考古研究所：《上孙家寨汉晋墓》，第 245 页。

东汉时期中国北方地区的铜镜大都是在都城洛阳制造出来的①。青海、河西、西域乃至中亚地区出土的大量汉式铜镜，应该都是经丝绸之路商业贸易自中原地区输入。

汉晋时期来自汉地的丝绸在本地必定有大量的供应和使用，无论是外来汉人还是本土居民，都视其为珍品。但由于客观环境所限，在墓葬中极少保存下来。仅有平安县古城墓地 M7 和西宁彭家寨墓地的一座墓葬可见有丝织品遗存，但也腐朽极为严重。在汉代，丝织品的主要产地为山东、河南和四川，其中四川的蜀锦最为闻名，输出和影响的区域也最为广泛。

漆器的情况与丝织品相似，仅在少数墓葬中保存下来，器形有碗、盒、耳杯、盘等，多数只能通过痕迹判断形状。上孙家寨墓地中发现至少 11 件铜扣漆器，完整器物形制不明②，乙区 M1 发现 1 件漆盘③；民和县胡李家汉墓发现 2 件漆盘④；平安县古城汉墓发现 1 件漆碗⑤。这些漆器与邻近的甘肃、陕西地区汉墓出土器物相同。东汉时期蜀郡和广汉郡是漆器生产的中心，其产品以扣漆器为主，做工精良，并作为御用器物进贡朝廷⑥，其产品曾远销至高丽。青海及其邻近地区的漆器很有可能来自于四川地区。

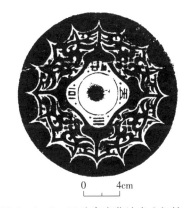

图 4-4-3 互助高寨墓地出土铜镜
（《青海互助县高寨魏晋墓的清理》第 47 页，图 12）

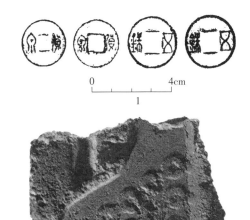

图 4-4-4 五铢钱和钱范
1. 互助高寨墓地出土五铢钱（同前，第 47 页，图 13） 2. 海晏三角城出土钱范（《中国文物地图集·青海分册》图版 97∶2）

五铢钱作为通用货币在本地的商业往来中广泛使用（图 4-4-4∶1）。在上孙家寨墓地的 182 座墓葬中，有 92 座墓葬随葬有五铢钱，总数量达 3343 枚，这还没有包括残

① 王仲殊：《汉代物质文化略说》，《考古》1956 年第 1 期。
② 青海省文物考古研究所：《上孙家寨汉晋墓》，第 155 页。
③ 同上。
④ 何克洲、张德荣：《青海民和县胡李家发现汉墓》，《考古》2004 年第 3 期。
⑤ 青海省文物考古研究所：《青海平安县古城青铜时代和汉代墓葬》，《考古》2002 年第 12 期。
⑥ 洪石：《战国秦汉时期漆器的生产与管理》，《考古学报》2005 年第 4 期。

损的碎片。五铢钱在所有铜钱中比重最大，新莽钱币"大泉五十"次之，西汉的半两钱仅占一小部分。钱币经常放置于墓主人体侧，或成贯成串，或握于手中，或含于口内，偶见装入罐内。墓葬中随葬钱币数量不一，这不但取决于墓主人贫富程度，也与时代有关。一般而言，东汉墓葬随葬钱币普遍多于西汉墓。西汉时期钱币的铸造集中于都城长安①，但也在河西走廊等地铸造。王莽时期钱币制度混乱，在青海湖地区归于中原王朝之后，也在该地区设立钱币铸造机构。海晏县的西海郡故城内就发现制作于公元 9 年的小泉直一钱范残块（图 4-4-4：2）。东汉时期，货币的铸造与管理机构彼此分离，中央政府进行统一宏观管理，具体的铸造则由地方郡县加以实施。根据居延汉简记载，窦融据河西时，开始在河西"设作五铢钱"②。青海地区大量的五铢钱币很可能来自于河西地区，当然也不排除本地铸造的可能。

二　其他外来文化要素

虽然汉晋时期青海地区与中原地区在政治和商业上的联系是主导性的，但也可以观察到来自于其他地区的文化因素，这些因素主要是通过商业贸易、战争与移民输入的。虽然具体路线无法确定，但跨地域的文化交流是显而易见的。本节将选取几个有代表性的例子进行论证。

（一）铜钱树

在上孙家寨汉晋墓地乙区 M4 和 M8 中发现一些铜钱树残片③（图 4-4-5）。虽然仅仅是残片，仍不难看出它们是钱树上的枝叶构件。钱币为圆形方孔钱，表面的文字磨损严重，无法辨识，但通常是五铢钱。钱树是中国西南地区典型的丧葬明器。主要用以象征死后世界的无穷财富，或者反映神树崇拜的宗教信仰。在一些钱树上装饰有神像，如西王母、佛像、仙人或祥瑞动物，营造出仙界环境（图 4-4-6）。钱树出现于 2 世纪早期，盛行于东汉晚期和蜀汉时期（221—263 年）。以四川成都和重庆为中心分布，向南延伸至云南、贵州，向北至陕西、甘肃，大多与主要交通路线重合。例如自成都向西北方向的分布基本上沿今天的宝成铁路一线，途经广元、勉县、汉中和城固。甘肃的甘谷县和武威都发现有钱树④，大通和武威应该是北方最远的分布点，它们

---

① 蔡永华：《解放后西安附近发现的西汉、新莽钱范》，《考古》1978 年第 2 期；陕西省文管会、澄城县文化馆联合发掘队：《陕西坡头村西汉铸钱遗址发掘简报》，《考古》1982 年第 1 期。
② 朱活：《居延简耿勋碑与东汉币制》，《中国钱币》1991 年第 2 期。
③ 青海省文物考古研究所：《上孙家寨汉晋墓》，图版 71：4、5。
④ 江玉祥：《古代西南丝绸之路沿线出土的"摇钱树"探析》，载江玉祥编：《古代西南丝绸之路研究》第二辑，四川大学出版社，1995 年。

很有可能是从成都平原经"河南道"，经过诺
尔盖和松潘，沿岷江而输入，这条路线的中
点——阿坝也是一个分布中心①，这是河湟
地区与成都平原地区之间文化交流的明证。

（二）镂雕网格纹铜带扣

上孙家寨墓地 M24 出土一件镂雕铜带
扣②（图 4-4-7），应属于游牧民族遗物。
带扣为长方形牌状，长 8.70、宽 5.50 厘米，
通体镂雕斜格网纹，网格交叉处点缀有 23
个圆形乳突，一端留有长方孔，另一端背面
有一扁平圆纽。根据墓葬出土的陶器和铜
钱，可以断定其年代为东汉晚期。该带扣有
明显的游牧民族风格，可能与匈奴有密切联
系。相同的器物在内蒙古二兰虎沟南匈奴
墓③、河北北部的张家口④和宁夏南部的固
原地区⑤都有发现。前两例年代为东汉晚
期，最后一例被错误地断代为战国时期。

日内瓦巴比尔缪勒艺术品博物馆（The
Museum Barbier-Mueller）从蒙古地区获取的
2 件长方形网格纹铜牌饰（图 4-4-8：1），
都在网格交叉点有纽状的乳突，其中一件与
上孙家寨墓地出土的器物完全相同，甚至尺
寸也相仿，长 9.50、宽 5.70 厘米。但其年
代被断定为公元前 4 世纪至公元前 1 世纪⑥。

图 4-4-5　上孙家寨墓地出土铜摇钱树

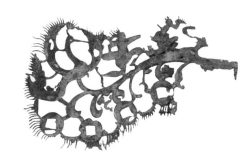

图 4-4-6　四川汉墓出土铜摇钱树

（*Chinese shadows*：*Stone reliefs*，*rubbings and related
works of art from the Han Dynasty* 〔*206 BC-AD 220*〕 *in
the Royal Ontario Museum*，*Toronto*. p. 53，左上）

①　赵殿增、高英民：《四川阿坝州发现汉墓》，《文物》1976 年第 11 期。
②　青海省文物考古研究所：《上孙家寨汉晋墓》，图版 53：1；第 135 页，图 80：2。
③　同上，第 217 页。
④　河北省博物馆，河北省文物管理处：《河北省出土文物选集》，文物出版社，1980 年，第 162 页，图 286、287。
⑤　钟侃、韩孔乐：《宁夏南部春秋战国时期的青铜文化》，载中国考古学会编：《中国考古学会第四次年会论文集》，文物出版社，1983 年，第 202—213 页，图 4：6。
⑥　J. P. Barbier, *Art des steppes. Ornements et pièces de mobilier funéraire scytho-sibérien dans les collections du Musèe Barbier-Mueller*, Geneva, 1996, p. 61, no. 65.

在赛克勒博物馆也保存有 2 件同样的带扣①（图 4 - 4 - 8：2、3）。其中一件做工精良，另一件较为粗劣，其年代可能要略晚。文中作者提到另外两件器物，其一为宋代李公麟的藏品，他本人将这类带扣称为"宝钉钩"，认为它并非作为带扣使用，而是用来悬挂物件的②（图 4 - 4 - 8：4）；另一件是石制带扣（图 4 - 4 - 8：5），出土于俄罗斯布里亚特共和国 Dureny 遗址的 5 号居址，该遗址是公元前 1 世纪的匈奴遗存③。这件石制带扣上线刻有斜方格纹，在方格交叉点上镶嵌有绿松石和珍珠母，与上述铜带扣图案相似。然而作者并未注意到上孙家寨所出的铜带扣，因此并未十分确定其族属，但推测其属于匈奴晚期器物。另外值得注意的是，从上孙家寨墓地的空间分布来看，出土铜带扣的 M24 与出土匈奴印章的乙区 M1 非常接近，这对其族属的推测增加了更多的可能性。

铜带扣的发现显示南匈奴与周边的广阔区域具有密切的文化联系，一些游牧民族文化因素在这一族群迁徙入湟水谷地之后延续了下来。内蒙古三道湾鲜卑墓地，也出土一件铜带扣（图 4 - 4 - 8：6），具有相同的斜方格纹和 25 个方格交叉点，只是缺少

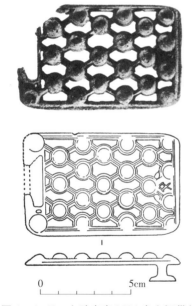

图 4 - 4 - 7　上孙家寨 M24 出土铜带扣

（《上孙家寨汉晋墓》图版 53：1；第 135 页，图 80：2）

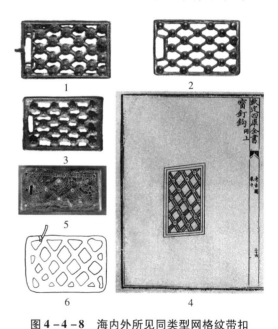

图 4 - 4 - 8　海内外所见同类型网格纹带扣

1. 日内瓦巴比尔缪勒艺术品博物馆藏　2、3. 美国赛克勒博物馆藏品　4. 宋李公麟藏　5. 俄罗斯布里亚特共和国 Dureny 遗址出土　6. 内蒙古三道湾鲜卑墓地出土

① E. C. Bunker, T. S. Kawami et al., *Ancient bronzes of the eastern Eurasian Steppes: From the Arthur M. Sackler Collections*, New York, 1997, p. 268, fig. 235.

② R. E. Harrist, The artist as antiquarian: Li Gonglin and his study of early Chinese art, *Artibus Asiae*, 1995, vol. 55, nos. 3 - 4, pp. 237 - 280.

③ S. Miniaev, The excavation of Xiongnu sites in the Buryatia Republic, *Orientations*, 1995, vol. 26, no. 10, pp. 44 - 45.

长孔、乳突和纽,其年代为东汉晚期①。这件器物可能是鲜卑对南匈奴器物的粗劣仿制。鲜卑是继匈奴之后在北方崛起的又一个强大民族,从匈奴文化中吸收了许多因素。

(三)带孔铜镜

青海地区出土的汉晋时期铜镜多为来自中原地区的具纽镜,而上孙家寨墓地 M43 出土一枚所谓的"护心镜"②,为非中原系统的圆形铜镜,径长 20.4 厘米,镜缘隆起 0.5 厘米,镜面中心微凸起,亦呈圆形,素面,镜缘一侧有双孔。

古代欧亚大陆的铜镜主要有两大系统,即以东亚地区为中心的圆板具纽铜镜和欧亚草原、西亚、南亚和欧洲地区所流行的带柄铜镜。在中亚、新疆和北方草原地区,汉晋时期大量流行汉式铜镜,同时也存在一定数量源自于西方的带柄镜。其柄部有各种材质,如铜柄、铁柄、木柄、骨柄等,有的为整体铸造,有的为分铸镜面,然后焊接或安装柄部。圆形镜面可以通过焊接或铆钉与金属柄部固定,或将镜面本身所带的尖锐的细柄插入骨质或木质柄部中。上孙家寨墓地出土的这类铜镜,在镜边缘留有双孔,很可能是用铆钉固定木柄,而木柄已腐朽脱落。此类铜镜流行的地域为中亚和北方草原地区。内蒙古集宁二兰虎沟匈奴墓内出土有类似铜镜③。在内蒙古西沟畔匈奴墓也出土一件,但残缺,穿孔数目不明④。在新疆吐鲁番艾丁湖墓葬发现一枚⑤,直径 7 厘米,镜边缘有三个小穿孔并列,其年代为公元前 2 世纪至公元 1 世纪。结合其他遗物来看,这类铜镜在青海地区的出现很可能与南匈奴的活动有密切关系。

(四)镀金银壶

上孙家寨墓地乙区 M3 位于出土"汉匈奴归义亲汉长"驼纽铜印的乙区 M1 以北 65 米处,其规模较 M1 大,为 6 人合葬,随葬品非常丰富。其中有一件单耳银壶⑥(图 4-4-9、10),其装饰风格独特,具有重要的研究价值,再次将我们的视野引向草原游牧人群。

该银壶为直口、长颈、鼓腹、平底,腹侧置单耳。通高 15.8、口径 7.0、腹径 12.0、底径 5.4 厘米。器身系由整块银片切割、捶揲而成,其口沿、腹部和底部装饰

---

① 魏坚:《内蒙古地区鲜卑墓葬的发现与研究》,科学出版社,2004 年,第 28 页。
② 青海省文物考古研究所:《上孙家寨汉晋墓》,第 150—151 页。
③ 郑隆、李逸友:《察右后旗二兰虎沟的古墓群》,载内蒙古文物工作队编:《内蒙古文物资料选辑》,内蒙古人民出版社,1964 年。
④ 伊克昭盟文物工作站、内蒙古文物工作队:《西沟畔匈奴墓》,《文物》1980 年第 7 期,第 9 页,图 13。
⑤ 文婧:《浅析新疆考古出土的汉代铜镜》,《昌吉学院学报》2008 年第 1 期。
⑥ 同②,第 160 页,图 95;J. C. Y. Watt, J. Y. An, A. F. Howard et al., *China: Down of a Golden Age*, 200 - 750 AD, p. 193, no. 100.

图 4 - 4 - 9　上孙家寨墓地
乙区 M3 出土镀金银壶

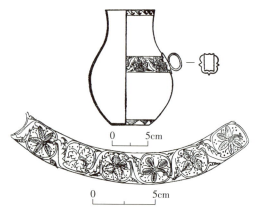

图 4 - 4 - 10　上孙家寨墓地
乙区 M3 出土镀金银壶

有三组镀金装饰纹带，分别为波浪纹、卷草纹和雉堞纹。口沿饰一周波浪纹，宽约 0.8 厘米，波浪自右向左奔涌，以戳点纹为地；腹部饰卷草纹带，宽约 3 厘米，卷草纹为齿状叶片及其细长的茎蔓环绕一多瓣花朵，自右向左以二方连续的形式环绕一周，共含有六朵不同形式的花叶，每朵中心伸出一花蕾，底部正面展开 3—5 片花瓣，花瓣有叶状、石榴状、卷曲状等，各不相同，各花瓣之间伸出一条或两条细长的花须，每条顶部托三圆点象征花蕊，在齿状叶片以及个别花瓣上，也缀以圆点；底部饰一周雉堞纹，宽约 0.8 厘米，每座雉堞共有五阶，也以戳点纹为地。

这些装饰纹样组合在东方同时期器物上非常罕见，但在欧亚大陆的西部却能找到不少类似的装饰。1981 年美国洛杉矶的琼·保罗·盖蒂博物馆（The J. Paul Getty Museum）收藏了一批器物[1]，包括银碗、宝石和马饰。其中银碗共 24 件，都为圜底敞口，系由整片银片捶制，镀金的环状装饰纹带平行分布于器物内壁。共有 18 件有类似的装饰，主要为波浪纹、卷草纹和雉堞纹这三种图案随机组合，或仅装饰其中之一两种，或三种兼具，甚至在不少器物上多次重复同一装饰纹带。大部分器物在碗底中心还饰以团花装饰，其构图方式与大通银壶上的三条带饰遥相呼应（图 4 - 4 - 11 ~ 14）。波浪纹和雉堞纹的细节也雷同，都是在背景处饰戳点纹以突出图案本身，但波浪纹比大通银壶上的更加丰富，存在多种略微不同的浪花造型，并有左右两种不同的涌动方向，充满动感；雉堞纹则给人以静止稳固之感，多为 3—4 阶。卷草纹比大通银壶上的灵活流畅，变化亦较多，但基本与大通银壶上的纹饰相合，例如带齿状叶片的枝蔓波状起伏，波谷含各种花苞，叶片上饰以圆点等。再加之制作工艺的一致性，基本可以肯定这批器物是大通银壶装饰风格的源头。

---

[1]　M. Pfrommer, *Metalwork from the Hellenized East: Catalogue of the Collections, the J. Paul Getty Museum.* Malibu: J. Paul Getty Museum Publications, 1993.

图 4-4-11 盖蒂博物馆藏银碗

(*Metalwork from the Hellenized East*, p. 128. no. 10)

图 4-4-12 盖蒂博物馆藏银碗

(同前, p. 110, no. 1)

图 4-4-13 盖蒂博物馆藏银碗

(同前, p. 126. no. 9)

图 4-4-14 盖蒂博物馆藏银碗

(同前, pl. 3. no. 14)

由于这些银器是从瑞士的文物市场购得,其出土地点不得而知。普福默(M. Pfrommer)对这批器物进行了深入的探讨①,他列举了三件属于同一风格的银碗:一件瑞士的私人藏品(图 4-4-15),一件汉堡艺术和纺织品博物馆(Museum für Kunst und Gewerbe)藏品,据报道它们都来自伊朗的卢里斯坦(Luristan);另外一件大英博物馆(The British Museum)的银碗,据称也来自伊朗。此外部分器物还刻有阿拉美语铭文,标明了制作者的姓名和器物重量,也说明他们是帕提亚的制品,普福默由此将其产地推定为伊朗的西部或西北部,即里海西南地区。他又根据铭文和装饰风格的分析,将较晚的一组确定为公元前 1 世纪,较早的定为早期帕提亚时期,即公元前 2 世纪,个别可早到公元前 3 世纪晚期。

① M. Pfrommer, *Metalwork from the Hellenized East*: *Catalogue of the Collections*, *the J. Paul Getty Museum.* Malibu: J. Paul Getty Museum Publications, 1993.

图 4 - 4 - 15　瑞士私人藏鎏金银碗　　　　图 4 - 4 - 16　俄罗斯罗斯托夫出土鎏金银盘
(*Metalwork from the Hellenized East*, p. 22, fig. 17A)　　(*Sarmatische Phaleren*, pl. 1)

　　波浪纹和卷草纹都属于典型的希腊装饰纹样。波浪纹（Wave scroll）又称奔犬纹（Running dog），在地中海地区有着悠久的历史；卷草纹（Tendril）最初源于意大利南部，而东方希腊化时期的卷草纹则直接源自公元前 4 世纪晚期流行于亚历山大大帝本土的马其顿，其基本保持了意大利卷草纹的典型特征[1]；雉堞纹（Battlement 或 Crenellation）是伊朗阿黑门尼德王朝时期流行的装饰纹样，它的造型源于城堡雉堞[2]。这一传统的伊朗装饰纹样，在希腊化的帕提亚（即安息），同卷草纹和波浪纹一起，形成相互间隔的平行的镀金装饰纹带组合，频繁地出现在银制器皿的表面。

　　波斯在阿黑门尼德时期便深受希腊文化的影响，而全面的希腊化进程是在亚历山大大帝征服之后通过在东方建立殖民地的形式进行的，在希腊人统治的塞琉古时期，这一政策得以延续，希腊的器物制造和装饰风格，对波斯产生了重要影响。公元前 2 世纪帕提亚人侵入伊朗西南后，希腊化因素并没有被消灭，而是融合到其自身的传统中。其"文化通过若干因素相互作用而发展形成，即阿黑门尼德遗产、希腊化时期观念、帕尔尼游牧人贡献，乃是融合了希腊文化与土著文化"，而更为重要的是，他们的手工业十分发达，贸易和通货也很繁荣，参与了广泛的国际贸易[3]，为其手工业品的远播创造了条件。

　　公元前 3 世纪萨尔马提安人代替斯基泰人成为黑海和里海北部草原的主宰者，其在亚欧大陆的繁荣持续到公元 1 世纪。在被推定为萨尔马提安人的墓葬中，发现大量希腊化风格的金银器物，其中最丰富的是马具上的金属圆盘，它们根据不同的需要装饰

---

①　M. Pfrommer, Großgriechischer und Mittelitalischer Einfluss in der Rankenornamentik Frühhellenistischer Zeit, *Jahrbuch des Deutschen Archäologischen Instituts* 97, 1982, pp. 119 - 190.

②　Houshang Mahboubian, *Art of Ancient Iran: Copper and Bronze*. London: Philip Wilson, 1997, p. 301.

③　〔匈〕雅诺什·哈尔马塔主编，徐文堪、芮传明译：《中亚文明史》第二卷《定居文明与游牧文明的发展：公元前 700 年至公元 250 年》，中国对外翻译出版公司，2002 年，第 107 页。

于马匹的不同部位。欧洲、近东到西伯利亚乃至希腊化的
巴克特里亚都有广泛的分布，与萨尔马提安人的活动密切
相关。圆盘多为银质，图案部分镀金，中心一般刻有典型
的希腊化或草原风格的主题纹饰，周边环以各种装饰纹
带，其中有不少是波浪纹和卷草纹，与帕提亚银碗有类似
的构图。带有波浪纹和卷草纹的圆盘主要集中在顿河下游
地区，时代为公元前 3 世纪末到公元前 2 世纪。如俄罗斯
罗斯托夫（Rostov）附近发现的一件银盘（图 4 - 4 -
16）①，中心有衔矛的狮头，其周围饰一周卷草纹带，其
枝蔓波曲和花苞造型都与帕提亚银盘上的卷草纹类同。尤
其值得注意的是，在一些花朵中伸出的花须顶端有三颗圆
点象征花蕊，应该是大通银壶上的花蕊表现方式的来源。
装饰有波浪纹的器物相对较多，例如乌克兰东部卢甘斯克

图 4 - 2 - 17　乌克兰卢甘斯克
出土盔状银马饰
(*Sarmatische Phaleren*, pl. 26)

（Lugansk）附近发现的一些盔状银马饰（图 4 - 4 - 17）②，里海北部伏尔加河沿岸萨拉
托夫（Saratov）东南出土的银盘③，另外在乌克兰的哈尔科夫（Charkov）和摩尔多瓦
的一些地区也有此类器物。而东部最远的例子是西西伯利亚的鄂木斯克（Omsk）的一
个圆形银牌饰，在所刻画的希腊女神的衣领上装饰有完全相同的波浪纹④。这些银制马
具多是公元前 2 世纪的遗物。

　　波浪纹和雉堞纹的组合还出现在日用器皿上。罗斯托夫地区的墓冢出土一件虎柄
镀金银罐（图 4 - 4 - 18）⑤，罐身用两圈波浪纹和中间的一圈雉堞纹分割为两个单元，

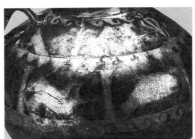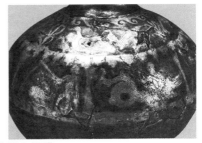

图 4 - 4 - 18　俄罗斯罗斯托夫出土鎏金银罐

①　V. Mordvinceva, Sarmatische Phaleren, *Archäologie in Eurasien*, Band. 11, Rahden/Westf：Leidorf, 2001,
　　Taf. 1.
②　同①, Taf. 26.
③　同①, Taf. 14.
④　J. Boardman, *The Diffusion of Classical Art in Antiquity*, London：Thames & Hudson Ltd, 1994, p. 107.
⑤　古代オリエント博物館，朝日新聞社編：《南ロシア騎馬民族の遺宝展図録》，朝日新聞社，1991 年，第
　　98 页。

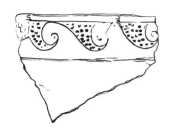

**图 4 - 4 - 19 蒙古高勒毛都墓地
出土鎏金银片**

（Une tombe princière Xiongnu à Gol Mod,
Mongolie, p. 204, fig. 33）

内部描绘各类动物和神话故事题材。其中虎柄和器身的某些动物图案，是游牧民族的常见装饰内容，对立羊图案属于典型的波斯风格，而神话故事及裸体人物形象则显示了希腊文化的影响。该器物被定为公元前1世纪末到公元1世纪，是同类装饰的器物中时代稍晚的。

南俄草原在斯基泰时期已经与希腊文化有密切的接触和融合，萨尔马提安人时期可以说是这种趋势的延续和深化。但该地区与希腊化的西部伊朗之间的文化联系也是显而易见的，将波浪纹和卷草纹用作镀金银器上的装饰图案，并与雉堞纹组合应用，这与帕提亚银碗的装饰风格相一致，在时代上也基本同时。

除了伊朗西部和南俄草原外，在蒙古国的匈奴单于或贵族墓葬中，也出土了一些有类似装饰的遗物，它们为大通银壶的来源路线和文化属性提供了更直接的证据。其中最重要的发现是法国考古队 2000—2001 年对高勒毛都（Gol Mod）一号墓的发掘[①]。该墓葬位于蒙古国后杭爱省北部胡内河盆地，规格较高，可能是某一匈奴单于的墓葬。出土物中有一片残长 2.2 厘米的银片（图 4 - 4 - 19），其边缘处刻有一条镀金波浪纹带，上面残存四朵波浪纹，自右向左涌动，以戳点纹为地。这与大通银壶的口沿装饰并无二致，显然为同类器皿的口沿部分，至少也是同一手工作坊系统的产品。墓主人是匈奴单于或高级贵族的身份，为大通银壶在上孙家寨匈奴墓区的出现，提供了令人满意的注脚。墓中出土有两面公元 1 世纪上半叶的汉镜，碳十四测定又进一步将年代限定在公元 20—50 年之间，这使我们有可能将大通银壶的制作时间推定为大致相当的年代。如果考虑到这类贵重金属器物从制作、使用到随葬入墓室的时间差，还应该再提早一些。

这样的发现并非孤例，诺音乌拉（Noin Ula）匈奴墓葬出土的一些织物上也有波浪纹、卷草纹和雉堞纹这三种图案。一座以发掘者康德拉捷夫（Kondrat'ev）命名的墓冢出土了一些毛织物残片，其中一片饰有两道波浪纹，另外两片除了波浪纹外还有花卉纹带[②]，其中一条为我们已经熟知的卷草纹样，在一些花朵上可见有三圆点状花蕊（图 4 - 4 - 20）。这些带状装饰都平行而有间隔，构图和内容都是典型的帕提亚风格。有

① G. André, Une tombe princière Xiongnu à Gol Mod, Mongolie（campagnes de fouilles 2000 - 2001）, *Arts Asia-tiques*, 2002, vol. 57, pp. 194 - 205.

② S. I. Rudenko, *Die Kultur der Hsiung-nu und die Hügelgräber von Noin Ula*. Übersetzung aus dem Russischen von H. Pollems, Bonn: Rudolf Habelt Verlag GM BH, 1969, fig. 74, 75.

图 4 - 4 - 20　诺音乌拉墓地出土毛织物

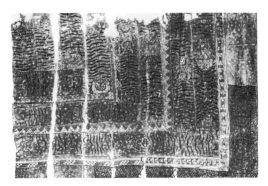

图 4 - 4 - 21　诺音乌拉墓地出土挂毯

类似图案的织物在伊拉克①和叙利亚②都有发现。6 号墓被比定为公元 1 世纪初匈奴单于乌留珠的墓葬，所出的一件挂毯可能是来自帕提亚或小亚细亚的产品，在其四方形虎皮图案之间隔以几何纹填充的装饰带，其中就有一周连续的雉堞纹，每座皆为四阶（图 4 - 4 - 21）。据称同样图案的织物早先也发现一件，但出土地点不明，被认为是在黎凡特织造的③。

　　除此之外，还有诸多因素显示了该地区与希腊化帕提亚的联系，事实上早在斯基泰时期的巴泽雷克墓冢中就有西亚织物出土，反映了游牧民族广阔的活动空间及持续繁盛的远距离贸易。

　　虽然这些地点都发现有与大通银壶装饰风格相同的镀金银器，但具体装饰纹样的细节却存在一些区别，例如雉堞纹的阶数较多，在其他地区不见；卷草纹饰虽然在构图上与其他地区的同类纹饰大致相仿，但每朵花及缠绕它的长茎叶片构成独立的单元，不同于希腊化卷草纹彼此连接、起伏而没有中断；花的形式也相对比较呆板。这都说明该器物并非制作于帕提亚或者黑海草原本土，而更有可能是黑海草原和蒙古高原之间某处的仿制品。但毋庸置疑的是，银壶的装饰和制作工艺受到了从这些地区输入的银器如马具饰盘或日用器皿等的深刻影响，甚至可能是来自帕提亚或者黑海地区的金属工匠参与或影响了它的制作。

　　从器形上来看，与大通银壶类似的器物除了高勒毛都墓地的银器残片存在一定可能外，无论在帕提亚还是南俄草原都没有发现。马尔夏克指出银瓶的环形耳是后来附加上的④，似乎很有道理，因为环形耳破坏了已经打制完好的镀金卷草纹带，而罗斯托夫银罐的虎

---

① 孙机：《大通银壶考》，《中国历史文物》2002 年第 3 期。

② P. O. Harper，*The Royal Hunter Art of the Sasanian Empire*，New York：The Asia Society，1978，p. 127.

③ 同上，p. 90 以及 Taf. XLIX.

④ J. C. Y. Watt, J. Y. An, A. F. Howard et al., *China：Down of a Golden Age*, 200 - 750 AD. p. 193.

柄，则有意错开了镀金部分的主要图案。因此很有可能是在器物陈旧之后为了使用的方便添制的，其原型可能是无耳的银壶。而这种无耳器物的造型，在哈萨克斯坦七河地区公元前 3 世纪到公元 1 世纪的陶器中相当常见，被认为是乌孙文化的遗物①。如果这一比对合理的话，该地区很有可能是它的仿制地点。

通过以上分析，我们基本上可以确定大通银壶的异域风格的来源，并大致重建其输入青海地区的过程：在公元前 2 世纪希腊化帕提亚首先融合并产生了这样的镀金银器装饰纹样，同一时期黑海北岸地区的萨尔马提安人的镀金银器也深受其影响，通过强大的萨尔马提安人—匈奴人主宰的草原之路，至迟在公元 1 世纪，具有同样制作工艺和装饰纹样的银器，连同其他一些希腊化帕提亚文化因素，出现在蒙古地区匈奴王庭，并流入定居在中国边境地区的匈奴贵族手中。在这一过程中，作为萨尔马提安人的一支并控制从咸海到黑海大片地域的奄蔡，以及占领七河地区并与匈奴有密切往来的乌孙，可能在器物风格的传播过程中扮演了重要角色。尤其是被比定为 Aorsi 的奄蔡，据斯特拉波的记载，一条通过其境内的重要商业路线使他们能够利用骆驼商队进行印度和巴比伦之间的商业贸易，并与南高加索的米底和亚美尼亚进行商品交换（该地区正接近帕提亚银碗的分布区），这些贸易使奄蔡人"披金戴银"②。中国的商品也可以通过这一商道到达黑海沿岸，罗斯托夫出土的西汉连弧纹日光镜和斯塔夫罗波尔出土的东汉连弧纹铜镜③，都证明了这一点，说明高勒毛都的银器和大通银壶在遥远东方的出现，并不是偶然的巧合。

（五）玻璃珠和玛瑙珠

汉晋时期墓葬中出土有较多的玻璃制品，器形主要有两类：玻璃耳珰和玻璃珠。在上孙家寨墓地中，玻璃制品共 84 件④，分别出土于 31 座墓葬中，包括 35 件耳珰和 49 颗穿孔珠子。耳珰主要为"T"形或束腰柱形，呈绿色或蓝色，光泽明亮，透明度强。长 10—20 毫米，直径 10—15 毫米（图 4 - 4 - 22）。民和胡李家汉墓中出土 8 件，其中有 2 件附着有珍珠⑤（图 4 - 4 - 23）。这类耳珰在出土的汉代玻璃中较为常见，

---

① G. A. Popescu, C. S. Antonini, K. Baipakov eds., *L'Uomo D'Oro: La Cultura Delle Steppe Del Kazakhstan Dall'età Del Bronzo Alle Grandi Migrazioni*, *Exh. cat.* Mantua: Palazzo Te; Milano: Electa, 1998, p. 230.

② T. Sulimirski, *The Sarmatians*, London: Thames & Hudson, 1970, p. 117.

③ 古代オリエント博物館，朝日新聞社編：《南ロシア騎馬民族の遺宝展図録》，朝日新聞社，1991 年，第 86 頁，図 80、88。

④ 史美光、周福征：《青海大通县出土汉代玻璃的研究》，《文物保护与考古科学》1990 年第 2 期。

⑤ 青海省文物考古研究所、民和回族土族自治县博物馆：《青海民和县胡李家汉墓 2001 年至 2004 年发掘简报》，《四川文物》2019 年第 5 期；首都博物馆、青海省博物馆：《山宗·水源·路之冲——一带一路中的青海》，文物出版社，第 152 页。

图 4 – 4 – 22　上孙家寨墓地出土玻璃耳珰

（《上孙家寨汉晋墓》图版 81：1）

图 4 – 4 – 23　民和胡李家汉墓出土玻璃耳珰

（《山宗·水源·路之冲》第 152 页）

根据成分分析，皆为铅钡玻璃，应该属于中原内地制作的物品①，通过邻近的陕西和河西走廊地区输入到青海东部地区。

　　穿孔玻璃珠颜色多样，有金黄、红、白、浅黄、蓝、绿等色；部分珠饰涂有其他颜料，有红、绿、黄色。根据成分分析，玻璃珠有铅钡、钠钙和钾硅玻璃三种。铅钡玻璃来自于中原汉地，钠钙玻璃应该为境外输入的，来自于印度的可能性很大。其中钠钙玻璃中有一部分为两层玻璃间夹有金箔和表面涂金箔的珠子，这两种呈金黄色的玻璃珠在我国中原地区很少见。鎏金的玻璃珠在新疆洛浦山普拉墓地中有出土②，在巴基斯坦的白沙瓦的玻璃珠作坊遗址中也有发现③，年代在公元前 1 世纪至公元 1 世纪，很有可能是这类玻璃珠的原产地，通过跨越新疆的丝绸之路辗转输入到青海地区。

　　钾硅玻璃的来源比较复杂，这类玻璃是印度、东南亚以及我国华南和西南等地特有的一种古代玻璃体系。在我国分布很广泛，主要集中在西南和华南地区，两广地区出土的汉代钾硅玻璃数量最多，种类也最丰富。我国学者认为其中一部分是我国自制的，但不排除外来输入的可能性④。上孙家寨出土的钾硅玻璃从成分上看属于低钙类，与我国其他地区出土的低钙类玻璃成分接近，在两汉时期交趾和合浦一带是这类玻璃的生产中心，很有可能是从这一地区输入的⑤。

　　上孙家寨墓地共出土 95 颗玛瑙珠⑥，分别出自 10 座墓葬中，大部分为圆形或近圆形，个别为椭圆长条形。缠丝玛瑙共 3 件（乙 M5、乙 M6、乙 M8、甲 M23），呈中间

---

① 李青会等：《浅议中国出土的汉代玻璃耳珰》，《广西民族大学学报（自然科学版）》2011 年第 1 期。

② 王博、鲁礼鹏：《扎滚鲁克和山普拉古墓出土古代玻璃概述》，载甘福熹主编：《丝绸之路上的古代玻璃研究》，复旦大学出版社，2007 年，第 126—138 页。

③ L. Dussubieux, B. Gratuze, Analysis of glass from the Indian world and from southeast Asia, *Bead Study Trust Newsletter*, 2001, no. 37, pp. 8 – 9.

④ 史美光、何欧里、周福征：《一批中国汉墓出土钾玻璃的研究》，《硅酸盐学报》1986 年第 3 期；李青会、干福熹、顾冬红：《关于中国古代玻璃研究的几个问题》，《自然科学史研究》2007 年第 2 期；李青会等：《浅议中国出土的汉代玻璃耳珰》，《广西民族大学学报（自然科学版）》2011 年第 1 期。

⑤ 黄启善：《广西发现的汉代玻璃器》，《文物》1992 年第 9 期；熊昭明、李青会：《广西出土汉代玻璃器的考古学与科技研究》，文物出版社，2011 年，第 178—179 页。

⑥ 青海省文物考古研究所：《上孙家寨汉晋墓》，第 161—164 页。

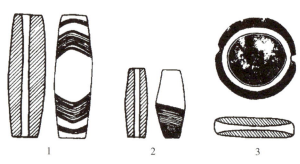

图 4 - 4 - 24　上孙家寨墓地出土玛瑙珠

（《藏族饰珠"GZI"考略》图 10：1、2、3）

图 4 - 4 - 25　湟中多巴训练基地汉墓出土玛瑙珠

（《山宗·水源·路之冲》第 152 页）

略鼓起的圆柱形，暗红或深褐色，平行的自然纹理黑白相间或半黑半白，长约 2—4 厘米；羊眼形玛瑙珠 1 件（乙 M8），直径 2.80、厚 0.50 厘米，扁圆形，侧面有穿孔，双面均为深褐色，但另一面周缘有一圈白色自然纹理，形成眼状纹饰（图 4 - 4 - 24）。在湟中多巴训练基地汉墓中也发现 2 件圆柱形缠丝玛瑙，年代应该为东汉，但具体出土情形尚未刊布[①]（图 4 - 4 - 25）。

这类珠饰在欧亚地区有广泛的分布，尤其集中于印度、西亚、中亚和我国新疆。中国南方地区发现较多，如南昌海昏侯 1 号墓和 5 号墓[②]、扬州邗江甘泉姚庄 101 号墓[③]、长沙咸家湖西汉曹（女巽）墓[④]、长沙蓉园魏家冲汉墓 M854[⑤]，以及广东和广西地区的汉墓[⑥]。北方地区以新疆地区最为集中。中原内地发现较少，已刊资料仅见陕西咸阳马泉西汉墓[⑦]，西安市南郊马腾空村汉墓出土的人兽动物纹金牌饰镶嵌 4 片褐地缠

① 湟中县博物馆藏。
② 巫新华、杨军、戴君彦：《海昏侯墓出土玛瑙珠、饰件的受沁现象解析》，《文物天地》2019 年第 2 期。
③ 印志华、李则斌：《江苏邗江姚庄 101 号西汉墓》，《文物》1988 年第 2 期。
④ 肖湘、黄纲正：《长沙咸家湖西汉曹（女巽）墓》，《文物》1979 年第 3 期。
⑤ 喻燕娇：《馆藏花斑纹玛瑙珠小议》，《文物天地》2015 年第 9 期。
⑥ 熊昭明：《汉代合浦港的考古学研究》，文物出版社，2018 年，第 94—100 页。
⑦ 李毓芳：《陕西咸阳马泉西汉墓》，《考古》1979 年第 2 期。

丝玛瑙，墓主人很有可能为出使中原的匈奴贵族①。这类缠丝玛瑙在北方草原地带的匈奴墓葬中时有发现，如外贝加尔地区的伊沃尔加墓地②、内蒙古西沟畔匈奴贵族墓 M4③ 等。其分布虽然广泛，但有一定规律，即都分布在欧亚之间的交通路线上，包括陆地、海上和草原的丝绸之路沿线。印度河流域和德干高原因为发现有丰富的原材料④、制珠手工作坊遗址⑤，并且自哈拉帕文化时期起便有悠久的技术和传统，很有可能就是这些珠饰的主要源头。

中国境内的这些缠丝玛瑙时代上集中于西汉时期，正是在陆地丝绸之路开通之后。所出墓葬规格都比较高，显而易见属于贵重的贴身装饰品，大多随葬的墓主人为女性。上孙家寨墓地中出土缠丝玛瑙和羊眼形玛瑙珠的几座墓葬，都是该墓地规模最大的，并且集中分布于出土匈奴印章的乙 M1 和出土镀金银壶的乙 M3 周边，其墓葬形制和规模相当，排列有序，极有可能是匈奴贵族的家族墓区。其年代较其他分布区略晚，为东汉末至魏晋初期。它们应该也都是来自印度河流域的产品，很有可能是通过新疆地区输入。

第五节　小结

青海汉晋时期的遗址和墓葬主要分布在东北一隅，集中于湟水流域的中游，包括湟中、西宁、平安、乐都、民和、互助和大通。这一区域是汉晋时期人口最为密集的地区，尤其是湟中、民和和乐都三县。在北川河注入湟水的西宁地区，包括大通和湟中，是这一地区的核心地带。汉晋时期遗存在这些地点密集分布，与优越的地理环境相适应，也与文献记载相印证。在周边其他地区，汉晋时期遗存数量较少，仅仅作为军事用途的哨亭、邮驿或交通枢纽而存在，缺少大规模的定居点。祁连县是最北的分布点，通过门源的一系列遗址将河湟地区与河西走廊连成一线。从河湟地区向北通往河西走廊和向东通往长安方向的交通路线发展较为迅速，这两条路线是这一区域汉晋时期交通网络的主轴和大动脉。

---

① 王育龙、萧健一：《西安新出土的汉代金牌饰》，《收藏家》2001 年第 11 期。
② А. В. Давыдова, Иволгинский комплекс（городище и могильник）— памятник хунну в Забайкалье. Л., Изд - во ЛГУ, 1985. С. 109，Рис. XVI，Рис. XV, 12, 21, 26.
③ 伊克昭盟文物工作站、内蒙古文物工作队：《西沟畔匈奴墓》，《文物》1980 年第 7 期。
④ A. K. Carter, L. Dussubieux, Geologic provenience analysis of agate and carnelian beads using laser ablation-inductively coupled plasma-mass spectrometry（LA-ICP-MS）: A case study from Iron Age Cambodia and Thailand, *Journal of Archaeological Science*, 2016，vol. 6，pp. 321 – 331.
⑤ P. Francis, Jr., Beadmaking at Arikamedu and beyond, *World Archaeology*, 1991, Vol 23, no. 1, pp. 28 – 43.

　　青海湖周边的城址数量不多，仅仅在特定时期内作为边境要塞而发挥作用。黄河谷地的汉晋时期遗存非常稀少，在贵德附近有一些分布，说明汉文化延伸入这个区域。尖扎和化隆地区没有发现汉晋时期遗存，然而根据文献记载，这一时期曾在这里设置数个亭或要塞，说明该地区的开发程度相对比较薄弱，但作为区域交通节点已经开始发挥作用。

　　在青海湖以西的广大区域，汉文化遗存基本不见。其分布的最西地点，应该是位于天峻县的加木格尔滩古城。文献中没有关于汉政府统治该区域的相关记载，很可能当时属于羌人的控制范围。位于柴达木盆地的都兰县香日德遗址延续时段较长，从青铜时代的诺木洪文化一直到魏晋和隋唐时期①，其中应该会有相当于汉晋时期的遗存，然而并没有发现这一时期的典型遗物。汉代遗存分布稀疏，意味着汉代青海湖以西的交通发展相对比较滞后，柴达木盆地与东部的联系比较有限。

　　对典型遗址和遗物的微观分析使我们更具体地观察到本地文化演进和交通发展的动态过程。大通上孙家寨墓地延续时段较长，见证了该地区汉晋时期民族和文化的融合进程。该墓地分布有青海地区最早的西汉墓，其文化面貌展现出对汉代之前的齐家文化和卡约文化的继承以及对中原汉文化的吸收和融入。这一地点具有优越的交通地理位置，对来自中原地区的汉文化因素保持开放状态。在其他地区，包括湟水下游地区，西汉时期的墓葬非常稀少。从王莽时期到东汉，聚落和城市的数量急剧增加，分布地域不断扩大。

　　在商业、移民和战争的驱动下，该区域的文化从汉代之前到汉晋时期经历了急剧变化。在汉代之前，当地的人口相对稳定，与域外的文化交流并不十分显著。到了汉代，在汉政府的军事征伐和行政管理之下，交通路线得以拓展，邮驿和军屯沿着战略要地设立并行使着帝国的使命，军队沿着这些交通要道被派遣和征调，汉族移民不断涌入。驻军屯田有效地实施，促使经济迅速兴盛起来，对本地的社会人口结构和文化面貌都产生了深刻影响。来自中原地区的先进生产技术和生活用品压倒性地输入到这一区域，渗透到社会生产和生活的各个方面，使羌人在文化遗存的层面上与汉人趋同，很难再被辨认。附落本土的匈奴部落也摆脱了游牧生活方式，开始向农业定居生活转变，只有祖上遗留的部分物品或者仅仅是名义上还保留有匈奴人的印记。在一统的汉文化主导下，本地传统文化和其他外来文化逐渐被边缘化，本地族群的主体特征逐渐消退，逐渐完成了汉化进程。

　　从跨地域的交通路线利用情况来看，河湟地区与关中、中原地区的文化互动较为

---

　　①　国家文物局：《中国文物地图集·青海分册》，第 185 页。

密切和活跃，虽然在发展程度上较这些地区有所滞后；与东南部的四川地区和北方的河西走廊之间的交通路线已经被开发和利用；一些来自更遥远的西域和南亚的小件装饰品和奢侈品沿丝绸之路输入该地。河西走廊的丝绸之路主干道开辟并没有太久，中原和西域文化交流的主要舞台仍然是河西走廊，河湟地区只是这一干线的补充和分支，其对于远距离商贸交换所发挥的作用相对有限。

第五章
吐谷浑时期（4—7世纪中期）考古遗存

从文献记载来看，吐谷浑王国从建立政权到为吐蕃所灭，前后共存在300多年，5—6世纪为其强盛时期，其活动的中心区域在青海湖周边地区。吐谷浑经历数次迁都，树洛干统治时期（405—417年在位）治慕贺川（今贵德西南），夸吕时期（535—591年在位）在青海湖西岸修建伏俟城（今共和铁卜恰古城），至吐谷浑灭亡一直作为都城。吐谷浑在境内设四大戍地，即清水川（今循化东）、赤水（即树敦城，在今共和）、浇河（今贵德）、吐屈真川（今茶卡附近），并在战略要地修筑一系列城池，包括曼头城（今共和西南）、洪和城（今甘肃临潭）、西强城（今甘肃迭部）、鸣鹤城等①。由于吐谷浑牢牢掌控穿越青海的丝绸之路，从中转贸易中获利丰厚，因此可知吐谷浑国内商业发达，财富充足，物质文化必定极为丰富，可以说是同时期青藏高原上最为富庶和先进的王国。但令人困惑的是，考古发现中可以确认为吐谷浑遗存的数量非常稀少，城址中仅有伏俟城可考，墓葬和遗物更是稀见，使考古学者迄今无法勾勒出半点吐谷浑的考古学文化面貌。这一状况与文献中大量记载的丝绸之路高原王国的国际地位、富庶程度、活跃程度以及延续数百年之久的国祚严重不符。尤其是如果对比同时期河西走廊十六国时期的大量遗存，这一点更加无法理解。

有人认为吐谷浑属于游牧民族，随水草迁徙，以穹庐为舍，因此大量遗存无法保留下来。实际上匈奴、突厥和吐蕃等游牧为主的民族都在各自的活动区域内留下了丰富的城址、居址和墓葬，甚至手工业遗迹。更何况吐谷浑统治区也并非完全的游牧生活方式，在河湟谷地和黄河河曲地带等羌人故地，农业也保持着一定的规模。文献记载吐谷浑的手工业也较为发达，有采掘、冶炼、兵器和金银制作等，因此这一推测是缺乏说服力的。本人推测其主要原因可能有二：一是青海湖周边及其以西地区考古工

---

① 周伟洲：《吐谷浑的历史和文化》，《文明》2006年第11期。

作开展得远远不够，尤其是吐谷浑很可能实行"潜埋"制度，地表无明显的封土和地标，以至于大多吐谷浑时期的墓地尚未被发现和揭露；二是吐谷浑遗迹、遗物可能已经出现一些，但多与晚期的吐蕃时期遗存混杂，还没有被甄别出来，故对其文化面貌无法形成系统的认识。

本章节根据既有的发现，列举并分析初步可以确定为吐谷浑时期的考古遗存和遗物。这些遗存并非全部都指向吐谷浑人，但至少在文化上会有一定的相关性。

一 墓葬与城址

（一）西宁砖瓦厂北朝墓葬（地图 4-1：7）

位于西宁市青海省砖瓦厂，1985 年在砖厂建设中发现[①]。墓葬为竖穴土坑，东西长 3 米，宽度不详，墓底距地表深 10 米。墓坑内有木棺一具，头向正东，头大尾小，棺表髹红漆。棺内墓主人骨骼为一成年男性。出土物包括 1 枚龟纽铜印和刻有四神的球形角质印匣（图 5-1），铜印篆刻"凌江将军章"。"凌江将军"在《魏书》《宋书》中都有记载，为三国魏时所置武官。由此推测墓主人应该为一个镇守边疆的武将。

其他随葬品包括龙凤象牙梳、连体鸟形金饰牌、镶金蚌耳杯、白玉簪、残铁刀、刀鞘附件、半两钱、五铢钱、布泉和丰货（后赵石勒时铸）（图 5-2）。象牙梳梳背为马蹄形，一面雕刻有双凤衔胜，另一面雕刻二龙戏珠，皆为中原汉地所流行的传统装饰题材（图 5-2：1）。耳杯蚌壳制成，边缘和双耳用金片镶嵌，类似扣器，长 13.7、宽 7.6、高 3.60 厘米（图 5-2：2）。金饰牌为鸟形，一半残缺，长 6.5、宽 5.5 厘米，雕刻鸟身和两个鸟头，朝向同一方形，在两鸟头的连接处有一乘坐人物形象，双手放置于两侧的鸟颈部，鸟身部分残留有 4 个圆圈形饰（图 5-3：1）。

随葬品显示出不同文化因素的融合：大部分随葬品如耳杯、象牙梳、铜印和印匣、铜钱都与中原汉文化相同，而鸟形金牌饰却是非汉文化因素，更确切地说，应属于鲜卑人的装饰器物。类似的饰牌在内蒙古乌兰察布有发现[②]（图 5-3：2），其完整的器形显示为两对鸟头，向上的两个背对背，两鸟颈之间的连接处乘坐一人物，可能为一个女神，身穿长袍，双手抚于鸟颈上。而向下的两个鸟头面对面，两个鸟颈之间为一人面。四个鸟头的中心为鸟身部分，刻有两个圆形饰，可能是与特定神灵相关的装饰。

[①] 卢耀光、尚杰民、贾鸿健：《青海西宁市发现一座北朝墓》，《考古》1989 年第 6 期。
[②] The Research Center for Silk Roadology ed., Studies of the Silk Road in Qinghai Province, China, p. 264.

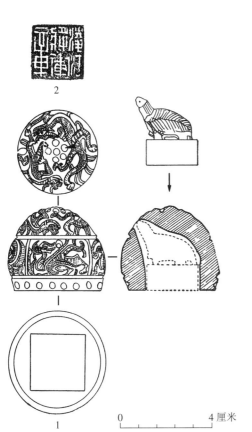

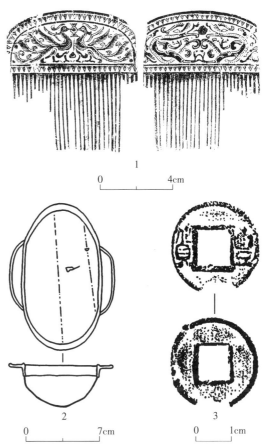

图5-1　西宁砖厂北朝墓葬出土铜印和印匣

（《青海西宁市发现一座北朝墓》：第571页，图3：6、9；第570页，图2）

图5-2　西宁砖瓦厂北朝墓葬出土象牙梳、镶金蚌耳杯和"丰货"

（同前：第572页，图5；第571页，图3：7；第572页，图7）

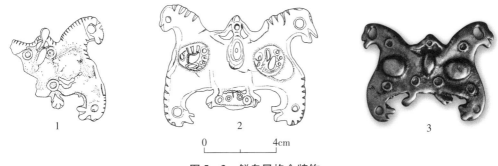

图5-3　鲜卑风格金牌饰

1.西宁砖瓦厂北朝墓葬出土　2.内蒙古乌兰察布出土　3.卡尔坎普藏品

该墓葬被推断为鲜卑文化墓葬。卡尔坎普藏品（Carl Kempe collection）[1]中也有一件造型和尺寸相似的金饰牌（图 5-3：3），被认为是护身符。

西宁地区在十六国时期相继被前凉、前秦、后凉、北凉和南凉统治，这些政权多为汉化的胡人所建立，其中南凉和西秦为鲜卑人所建。从文献记载来看，437 年北魏改封吐谷浑慕利延为"西平王"，可以认为此时吐谷浑的势力已经扩展到青海湖及西平一带。而居住在这里的乙弗鲜卑、契翰等也并入吐谷浑。因此该墓葬随葬品中的鲜卑因素应该与这些鲜卑族政权或部族有密切关系，墓葬主人"凌江将军"可能为其中某一政权的将军，其隶属于吐谷浑政权的可能性也是存在的。在战争频繁的年代，中原文化与游牧民族文化融合加速，青海东部地区与中原和北方地区的文化保持着密切的接触和互动。

（二）德令哈巴音郭勒河流域及宗务隆山南麓墓葬群

有关吐谷浑时期的墓葬，迄今为止所做的发掘和研究工作非常有限，学界对其认知还相当模糊。从零星的调查工作来看，柴达木盆地北缘沿茶卡、乌兰、德令哈一线，是吐谷浑时期墓葬分布最为集中的区域。2002 年中国科学院地理研究所、中国社会科学院考古研究所和青海省文物考古研究所合作开展对海西地区祁连圆柏树木年轮的研究，对德令哈巴音郭勒河流域及宗务隆山南麓多处墓葬中遗弃木棺及木椁进行采集和定年，基本确定了这些墓葬的年代下限[2]。其中明确可以归入吐谷浑时期的墓地主要有：

德令哈闹哈图，墓葬年代的下限为 461 年，共发现 4 座。地表有石堆墓标，没有封土堆。长方形竖穴土坑墓，内有木棺，从侧板判断为梯形木棺，木棺侧板上下及两侧均有榫卯结构，有挡板。棺长 240 厘米、高 38 厘米。

德令哈巴格希热图，墓葬年代的下限为 492 年，共发现 3 座。墓葬被盗，不明确有无石堆墓标。长方形竖穴土坑墓，梯形木棺，有的木棺两端有榫卯结构，有的两端内侧刻槽，用来镶嵌挡板。

德令哈市水泥厂北，墓葬年代的下限为 592 年，共采集两座墓葬。墓葬被盗，不明确有无石堆墓标。竖穴土坑墓，墓内残留有棺板，由于棺板被抛弃时间较长，棺板上的彩色画迹已基本消失殆尽，仅残留模糊墨迹。画风草率，可辨图案有马、奔鹿、牦牛、羊等个体动物形象和马上射鹿的射猎场面。墓葬附近有木质车轮残段和

① B. Gyllensvärd, *Chinese gold & silver in the Carl Kempe collection*, Stockholm：Nordisk Rotogravyr, 1953, p. 88, fig. 33.

② 肖永明：《树木年轮在青海西部地区吐谷浑与吐蕃墓葬研究中的应用》，《青海民族研究》2008 年第 3 期。

泥质灰陶片。

　　德令哈布格图阿门，墓葬年代的下限为 603 年，共发现 3 座被盗墓，均有石堆墓标，长方形竖穴土坑墓，墓穴长 2—2.2 米、宽 1.4—1.6 米，内置木棺，有的为双人合葬墓，有泥质灰陶罐及铜器残片。

　　此外，德令哈蓄集的根艾日格（公元前 58 年—公元 601 年）和爱里斯太（150—653 年）墓地也处于这一年代范围。上述墓葬的主要特征比较一致：地表有石堆作为墓标，竖穴土坑墓穴，均使用木棺，从个别保存较好的木棺结构来看，主要为梯形棺。结合该地区的历史和文化遗存来看，其墓主人可能为吐谷浑人。但由于墓葬盗扰严重，又未正式发掘，所以对其认识还相当粗浅。但可以肯定的是，这一区域是吐谷浑时期墓葬的主要分布区，吐谷浑后期的政治中心伏俟城和四大戍之一吐屈真川都在青海湖以西和茶卡地区[1]，这一线也是吐谷浑时期联通东西方的青海丝绸之路的主要通道。

（三）都兰热水墓地早期遗存

　　都兰县境内的吐蕃墓地，尤其是热水墓地，应该有一部分墓葬属于吐谷浑时期，只是以往普遍认为它们都是吐蕃时期墓葬。都兰热水墓地出土的一些丝绸残片、青瓷莲花尊等都可以追溯到南北朝时期，显然与吐谷浑的活动有密切关系。从墓葬形制和葬式来看，这些墓葬形态各异，差别巨大，应该是有明显的时代和族属的区分。都兰热水墓地 2000 年发掘的 10 座墓葬中，有 7 座墓葬中的祁连圆柏获取了树木年轮断代数据，其中 1 座墓葬的年代定为隋代（611 年）[2]，这说明热水墓地在吐蕃以前已经有墓葬存在了。然而对于具体的墓葬数量、形制和文化特征，还有待于进一步的考古发掘和系统分析。

（四）铁卜恰古城（伏俟城）（地图 4-1：34；图 5-4）

　　城址位于共和县铁卜恰村西南，坐落在布哈河支流——切吉河南岸的草原上，距青海湖西岸 7.5 千米[3]。外郭为长方形，用砾石垒砌，东西宽约 1400 米，北墙被河水冲毁，长度不明。郭内偏东有南北内墙一道，将外郭分隔为东西两部分，东部为长方形，面积较小；西部为方形，面积略大。内城位于外郭中心位置，平面为方形，长宽皆为 200 米，城墙残高 5、墙基厚 6 米，四角各有角楼，内城仅东墙有门，门宽 10 米，

---

　　① 周伟洲：《吐谷浑史》，宁夏人民出版社，1984 年，第 58 页。
　　② 王树芝：《青海都兰地区公元前 515 年以来树木年轮表的建立及应用》，《考古与文物》2004 年第 6 期。
　　③ 黄盛璋、方永：《吐谷浑故都——伏俟城发现记》，《考古》1962 年第 8 期。

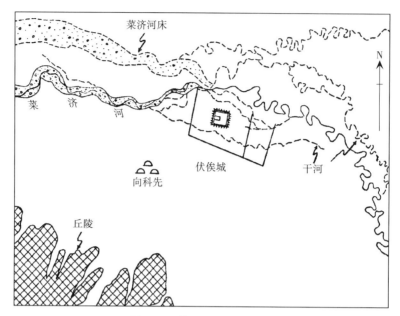

图 5-4　伏俟城平面示意图
（《吐谷浑故都——伏俟城发现记》图 2）

门外有曲尺形瓮城，门内有一条东西向大道，沿着大道两侧分布有房址，房址长 50、宽 30 米。大道西端依西墙建有一小方院，长宽各 70 米，墙残高不足 2 米，很可能属于宫殿建筑基址。在方院与南侧房址之间有一圆形夯土台基，直径 15、高 9 米。台基上可见建筑遗迹，似经发掘，但未见资料发布。内城的地表保留有大量布纹板瓦、筒瓦残件和夹砂灰陶残片。

　　该城址被认定为吐谷浑的都城——伏俟城址[1]。根据文献记载，夸吕即吐谷浑王位后，自封为可汗，始居伏俟城，位于青海湖西十五里。但"虽有城郭而不居"，"人民犹以庐百子帐为行屋"[2]，与该城址的位置及其遗迹稀少的特征完全吻合。铁卜恰古城是青海湖西岸唯一一座城址，虽然固定建筑基址不多，但属于伏俟城的可能性极大。夸吕即位时间为 535 年，应该是该遗址的年代上限。它作为都城一直使用到 663 年吐谷浑被吐蕃所灭。

　　宿白认为城门和宫殿都东向，大概沿袭了鲜卑人"以穹庐为舍，东开向日"[3] 的旧俗。该城址仅开东门应属于鲜卑"向东立帐篷"习俗的影响，主要是朝向太阳方向。

---

① 黄盛璋、方永：《吐谷浑故都——伏俟城发现记》，《考古》1962 年第 8 期。
② 《魏书》卷一〇一《吐谷浑传》，第 2234 页。
③ 《后汉书》卷九〇《乌桓鲜卑传》，第 2979 页。

（五）曲沟古城（地图 4 - 1：39）

位于共和县曲沟乡菊花村（旧址）东 500 米，俗称"菊花城"。平面呈正方形，南北长 420、东西宽 400 米，夯土筑墙，残高约 10、基宽约 7 米。东、西两面各开有一座城门，皆有瓮城。其使用时间自南北朝延至隋唐。1979—1980 年间经试掘，出土 200 余件遗物，包括残铁器、陶壶、罐等器物，但未见具体的发掘报告[1]。试掘后被龙羊峡水库淹没。该城被认为是吐谷浑在夸吕统治之前的都城树敦城（或赤水城）。

（六）龙羊峡古城（地图 4 - 1：40）

位于共和县曲沟乡加什达村东约 4 千米，建于龙羊峡口，分东西二城，隔黄河相对，因此被称之为"姊妹城"。西城在贵南县境内，平面呈不规则长方形，城墙夯土筑造，西墙残高 4.7、墙基宽 7.9 米。西墙和北墙各有一门，门宽 4.14 米。1979 年对西城门进行了试掘，城门地面铺木板，外有方形瓮城。后被龙羊峡水库所淹。发掘者认为该城址使用于南北朝至唐宋[2]。

（七）其他遗迹

考古调查显示共和县和兴海县还存在其他一些城址，例如夏塘古城和幸福古城[3]，也被认为属于吐谷浑时期城址。然而调查所获取的资料非常有限，还不足以证实这一推断。一些城址被毁或被晚期城址覆盖，无法对其进行准确断代。不过基于文献记载和考古发现可以推测，大多数吐谷浑城址位于青海湖的东南部，这一点是比较确定的。该区域位于贵德、共和和兴海之间，文献中被称之为"河南"，应该是"河南国"吐谷浑的统治中心地区。

在柴达木盆地东南缘的都兰地区，可能会有这一时期的聚落遗存。有关资料提到诺木洪农场的香日德城址，该城址平面近正方形，东西长 320 米，南北宽约 300 米，城墙夯筑，高约 10 米，基宽 7 米。20 世纪 60 年代此城北墙尚存，城垣残高约 3 米，基宽 2 米。四角有四座马面，略高于城墙，城外有宽约 8 米的护城河。东墙正中开一门，城内有内城，筑在北墙内，近正方形，东西长 80 米，南北宽 70 米，城南和城北

---

① 国家文物局：《中国文物地图集·青海分册》，第 149 页。

② 同上。

③ 李智信：《青海古城考辨》，西北大学出版社，1995 年，第 254—257 页。

均有高大的烽火台遗迹①。该城由于没有做过正式的发掘，无法得知其是否属于吐谷浑时期。但其仅东墙开一门的规制，与伏俟城颇为雷同。此外还提到在察汗乌苏镇的南西台遗址，发现有魏晋至隋唐时期的陶器②。不过未见具体的发掘报告。

二　出土遗物

（一）木棺板画及其鲜卑文化背景

迄今为止考古出土、采集以及国内外博物馆所收藏的青海北部地区的彩绘木棺达数十例，基本上可以根据明显不同的图像风格和内容划分为两个时期，即吐谷浑时期（5 世纪至 663 年）和吐蕃时期（663 年至 9 世纪末）。根据现有资料可知，吐谷浑时期的墓葬中彩绘木棺葬具已经相当流行了，但由于考古工作做得远远不够，我们对于这一时期的彩绘木棺了解还非常欠缺。目前所见仅有 3 例有明确的出处，其余多数都是流散到各博物馆或私人手中的藏品，其具体来源地无法确知。对其年代的推断主要是依据木棺上的彩绘内容，尤其是人物着装和艺术风格上的特征。

其中德令哈市水泥厂北墓葬③有具体的年代依据。根据树木年轮分析，该墓葬年代的下限为 592 年。出土的木棺为梯形，棺板上残留有模糊墨迹和图案，可辨图案有马、奔鹿、牦牛、羊等个体动物形象和马上射鹿的射猎场面。

2008 年青海省海西州民族博物馆在乌兰县茶卡镇茶卡乡冬季牧场的一座被盗挖的墓葬旁边，采集到一批木棺残件④，一共 4 件，其中 2 件有彩绘图像，分别是木棺盖板和左侧板（图 5 - 5）。盖板总长 2.05 米、宽 35—46 厘米、厚 4—9.5 厘米，前宽后窄，由整块柏木砍削而成，上有彩绘，前、中部图像完整，用红绿赭黑等色对称绘制大量变形的花卉、植物图样，中部起脊，沿脊线绘有一串心形和圆叶形纹饰。棺盖两侧边缘用红赭两色简略勾勒出连绵起伏的山丘，山丘与中脊线之间对称绘制两组人物。左侧绘一位牵马人物，伸右臂放飞一红色鹞子，头戴红色缠头，身着白色右衽翻领窄袖袍服。右侧绘制一骑马武士，正张弓射向一头飞奔的牦牛，骑马人物服饰与左侧人物相同。盖板后部腐朽。左侧板残断，残长 1.39 米，宽 18、厚 3.5—4 厘米，其上由右至左分布有两组共 18 个男女人物形象。画面中心为一座门楼宅院，门楼内有 3 人，中

---

① 朱世奎、程起骏：《吐谷浑白兰地望新考》，《青海社会科学》2008 年第 2 期；陈良伟：《丝绸之路河南道》，中国社会科学出版社，2002 年，第 200—201 页。

② 国家文物局：《中国文物地图集·青海分册》，第 185 页。

③ 肖永明：《树木年轮在青海西部地区吐谷浑与吐蕃墓葬研究中的应用》，《青海民族研究》2008 年第 3 期。

④ 辛峰、马冬：《青海乌兰茶卡木棺板画研究》，《青海民族大学学报》2017 年第 3 期；许新国：《茶卡出土的彩绘木棺盖板》，《青海民族大学学报》2011 年第 1 期。

间一人呈坐姿，身穿红袍，头戴红色冠帽，脑后垂两条发辫，身体比例明显被放大，意在突出其地位。右侧站立一人，右手持物，左侧一人右膝跪地。宅院墙外近处侧立两位头戴横冠的黑色袍服女子，右侧稍远处站立一排人物，皆身穿圆领袍服，头戴圆形小帽或方形横冠，方形横冠周沿悬垂细索状物，头戴横冠者应为女子。门楼左侧应该也有一排人物，仅见 2 人站立，其余残缺。

该棺板画中大部分主体人物着装都有浓厚的鲜卑特色，如圆顶的鲜卑"垂裙皂帽"、右衽翻领窄袖袍服等。从艺术风格上看，与河西地区的魏晋十六国时期的壁画和画像砖非常接近，综合考虑应该属于吐蕃征服吐谷浑之前的遗存。18 个人物中仅有 2 例疑似头戴吐蕃式的缠头装，且居于非主体人物位置，也不见吐蕃时期常见的赭面习俗，因此属于吐蕃时期的可能性较小。少量吐蕃装的出现可能与吐谷浑统治晚期吐蕃人的渗透有一定关系。

在青海省湟源县古道博物馆、青海藏文化博物馆、青海省博物馆内收集有一部分木棺板画①，据称都来自于青海海西地区。这部分彩绘棺板中，至少有 14 块应该属于吐谷浑时期（图 5 - 6 ~ 11）。其典型特征是：木棺形制皆为梯形棺，边缘通常装饰有联珠纹，彩绘内容多为农业劳作、盛装出行、帐居、炊煮、贡赋等，人物服饰多着鲜卑装，不戴冠或戴"垂裙皂帽"，身穿对襟翻领的小袖袍、小口袴，腰间系黑色革带。尤其是帐居或出行队伍画面中的中心人物（可能为墓主人形象）皆为典型鲜卑装束，而不见吐蕃时期所流行的缠头和赭面。从艺术风格上来看，图像朴拙、生硬，画面简洁，人物体型瘦削纤细，与吐蕃时期彩绘的流畅灵动、盛装严饰、人物形象圆润丰满判然有别。从内容上看，更多地受到河西地区魏晋十六国时期壁画和画像砖的影响，汉地中原之风浓厚，农业生产内容占据主要地位，而不见狩猎、宴饮、祭祀、野合等吐蕃时期典型的草原生活场景，可能反映的是吐谷浑领地内农业区封建地主的奢华生活场景，意在表现其家产富饶，土地辽阔，农奴家丁众多。

木棺以漆画或彩绘装饰其表，最早出现在汉文化地域。西周时期曾经用绣有各种图案的纺织品"荒帷"套在棺椁上以作装饰②，而公元前 5 世纪前期湖北随县曾侯乙墓的内棺是现存最早的绘画木棺，其外表髹漆，上绘龙凤、神兽、怪鸟以及几何图案③。

---

① 青海省博物馆编著：《尘封千年的岁月记忆——丝绸之路"青海道"沿线古代彩绘木棺板画》，文物出版社，2019 年。

② 纪敏烈等：《凤凰山一六七号墓所见汉初地主阶级丧葬礼俗》，《文物》1976 年第 10 期；宋建忠等：《山西绛县横水发掘大型西周墓葬发现"诩伯"及夫人墓葬，首次面世古籍记载的"荒帷"》，《中国文物报》2005 年 12 月 7 日。

③ 随县擂鼓墩一号墓考古发掘队：《湖北随县曾侯乙墓发掘简报》，《文物》1979 年第 7 期。

图 5-5　乌兰茶卡采集彩绘木棺板

（《尘封千年的岁月记忆》：第 172 页，图 2.33；第 175 页，图 2.37）

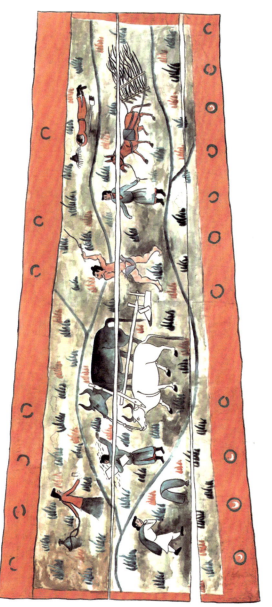

图 5-6　湟源古道博物馆馆藏彩绘木棺板（同前，第 109 页，图 1.2）

图 5-7　湟源古道博物馆馆藏彩绘木棺板（同前，第 114 页，图 1.9）

图 5 - 8　湟源古道博物馆藏彩绘木棺板（《尘封千年的岁月记忆》第 118 页，图 1.13）

图 5 - 9　湟源古道博物馆藏彩绘木棺板（同前，第 124 页，图 1.25）

图 5－10　湟源古道博物馆藏彩绘木棺板（同前，第 126—127 页，图 1.29）

图 5－11　湟源古道博物馆藏彩绘木棺板（同前，第 131 页，图 1.35）

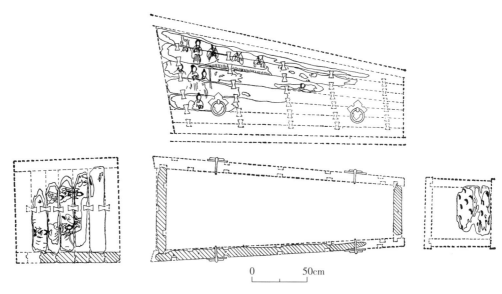

0   50cm

图 5 - 12　辽宁北原冯素弗墓彩绘木棺

长沙马王堆汉墓的三具彩绘漆棺，画云气、神怪人物，一直成为研究西汉棺椁制度和丧葬文化的重要范例。而在迷信色彩浓厚的东汉时期，以死后升仙为主题的画像石棺在中国西南地区盛极一时。魏晋以后，中原地区由于薄葬的推行，很少见棺画装饰，随后由于壁画墓的兴盛，棺画的装饰似无必要，也因而更稀少了，大部分中古时期的中原墓葬流行素棺或者素漆棺。

　　然而在北方少数民族统治区域，棺椁的装饰传统得以继承，其装饰形式和内容虽然源于汉族的影响，但也成为本地丧葬习俗的一部分。较早的例子是辽宁北票发现的慕容鲜卑贵族冯素弗墓①（图 5 - 12），用石材砌筑成长方形石椁，内放置柏木画棺一具，为前高宽、后窄低形制。棺的左右两帮以及前挡板各为七条木枋拼成，棺外涂朱漆，施彩画。从残存内容看，前挡板绘两行羽人，后挡板则画云气纹，左侧绘墓主人生活图像，其中心为一座白色屋脊的建筑，周围拱手而立许多人物，都是"黑发髻，上衣黑圆领白袖口"。木棺形制则具有鲜卑葬具的典型特征，在札赍诺尔墓群中便出现不少这种前宽后窄的桦木棺②，而棺画及壁画的装饰仅见于规格较高的墓葬。

　　随着北魏的建立和入主中原，带有浓厚的鲜卑文化色彩并融入了汉文化影响的丧葬习俗开始流行，壁画墓、画像石棺椁在经历了魏晋时期的衰落之后重新兴盛起来，

　　①　黎瑶渤：《辽宁北票县西官营子北燕冯素弗墓》，《文物》1973 年第 3 期。
　　②　内蒙古文物工作队：《内蒙古扎赍诺尔古墓群发掘简报》，《考古》1961 年第 12 期。

并且出现了画像石棺床、石屏风等新的形式。山西大同出土的北魏司马金龙墓①漆画屏风，以柏木为板材，髹漆为地，其上描绘烈女孝子、高人逸士等内容，继承了汉代画像石刻的传统题材。漆画屏风与同出的石棺床组合为一套葬具，这种形式在同时期的汉文化核心地区却不多见，它很有可能是后来北齐和北周石棺床和石屏风的早期形态。司马金龙死于太和八年（484 年），虽为汉人，但几代人都任北魏高官，墓中又出土不少鲜卑装的男女陶俑，鲜卑文化色彩相当浓厚。而宁夏固原的发现似乎更证实了这一现象的非偶然性。固原是北魏时期北方重镇，也是鲜卑族重要聚居地。20 世纪 70 年代发现了一具彩绘漆棺②，为前高宽、后窄低形，棺盖顶端为三角状，上绘着鲜卑装的东王公和西王母，前挡绘墓主人形象，侧板上层绘孝子形象，中部绘男女胸像，联珠状龟背纹，其间填裸体舞人，下部绘狩猎图像。内容虽有传统汉代题材，而人物却是穿夹领小袖、戴垂裙皂帽的鲜卑人形象。狩猎图像尤其引人注意，山野间野兽纵横，野猪、鹿疾奔，骑马勇士张弓射虎，真实地反映了鲜卑人游猎生活。

与此漆棺形制和装饰手法接近的还有山西大同湖东北魏一号墓彩绘漆棺③（图 5-13），此墓为一棺一椁，棺下设棺床，松木质。棺椁前宽后窄，头高尾低，木板间采用凿榫、细腰合缝结合铁钉固定。棺椁及棺床外髹黑漆，彩绘缠枝忍冬纹、联珠圈纹、屋宇及人物图案。左侧板漆画联珠圈纹及姿态各异的伎乐童子，后挡板绘建筑门楼一座，门内一人头戴白色尖圆顶窄缘帽，着圆领窄袖黑色衣，腰系带，探身翘首，门外两侧各一守门侍者，屈身胡跪，两侧绘联珠圈纹、童子。棺盖前沿呈圭面，也装饰联珠圈纹、童子、花草等。

2005 年，山西大同沙岭发现的一座北魏壁画墓中④，出土了大量的彩绘漆片，胎质已朽。经过拼对发现残存的漆片上有彩色绘画和文字铭记。在漆画中可以清晰地看到男女主人端坐、庖厨、扬场 3 处精彩的生活场面。据漆片上的文字铭记推测，墓主人死于太延元年（435 年），鲜卑人，是侍中尚书主客平西大将军破多罗氏的母亲。根据以往的发现以及漆画的内容，可知原是彩绘漆棺。

上述资料大都是彩绘木质葬具，时代大都在北魏太和改制以前。在孝文帝迁洛后的北魏皇室陵区，彩绘木葬具不见，而代之以石棺，例如章武王元融石棺（孝昌三年527 年），贞景王元谧石棺（正光五年 524 年），东莞太守秦洪石棺（孝昌二年 526 年），

---

① 山西大同市博物馆、山西省文物工作委员会：《山西大同石家寨北魏司马金龙墓》，《文物》1972 年第 3 期。
② 韩孔乐、罗丰：《固原北魏墓漆棺的发现》，《美术研究》1984 年第 2 期；王泷：《固原漆棺彩画》，《美术研究》1984 年第 2 期。
③ 山西省大同市考古研究所：《大同湖东北魏一号墓》，《文物》2004 年第 12 期。
④ 刘俊喜：《山西大同沙岭发现北魏壁画墓》，《中国文物报》2006 年 2 月 24 日第 1 版。

林虑哀王元文石棺（太昌元年 532 年），秦洛二州刺史王悦石棺（永熙二年 533 年），元华光瓦棺（孝昌元年 525 年）①，升仙石棺②，孝子石棺③等。这些石棺多数周身雕刻有精美的花纹，其中以孝子烈女故事、墓主人出行，以及乘龙升仙、龙虎神兽等内容较多，而狩猎内容稀见。在介于洛阳和平城之间的山西榆社县发现的一具北魏画像石棺④（图 5 - 14），右侧刻画墓主人生前享乐生活及死后乘龙升天场面，左挡板外侧中部刻墓主人出行和狩猎图，前半部刻有精美的杂技表演图，一大力士用杆顶着 5 人，旁边有击鼓、踩高跷、弄丸等。一梯形挡板中央刻墓主人夫妇坐平台上宴食，两侧有仆人、朱雀，其下有伎乐、舞女。根据碑文可知，其时代在北魏神龟年间（518—520 年），其内容与洛阳地区的画像石

图 5 - 13　山西大同湖东北魏一号墓彩绘漆棺

图 5 - 14　山西榆社北魏画像石棺
（榆社县博物馆藏）

棺不同，而与固原的漆棺画内容类似，显示了两地交叉过渡状态。

这些石棺也多为前宽后窄、前高后低形状，由棺盖、棺底、左右两帮、前后挡等六块石板安榫装配而成，与汉代整石雕凿的长方形石棺截然不同，明显是模仿了北魏迁洛以前木棺的形制，一些棺盖的三角状顶端也与固原彩绘漆棺和大同湖东北魏一号墓彩绘漆棺相似。由此可知，北魏在迁都洛阳后，统治阶层虽然盛行石质葬具，并且对装饰内容和艺术处理进行了一些改进，但仍然保留了原来木质葬具的形制，深深打上了鲜卑葬俗的烙印。

山西大同智家堡北魏墓棺板画⑤的发现更强化了我们对鲜卑彩绘木棺的认知。这是

---

①　黄明兰：《北魏孝子棺线刻画》，人民美术出版社，1985 年。
②　洛阳博物馆：《洛阳北魏画像石棺》，《考古》1980 年第 3 期。
③　宫大中：《邙洛北魏孝子画像石棺考释》，《中原文物》1984 年第 2 期。
④　王太明、贾文亮：《山西榆社县发现北魏画像石棺》，《考古》1993 年第 8 期。
⑤　刘俊喜、高峰：《大同智家堡北魏墓棺板画》，《文物》2004 年第 12 期。

在传统的鲜卑墓葬集中分布地带发现的三块色彩鲜艳的彩绘木棺（图5-15、16），棺木形状为前高宽、后窄低形，木板之间用银锭形束腰榫卯。棺内髹漆，外施彩绘，左侧板以山水为界，左绘车马出行、舞乐杂技表演，右绘激烈的狩猎场面，仅存画面至少绘人物35，通幰牛车3，马9，以及猪、兔、鸟、雁等动物。右侧板以帏幄为中心，左为排列整齐的男女侍仆及马匹车辆，右为庖厨奉食场面，共人物37，通幰牛车1，马2。另一块残板应为右侧板的一部分，绘不同形式的车舆8，人物数个。木板上所绘人物皆头戴圆顶垂裙皂帽，交领窄袖上衣，男着裤，女着裙。从装饰题材上，我们不难看出其与固原漆棺画、山西榆社县画像石棺的相似性。1988年大同南郊的一批北魏墓群中，有四具木棺的残板上发现了精美的彩绘，但报告中并未对此进行详细介绍①。在智家堡棺板画的简报中，作者也提到1988年大同市南郊北魏墓出土的几块残板上的棺板画，内容有身着鲜卑装的勇士骑马游猎，一只猛虎被矛刺中头部，旁边也有几只白羊被流箭射中。简报中所言的此件棺板画，可能属于同一批大同北魏墓群材料，反映的应该是鲜卑族的生活场景。

　　上述分析表明，北魏平城时代是彩绘木棺相当流行的时期，集中发现在山西大同附近；从彩绘木棺的使用者来看，大部分属于鲜卑族中级别较高的贵族和官吏，彩绘内容也反映了这些上层统治者的生活场景。也许只有地位较高的阶层才有实力来美化其葬具，这一传统的形成固然有汉文化影响的成分，但其在鲜卑丧葬中的继承和流行，可能有更多的因素。吐谷浑原属辽东慕容鲜卑，在其辗转迁徙至甘青地区之后，仍然保留着原属鲜卑的丧葬文化传统，使用前宽后窄、前高后低的梯形木棺，并描绘以各类日常生产、生活场景。可见这些彩绘木棺的流行，或许已经成为深藏于鲜卑族文化内的遗传密码，在不同的时间、空间内，总是会以不同的形式、不同的面貌出现。

（二）铜透雕牌饰

　　1979年，互助县丹麻公社泽林大队二队村西山脚下的一座土洞墓内发现1件铜透雕牌饰②（图5-17）。铜牌饰为模铸，下方为一匹大马呈俯卧状，背负一匹小马，二马额前都有扇形饰，两者通过细长条相连。大马腹部一对马镫，形态较大，与马匹大小不成比例。双马形态笨拙，大马前腿弯曲后折成细长条形，将马镫、大马后腿、尾部和小马尾部连接，形成牌饰闭合的边框，使之略呈长方形。双马体表均饰有太阳纹、

① 山西省考古研究所、大同市博物馆：《大同南郊北魏墓群发掘简报》，《文物》1992年第8期。
② 许新国：《青海省互助土族自治县东汉墓葬出土文物》，《文物》1981年第2期。

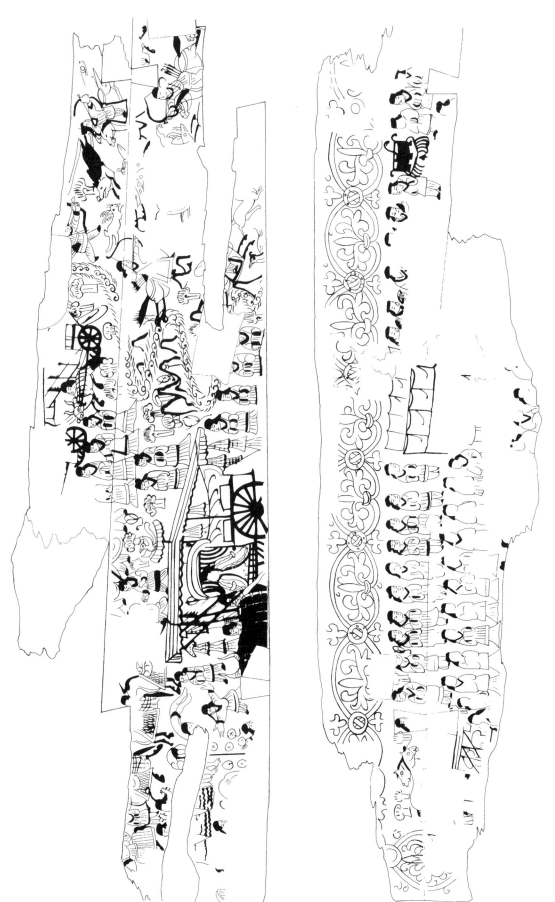

图 5–15 山西大同智家堡北魏墓棺板画

图5-16　山西大同智家堡北魏墓棺板画

图5-17　互助丹麻出土双马纹铜牌饰

（《山宗·水源·路之冲》第162页）

联珠纹及腰鼓形纹饰。牌饰通高5、宽7.50、厚0.30厘米。墓葬中与牌饰伴出的还有泥质灰陶罐和多件铜带扣，报告者认为灰陶罐与青海省东汉时期墓葬同类器物相似，因此将其断代为东汉时期。

类似的青铜饰牌在共和县还出土一件①，显示出浓厚的草原游牧民族风格。青海之外，中国北方地区也出土有几件同类牌饰。辽宁西丰县西岔沟出土一件双马牌饰，但小马仅存尾部，造型较为写实②（图5-18：1）。该器物被定为西汉时期匈奴文化遗物。自公元2世纪起鲜卑人继匈奴之后主宰了中国北方边疆地带，他们从匈奴文化中继承了大量文化因素，其中包括这类铜牌饰。吉林省大安县的后宝石墓地，属早期鲜卑人活动的中心区域，发现3件类似的双马牌饰③（图5-18：2）。

内蒙古地区发现有更多的此类牌饰，质地也不限于铜质。在乌兰察布三道湾出土2件金牌饰和1件铜牌饰④（图5-18：3、4），但都不完整。另一件金牌饰发现于乌兰察布的东大井鲜卑墓地，仅保存有大马部分⑤。发

---

① 许新国：《青海省互助土族自治县东汉墓葬出土文物》，《文物》1981年第2期。

② 孙守道：《"匈奴西岔沟文化"古墓群的发现》，《文物》1960年第8—9期。

③ 郭珉：《吉林大安县后宝石墓地调查》，《考古》1997年第2期。

④ 乌兰察布博物馆：《察右后旗三道湾墓地》，载内蒙古文物考古研究所：《内蒙古文物考古论集》第一辑，1994年，中国大百科全书出版社，第407—433页。

⑤ 李兴盛：《乌兰察布盟鲜卑墓葬综述》，《内蒙古文物考古》2003年第1期。

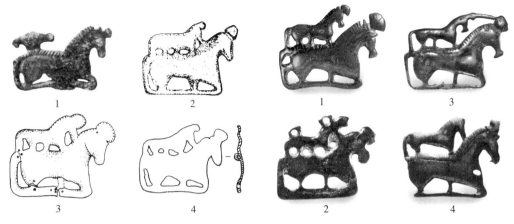

图 5 – 18   北方草原地区出土金铜双马纹牌饰   图 5 – 19   国外私人藏双马纹铜牌饰
1. 辽宁西丰县西岔沟出土   2. 吉林省大安县后宝石   1、2、3. 美国赛克勒博物馆藏品   4. 日内瓦巴比尔
墓地出土   3、4. 乌兰察布三道湾出土   缪勒艺术品博物馆藏品

掘者根据该墓地所出土的印章将其断定为鲜卑人墓地。还有学者进一步认为金牌饰属于拓跋鲜卑遗物[①]。此外，根据报道，在 1974 年还发现一些类似的铜牌饰[②]，但缺乏完整的考古报告。

在一些国外的博物馆藏品内，也见有这类牌饰的踪迹。美国赛克勒博物馆收藏有数例（图 5 – 19：1、2、3），其中一件在小马背部附带两个圆环，可见其主要是用于吊坠，有学者强调说它们属于衣服上的饰物[③]。在日内瓦巴比尔缪勒艺术品博物馆藏品中有 2 件双马牌饰[④]（图 5 – 19：4），一件金牌饰保存较为完整，具有明显的浅浮雕效果，大马后折的前腿和前折的后腿刻画比较明显[⑤]（图 5 – 20：1），可能代表了较早期的写实风格。这些发现都丧失了具体的出土环境，它们很有可能都是源自内蒙古地区。

与互助县的铜牌饰不同的是，所有这些牌饰上都没有表现出大马腹下的马镫，而代之以马腿形象，这说明互助的牌饰年代上可能要略晚一些。在瑞士收藏家皮埃尔·乌

---

①　齐东方：《唐代金银器研究》，中国社会科学出版社，1999 年，第 240 页。

②　中国青铜器全集编辑委员会编：《中国美术分类全集·中国青铜器全集》第 15 卷《北方民族》，文物出版社，1995 年，no. 156.

③　E. C. Bunker，T. S. Kawami et al，*Ancient bronzes of the eastern Eurasian Steppes：From the Arthur M. Sackler Collections*，New York，1997，p. 283，no. 251；nos. 251. 1 – 3.

④　J. P. Barbier，*Art des steppes. Ornements et pièces de mobilier funéraire scytho-sibérien dans les collections du Musèe Barbier-Mueller*，Geneva. 1996，p. 43，nos. 20，21.

⑤　W. Han，C. Deydier，*Ancient Chinese gold*，Paris：Les Editions d'Art et d'Histoire，ARHIS，2001，p. 94，fig. 215.

德瑞藏品中有一件与互助铜牌饰几乎完全相同的器
物①（图5－20：2）。不但刻画出了马镫，双马身
上的装饰图案也与互助铜牌饰完全一致，还表现出
小马背上细小的凸起，这些细部特征在其他牌饰中
都没有出现。这些相似性显示两者年代更为接近，
且很可能有着相同的来源。

　　青海东北部地区与北方草原地带地理上很接
近，在历史上与内蒙古和辽宁的鲜卑部族之间的
文化联系也相当密切。马镫的出现是值得关注的
一个事件，根据有关学者的研究，双马镫是在4
世纪首先出现于中国东北地区的鲜卑墓葬中，此后
才向其他地区扩散②。青海互助和共和的铜牌饰无
论在年代和文化内涵上都与吐谷浑在青海地区的活
动相吻合，将其归入吐谷浑的文化遗存应该是比较
合理的。

（三）青瓷莲花尊

　　出土于都兰热水墓地，自盗墓分子手中收缴。
高34、口径7.5、底径14厘米，短颈直口，外沿饰
一对桥形耳，溜肩，肩部有6个桥形耳，颈部贴塑
2团龙和2兽面，圈足。器上身浮雕双层覆莲瓣纹，
上层莲瓣纹之间饰菩提叶，下层莲瓣纹之间线刻柿
蒂纹，腹部浅浮雕仰莲瓣纹，足部浮雕一周覆莲瓣
纹。顶盖缺失，周身开片。（图5－21）

　　从全国范围来看，目前所见考古出土的青瓷莲
花尊共有15件，出土地有湖北武昌、江苏南京、
河北景县、山西太原、山东淄博、河南上蔡等地。
根据出土墓葬的绝对纪年，湖北武昌何家大塆永明

1

2

图5－20　国外私人藏双马纹金牌饰
1. 日内瓦巴比尔缪勒艺术品博物馆藏品
2. 瑞士皮埃尔·乌德瑞藏品

图5－21　都兰热水墓地青瓷莲花尊
（海西州民族博物馆藏）

---

①　Museum Rietberg Zürich，*Chinesisches Gold und Silber：Die Sammlung Pierre Uldry*，Zürich，1994，p. 125，
　　fig. 93.
②　王铁英：《马镫的起源》，《欧亚学刊》2002年第3期。

三年（485 年）墓葬出土的莲花尊年代最早[1]，最晚一例为山西太原西南郊沙沟斛律徹墓（597 年），大多数器物的年代集中于 6 世纪的下半叶，隋代以后莲花尊消失。从具体形制上来看，与热水墓地所出的青瓷莲花尊最为接近的是武汉市博物馆所藏的 3 件莲花尊，1 件出土于武昌区关山 M335，另 2 件出土于武昌钵盂山 M392，皆为南朝墓葬。而热水墓地青瓷莲花尊与北方地区所出的几例区别很大，因此它来自于长江中游地区的可能性很大，年代应该为南朝时期，不晚于隋。

该器物对于探讨墓葬年代、墓主人族属及其文化背景具有重要价值。南北朝至隋朝应该是吐谷浑历史上最为强盛和活跃的时期，通过河南道与长江中下游的南朝政权保持着密切的政治和商贸往来，文献中不乏相关记载（见第三章第三节）。但考古发现中的实物证据是极其罕见的。都兰热水墓葬中曾出土有"黄州"（今湖北黄冈）字样的织物（见第六章第四节），可作为一证。但考虑到陶瓷类物品笨重易碎，不同于丝绸、金银首饰等物品便于通过陆地交通工具进行长距离运输，况且这条路线山川纵横，险要难行，这件青瓷莲花尊直接自长江中游地区输入的可能性还有待于进一步论证。但无论经何种途径输入，其所蕴含的跨区域文化交流的信息是不可低估的。

（四）其他发现

能够归入这一时期的还有一些其他类别的器物，包括拜占庭金币、萨珊银币、少量丝织品等。根据现有的资料来看，这些物品数量并不多，而且大多数出土于吐蕃时期的墓葬中，可能在本地使用或珍藏了相当长一段时间，直到吐蕃时期才随葬入墓穴。为方便起见，这部分遗物将在下一章节中统一进行详细介绍和分析。

三 小结

在五胡十六国时期，诸多鲜卑部落如乙弗敌、契汗、折掘、秃发、乞伏诸部离开他们在北方草原地区的故地，迁徙到甘青地区，建立起一些地方政权[2]。这些部落的早期迁徙活动和路线选择，显然为辽东慕容鲜卑的吐谷浑部族提供了历史借鉴，成为其向青海地区迁徙的效仿和参照。在阿柴执政时期（415—424 年），吐谷浑开始进驻到青海湖地区，431 年，兼并西秦故地，青海湖地区尽为吐谷浑汗国领地。

吐谷浑和其他鲜卑部族大量迁入西北地区，给甘青地区带来了浓厚的北方草原文化色彩，这些草原文化因素逐渐与当地的汉、羌文化融合交织，形成这一时期的独特

---

① 湖北省博物馆：《武汉地区四座南朝纪年墓》，《考古》1965 年第 4 期。
② 周伟洲：《魏晋十六国时期鲜卑族向西北地区的迁徙及其分布》，《民族研究》1983 年第 5 期。

文化面貌。考古资料证实，青海湖以东地区与北方草原地带有颇多的相同文化因素，尤其是与内蒙古地区，这其中有不少因素可能与吐谷浑直接相关。在吐谷浑定居于青海地区初期，仍然继承着一些旧有的鲜卑文化传统，并显示出匈奴文化的某些影响。

　　吐谷浑的早期活动主要集中于青海东部地区，尤其是以黄河以南地区为中心，后期的疆域极为辽阔，包括青海湖周边及柴达木盆地周缘，成为其政治、军事和商贸活动的主要中心区域。途经青海地区的丝绸之路在这一时期达到了空前繁荣，吐谷浑的国力和财富历经三百余年的积累，必定也达到了前所未有的高度。然而从以往的考古工作来看，可以确定属于吐谷浑时期的考古遗存是极为匮缺的，这与文献记载中的吐谷浑真实情形并不成比例。有学者认为游牧民族居无定所的生活方式可能是产生这一现象的原因，但无论是匈奴、鲜卑、乌桓，还是突厥、契丹、蒙古，都在其活动中心地区留下丰富的各种类别的考古遗存，除了游牧遗存和墓葬外，甚至还有不少农业聚落、手工业遗址、城市遗址等，带有各自文化特色的遗物也大量出现。可见这与游牧民族属性并没有直接的关联，其内在原因值得深究。

　　根据文献记载，吐谷浑盛行土葬①，"丧有服制，葬讫而除"②。《宋书》卷九五《索虏传》记载鲜卑葬俗云："死则潜埋，无坟垄处所，至于葬送，皆虚设棺椁，立冢椁，生时车马器用皆烧之以送亡者。"③ 吐谷浑葬俗中很可能延续了鲜卑人潜埋而不设封土的习俗，因此墓葬可能难以寻觅。另一原因可能是吐谷浑墓葬已经发现不少，但尚没有明确地界定和甄别出来。例如德令哈巴音郭勒河流域及宗务隆山南麓墓葬群，其中一大部分属于吐谷浑的墓葬；热水墓地中也应该有一部分属于吐谷浑统治时期；哈日赛墓地更是表现出更丰富的吐谷浑时期的墓葬特征。其他一些典型的吐蕃时期墓地，也很可能追溯到吐谷浑时期。这些墓葬的统一特征为地表不设封土，或仅设石堆，不同于吐蕃时期的圆形或梯形封土，并在封土内设石围结构；采用动物殉葬，通常在墓道内殉葬马匹；采用鲜卑式梯形木棺，头大尾小，木板拼合，彩绘其表，图像具有浓厚的魏晋清秀之风，风格朴拙生硬，与吐蕃时期丰满圆润的艺术风格迥异；彩绘人物多着鲜卑服饰，少见或不见吐蕃式缠头和赭面；葬式多采用仰身直肢葬，与吐蕃墓葬中所流行的侧身屈肢葬有别。从流散民间的部分木棺板画可知，带彩绘的鲜卑式的梯形木棺在吐谷浑时期已经非常流行，这一发现将弥补吐蕃时期彩绘木棺与中国北方的鲜卑葬具之间在时代和传播链条上的缺环。彩绘木棺在河西和甘青地区的出现和流行，是鲜卑各部包括吐谷浑自中国北方向甘青地区迁徙的结果，实际上这一趋势同样

① 《魏书》卷一〇一《吐谷浑传》，第 2240 页。
② 《隋书》卷八三《西域传·吐谷浑》，第 1842 页。
③ 《宋书》卷九五《索虏传》，第 2322 页。

发生于中原地区，北魏迁都洛阳，鲜卑族南下入驻中原，同样携来了北方草原地带鲜卑文化的诸多影响。

从分布区域上来看，吐谷浑遗址和墓葬在青海湖西南至茶卡和德令哈一线最为集中，古城遗址可能主要集中于共和盆地和以贵德为中心的黄河南岸地区，晚期的都城和戍址主要在青海湖周边地区。但由于考古工作较为欠缺，且多数材料并非通过系统的考古发掘所得，因此我们对吐谷浑时期总体的考古学文化特征的认识还远远不够。

第六章
吐蕃时期（7世纪中期—8世纪）考古遗存

第一节　墓葬和遗址

一　吐蕃时期墓葬的结构：以热水墓地为例

吐蕃时期墓葬主要分布在海西州都兰县、德令哈市和乌兰县境内（地图6-1）。都兰县位于柴达木盆地东南边缘，德令哈市和乌兰县位于其东北缘。都兰县的吐蕃墓葬尤其集中（地图6-2），迄今为止已经发现了近千座，主要分布于热水沟、夏日哈河、察汗乌苏河和柴达木河谷地，其中包括热水墓地、英德尔墓地、夏日哈墓地等。热水墓地（地图6-3）是青藏高原北部地区面积最大、数量最多的吐蕃墓群，位于察汗乌苏镇热水乡血渭草场，距离察汗乌苏镇东南约10千米，地理位置为北纬98°17′19″，东经36°10′67″，海拔3436.62米。察汗乌苏河发源于东南部高山，向西北流经鄂拉山和都兰县，最后消失于柴达木盆地。沿河谷形成一个长7千米、宽1千米的条形地带，包括4个自然村落。血渭草场被察汗乌苏河分为南北两部分，墓地分布于河两岸，北岸为Ⅰ区墓地，以热水一号大墓（又名血渭一号大墓）为中心，沿山麓向两翼呈长条状密集分布着大约165座不同规格的墓葬，自西向东延伸约3千米（地图6-4）；南岸为Ⅱ区墓地（图6-1-1），与热水一号大墓隔河相对，有墓葬30余座。

1982—1985年，青海省文物考古研究所发掘了包括热水一号大墓在内的20余座墓葬①。1994—1998年，发掘了夏日哈乡河北村的大什角墓地的9座墓葬，热水智尕日二村的20座墓葬，香加乡莫克力沟的1座墓葬和香加乡的考肖图遗址②。大部分墓葬为

---

① 许新国：《中国青海省都兰吐蕃墓群的发现、发掘与研究》，载许新国：《西陲之地与东西方文明》，燕山出版社，2006年，第132—141页。
② 同上。

图 6 - 1 - 1　热水墓地 II 区
(《都兰吐蕃墓》图版 2)

中小型墓。1999 年 7—9 月，北京大学考古文博院与青海省文物考古研究所合作发掘了
热水墓地 II 区的 4 座大中型墓葬①。出土了大量不同类别的遗物，包括丝绸、金银器、
木器和动物骨骼等。2000 年，青海省文物考古研究所又在热水墓地发掘了 10 座墓葬，
但仅公布了其中 7 座墓葬的树木年轮数据②。

在过去的数十年内热水墓地总计发掘了 100 多座墓葬，但正式发表的仅有上述
1999 年所发掘的 II 区 4 座墓葬和 2014 年在哇沿水库淹没区抢救性发掘的 25 座墓葬③的
资料。依靠零星公布和间接所得的材料，我们只能对出土遗物和文化面貌有粗略的认
识。大部分墓葬毁坏严重，但仍可观察到其基本结构。完整的墓葬通常包括三个部分：
封土堆、墓室、动物殉葬坑与附属建筑。

（一）封土堆

大部分墓葬地表有封土堆，高 2—35 米不等。较大型墓葬的封土堆通常平面呈梯
形、平顶。中小型墓葬通常为圆形。多数梯形封土的长边朝向河流，短边和墓道朝向
山脉。封土堆内部有复杂的支撑结构，均为砂土石木混筑。在地表用木、石或仅用土

---

① 北京大学考古文博学院、青海省文物考古研究所：《都兰吐蕃墓》，科学出版社，2005 年。
② 王树芝：《青海都兰地区公元前 515 年以来树木年轮表的建立及应用》，《考古与文物》2004 年第 6 期。
③ 青海省文物考古研究所、陕西省考古研究院：《青海都兰县哇沿水库古代墓葬 2014 年发掘简报》，《考古与文物》2018 年第 6 期。

图6－1－2　热水一号大墓封土堆（发掘前）

（《中国文物地图集·青海分册》图版103：1）

坯砌一圈矮墙作为边框，矮墙内部和上部填土、石并夯实。较大型墓葬在夯土层之间夹杂数层柏木檩条以加强其稳固性，因此形成土—石—木混合结构。在中小型墓葬封土中，则用土坯砌成一圈矮墙来支撑封土。一些封土堆的中心有石砌的方格网状结构。有的封土内在一定深度埋葬有殉牲，包括羊、马、牛、鹿和狗等。

热水一号大墓（图6－1－2）的地表有巨型封土堆，结构较为复杂，包括上下两个立面为梯形的覆斗形平台结构，总高35米，上层平台平面为等腰梯形，北边为短边，长55米，南边为长边，长65米，两侧边长皆为58米，高度为12米。下层平台实为北部山体向南延伸形成的山梁，整平后成为上层平台的基础，南宽北窄，南边长160米，北边最窄处长60米。仅上层平台被发掘，证实为封土堆和墓葬。为了探明下层平台的功能，发掘者在其北部与山体连接部分开挖了一个巨大的探沟，根据沟内自然山石堆积可知下层平台实为山体的自然延伸。封土堆用黄土、灰沙石和砾石等堆积而成。

1. 穿木结构（图6－1－3）

封土堆内部从上到下每隔0.8—1.2米左右，便有一层平铺的柏木，环绕封土四周，排列整齐，平面也为梯形。共有7层穿木，自下而上逐层面积递减，因此立面成呈梯形。所有穿木都根部朝外，梢部朝内。下层柏木较粗长，上层柏木较细短。

2. 混凝夯土围墙（图6－1－4）

穿木结构之下为一圈夯土墙体，平面为梯形，厚3.5米，长宽皆为5米左右，墙体由黄土和砾石混筑而成。每层之间铺一层沙柳枝以加固，夯层清晰，硬度很高。墙体外壁面平整，可见用木板挡泥的痕迹（即版筑）。

3. 石围墙（图6－1－5）

夯土围墙之下有一圈石砌矮墙，构成封土堆的根基，平面呈梯形。石墙共分为3层，自下而上逐层内收，形成台阶状，每层台阶高约1米，宽约3米。由黄土和砾石混筑，外壁面整齐，层与层之间以柏木相隔。

图 6 - 1 - 3　热水一号大墓封土堆穿木结构

(Studies of the Silk Road in Qinghai Province, China, p. 213, pl. 2, 3)

**图 6 - 1 - 4　热水一号大墓封土
内混凝夯土围墙**

(同前, pl. 5)

4. 动物殉葬坑（图 6 - 1 - 6）

从封土顶向下 4.5 米深处有一座长方形的动物殉葬坑，四壁用石块围砌，长 5.8、宽 4.8、深 2.25、厚 0.9—1 米。墓口上铺柏木 13 根，坑内埋葬有羊、马、牛、马鹿等 70 余个动物个体。

其他墓葬的封土堆虽然规模较热水一号大墓小得多，但其形制大同小异。还没有发现哪两座墓葬的封土堆完全一致，说明其内部结构的复杂性与随意性。从这一特征来看，其内部结构更注重功能性和实用性，并未形成统一的规则。

（二）墓室

墓室位于封土堆下方，根据其结构，可以划分为以下几种类型。

Ⅰ 型　长方形单室墓

仅有一长方形墓室，例如墓葬 99DRN M4（图 6 - 1 - 7）。墓室顶部有两层横木，其上铺石。墓室带有墓道。墓室长 3.6、宽 1.8、深 1.6 米。四壁和墓底用圆木堆砌。墓道长约 1、宽 1 米，两侧用石砌，墓道入口用直立的木柱封堵。

Ⅱ 型　双室墓

长方形墓室被分隔为前后两室，其中放置墓主人的墓室通常用圆木砌成。例如热水智尕子墓地 M1（图 6 - 1 - 8）。其墓室位于墓穴中心，被一段木—石混合的墙体分隔为两个墓室。木棺放置于后室一角，木棺由木底板和侧板构成，不见棺盖。墓室地面铺以石板和木板。

99DRNM2 同为双室墓（图 6 - 1 - 9）。长方形竖穴土坑，长 6.16、宽 4.80 米，坑口围绕一周低矮的土坯墙。墓室距坑口 2.3 米深，顶部铺一层小石块，石块层之上有

图 6 - 1 - 5 热水一号大墓封土内石围墙

(Studies of the Silk Road in Qinghai

Province, China, p. 214, pl. 7)

图 6 - 1 - 6 热水一号大墓封土内动物殉葬坑

(《中国文物地图集·青海分册》图版 103∶2)

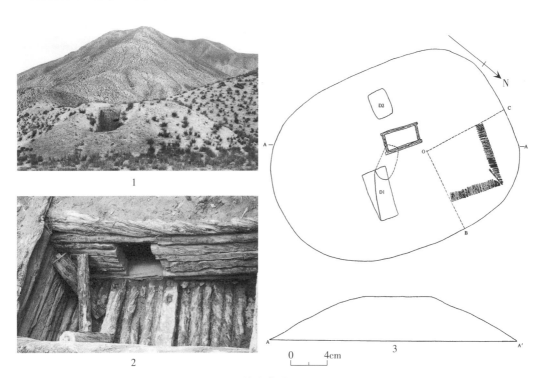

图 6 - 1 - 7 热水墓地 II 区 99DRNM4

(同前:图版 36∶1,图版 37∶1;第 115 页,图 72)

图 6 - 1 - 8　热水智尕子墓地 M1

(The Tibetan cemeteries in Dulan County: Their discovery and investigation, pp. 7 - 12, fig. 11)

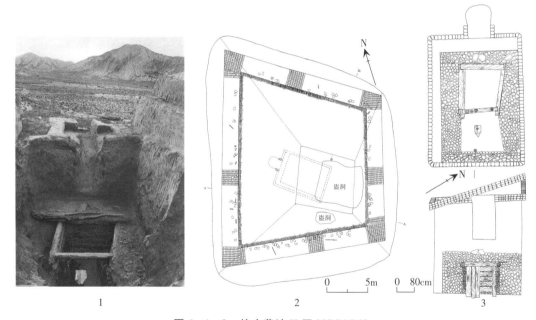

图 6 - 1 - 9　热水墓地 II 区 99DRNM2

(《都兰吐蕃墓》: 图版 15:2; 第 33 页, 图 21; 第 38 页, 图 25)

一段土坯墙。石块层下平铺 11 根柏木。柏木层下方为长方形墓室, 四壁用石块砌成, 无底板。椁室用柏木砌成, 占据了墓室的后半部分空间, 朝墓室前半部分开一门, 墓室前半部分仅立数条木柱支撑墓顶。

III 型　多室墓

具有三个或多个墓室, 由主室和侧室构成一个对称的结构。例如墓葬 99DRNM1

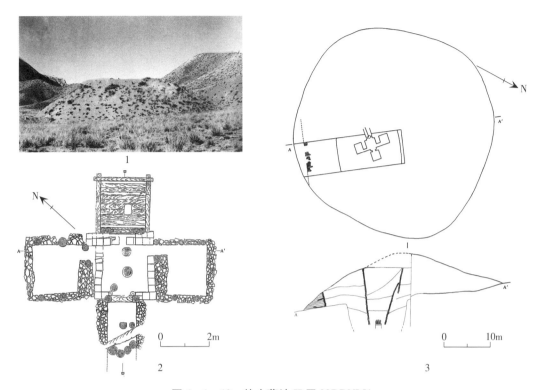

图 6 - 1 - 10　热水墓地 II 区 99DRNM1

(《都兰吐蕃墓》：图版 3∶2；第 6 页，图 4；第 4 页，图 2)

（图 6 - 1 - 10），墓室位于墓葬中心，长 7.05、宽 6.67 米。墓室包括甬道、前室、后室和两个侧室。各室都为正方形，墓顶用柏木圆木搭建。前室用土坯砌成，甬道和侧室用石头砌成，并用立柱加固，地面为黄土夯实。后室为主室，四壁和底板用柏木堆砌而成。墓葬 99DRNM3（图 6 - 1 - 11）则为另一种形制。由三个墓室构成：东室、中室和西室，各室皆为长方形。墓室总长 12、宽 4 米，墓顶为柏木圆木搭建，四壁为石砌。墙体插木条以加固，地面平铺土坯砖。东室内填土中有两具骨架，可能为主室。

IV 型　带回廊的多室墓

热水一号大墓属于这一类型（图 6 - 1 - 12）。墓室位于封堆下方正中心，距墓顶深 11.5 米，平面为十字形，由封石、照壁、盖木、墓道、墓门、回廊、东室、西室、中室、南室等组成。东西长 21 米，南北宽 18.5 米。除中室为木椁室外，其他各室均为石室。各室内面均用石块整齐叠砌，石块之间铺有柏木条。照壁砌于墓门柏木横梁之上，整个墓室上覆盖巨型柏木圆木，均被火烧成炭状，共有 61 根，长 3—5 米不等。墓道为长方形竖穴式，开在墓葬北部，内用巨石封堵。其南为封门，门南为甬道，连接回廊，并与中室墓门相对。中室位于墓葬正中，四壁系用整齐的长方木叠砌而

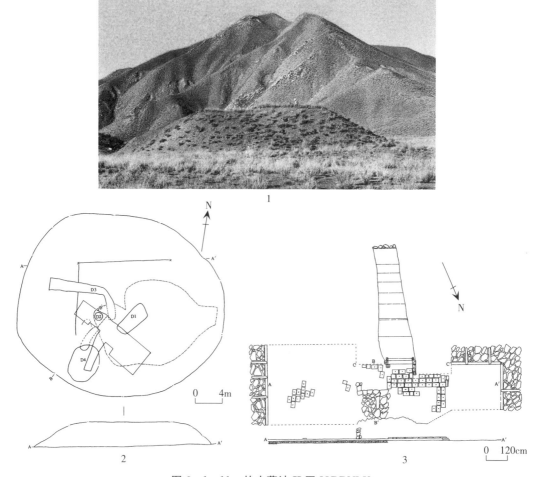

图 6 - 1 - 11 热水墓地 II 区 99DRNM3

（《都兰吐蕃墓》：图版 20 : 1；第 59 页，图 36；第 61 页，图 38）

成，火烧痕迹明显。其东西南侧各有一长方形侧室，均以石块垒砌，边缘置有木条，壁面均排有穿木，均有门，各室之间以回廊相接通。墓葬被封土顶部盗洞所打破。中室内出土有大量丝织品残片，除用于衣饰外，多为旌幡边饰的残片。东室内放置大量牛羊马骨和木质食具。西室内有残木器和大量小麦颗粒。南室有较多残木器。未见人骨。

（三）动物殉葬坑与附属建筑

吐蕃墓葬中动物殉葬相当常见，殉牲经常被放置于墓室内或埋葬于地表封土中。较大型墓葬除了这两处安置殉牲外，还专门设有独立的殉葬坑。例如在热水一号大墓南侧的平地上，一共有 32 个殉葬坑（图 6 - 1 - 13、14）。5 条长方形殉葬沟居中，皆

图 6 – 1 – 12　热水一号大墓墓室结构

（《中国文物地图集·青海分册》图版 103：3；The Tibetan cemeteries in Dulan County：
Their discovery and investigation，fig. 9）

东西向，沿南北方向平行排列，共殉葬 87 匹完整的马；殉马沟的东西两侧又分布 27 个圆形殉葬坑，东面 14 个，西面 13 个。整个殉葬坑范围长 30、宽 50 余米，殉葬牛头、牛蹄的有 13 座，殉葬完整狗的有 8 座。其中殉牛坑排列靠前，殉狗坑排列在后。在北侧第一条殉马沟上方正中，压有直径 1 米的巨石，巨石下方的殉马坑内出土有砸碎的镀金银器残片。在大墓的下层平台东北位置底部也有一座圆形动物殉葬坑，直径 1.2、深 0.4 米，内葬有牛、羊头骨 27 个。

在个别墓葬的周边还发现有建筑基址，可能属于墓葬的附属设施。热水一号大墓封土堆底部石墙的东侧，修建有一座建筑基址，平面为长方形，石块垒砌。其中部有一墙，将建筑分隔为南北两室。北室内又有一墙，将其分隔为东西两个小间。建筑的北墙开 2 门。该建筑具体功能不明，发掘者认为可能是施工或临工人员的临时性住处，或者说有可能是为加固封堆而采取的特殊累石手段①。施工人员临时居住和集体烹煮之地在 2014 年热水哇沿水库淹没区发掘中被发现，其位置一般与墓地有一定距离，且规模巨大，与此紧依着大墓封堆而建的建筑有明显区别。此类建筑显然是墓葬的构成部分，推测可能与该墓葬所专享的祭祀活动有关。《新唐书》记载"坡皆丘墓，旁作屋，赭涂之，绘白虎"②，可能热水一号附属建筑与此类涂赭房屋具有类似的功能。其他大部分吐蕃时期墓葬并没有此类附属建筑。

---

① 许新国：《吐蕃墓的墓上祭祀建筑问题》，《青海文物》1995 年第 9 期。
② 《新唐书》卷二一六《吐蕃传》，第 6103 页。

图 6 – 1 – 13　热水一号大墓动物殉葬坑
（Studies of the Silk Road in Qinghai Province，China，p. 216，pl. 16）

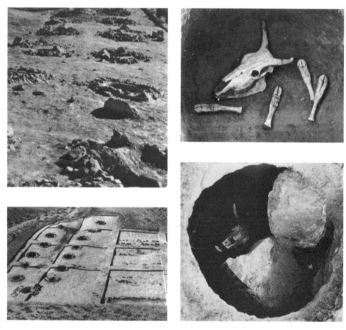

图 6 – 1 – 14　热水一号大墓动物殉葬坑
（Studies of the Silk Road in Qinghai Province，China，pl. 17 – 20）

二　其他重要的吐蕃时期墓葬

　　除了热水墓地之外，都兰县夏日哈镇、察汗乌苏乡、香加乡、沟里乡和巴隆乡等地还分布有大量吐蕃时期墓葬，海西州的德令哈市区、乌兰县和天峻县也是吐蕃墓葬的重要分布区域。这些墓葬多数被严重盗扰，仅有少部分经过科学发掘。1994 年 9—

11 月，青海省文物考古研究所发掘了夏日哈乡河北村大什角沟墓地的 9 座墓葬；1995—1996 年，发掘了香加乡的考肖图遗址；1998 年发掘了香加乡的莫克力沟墓地。[①] 这些发掘资料尚未正式公布。2000 年 7—8 月，在乌兰县铜普乡的大南湾遗址发掘了 2 处宗教遗址和 2 座房址，其资料得以刊布[②]。2002 年在德令哈的郭里木乡发掘了 2 座墓葬，获取了一批重要遗物[③]。虽然正式报告尚未完整公布，从间接零散的介绍我们足以了解其中一些重要发现。2018—2019 年，中国社会科学院考古研究所与海西州民族博物馆合作对乌兰县泉沟壁画墓进行了发掘，取得了非常重要的收获，发掘资料在 2020 年正式发表，为我们探讨青海地区吐蕃时期墓葬的多样性和青海丝绸之路文化交流状况提供了丰富的第一手资料。2019 年在都兰的热水墓地和哈日赛墓地还同时开展了两项大规模的考古发掘，分别由中国社会科学院考古研究所和青海省文物考古研究所承担，同样取得了重大成果，但目前资料尚未正式公布。详细情况如下。

（一）乌兰泉沟墓地

位于青海省海西蒙古族藏族自治州乌兰县希里沟镇河东村东 2 千米，处于希里沟盆地东缘的低矮山丘之间。泉沟发源于东侧山麓，自东而西流经墓地，周边多为石山，又有高大的沙山，山谷间多为沟壑荒滩，杂草密布，山麓零星分布有近现代墓葬，吐蕃时期墓葬多分布于坡梁之上。泉沟一号墓修建于泉沟北侧 300 米处一座独立山丘的东侧斜坡上，形制为带墓道的长方形砖木混合结构多室墓，由墓道、前室、后室和两侧室构成。墓道长 11、宽 2.4—4 米，墓圹长 13、宽 11.3、深 9.9 米。墓圹填土中发现有殉葬武士，墓室前室为砖砌，后室和两侧室为柏木垒砌，前、后室四壁绘制有精美的壁画，题材包括仪卫图、舞乐宴饮、进献动物、帐居、汉式建筑、山水花卉、日月星象、神禽异兽等，具有极高的史料价值和艺术价值。墓室内发现大量彩绘漆棺构件，应有两具彩绘漆棺，内容有骑马行进人物、花卉、云团、兽面等内容。墓室后壁外发现有瘗藏的暗格，内置一长方形木箱，箱内端放龙凤狮纹鎏金王冠和镶嵌绿松石四曲鋬指金杯，供奉及珍藏意味突出，可见是墓主人最为珍视的神圣物品。墓葬内其他随葬品有丝织品残片、铜筷、铜带饰、镶嵌绿松石的金银带饰、铁器残块、玻璃珠、大陶罐、粮食种子等。结合随葬品和壁画特征、碳十四测年和树木年轮定年，该墓葬年代为 7 世纪末到 8 世纪初。[④]

① 许新国：《中国青海省都兰吐蕃墓群的发现、发掘与研究》，载《西陲之地与东西方文明》，燕山出版社，2006 年。
② 青海省文物考古研究所：《青海乌兰县大南湾遗址试掘简报》，《考古》2002 年第 12 期。
③ 许新国、刘小何：《青海吐蕃墓葬发现木板彩绘》，《中国西藏》2006 年第 6 期。
④ 中国社会科学院考古研究所、海西蒙古族藏族自治州民族博物馆、乌兰县文体旅游广电局：《青海乌兰县泉沟一号墓发掘简报》，《考古》2020 年第 8 期。

泉沟二号墓位于一号墓东 6 千米处，被盗较为严重。从盗坑观察，该墓地表有较大的土堆，但无法确定是否为封堆。在斜坡墓道上方的表层可见沙土层和碎石层相间的封堵遗迹。墓室为砖砌的多室墓结构，主室为砖券顶，侧室用柏木封顶。所用青砖形制尺寸与一号大墓相同。在一号墓和二号之间的山梁之上，还分布有一些小型墓葬，多为竖穴土坑木椁墓，墓葬多在自然形成的沙堆或土堆之上修建，墓坑内用柏木搭建椁室，其内用木板拼作梯形棺。墓葬被盗严重，出土器物有陶片、铜带饰、铁器、木质箭箙等。根据碳十四测年，其年代为 8—9 世纪。

（二）哈日赛墓地

位于都兰县香加乡哈日赛沟内山梁之上，2010 年青海省文物考古研究所与都兰县文物管理所联合对其中两座墓葬进行了发掘[1]。两座墓葬皆为竖穴土坑木椁墓，M1 为长方形，长 3.8、宽 2.7、深 2.5 米，内有木棺葬具，葬式为仰身直肢葬，随葬品有陶缸、漆杯、零星的丝织物残片等。M2 规模相对较大，形制为圆角长方形，长 11、宽 9.6、深 9.3 米。土坑内用柏木砌壁，构成椁室，为双室墓，有长方形斜坡墓道，墓道内有两匹完整的殉马，墓道及靠近墓门处均用大石块封堵。整个墓室填满淤土，丝织物、木椁及棺板均已腐朽。随葬品有漆器、陶罐、铜锅、铜铃、皮靴、嵌宝石的金戒指、银筷等。

两座墓葬与其他吐蕃时期墓葬具有明显的区别：地表没有突出的封土堆，封土下方也不见梯形石墙，而一般吐蕃墓葬均筑有梯形石墙；采取木椁室结构形式，而非吐蕃墓葬通常所流行的石砌墓室；使用木棺葬具，为头大尾小的梯形棺，普遍有彩绘，这也是通常吐蕃墓葬所不具备的特征；葬式为仰身直肢葬式，而非一般吐蕃墓葬中常见的侧身屈肢葬。这些特征很有可能是吐谷浑本土所固有的丧葬传统，在吐蕃统治时期得以延续和保留。

（三）考肖图遗址（地图 6 – 1：3；图 6 – 1 – 15）

位于都兰县香加乡考肖图沟内（北纬 36°01′52.18″，东经 98°05′50.21″，海拔 3396米），可能是青海吐蕃时期一座佛塔寺院遗址。其主要遗迹包括大小 2 座围墙、1 座塔形基址、1 座覆斗形祭台和密集分布的房屋基址[2]。关于考肖图遗址的性质和功能，一些学者包括遗址的发掘者，都认为是一处吐蕃时期墓葬。然而通过对考肖图遗址的

---

① 许新国：《连珠纹与哈日赛沟吐谷浑古墓发掘》，《青海民族大学学报（社会科学版）》2011 年第 4 期。
② 国家文物局：《中国文物地图集·青海分册》，第 186 页；The Research Center for Silk Roadology ed., Studies of the Silk Road in Qinghai Province, China, pp. 85 – 88.

图 6 - 1 - 15　考肖图遗址

(Studies of the Silk Road in Qinghai Province, China, p. 86, fig. 2∶3, fig. 2∶4; p. 217, pl. 27)

选址、主体建筑的形制结构、配套设施的规模与布局、出土器物所显示的使用功能和宗教内涵的分析，我们认为它与吐蕃时期的墓葬特征具有很大区别，很有可能是一座吐蕃时期以佛塔为中心的寺院建筑。同时，遗址出土物中也蕴含了可能属于吐蕃时期苯教的因素，显示了当时的宗教文化特征。根据出土物年代特征，并结合吐蕃时期佛教输入及发展的历史背景，推断该遗址可能修建于吐蕃在全境大建佛寺的赤松德赞或热巴巾时期，佛塔造型模仿了卫藏地区的吐蕃佛塔，间接地接受了东印度或孟加拉地区同时期金刚乘寺院的影响，这与吐蕃佛教的输入路线是相互吻合的。由于该遗址具有重要的研究价值，并且局部经过考古发掘并且公布了部分资料，本书将在第七章第三节对其结构、性质、功能和所反映的文化交流背景进行深入的专题讨论。

（四）英德尔羊场遗址（地图 6 - 1∶2；图 6 - 1 - 16）

位于都兰县夏日哈乡英德尔羊场内，西距都兰县城约 15 千米，地势平坦，三面环

图 6 - 1 - 16　英德尔羊场遗址

(作者　摄)

山。遗址现存馒头状土墩一座，高约 15 米，直径约 36 米，夯土筑，夯层厚 0.08—0.1 米，顶部有盗洞。封土堆周围有内外两重夯土围墙，基本呈南北走向，都为长方形，内墙位于外墙西南角位置。内墙南北长 80 米，东西宽 70 米，东开一门。外墙南北长 220 米，东西宽 190 米，墙基厚约 10 米，门向不清，东墙有两个缺口。[①]

该遗址的双重围墙结构以及内墙内庞大的馒头状土墩与考肖图遗址非常相似，选址和地貌环境也一致，从形制上判断应该属于同一性质的遗迹。

(五) 大什角沟墓地 (地图 6 - 1:5; 图 6 - 1 - 17)

位于夏日哈乡河北村东 7 千米，夏日哈河南岸。墓葬可能有百余座之多，但都破坏严重。一号墓葬与热水墓地典型墓葬形制类似，为土坯—柏木结构墓室，封土内绕以方形石圈。该墓葬出土有镀金银饰条，长 10、宽 6.2、厚 0.01 厘米，装饰忍冬纹，可能为工具或兵器的柄部。其他采集品包括陶片、铜器、弓箭等。[②]

(六) 大南湾遗址 (地图 6 - 1:18)

位于乌兰县铜普乡察汗诺村，距县城东 20 千米。遗址周围群山环绕，形成一个小盆地。2000 年 7—8 月青海省文物考古研究所对该遗址进行了发掘，共清理墓葬 6 座、祭祀遗址 2 处、房址 2 座。[③]

---

① 国家文物局:《中国文物地图集·青海分册》，第 185 页。
② The Research Center for Silk Roadology ed., Studies of the Silk Road in Qinghai Province, China, p. 99.
③ 青海省文物考古研究所:《青海乌兰县大南湾遗址试掘简报》,《考古》2002 年第 12 期。

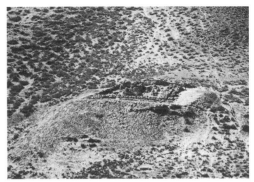

图 6 - 1 - 17　大什角沟墓地

(Studies of the Silk Road in Qinghai Province, China, p. 99, fig. 11 : 2; fig. 11 : 3)

　　墓葬 M1 和 M2 为典型的吐蕃墓葬形制，地表有圆形封土堆。M1 封土堆（图 6 - 1 - 18）高 1.7、直径 12 米。表层土下垒砌三层土坯，呈阶梯状整齐排列。土坯下为灰烬层，厚 10 厘米，内含少量牛马骨骼、灰黑色陶片。灰烬层下为夯土，其下挖方形墓坑，边长 6、深 2.4 米。严重被盗，空无一物。墓葬 M3（图 6 - 1 - 19）封土直径 13、高 0.5 米，用土坯和夯土筑成。墓室形制为长方形，长 11、宽 9.5 米，用土坯垒砌而成，有门道、隔间，墓顶被毁。门道用土坯砌成高约 15 厘米的门槛，墓内用土坯墙隔成 3 间，有甬道相通。墓室四角有柱洞，内置方形柱石。北墙中部放一平石，其上倒置一泥质红陶小口罐，内葬一婴儿。墓底为一层厚 5 厘米的烧土，内含牛羊、骨骼。

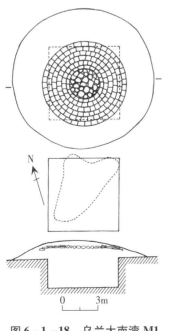

图 6 - 1 - 18　乌兰大南湾 M1

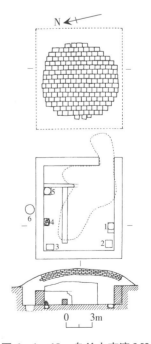

图 6 - 1 - 19　乌兰大南湾 M3

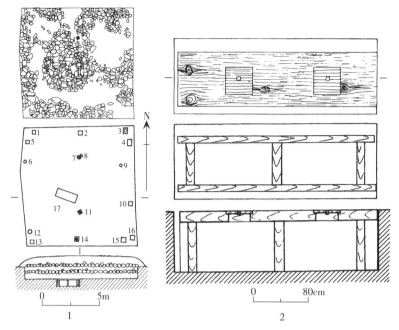

图 6 - 1 - 20　乌兰大南湾祭祀遗址 J1

墓中出土 1 件小陶环及铜扣、铜饰等。

除了 M4 外，其他几座墓葬都被严重盗扰，因此无法进行断代分析。M4 为偏洞室墓，墓顶垒有一圈大石块，直径 2 米。墓深 2.5 米，在距墓顶 1.4 米处掏一偏洞作为墓室，其内人骨散乱，应为一男性。墓顶有马骨及丝绸残片。墓中出土铜带扣和铁铠甲。该墓葬形制独特，吐蕃墓葬中较为少见。M2 封土堆为圆形，直径 27、高 7 米。墓顶和墓底盗洞较多，墓室被完全破坏。出土遗物有塔状泥质擦擦，内含刻有梵文的泥饼。

报告中所介绍的祭祀遗址 J1 可能是一座吐蕃时期墓葬，而并非房址功能。J1 平面近方形，长 10、宽 9.4 米（图 6 - 1 - 20：1）。地表有高 0.4、直径 4 米的椭圆形封土堆，内含少量炭粒、牛羊骨骼及卜骨。卜骨为牛头盖骨，正面有烟炱痕迹，背面划有黑色交叉十字符号。封土堆下分为 5 层：第 1 层为石头层，结构紧密，平面为凸字形，中部略高，四周低。石块西侧发现有土坯，排列不规则；第 2 层为花土层，厚约 30 厘米，无包含物；第 3 层为石块层，分布较稀疏，靠近中部立一根木棍，似为柏木；第 4 层为花土层，厚约 20 厘米；第 5 层为烧土层，厚 5 厘米，发现少量羊骨；第 5 层之下在整个封土下方中心位置下挖一长方形坑，内置一木棺（图 6 - 1 - 20：2），长 145、宽 45、高 38 厘米，无底，棺内用一木板一分为二，两格内放有羊肋骨、肩胛骨及谷物。木棺周围分布有 15 个柱洞，排列规律，形状多为方形，深 25—30 厘米。有的柱洞内残留木柱痕和彩绘花纹。在靠近中部的一个较深柱洞内，木桩已朽，底部埋有 6 枚波斯银币和 1 枚东

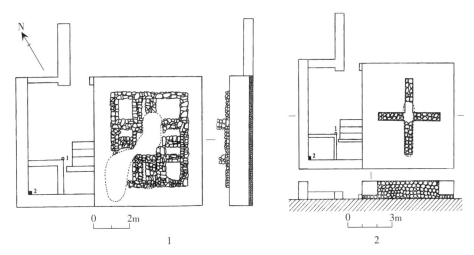

图 6 - 1 - 21　乌兰大南湾祭祀遗址 J2

罗马金币。木桩旁置有石块，底部有烧灰及木炭粒。根据资料详细情况来看，因为封土底部有墓坑和木棺，应该是墓葬无疑。至于成排的柱洞，可能是墓葬内部的支撑结构。

J2 可能为房屋建筑基址，平面为长方形，由一土坯台和一房屋遗迹构成。地表土堆直径 7、高 2 米，被盗扰。土坯台高约 1.4 米，由土坯垒砌而成。土台中部用砾石垒砌成"井"字形网格结构（图 6 - 1 - 21：1），并留有 1 米宽的通道，石块之间用泥粘接，"井"字形石构下用石块垒成"十"字形结构（图 6 - 1 - 21：2）。中部石块略高于周围。土坯台用砾石作地基。土坯台西侧有一座长方形建筑基址与之相接，长 7、宽 3.2 米，偏北侧为门道。建筑基址内紧贴土坯台有三级台阶，其旁有一柱洞，内有烧土痕迹，出有少量灰陶片及牛羊骨骼。西南角隔出一小间，长 165、宽 110 厘米，其内西南角有一方形柱础石，上残留有朽木。由于该房址与其他墓葬之间关系不明，无法对其功能作进一步推测，很可能与祭祀活动有关。

（七）郭里木墓地（地图 6 - 1：21）

位于德令哈市东南 30 千米的巴音河南岸，属郭里木乡夏塔图草场山根（图 6 - 1 - 22：1）。2002 年 8 月青海省文物考古研究所和海西州民族博物馆发现并发掘了 2 座墓葬。虽然墓葬盗扰破坏严重，但仍然具有十分重要的研究价值。[1]

两座墓葬地表均存有高约 1.5 米的封土堆，均为竖穴土坑形制，长方形单室，长 4、宽 2.5 米左右。均有长方形斜坡墓道。M1 为木椁墓（图 6 - 1 - 22：2），男女合葬，木椁两侧殉葬完整的马和骆驼各 1 匹，出土有大量的丝织品，种类有锦、绫、罗、印花绢等，

---

[1]　许新国、刘小何：《青海吐蕃墓葬发现木板彩绘》，《中国西藏》2006 年第 6 期。

图6-1-22 德令哈郭里木墓地

(《青海吐蕃墓葬发现木板彩绘》第32页)

另有木碗、木鸟、木马鞍等；M2为竖穴土坑墓，但用柏木封顶，为迁葬墓：先将零散骨架装于一小棺内，然后将小棺放置入大棺中（图6-1-22：3）。顶部柏木上放置零散羊骨。出土有丝绸残片、木鸟、木马鞍和漆矢箙、大陶罐等。木马鞍上装饰有鎏金银饰片以及兽面、鹿等动物形象。

两座墓葬的棺板均保存完整，一共有3具木棺，四面均有彩绘。其中棺侧板彩绘狩猎、宴饮、迎宾、帐居、野合等内容，两挡彩绘四神、花鸟等题材。发掘者根据彩绘内容将墓葬归属为盛唐时期。本书本章第六节将专门对这批棺板画进行详细介绍和系统分析。

三 关于吐蕃时期墓葬年代、特征和丧葬习俗的讨论

青海吐蕃时期墓葬与西藏境内的吐蕃时期墓地在墓葬选址、分布规律、墓葬结构和丧葬习俗等方面都具有高度的统一性，显示出吐蕃在其本部和新征服区采取了大致相同的丧葬制度，反映了吐蕃文化自卫藏地区向边境地区的扩张和同化。卫藏地区的大中型吐蕃墓葬多分布在雅鲁藏布江下游地区，日喀则、拉萨、山南和林芝地区分布

最为集中，数量超过 1 万座。

　　吐蕃时期墓葬在选址上与中原汉地和其他少数民族都有着巨大的差异。大部分墓葬选择安置在山坡之上，即文献中所载"坡皆丘墓"[1]，而较少选择在交通更加便利的平原或谷地，这大概与吐蕃人喜好居住在高处有关，或是苯教信仰中神山崇拜观念的影响[2]。西藏境内的吐蕃时期墓葬，也有类似的选址倾向。藏王陵中年代最早的松赞干布陵居于琼结河谷底中央，地势低平，而其后继者的陵墓都逐渐向穆日山上发展，这反映了当时的葬地选择的理念发生了一些变化。而大部分吐蕃墓地，诸如郎县列山墓地、拉孜县查木钦墓地、墨竹工卡同给村墓地、洛扎县吉堆墓地、乃东县普努沟墓地等，都选择在山坡或半山腰上，另一面朝向低处的河谷，有居高临下的地势和气势。

　　从空间分布上看，往往几座或十几座墓葬聚集在一起，一座大墓周边往往有小型墓葬数十座，可以推测当时"聚族而葬"已成为惯例。从墓葬形制来看，大多数墓葬地表均有封土堆，有梯形和圆形两种。大部分大型墓葬封土堆平面为梯形，长边朝向河流，短边面向山脉。封土堆立面也为梯形、平顶。《册府元龟》记载与之相合："人死，杀牛羊马以殉，取牛马头周垒于墓上。其墓正方，累石为之，状若平头屋。"[3] 小型墓葬封土堆多为圆形或椭圆形，级别较低。大中型墓葬的封土堆内有复杂的支撑和加固结构，用砾石、土坯、泥球、石块等不同材料砌筑成各种形制的矮墙、石圈、水平层面等，并用夯土夹杂沙柳枝条构筑。在封土底部通常修筑有平面为等腰梯形的矮石墙。封土的内部结构复杂多样，很少见到两座墓葬的封土内部结构相同者。《旧唐书·吐蕃传》记载："其赞普死，乃于墓上起大室，立土堆，插杂木为祠祭之所"[4]，应该是当时墓葬制度的真实描述。

　　墓室位于封土堆内梯形石墙的下方中心，均为竖穴土坑形制。常常用石块砌壁，墓室上方盖有柏木，柏木上再盖以石块层。墓室多为方形或长方形，分单室、双室和多室等数种。也有发现带回廊的高规格墓葬。墓底一般以石块、砖块或木板铺地。葬具主要为两种：一种近似方形的木制棺箱，一种是仅有底板和侧板，而无盖板的棺箱。较多墓葬没有葬具，直接将尸骨放置于平铺的木板和石块层上。葬式上多见屈肢葬，分俯身和侧身两种，仰身直肢葬较少见，有单人葬、男女合葬和三人合葬等[5]。这类丧

　　① 《新唐书》卷二一六《吐蕃传》，第 6103 页。

　　② M. V. P. Caffarelli, Architectural style in tombs from the period of the kings, In：J. C. Singer, P. Denwood eds., *Tibetan art：Towards a definition of style*, London：Laurence King/Alan Marcuson, 1997, pp. 230–261.

　　③ 《册府元龟》卷九六一《外臣部·土风三》，第 11308 页。

　　④ 《旧唐书》卷一九六《吐蕃传》，第 5220 页。

　　⑤ Xu Xinguo, The Tibetan cemeteries in Dulan County：Their discovery and investigation, *China Archaeology and Art Digest*, 1996, vol. 1, no. 3：7–12

葬习俗在卫藏地区也非常流行①，但存在一定的区别。墓葬封土的形制和规模、墓室结构的复杂程度、修建墓葬的材料差异以及随葬用品的材质和数量等，反映了墓葬之间的等级差别。

动物殉葬习俗在丧葬中具有非常突出的重要性。殉牲主要有马、牛、牦牛、羊和狗，埋葬于圆形坑或长条形沟之内，殉葬坑和沟有规律地分布于墓葬封土前方，有的封土内部也分布有殉葬坑。在一些墓葬的墓室内和附属建筑内也发现有殉葬动物。殉葬动物的数量不等，有的墓葬中数量庞大。在西藏拉孜县查邬岗墓地中有300座墓葬和数十个殉马坑；乃东县的切龙则木墓地动物殉葬沟被完整发掘，其中一个殉葬沟长约9米，沟内发现至少有6匹马一字排开②。隋唐时期青藏高原的动物殉葬习俗在汉文文献中有详细记载。《隋书》记载："（附国）其葬必集亲宾，杀马动至数十匹。"③动物殉葬在王室和高级贵族葬礼过程中也扮演着重要角色。一般来说，社会地位越高，殉葬的马匹也就越多。

规模最大的热水一号大墓和一些中型墓葬的墓室结构为十字形，一些墓葬的封土堆内用石块垒砌网格形结构，这些特征与文献记载中的王室墓葬形态相吻合。吐蕃赞普松赞干布陵墓尚未进行过考古发掘，但其内部结构可以通过藏文文献的详细记载进行大致推测。哈尔博士曾尝试过这一工作④，其准确性还无法复核，且充满想象。他的复原图显示该藏王陵墓的墓室是正方形，被分隔为9个方格。热水墓地和其他吐蕃墓葬类似结构的发现显然印证了这一推测，同时也暗示墓主人具有较高的社会地位，并拥有相同的文化背景。

青海吐蕃时期墓葬在很多方面表现出与卫藏地区吐蕃墓地的一致性，例如立面为梯形的封土堆以及墓前石狮。中原地区的唐朝陵墓也有巨大的方形或梯形封土，尤其是蒲城县惠庄公主墓（葬于724年）的封土堆为向上逐渐收分的梯形⑤。两尊石雕卧狮安放在封土堆的东南侧，与都兰和卫藏地区的石狮形制具有很多共性。唐朝陵墓组合当时在很多方面都具有代表性和影响力。唐蕃之间的文化交流，主要表现为吐蕃方面自唐王朝输入各种先进技术和文化知识，很有可能也参考了唐朝皇室的丧葬礼仪，将其中一部分吸收、转化为自身传统。

---

① 霍巍：《西藏古代墓葬制度史研究》，四川人民出版社，1995年。
② 西藏文管会文物普查队：《乃东县切龙则木墓群G组M1殉马坑清理简报》，《文物》1985年第9期。
③ 《隋书》卷八三《西域传·附国》，第1858页。
④ E. Haarh, *The Yar-Lun Dynasty*: *A Study with Particular Regard to the Contribution by Myths and Legends to the History of Ancient Tibet and the Origin and Nature of its Kings*, Koebenhavn: G. E. C. Gad's forlag, 1969, pp. 380 – 391.
⑤ 陕西省考古研究所：《唐惠庄太子墓发掘简报》，《考古与文物》1999年第2期。

　　虽然青海吐蕃时期墓葬与卫藏地区的共性明显，可以被视为吐蕃考古学文化的一个地方类型，但同时青海地区的吐蕃时期墓葬与西藏境内的吐蕃墓又呈现出一些明显的差异，反映了一些区域特性，这些特性不但取决于各地自身的不同历史文化传统，同时也受制于两个地区自然环境上的差异。例如较多使用木棺，用横木、烧砖和土坯来垒砌墓室，这在雅鲁藏布江流域的吐蕃墓葬中极为少见[1]。这显然与"河之西南……夹河多柽柳，山多柏"[2] 的自然环境相关。但从文化传承上来看，柏木椁室似乎继承了一些河湟地区汉晋时期墓葬的营造手法，在上孙家寨汉晋墓地发现大量同类型的墓室结构，墓室的入口也同样用立木来封堵。此外，木棺彩绘也是这一地区吐蕃时期墓葬的一大特征，在德令哈、乌兰、香日德周边地区发现较集中，虽然木棺彩绘形式的根源可以追溯至中原地区，但其直接的来源则可能与鲜卑人的丧葬习俗相关。

　　唐朝时期青海北部是唐朝和吐蕃之间的边境地带，毫无疑问会同时吸收来自双方的文化影响，融合形成其自身的特点。基于政治和军事上的发展，作为连接吐蕃腹心地带与中亚地区、中原地区的纽带，柴达木盆地地区成为吐蕃文化向外扩张的跳板和战略要地，吐蕃文化特征自然会在这一新征服区占据主导地位。考古资料显示，古藏文、苯教信仰和吐蕃服饰在这一地区相当盛行（详见第六章第六节）。但仅仅唐、蕃两方面的文化因素不足以涵盖吐蕃墓葬的复杂性。从墓葬形制来看，柴达木盆地吐蕃时期墓葬类型多样。从墓葬建筑材料来看，有土坑墓、石室墓、砖室墓、木椁墓等多种形式，墓群中不同类型的墓葬集中分布。以 2014 年发掘的哇沿水库淹没区的25 座墓葬为例，其中石室墓 17 座，砖室墓 1 座，木椁墓 3 座，土坑墓 3 座；从封土形制来看，有大量平面为梯形的封土，也有不少圆形封土堆，以及少量方框形矮墙形制的墓上遗迹，还有一定数量的墓葬不见任何形式的地上墓标；从葬具来看，梯形彩绘木棺比较流行，同时还有大量墓葬无葬具，尸骨直接放置于木板或石块上；从墓葬内的装饰来看，多数墓葬并无任何墓室装饰，有木棺葬具的多施以彩绘，同时还有个别墓葬内施以壁画。

　　可见柴达木盆地吐蕃时期墓葬的文化面貌非常复杂，产生这一复杂现象的原因不外乎有三种因素：时代差异、等级差异和族群差异。实际上，时代的差异性在这一地区可能并非主要原因，因为吐蕃在这一地区的统治时间并不长，从 663 年征服吐谷浑到 842 年吐蕃统治的瓦解，一共只有不到 200 年的时间，墓葬形制在这么短的时间区间内应该不会发生如此剧烈的演化。而且目前可以断代的大部分墓葬，都

---

[1]　侯石柱：《近年来境内吐蕃时期考古遗存的发现与研究》，《文物》1993 年第 2 期。

[2]　《新唐书》卷二一六《吐蕃传》，第 6103 页。

集中在 8 世纪，形制多样的墓葬所表现出来的更多的是一种共时并存关系。从等级差异来看，封土和墓室的规模、木材的使用数量和随葬品的质地和多寡，可能是等级高低的最突出标识，但不足以导致墓葬形制、葬式和葬具形式上的巨大差异。因此这种复杂性可能要归因于同时存在这一区域的不同族群，这也是对此唯一合理的解释。

从青海及其邻近地区吐蕃时期墓地的分布情况来看，柴达木盆地周缘是墓葬分布最为集中的地区，其他地区还包括玉树、果洛等地。从吐蕃王国的疆域范围来看，8 世纪中叶之后占领河西、南疆、川滇西北等地，这些地区留下不少吐蕃时期的遗迹、遗物，如敦煌莫高窟和安西榆林窟的吐蕃时期洞窟、新疆和田麻扎塔格城堡及古藏文简牍、米兰吐蕃戍堡、丹丹乌里克藏文题记等，但这些地区鲜有吐蕃墓地的发现，唐朝的墓葬也极为少见。究其原因，大概是大部分吐蕃的将士和移民在死后都没有选择安葬于青藏高原以外的新占领区，因为这些地区多处于唐蕃之间拉锯战地带，交战极为频繁，双方均无法长期固守。文献记载和考古资料显示，唐朝官员和军事将领在帝国边缘地区流行死后归葬西安、洛阳两京及附近地区的习俗[1]。如果当时无法实现，则会临时安葬，待条件允许时再迁葬。而对于吐蕃人来讲，也流行归葬，如吐蕃赞普都松芒布杰在征战南诏过程中驾崩，归葬山南琼结[2]。但这类马革裹尸的长途归葬仅限于赞普或部分高级贵族，因为跨越青藏高原的交通运输成本过于高昂，对于大部分普通将士或平民百姓来讲显然不太现实。

那么在长期征战和实施统治过程中大量的吐蕃人葬身何处？这自然可以与青海地区分布集中的吐蕃墓群产生一定关联。670 年大非川战役之后，青海地区成为吐蕃稳固的军政根据地，也成为其向河西走廊、陇东地区和新疆地区推进的桥头堡，可以推测，青海地区不少吐蕃墓葬的主人就是常年征战和生活于唐蕃边境地区的吐蕃将士和移民。当然还包括这片土地原来的主人吐谷浑人，他们在被吐蕃征服后并没有完全毁灭或外迁，而是以一种属国的形式继续存在[3]，但在文化面貌上，它同其他被征服民族一样，逐渐被吐蕃所同化，并与之融合为一体了。如果这一推测成立的话，还可以继续对青海地区吐蕃墓群背后的民族构成再做进一步的深究。吐蕃在进行军事扩张的过程中，吸收了大量新征服区的军队和民众，并以此作为其继续扩张的补充力量。高原诸国如象雄、苏毗、多弥、附国、白兰、党项等，相继成为其属国，其统治阶层被吸收入吐

---

[1] 裴恒涛：《唐代的家族、地域与国家认同——唐代"归葬"现象考察》，《河南科技大学学报（社会科学版）》2011 年第 6 期。

[2] 巴卧·祖拉陈哇著，黄颢译注：《〈贤者喜宴〉摘译（四）》，《西藏民族学院学报》1981 年第 3 期。

[3] 周伟洲：《吐谷浑史》，宁夏人民出版社，1984 年，第 180—185 页。

蕃的官僚和行政管理体系，这些属国为吐蕃军队提供军队和大料集（军粮军草），这在古藏文文书中多有体现[1]。被征服的民族和地区对于吐蕃的扩张做出了重要贡献，如"苏毗一蕃，最近河北，吐浑部落，数倍居人。盖是吐蕃举国强援，军粮马匹，半出其中"[2]。763 年吐蕃进攻长安时，"吐蕃帅吐谷浑、党项、氐、羌二十余万众，弥漫数十里"[3]。776 年唐剑南节度使崔宁"大破吐蕃故洪等四节度使兼突厥、吐浑、氐、蛮、羌、党项等二十余万众，斩首万余极"[4]。吐蕃瓦解之时，"合苏毗、吐浑、羊同兵八万保洮河自守"[5]。可见在吐蕃的军事机构和行政管理体系中，被征服的各个民族都是混杂并存的，且其数量非常庞大。这些民族完全有可能保留了一些自己固有的文化，包括丧葬习俗、服饰特征等，这些自然会在考古资料中有所体现。

吐蕃治下不同的属国或民族的丧葬习俗都具有差异性。根据文献记载，吐蕃"赞普死……仍于墓上起大室，立土堆，插杂木为祠祭之所"[6]，"人死，杀牛马以殉，取牛马头，周垒于墓上。其墓正方，累石为之，状若平头屋"[7]；吐谷浑"皆埋殡"，"丧有服制，葬讫而除"[8]，其族源拓跋鲜卑葬俗更为具体："死则潜埋，无坟垄处所，至于葬送，皆虚设棺柩，立冢椁，生时车马器用皆烧之，以送亡者"[9]；女国（苏毗）"贵人死，剥取皮，以金屑和骨肉置于瓶内而埋之。经一年，又以其皮内于铁器埋之"[10]；东女国"死者墓而不坟，竖为标记，无丧纪之礼"[11]；附国"有死者，无服制，置尸高床之上……死后一年，方始大葬"[12]；羊同国"其酋豪死，抉去其脑，实以珠玉，剖其五脏，易以黄金，假造金鼻银齿，以人为殉，卜以吉辰，藏尸岩穴，他人莫知其所"[13]。可见这些高原王国虽然环境雷同且相互毗邻，但在丧葬习俗上却表现出较大的差异，尤其是与典型的吐蕃葬制之间差别尤为明显。

因此族属构成的多样化应该是这些吐蕃墓葬形制复杂性的主要原因。吐蕃统治下的各属国和族群是吐蕃军事和官僚体系中的重要组成部分，如果他们在长期征战中阵

---

① 王尧、陈践译注：《敦煌本吐蕃历史文书》P. T. 1288《大事纪年》，民族出版社，1992 年，第 148—153 页。（后文均简称《大事纪年》。）
② ［清］董浩等：《全唐文》卷四○六哥舒瀚《奏苏毗王子悉诺逻降附状》，中华书局，1983 年，第 4151 上页。
③ ［宋］司马光：《资治通鉴》卷二二三《唐纪三十九》，中华书局，1956 年，第 7150 页。
④ 《旧唐书》卷一九六《吐蕃传》，第 5245 页。
⑤ 《新唐书》卷二一六《吐蕃传》，第 6105 页。
⑥ 同④，第 5220 页。
⑦ 《通典》卷一九○《边防六·吐蕃》，第 5171 页。
⑧ 《隋书》卷八三《西域传·吐谷浑》，第 1842 页。
⑨ 《宋书》卷九五《索虏传》，第 2322 页。
⑩ 《隋书》卷八三《西域传·女国》，第 1851 页。
⑪ 《册府元龟》卷九六○《外臣部·土风二》，第 11294 页。
⑫ 《北史》卷九六《附国传》，第 3193 页。
⑬ 《通典》卷一九○《边防六·大羊同》，第 5177—5178 页。

亡，或迁移异地后离世，集中葬于青海某个地区的可能性很大，毕竟马革裹尸还复故土不具备现实的可能性，除了少数较高级别的将领或贵族，这必然会在墓葬形制和葬俗方面体现出一些差异性。但由于目前考古工作的局限，还很难对这些墓葬进行更进一步精确的族属甄别。

四　重要城址、要塞和石刻

唐、吐蕃为控制双方之间的交通要道频繁地爆发军事冲突，为此双方在边境和战略要地都兴建了一系列要塞和城址，尤其集中在今湟源县和共和县境内。与汉晋时期相比，沿黄河谷地分布的要塞、城址和居住遗址数量大大增加。在河湟地区具有军事性质的要塞比居住遗址要多。在青海湖以西，虽然分布有众多的吐蕃时期墓葬和一些居住遗存，但军事要塞和城址数量却很少，这在一定程度上反映了在吐谷浑和吐蕃时期这一地区的军事冲突相对较少。

唐—吐蕃时期的大部分遗址仅仅做过调查，它们的分布如地图6-1所示。其中一些重要的代表性遗址和遗物介绍如下。

（一）开元界碑

该石碑又被称为唐蕃赤岭界碑，原立于湟源县青藏公路上的日月山口，是开元二十一年（733年）唐蕃的界碑，《册府元龟》里保存了碑文[1]。共有两通，分立于日月山口东西两侧。西侧石碑可能系吐蕃所立，1983年发现，现存于湟源县博物馆[2]。碑分碑座和碑身两部分，碑高2.7米，宽0.96米，厚0.27米，无碑首。碑文字迹漫漶，碑阴阴刻小篆体"日月山"三字，同时发现唐代条砖二十余块。东南一碑应为唐方所立，1984年发现，仅存碑座、龟趺。

（二）柴沟北古城遗址

位于民和县柴沟乡古城村西，又名"战城"。古城依地形而建，平面呈不规则长方形，东西长700米，南北宽80—110米，现存东北和西南部夯土筑残墙。城内散见大量瓦片、泥质灰陶罐、瓮残片。曾出土铜镜、泥质灰陶罐、柱础以及窖藏"开元通宝"钱币30公斤[3]。根据《元和郡县志》等资料推测，为唐龙支县故城。

---

[1] 《册府元龟》卷九七九《外臣部·和亲二》，第11503页。
[2] 谢佐、格桑本、袁复堂：《青海金石录》，青海人民出版社，1993年，第74—77页。
[3] 国家文物局：《中国文物地图集·青海分册》，第80页；李智信：《青海古城考辨》，西北大学出版社，1995年，第35—36页。

（三）杨家城古城遗址

位于大通县城关镇李家磨村东北。古城依地势而建，平面呈不规则形，四边长（自北边始顺时针方向）分别为 260、230、100 和 400 米。城墙夯筑，残高约 3 米，基宽约 10 米，夯层厚约 0.12 米。西墙开有一门，宽 6 米。城墙有马面，城内不平整，东北高、西南低，在城内东北角和西南角分别有两座土丘，直径均为 20 米。北侧发现有佛教寺院遗址。城内散布灰砖、筒瓦、板瓦、绿釉瓦、灰陶壶、罐、盆、碗等残片①。根据汉文文献记载，该城址应该是唐代的安仁城。

（四）绥戎城遗址

位于湟源县城郊乡光华村东，俗称"北古城"。平面为不规则形，城墙夯筑，墙基宽 18 米，残高约 7 米。北墙长 150 米，中间有一马面。城墙外有壕沟。西墙长 478 米，中间偏北有一城门。南墙分东西两段。东西向内错开，城外留有 10 米宽的空隙，南城门即在错开处。东墙长 412 米，有距离不等的五个马面。南墙长 414 米，东端开有一门。连接东门和西门有一条宽阔的大道，大道北有一院落，残存有 2 米厚的堆积。院北墙与城墙重合，东西南三面城墙已坍塌成土垄，南面开门，与南城门相对成一条直线。推测可能有南北大道和东西大道呈丁字形设置。城内主要建筑集中在院落及丁字形大道两侧。城内南部是一处平坦的广场，东墙外由于是山洪冲积面，由第一马面自北向南又修筑一条长约 400 米的围墙至湟水岸边，围墙高 4 米、宽 3 米，东面开有一门，与古城南门成一直线，有大道相通。围墙至湟水岸边有一座方形瞭望台。据遗迹观察，围墙可能初为拦洪所筑，后又将西部利用为居住地。出西门再折向北有大道，大道北山筑有三个形制与湟水岸边相同的瞭望台。台高 19 米、底径 15 米，采用黏土夯筑，内夹有穿木。古城内地面遍布砖瓦残片、泥质灰陶瓮、罐残片及磨盘、柱础等遗物，采集有开元铜钱、长条砖、板瓦、骨器及石马等。②

该城址可能为唐开元五年（717 年）郭知运所置白水军，是湟水上游最大的军事据点，在鄯州以西形成屏障，也是唐军向青海湖地区进攻的第一个哨所。

（五）石堡城遗址

位于湟源县东南 30 千米的日月乡大茶浪村南石城山，北侧以山崖为屏障，其他三

① a. 国家文物局：《中国文物地图集·青海分册》，第 9 页；b. 李智信：《青海古城考辨》，第 96—99 页。
② 同①a，第 53 页；同①b，第 124—128 页。

面为悬崖。有东北和西南两个天然平台，之间有窄狭的山脊相通。每个台上建一座烽火台，残高 1 米，直径 4 米。一大一小，故又被称为"大小方台"。小方台 40 米见方，可见散落的瓦片。大方台为一山脊，长 50、宽 15 米。靠近悬崖修建有房屋，呈"U"形排列，分布有大量砖瓦残块，采集有"开元通宝"钱币。自山下向上看形似石堡，故名，吐蕃称之为"铁刃城"[①]。唐开元十七年（729 年）置振武军，天宝八年（749年）更名为神武军，为唐蕃争战的著名军事要地。

（六）金巴台古城遗址

位于门源县北山乡金巴台村北。平面为长方形，南北长 230 米，东西宽 200 米，城墙夯筑，残高 1.5—2 米，墙基宽约 10 米，顶宽 2—4 米，夯土层厚 0.1 米。东墙有门，城内西部有一座方形台基，南北长约 40 米，东西宽约 30 米，高约 1 米。堆积灰层中发现有大量家畜骨骼，不见砖瓦建筑残块，推测古城为游牧民族所建。方形台基可能用以搭建帐篷。

古城北 1 千米处有一石砌哨卡小城，长 70、宽 40 米，属于古城的附属设置。在其西南角有一高石台，5 米见方，高 10 米，东南角有一门。城内地表散布零碎的铁片、泥质灰陶残片。陶片系唐代遗迹中常见的器物残片，与热水墓地所出土陶器相似，推测古城应该属于吐蕃所建。根据文献记载，吐蕃建"新城"于此地，后改制为唐代"威戎军"。该城址地处青海通张掖的交通要道上，靠山依河，雄踞谷口，扼入河西走廊的门户，地理位置极为重要。[②]

（七）应龙故城遗址

位于青海湖海心山上，平面呈梯形，南北长 210 米，东西宽 65—137 米，城墙夯筑，残高 3—5 米，基宽 8 米，夯土层厚 0.1 米，南开门，四角有马面，城内被后代寺院所破坏，布局不明。地面散布泥质灰陶罐、瓮等残片。[③]

根据《册府元龟》记载，唐天宝六年（747 年）哥舒翰将神策军移于龙驹岛，筑应龙城，次年被吐蕃攻破[④]。龙驹一词，源自吐谷浑于该岛上放牧良马，所生之驹，号为龙种，故称之为"龙驹"或"青海骢"（见本章第六节第四部分）。

---

① a. 国家文物局：《中国文物地图集·青海分册》，第 53 页；b. 李智信：《青海古城考辨》，第 128—133 页。

② 同①a，第 128 页；同①b，第 197—201 页。

③ 同①a，第 150 页；同①b，第 218—222 页。

④ 《册府元龟》卷三九八《将帅部·冥助》，第 4737 页。

（八）峡口古城遗址

位于共和县曲沟乡北查那村东南，东距龙羊峡口约 1 千米。建于峡口处一座小石山上，依地势呈不规则形，规模不详。城墙夯筑，残高约 4 米，墙基宽约 6 米，北面开门。1979 年发掘发现房屋基址，出土隋代五铢钱及铁甲衣、箭头、泥质灰陶片、人骨、动物骨骼等[1]。目前该城已被龙羊峡水库淹没。根据《通典》（卷一七四）和《元和郡县图志》（卷三九）记载，疑为吐蕃洪济城，唐天宝十三年（754 年）为哥舒翰所攻取，于此地设金天军。

（九）哇滩古城遗址

位于兴海县唐乃亥乡哇滩。平面为方形，边长为 105—107 米，城墙夯筑，东南部残高 4 米，其他部分残高 1.5 米。东墙开一门。东北角有一土丘，1990 年进行过发掘，为修建于高台上的寺院遗存。寺院内部保存有一些泥塑佛像残片、大量砖及屋顶构件，如莲花纹瓦当、兽面纹滴水，为典型的唐代遗物。[2]

（十）卢丝沟摩崖石刻

位于都兰县热水乡卢丝沟内。卢丝沟位于察汗乌苏河南岸、热水墓地的西部。石刻图像分为三组：第一组有 3 尊佛像，为阴线勾勒，画面高 5.6、宽 4.5 米，第二组为 4 尊菩萨像，浅浮雕，画面高 1.4、宽 2.6 米，第三组为双马，浅浮雕，长 2.5、高 1.6 米。通过与玉树勒巴沟石刻的比对，该石刻被断定为吐蕃时期。[3]

第二节 金银制品

青海地区的吐蕃时期墓葬被盗严重，金银器是其中出现较多、损失也最为严重的一类器物。正式发掘中发现的金银器数量不多，而且个体偏小，多为残片。除了 1999 年都兰热水墓地的 4 座墓葬和 2019 年发掘的乌兰泉沟一号墓外，考古发掘的出土物基本上没有系统地公布，因此具有确切出土环境、可兹深入探讨的金银器数量并不多。

迄今所见的金银器根据其用途可以大致归为五类：1. 专用单体器物或饰片，如鎏

---

[1] 国家文物局：《中国文物地图集·青海分册》，第 150 页。

[2] a. 同[1]，第 167 页；b. 李智信：《青海古城考辨》，第 257—258 页。

[3] a. 同[1]，第 186 页；同[2]b，第 93、94 页。

金王冠和四曲錾指金杯、银冠饰片、鎏金银舍利函、鎏金银函饰片、箭箙饰片等；2.
丧礼用品，包括镶绿松石金覆面和下颌托、鎏金银缀饰片、镶绿松石鎏金银鞋、狩猎
图像金棺饰等；3. 日用器皿，包括金银瓶、杯、盘、碗、筷等；4. 带饰；5. 鞍饰。另
外还有其他散见的金银饰片和饰件及拜占庭金币和萨珊银币。除了拜占庭金币和萨珊
银币属于直接输入的外来物品外，其他大多数金银器物均用金或银片以捶揲法制作，
银片外再鎏金。一些器物装饰有镂刻图案和浅浮雕，常见的装饰题材有忍冬卷草纹、
动物纹、鸟纹等，在马具和带饰上最为多见。忍冬卷草纹有各种不同的排布形式，动
物纹主要为带翼的狮子、鹿、羱羊、马等，鸟类主要为凤、鸳鸯等，造型比较独特。
绿松石常常镶嵌在器表或动物身体上。器物主要用捶揲工艺制成，局部錾刻出细部纹
理。在一些器物上还使用金珠和焊接工艺，主要用以装饰器物口部或底部的边缘部分。
个别器物用鱼子纹作地，以烘托装饰的主题内容。器物总体上带有明显的粟特银器风
格，有学者甚至将所有鎏金银器归入粟特系统金银器范畴[1]，对此还需要进行细致的鉴
别与分析比较来确定两者之间的关联性。现对这些金银器分门别类逐一进行介绍和分析。

一　专用单体器物

（一）龙凤狮纹鎏金银王冠

出土于乌兰泉沟一号墓的暗格之中（M1D∶1）（图 6 - 2 - 1、2、3）。放置于暗格

**图 6 - 2 - 1　乌兰泉沟一号墓暗格
出土鎏金王冠（正面）**
（《青海乌兰县泉沟一号墓发掘简报》图 23）

木箱内，主体部分由四片鎏金银质冠面组
合为方斗形。冠底面为正方形，各边长
17.5 厘米，顶部高 37、最宽 36.5 厘米。由
于木箱盖部木板滚落，使三侧冠面不同程
度受损，左侧冠面保存较好，可以其为参
照进行复原。各冠面外形如同雄鸡之冠，
底部齐平，上侧边缘为 7 个连续的弧形花
边，中心高耸，两侧逐个下降，至最外端
延伸作尖角状，并与相邻冠面的尖角缝合，
四尖角处原应垂有缀饰。各冠面顶端的中
心插有花叶形饰片，冠后侧底缘缀以护颈，
造型与冠面相同，出土时平铺于后。

---

[1]　许新国：《都兰吐蕃墓中镀金银器属粟特系统的推定》，《中国藏学》1994 年第 4 期。

图 6 - 2 - 2　乌兰泉沟一号墓暗格出土
鎏金王冠（右侧面）
（同前，图 25）

图 6 - 2 - 3　乌兰泉沟一号墓暗格出土
鎏金王冠（冕旒）
（同前，图 26）

四冠面及护颈上均捶揲出鸟兽主题纹饰。正面和背面图案相同，为双龙嬉戏。双龙首尾相对，口中吐水，水束末端翻卷作浪花状。龙身虬健，扭作 S 形，四爪上下而舞，肩部生出双翼，长尾绕后爪内侧翻卷而出，通体錾刻出龙鳞。双龙后爪相抵处有一簇联珠纹团花，花心镶嵌圆形蓝色宝石，周边联珠内镶嵌绿松石。自团花生出三束忍冬枝蔓花叶，沿中轴和两侧延伸至双龙周边，在末端边缘处形成花蕾。在双龙的头前、腹间和两侧，分别生出联珠纹团花，花心和联珠内均镶嵌绿松石珠。双龙颈后各有一花瓣形镂孔，露出衬里的丝绸。冠面顶端中心所插花叶形饰片残损脱落，残片可见有忍冬纹饰。

两侧面装饰内容相同，各饰一凤立于莲花座上。莲花座以绿松石镶嵌仰莲花瓣，周边生出 5 束忍冬枝叶，其中 3 束自中心和两侧蔓延至立凤周边，在末端边缘处形成花蕾。在立凤头顶和左右翼侧分别生出一簇联珠纹团花，花心与花瓣均嵌绿松石为饰。立凤口含花枝，双翅开展，身体中心装饰一簇联珠纹团花，花心镶嵌圆形蓝色宝石，周围镶嵌环形和圆形绿松石各一圈。左右翼尖处各有一花瓣形镂孔，露出衬里的丝绸。冠面顶端所插花叶形饰片上装饰忍冬花草，花心均镶嵌绿松石。护颈的纹饰与前后侧的双龙构图相同，但将双龙换作双狮。双狮相对而立，前爪上举，口衔瑞草，前肩和后臀处饰有卷叶形翼，尾巴垂于后腿之间。中心部位有一簇联珠纹团花，花心镶嵌方形蓝宝石，周边镶嵌绿松石为联珠花瓣。团花周边生出多束忍冬枝蔓花叶，在末端边缘处形成花蕾。底部边缘处有两个花瓣形镂孔，露出内衬的丝绸。

各冠面底缘向外折出形成帽檐，宽 4—6 厘米，檐面装饰卷曲的忍冬纹，折线处镶嵌一排圆形绿松石珠为界。前檐折出后复向下向后折回，下折部分钻有一排小孔，用以系缀珍珠冕旒。珍珠冕旒出土时平铺于前檐正前方，横长 17、竖宽约 15 厘米，以细小的珍珠编成六边形网格状，靠底部分布有 20 余颗青金石瓜形珠和数枚绿松石管形珠和球形珠，可能作为隔珠。又有少量较大直径的成串珍珠和 4 颗水滴形石榴石珠散落周边，可能为冠四角的缀饰。

各冠面及饰片内侧均以淡绿色丝绸缝作衬里，边缘均用红褐色丝绸包裹结实。冠内沿四壁又缝缀整片的蓝地团花纹织锦，或可作为头套覆盖于头顶，以承托整个王冠。

存放王冠的暗格迄今为止在其他墓葬中没有出现过，可能是为该墓葬专门独设，并非通行的墓葬配置，这说明暗格内所瘗藏的物品对墓主人来说具有异常独特的价值。从形制上看，该王冠与常见的吐蕃赞普缠头冠不同，但也具备吐蕃时期金银器装饰的典型特征，如镶嵌大量绿松石、装饰立凤和对狮题材、以丝织物作衬底等。龙的整体造型基本上与唐朝内地相仿，但肩生双翼的特征在中原内地同时期的龙图像上基本不见，而在吐蕃金银器、棺板画和敦煌吐蕃时期洞窟壁画上非常常见。同时，该王冠也与唐朝皇帝的礼冠有明显的共同之处，尤其是冠前檐所缀珍珠冕旒，乃是中原王朝统治者所戴冕冠的重要组成部分，是其身份地位的象征，这在敦煌壁画和绢画的唐王图像中多有表现。《旧唐书·舆服志》载，唐制天子冕冠中衮冕最为重要，"衮冕，金饰，垂白珠十二旒，以组为缨，色如其绶"，"贵贱之差，尊卑之异，则冠为首饰，名制有殊，并珠旒及裳彩章之数，多少有别"[1]。依唐制，侍臣衮冕也有垂旒，但皆以青珠为饰。而敢于将龙图像饰于冠冕之上者，绝非普通公卿臣僚。结合墓葬形制、壁画内容、殉葬特征等推测，该墓葬主人很可能与吐蕃时期当地的吐谷浑王室有密切关系，或即王室成员之一。但由于缺乏文字资料，墓主人的具体身份、族属尚有待于进一步的分析。从文化面貌上来看，墓葬表现出浓厚的唐朝文化和吐蕃文化的双重影响，对于研究青海地区多民族文化的形成过程具有重要价值。

（二）镶嵌绿松石四曲鋬指金杯

出土于乌兰泉沟一号墓的暗格之中（M1D∶2）（图 6-2-4、5）。金质，放置于暗格木箱内，朝向王冠端放。器口为四等分的花瓣形，敞口，方唇，沿口沿外缘自上而下依次装饰一圈金珠、錾刻绳索纹和镶嵌绿松石绳索纹。器壁沿水平方向等分为四个弧面，相邻的两个弧面之间以錾刻的双道绳索纹为界。各弧面上装饰图案相同，皆镶嵌大量绿松石，雕刻组合形成不同造型的叶脉花瓣。器口一侧带鋬指，上部为与口沿齐平的半月形垫指板，板面上镶嵌绿松石为花叶，外缘焊金珠；下部为垂直的圆环，圆环外侧打制出浅浮雕翘尾鱼造型。方形圈足，边缘和棱角焊金珠，外侧四面各以绿

---

① 《旧唐书》卷四五《舆服志》，第 1936 页。

图 6 - 2 - 4　乌兰泉沟一号墓暗格出土金杯
（《青海乌兰县泉沟一号墓发掘简报》图 28）

图 6 - 2 - 5　乌兰泉沟一号墓暗格出土金杯（底部）
（同前，图 29）

松石镶嵌出展翅小鸟造型，中心底面以绿松石镶嵌出四朵花瓣。口径 8.8、底边长 2.4、高 3.7、器壁厚 0.3厘米。

　　该金杯雕饰富丽，制作工艺复杂，且以錾指向外的姿态端放于王冠的正前方，显示出其不同于其他同类金杯，应具有祭祀或供奉的特殊功能，很可能是为放置王冠所专门设计制作的。同类型的四曲錾指杯是典型的中亚粟特地区所流行的一类金银器造型，尤其常见表面装饰花枝、飞鸟图像、器底边缘焊以金珠为饰的特征[1]。但镶嵌大量绿松石为饰则在中亚地区较为少见，应该属于吐蕃的本土特色。

图 6 - 2 - 6　普利兹克家族
藏银冠饰片
（《丝绸之路上的文化交流》第 81 页）

（三）银冠饰片

　　在普利兹克家族的芝加哥藏品中有一批银饰片，据推测可能出自青海境内吐蕃时期的高规格墓葬中，包括 2 件"U"形、2 件山字形、3 件长条形和 4 件三角形饰片[2]（图 6 - 2 - 6）。这些饰片都是以鱼子纹为地，其上饰有凸起的忍冬缠枝花纹，边框上残留有若干小孔，饰片表面还遗留有较大的孔洞，可能原来镶嵌有宝石。马尔夏克将这批饰片进行复原，认为可能是两顶吐蕃国王和王后分别使用的王冠残片，霍巍基本上认同马尔夏克的复原，并将山字形的王冠样式与突厥

　　① B. Marschak，*Silberschätze des Orients. Metalkunst des 3.-13. Jahrhunderts und ihre Kontinuität*，Leipzig，1986，pl. 53,54.
　　② 霍巍：《一批流散海外的吐蕃文物的初步考察》，《故宫博物院院刊》2007 年第 5 期。

毗伽可汗王冠和吐蕃时期摩崖石刻中大日如来的冠饰联系起来讨论，是非常有见地的①。

（四）鎏金银舍利函

出土于热水一号大墓前方的殉马坑中②。该器物被压在一块具有随葬意义的大石块之下，因此被压成残片，应是一件周身镶有鎏金银片的木质容器。器物周边布满炭渣，可见经火烧过。保存下来的残片包括以下6组。

1. 底座饰条：共18件。鎏金银质，长条形，包在长条木片上。长16.80厘米左右，宽2.5—3.2厘米，厚0.01厘米。饰条两侧均穿小孔，每面2—3个不等，有的孔内残留铜钉，用以固定在木片之上。饰条底部贴有一层平纹绢织物，尺寸与饰条相同。饰条表面均镂空，捶出丛列式环状忍冬唐草纹图案，花纹满布。（图6-2-7：5）

还有若干同类型饰条残片，但表面镂空花纹为横列式忍冬唐草纹。宽3、高0.8厘米，长度不明，边饰一面有凹槽，上有小孔，内有铜钉残留，底部衬有绢片（图6-2-7：5）。

2. 梯形侧挡饰片：2件。形状为一头高一头低的不规则梯形，鎏金银质。长23.5—25.6、高13—16、厚0.01厘米。表面镂空，捶出四方连续式排列的环状忍冬唐草纹，边框为绳索状，底部衬有丝绢。（图6-2-7：3）

3. 凸字形前挡饰片：1件。整体形状为上宽下窄的梯形，上方中部隆起成方脊状，边框呈绳索状，通体布满镂空四方连续式排列的环状忍冬唐草纹饰。最高30、最宽26.5、厚0.01厘米。（图6-2-7：1）

4. 方形立凤纹侧挡饰片：2件。近方形，边长15.3—16厘米，边框为绳索纹。其内镂出一立凤形象，昂首翘尾，展翅欲飞。头顶有冠，头后有翎，口衔仙草，颈系花叶形飘带，双翅上各饰有一排竖向的联珠纹，满身饰以忍冬花形，尾部上扬，尾羽刻画作分垂两侧的忍冬花枝状。2件饰片应为相对并列错置。（图6-2-7：2）

5. 排列立凤顶饰条：1件。立凤共有6只，排列成行，站立于银条底座之上，立凤中心为铁质，包以鎏金银片。长44.5、宽3、高0.8厘米。凤鸟呈立姿，仰首翘尾收翼，颈部系花叶形飘带。足部以铁钉与底座相连，足前有铜钉孔痕。翼部和尾部阴刻忍冬花形，眼睛和翼部中心各镶嵌1颗绿松石，尾部的忍冬花蕊处镶嵌5颗绿松石。立凤底座为长条形鎏金银饰片，其下为相同大小的木条。银饰片底部贴有绢片，银

① 霍巍：《突厥王冠与吐蕃王冠》，《考古与文物》2009年第5期。
② 许新国：《都兰吐蕃墓中镀金银器属粟特系统的推定》，《中国藏学》1994年第4期。

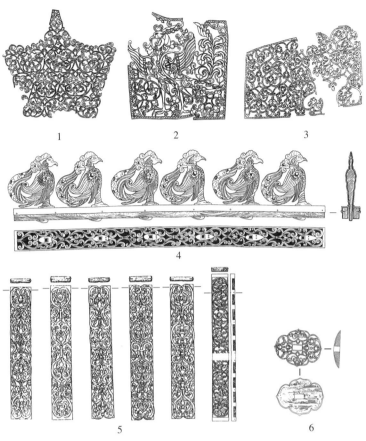

图6－2－7　热水一号大墓殉马坑出土鎏金银函残片
(《都兰热水血渭吐蕃大墓殉马坑出土舍利容器推定及相关问题》图1—6)

片镂空，满布纵列式环状忍冬唐草纹饰。立凤通过足底铁钉和足面的铜钉固定于木条之上。条饰两侧各有小孔，用铜钉贯穿，将其与木条、木质容器连为一体。(图6－2－7∶4)

　6. 四瓣宝相花形饰片：2件。饰片下衬以平纹绢，装饰在一块同样大小的木片表面。镂空作四瓣宝相花状，四瓣皆为环状忍冬唐草纹。中间有一长方形孔，贯通木片。孔长2.2、宽1.2、厚1.2厘米，应作为插饰用。整个饰片长9.8、宽7.3、饰片厚0.01、木片厚1.2厘米。(图6－2－7∶6)

　除鎏金银饰件外，同时出土的还有若干木质塔形饰件，有3种不同样式。底有插榫，中部刻作四瓣仰莲形，其上为逐层依次收分的不规则圆柱状台面，共有6层。发掘者推测其应系插在木质容器顶部的饰物。直径1.7—2.1厘米不等，高5.2—12厘米不等。(图6－2－8)

　根据发掘者许新国的观察与复原，第5组排列立凤顶饰条保存相对完整，显示

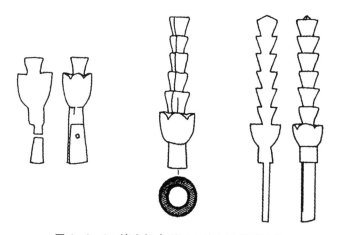

图 6 - 2 - 8　鎏金银舍利函上的木质塔形饰件
（《都兰热水血渭吐蕃大墓殉马坑出土舍利容器推定及相关问题》图 8）

出容器的长度。第 3 组凸字形前挡饰片显示出容器前后挡的形状。其高耸的脊部宽度恰好与第 5 组饰片宽度相符，故可判断第 5 组饰片应该放置于容器顶端的脊部。第 2 组梯形侧挡饰片和第 4 组方形立凤纹侧挡饰片两者并排的尺寸与第 5 组饰片长度大体相当，且平面形状为梯形，应属容器侧挡饰片。根据第 2、3、4 组饰片的形状，可知容器后挡尺寸应小于前挡，但形状相同。第 6 组四瓣宝相花形饰片安置于脊部的两端，木质塔形饰件插于第 6 组之中，其余几件可能插在容器顶部的四角。大量的第 1 组底座饰条装饰于容器底座的台面上。大致的复原效果图如图所示（图 6 - 2 - 9：2）。

这一容器从造型和装饰上看，与唐代中原内地所见的舍利函非常接近。早期的舍利函通常为方形石匣，最早有纪年的舍利函为 481 年，其造型与印度和中亚所见的窣堵坡形或圆筒形舍利函已经相去甚远①。金银质地的棺形舍利函滥觞于唐武则天时期（690—705 年）。据唐道宣《集神州塔寺三宝感通录》记载：唐高宗显庆五年（660年）春三月，敕取法门寺舍利前往东都洛阳宫中供养，"皇后舍所寝衣帐直绢一千匹，为舍利造金棺银椁，数有九重，雕镂穷奇"②。这是文献中首次记录以棺椁瘞藏舍利的例子。迄今所见棺形舍利函已经数以十计，其中 7 件有精确的年代，从 694 年到 741年。与都兰的容器最为接近的是甘肃泾川县大云寺出土的鎏金银函，年代为 694 年③（图 6 - 2 - 9：1）。鎏金银函依次置于石函和铜函之内，银函内又纳金棺。银函作棺形，前宽后窄，通体以鱼子纹为地，錾刻出大量缠枝忍冬纹。虽然不见立凤题材，但饰有

① 杨泓：《中国隋唐时期佛教舍利容器》，《中国历史文物》2004 年第 4 期。
② 《大正新修大藏经》，第 52 册，no. 2106：407。
③ 甘肃省文物工作队：《甘肃省泾川县出土的唐代舍利石函》，《文物》1966 年第 3 期。

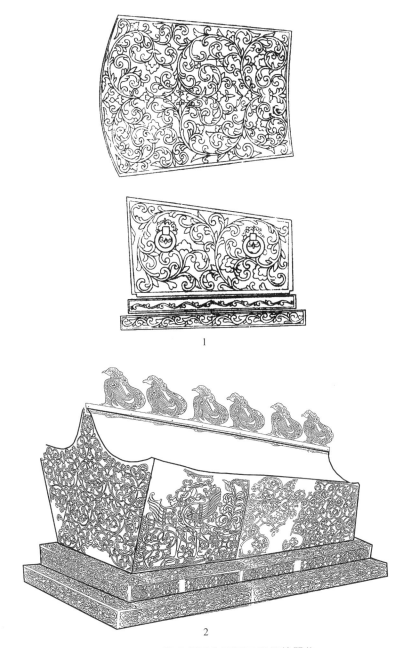

图 6 - 2 - 9 鎏金银函复原图及近似的器物

1. 热水一号大墓殉马坑出土鎏金银函复原图（作者绘制） 2. 甘肃泾川大云寺舍利器第三重
银椁（韩伟：《海内外唐代金银器萃编》，三秦出版社，1989 年，第 169 页，图 320）

各类飞行的迦陵频伽。陕西西安法门寺地宫出土的舍利函，表现出了相对而立的一对
凤凰，共衔一条丝带，周围绕以云团。都兰出土的鎏金银函上，侧挡前半部双立凤，
口衔仙草，双翼上饰联珠纹，颈部系花叶形飘带，基于这些特征，许新国将该器物归

入粟特金银器系统。实际上这些特征在唐代器物上非常普遍。也许是武则天的标志之一。凤凰这一传统题材在盛唐时期出现更为频繁，并呈现出标准化和程式化的趋势，即立于莲花座之上，双翅展开，尾巴高扬，常常绕以复杂的忍冬纹饰。有代表性的唐代立凤装饰有日本正仓院藏唐代红牙拨镂（756 年）（图 6 - 2 - 10：1）、西安唐墓门楣装饰（716 年）（图 6 - 2 - 10：2）、西安兴福寺碑装饰（721 年）（图 6 - 2 - 10：3）、西安李仁墓门楣装饰（710—726 年）（图 6 - 2 - 10：4）[①] 等，大部分流行在唐玄宗时期。一些凤鸟口衔仙草，如装饰在铜镜或丝织品上的两对立凤（图 6 - 2 - 10：5、6），口中都衔花枝状仙草，与都兰鎏金银函上的立凤相同。两只相对的立凤共同衔着一枝仙草或飘带的图案也很常见[②]。有时口中衔以带宝石的飘带。不少凤鸟的颈部都缠绕飘带，如嵌金银的铜镜[③]以及上述例子中图 6 - 2 - 10 的 1、4、6。

双翅上装饰成排联珠纹的立凤造型在都兰的丝织品上也有发现（图 6 - 2 - 11）。该丝织品显然是来自于唐朝，但这种联珠纹装饰因素是模仿中亚地区含绶鸟图像的结果。

图 6 - 2 - 10 唐代立凤造型

1. 正仓院藏唐代红牙拨镂上的立凤造型（756 年）（《西安韩森寨出土的鸾鸟菱花纹银盘及其制作年代》图 1：5）
2、3、4. 西安地区墓葬/碑刻上的立凤（同前，图 3、4、2） 5. Mr. and Mrs. Myron S. Falk，Jr. 收藏品（*Early Chinese gold & silver*，p. 34，no. 35） 6. 克里弗兰艺术博物馆藏立凤饰片（同前，p. 44，no. 52）

---

① 张广立、徐庭云：《西安韩森寨出土的鸾鸟菱花纹银盘及其制作年代》，《考古与文物》1988 年第 4 期。

② A. Heller，Archaeological artefacts from the Tibetan empire in central Asia，*Orientations*，vol. 34，no. 4，pp. 55 - 64，fig. 11.

③ J. C. Y. Watt，J. Y. An，A. F. Howard et al.，*China：Down of a Golden Age*，200 - 750 AD，p. 322.

都兰热水一号大墓出土的鎏金银函，从其形制、功能和装饰主题上看，明显是受到唐朝地区舍利函的影响和启发，但混合有一些中亚的因素。粟特地区没有发现类似的鎏金银函，也没有类似造型的立凤，但中亚粟特地区的影响是很明确的。鎏金银函上的立凤形象可被视为唐朝凤鸟和中亚含绶鸟的混合体。

都兰鎏金银函与唐朝地区的舍利函也存在明显的差异。镂雕鎏金银片所附着的木质器体在唐朝舍利函中没有出现过。唐朝舍利函大多都用金银制作，埋藏于佛塔地宫之中，而都兰则发现在殉马坑中的大石之下，很明显本地葬俗吸收了唐朝的佛教因素。在文成公主 641 年嫁入吐蕃后，佛教在吐蕃有了一定的发展，但吐蕃的本土宗教——苯教在吐蕃丧葬习俗中仍然占据支配地位。都兰鎏金银函的发现反映了本地区多种宗教因素并存的多元化特征。

具有混合特征的立凤不仅仅出现在吐蕃—吐谷浑文化区，在相邻的突厥地区也有发现。在毗伽可汗（734 年薨逝）陵园中发现的金冠，正面捶揲出展翅神鸟，口衔系宝石的吊坠，双翅上各饰一排联珠纹，冠额及两侧冠片上装饰忍冬唐草纹[1]（图 6 - 2 - 12）。这些特征与都兰鎏金银函上的侧挡立凤一致，羽翼中心镶嵌宝石的特征也与都兰鎏金银函顶饰排列立凤也非常吻合，很显然也是唐朝立凤和中亚含绶鸟的混合形态。从突厥对吐蕃地区的影响来看，这一混合形态有来自突厥地区的可能。

对于该鎏金银函的具体制作地暂时无法确定。根据发掘者的报告[2]，大部分鎏金银片的背面衬以丝绢，显然是来自于唐朝地区的织物，说明在银函制作过程中唐朝丝绸是易于获取的材料。棺形舍利函 8 世纪上半叶在唐朝中原地区相当流行，立凤的整体造型也基本上是唐朝特征，不过在细节部分显示出混合风格。因此这一器物很可能是由唐朝工匠参与制作的，专门用于输出到类似吐蕃和吐谷浑的藩属

图 6 - 2 - 11　都兰出土丝织品上对凤图案
（Mayker Wagner　摄）

① D. Bayar, Recent archaeological research at the Bilge-Kagan's site, *Archaeology*, *Ethnology and Anthropology of Eurasia*, 2004, no. 4 (20), pp. 73 - 84; J. Frings, *Dschingis Khan und seine Erben: Das Weltreich der Mongolen.* München: Kust-und Ausstellungshalle der Bundesrepublik Deutschland; Hirmer Verlag, 2005, p. 75, no. 45.

② 许新国：《都兰吐蕃墓中镀金银器属粟特系统的推定》，《中国藏学》1994 年第 4 期。

图6-2-12　突厥毗伽可汗陵园出土金冠

（*Dschingis Khan und seine Erben*：*Das Weltreich der Mongolen*，p. 75，no. 45；The National Museum of Mongolian History，*Ulaanbaatar*：*The early Türk Empire and the Uighurs.* ）

之地。工匠在唐朝传统的基础上，为了迎合这些地区的审美情趣，吸收了粟特和突厥的技术和装饰风格。这一推测的佐证是青海都兰和新疆地区发现大量异域风格的丝织物，它们大部分的制作地是唐朝内地地区。而在唐朝内地地区，这类丝绸装饰纹样并不流行。汉文文献中也有大量关于唐朝赐予藩属国丝绸和金银器的记载。

（五）鎏金银函饰片

　　在一些国外私人收藏品中，也发现有类似金银宝函的相关资料。在普利兹克家族的芝加哥藏品中，有16片带有展翅羽翼形象、风格统一的鎏金银饰片。其中8片为人首鸟身的乐人形象，应该为迦陵频伽，另外8片为立凤（图6-2-13、14）①。它们都与热水一号大墓镀金舍利容器上的立凤造型一致，双翅对称展开，身后的卷云状凤尾肥厚而上扬，双脚立于椭圆形莲花座上。迦陵频伽为人首鸟身，头部均戴不同形制的花冠，双手执横笛、排箫、笙、琵琶、腰鼓等乐器正在演奏。饰片上有规律地分布着多个小孔，原来应镶嵌有宝石，有的孔内残存铜钉，饰片背后附着有残木片和绢片，阿米·海勒认为这些饰片应该属于一个木质容器上面的贴饰，可能是用以给死者装盛宝物的②。在头冠、羽翼、缀饰和脚下的莲花座花瓣上都有圆形镂孔，可能主要用以镶嵌绿松石。身体姿态与都兰鎏金银函上的立凤非常一致。迦陵频伽是

---

①　A. Heller，Archaeological Artefacts from the Tibetan Empire in Central Asia，*Orientations*，2003，vol. 34，no. 4，pp. 55-64.

②　同上。

图 6-2-13　普利兹克家族藏鎏金银饰片　　　图 6-2-14　普利兹克家族藏鎏金银饰片
（《丝绸之路上的文化交流》第 132 页）　　　　　　　（同前，第 128 页）

佛教中的乐舞之神，在敦煌壁画中，它们常与舞蹈中的凤鸟搭配出现，烘托表现随乐起舞的西方极乐世界场景，在中原地区的舍利函上也大量装饰，因此这件同时装饰两者形象的木函，自然也与佛教有着密切的关联性，并非普通的妆奁容器，很有可能同都兰鎏金银舍利函具有相似的功能。该批器物缺乏具体的出土地点信息，阿米·海勒认为它们是吐蕃王国 8—9 世纪的器物，很有可能来自于青海吐蕃时期墓葬。其制作地点同样暂时无法确定，但从艺术风格上看，它们很可能是由唐朝工匠参与制作的。

梦蝶轩所藏金银器中有 2 件迦陵频伽金饰片[1]（图 6-2-15）。均为人首鸟嘴鸟身形象，立于莲花台座上，头戴花冠，颈戴项圈，双手结说法印，饰片背后有三道筒状的管道，可供穿系绳索。饰片捶揲而成，周边带有 11 个金钉，与背面的金板相连接。其题材和使用功能应与普利兹克家族的芝加哥藏品相同。

此外，普利兹克家族的收藏品中，还有一件凸字形鎏金银饰片，其造型与都兰鎏金银函的凸字形前挡饰片非常相似，都有高高隆起的脊部和上宽下窄的特征（图 6-2-16）[2]。图像内容主要为两个吐蕃人物形象相对蹲坐，手牵双马，双马相对而立，颈部披甲，背搭鞍垫，装饰豪华，四足系绊绳，应该是在耐心等待主人的到来。沿顶部边缘饰有上升状忍冬纹，饰片中心及左右下方两角也各饰一丛忍冬纹，整个构图严格对称，画面庄重肃穆。从其形制和尺寸来看，很有可能是用于同类木函前后挡上的贴饰。

---

[1] 苏芳淑主编：《金曜风华·赤狐青骢——梦蝶轩藏中国古代金饰》卷Ⅱ，香港中文大学出版社，2013 年，第 168—171 页。

[2] 王旭东、汤姆·普利兹克主编：《丝绸之路上的文化交流——吐蕃时期艺术珍品》，中国藏学出版社，2020 年，第 272—273 页。

图 6-2-15 梦蝶轩藏金饰片
(《金曜风华·赤狨青骢》卷Ⅱ第169页)

图 6-2-16 普利兹克家族藏鎏金银饰片
(《丝绸之路上的文化交流》第272—273页)

（六）箭箙饰片

普利兹克家族藏（图6-2-17）。长68、最宽25.5、最窄14.5厘米。一头宽一头窄的梯形饰片，捶揲而成，应该为箭箙上的装饰。刻画有萨珊风格的狩猎纹图像，左侧有一骑马者手持长矛向右奔驰，刺向右侧一头奔狮。骑马者头戴萨珊王冠，冠上饰日月造型及双翼，两侧有飘飞的绶带。服饰为宽袖交领袍服，袖口、领口和腕部饰团花图案，肩部绕帛带，腰束带，悬挂胡禄。所持长矛有旌旗和三角形旒装饰。狮子前爪上举，身上饰卷草纹。骑马者身后有一头向左侧奔跑的小鹿，口衔瑞草。图像之间空白处填以卷草纹。主体图像重要部位及卷草纹花蕊均有圆形或桃形镂孔以镶嵌绿松石。上下边缘有凸起的连续花瓣形饰，其间有成组联珠形镂孔以镶嵌绿松石。

二 丧礼用品

包括镶嵌绿松石金覆面、下颌托、鎏金银缀饰片、镶嵌绿松石鎏金银鞋、狩猎图像金棺饰片等。这类饰物中的金覆面和下颌托显然属于专门的丧葬用品；鎏金银缀饰片和鎏金银鞋因为其不具备实际的使用功能，推测是专门为葬礼而制作的殓尸丧服的组成部分；狩猎图像金饰片主要依据其本身的特征及本地所流行的彩绘木棺板画内容推测为木棺外部贴饰。

图 6 − 2 − 17　普利兹克家族藏箭箙饰片
(《丝绸之路上的文化交流》第 82—83 页)

（一）镶嵌绿松石金覆面与金下颌托

迄今共发现 4 件。其中一件为 2017 年热水墓地 M1 盗掘出土[①]（图 6 − 2 − 18）。
2018—2020 年，中国社会科学院考古研究所和青海省文物考古研究所联合对该墓进行
了正式发掘，将其命名为"2018 血渭一号墓"。金覆面由眉眼鼻嘴组成五官，一眼缺
失。总长 22、宽 21.7 厘米。眉毛弯曲上扬，眼睛弯挑，鼻梁挺直，鼻翼凸出，嘴唇闭
合。中间分隔成小方格，内嵌绿松石，部分已脱落。底片上有钉孔，可能原固定于覆
面织物上。香港梦蝶轩藏品中有 3 件同类镶嵌绿松石覆面[②]（图 6 − 2 − 19—21），可能
出自同一墓地。3 件金覆面均由两眉、两眼、鼻梁及嘴部组成，与热水墓地出土的金覆
面基本相似，区别仅在于五官的细部形态，如眼珠用圆形的淡红色宝石或绿松石装饰，
两侧鼻翼上也饰以较大的圆形绿松石，嘴部有厚薄差异等。各部件背面均有小钉，原
来应固定于覆面的织物上。

香港梦蝶轩藏品中有 1 件金下颌托[③]，作长条状，中央凸出，两边逐渐收分，器
物表面敲出凸点形成纹饰，中央托下颌处为折边的花瓣纹，两条带上饰以一排小花，
沿整个器物的边缘敲一周凸点。条带的两端各有圆形的穿孔，可以穿系固定于死者
面部（图 6 − 2 − 22）。此外梦蝶轩藏品中还有一套额带、项圈、指环和腕带，其造
型和装饰风格、制作工艺与金下颌托相似，应为成套饰物，装饰于死者面部和身
体[④]（图 6 − 2 − 23）。

---

①　首都博物馆、青海省博物馆：《山宗·水源·路之冲——一带一路中的青海》，第 223 页。
②　苏芳淑主编：《金曜风华·赤猊青骢——梦蝶轩藏中国古代金饰》卷 Ⅱ，第 114—117 页。
③　同②，第 118—119 页。
④　同②，第 120—121 页。

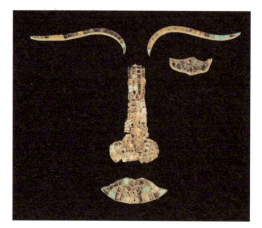

图 6-2-18 2017 年热水墓地 M1 盗掘出土金覆面

(《山宗·水源·路之冲》第 223 页)

图 6-2-19 梦蝶轩藏金覆面

(《金曜风华·赤狨青骢》卷 II 第 115 页)

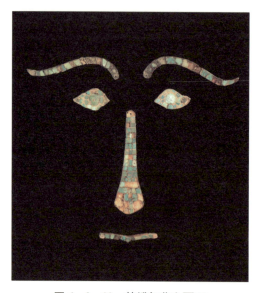

图 6-2-20 梦蝶轩藏金覆面

(同前，第 116 页)

图 6-2-21 梦蝶轩藏金覆面

(同前，第 117 页)

类似的金下颌托和额带组合，在宁夏固原九龙山隋墓[1]（图 6-2-24:1）和唐史道德墓[2]（图 6-2-24:2）中曾有发现。宁夏固原博物馆 1998 年也征集一套[3]，其装饰技法和制作工艺均与梦蝶轩藏品相同，但在额带上饰以日月造型，暗示了其祆教属性。镶嵌绿松石金覆面应是与此类金下颌托和额带配套使用的，这在唐史道德墓出土

---

① 宁夏文物考古研究所：《宁夏固原九龙山隋墓发掘简报》，《文物》2012 年第 10 期。
② 宁夏固原博物馆：《宁夏固原唐史道德墓清理简报》，《文物》1985 年第 11 期。
③ 宁夏固原博物馆：《固原文物精品图集（下册）》，宁夏人民出版社，2013 年，第 20 页。

图6-2-22　梦蝶轩藏金下颌托

（《金曜风华·赤猊青骢》第119页）

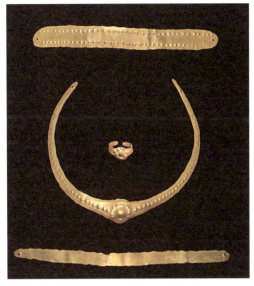

图6-2-23　梦蝶轩藏金饰（额带、项圈等）

（同前，第120—121页）

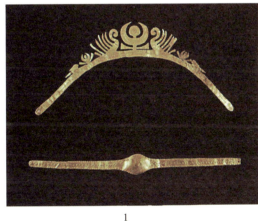

1

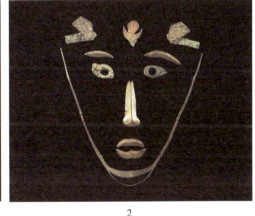

2

图6-2-24　宁夏固原地区出土金面饰

1. 宁夏固原九龙山隋墓出土金面饰（《金曜风华·赤猊青骢》卷Ⅱ第120页）　2. 宁夏固原唐史道德墓出土金面饰（《固原南郊隋唐墓地》图二十）

的金覆面上得以完整体现。该覆面构件包括金额饰片、下颌托、护眉、护眼、护鼻、护耳和护太阳穴部位的金或鎏金饰片[1]等，组成完整的一套面部装饰，缀于丝织物覆面之上，包裹于死者头部。

在新疆吐鲁番地区阿斯塔那墓群和哈拉和卓墓群中出土有大量的丝织物覆面和铜、

_____

① 宁夏固原博物馆：《宁夏固原唐史道德墓清理简报》，《文物》1985年第11期。

铅眼罩，较常见的是银或铜质的眼罩缝缀在丝绸覆面上，覆面包裹死者的头部，常常是一片彩色的丝绸，装饰有萨珊风格的纹饰，例如联珠纹、衔绶鸟、对马、猪头等①。在中亚地区也有一些类似的金属眼罩②。从史道德墓所用此类覆面情况来看，应是受中亚或新疆地区此类葬俗的影响，可能与祆教的影响有一定的关联。

值得注意的是，最近发现的甘肃天祝县吐谷浑王室成员喜王慕容智墓中也使用了此类葬仪。其装殓过程是先在死者额部饰金带，下颌固定下颌托，然后用丝绸包裹整个头部，再在面部的丝绸上以珍珠串盘作五官造型，口部位置缀一缠丝玛瑙③。这一葬仪与上述金属和丝绸覆面形态相仿，体现了相同的丧葬观念，只是所用材质有所不同。因此可以看出，吐谷浑和吐蕃的丧葬习俗受到新疆吐鲁番和中亚地区的强烈影响，这些影响很可能与以粟特人为主体的祆教人群在周邻地区的活动有密切关系。

（二）鎏金银袍服缀饰片

梦蝶轩藏品中有两片立鸟纹鎏金银饰片④，饰片上缘呈连拱形凸起，中间高两侧低，两侧缘呈直线下垂，底缘斜削呈尖状。上缘和左右边缘装饰卷草纹，下缘无纹，各边遗留钉孔，饰片内主题纹饰为立凤和鸳鸯。鸟皆两翼舒展，直立于莲花台座上，头部低垂，但朝向不同。鸟身躯上錾刻细密的羽毛，装饰手法和风格与泉沟一号墓出土鎏金王冠上立凤羽毛相同。长 19.4—19.8 厘米，宽 17.8—18 厘米。（图 6-2-25）

瑞士阿拜格基金会收藏有 4 件同样造型和装饰风格的鎏金银饰片，装饰主题分别为立凤、鸳鸯、立鹅和孔雀（图 6-2-26~30）。其中鸳鸯饰片与梦蝶轩藏鸳鸯饰片完全对称，立凤、立鹅饰片的相似度也非常高，很可能出自同一墓葬，

图 6-2-25 梦蝶轩藏立鸟纹鎏金银饰片
（《金曜风华·赤猊青骢》卷Ⅱ第 135 页）

---

① 〔俄〕鲁伯-列斯尼契科著，李琪译：《阿斯塔那古代墓地》，《西域研究》1995 年第 1 期；王㐨：《复面、眼罩及其他》，《文物》1962 年第 7—8 期；武伯纶：《唐代的覆面和胡部新声》，《文物》1961 年第 6 期。
② M. Benko, Burial Masks of Eurasian Mounted Nomad Peoples in the Migration Period（1st Millennium A. D.），*Acta Orientalia Academiae Scientiarum Hungaricae*，1992/93，vol. 46，nos. 2/3.
③ 刘兵兵、陈国科、王山等：《甘肃天祝岔山村武周时期吐谷浑王族喜王慕容智墓》，国家文物局主编：《2019 中国重要考古发现》，文物出版社，2020 年，第 153—157 页。
④ 苏芳淑主编：《金曜风华·赤猊青骢——梦蝶轩藏中国古代金饰》卷Ⅱ，第 134—135 页。

或来自于同一手工作坊。阿拜格基金会的瑞谷拉·肖特（Regula Schorta）和安嘉·拜耳（Anja Bayer）通过对阿拜格基金会所藏的一件带有联珠团窠神兽纹长袍上所遗留的线孔、印痕的分析，创造性地发现这些饰片均为袍服上的缀饰片。互相叠压拼合，形成与丝绸上的纹饰大致吻合的纹样①。由于这些饰片仅通过边缘上的少许穿孔固定于衬底织物上，而且重量不轻，因此装饰齐备的袍服并不具备实用性，很有可能与鎏金银鞋一样，属于专门为丧葬而制备的丧服。

　　香港梦蝶轩藏品中另有一批形状和装饰图案不同的金或鎏金银饰片，从造型和装饰上看均有可能属于此类袍服上的缀饰，其中包括 2 件 1/4 圆形立鸟纹鎏金银饰片、1 件六边形立鹿纹鎏金银饰片、5 件长方形或方形鸟兽花卉纹鎏金银饰片、4 件圆形或半圆形联珠团窠神兽纹鎏金银饰片、1 件拱形立凤鎏金银饰片、1 件三角形神兽纹和 1 件梯形花卉纹鎏金银饰片、2 件三角形立凤纹金饰片②等。阿拜格基金会所藏的 1 件长方形团窠鸳鸯纹金饰片（见图 6 – 2 – 29）和 1 件拱形立凤鎏金银饰片（见图 6 – 2 – 30），也属此类饰物。后者与梦蝶轩所藏的拱形立凤鎏金银饰片（图 6 – 2 – 31）从造型、装饰主题到羽翼细节上都完全一致，应属同一对饰物，可能出自同一墓葬。这些饰片数量众多，装饰图案多有重复或对称，边缘上有相互叠压痕迹，或因拼合需要而做剪切或包边，装饰图案和主题明显是模仿丝绸纹样的特征，边缘穿孔上往往残存有成股丝线，因此用以连缀装饰于袍服类织物上的可能性是很大的。

图 6 – 2 – 26　瑞士阿拜格基金会藏　　　　图 6 – 2 – 27　瑞士阿拜格基金会藏
　　　　立凤纹鎏金银饰片　　　　　　　　　　　　立鹅纹鎏金银饰片
（藏品编号 Abegg-Stiftung_8. 775. 17）　　　（藏品编号 Abegg-Stiftung_8. 776. 17）
（ⓒ瑞士阿拜格基金会纺织品研究中心）　　　（ⓒ瑞士阿拜格基金会纺织品研究中心）

① R. Schorta，A. Bayer，Seventh to Eighth Century Woven Silks with Patterns of Animals and Birds and Their Transformation to Artifacts of Silk and Gold，敦煌研究院与美国普利兹克艺术合作基金会主办，"2019 敦煌论坛：6—9 世纪丝绸之路上的文化交流国际学术研讨会"，2019 年 10 月 17—21 日。
② 苏芳淑主编：《金曜风华·赤猊青骢——梦蝶轩藏中国古代金饰》卷 Ⅱ，第 136—137、139、144—149、140—143、152—153、130—133、196—199 页。

图 6 – 2 – 28　瑞士阿拜格基金会藏
鸳鸯纹鎏金银饰片
（藏品编号 Abegg-Stiftung_8.778.17）
（©瑞士阿拜格基金会纺织品研究中心）

图 6 – 2 – 29　瑞士阿拜格基金会藏
团窠鸳鸯纹鎏金银饰片
（藏品编号 Abegg-Stiftung_8.780.18）
（©瑞士阿拜格基金会纺织品研究中心）

图 6 – 2 – 30　瑞士阿拜格基金会藏
拱形立凤纹鎏金银饰片
（藏品编号 Abegg-Stiftung_8.779.18）
（©瑞士阿拜格基金会纺织品研究中心）

图 6 – 2 – 31　梦蝶轩藏拱形
立凤鎏金银饰片
（《金曜风华·赤狨青骢》卷Ⅱ第 152—153
页，no. 37A）

（三）镶嵌绿松石鎏金银鞋

香港梦蝶轩藏品，长 26、宽 10 厘米。捶揲法制成。鞋前掌与后跟部用两片金箔连接，可自由调整长短，以一枚鎏金银钉连接。鞋底上布满繁茂的缠枝卷草纹，边缘上有一周镂空镶嵌绿松石的联珠纹。鞋面前沿部位饰以镂空的折枝纹，鞋头由卷叶纹组

成的一组纹饰与周边的卷草纹样相配合。金鞋以两片金箔作象征性连接，显然不具备
实用功能，应为殓尸用品。[①]（图 6 – 2 – 32）

（四）狩猎图像金棺饰

2017 年热水墓地 M1 盗掘出土 2 片骑射内容的金饰片[②]。其中一片为一骑马射箭人
物，骑士策马向右飞奔，满弓引弦，头戴缠头装，两长辫垂于脑后，八字须，大耳饰，
着窄袖对襟翻领衫，翻领及袖口饰联珠纹，腰佩胡箓短剑，脚蹬皮靴，马鞍、马镫、
辔带等一应俱全，周缘有钉孔用以固定。高 9.8、长 13.5、厚 0.04 厘米（图 6 – 2 –
33）。另一片为奔鹿纹金饰片，奔鹿向右飞奔，姿态雄健，肌肉凸出，枝角硕大，鹿
身錾刻皮毛花纹，腹部以鱼子纹为地，周缘有钉孔。高 9.2、长 13、厚 0.04 厘米
（图 6 – 2 – 34）。从骑射人物及鹿形制大小、奔跑方向和钉孔分布来看，应属于同一画
面上的内容。该墓葬还发现一件端坐人物金饰片，一人物交脚端坐于三足几床上，头
挽高髻，着长袖翻领衣，腰束革带，左手抓腰带，右手抚腰，翻领及袖口饰花叶纹，
头顶及三足部有钉孔。高 9.8、宽 6.4、厚 0.03 厘米（图 6 – 2 – 35）。这些人物和动物
形象皆与海西地区的彩绘棺板画上图像一致，端坐人物很可能描绘的是坐于帐中的墓
主人形象，这类形象在彩绘棺板画中屡见不鲜。

梦蝶轩藏品中有 2 件骑马人物形象[③]。一件为骑射武士金饰片，骑士骑马向右飞
奔，满弓引弦欲射，头戴缠头，发辫向两侧飘飞，有八字须及络腮胡，穿紧身三角形

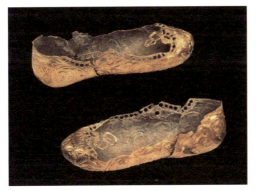

图 6 – 2 – 32　梦蝶轩藏鎏金银鞋
（《金曜风华·赤犴青骢》卷Ⅱ第 123 页）

**图 6 – 2 – 33　2017 年热水墓地 M1 盗掘出土
骑射纹金饰片**
（《山宗·水源·路之冲》第 217 页）

---

① 苏芳淑主编：《金曜风华·赤犴青骢——梦蝶轩藏中国古代金饰》卷Ⅱ，第 122—123 页。
② 首都博物馆、青海省博物馆：《山宗·水源·路之冲——一带一路中的青海》，第 217 页。
③ 同①，第 124—127 页。

图 6 – 2 – 34　2017 年热水墓地 M1 盗掘出土
鹿纹金饰片

（《山宗·水源·路之冲》第 217 页）

图 6 – 2 – 35　2017 年热水墓地 M1 盗掘出土
端坐人物纹金饰片

（同前，第 225 页）

图 6 – 2 – 36　梦蝶轩藏骑射纹金饰片
（《金曜风华·赤狨青骢》卷 II 第 125 页）

图 6 – 2 – 37　梦蝶轩藏骑马纹金饰片
（同前，第 127 页）

大翻领长袍，下垂至脚踝，袖口、翻领、衣襟处皆饰花叶纹，腰束带，带上挂胡簶，身后露出弧形弓袋，马鞍、马镫、马辔、马鞦、攀胸、杏叶等一应俱全。饰片周边有些许钉孔，以金钉将其固定于背面的薄木板上，木板上残留漆皮。长 31.1、宽 17.4 厘米（图 6 – 2 – 36）。另一件为骑马人物鎏金银饰片。骑马者向右侧从容缓行，直鼻小口，面相丰盈，头戴缠头，头发于耳下打结，发辫挽成环状盘于颈后。身披斗篷紧裹全身，于胸前露出右手挽缰。马匹佩戴成套完备的马具。长 26.6、宽 31.1 厘米（图 6 – 2 – 37）。这二件骑马人物从大小尺寸、行进姿态、服饰特征来看，应属同一画面或相关场景内的形象，彼此之间应存在空间上的联系。它们与海西州彩绘棺板画上的狩猎和骑马出行或赴宴内容场景相吻合，很可能是用以装饰于漆棺上的饰片，展现出同样的丧葬观念和艺术风格。

三　日用器皿

包括瓶、杯、盘、碗、筷等饮食用器。

（一）瓶

金瓶或鎏金银瓶主要用作酒器，发现较多，可分为 2 型。

I 型　执壶或"胡瓶"

一侧带弧形柄，将胡瓶口沿与肩部相连，口部为鸭嘴状槽形流，有的带盖。底部为喇叭形矮圈足。此类胡瓶在青海地区正式发掘的吐蕃时期墓葬中尚未出现，但在海外藏品中存有 2 例。其中较为独特的是普利兹克家族藏镶嵌绿松石凤鸟纹金胡瓶（图 6 - 2 - 38）。口部一侧为槽形流，另一侧有弧形柄连接口部与肩部，柄顶部口沿处有一卧鸟形纽，柄底端饰一牛角兽面。颈部和喇叭形高圈足皆为八棱形，每面之间用金珠隔开。颈部每面上部饰卷草纹，下部饰鸳鸯，相邻两个面的卷草纹及鸳鸯相对称，卷草纹间和鸳鸯身上镶嵌少量绿松石。足部纹饰布局也类似，但将鸳鸯换为相对的卧鹿和卧狮。器身一周装饰有花卉团窠对凤纹，共有 4 个较大团窠相连，团窠中心各有一展翅立凤，相邻两个团窠内的立凤相对而立。在腹部有 4 个较小的花卉纹团窠，其内分别为牛头兽面和有翼麒麟形象。整个器物以捶揲法制成，细部纹饰用錾刻手法，虽然器形较大，但制作工艺精湛，造型极为优雅。其整体造型受到萨珊波斯胡瓶的影响较大，但装饰主题如鸳鸯、立凤、兽面、麒麟等显然属于唐朝所流行的题材。

阿勒萨尼藏（Al-Thani Collection）有 1 件镶嵌绿松石凤鸟纹金胡瓶[①]（图 6 - 2 - 39）。其周身以捶揲法制成瓶身后，在器表用金片和金珠焊接、勾勒出装饰主题的轮廓，在轮廓内划分方格，镶嵌大量绿松石。以此手法，在器身两侧各装饰出一展翅立凤，弧形柄部顶端作一桃形立纽，颈部作出桃形贴饰和连弧形肩线，并在六连弧形的底座周边镶嵌一周绿松石，底座底部刻有一排共 5 个圆圈印记和并列 3 组呈圆环形排列的圆圈印记，每环共 8 个圆圈。旁边又有 4 个藏文字母。圆圈印记排列形制与曼谷哈桑亚洲艺术收藏品中的金带饰（见后图 6 - 2 - 72）背面的圆圈印记相同，应是标示该器物所用黄金重量。器物高 32、腹径 12.9、底径 9.7 厘米。与此胡瓶成套出现的还有

---

① 王旭东、汤姆·普利兹克主编：《丝绸之路上的文化交流——吐蕃时期艺术珍品》，第 210 页。

图 6-2-38 普利兹克家族藏凤鸟纹金胡瓶
（《丝绸之路上的文化交流》第 163 页）

图 6-2-39 阿勒萨尼藏凤鸟纹金胡瓶
（同前，第 210 页）

一件细颈金瓶和一件金盘，皆以相同工艺镶嵌大量绿松石为饰。其装饰主题均为唐朝所流行的内容，为吐蕃吸收并形成其自身的器物特色。

吐蕃时期陶器中也有仿此类器物者。在海西州发现的彩绘木棺板画中此类胡瓶也多有表现，经常与托盘和高足杯搭配作为酒器使用。在唐朝和中亚地区，这类胡瓶也相当流行，关于其讨论参见本章第六节第五部分。

II 型　细颈瓶

为喇叭形口，细颈，卵形器身，圈足，没有胡瓶的弧形柄和鸭嘴流。其使用方式是以手握颈部倾倒酒水。金瓶多为素面，仅一件有绿松石装饰。银瓶均有包金装饰纹样。

素面金细颈瓶迄今为止发现共 6 件，其中 4 件出自 2017 年热水墓地被盗的 M1。由金片捶揲而成，颈腹部和圈足有套焊痕迹。器高 17.1—19.7、口径 6.6—7.3、壁厚 0.05 厘米（图 6-2-40）[1]。另外 2 件为普利兹克家族藏品[2]，形制、尺寸完全相同，与热水墓地 M1 的 4 件形制、尺寸也基本相同，仅足部为喇叭形圈足，略高。口径 7、高 20.2、底径 5 厘米。霍巍先生文中认为是银质，图片显示可能为金瓶（图 6-2-41）。

阿勒萨尼藏镶嵌绿松石凤鸟纹金瓶[3]，其制法与 I 型的镶嵌绿松石凤鸟纹金胡瓶相同。盘口，细颈，球形腹，平底。盘口内镶嵌绿松石，颈部和肩腹部有双层装饰：底

①　首都博物馆、青海省博物馆：《山宗·水源·路之冲——一带一路中的青海》，第 219 页。
②　霍巍：《吐蕃系统金银器研究》，《考古学报》2009 年第 1 期，图版贰：1、2。
③　王旭东、汤姆·普利兹克主编：《丝绸之路上的文化交流——吐蕃时期艺术珍品》，第 212—213 页。

层是在器身上錾刻出花卉和 3 只飞
鸟，地作鱼子纹；上层再用金片和金
珠焊接、勾勒出装饰主题的轮廓，在
轮廓内划分方格，镶嵌大量绿松石，
在腹部装饰出三只同向站立的展翅立
凤，朝向同一方向，在颈部做出一箍，
上面竖三枝花瓣。器底刻有一组呈圆
环形排列的圆圈印记，共 10 个圆圈。
高 17.7、口径 8、腹径 10.2、底径 4.3
厘米。（图 6 - 2 - 42）

　　另外，还有包金银细颈瓶，共发
现 4 件。

　　美国克里弗兰艺术博物馆藏包金
银细颈瓶①，高 22.9 厘米。颈部有一
周垂莲纹，肩部饰 4 只向下展翅飞翔
的小鸟，周围环绕以枝蔓形成的心形
边框，腹部捶揲出 4 个忍冬和葡萄枝
蔓盘绕的单元，其内分别装饰有狮、
龙、吐蕃装的人面鸟身像（迦陵频
伽）和立凤，均立于莲花座台上。器
身有一处凸出的方形修补痕，其上雕
刻一卧狮。器物口部有铭文，但模糊
难辨。该银瓶是具有一致风格的一组
包金银器（直筒錾指杯和来通杯）中
的一件。（图 6 - 2 - 43）

　　普利兹克家族藏包金银细颈瓶②，

图 6 - 2 - 40　2017 年热水墓地 M1 盗掘出土金瓶

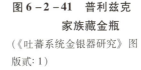

图 6 - 2 - 41　普利兹克
家族藏金瓶

（《吐蕃系统金银器研究》图
版贰：1）

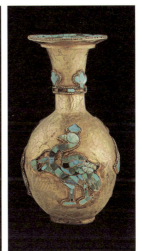

图 6 - 2 - 42　阿勒萨尼
藏凤鸟纹金瓶

（《丝绸之路上的文化交流》
第 213 页）

高 19 厘米。在造型和装饰纹样、装饰技法上与克里弗兰艺术博物馆所藏包金银细颈瓶
相似，图案上有些差异，肩部小鸟换作交颈鸳鸯（或雁），腹部的葡萄枝蔓之内分别装

　　① M. L. Carter，Three Silver Vessels from Tibet's Earliest Historical Era：A Preliminary Study，*Cleveland Studies in the History of Art*，1998，vol. 3，pp. 23 - 47.

　　② A. Heller，Archaeological Artefacts from the Tibetan Empire in Central Asia，pp. 55 - 64.

饰狮头鸟身、龙头鸟身和马头鸟身的神兽，均作展翅回首状，形象较为凶猛，底部有古藏文铭文，意为"14 srang 的用银来自雍顿丹巴（Yung drung brtan pa）"。雍顿丹巴文献中无载，可能是一位贵族或一座寺院的名称。（图6－2－44）

英国阿什莫林博物馆（Ashmolean Museum）藏包金银细颈瓶，高17厘米，颈部饰忍冬卷草纹，凸起3朵心形花蕾，有卷曲的花瓣。肩部凸起一周覆莲，腹部饰上下绕飞的凤鸟，每对凤鸟之间以忍冬纹间隔。圈足上饰卷草纹，底部周缘焊一圈金珠。（图6－2－45）[1]

意大利卡洛·克里斯蒂美术馆（Carlo Cristi Gallery）藏包金银细颈瓶，高21厘米。颈部饰4朵心形花蕾，但无花瓣。肩部凸起一周缠枝卷草纹饰带，肩颈部的装饰与阿什莫林博物馆所藏细颈瓶相仿。腹部满饰植物花叶和葡萄，以竖直的花茎将其分为4个单元，每个单元内下方有一动物站立于莲花台座上，上方绘雁雀类飞鸟，或飞或栖于花叶之间。站立动物为麒麟和鹿，器底一侧有一个圆圈印记和2条竖线，另一侧有4条竖线。（图6－2－46）[2]

图6－2－43　克里弗兰艺术博物馆藏银瓶
(*Tibetan Inscriptions on Ancient Silver and Gold Vessels and Artefacts*, p. 277, fig. 11)

图6－2－44　普利兹克家族藏银瓶
（同前，p. 275，fig. 9）

图6－2－45　阿什莫林博物馆藏银瓶

---

① A. Heller, The Silver Jug of the Lhasa Jokhang：Some observations on silver objects and costumes from the Tibetan Empire（7th－9th century），fig. 32.

② A. Heller, Research on the Role of Birds and Deer in Early Tibetan Rituals，敦煌研究院与美国普利兹克艺术合作基金会主办，"2019敦煌论坛：6—9世纪丝绸之路上的文化交流国际学术研讨会"，2019年10月17—21日。

图 6 - 2 - 46　卡洛·克里斯蒂美术馆藏银瓶　　图 6 - 2 - 47　私人藏鸟兽缠枝纹银净水瓶

（《佛教地宫还原》第 204 页，图版 96）

　　此种形制的金质或包金银质细颈瓶仅在吐蕃地区流行，其他地区目前尚未见到完全一样的形制。此类型器物与 I 型带柄的胡瓶差异较大，可能有不同的来源。阿米·海勒认为此类瓶与中古时期印度弥勒菩萨和观世音菩萨形象手中所执的净水瓶（kalasha）在形制和尺寸上都相似，用以装盛长生不老的甘露①。此说相当有启发性，但印度所见净水瓶多为短颈、折肩、宽腹形制，与此器有较大区别。霍巍先生认为此类银瓶与海外藏的一件唐代海狸纹银瓶和一件唐代奔狮纹银瓶器形接近，可能是一定程度上受到唐代银瓶造型风格的影响②。在国内私人藏唐代器物中，也可见同类造型的带盖青铜净水瓶和鸟兽缠枝纹银净水瓶③（图 6 - 2 - 47），均被认为是与佛教密切相关的器物。因此综合来看，吐蕃时期所见金质或包金银质细颈瓶可能属于随印度佛教输入的器物，但在具体形制上模仿了唐代所流行的净水瓶形制。

（二）杯

金、银杯为酒器，共有 4 种类型。

---

① A. Heller, Research on the Role of Birds and Deer in Early Tibetan Rituals, 敦煌研究院与美国普利兹克艺术合作基金会主办，"2019 敦煌论坛：6—9 世纪丝绸之路上的文化交流国际学术研讨会"，2019 年 10 月 17—21 日。

② 霍巍：《吐蕃系统金银器研究》，《考古学报》2009 年第 1 期；韩伟：《海内外唐代金银器萃编》，三秦出版社，1989 年，第 155 页，图 298；第 156 页，图 299。

③ 释如常、吴棠海主编：《佛教地宫还原：佛陀舍利今重现，地宫还原见真身》，财团法人佛光山文教基金会，2011 年，图版 93、96。

图 6 - 2 - 48　2017 年热水墓地 M1 盗掘
出土錾指金杯

（《山宗·水源·路之冲》第 219 页）

图 6 - 2 - 49　阿拜格基金会藏金杯

（Tibetan Inscriptions on Ancient Silver and Gold Vessels
and Artefacts，p. 273，fig. 7）

I 型　碗形錾指杯

与瓶相似，金杯一般为素面，仅在錾指部分饰简单纹饰。银杯均为包金技法装饰纹样。

錾指金杯共发现 2 件。

2017 年热水墓地 M1 盗掘出土錾指金杯[1]。捶揲而成，器物胎体厚重，素面，敞口稍外侈，腹部有一周折棱，圈足，一侧有錾指，錾面上有简单的卷草纹饰。錾指和圈足为焊接而成。高 4.3、口径 9.5、壁厚 0.15 厘米。（图 6 - 2 - 48）

瑞士阿拜格基金会藏錾指金杯。阿米·海勒文中提到此件錾指金杯，其形制与热水墓地所出錾指杯相同，同样为素面，垫指板面上饰卷草纹。与之不同之处仅在于该金碗的圈足边缘焊一圈金珠，碗底刻有藏文人名（'o. rgyad. 'pan. lod），其上有一行共 5 个圆圈印记。口径 9.5、高 3.9 厘米。[2]（图 6 - 2 - 49）

此外，乌兰县泉沟一号墓地所出金杯为四曲方足造型，杯身以掐丝法镶嵌大量雕刻各异的绿松石，极为独特。根据其出土情况推测它是带有祭祀性质的用具，因此不归入此类日常器皿之列，详见本节第一部分专用单体器物所述。

錾指银杯共发现 5 件。

美国私人藏包金银錾指杯。敞口略外撇，口沿下部焊一周金珠，腹部饰 3 对举双爪的对狮，狮子之间饰忍冬纹，圈足焊金珠镶边，足底饰一立鹿。高 5、口径 14 厘米[3]

---

① 首都博物馆、青海省博物馆：《山宗·水源·路之冲——一带一路中的青海》，第 219 页。

② A. Heller, Tibetan Inscriptions on Ancient Silver and Gold Vessels and Artefacts, *Journal of the International Association for Bon Research*，2013，vol. 1, pp. 259 - 291. 2019 年 7 月 2 日—11 月 22 日，敦煌研究院与美国普利兹克艺术合作基金会主办的"丝绸之路上的文化交流：吐蕃时期艺术珍品展"上展出一件同类形制的錾指金杯，说明文字为"瑞士阿拜格基金会纺织品研究中心收藏"，当属同一件器物。

③ M. L. Carter, Three Silver Vessels from Tibet's Earliest Historical Era：A Preliminary Study, p. 38, fig. 13a - b.

图 6 – 2 – 50　美国私人收藏银杯　　　　图 6 – 2 – 51　俄罗斯下诺夫哥罗德博物馆藏银杯

(Three Silver Vessels from Tibet's Earliest Historical Era：
A Preliminary Study，p. 38，fig. 13a)

（图 6 – 2 – 50）。瑞士苏黎世皮埃尔·乌德瑞（Pierre Uldry collection）藏品中也有一件类似银杯，但在杯内部多了一对摔跤童子形象[1]。

俄罗斯下诺夫哥罗德博物馆（Nizhne Novgorod Museum）收藏錾指银杯。垫指板面上饰一大胡子人头，两侧各有一大象头，器身饰卧鹿，器底为一大胡子男性头像。直径 11、高 5 厘米。（图 6 – 2 – 51）[2]

纽约大都会博物馆所藏包金银錾指杯。垫指板面饰奔狮和卷草纹，周身饰相互盘结的葡萄枝蔓，不见动物纹[3]。口径 14.9、高 4.4 厘米。器内底部刻划有藏文字母（ka），可能用以计数，或者为人名、地名的缩写。（图 6 – 2 – 52）

普利兹克家族藏神兽鸟鱼纹鎏金银錾指杯。垫指板面上饰奔狮形象，杯外侧有 4 个四瓣花形单元，其内各有一神兽，分别为举双爪的狮、飞奔的麒麟，相邻的两个四瓣花之间上方有一只向下展翅飞翔的鸟雀，下方为一花卉图案。杯内壁底部中心有 3 条沿逆时针方向追逐的鱼，侧壁为缠枝卷草纹盘绕出 3 个单元，每个单元内各有一展翅立雁，立于莲蓬状台座之上。口径 11、高 4.5 厘米。（图 6 – 2 – 53）

II 型　直筒形錾指杯

克里弗兰艺术博物馆藏錾指银杯[4]。包金银质，直口，直筒腹，平底，一侧有一錾，垫指板面饰一有翼飞奔动物，下方有上下两个指环，口部下焊一周金珠，器身装饰 3 个忍冬枝蔓围成的团窠，其内有一立狮形象，狮前爪上举，相貌凶猛。该银杯是具有一致风格的一组包金银器（细颈瓶和来通杯）中的一件，杯底部錾刻古藏文，铭文为"出身高贵的文成公主的私有财产"（Phan shing gong skyes gyi sug byad），文字下有并列的

① P. Uldry, H. Brinker, F. Louis, *Schinesisches Gold und Silber：Die Sammlung Pierre Uldry*, exh. cat., Rietberg Museum, Zurich, 1994, no. 126.

② A. Heller, The Silver Jug of the Lhasa Jokhang：Some observations on silver objects and costumes from the Tibetan Empire（7th – 9th century）. Fig. 40.

③ A. Heller, Tibetan Inscriptions on Ancient Silver and Gold Vessels and Artefacts, p. 278, fig. 13.

④ M. L. Carter, Three Silver Vessels from Tibet's Earliest Historical Era：A Preliminary Study.

图 6 - 2 - 52　纽约大都会博物馆藏银杯
(Tibetan Inscriptions on Ancient Silver and Gold Vessels and Artefacts, p. 278, fig. 13.)

图 6 - 2 - 53　普利兹克家族藏神兽
鸟鱼纹鎏金银錾指杯
(《丝绸之路上的文化交流——吐蕃时期艺术珍品》第 237—238 页)

3 个圆圈印记和 3 排竖线[①]。(图 6 - 2 - 54)

Ⅲ 型　来通杯

克里弗兰艺术博物馆藏银来通杯[②]。包金银质，由一银片捶揲而成牛角形，上部大口边缘焊以金珠，其下颈部錾刻一周戳点地忍冬卷草纹。底部小口饰鹿头为流，角作柱状，杯体上方有 3 个忍冬卷草纹形成的单元，其内分别饰有双手合十的吐蕃装人首鸟身形象（迦陵频伽）、展翅的鸳鸯和有翼狮，下方饰立狮。该银杯是具有一致风格的一组包金银器（细颈瓶和直筒錾指杯）中的一件。(图 6 - 2 - 55)

吐蕃时期来通杯在目前仅发现此一件，但在海西州所出棺板画上有较多表现，详见本章第六节第五部分所述。

Ⅳ 型　高足杯

纽约大都会博物馆藏金高足杯[③]（图 6 - 2 - 56）。杯口稍外撇，深腹，杯身底部有矮圈足样装饰，高足为喇叭形，高足中部有"算盘珠"式的节。口沿和圈足周缘皆焊一周金珠，口沿下方有一周长方形的分格，内饰十二生肖动物纹样，皆朝向同一方向。腹部以缠枝卷草纹盘绕成上下三排交错的桃形区间，各区间内各有一神兽形象，相邻的两个神兽相对，神兽包括龙、翼马、卧鹿等，除卧鹿外其他动物形

象皆较凶猛。圈足上又有 4 个桃形区间和俯卧的羱羊形象。整个器身图案皆以鱼子纹为地。口径 7、高 8.9 厘米。器物说明文字称其出土地点为新疆维吾尔自治区，时代为吐蕃时期（7—8 世纪）。

---

① 一些学者不赞同将"Phan shing gong skyes"解释为"文成公主"，而是倾向于认为是一普通人名。见 A. Heller, Tibetan Inscriptions on Ancient Silver and Gold Vessels and Artefacts.
② M. L. Carter, Three Silver Vessels from Tibet's Earliest Historical Era：A Preliminary Study.
③ 同上，fig. 20.

图6-2-54　克里弗兰艺术博物馆藏鏨指银杯

（Tibetan Inscriptions on Ancient Silver and Gold Vessels and Artefacts，p. 277，fig. 11）

图6-2-55　克里弗兰艺术博物馆藏银来通杯

（同前，fig. 11）

　　类似造型的高足杯在唐朝境内有较多发现，从纹饰来看，显然大多为唐朝所生产器物，典型例子如陕西省西安市沙坡村窖藏出土高足银杯①。根据齐东方先生的研究，高足杯最初应是罗马风格的器物，拜占庭时仍沿用，唐代的高足杯类器物可能源于拜占庭的影响，但由于萨珊控制着中国通往拜占庭的要道，不能排除这种影响是间接的②。对于大都会博物馆所藏的这件金高足杯，霍巍先生认为其动物纹样在唐朝境内不见，因而推测其可能来自中亚③。实际上十二生肖图

图6-2-56　纽约大都会博物馆藏金高足杯

（同前，fig. 20）

像并非中亚地区所流行图像，恰恰是盛唐时期吐蕃地区流行的装饰纹样，在海西州彩绘棺板画上多有表现④。因此属于吐蕃本土生产的器物可能性较大，但它在器形上应该是参照了唐朝境内流行已久的高足杯形制。

---

①　陕西省博物馆等：《西安南郊何家村发现唐代窖藏文物》，《文物》1972年第1期。

②　齐东方：《唐代银高足杯研究》，载北京大学考古系编：《考古学研究（二）》，北京大学出版社，1994年，第206—218页。

③　霍巍：《吐蕃系统金银器研究》，《考古学报》2009年第1期。

④　仝涛：《甘肃肃南大长岭吐蕃时期墓葬的考古学观察》，《考古》2018年第6期。

（三）盘

金、银盘多为酒器或食器，用以承托酒杯或盛食。迄今共发现 3 件。

2017 年热水墓地 M1 盗掘出土人物纹鎏金银盘①。整器厚重，口沿宽平，边缘下折，浅腹，平底。残高 1.8、直径 43、壁厚 0.2 厘米。装饰图案由于锈蚀严重，能够辨识 3 个主体人物，均为高鼻深目，头发卷曲，身披帛。盘上部中心为一株葡萄树，左侧为一男性，体格健壮，腰带佩剑，双手搀扶中间的女性，中间女性作醉酒状或困倦状。右侧为一老人，附身弯曲，左手执一杖形物。从装饰内容来看，应属于典型的希腊神话题材，笔者经多方比对并查阅相关文献，确定该饰片可能表现的是酒神狄俄尼索斯（Dionysos）与阿里阿德涅（Ariadne）以及老迈而酒醉的随从西勒诺斯（Silenus）。但从器形上看该盘似非直接的舶来品。（图 6-2-57）

日本秀美博物馆藏包金银盘②。盘面中心饰半人半马形象，双手举葡萄枝，一周有一圈忍冬卷草纹饰带，再外侧装饰有一周相对衔草的对鹿，共计 4 对，每对鹿角形态各异。每两对之间饰忍冬卷草纹饰以作分隔。盘底刻有 3 个藏文人名（stag lod，kram nya bzang，lha tsho）和汉字"本"（刻于 stag 和 lod 之间），以及 3 个并列的圆圈印记。直径 29、高 3 厘米。马尔夏克认为该器物使用的錾胎珐琅工艺在 8—10 世纪的波斯萨珊银器中很普遍，但包金箔以及口沿处粗糙不平的捶撰痕迹显示其制作地点应该在伊朗和中亚之外。盘中心的半人半马形象以及相对的有翼神兽形象是典型的中亚银器装饰图案，但其具体细节及处理方式较为独特。考虑到藏文题记、艺术风格以及制作工艺的独特性，马尔夏克认为该器物为西藏地区的早期银器③。（图 6-2-58）

阿勒萨尼藏镶嵌绿松石兽面鸭纹金盘。盘较浅，底作弧面形，以金片捶撰制成，器表用金片和金珠焊接、勾勒出装饰主题的轮廓和边界，再在轮廓内划分小格以镶嵌绿松石。盘面外缘和内部各镶嵌一周绿松石，呈同心圆状，内圆中心饰一牛角兽面，内圆与外缘之间以 4 条镶嵌绿松石带等分隔为 4 个区域，每个区域内装饰一鸭（雁），呈蹲卧姿势，皆朝向同一方向。直径 27、厚 3 厘米。与此金盘成套出现的还有一件胡瓶和一件细颈金瓶，其装饰风格相当一致。（图 6-2-59）

---

① 首都博物馆、青海省博物馆：《山宗·水源·路之冲——一带一路中的青海》，第 221 页。
② A. Heller, Tibetan Inscriptions on Ancient Silver and Gold Vessels and Artefacts, *Journal of the International Association for Bon Research*, vol. 1, 2013, pp. 259-291.
③ B. Marshak, *Ancient Art from the Shumei Family Collection. New York：The Metreploitan Museum of Art*, 1996, pp. 80-83, no. 33, plate.

图 6 – 2 – 57　2017 年热水墓地 M1 盗掘
出土人物纹鎏金银盘
（《山宗·水源·路之冲》第 221 页）

图 6 – 2 – 58　日本秀美博物馆藏包金银盘
（Tibetan Inscriptions on Ancient Silver and Gold Vessels and Artefacts，p. 268，fig. 4）

图 6 – 2 – 59　阿勒萨尼藏兽面鸭纹金盘
（《丝绸之路上的文化交流》，第 214—215 页）

图 6 – 2 – 60　瑞士苏黎世私人藏鎏金银盘
（同前，第 243—244 页）

　　瑞士苏黎世私人藏鎏金银盘。盘周缘有沿，圆唇，浅腹，矮圈足。盘内中心为一圆圈，其内有一对首尾相对的奔狮。中心圆圈与盘外沿之间分布 4 个四瓣花形单元，其内各有一动物，分别为飞奔的麒麟和两爪上举的狮，均沿顺时针方向交替排列。在相邻的两个四瓣花之间，上部有向下展翅而飞的鸟雀，下部有一朵小花。其装饰内容与普利兹克藏品中的神兽鸟鱼纹鎏金银錾指杯相同，两者应为成套器物。直径 15 厘米。（图 6 – 2 – 60）

图 6 - 2 - 61　普利兹克家族藏品鎏金银碗

(《丝绸之路上的文化交流》第 116 页)

**图 6 - 2 - 62　日本东京古代东方
博物馆藏鎏金银碗**

(A Greek Bowl from Tibet, pl. Ia, Ib)

（五）筷

共发现 2 件，皆为梦蝶轩藏品③。一件仅残余一节，骨质，上粗下细，筷子上残留两

（四）碗

碗为食器，金、银碗数量较少，迄今共发现 2 件，均为海外藏品。

普利兹克家族藏鎏金银碗①。口微侈，斜腹，圈足。口沿下方焊一周金珠，碗底缘也有一周金珠。碗腹有 3 只朝向同一方向的狮和 1 只带翼羱羊，姿态为飞奔或行进，各不相同。（图 6 - 2 - 61）

日本东京古代东方博物馆藏鎏金银碗。侈口，方唇，斜腹，矮圈足。口沿下方焊一圈金珠，其下直至器底满布纹饰。侧壁饰 6 个几乎全裸的男性，多为立姿，3 人持酒壶与碗，3 人为侍仆，中间以树隔开，枝头为"孵雏之鸟"与"觊觎之蛇"。圈足内碗底有水波纹与鱼纹。口径 21、高 6.5、壁厚 0.2 厘米。（图 6 - 2 - 62）

该银碗原系英国的大卫·斯内尔格罗夫（David Snellgrove）教授 1961 年在伦敦从世居拉萨的西藏上层家族获得，1985 年拍卖给日本东京古代东方博物馆。邓伍德（Philip Denwood）曾对这件银碗的纹饰进行研究，指出该银碗的纹饰为荷马史诗《伊利亚特》中的情节，即奥德修斯所讲述的祭神时蛇吞食麻雀的预言，其水波纹与鱼纹则体现了萨珊波斯风格，因此他认为该银碗可能是贵霜早期产于巴克特里亚或其邻近地区，7 世纪时传入吐蕃②。

---

① 王旭东、汤姆·普利兹克主编：《丝绸之路上的文化交流——吐蕃时期艺术珍品》，第 116—117 页。

② P. Denwood, A Greek Bowl from Tibet, *Iran*, 1973, vol. 11, pp. 121 - 127.

③ 苏芳淑主编：《金曜风华·赤猊青骢——梦蝶轩藏中国古代金饰》卷 II，第 203 页。

段包金装饰，中段为金管，两端饰金珠一圈，中部有一凸起的纽状物，顶部镂空，可供穿系绳索。尾段包金，一端也有一圈金珠，底端有凸起，长 13.8 厘米。另一双为金质，保存完整，顶端有方形筷头，上有涡形饰，可能用以镶嵌宝石，上段为六面体，中段有长方形凸起，上有圆环和相连的金链，下段为圆柱形，底端较细。总长 22.4—22.5 厘米。（图 6 - 2 - 63）

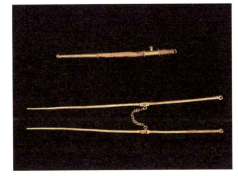

图 6 - 2 - 63　梦蝶轩藏金筷

（《金曜风华·赤狐青骢》卷 II 第 203 页）

四　带饰

金银带饰在都兰墓葬中非常常见，发掘出土 50 余件，绝大多数为鎏金银带饰，另有部分为金带饰。采集品和私人收藏品数量更多。这些带饰多为马具革带上的饰件，也有一些为服饰腰带上的配件。根据带饰形制和装饰内容的不同，可以将其划分为以下几种类型。

（一）长方形花叶纹带饰

发现数量较多，可分为 9 式。

I 式　梅花形饰

梦蝶轩藏 45 件[1]。金质。略呈长方形，长 3.3、宽 2.5 厘米。中心捶揲出梅花形和卷草纹样为地，然后在花瓣中央孔洞内镶嵌绿松石或红宝石。与有相同装饰的其他 3 件舌形铊尾、2 件圆形和 1 件桃形带饰组成一套。（图 6 - 2 - 64）

II 式　涡形花瓣饰

梦蝶轩藏 26 件[2]。金质。略呈长方形。中心镶嵌一圆形绿松石，周边饰 4 朵涡形花瓣。与有相同装饰的其他 2 件舌形铊尾、3 件半球形带饰组成一套。（图 6 - 2 - 65）

III 式　团花形饰

梦蝶轩藏 13 件[3]。金质。呈长方形。四周饰齿状纹，中心饰团花图案，共有 8 瓣花，背面封有金片制成的底板，用金钉加以固定。与有相同装饰的其他 2 件舌形铊尾组成一套。（图 6 - 2 - 66）

---

[1] 苏芳淑主编：《金曜风华·赤狐青骢——梦蝶轩藏中国古代金饰》卷 II，第 102—103 页。

[2] 同[1]，第 104—105 页。

[3] 同[1]，第 110—111 页。

图 6-2-64　梦蝶轩藏花叶纹带饰

（《金曜风华·赤狨青骢》卷Ⅱ第 102 页）

图 6-2-65　梦蝶轩藏花叶纹带饰

（同前，第 104 页）

图 6-2-66　梦蝶轩藏花叶纹带饰

（同前，第 111 页）

图 6-2-67　梦蝶轩藏花叶纹带饰

（同前，第 112 页）

图 6-2-68　梦蝶轩藏花叶纹带饰

（同前，第 208 页）

Ⅳ式　宝相花形饰

梦蝶轩藏 23 件[1]。金质。呈长方形，长 2.8—2.9 厘米，宽 2 厘米。中央饰十字花瓣的宝相花，花蕊及带饰四角镶嵌绿松石。与有相同装饰的其他 3 件舌形铊尾和 1 件带扣组成一套。（图 6-2-67）

梦蝶轩藏 22 件[2]。金质。呈长方形，长 5.8—5.9 厘米，宽 5.2—5.3 厘米。中央饰十字花瓣的宝相花，十字形花蕊及带饰四角镶嵌绿松石。与有相同装饰的其他 2 件舌形铊尾和 3 件桃形带饰组成一套。（图 6-2-68）

Ⅴ式　四瓣花形饰

梦蝶轩藏 17 件[3]。金质。呈长方形，长 4.8—5 厘米，宽 4.4—4.5 厘米。中央饰四瓣花，花蕊及花瓣上镶嵌花瓣形绿松石。与有相同装饰的其他 2 件舌形铊尾组成一套。（图 6-2-69）

普利兹克家族藏 12 件。鎏金银质。长方形。纹饰为四叶花形，其中 10 件左右两侧带小耳可供穿系。[4]

热水墓葬 99DRNM3 出土 2 件四瓣花形金带饰[5]。一件出土于热水墓葬 99DRNM3 中室的积炭层中（图 6-2-70∶1）。长方形，长 2.4、宽 1.5、厚 0.01 厘米。四瓣花纹中心有圆圈。每个花瓣被两条叶脉分作两半，边缘饰以简略的波状草叶纹。另一件出土于墓葬盗洞扰土中（图 6-

---

① 苏芳淑主编：《金曜风华·赤狨青骢——梦蝶轩藏中国古代金饰》卷Ⅱ，第 112—113 页。

② 同①，第 208—209 页。

③ 同①，第 210—211 页。

④ 霍巍：《吐蕃时代考古新发现及其研究》，科学出版社，2012 年，第 175 页，图 5-12、13。

⑤ 北京大学考古文博学院、青海省文物考古研究所：《都兰吐蕃墓》，第 67 页。

2–70：2）。长方形，长 4.2、宽 3、厚
0.3 厘米。用金片捶撲而成，表明抛光。
图案为四瓣形，三瓣为翻卷的花叶，一瓣
镶嵌宝石，宝石脱落不见。外侧四角各有
圆形小孔，孔内镶嵌绿松石。圆孔与四角
之间饰波浪形卷草纹。饰片背面焊接有四
根金线，用以固定到带具上。

图 6–2–69　梦蝶轩藏花叶纹带饰
（《金曜风华·赤狐青驄》第 211 页）

VI 式　八瓣花形饰

普利兹克家族藏 6 件。鎏金银质。长方形。纹饰为莲花形，共 8 个花瓣。两侧带
有小耳可供穿系。[1]

（二）花瓣形花叶纹带饰

可分为 3 式。

I 式　椭圆形

热水墓地 M17 出土 26 件相同风格的带饰[2]。都为银片捶撲而成，整体略呈椭圆形，
边缘为连续的弧形。其中 2 件由三瓣构成，表面饰忍冬纹，周边环绕以弧形边缘。背
面凹入，残留有小钉。长 3.3、宽 1.7、高 0.5、厚 0.1 厘米（图 6–2–71：1）。2 件为
长椭圆形，表面装饰对称的忍冬纹，边缘为连续弧形。长 3.3、宽 1.7、高 0.5、厚 0.1
厘米（图 6–2–71：2）。另有 1 件为心形，表面装饰对称的忍冬纹，边缘为连续弧形。
长 2.5、宽 1.7、高 0.5、厚 0.1 厘米（图 6–2–71：3）。

1　　　　　　　　　2

图 6–2–70　热水 99DRNM3 出土金银带饰
（《都兰吐蕃墓》第 67 页，图 42）

---

① 霍巍：《吐蕃时代考古新发现及其研究》，第 175 页，图 5–13。
② 许新国：《都兰热水血渭吐蕃大墓殉马坑出土舍利容器推定及相关问题》，《中国历史博物馆馆刊》1995 年第
　　1 期。

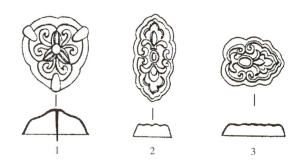

图 6 - 2 - 71　热水墓地 M17 出土花叶纹银带饰
《都兰热水血渭吐蕃大墓殉马坑出土舍利容器推定及相关问题》图 4、5、6）

图 6 - 2 - 72　曼谷哈桑亚洲艺术馆藏金带饰
(Tibetan Inscriptions on Ancient Silver and Gold Vessels and Artefacts, fig. 15, 16)

图 6 - 2 - 73　热水墓地出土金带饰
（作者根据《草原王国的覆灭：吐谷浑》配图绘制）

Ⅱ式　云头形

曼谷哈桑亚洲艺术馆藏品（Mehmet Hassan Asian Art）[1]。一组共 4 件，由长方形带扣、云头形錾片和圆形饰片组成，主体纹饰为缠枝卷草纹。带扣背面刻有一排共 5 个圆圈印记和 10 个圆圈印记形成的圆环，其旁刻一个藏文字母，较模糊，可能为"gya"，可能还有其他字母，但已被磨蚀不见。（图 6 - 2 - 72）

Ⅲ式　束腰形

热水墓地出土至少 5 片[2]（图 6 - 2 - 73），属于同一带具，可能出自热水一号墓。带饰为鎏金银质，呈上下对称的束腰形，上下两部分各呈三瓣花形，表面都装饰相同的忍冬纹，鱼子纹为地。上下两端有小孔，用以固定在带具上。

---

[1]　A. Heller, Tibetan Inscriptions on Ancient Silver and Gold Vessels and Artefacts, fig. 15, 16.
[2]　崔永红：《高原王国的覆灭：吐谷浑》，《中国国家地理》2006 年第 3 期，第 70 页。

（三）神兽纹带饰

可分为 4 式。

I 式 长方形

梦蝶轩藏 30 件[1]。金质。略呈长方形，长 2.7—2.9、宽 2 厘米。中间饰一奔跑或行走的神兽，有带翼狮子、带双角狮子、羱羊、麒麟四种，姿态两两相对，一周饰翻卷的花瓣纹。（图 6-2-74）

梦蝶轩藏一组 7 件[2]。金质。由 4 件带銙片、2 件铊尾和 1 件带扣组成。带銙和铊尾略呈长方形，中心装饰一曲身俯卧的鹿，周缘饰卷叶纹，镶嵌有绿松石。长 4—5.2、宽 3.7—4.2 厘米。（图 6-2-75）

II 式 椭圆形

普利兹克家族藏，数量不详。鎏金银质。呈椭圆形，上饰奔跑的狮子。[3]

III 式 半球形

热水墓葬 99DRNM3 出土 2 件[4]（图 6-2-76）。包金银质。厚皆为 0.05 厘米。较完整一件为半球形，由三瓣组成，每瓣上装饰一立狮。狮子都面向同一方向，前爪抬起，尾巴自后腿间向前翻卷，自身体一侧伸出至腰间。顶部为一圆孔，用以镶嵌宝石。狮身正中也有一孔，镶嵌有绿松

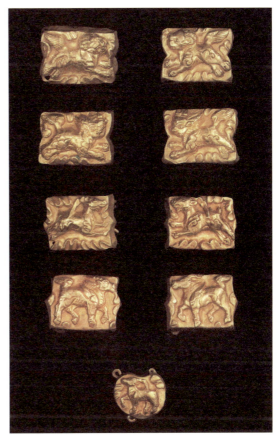

图 6-2-74 梦蝶轩藏神兽纹金带饰
（《金曜风华·赤犴青骢》卷 II 第 95 页）

图 6-2-75 梦蝶轩藏神兽纹金带饰
（同前，第 205 页）

---

① 苏芳淑主编：《金曜风华·赤犴青骢——梦蝶轩藏中国古代金饰》卷 II，第 94—97 页。
② 同上，第 204—205 页。
③ 霍巍：《吐蕃时代考古新发现及其研究》，第 176 页，图 5-14。
④ 北京大学考古文博学院、青海省文物考古研究所：《都兰吐蕃墓》，第 67 页。

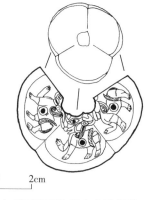
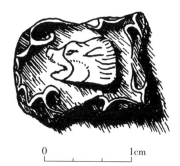

图 6 - 2 - 76　热水 99DRNM3 出土金银带饰
（《都兰吐蕃墓》第 67 页，图 42）

图 6 - 2 - 77　热水 99DRNM1 出土鎏金银带扣
（《都兰吐蕃墓》第 11 页，图 8：3）

石。带饰背面可见铜锈。该墓出土的另一件带饰较残，仅余一只狮子图像，身上不见小孔，周围有 3 小孔镶嵌绿松石。

Ⅳ式　不规则形

热水墓葬 99DRNM1 出土 1 件鎏金银带扣①（图 6 - 2 - 77）。略呈长方形，长 1.8、宽 1.3、厚 0.4 厘米。带扣上刻画出一动物头，似狼，边缘绕以卷草纹。带扣上保留有部分皮革，背面焊接 3 个小银钉钉入皮革。皮革部分长 5—6、宽 1 厘米。皮带套入长方形银带环，银带环长 2.7、宽 1.4、厚 0.3 厘米。

（四）兽面纹带饰

可分为 2 式。

Ⅰ式　圆形

梦蝶轩藏 6 件②。直径 3 厘米。与 6 件椭圆形对兽纹扣饰配套出现。带饰上饰一兽面，周边焊一周金珠。兽面两耳上竖，鼻翼粗大，面容似猪，额上带有一对卷曲的羊角纹。（图 6 - 2 - 78：1）

Ⅱ式　方形

梦蝶轩藏 36 件③。长 3.3、宽 3.5 厘米。四边呈四面坡形，正中为牛头兽面纹，四周有边框，边缘处饰并列的三瓣花。该组带饰与其他 2 件花瓣形、7 件球形铃铛构成一套马具。（图 6 - 2 - 78：2）

---

① 北京大学考古文博学院、青海省文物考古研究所：《都兰吐蕃墓》，第 11 页。
② 苏芳淑主编：《金曜风华·赤狨青骢——梦蝶轩藏中国古代金饰》卷Ⅱ，第 98—99 页。
③ 同上，第 92—93 页。

（五）镶嵌绿松石牌饰

可分 4 式。

Ⅰ式　正方形圆瓣唐草纹牌饰

热水墓地出土 3 件。边长 4、厚 0.5
厘米。带饰由两部分组成：正面的装饰
层和背面的衬板。衬板由一排纵向金管
拼成，并用三条横向的薄金片固定。装
饰层用细小的金珠作地，再用金丝勾勒
出花卉轮廓，其内镶嵌绿松石，作对称
的十字形花叶状，枝叶呈三瓣状，花瓣
多为圆形或桃形。装饰层周边又依次围
绕以金丝、绳索纹和金珠作边框。背面衬
板层覆盖有一层厚厚的铜锈。（图 6-2-
79：1、2、3）

图 6-2-78　梦蝶轩藏兽面纹金带饰
（《金曜风华·赤狯青骢》卷Ⅱ，第 98、92 页）

Ⅱ式　长方形圆瓣唐草纹牌饰

热水墓地出土 2 件。长 4、宽 2、厚 0.5 厘米。尺寸和装饰都为Ⅰ式牌饰的一半，
造型工艺皆相同。（图 6-2-79：4、5）

Ⅲ式　正方形八瓣十字花纹牌饰

热水墓地出土 1 件。边长 2.4 厘米。形制与Ⅰ式牌饰相同，但尺寸略小，以绿松石
镶嵌出花叶图案。中心为十字形花，花作八瓣，周围沿四边又围绕八个花瓣。素地无
鱼子纹。（图 6-2-79：6）

Ⅳ式　正方形方格纹牌饰

3 件。自都兰盗墓分子手中缴获，现存都兰县公安局[①]。边长 2、厚 0.1 厘米。形
状与Ⅰ式牌饰相同，图案有别，沿对角线方向焊接金丝，形成连续方格纹，方格内原
应镶嵌绿松石，皆脱落。焊珠作鱼子纹为地，边框依次用金丝、绳索纹和金珠围绕。
周边析出绿色铜锈，应为焊料成分。（图 6-2-80）

以上所列仅为迄今所见吐蕃时期金银带饰中的一部分，在青海省博物馆、海西州
民族博物馆、青海省藏医药博物馆以及海内外其他博物馆和私人藏家手中还存有不少类

① 北京大学考古文博学院、青海省文物考古研究所：《都兰吐蕃墓》，第 166—167 页；首都博物馆、青海
省博物馆：《山宗·水源·路之冲——一带一路中的青海》，第 209 页；崔永红：《高原王国的覆灭：吐
谷浑》，第 71 页。

图6-2-79 热水墓地出土镶嵌绿松石唐草纹牌饰

(1、2、4、5、6由Mayker Wagner摄 3引自《中国青海省都兰吐蕃墓群的发现、发掘与研究》第137页，图3)

图 6 - 2 - 80　热水墓地出土方格纹牌饰

(《山宗·水源·路之冲》第 209 页)

似的带饰，它是吐蕃时期金银器中数量最多的一个门类，可见马具在吐蕃时期的丧葬文化中占据着重要位置。大多数带饰基本上都成套出现，形制、风格和尺寸较为统一或相近，个别保存较完整的成套带饰中还有铊尾、带扣、杏叶和銮铃，其装饰纹样与这些带饰相统一。带饰的主题纹样主要为植物纹（花叶纹）和动物纹（神兽纹），还有一小部分兽面纹。植物纹多为翻卷的忍冬花叶、团花、宝相花等，动物纹多为奔跑、站立的狮子、羱羊和俯卧的鹿，兽面纹为其他金银器和棺板画上所流行的带角牛头形兽面。在大部分带饰的周缘装饰有卷叶纹。其装饰风格与同时期的其他金银器风格一致。

从金属工艺上来看，都兰出土金银带饰和牌饰表现出唐朝、北方游牧民族地区（突厥）和中亚、西亚地区（粟特、波斯）的多重影响。如同瑞典学者俞博（Bo Gyllensvärd）所言，唐朝的金珠工艺、镶嵌绿松石工艺和掐丝工艺在器物装饰中广泛应用。鱼子纹金珠成为镶嵌绿松石的主要背景装饰。唐朝人很热衷于将整个的造型放置在发饰上，如花鸟类、玫瑰花或莲花之类，将绿松石嵌入金属丝编成的造型内[1]。从迄今为止的发现来看，这些装饰主要用于女性用品上，例如耳环、梳背和铜镜背饰[2]，有时用于男性腰带上。据称，掐丝镶嵌工艺源自伊朗，然后传播至包括远东的其他地区。至少在萨珊王朝后期，它已经成为一种成熟完备的工艺技术了[3]。这类装饰技术在唐朝手工作坊的出现可能受到了西亚的影响，但它最初输入到中国要早得多[4]。实际上吐蕃时期带饰的突出特征，诸如小金珠为地、单一的绿松石镶嵌、方形或长方形的造型和绳索纹的边框，都带有浓厚的草原地区色彩。这种混合的风格与吐蕃王国在整个欧亚文化圈内的地位，以及它与周邻游牧民族的密切交往相关。

① B. Gyllensvärd, *T'ang gold and silver*, Götemborg: Elanders Boktryckeri Aktiebolag, 1957, p. 31.

② National Museum of Chinese History, *A journey into China's antiquity*, Beijing, 1997, p. 196, no. 200.

③ E. Margulies, Cloisonné Enamel, In: A. U. Pope, P. Ackerman ed., *A Survey of Persian Art vol. II（Text）*, London and New York: Oxford University Press, 1938 - 1939 (reprint 1967), pp. 779 - 783.

④ J. C. Y. Watt, J. Y. An, A. F. Howard et al., *China: Dawn of a Golden Age*, 200 - 750 AD. p. 112, no. 12.

图 6 - 2 - 81　宁夏固原史道德
墓出土金带饰

都兰热水墓葬 M17 中出土的 26 件银带饰（见图 6 - 2 - 71），具有相同的形制和装饰纹样，显然来自同一组带具。简洁的忍冬花叶自中心的圆形花蕾伸出，波曲状的边缘与之相对应，整体造型和装饰图案都具有严格的对称性。另一组银带饰（见图 6 - 2 - 73）也遵循这同样的规律。这与宁夏固原史道德墓（678 年）中发现的唐草纹牌饰类同（图 6 - 2 - 81）[1]。波状的轮廓和卷曲的花草形成一个类似兽面的造型。该墓还出土一件饰有狮纹的金牌饰，狮子同样前爪上扬，尾巴从后腿间向前翻卷而出[2]，其造型风格与热水墓葬 99DRNM3 中的贴金狮纹银带饰（见图 6 - 2 - 76）有相通之处。根据姓氏、葬俗和碑铭可知，史道德是粟特人后裔[3]，居于六胡州境内，碑铭中称其官职为"玉亭监""兰池监"这样的马政官，唐朝在六胡州安置突厥降户[4]，反映了史道德与突厥民族的密切联系。

郭里木棺板画上的人物形象腰带上都饰以一排联珠，与马具装饰相同，这与中亚壁画中显示的粟特人带饰相似。敦煌壁画中的一些吐蕃人物形象也身着类似风格的带饰，腰带上悬挂有复杂的缀饰。西藏地区 10 世纪后半的王室成员的带饰也表现为这种形式[5]，显然是继承了早期的传统。实际上这种带饰并非粟特人专用，突厥人也广泛使用[6]。如南西伯利亚的突厥人墓葬出土的金带饰，内蒙古敖汉旗李家营子墓地所出的金带饰等[7]。满布其表的忍冬卷草纹，也与都兰所出的带饰装饰风格相似。这类器物被归入突厥金属工艺[8]。内蒙古苏尼特右旗布图木吉也出土有类似的带饰[9]（图 6 - 2 - 82），

---

① A. L. Juliano, J. A. Lerner, *Monks and merchants*：*Silk Road treasures from northwest China*，*Gansu and Ningxia Provinces*，*fourth-seventh century*. New York：Abrams/The Asia Society，2001，p. 269，no. 92b.

② 同上，p. 268，no. 92a.

③ 宁夏固原博物馆：《宁夏固原唐史道德墓清理简报》，《文物》1985 年第 11 期。

④ 马驰：《史道德的族属、籍贯及后人》，《文物》1991 年第 5 期。

⑤ M. M. Rhie，Eleventh-century monumental sculpture in the Tsang region，In：J. C. Singer，P. Denwood eds.，*Tibetan art*：*Towards a definition of style*. London：Laurence King，1997，pp. 38 - 51.

⑥ S. A. Yatsenko，The Late Sogdian costume（the 5th-8th centuries AD），In：M. Compareti，P. Raffetta，G. Scarcia eds.，*Ēran ud Anērān*：*Studies presented to Boris Il'íc Marsak on the occasion of his 70th birthday*，Rome：Electronic Version（October 2003）-Updated August 2006. http：//www. transoxiana. org/Eran/Articles/yatsenko. html.

⑦ 敖汉旗文化馆：《敖汉旗李家营子出土的金银器》，《考古》1978 年第 2 期。

⑧ 孙机：《论近年内蒙古出土的突厥与突厥式金银器》，《文物》1993 年第 8 期。

⑨ 丁学芸：《布图木吉金带饰及其研究》，载内蒙古文物考古研究所编：《内蒙古文物考古文集》第二辑，中国大百科全书出版社，1997 年，第 463—473 页。

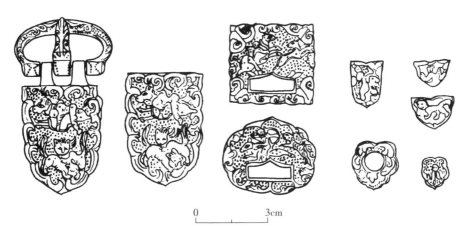

图 6 - 2 - 82　内蒙古布图木吉墓地出土金带饰
（《布图木吉金带饰及其研究》第 464 页，图 2）

饰有相同的对称性卷草纹、狩猎图像、单体动物和鱼子纹地。除了马外，狮子与都兰带饰都很相似。带有卷草纹的带饰在其他文化圈内很少发现，很可能是突厥带饰的一个突出传统，这在一定程度上显示了吐蕃与突厥之间的文化联系。

　　方形或长方形牌饰在吐蕃服饰中很常见，在吐蕃时期以后的西藏人物造像上仍然可见。布达拉宫藏松赞干布塑像（14 世纪）（见本章第六节图 6 - 6 - 28）和艾旺寺菩萨像（11 世纪）都身着饰有方形牌饰的大带。前者牌饰上卷草纹隐约可见。可以推测这类牌饰主要流行于吐蕃王室贵族。

　　热水墓地出土的这组方形或长方形镶嵌绿松石金牌饰（见图 6 - 2 - 79）装饰内容和风格比较统一，可能是来自同一个的手工作坊。波士顿艺术博物馆收藏的一对隋或初唐时期的牌饰（图 6 - 2 - 83）有着类似的技术和风格，其具体来源不明。值得注意的是，两者都是鎏金铜质，并使用了金珠工艺[1]。陕西西安窦皦墓（646 年）中出土一套完整的玉带饰，背面衬鎏金银牌，镶金珠为地，以金丝勾勒花叶，填以各色宝石（图 6 - 2 - 84）[2]。陕西咸阳贺若氏墓出土的金梳背也有类似的装饰工艺[3]。看来这类装饰技法和纹样在 7 世纪早期的长安比较流行。Ⅳ式所列 3 件正方形方格纹的牌饰（见

①　B. Gyllensvärd, *Chinese gold & silver in the Carl Kempe collection*, Stockholm: Nordisk Rotogravyr, 1957, p. 50 - 1; pl. 1d; fig. 16d.

②　负安志：《陕西长安县南里王村与咸阳飞机场出土大量隋唐珍贵文物》，《考古与文物》1993 年第 6 期；J. C. Y. Watt, J. Y. An, A. F. Howard et al., *China: Down of a Golden Age*, 200 - 750 AD, p. 296, no. 188.

③　负安志：《陕西长安县南里王村与咸阳飞机场出土大量隋唐珍贵文物》；W. Han, C. Deydier, *Ancient Chinese gold*, p. 105, fig. 259 - 260.

图 6 - 2 - 83　波士顿艺术博物馆藏
绿松石牌饰
（Chinese gold & silver in the Carl Kempe
collection，pl. 1d）

图 6 - 2 - 85　苏黎世皮埃尔·乌德瑞藏鎏金银牌饰
（Chinesisches Gold und Silber：Die Sammlung Pierre Uldry，
p. 78，no. 20）

图 6 - 2 - 84　出土金带饰

图 6 - 2 - 80）与苏黎世皮埃尔·乌德瑞藏品中的一对鎏金银牌饰[1]（图 6 - 2 - 85）非
常相似。两者都为方形，边框皆三层，由内至外分别为金丝、绳索纹和金珠。装饰主
题为沿对角线措置的连续方格纹，内部又分出小方格以镶嵌宝石。但后者没有使用金
珠为地，而代之以绳索纹，表现出两者的区别。后者被断定为公元前 4 世纪—前 3 世
纪，明显偏早。这种绳索地纹在欧亚游牧民族地区尤其流行，它们与都兰的牌饰不论
在制作工艺、审美情趣还是文化背景方面都有密切的关联。

五　鞍饰

马鞍饰片发现较多，有明确出土地点的有 5 件（套），海内外藏品中至少有 16 件
（套）。

鞍饰皆为金质，周缘分布有钉孔，用以钉于木质马鞍的前后鞍桥和左右侧翼之上。
从金鞍饰的形状来看，这些马鞍应该具有基本相似的形制结构和尺寸，即前鞍桥为拱

---

① Museum Rietberg Zürich，Chinesisches Gold und Silber：Die Sammlung Pierre Uldry，Zürich，1994，p. 78，
no. 20.

图 6-2-86 郭里木出土前鞍桥金饰片
（《山宗·水源·路之冲——一带一路中的青海》，第 204 页）

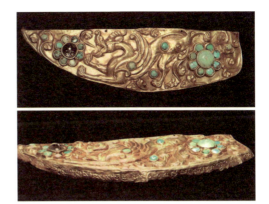

图 6-2-87 芝加哥私人藏带藏文题记的马鞍左前叉金饰片

(Tibetan Inscriptions on Ancient Silver and Gold Vessels and Artefacts, fig. 17, 18)

形，两端较宽，内弧为半圆形，长 65—75、宽 4.5—8 厘米；前方两侧为左右两前叉，呈半月形，一端为弧形，一端截平，长 18—33、最宽处 6—21 厘米；后鞍桥为较平滑的圆弧形，两端较尖，内弧较浅，长 79—85、最宽处 5—8 厘米；其后方两侧为左右两后叉，为带柄的月牙形造型，长 28—33、最宽处 6—9 厘米。因此各鞍饰的主要区别在于主体装饰纹样，依据其内容可以分为神兽纹和植物纹两类。

（一）神兽纹

I 式 单类神兽

鞍饰片上装饰单一类别的神兽，题材有立马、龙、卧鹿和羱羊等。

郭里木出土羱羊纹前鞍桥金饰片[1]。海西州德令哈市郭里木夏塔图墓葬出土。应为前鞍桥饰片，捶揲法制成。以鱼子纹为地，饰两个相对飞奔的羱羊，皆口中衔草，其正中间竖一束唐草纹，尾部也饰有唐草纹。周缘等距分布有铁钉，内弧面鱼子纹地上饰卷草纹。（图 6-2-86）

芝加哥私人藏鞍左前叉金饰片[2]。呈半月形，一端为弧形，一端截平，应饰于马鞍前左侧翼。中心有龙头兽身的带翼神兽，张口仰爪，前后各有一朵用绿松石和玛瑙镶嵌出来的八瓣莲花图案，周缘饰忍冬卷草纹。弧形的侧面上有一行不完整的藏文题记，被解读为"金马鞍共有 35 个 srang 和 2 个 zho 的黄金，以及饰花银耳环，一个半 srang 和 11 个（更小的银单位）"，显示其使用材质的重量。（图 6-2-87）

---

[1] 首都博物馆、青海省博物馆：《山宗·水源·路之冲——一带一路中的青海》，第 204 页。

[2] A. Heller, Tibetan Inscriptions on Ancient Silver and Gold Vessels and Artefacts, fig. 17, 18.

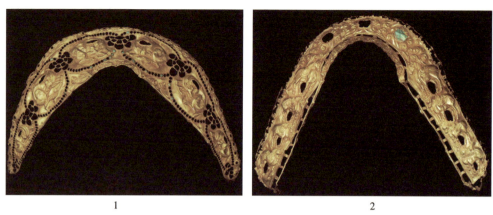

图 6 - 2 - 88　梦蝶轩藏卧鹿纹鞍桥金饰片

（《金曜风华·赤猊青骢——梦蝶轩藏中国古代金饰》卷Ⅱ，第51、55页）

梦蝶轩藏鞍桥饰片①。可能为后鞍桥饰片，主体纹饰为6只蜷卧回首的鹿，左右对称，每只卧鹿周围以绿松石镶嵌出椭圆形联珠纹团窠，相邻的团窠之间以绿松石镶嵌出的莲花相连接，鹿角处有孔洞以镶嵌绿松石，上侧边缘装饰小团花图案，中心皆饰绿松石。（图 6 - 2 - 88：1）

梦蝶轩藏鞍右后叉饰片②。上侧边缘饰卷草纹，中部一排团花，中心有孔洞以镶嵌绿松石，下侧饰两只卧鹿，皆面向右侧。两鹿前后及中间各有一圆形大孔，弧形边缘有一排联珠纹小孔，皆用以镶嵌绿松石。

梦蝶轩藏前鞍桥饰片③。两侧各为相对的立马，一共8匹，皆鞍辔缰绳齐全，前腿以拴马索固定，神态自若。最上层两匹马之间饰以繁茂的卷草纹，马匹之间及顶部卷草间镶嵌椭圆形绿松石。（图 6 - 2 - 88：2）

梦蝶轩藏鞍左前叉饰片④。主体纹饰为向左飞奔的羱羊，前后各有一椭圆形大孔，饰片一周有一圈联珠小孔，皆用以镶嵌绿松石。边角空白处填以唐草纹。

梦蝶轩藏鞍左前叉饰片⑤。主体纹饰为向右飞奔的龙，兽身带翼，周边分布有忍冬卷草纹，并有花瓣形孔洞以镶嵌绿松石。两侧有大片空缺可能用以显露衬底丝绸。

梦蝶轩藏鞍右前叉饰片⑥。中心纹饰为向右飞奔的麒麟，角呈牛角状，周围饰以卷草，上部边缘饰一排三瓣花。两端较大空缺可能用以显露衬底丝绸。

① 苏芳淑主编：《金曜风华·赤猊青骢——梦蝶轩藏中国古代金饰》卷Ⅱ，第50—53页。
② 同上，第70页。
③ 同上，第54—55页。
④ 同上，第68—69页。
⑤ 同上，第81页，图A。
⑥ 同上，第81页，图C。

II式　组合神兽

分别有狮、羊组合，狮、鹿组合，羊、鹿组合，狮、羊、龙组合，狮、羊、鹿组合，狮、马、鹿、羊组合，狮、麒麟、羊组合，狮、羊、麒麟、鹿组合等多种形式。迄今还未见重复出现的动物组合纹样。

普利兹克家族藏品中有一套完整的马鞍具①。鞍为木质，髹黑漆，上包金饰片，鞍面及障泥皆用丝绸缝制，丝绸上装饰有团窠纹对鸟和对狮纹。鞍饰片包括前后鞍桥和前后双叉。前鞍桥上自上而下依次装饰有飞奔的狮子和羱羊，左右对称。动物之间饰多瓣莲花图案，镶嵌绿松石和蓝色宝石。上缘饰四瓣宝相花带，下缘饰卷草纹带。后鞍桥装饰与前桥相同，仅尾端多出一奔狮图像。前后双叉图像相同，中心为一镶嵌宝石的多瓣莲花，周围分布有繁密的缠枝卷草纹。上缘錾刻鱼子纹地卷草纹。

普利兹克家族藏品中有一套马鞍②，包括前后鞍桥，装饰一致，自上而下依次饰卧狮和奔鹿，左右对称。动物之间饰多瓣花图像，花瓣镂孔以镶嵌绿松石，空余处填以卷草纹。上下缘均饰以卷草纹带。

2017年热水墓地M1盗掘出土马鞍右后叉金饰片③。以联珠形镂孔勾勒出两个宝相花形单元，其内各饰一动物，右侧为一仰头飞奔的羱羊，左侧为一同样姿态的奔狮。身上有圆孔以镶嵌绿松石，周边围绕缠枝卷草纹。饰片的弧形边缘以联珠形镂孔勾勒出弧线和连续的半圆形单元，其内装饰花瓣。花瓣中心也有镂孔。该饰片雕镂繁密，镶嵌绿松石数量较多。（图6-2-89）

梦蝶轩藏鞍饰片一组④。应为前后鞍桥及前双叉饰片。鞍桥为分段式拼接，空缺部分可能以丝绸衬底显示图案。前鞍桥顶部中心空缺，可能仅有一条边饰，内容为忍冬卷草纹。中部装饰一雌一雄相背飞奔的带翼羱羊，最下部有一飞奔的羱羊。后鞍桥保存不完整，仅见局部为背向站立的羱羊和鹿。前双叉饰片上各饰一雄一雌两只羱羊，肩生翼，一上一下同向回首而立，弧形边缘饰以卷草纹。各饰片上动物之间均装饰有较多忍冬卷草纹。

梦蝶轩藏一组4件⑤，包括前后鞍桥和后侧双叉饰片。前鞍桥为圆拱形，主体纹饰为两两相对的狮子、带翼羱羊和带翼龙，各神兽都口衔卷草。后侧双叉上皆饰口衔卷草的带翼龙，尾部及周边也分布有卷草纹，并有宝相花图案，中心有镶嵌绿松石的孔

① 霍巍：《吐蕃马具与东西方文明的交流》，《考古》2009年第11期。
② A. Heller, Archaeological Artefacts from the Tibetan Empire in Central Asia, Fig. 9.
③ 首都博物馆、青海省博物馆：《山宗·水源·路之冲——一带一路中的青海》，第213页。
④ 苏芳淑主编：《金曜风华·赤狨青骢——梦蝶轩藏中国古代金饰》卷II，第72—79页。
⑤ 同上，第34—37页。

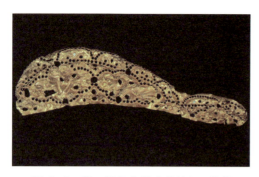

图 6 - 2 - 89　2017 年热水墓地 M1 盗掘
出土马鞍右后叉金饰片
（《山宗·水源·路之冲》第 213 页）

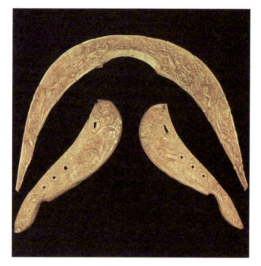

图 6 - 2 - 90　梦蝶轩藏鞍桥双叉金饰片
（《金曜风华·赤狨青骢》卷Ⅱ第 35 页）

两侧边缘饰卷草纹带。（图 6 - 2 - 93）

洞。后鞍桥呈宽拱形，满布卷草纹。（图 6 - 2 - 90）

梦蝶轩藏前后鞍桥饰片①。前后鞍桥饰片图像内容一致，左右对称。自中心向两端依次分布有狮、羱羊和鹿图像，皆呈奔跑状，羱羊肩生双翼。各动物之间以绿松石镶嵌出莲花图案，上下边缘饰卷草纹。动物身上及一些卷草纹上镶嵌有绿松石。（图 6 - 2 - 91）

梦蝶轩藏前后鞍桥饰片②。两饰片的装饰内容一致，皆左右对称。前鞍桥自中心向两端依次分布有狮、马、鹿和羱羊，除狮子外皆带双翼，马生双角。后鞍桥与前鞍桥装饰一致，但在尾端多一只小鹿。各动物之间为绿松石镶嵌出的莲花图案，上下两侧饰卷草纹。（图 6 - 2 - 92）

2017 年热水墓地 M1 盗掘出土金鞍饰片③。为后鞍桥和左右前叉饰片。后鞍桥顶部中心为一朵桃形花，两侧至底端依次对称分布有奔跑的狮子和麒麟，周边装饰有卷草纹。上下边缘分布有卷草纹带。两前叉饰片上各饰一只向中心奔跑的羱羊，

梦蝶轩藏前鞍桥饰片④。自中心向两端依次分布有狮子、羱羊、麒麟和鹿图像，左右对称，动物皆肩生双翼，面目凶猛，动物间点缀少许卷草纹。

（二）卷草纹

2017 年热水墓地 M1 盗掘出土马鞍右后叉金饰片⑤。中心有一排 4 朵多瓣花，中心

---

① 苏芳淑主编：《金曜风华·赤狨青骢——梦蝶轩藏中国古代金饰》卷Ⅱ，第 56—63 页。
② 同上，第 40—49 页。
③ 首都博物馆、青海省博物馆：《山宗·水源·路之冲——一带一路中的青海》，第 210—211 页。
④ 同①，第 64—67 页。
⑤ 同③，第 212 页。

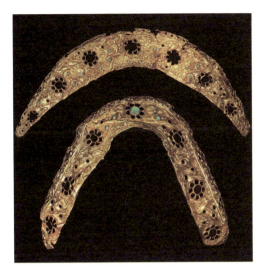 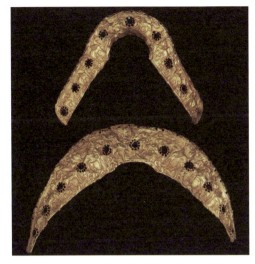

图 6－2－91　梦蝶轩藏前后鞍桥金饰片 　　　　图 6－2－92　梦蝶轩藏前后鞍桥金饰片
（同前，第 57 页）　　　　　　　　　　　　　　　（同前，第 41 页）

有椭圆形和圆形镂孔以镶嵌绿松石，两侧饰缠枝卷草纹。下部边缘饰一排三瓣花。

2017 年热水墓地 M1 盗掘出土马鞍左后叉金饰片①。装饰内容大体与上件相仿，区别仅在于缠枝卷草纹样不同，且在弧形边缘的卷草纹饰带内侧饰一排联珠纹镂孔以镶嵌绿松石。（图 6－2－94）

梦蝶轩藏一组 4 件②。由前后鞍桥和后侧双叉饰片组成，通体采用繁茂的卷草团花纹为饰，花叶间分布较多弧形和圆形孔洞组合以镶嵌绿松石。

梦蝶轩藏鞍左前叉饰片③。主体纹饰为卷草纹，中心结一束多瓣花，两侧各有一圆形大孔，花瓣上也镂出花瓣形孔，皆用以镶嵌绿松石。弧形边缘饰以心形联珠纹。

梦蝶轩藏鞍右后叉饰片④。主体纹饰为缠枝卷草纹，其间分布有矩形和椭圆形孔洞以镶嵌宝石。弧形边缘有一排联珠纹小孔和一排三瓣花饰带，小孔应用以镶嵌绿松石。（图 6－2－95）

从装饰题材上看，马鞍金饰片上多为神兽纹，神兽多以狮、羱羊和鹿为主题，并有少量麒麟和马，多为神异形象，以缠枝卷草纹点缀其间，或修饰边缘。而单纯饰植物纹的饰片较少，因此从整体上看是以神兽装饰为核心。这些神兽形象均为吐蕃时期所尊崇的神异之物。狮子在本地区并不存在，它的出现应该与佛教信仰密切相关，其

① 首都博物馆、青海省博物馆：《山宗・水源・路之冲——一带一路中的青海》，第 214 页。
② 苏芳淑主编：《金曜风华・赤狐青骢——梦蝶轩藏中国古代金饰》卷Ⅱ，第 38—39 页。
③ 同上，第 68—69 页。
④ 同上，第 81 页，图 A。

图 6 - 2 - 93   2017 年热水墓地 M1 盗掘
出土金鞍饰片

（《山宗·水源·路之冲》第 210—211 页）

图 6 - 2 - 94   2017 年热水墓地 M1 盗掘出土
马鞍左后叉金饰片

（同前，第 212 页）

图 6 - 2 - 95   梦蝶轩藏鞍右后叉金饰片

（《金曜风华·赤狐青骢》卷 II 第 81 页，图 A）

中一些狮子形象应是受到波斯文化狮子形象的影响，如双前爪上举的狮子图像，在波斯金银器上的狩猎图中经常出现。羱羊崇拜在新旧《唐书》的《吐蕃传》中均有明确记载："其俗，重鬼右巫，事羱羝为大神。喜浮屠法，习咒诅。国之政事，必以桑门参决。"① 《册府元龟》卷九七〇《外臣部·朝贡三》记载："吐蕃赞普遣使献金城，城上有狮子、象、驼、马、原羝等，并有人骑。"② 羱羝或原羝，即大角羊、公羊，是吐蕃尊为"大神"的神兽，可能属于吐蕃苯教崇拜对象之一。鹿崇拜也与苯教信仰有密切关联，阿米·海勒对此已有深入探讨③。

从制作工艺和装饰风格上看，吐蕃时期的马具，包括带饰和鞍具都深受以突厥文化为核心的草原游牧文化的深刻影响。从鞍的形制到装饰风格，在突厥地区都可以找到其更早期的原型。如南西伯利亚的库德尔格（Kudyrge）突厥墓地出土的骨质前鞍桥④（图 6 - 2 - 96），以及叶尼塞河上游哈卡斯共和国境内科比内 2 号墓出土的鎏金前鞍桥饰片⑤（图 6 - 2 - 97），都装饰有狩猎图像，所狩猎动物以大致对称的形式分布于鞍两翼，与吐蕃鞍饰风格近似，内容也与吐蕃金银器（如上述狩猎图像金棺饰）装饰相仿。可见吐蕃的金银器装饰从北方草原地区吸收了丰富营养。此外，

① 《新唐书》卷二一六《吐蕃传》，第 6072 页。
② 《册府元龟》卷九七〇《外臣部·朝贡三》，第 11402 页。
③ A. Heller, Research on the Role of Birds and Deer in Early Tibetan Rituals.
④ S. I. Rudenko, A. N. Glukhov, Могильник Кудырге на Алтае, Материалы по этнографии, 1927, vol. 3, no. 2, pp. 37 - 52.
⑤ 奈良县立美术馆：《シルクロ-ド大文明展シルクロ-ド草原の道》，大冢巧艺社，1988 年，第 145 页，图版 162。

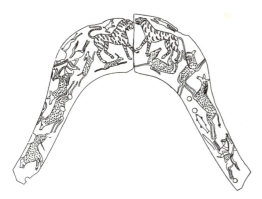

图 6-2-96　南西伯利亚库德尔格突厥墓地
　　　　　出土的骨质前鞍桥

(Csanád Bálint，*Die Archäologie der Steppe. Steppen-völker zwischen Donau und Volga vom 6. bis zum 10. Jahrhundert*，Herausgegeben von Falko Daim，Böhlau，Wien，1989，p. 249. fig. 2.)

图 6-2-97　叶尼塞河上游科比内 2 号墓出土的
　　　　　鎏金前鞍桥饰片

(《シルクロード大文明展シルクロード草原の道》
第 145 页，图版 162)

吐蕃贵族阶层还直接使用突厥地区输入的金银器，详见第七章第二节所举实例及其背景分析。

六　其他散见金银饰片和饰件

(一)　人首鱼尾海神金饰片

2017 年热水墓地 M1 盗掘出土 3 件[1]。高 4.2、长 19.5、厚 0.03 厘米。金片捶揲錾刻而成，整体为长条形，周缘有钉孔。前端为人物形象，额带束发，后飘绶带，翻领袍服，左手持号角，右手向一侧伸直，身带双翼，下为鸟爪向前直伸。身后为螺旋状鱼身鱼尾，有鳞状饰。镂孔处原应镶嵌有宝石，已脱落。可能为某器物表面装饰。(图 6-2-98)

梦蝶轩藏 1 件[2]。长 19.5、宽 4.9 厘米，与上件饰片在造型、装饰上完全一致，尺寸大小也基本相同，但面朝的方向正好相反。细节之处如发型、服饰、周身鳞状饰、周边钉孔位置、镂孔位置形状等均完全一致，应属于成对出现的对称饰片，很可能用以装饰某种器物的正反两面，或对称的两侧。从其尺寸及形状来看，装饰于剑鞘上的可能性较大。(图 6-2-99)

笔者经多方比对并查阅相关文献，认为该饰片题材应属希腊神话中的海神波塞冬之子特里同 (Triton) 形象，这是在东亚地区首次发现这一题材的图像。希腊神话中特

---

[1]　首都博物馆、青海省博物馆:《山宗・水源・路之冲——一带一路中的青海》，第 216 页。
[2]　苏芳淑主编:《金曜风华・赤猊青骢——梦蝶轩藏中国古代金饰》卷 II，第 172—173 页。

图 6-2-98　2017 年热水墓地 M1 盗掘出土人首鱼尾海神金饰片
（《山宗·水源·路之冲》第 216 页）

图 6-2-99　梦蝶轩藏人首鱼尾海神金饰片
（《金曜风华·赤狐青骢》卷 Ⅱ 第 173 页，图 A）

里同一般形象是上半身为人、下半身为卷曲的鱼尾，手中握着卷曲的螺号，吹奏它可以掀起或是平息狂暴的大海。其服饰装扮为典型的吐蕃装，应该是外来海神形象输入吐蕃境内后本土化的结果，可能是吐蕃本土工匠参照了外来器物装饰或范本制作的，抑或是萨珊或粟特工匠根据吐蕃本土文化及喜好再现其所熟知的惯常题材，入乡随俗地做了适应性调整。

这一类希腊神话题材在中亚地区出现得较早，在希腊化时期（公元前 4 世纪后期到公元前 2 世纪中叶）出现在巴克特里亚，7—8 世纪中亚壁画中也有出现，但主要是作为水产动物的一种，吐蕃统治时期很可能通过萨珊和粟特吸收了其影响。将海神形象装饰于器物表面，其主要功能可能是用以象征使用者的等级身份和政治权力，其表现手法和使用功能、甚至制作者和使用者的背景，皆与前所述普利兹克家族藏萨珊王狩猎狮子图像的吐蕃箭箙饰片相同（见本节之专用单体器物）。

（二）鎏金银雅努斯头像

在吐蕃时期金银器中，鎏金银雅努斯头像具有显著的异域风格。高约 3.3 厘米，头顶部以上缺失，露出圆孔，似容器状。颈的底部为圈足状，可能原来焊接于某种容器上。头有两面，一面朝前一面向后，双面相同，表情优雅恬静，鼻梁高耸，眼窝深陷，头发因鎏金而呈金黄色。面部显示出明显的西方人特征，很可能原型为罗马人。[①]（图 6-2-100：1）

阿米·海勒认为其表现的是古罗马神祇雅努斯，双面可以同时看到过去和未来。这一饰件尺寸很小，很有可能是用于银壶上的装饰。宁夏固原李贤墓（569 年）出土的一件鎏金银胡瓶上，有典型的希腊罗马人头特征的小饰件，焊接于胡瓶柄部的最高点上，而在萨珊地区的胡瓶上，通常这一位置放置一小球。马尔夏克认为这类器物属

---

① 国家文物局主编：《中国文物地图集·青海分册》，图版 104。

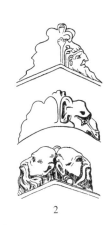

1　　　　　　　　　　　　　2

图 6 - 2 - 100　金银器上的雅努斯头像造型

1. 都兰出土鎏金银雅努斯头像（《中国文物地图集·青海分册》pl. 104）　　2. 粟特银上的雅努斯头像装饰（《唐代金银器研究》第 357 页，图 3 - 61：4、5、6）

于粟特产品，模仿了萨珊和希腊的造型和装饰①。内蒙古赤峰敖汉旗李家营子出土的另一件 7 世纪的胡瓶，在执柄的最高点上焊接一男性头像（见本章第六节图 6 - 6 - 41）。其面部特征如八字须、稀疏的络腮胡、鬓角的发型显示应该为粟特人无疑。雅努斯头像底部为圈足状圆环，与李贤墓胡瓶上的人头像底部相同，因此这件头像很有可能也是胡瓶上的饰件。吐蕃时期这类胡瓶在日常生活中也经常使用，在郭里木棺板画中就出现这类酒器。普利兹克家族收藏品中也至少有两件这类胡瓶。在胡瓶执柄的顶部也出现有纽状饰物，分别为卧鸟形和桃形饰。在唐朝境内的器物柄部，也出现有雅努斯双面人像造型（图 6 - 2 - 100：2），这类器物被认为属于粟特工艺②。

（三）人形金饰片

都兰县扎麻日乡四队出土③。金片捶揲作人形，戴三叶冠，双手下垂，似有长袖拂地。制作工艺与前述方形镶嵌绿松石带饰相同。冠部、五官和全身都用金片编出轮廓，划分单元，其内镶嵌宝石，小金珠为地，边缘焊接一周金珠，背部用纵向金片加固。高 8、宽 5.3 厘米。从其尺寸和装饰工艺来看，很可能是某一器物上的贴饰。（图 6 - 2 - 101）

（四）热水 99DRNM1 出土鎏金银鸟饰片

该墓前室内出土 2 件鎏金银鸟残片④，大小相当，长 1.5—1.9、高 1.5、厚 0.2 厘

---

① J. C. Y. Watt，J. Y. An，A. F. Howard et al.，*China：Down of a Golden Age，200 - 750 AD*，p. 256.
② 齐东方：《唐代金银器研究》，中国社会科学出版社，1999 年，第 357 页，图 3：61。
③ 首都博物馆、青海省博物馆：《山宗·水源·路之冲——一带一路中的青海》，第 204 页。
④ 北京大学考古文博学院、青海省文物考古研究所：《都兰吐蕃墓》，第 11 页。

**图 6 - 2 - 101　都兰扎麻日乡
出土人形金饰片**

（《山宗·水源·路之冲》第 204 页）

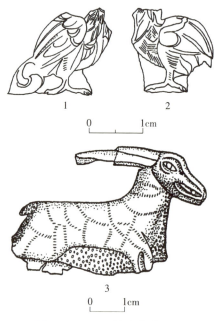

**图 6 - 2 - 102　热水墓地 II 区出土
动物纹金饰片**

1、2. 热水 99DRNM1 出土鎏金银鸟饰片（《都
兰吐蕃墓》第 11 页，图 8：1、2）　3. 热水
M2 出土鎏金银鹿饰片（《都兰吐蕃墓中镀金银
器属粟特系统的推定》图 1）

米。用银片捶揲而成，鸟呈立姿，头部缺失，仅余身体部分。背面附着的锈蚀显示它们可能属于某一铜器上的贴饰。（图 6 - 2 - 102：1、2）

（五）热水 M2 出土鎏金银鹿饰片

用银片捶揲出鹿形象，四足残缺，嘴部留有圆孔，用以衔物①（图 6 - 2 - 102：3）。长 5.6、高 3.5 厘米。鹿形装饰在都兰金银器中很常见，普利兹克家族收藏品中有一银质立鹿，羽翼部分鎏金，嘴部也同样有圆孔。从其他金银器饰片上的图像来看，立鹿口中衔有仙草，与衔仙草的立凤寓意相同②。

（六）夏日哈墓地 M1 出土鎏金银片

该银片原应包裹于木棒之上，可能为工具或兵器上的装饰。展开后为长方形，有 6 个圆孔，其中 2 个圆孔保留有铁钉。装饰图案为连续的环形忍冬卷草纹，鱼子纹为地③。（图 6 - 2 - 103：1）

类似的管状饰物还见于都兰热水墓地（图 6 - 2 - 103：2），但其具体用途不明。在内蒙古的布图木吉墓地中发现有小金刀鞘④（图 6 - 2 - 103：3），装饰有对称展开的忍冬卷草纹，以鱼子纹为地，镶嵌宝石，可为推测这类银片的功能提供启示。

（七）热水 99DRNM3 出土金珠饰

金珠作南瓜形，分作 5 瓣，中心穿孔，用

---

① 许新国：《都兰吐蕃墓中镀金银器属粟特系统的推定》，《中国藏学》1994 年第 4 期。
② A. Heller, Research on the Role of Birds and Deer in Early Tibetan Rituals.
③ 同①。
④ 丁学芸：《布图木吉金带饰及其研究》，载内蒙古文物考古研究所编：《内蒙古文物考古文集》第二辑，中国大百科全书出版社，1997 年，第 463—473 页。

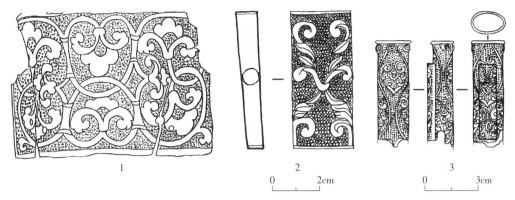

图 6 - 2 - 103　卷草纹鎏金银饰件

1. 夏日哈墓地 M1 出土鎏金银片（《都兰吐蕃墓中镀金银器属粟特系统的推定》图二）　2. 热水墓地出土鎏金银片（《都兰吐蕃墓》第 67 页，图 42：2）　3. 内蒙古布图木吉墓地出土小金刀鞘（《布图木吉金带饰及其研究》第 464 页，图 2：14）

丝线贯穿，两端打结。丝线残长 5 厘米①。（图 6 - 2 - 104：2）

（八）热水 99DRNM3 出土银环

2 件。一件出土于该墓葬东室扰土中，呈圆角方形，环直径 1.5、截面直径 0.2 厘米②；另一件为圆形，环直径 1.4、截面直径 0.3 厘米③。（图 6 - 2 - 104：3、4）

在美国新泽西纽瓦克博物馆藏品中，一件镶嵌绿松石金耳饰据称来自于青藏地区，年代为吐蕃时期④（图 6 - 2 - 104：1）。其装饰工艺和艺术特征都与都兰出土方形金牌饰和人形金饰片相同。

热水墓地的金或鎏金器物中仅有少部分经过实验室分析和检测。检测表明，鎏金银雅努斯头像基体为纯银，表面鎏金层有汞的存在，说明该器物采用汞鎏金工艺制成。其他一些镀金银饰片为金银合金（含少量的铜）制成，并没有采用汞鎏金工艺，而是采用了其他方法，如包镀金的方法，表层金层由经过热加工的金箔制成，银饰品在镀金前还经过不同程度的表面加工⑤。

七　拜占庭金币

青海地区共发现 2 枚拜占庭金币。一枚于 1999 年出自乌兰县大南湾墓地，埋藏在

---

① 北京大学考古文博学院、青海省文物考古研究所：《都兰吐蕃墓》，第 66 页。

② 同①，第 67 页。

③ 同①，第 69 页。

④ A. Heller, Archaeological artefacts from the Tibetan empire in central Asia.

⑤ 李秀辉、韩汝玢：《青海都兰吐蕃墓葬出土金属文物的研究》，《自然科学史研究》1992 年第 3 期。

图6-2-104 其他饰物

1. 美国新泽西纽瓦克博物馆藏镶嵌绿松石金耳饰（Archaeological artefacts from the Tibetan empire in central Asia, p. 56. fig. 3）；2. 热水99DRNM3出土金珠饰（《都兰吐蕃墓》第67页，图42：3）；3. 热水99DRNM3出土银环（同前，图版32：5）；4. 热水99DRNM3出土银环（同前，第68页，图43：3）

靠近木棺的木柱底部，与6枚萨珊银币一起放置（见第六章第一节）。金币直径约12、厚0.5毫米，打压制成，有明显磨损痕迹。正面为皇帝半身像，头戴王冠，冠两侧各垂一对珠饰，身披铠甲，右手持十字架，币缘残留拉丁字母铭文，顺时针写为"VSPPAVG"，完整的铭文应该为"DNIVSTINI ANVSPPAVG"，意为"我们永远的君主查士丁尼大帝"，因此该钱为查士丁尼一世（527—565年）时期金币。背面为胜利女神像，右手持长柄十字架，左手托立有十字架的圆球，背生双翼，下着裙，币侧左缘残留铭文"AAVC-CC"，意为"奥古斯都"，紧接其后有一官方记号，下方的字母磨损无法辨识[1]。（图6-2-105）

另一枚金币是2002年出土于都兰县香日德镇东3千米处的沟里乡牧草村[2]。当时共发掘3座墓葬，金币出自其中一座小型墓。金币位于墓主人头侧，金币币缘穿两孔，直径为14.5毫米，重2.36克。为剪缘金币冲压制成。金币正面为皇帝半身像，头上戴盔，身穿铠甲，外著战袍，项佩项圈，右手持标枪，扛于右肩上，左手持盾护左肩。金币侧缘顺时针铭文"DNTHEODOSIVS PFAVG"17个字母，为省略的拉丁字母，全文复原如下："D（ominvs）N（oster）"意为"我们的君王"，"THEODOSIVS"指"狄奥多西斯"（Theodosius），"PFAVG"指"虔敬幸福的尊者、皇帝"（PirsFius Augustus），全句意为"连绵不绝的迪奥多西斯"。金币背面为侧立胜利女神像，下着裙，右手持长柄十字架，左手自然下垂。胜利女神头部与十字架之间有一颗八芒星，币缘顺时针铭文"VOTXX MVLTXX CONOB"。"CON"是Constantinople的缩写，即君士坦丁堡，此指君士坦丁堡造币厂。金币背面铭文可译为"君士坦丁堡标准"。据铭文可知，这枚金币为东罗马帝国迪奥多西斯二世（408—450年）索里德斯金币[3]。（图6-2-106）

---

① a. 青海省文物考古研究所：《青海乌兰县大南湾遗址试掘简报》，《考古》2002年第12期；b. 罗丰：《中国境内发现的东罗马金币》，载罗丰：《胡汉之间：丝绸之路与西北历史考古》，文物出版社，2004年，第113—154页。

② 许红梅：《都兰县出土的东罗马金币考证》，《青海民族研究》2004年第2期。

③ 刘宝山：《青海都兰县出土拜占庭金币》，《中国文物报》2004年7月24日第1版；同①b。

图 6 - 2 - 105　乌兰大南湾墓地出土拜占庭金币

（《青海乌兰县大南湾遗址试掘简报》图版 8：1、2）

图 6 - 2 - 106　都兰香日德墓地出土拜占庭金币

（青海省文物考古研究所供图）

目前中国境内发现超过 50 枚拜占庭金币，大多数分布于北方的丝绸之路沿线。其年代范围跨越 300 多年，最早在 6 世纪初期，8 世纪中叶以后消失。东罗马皇帝安那斯塔修斯（491—518 年）至查士丁二世（565—578 年）之间 80 多年的金币最为集中，占多一半。铸币时间与其出现在中国境内的时间差从 20—30 年到 170 多年不等，但大部分在 100 年之内①。

虽然青海发现的几枚拜占庭金币分别为迪奥多西斯二世（408—450 年）和查士丁尼一世（527—565 年）时期铸造，但它们埋藏的时间要晚得多，很有可能为隋唐时

---

① 罗丰：《中国境内发现的东罗马金币》。

期。拜占庭金币在中国西北地区出现得并不多，皆为墓葬中随葬品。根据有明确年代和墓主人身份的墓葬资料来看，随葬东罗马金币的墓主人多数为皇亲国戚、刺史将军等社会上层人物。由此推测青海都兰出土金币的墓葬主人也应当是当时的高级官吏或财力丰厚之人。从使用功能上看，这些金币并非流通货币，而是脱离了商品交易系统而作为宝物或奢侈的礼品赠送和使用。许多金币带有印记，或多处有钻孔，使其能够缝缀在衣服或头饰上，或做成吊坠装饰在项链、手镯和指环上①，对于女性墓主人来说尤其如此。一些金币可用作护身符，放置于墓主人口中，或作为辟邪物件埋藏于具有宗教功能的建筑基址之下。青海地区发现的两枚金币明显属于后者。虽然毫无疑问金币源自拜占庭帝国，但其功能已经受到邻近的新疆、宁夏和陕西的影响而本地化。这一现象说明青海地区的拜占庭金币应该是间接源自周边这些地区，通过丝绸之路的分支线路输入到柴达木盆地。

八　萨珊银币

较之于东罗马金币，萨珊银币在青海地区发现较多。1956 年，西宁城内隍庙街的一个窖藏里出土有大量萨珊银币②。银币有 100 枚以上，另有近 20 枚铜币，包括"开元通宝"（铸造于 621 年）和王莽时期的"货泉"③。这一共存现象说明该窖藏的埋藏年代不会早于初唐时期，虽然一些萨珊银币的年代要更早。当时青海省文化局共回收了其中 76 枚萨珊银币，其中 4 枚残损严重。在选取的 20 枚银币标本中，直径为 2.5—3 厘米，重 3.8—4.1 克。夏鼐先生在 1958 年根据银币背面的皇帝像，将其分为两种类型④。2000 年乌兰县大南湾墓地出土有 6 枚萨珊银币，埋藏于建筑基址的木柱之下，与一枚拜占庭金币同出⑤（见第六章第一节）。这 6 枚银币如同西宁所出土的银币一样，可以归入同样的两种类型。

应该说，夏鼐的开创性研究是比较严谨的，但也有进一步细化和改进的空间。我们根据奥地利钱币学家辛德尔（N. Schindel）的分类法⑥，将青海地区发现的萨珊银币划分为以下两种类型。

---

① M. Alram, Coins and the Silk Road, In: A. L. Juliano, J. A. Lerner, *Monks and merchants: Silk Road treasures from northwest China, Gansu and Ningxia Provinces, fourth-seventh century*, New York, 2001, pp. 271–277.

② 赵生琛:《青海西宁发现波斯萨珊朝银币》，《考古通讯》1958 年第 1 期。

③ 王不考:《青海西宁波斯萨珊朝银币出土情况》，《考古》1962 年第 9 期。

④ 夏鼐:《青海西宁出土的波斯萨珊朝银币》，《考古学报》1958 年第 1 期。

⑤ 青海省文物考古研究所:《青海乌兰县大南湾遗址试掘简报》，《考古》2002 年第 12 期。

⑥ N. Schindel, *Sylloge Nummorum Sasanidarum.* Paris-Berlin-Wien, Band III/1: Shapur II.-Kawald I. / 2. Regierung. Band III/2: Katalogband. Wien, 2004.

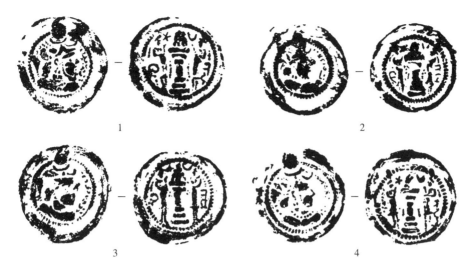

图6-2-107　西宁出土 A 型萨珊银币

（《青海西宁出土的波斯萨珊朝银币》图5、6）

A 型（Schindel：type IIa/1e and type IIa/1c）（图6-2-107、108）

西宁的 15 枚和乌兰的 2 枚银币可归入此类。在银币背面（Schindel：type IIa）是一王者肖像，面向右侧，头戴新月冠，冠顶新月托着一个圆球。冠侧有另一轮新月和雉堞纹，冠后有条带末端的两条飘饰。一些比较清楚的标本上还可以看出王冠底部的一列联珠。脑后有发髻，呈球状，髻后有一条由肩部飘上来的飘带。项间有一串联珠组成的项链。由脸前近肩部开始，有巴拉维文铭文一行，读作 kdy pylwcy（主上、卑路斯）。一些银币在冠侧残存有 ML 或 MLKA，意为"王"。

银币背面是拜火教祭坛，坛上系飘带，垂于两侧，坛上有火焰。火焰两侧为五角星（或六角星）和新月。祭坛两侧各有祭司一人，相对而立。左侧祭司后面有铭文，为国王名号 ylwcy（Schindel：type 1e）（图6-2-107：1、2、3；图6-2-108：1）或 pylwcy（Schindel：type 1c）（图6-2-107：4）。右侧祭司背后是一个铸造地标记。一些银币上左侧祭司背后无铭文（Schindel：type 1g），有时标示出发行纪年（Schindel：type 1d）。

B 型（Schindel：type IIIa and type IIIb）（图6-2-109、110）

西宁出土的 61 枚和乌兰出土的 4 枚可归入此类。与 A 型的主要区别在于王冠的形状。两者同属一个国王，即卑路斯。其王冠后面没有雉堞形饰物，却换作一对羽翼，以象征胜利之神[1]；冠顶后面没有两条细飘带，而在面前增加一条由肩上飘起的带形

---

[1]　R. Goebl, *Sasanian numismatics*, Eng. transl. by P. Severin, Braunschweig：Klinkhardt & Biermann（Manuals of middle Asian numismatics，volume I），1971，p. 13.

图 6 – 2 – 108　乌兰大南湾墓地出土 A 型萨珊银币

(《青海乌兰县大南湾遗址试掘简报》图版 6、7)

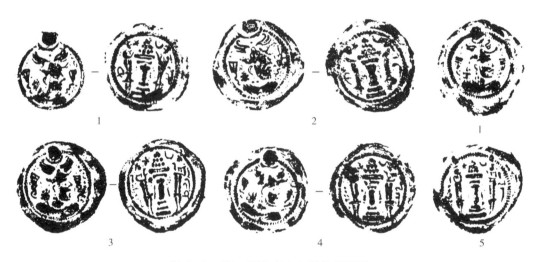

图 6 – 2 – 109　西宁出土 B 型萨珊银币

(《青海西宁出土的波斯萨珊朝银币》图 5、6、7、8)

物，与髻后的一条相对称。根据肩部飘带的细微差别，又可以分出两式。银币王冠旁的铭文读作 *kdy pylwcy* 和 *ML*。但大部分都磨蚀比较严重，无法辨识。

背面与 A 型相同，可以看出辛德尔所划分的 1e 式和 1c 式。右侧祭司背后的铭文对应不同的铸造地。

图 6 - 2 - 110　乌兰大南湾墓地出土 B 型萨珊银币

（《青海乌兰县大南湾遗址试掘简报》图版 6、7）

A 型和 B 型明显属于卑路斯的 Drachm 银币。每位萨珊国王都有自己独特的王冠，因此王冠形制成为辨识其身份的主要依据。卑路斯是第一位拥有三个不同王冠的国王①。银币中第一种形制的王冠比较罕见，在青海没有出现。而 A 型和 B 型中的王冠数量较多。A 型是卑路斯任期的第二种王冠，使用年代为 458—474 年。B 型是卑路斯任期的第三种王冠，使用年代为 474—484 年。

西宁和乌兰的卑路斯银币埋藏时代可能大致相当。西宁的窖藏年代不早于初唐时期，乌兰大南湾墓地可知为吐蕃时期。但两者都与卑路斯银币的铸造年代有巨大的差距。西宁的银币数量较大，并与其他流通性钱币共存，很有可能是作为流通货币使用，这有别于出土的拜占庭金币。相反，乌兰大南湾墓地出土的银币与拜占庭金币共出，暗示其使用功能相似。在多数情况下，银币被钻孔作为饰物使用，或者如同拜占庭金币一样放置于死者口中，但这一现象在青海地区没有发现。

据统计，中国境内大约出土有 1900 枚萨珊王朝银币，多数集中在卑路斯时期（Peroz，457/459—484 年）和库思老二世时期（Chosroes Ⅱ，590—628 年）。这说明在两位国王在位时期中国与萨珊波斯之间的交流非常频繁，这得到文献记载的印证。虽然很难确定萨珊银币进入青海地区的具体时间，但它们在唐朝和吐蕃境内的分布，说明当时这些银币的拥有者和使用者对银币的认识、理解和使用方式，与丝绸之路沿线其他地区是相同的，而这些波斯银币输入到青海地区，很明显是通过青海的丝绸之路实现的。

第三节　丝织品

相较于其他材质的丝绸之路流通商品，丝织品有其无可替代的优点，贵重、轻薄、方便携带，因此被选择为丝绸之路的代表性物品，在特定区域内甚至还充当着货币的功能。发现古代丝绸的地方，便无可争议地被视为丝绸之路的延伸地区，因为丝绸作为贵重商品除了本身具有重要的使用价值之外，它所携带的文化要素和价值观念也随之在交换过程中得以传播。由于特殊的技术工艺和自然环境所限，世界上仅有少数地区能够生产和加工特定类型的丝织品，而这些地区也是由于传播和交流才逐渐具备这样的条件。因此丝织品在遥远空间的出现，背后实际上代表着携带着不同文化的人群的活动。

青海都兰地区出土的丝织品残片数量和种类都非常丰富，在中国境内仅次于新疆。

---

① R. Goebl, *Sasanian numismatics*, p. 49.

随着考古工作的开展，大有超出新疆丝绸数量的趋势。这当然得益于干燥的自然环境，同时也得益于吐蕃时期厚葬之风的盛行。根据统计，在都兰热水墓地中，出土的丝绸残片超过350片，基本上囊括了唐朝所见丝织品的所有种类，其中一些种类甚至是世所罕见。总计有130种不同的图案，其中112种为唐朝产品，占整体数量的86%，18种为中亚和西亚产品，占14%[1]。主要的织物类别和装饰题材分述如下。

一 丝织品类别与组织结构

青海都兰出土的丝织品以织锦最为丰富，根据其组织结构可分为四类：平纹经锦、斜纹经锦、斜纹纬锦和织金锦。经锦在中国具有悠久的传统，在春秋战国时期已经相当成熟，但当时都是平纹经锦[2]。平纹经锦在都兰出土物中数量不多，最特殊的是热水墓葬所出土的经地簇四云珠日神锦（DRMIPM2：S109）（图6-3-1），为红、黄两种色彩的经丝构成1:1的经二重组织。都兰的多数织锦为斜纹经锦，这是隋代前后出现的新型纺织品，往往以4—5种色彩的经丝通过分区排列，并以1:2的经二重组织显花，使织锦图案上出现色条效果。这类锦的代表作有红地对波联珠狮凤龙雀锦（DRMIPM2：S150-1）（见后文图6-3-20：1）、橙地小窠联珠玫瑰花纹锦（DRMIPM2：S127）（见后文图6-3-31：1），以及黄地簇四联珠对翼马纹锦（DRMIPM2：S17）（见后文图6-3-18：1）、黄地对波狮象人物纹锦（DRMIPM2：S147）等。

都兰墓葬中还出土有大量斜纹纬锦。绝大多数纬锦采用双夹经，如黄地大窠联珠花树对虎锦（DRM25：S1）（见后文图6-3-23：2）和黄地中窠联珠对牛纹锦（DXM1：S5）。夹纬都加强S或Z捻。较为特殊的纬锦是一类红地中窠含绶鸟纹锦，这类锦以花瓣、小花或联珠等作图案，通常以紫红色为地，藏青、橘黄、墨绿等色显花，在色彩变换频繁处，所有纬丝全部织入，是1:3的斜纹纬二重组织，而在色彩变换不多的地方，就单织某两种或三种纬丝，是1:1或1:2的斜纹纬二重组织。多余的纬丝在织物背面抛梭而过，不织入织物而浮在织物背面（见后文图6-3-6、7、8、9）。这种锦无论从图案还是织法上看，都是西域地区的产物，但从名称上来看，却与唐宋文献中常见的"绒（茸）背锦"或"透背锦"相吻合。

此外，还有一件蓝地龟甲花织金带（图6-3-2），是文献中所记载的织金锦的最早实物证据。这件丝带宽约2.8厘米，在1:1基础平纹地上再以隔经的大循化平纹金箔显花，在地部则把金箔剪去，这一织法明显地依靠了手工编织技术。

① 许新国：《中国青海省都兰吐蕃墓群的发现、发掘与研究》，载许新国：《西陲之地与东西方文明》，燕山出版社，2006年，第132—141页。
② 许新国、赵丰：《都兰出土丝织品初探》，《中国历史博物馆馆刊》1991年第15—16期。

图 6 – 3 – 1　都兰出土经地簇四云珠日神锦
（Mayker Wagner　摄）

图 6 – 3 – 2　都兰出土蓝地龟甲花织金带　　图 6 – 3 – 3　都兰出土蓝地十样小花缂丝
（《纺织品考古新发现》第 100 页，图版 38）　　（同前，第 98 页，图版 37）

　　缂丝又称克丝、刻丝，是一种通经断纬的织物，以平纹为基本组织，依靠绕纬换彩而显花。都兰出土的蓝地十样小花缂丝 DRMIPM2∶S70（图 6 – 3 – 3），是目前所知极少的唐代缂丝中有特别价值的一件，纬向宽度为 5.5 厘米，尚非通幅，说明它有别于唐代其他的缂丝带，但风格与宋代有较大差别，并不严格按照换彩需要进行缂断，有时在同一色区内呈镂空状，表明了这件缂丝在缂织技术发展史上的地位。

绫在都兰墓葬中有大量发现（图6-3-4），其中包括三类：平纹地暗花绫、斜纹地暗花绫和素绫。平纹地暗花绫又包括以下几种：一是平纹地上斜纹显花，这种组织以前考古界通常称之"绮"，是对汉代之后绫织技术的直接继承。这种组织的绫发现极多，约占全部出土绫的80%左右，如各种团窠双珠对龙绫、柿蒂绫、人字纹绫等。其次是一种新发现的绫组织，以平纹为地，在花部则由方平或变化方平组织提花，与平纹地配合形成变化斜纹，被称之为嵌合组织。这种组织在国内还是首次出现。斜纹地暗花绫的组织有两种：一是四枚异向绫，又称同单位异向绫，即以1:3的左斜纹和3:1的右斜纹互为花地组织；其二是同向绫，又称异单位同向绫，它以2/1右向斜纹为地，1/5右向斜纹显花。素绫是2/2的斜纹组织，热水DRM6中发现了不少这一类残片（DRM6:S1），这是2/2斜纹组织、同时也是素面（无纹）斜纹丝织物的首次发现，可能相当于唐代史料中的"无纹绫"。

绢、罗和染色的织物缬和絣在都兰都有发现。经丝纠绞、纬丝平行交织而成的织物统称为纱罗织物。都兰出土的绞经织物无固定绞组类型，数量不多，图案均为小几何纹。绢和纱都属于平纹织物，都兰出土平纹织物中最为常见的是绢，其经纬密度不同。透孔性好、轻薄的平纹织物属于纱。絣是平纹组织的扎经染色织物，在中国是发现最早的例子（图6-3-5右缘），与今天和田地区生产的"艾德莱丝"非常相似①。

图6-3-4　都兰出土葡萄纹绫
（《纺织品考古新发现》第105页，图版41）

图6-3-5　都兰出土絣类织物
（同前，第106页，图版42:1）

---

① 赵丰：《纺织品考古新发现》，香港：艺纱堂服饰出版社，2002年，第106页。

二 装饰题材

（一）含绶鸟

含绶鸟是都兰丝织物中最为常见的一类装饰题材，作站立的鸟形，单个或成对出现，周围绕以联珠纹或花瓣纹团窠环，口中衔绶带，颈部系飘带，有的含绶鸟在颈部、翅膀和尾部装饰联珠。联珠纹团窠之间填以四出十字花形。与唐朝凤鸟大展双翅的形象不同，含绶鸟通常双翅收于体侧，整体上比较庄重肃穆，神性十足。与其他成对出现的装饰题材不同，含绶鸟题材在唐朝内地没有出现过，但在吐鲁番丝绸、粟特壁画以及更西部的拜占庭文化圈中非常流行。根据纺织技术分析，含绶鸟题材的丝织物属于典型的西域丝绸。在都兰地区发现的大量含绶鸟纹锦根据装饰图像的差异可以分为两种类型。

图6-3-6 都兰出土 I 型含绶鸟纹锦
（1—5.《都兰吐蕃墓出土含绶鸟织锦研究》：图1、3、11、6、8　6.《都兰吐蕃墓》第21页，图15：3；7. 同前，第22页，图16：5）

Ⅰ型　两只相对的含绶鸟站立于裂为两半的棕榈花上，或联珠纹板上，周围环绕以联珠或花瓣团窠环（图6-3-6、7）。颜色有暗红、绿、黄、深绿和白色，普遍有明显的褪色。

Ⅱ型　单只鸟站立于联珠纹板上，环绕以花瓣团窠环（图6-3-8、9）。颜色主要有鲜红、深蓝、黄和灰绿，颜色相对较为鲜艳。

两种类型有很多共同特征，皆为斜纹纬锦，有别于中国内地传统的斜纹经锦。此类纬锦还比较厚实、平挺，多采用双夹经，丝线用Z向强捻，颜色鲜明，对比强烈。

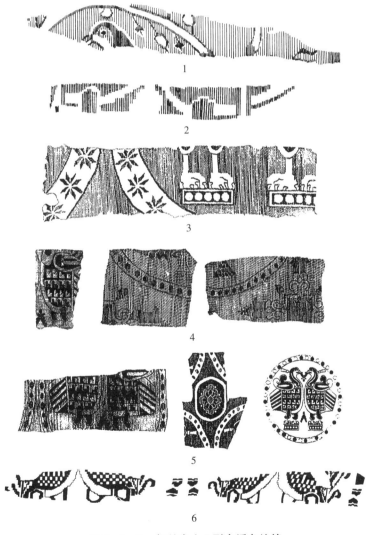

图6-3-7　都兰出土Ⅰ型含绶鸟纹锦

（1—4.《都兰吐蕃墓》：第22页，图16：5、4；第21页，图15：5；第79页，
图50：1　5、6.《都兰吐蕃墓出土含绶鸟织锦研究》图4、5）

图6-3-8　都兰出土 II 型含绶鸟纹锦
（《都兰吐蕃墓出土含绶鸟织锦研究》图10-1）

图6-3-9　都兰出土 II 型含绶鸟纹锦
（《纺织品考古新发现》第91页，图版33；
《都兰吐蕃墓出土含绶鸟织锦研究》图10-2）

而中国内地的织锦色调较明快、清秀、协调，染色牢度明显不如西方织锦，丝线一般采用 S 捻。从图案上看，I 型与赞丹纳锦①比较接近，可以归入粟特织物系统。由于萨珊波斯比较流行单体的动物绕以联珠或花瓣纹团窠的造型，因此 II 型可以归入波斯系统。这一判断进一步得到一件巴拉维文丝绸残片的佐证（图6-3-10：1，见本章第四节），这件带有古波斯文的丝绸残片据报道是另外一片单体含绶鸟纹锦（见图6-3-8或图6-3-6：3）的边饰②。在伊朗发现的同类型丝绸（图6-3-10：2）也证实了这一关联性。这片伊朗丝绸年代为6—7世纪，装饰题材为花瓣纹团窠内有一单体立鸟，其边饰为连续的三瓣形花，两侧各有一行联珠纹，这一纹样与构图与都兰的丝绸残片基本相同。巴拉维文的丝绸残片和伊朗的同类型丝绸证实了 II 型丝绸属于波斯织物系统的推断。

　　甘肃省博物馆和瑞士阿拜格基金会收集的丝绸也同样可以归入这两个类型③（图6-

---

① D. G. Shepherd 和 W. B. Henning 1959 年的论文中分析了珍藏于比利时于伊圣母大教堂（Huy）保存的一块织锦，该织锦装饰有成对的雄鹿图案，背面用墨水写着商人的题记，认为它属于粟特西部距布哈拉不远的一个名为"赞丹纳"（Zandane）的村落织造的一类纺织品。此文发表后，一系列装饰图案、配色方案与色彩鲜艳的于伊丝绸相似的锦缎被认为是粟特织锦。见 D. G. Shepherd, W. B. Henning, Zandaniji identified?, In: R. Ettinghausen ed., *Aus der Welt der islamischen Kunst: Festschrift für E. Kühnel*, Berlin, 1959, pp. 15-40.

② 许新国：《都兰吐蕃墓出土含绶鸟织锦研究》，《中国藏学》1996 年第 1 期。

③ 林健、赵丰、薛雁：《甘肃省博物馆新藏唐代丝绸的鉴定研究》，《文物》2005 年第 12 期；K. Otavsky., Stoffe von der Seidenstraße: Eine neue Sammlungsgruppe in der Abegg-Stiftung, In: K. Otavsky ed., Entlang der Seidenstrasse: Frühmittelalterliche Kunst zwischen Persien und China in der Abegg-Stiftung, *Riggisberger Berichte* 6, Riggisberg, Schweiz, 1998, pp. 13-41.

图 6 – 3 – 10　巴拉维文丝绸及波斯织锦

1. 都兰出土巴拉维文丝绸残片及其边饰（China：Down of a Golden Age，200 – 750 AD，p. 345，no. 244）　2. 克里弗兰艺术博物馆藏波斯织锦残片（Silk Roads · China Ships，Ontario，1983，fig. 30，above）

图 6 – 3 – 11　含绶鸟织物

1. 阿拜格基金会藏含绶鸟织物（Stoffe von der Seidenstraße：Eine neue Sammlungsgruppe in der Abegg-Stiftung.，p. 14，fig. 1）　2. 甘肃省博物馆藏含绶鸟织物（《甘肃省博物馆新藏唐代丝绸的鉴定研究》图 7）

3 – 11，图 6 – 3 – 12：1、2、3）。德国亚琛的明斯特藏品（The Münster Treasure in Aachen）中收藏的一件单体含绶鸟丝织品①（图 6 – 3 – 12：4）与都兰的丝绸残片（见图 6 – 3 – 8）无论是图案还是色调都非常吻合，很有可能有相同的来源。

　　判断粟特锦和萨珊锦的生产中心是非常困难的，这种分类的对应看似是合理的，但还无法最终确定。一些丝绸残片的图案属于一个类型，但是色调却属于另一类型。与赞丹尼奇锦相比，Ⅰ类丝绸表现出很多的差异性，例如在团窠的周缘不见有突出的锯齿纹，而代之以相连的小花瓣；在赞丹尼奇锦中也不见有含绶鸟形象。

　　Ⅱ型丝绸还包括一些难以与Ⅰ型区分的例子。例如阿拜格基金会收藏的相对含绶鸟丝绸 4900 号（见图 6 – 3 – 12：2、3）与单体含绶鸟丝绸 4861—4862 号（见图 6 – 3 – 12：1），无论是色调还是宾花的造型上，都没有太大的区别，将两者归属于不同产地似较牵强。实际上，无论是图案造型，还是色调和纺织工艺上，它们都显示出强烈

---

　　① A. Muthesius，*Byzantine silk weaving AD 400 to AD 1200*，Vienna：Verlag Fassbaender，1997，fig. 71 A.

图 6 - 3 - 12　含绶鸟织物

1、2、3. 阿拜格基金会藏含绶鸟织物（Stoffe von der Seidenstraße：Eine neue Samml-
ungsgruppe in der Abegg-Stiftung.，p. 29，fig. 7；p37，fig. 10）　4. 德国亚琛明斯特
收藏含绶鸟丝织品（*Byzantine silk weaving AD* 400 *to AD* 1200，fig. 71 A）

的混合风格。笔者倾向于将所有这些西方丝绸残片都归入一个统一的纺织作坊，即粟
特系统。两种类型都有相似的花瓣纹团窠，含绶鸟的造型、绶带、飘带和身体装饰都
非常接近。由于在 7 世纪末到 8 世纪中期，也就是 II 型丝绸的年代，萨珊王朝已经解
体[1]，都兰出土的波斯系统的丝绸很有可能是由萨珊移民在中亚和唐朝之间的某处生产
的。来自于唐朝的政治支持使得手工业和商业活动得以持续。粟特地区和唐朝西域地
区可以按照本地的传统继续生产 I 型丝绸，但由于地近萨珊，受到其强烈影响是不可避
免的。无论何种情况，这种交流与相互影响使得两种类型的丝绸风格趋于统一。

（二）鹰隼

鹰隼造型在中亚地区是非常普遍的装饰题材。在都兰出土的一件丝织品上，鹰
表现为正面直立形象，周围为花瓣纹团窠。鹰双翅展开，鹰头朝向左侧，胸前和双
翅上饰联珠纹带，胸腹前方有一裸体小人形象，双手上举，鹰双爪托其腰部（图 6 -
3 - 13：1、2）。在艾米塔什博物馆的一件萨珊银盘上也出现过类似图像，但更为写实和
注重细节（图 6 - 3 - 13：3）。这一图像在一系列神话中被释读为阿娜希塔被天鹰托着
上天入地。中间的裸体女神为阿娜希塔，被天鹰用爪子抓起，系在羽翼上的圆环上。在

---

① 《新唐书》卷二二一《西域传下·波斯》，第 6259 页。

图 6 – 3 – 13　鹰隼图像织锦及萨珊银盘

1、2. 都兰出土鹰隼图像织锦（*China*：*Down of a Golden Age*，*200 – 750 AD.* p. 347，no. 246）　3. 艾米塔什博物馆藏萨珊银盘（*A survery of persian art*：*From prehistoric times to the present*，*volume II*，p. 882，fig. 306）

图 6 – 3 – 14　对鹰图织锦

1. 都兰出土对鹰图织锦（青海省文物考古研究所藏）　2、3. 拜占庭对鹰图织锦（*Byzantine silk weaving AD 400 to AD 1200*，fig. 50B，fig. 51B）

她下方有两个裸体童子，分别为月神和日神。除了代表丰产女神外，阿娜希塔还是金星的象征。因此这一图像表现的是天空及最美的星辰①。这是古代伊朗地区的装饰题材，同时也在伊斯兰时期的丝织物上继续流行②。都兰丝织物上的图案相对简化，但清晰地刻画出了天鹰用双爪抓住阿娜希塔的腰部，这与其他图像所表现的细节相当吻合。

相对而立的鹰隼在都兰丝绸上也有出现。其中阿拜格基金会的藏品中就有一片，据称来自青海都兰（见图 6 – 3 – 12：2、3）。双鹰相向而立，双翼展开，胸前及双翅上有联珠纹饰，与前图中的天鹰形象一致，但不见胸腹前方的人物形象。

都兰出土物中还有另一片丝绸装饰有类似的题材（图 6 – 3 – 14：1）。双鹰相对而立于花瓣形团窠之内，在双翅和胸前都饰有联珠纹带，头部似有头光。这类图案在拜占庭的丝绸上也有出现（图 6 – 3 – 14：2、3）。因此有学者认为这一题材源自于拜占庭③。此外，从纺织技艺上来看，天鹰图案的丝绸与粟特系统织锦不同，而与更西方的织锦更加接近，很可能是拜占庭锦④。但无论如何，萨珊波斯的影响显而易见。

---

① A. U. Pope，P. Ackerman ed.，*A survery of persian art*：*From prehistoric times to the present*，volume II，London：Oxford University Press，1967，p. 882.

② 同上，volume V，p. 2014，fig. 649.

③ A. Muthesius，*Byzantine silk weaving AD 400 to AD 1200*，p. 97.

④ J. C. Y. Watt，J. Y. An，A. F. Howard et al.，*China*：*Down of a Golden Age*，*200-750 AD*，p. 347.

（三）日神密特拉

在热水墓葬 DRM1PM2 中出土有三片日神图案的丝织物。在标本 S109（图 6-3-15）上，三个由涡纹和联珠组成的团窠沿着纬线方向分布，两两之间用小团花衔接。中间的团窠内为日神密特拉，端坐于四匹有翼马牵引的马车上，另外两个团窠内图案一致，皆成对出现，左右对称，分别为一对骑手骑骆驼射虎，一对骑手骑马射鹿，一对武士勇斗狮子，一对士兵持剑盾而舞。整个图案混合了西方和东方的元素。该图像源自古希腊罗马驾车的太阳神赫利俄斯，传入西亚、中亚地区为日神密特拉，在中国吐鲁番和都兰出土的丝织品上都出现过这一形象，但形象上发生了很多改变，融入很多中国因素。该处密特拉头戴菩萨冠饰，头后有头光，坐姿如同佛像，背后有龙形旗帜，横向团窠间用兽面纹相连，团窠间可见一些汉字如"吉""昌"等。其纺织技术采用了中国的传统。

样品 S157（图 6-3-16：1、2）与上述例子有基本相同的装饰图案，都有三个团窠，中间为日神。另两个相连的团窠内为两两相对的对称图像，自上而下依次为大象、骑马射鹿、狮子和骑骆驼的射手。在吐鲁番阿斯塔那墓地 1 号墓中出土了一片图案完全相同的织物（图 6-3-17：1、2），其年代为 5—6 世纪[1]。两者大部分细节都相同，应该来自于同一个手工作坊。

图 6-3-15　热水墓葬出土日神图像织锦（DRM1PM2：S109）

（《纺织品考古新发现》第 74 页，图版 27；第 77 页，图版 27：2）

---

[1] J. C. Y. Watt, J. Y. An, A. F. Howard et al., *China：Down of a Golden Age, 200-750 AD*, p. 272.

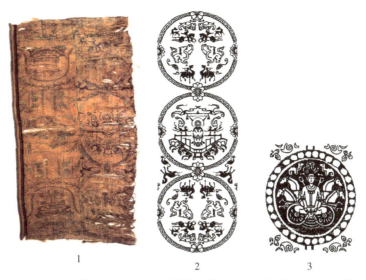

图 6 – 3 – 16　热水墓葬出土日神图像织锦（DRM1PM2：S157，S50）

（1、2.《纺织品考古新发现》：第 78 页，图版 28；第 81 页，图版 28：2

3.《青海都兰吐蕃墓出土太阳神图案织锦考》，图 3）

图 6 – 3 – 17　吐鲁番及拜占庭出土日神图像织锦

1、2. 吐鲁番出土日神图像织锦（*China：Down of a Golden Age，200 – 750 AD*，pp. 272 – 273，no. 174）

3、4. 拜占庭日神图像织锦（*Byzantine silk weaving AD 400 to AD 1200*，fig. 23A，fig. 22A）

在样品 S41 和 S50（图 6 – 3 – 16：3）中，日神形象较为简单，战车没有表现出细节，仅用两轮和四匹马象征性地呈现。这种简化类型的图像见于库车的克孜尔石窟和敦煌莫高窟壁画中[1]。

---

[1] T. S. Zhu，The Sun God and the Wind Deity at Kizil，In：M. Compareti，P. Raffetta，G. Scarcia eds.，Ēran ud Anērān：Studies presented to Boris Il´íc Marsak on the occasion of his 70th birthday，Rome，2003. http：// www. transoxiana. org/Eran/Articles/tianshu. html.

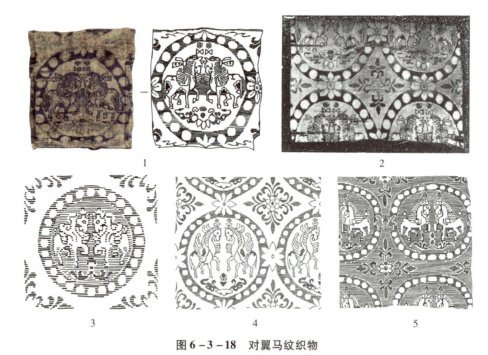

1

2

3

4

5

图 6 - 3 - 18　对翼马纹织物

1、3、4、5. 都兰出土对翼马纹织物（《吐蕃墓出土蜀锦与青海丝绸之路》：图6.1，图9.7，图6.2，图5）

2. 吐鲁番出土对翼马纹织物（《吐鲁番出土蜀锦的研究》图7）

日神形象在拜占庭丝绸上也非常常见（图 6 - 3 - 17：3、4）。风格更加写实，表现更加准确，但将日神放入团窠的构图，显然是受到中亚或西亚地区的影响。

（四）其他成对鸟兽图像

都兰丝织物中有大量的织锦和绫上有两两相对的鸟兽图像，周围绕以花瓣或联珠纹团窠。动物包括翼马、狮、羊、鹿和龙。鸟有凤和燕雀。

团窠内相对的翼马，屡屡见于都兰的丝织物中（图 6 - 3 - 18：1、3、4、5）。在袄教经典中，翼马是日神密特拉的化身。此类丝织物色彩构成非常罕见，团窠内红褐色地，其外围橙色为地，图案局部为蓝色。

山羊有翼和角，站立于分开的花叶上。同类织锦图案也见于吐鲁番（图 6 - 3 - 19：2），年代为 688 年[1]。其中一片丝绸的图案似为团窠纹内饰对立的绵羊（图 6 - 3 - 19：3）。在粟特和波斯文化中绵羊的形象相当少见，这应该是汉文化圈的独特创造。

对狮还经常与其他成对的鸟兽一起出现。除了出现在日神密特拉（见图 6 - 3 - 16）和佛殿图像（见后文图 6 - 3 - 27：1）中外，它们还与对凤、对龙和对雀组合

————————————

[1]　武敏：《吐鲁番出土蜀锦的研究》，《文物》1984 年第 6 期。

图 6 - 3 - 19　对羊纹织物

1、3. 都兰出土对羊纹织物（《吐蕃墓出土蜀锦与青海丝绸之路》：图 10:1、图 10:2、图 8:1、图 8:2）　　2. 吐鲁番出土对羊纹织物（《吐鲁番出土蜀锦的研究》图 6）

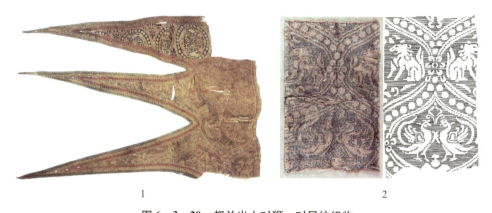

图 6 - 3 - 20　都兰出土对狮、对凤纹织物

（《纺织品考古新发现》图 82；《吐蕃墓出土蜀锦与青海丝绸之路》图 3.1、图 3.2）

出现在丝绸旌旗残片上（图 6 - 3 - 20）。通常表现为坐姿，与赞丹尼奇锦中的卧狮有所不同。

对龙和对凤是典型的中国装饰题材，经常出现在联珠纹或花瓣纹团窠内，显示出强烈的东西方融合状态。有两片对凤纹丝织物表现出同样的图案，可能源自同一个产地（图 6 - 3 - 21:1、2）。其图案和色彩构成与吐鲁番一座墓葬中出土的女俑的坎肩非常相似，根据墓葬内夫妻二人埋葬年代的题记，其年代为 633 年或 688 年[1]。

---

[1]　J. C. Y. Watt, J. Y. An, A. F. Howard et al., *China: Dawn of a Golden Age, 200 - 750 AD*, p. 289.

图 6 – 3 – 21　对凤纹织物

1、2. 都兰出土对凤纹织物（《吐蕃墓出土蜀锦与青海丝绸之路》图 9、《都兰出土丝织品初探》图 10）

3. 吐鲁番出土对凤纹织物（*China：Down of a Golden Age，200 – 750 AD*，p. 289，no. 181）

（图 6 – 3 – 21：3）

　　都兰丝织物中有两片绫上饰团窠对龙纹（图 6 – 3 – 22：1、2），团窠为联珠或花瓣形，对龙之间有柱状花树分隔，树干上饰联珠纹，两端饰莲花。这类图案在 8 世纪前半期比较流行，目前所见还有另外数件。吐鲁番阿斯塔那出土的一件残片（图 6 – 3 – 22：3）带有墨书题记，显示是景云元年（710 年）织造于益州的双流县，属于蜀锦无疑[①]。日本正仓院收藏有几件对龙纹绫，其中有一件完整的绿地联珠龙纹绫袍，衣内襟墨书"东大寺大歌袍，天平胜宝四年（752 年）四月九日"（图 6 – 3 – 22：4），可知为大佛开眼时乐生所用装束[②]。美国大都会博物馆藏的一件对龙纹绫，有着类似图案装饰，但缺省了龙头部分，据分析是由于织工对龙的理解不深刻而敷衍了事[③]。可见当时这类图案存在几种不同的版本。尤其值得注意的是，在都兰的对龙纹绫中有一件对龙带翼（图 6 – 3 – 22：1），其花瓣形团窠也与其他各例明显不同。一般隋唐时期中原地区的龙并不带翼，带翼龙图像仅见于新疆和青海地区，因此这一件对龙纹绫很有可能是新疆本地的产品。

---

① 武敏：《吐鲁番出土蜀锦的研究》，《文物》1984 年第 6 期。

② 正仓院事务所编：《正仓院宝物·染织（下）》，宫内厅藏版，朝日新闻社，1964 年，no. 54。

③ 李剑平：《唐代服饰图形"陵阳公样"》，《设计》2016 年第 17 期，第 16—18 页。

图 6 - 3 - 22 对龙纹绫

1、2. 都兰出土对龙纹绫 (《吐蕃墓出土蜀锦与青海丝绸之路》: 图 14、13)　3. 吐
鲁番出土对龙纹绫 (*China: Down of a Golden Age*, 200 - 750 AD, p. 341, no. 240)
4. 日本正仓院藏对龙纹绫 (《正仓院宝物·染织〔下〕》, no. 54)

　　其中一片都兰丝织物上有对虎纹, 双虎间以花树分隔, 周围绕以联珠纹团窠
(图 6 - 3 - 23: 2)。这一题材在粟特和波斯锦中非常少见, 应该是汉地创制的题材。团
窠间的宾花为忍冬卷草纹, 显示出明显的唐代风格。另一件残片上仅仅保留了联珠团
窠内动物的双爪, 很可能是双狮或双虎 (图 6 - 3 - 23: 1)。团窠间宾花为联珠纹团窠
外缠绕一束簇十字形花叶, 花叶繁密茂盛, 装饰奢华, 似已盖过相对的动物而成为装
饰主题。类似特征的例子在吐鲁番也有发现 (图 6 - 3 - 23: 4), 但团窠内的动物代之
以双鹿相对立于枝叶丰茂的树冠之下, 在双鹿之间有一方框, 内有汉文题记 "花树对
鹿", 证明其为唐朝丝绸。武敏进一步将其断定为武则天时期 (690—705 年)[1]。在都
兰出土的另一件绫上, 描绘出双联珠纹团窠内有一卧鹿, 团窠间的宾花也属于同样类
型 (图 6 - 3 - 23: 3)。这些与前述对龙纹绫也有相同之处。这类锦和绫主要特征为有
丰茂的宾花, 对立的动物间隔以茂盛的花树或联珠纹柱, 这些都属于唐朝早期蜀锦的
典型特征。

---

[1]　武敏:《吐鲁番出土蜀锦的研究》,《文物》1984 年第 6 期。

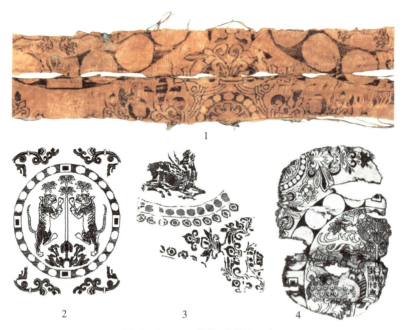

图 6 − 3 − 23　其他对兽纹图案

　　1、2、3. 都兰出土对虎、对鹿纹织物（《吐蕃墓出土蜀锦与青海丝绸之路》图 11；《都兰出土丝织品初探》图 11；《都兰吐蕃墓》第 74 页，图 46：2）　4. 吐鲁番出土对鹿纹织物（《吐鲁番出土蜀锦的研究》图 10）

　　对鸟对兽纹丝织物在当时的汉文文献中有清楚的记载，被称之为“陵阳公样”。初唐时期陵阳公窦师纶在益州创制了成对动物图案，其中有对雉、斗羊、翔凤、游麟等①。考古出土丝织物很好地印证了这一记载。都兰和吐鲁番的丝织物有不少可能来自四川，显示出这类装饰图案在丝绸之路上广受欢迎。“陵阳公样”丝织物显然受到了粟特丝绸的影响，或者是专门为藩属国家或边境市场而定制的。与粟特和萨珊风格的此类织锦相比，中国丝绸也有其独特特征。大部分中国丝绸上的团窠为联珠纹，花瓣纹团窠非常少见，而这两者在中亚地区都比较流行，后者是在前者基础上发展而来的。在中国丝绸中，相对的动物脚下也不见有裂为两半的棕榈花和联珠板图案，而代之以莲花和忍冬卷草纹，这显然是对粟特和萨珊织锦的效仿和变通。此外，中国丝绸中的相对动物图案更加程式化，如同剪影，并没有太多写实细节的表现。

　　瑞士阿拜格基金会收藏的数片丝织品装饰有对鹿、对牛、对狮和对马图像，很可能也是来自青海都兰地区②（图 6 − 3 − 24）。根据纺织技术、图案题材和色彩构成来看，它们很可能属于粟特系织锦。对鹿图案在诸多方面与赞丹尼奇锦很相似，尤其

　　①　［唐］张彦远：《历代名画记》卷一〇，人民美术出版社，1963 年，第 192—193 页。

　　②　K. Otavsky, Stoffe von der Seidenstraße: Eine neue Sammlungsgruppe in der Abegg-Stiftung.

是与敦煌千佛洞①和布鲁塞尔于伊圣母教堂所藏的丝绸相比。于伊圣母教堂所藏的这类图案的丝绸带有"Zandaniji"的题记②，所描绘的对鹿以相同的姿态，相对站立于分裂的棕榈花上，鹿身上在同一位置都装饰有联珠团窠纹饰，头上的双角长而分叉，向后方延伸，两角上的色彩有明显区分。这些细节表现上都与阿拜格基金会所藏对鹿织锦相同。阿拜格基金会所藏对牛纹织锦，其所饰双牛、团窠纹和脚下的棕榈花都与于伊圣母教堂所藏赞丹尼奇锦十分吻合。阿拜格基金会所藏对狮纹织锦的情况同样如此，只是没有出现赞丹尼奇锦上常见的分裂式棕榈花和锯齿形的团窠纹边饰。

（五）人物像

不少都兰出土的丝织品上装饰有胡人形象，大多牵乘动物，如大象、骆驼和马匹。其中一片丝绸条带上装饰有一列此类人物形象：在波状纹之内，分别有一胡人牵驼和胡人牵象同向前进（图6－3－25：1）。吐鲁番出土的一片有类似题材的丝绸上带有"胡王"的题记，可能表达了同样的装饰意图（图6－3－25：2）。

在都兰热水墓地所出丝绸DRM1PM2：S63上（图6－3－25：3），描绘有交叉的联珠团窠，其间端坐一人物形象，人物胡须茂密，头戴冠，着贴体紧衣，双臂上举。其相貌、坐姿和服饰显然非汉人形象。在团窠交叉区域，可以看出是华盖的花叶形顶部，华盖下面有三人，中间人物头戴冠，两侧的立像似侍者。该图像宗教色彩较为浓厚，但由于细节不甚明了，无法准确界定。

都兰墓葬DRM1出土一片装饰有饮酒人物形象的丝绸（图6－3－26：1）。图案复原后可能是联珠团窠纹内一对胡人举高脚杯对饮图，胡人之间置一长颈大酒瓮。类似的图像也出现在吐鲁番阿斯塔那所出丝绸上（图6－3－26：2）。两个人物的服饰和站

图6－3－24　阿拜格基金会藏对兽纹织锦
(Stoffe von der Seidenstraße：Eine neue Samml-ungs-gruppe in der Abegg-Stiftung., p. 20, fig. 4；p. 18, fig. 3；p. 24, fig. 5；p. 25, fig. 6)

① M. A. Stein，*Serindia*：*Detailed report of explorations in Central Asia and westernmost China*. Delhi，1981，vol. IV，pl. cxv，ch. 009.
② D. G. Shepherd，W. B. Henning，Zandaniji identified？.

图 6 - 3 - 25　胡人纹织锦

1、3. 都兰出土胡人纹织锦（《吐蕃墓出土蜀锦与青海丝绸之路》图 2；青海省文物考
古研究所供图）　2. 吐鲁番出土胡人纹织锦（《吐鲁番县阿斯塔那》图版 1：2）

图 6 - 3 - 26　胡人饮酒纹织锦

1. 都兰出土胡人饮酒纹织锦（Studies of the Silk Road in Qinghai Province, China, P. 222, pl. 35）
2. 吐鲁番出土胡人饮酒纹织锦（China: Down of a Golden Age, 200 - 750 AD, p. 272, no. 173）

姿、大酒瓮形象和整体构图，都与都兰丝绸相同，只是将饮酒的高脚杯换成了来通杯。

　　还有一些丝绸上有佛教人物形象。与日神密特拉织锦缝接在一起的残片 S157 上中
心有一对相对的狮子，边缘上有两个较大的狮面。在狮子和狮面之间有两座对称的建
筑，每个建筑内有三人，一人端坐于平台上，两个侍卫分立两侧，手中都执三叉戟
（图 6 - 3 - 27：1）。建筑为典型的汉式佛殿造型。热水 99DRNM1 中也发现一片类似的
丝绸残片（图 6 - 3 - 27：2），虽然仅仅是一小残片，但可以看出其佛殿建筑和宗教人
物形象是相同的。热水墓地还出土一片有类似图案的丝绸，主尊端坐于屋宇之下，两
侧分立两位手执棒形物、双足分立的侍卫，屋宇正前方似有台阶，图案下方左右各有

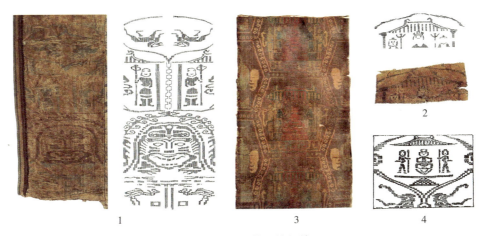

图 6 - 3 - 27　佛殿纹织锦

1、2、4. 都兰出土佛殿纹织锦（1.《吐蕃墓出土蜀锦与青海丝绸之路》图 1.1、
图 1.2，2.《都兰吐蕃墓》图版 10∶2，图 16∶1）　3. 日本正仓院藏佛殿纹织锦

一大象（图 6 - 3 - 27∶4）①。正仓院所藏紫地龟甲佛殿纹锦与此图案类似，但表现更为
具体、完备和准确，为一佛四胁侍造型，弟子手中持有莲台，身侧玉帛带飘飞（图 6 -
3 - 27∶3）②。无论是狮子、大象形象、建筑特征，还是中心宗教人物坐姿和两侧的胁
侍，都令人很自然地将其与佛殿和佛、弟子图像联系起来，但在具体细节上表现出与
佛教形象的抵牾之处，如手执三叉戟或棒形器械，有人认为其表现的可能是大日如来
和大黑天神形象③。

（六）花卉图案

各类植物花卉纹饰在都兰丝织物上大量出现。大部分团窠纹由花瓣构成，宾花饰
以十字形花，类似棕榈纹或埃及莲花纹。有时这类花瓣成排罗列在丝绸条带上，形成
主要的装饰带（图 6 - 3 - 28），带有明显的粟特或萨珊风格。唐朝也模仿此类花卉图
案，但较为纤细妩媚，有较大差异，后来发展为成束繁复的花叶。

大量丝织物表现为典型的中国风格，尤其是其中的绫、锦、缂丝、刺绣、蜡染和
夹缬的丝织物，这些都是典型的中国传统纺织类别和染色工艺。唐代卷草纹吸收了西
方纹饰的强烈影响，形成一种混合风格。如一些丝织物纹样为宝相花形的团窠，其内
饰相对的动物或鸟兽（图 6 - 3 - 29∶1、2）。或者仅仅以花卉团窠为装饰主题，其内不
见动物鸟兽（图 6 - 3 - 29∶3、4、5；图 6 - 3 - 30∶2），但在宾花的位置填以四出十字

① 赵丰:《魏唐织锦中的异域神祇》,《考古》1995 年第 2 期, 图一: 1。
② 正仓院事务所编:《正仓院宝物·染织（下）》, 宫内厅藏版, 朝日新闻社, 1964 年, no. 24。
③ 同①。

图 6 - 3 - 28　棕榈/莲花纹织锦

1. 阿拜格基金会藏棕榈/埃及莲花纹织锦（Stoffe von der Seidenstraße：Eine neue Sammlungsgruppe in der Abegg-Stiftung.，p. 34，fig. 9）　2、3、4. 热水Ⅱ区墓地出土棕榈莲花纹织锦（《都兰吐蕃墓》图版27：1、3、5）

图 6 - 3 - 29　都兰出土花卉纹织物

（1.《吐蕃墓出土蜀锦与青海丝绸之路》图 15　2、3、4.《都兰出土丝织品初探》图 13、14、15　5.《都兰吐蕃墓》第 73 页，图 46：1）

形花。另外联珠团窠内饰玫瑰花的图案在都兰和吐鲁番丝织品上都出现，后者有明确的纪年，为653年（图6-3-31），为都兰的同类丝织品年代提供了参照。

唐代大量的丝绸输入到吐蕃境内，对吐蕃的审美情趣也产生很大影响。青海吐谷浑或吐蕃时期的墓葬出土有不少彩绘木棺，上面的装饰内容和风格与丝织品图案有很多共性。丝绸可被视为最有影响力的文化载体，将不同的理念和审美情趣传播到不同地区的人群。同时，唐朝也创制和生产大量充满异域混合风格的丝绸，来满足丝绸之路沿线异域藩邦的需求。"蕃客锦袍"常被作为重要的礼品，馈赠给这些与唐朝中央政府有密切联系的西域使臣，其中自然包括青藏高原诸国。

三 功用

大部分丝织品为无法复原全貌的残片，因此对其功用无法详知。其中有一部分较为完整，为我们认知当时丝绸在人们生活中所扮演的角色提供了一些重要线索。

（一）旌旗

一些丝织物形状为方形或三角形，并与不同的丝绸残片缝缀在一起，说明丝绸是非常难得、要重复利用的珍品（见图6-3-11：2、图6-3-15、图6-3-20）。丝绸旌旗对于贵族阶层来说非常重要，在典礼或仪式中被广泛使用，这显然是与丝绸所具有的亮丽耀眼的外表和高贵的气质有关。一些丝绸旌旗上饰以联珠或花瓣团窠，内饰有日神、成对含绶鸟、翼马、佛像和

图6-3-30 宝相花纹织锦

1. 吐鲁番阿斯塔纳墓地出土宝相花纹织锦（《吐鲁番县阿斯塔那》图版1：1） 2. 都兰热水一号大墓出土宝相花纹织锦（《青海都兰热水一号大墓的形制、年代及墓主人身份探讨》图四）

图6-3-31 小团窠玫瑰花纹织锦

1. 都兰出土小团窠玫瑰花纹织锦（《吐蕃墓出土蜀锦与青海丝绸之路》图12.1） 2. 吐鲁番出土小团窠玫瑰花纹织锦（*China: Down of a Golden Age*, 200-750 AD, p. 340, no. 239）

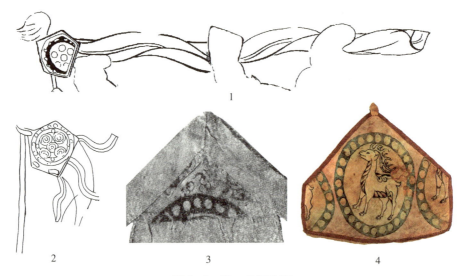

图 6 - 3 - 32　丝绸旌旗

1、2. 棺板画上的丝绸旌旗图像（作者绘制）　3、4. 吐鲁番出土丝绸旌旗（《莫高窟发现的唐代丝织物及其它》图10）

对龙，显示出不同的文化背景。丝绸旌旗的图像也出现在一些出土的彩绘木棺上。骑马出行或丧葬队伍的领队手中往往执旗（图 6 - 3 - 32：1、2）。其中一例上出现有五边形的旌旗板，后面拖着长长的飘带，旌旗板上装饰有联珠纹团窠。同类旌旗还出现在吐鲁番，其中联珠纹团窠内饰以对鸟或一只立鹿（图 6 - 3 - 32：3、4）。这类中亚或西亚的题材尤其适合装饰于旌旗之上，常常由不同图案和色彩的丝绸残片缝缀拼合而成，这说明它们很有可能是专门用于葬礼，仪式结束后埋入墓葬之中。由于旌旗织物的年代要早于墓葬埋葬年代，这些残片显然曾经有不同的用途，经历过相当长时期之后，才被拼合加工后用于丧葬。

（二）身帐（Spur khang）

阿拜格基金会收藏有两片花瓣纹团窠内饰对狮和对马的斜纹纬锦，很有可能是用于帐篷上的幕帘，帐篷可能属于停尸帐（见图 6 - 3 - 24：3、4）。织锦背面有两处墨书古藏文题记（见本章第四节图 6 - 4 - 49），可能出自同一人之手。第一处题记在团窠内左侧跃狮前腿的下方（inv. no. 4863b），读作：Spur：khang：zang：zango（resconstituted：zang-ngo），意为"死者储存的珍宝"。第二处题记在立狮的团窠外（inv. no. 4864c），读作 Spur，此处意指"尸体"①。阿米·海勒指出，Spur khang 可能指的是一个"停尸

———————

① A. Heller, Two inscribed fabrics and their historical context：Some observations on esthetics and silk trade in Tibet, 7th to 9th century, In：K. Otavsky ed., *Entlang der Seidenstrasse：Frühmittelalterliche Kunst zwischen Persien und China in der Abegg-Stiftung. Riggisberger Berichte* 6, Riggisberg, 1998, pp. 95 - 118.

房"，地位尊贵的人去世之后安放其中，进行较长期的尸体处理过程。这一解释与文献记载中的 ring-gur"身帐"和 ring-khang"尸房"是吻合的。身帐的图像在棺板画中得以生动表现（见本章第六节图 6-6-2）。所描绘的帐篷的局部被一块丝织物所覆盖，其上严饰红色联珠团窠图案，丝织物所在位置和形状类似一块门帘，其下隐约露出帐篷内的棺椁。根据阿拜格所藏丝绸上的题记和装饰图案，它应该是用于此类"身帐"上的物品。对狮形象与吐蕃时期大型墓葬前的石狮有不少共同之处，后者是作为一种威权和镇魔驱邪的象征物而被放入墓地。

（三）服饰

一些小片的锦带可能是用作服饰的边饰。在吐蕃时期所流行服饰中，丝绸经常被用于领部、襟部和袖口装饰。根据棺板画上的描绘，这类边饰大部分都是带有联珠纹团窠图案的丝绸。在都兰热水墓地所出土的随葬品衣物疏木简牍中，明确记载有大量此类丝绸被埋入墓葬（见本章第四节第八部分）。墓葬中大量出土的绫和其他轻薄多彩的丝织物，很有可能也是用于服饰。在都兰墓地中还出土有刺绣的靴子或袜子（图 6-3-33：1）。这类物品似乎不是在日常生活中的用品，而很可能是专门为葬礼制备的葬服的一部分，由此可以看出吐蕃时期丝绸在当地所应用的广度和深度。

（四）鞍饰

丝织物经常出现在装饰繁复的马鞍之上。棺板画上描绘有联珠纹团窠图案的丝织物覆盖在马匹颈部位置，这些马匹是吐蕃贵族葬礼上的坐骑或献祭。在阿拜格基金会藏品中有一件精美的织锦，装饰图案为粟特或萨珊风格：对鸟立于分开的棕榈叶上，周围绕以多层的联珠和花瓣纹团

图 6-3-33　都兰出土丝绸靴袜和鞍饰
（*China：Down of a Golden Age，200-750 AD*，p. 344，no. 243；
p. 348，no. 247）

窠（见图 6-3-11：1）。粟特和萨珊织锦的厚重质感和柔软质地使其成为马鞍垫的最好选择。唐朝精美的丝织物也同样被用于马鞍装饰，但在不同的位置，多垫于马鞍之下，用于减少马鞍对马匹的磨损伤害（图 6-3-33：2）。

四　丝织物的年代

都兰出土的丝织物本身并无纪年题记，所出墓葬也缺乏精确断代的线索，但这些丝织物中有不少与吐鲁番地区所出土的丝织物在纹饰图案和组织结构上相仿或相同，而后者可以根据其所出墓葬的碑铭题记进行准确断代。通过两者的比对分析（详见第七章第一节），可以确定都兰出土丝织物的年代跨度，大致从 6 世纪晚期到 8 世纪中期，可以划分为三个阶段。

（一）北朝晚期到隋代：6 世纪后半叶

这一时期织物图案流行骨架排列的对波和簇四类型，这两种类型基本上都来自西域。主要装饰题材包括胡人、狮、象和骆驼，皆为外来动物。主题纹样呈经向对称。

（二）初唐时期：7 世纪晚期以前

这一时期为织物图案的转变期，一方面保存着骨架式排列的图案，尤其是簇四骨架，还新增加了一些龟甲骨架等，另一方面连接这些骨架的花结逐渐消失，使簇四骨架分离成为环形的团窠，但仍然保留着骨架式的排列模式，多流行联珠纹，含绶鸟也开始盛行。初唐时期还开始出现较多的花卉图案，部分是以花瓣团窠的面貌出现，部分是以柿蒂花形式出现。后者最为重要，延续时间较长，后来发展为宝相花。

（三）盛唐时期：7 世纪晚期到 8 世纪中期

这一时期是转变期的结束，一方面骨架排列已基本绝迹，尤其是外来色彩浓厚的对波和簇四骨架，团窠联珠纹也主要剩余大型的、加以变化的组合环，环外的十样小花渐趋丰富。另一方面，花瓣纹团窠发展极快，大量应用花卉环代替团窠，这与这一时期宝相花图案的兴起有关。在缠枝卷草图案中也开始渗入结构的思想，从而产生了四方展开的缠枝团窠。这一时期的织物中出现了写生式的折枝花鸟、鹊衔瑞花图案，典型的中国传统动物形象如龙、凤，和经本土化的西域流行动物如鹿、羊都相当常见。从组织结构上看，斜纹经锦虽仍使用，但纬锦迅速兴起，盛极一时。这一时期锦绫图案总的风格是繁缛富丽，雍容华贵。

都兰热水墓葬 DRNM1、M2、M3 和 M4 出土丝织物都可以归入此三个阶段，尤其是第三阶段。含绶鸟图案（见图 6-3-6：4、5）、胡人饮酒图案（见图 6-3-26：1）和汉式建筑图案（见图 6-3-27：2），可能时代要略早，可以归入前两个阶段。带有深色鹿和花卉图案的绫（见图 6-3-23：3）与联珠纹团窠对龙纹绫（见图 6-3-22：2、3）时代应该相同，可以归入第三个阶段。其他带有类似卷草纹样的残片都可以归入这一阶段。

这些丝织物不但可以为墓葬年代提供参照，也有助于为我们重建当时的历史背景提供重要资料。如第三章第三节所述，在 663 年，吐谷浑被吐蕃吞并，吐蕃与唐朝和西域直接毗邻，这为丝绸大量输入吐蕃境内创造了条件。不同时期的丝绸蒐集起来并葬入墓室，反映了当时吐蕃贵族阶层对于这类奢侈品的执着与狂热。不同时期的残片连缀拼合在一起使用，则显示了他们对这类外来物品的珍视程度。

第四节　其他随葬品

一　陶器

热水墓地发现的陶器数量不多，迄今为止公开发表的资料仅见热水 II 区墓地和哇沿墓地，乌兰泉沟墓地也发现少量吐蕃时期陶器。但可辨器形者总量不超过 30 件，主要可见 3 种类别：彩绘双耳罐、陶杯和刻划纹陶罐。热水 99DRNM1 发现有 2 件彩绘双耳陶罐（图 6-4-1：1；图 6-4-2：4），其中一件体型较大。都为夹砂灰或灰黑陶，轮制，侈口束颈，平底圆腹，腹部两侧最大径处有对称的双耳，器身用红、蓝、白和橙色彩绘，但图案模糊不清。肩部或腹部有刻划的波浪纹或弦纹。其中有一片彩绘的口沿残片（图 6-4-2：1）应属此类。器表装饰卷草纹，口沿内壁也有涂绘。

热水 99DRNM2 中出土的双耳罐（图 6-4-2：5）不见彩绘，但在肩腹部装饰有丰富的弦纹、波浪纹和戳点纹，颈部还有一周凸棱。该墓葬还出土 1 件陶杯和 1 件陶罐。陶杯（图 6-4-2：2）为夹砂灰陶，手制，直壁，带柄，器内有食物残留。器表和底部有烟渍。该器物出土于墓葬封土内，距封土顶深 2.90 米，可能为墓葬修建者遗物。陶罐（图 6-4-2：3）发现于盗洞内，夹砂粗陶，侈口、圆腹、平底，器表和底部残留烟渍。热水 99DRNM3 出土 1 件完整的陶罐和一些陶器残片（图 6-4-1：3、4、5）。陶罐体型较大，泥质灰黑陶，器形与 99DRNM1 陶罐相同，但无双耳。乌兰泉沟墓地出土 2 件大型陶罐，与此罐形制大小相近①（图 6-4-1：6、7）。这类较大型陶罐流行在肩部和腹部刻划多重波浪纹和成组的戳点纹。

此外，热水墓地出土一件陶质胡瓶②，高 22、腹径 18 厘米。夹砂灰陶，槽形流，

---

① 中国社会科学院考古研究所、海西蒙古自治州民族博物馆、乌兰县文体旅游广电局：《青海乌兰县泉沟一号墓发掘简报》，《考古》2020 年第 8 期。

② 首都博物馆、青海省博物馆：《山宗·水源·路之冲——一带一路中的青海》，第 199 页。

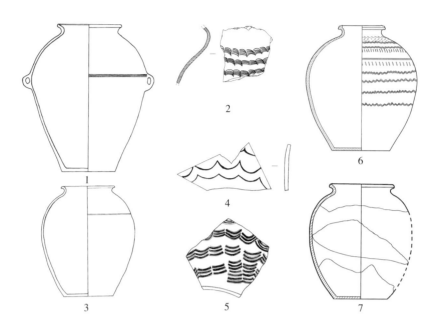

图 6-4-1　吐蕃时期陶器

1、2. 热水墓地 II 区 99DRNM1 出土陶器（《都兰吐蕃墓》，第 28 页，图 19）

3、4、5. 热水墓地 II 区 99DRNM3 出土陶器（同前，第 111 页，图 71）　6、7.
乌兰泉沟一号大墓出土陶器（《青海乌兰县泉沟一号墓发掘简报》图 37）

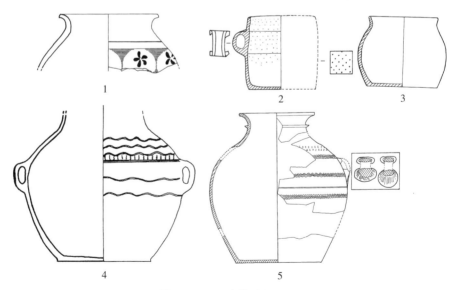

图 6-4-2　吐蕃时期陶器

1、4. 热水墓地 II 区 99DRNM1 出土陶器（《都兰吐蕃墓》第 27 页，图 18：1、3）

2、3、5. 热水墓地 II 区 99DRNM2 出土陶器（同前，第 43 页，图 28：1、2、3）

一侧有柄，束颈、鼓腹、平底，手制，表面有许多拍印痕迹。其形制与同时期所流行的其他材质的胡瓶一致，应是本地依照外来器形制作的酒器。

总体看来，吐蕃时期陶器制品并不发达，制作较为粗糙，大多为夹砂灰黑陶，均为平底器，器形种类和装饰纹样也较为单一。这可能与其主要从事畜牧业、极少定居进行农业生产活动有关。

二　彩绘木器

彩绘木质用具和随葬品在吐蕃墓葬中非常常见。其中包括木板和一些家具构件。这些器物可能是在墓葬附近地区制作，对它们的细致分析可以提供一些关于其具体制作地点的线索。

热水墓地Ⅱ区出土一批彩绘木器残片，除了墓葬99DRNM3中的木箱外，其他大部分为无法复原的残片，其器形和功能不得而知。木箱发现于99DRNM3的墓道填土中（图6-4-3），近正方形，长44、宽40厘米，高度未知，用柏木板制作。木板外侧都有彩绘，每侧面由四块板子用铁钉拼接。四边的最上层装饰内容按顺时针方向依次为云朵、猎手射兔、乐人吹笙和弹奏琵琶、猎手射鹿。每个题材形象都置于莲瓣形的壶门之中，由于壶门较小，人物形象都呈跪坐姿势，且头足刻画并不完整。猎手和乐人着吐蕃装，都有赭面。图像内容和构图与郭里木棺板画内容相似，反映了相同的装饰意匠（图6-4-4）。木箱的下层木板彩绘有卷草纹和几何纹样（图6-4-5），与郭里木棺板的前后挡和其他一些残片上的装饰（图6-4-6）近似。其他一些墓葬也出土有彩绘木板（图6-4-7）。虽然他们不属于同类器物，但都装饰有风格相似的卷草纹和几何纹，卷草纹肥厚丰满，与云朵接近。其中一片木板上可见有飞鸟羽翼，尾部有肥厚的卷草纹，足部有一排莲瓣（图6-4-6：6）。这可能是展翅的朱雀站立于莲台上的图像，类似的造型出现在郭里木棺板画前挡的左侧（见本章第六节图6-6-5）。

木箱的底部简单涂绘有白、蓝色。所有图像都以白色和红色为地，图像用蓝色勾勒轮廓，内部填以其他适合的颜色。

这类装饰图像的艺术风格与出土金银器上的卷草纹相吻合，由此可见它们所反映的是相同的艺术取向和文化氛围。在一些木板上描绘有骑马人物（图6-4-8），也与郭里木棺板画上的内容一致。其中一个人物形象有高鼻和大胡子，显然是唐朝图像艺术中的中亚胡人形象，并非唐朝的中原人和吐蕃人。

99DRNM3彩绘木箱可能是用于装盛生活用品，也有可能是类似于郭里木彩绘木棺的构件。由于可比对的完整器物出土比较少，对于其用途还需要更多证据去确认。

图 6 - 4 - 3   热水墓地 II 区 99DRNM3 出土彩绘木箱

(《都兰吐蕃墓》图版 32∶4)

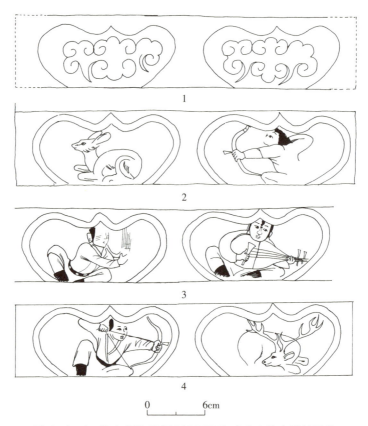

图 6 - 4 - 4   热水墓地 II 区 99DRNM3 出土木箱上彩绘图像

(同前：第 102 页，图 64；第 103 页，图 65)

图 6 - 4 - 5　热水墓地 II 区 99DRNM3 出土彩绘木片

（同前：第 105 页，图 66；第 107 页，图 67）

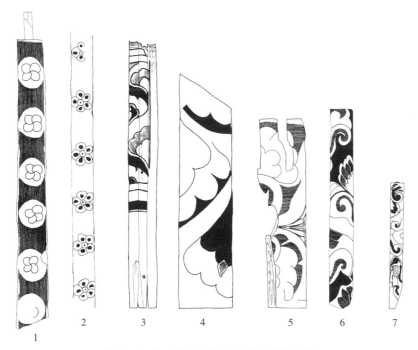

图 6 - 4 - 6　热水墓地 II 区出土彩绘木片

（同前：1. 第 16 页，图 1：2　2. 第 93 页，图 58：1　3. 第 45 页，图 29　4. 第
123 页，图 79：2　5. 第 15 页，图 10：1　6、7. 第 18 页，图 13：1、2）

图 6 - 4 - 7　郭里木出土彩绘木片

（青海省文物考古研究所供图）

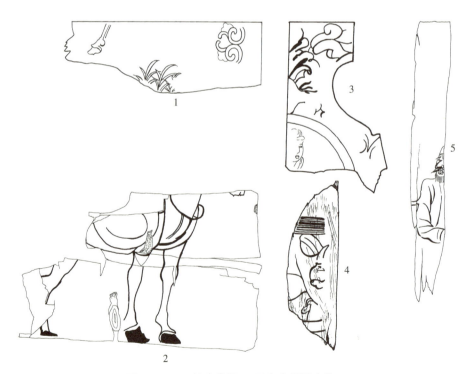

图 6 - 4 - 8　热水墓地 II 区出土彩绘木片

（《都兰吐蕃墓》：1. 第17页，图12：1　2. 第96页，图60：2　3、4、5. 第95页，图59：1、2、5）

三　皮革制品

皮革制品多发现于热水墓地 II 区的 4 座墓葬中。墓葬
99DRNM1 出土 5 件皮靴，黑色，仍富有弹性，具体所属动
物类别有待鉴定。其中一只靴子保存完整，尖头，平底，
高帮（图 6 - 4 - 9）。由三部分缝合而成：跟部和高帮后侧
面为一块，高帮前侧面一块，靴面和靴底为一块。缝合之
处针眼清晰排列，以金褐色线穿缝。靴筒和靴面部分用双
层皮，跟部和靴尖也用较软的皮子作为衬底。其他 4 件皮靴
仅保存靴面和靴底部分（图 6 - 4 - 10），其形状也大致相
同。个别皮靴在靴面和靴底的结合处有皮质鞋带。

图 6 - 4 - 9　热水墓地 II 区
99DRNM1 出土皮靴

（《都兰吐蕃墓》图 20∶3）

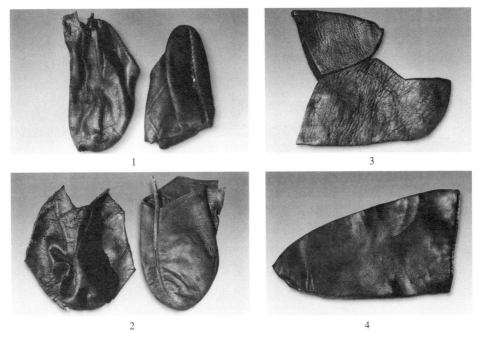

1

3

2

4

图 6 - 4 - 10　热水墓地 II 区 99DRNM1 出土皮靴

（《都兰吐蕃墓》图版 13）

　　墓葬 99DRNM3 中出土有两双皮靴（图 6 - 4 - 11），其中两只保存较为完好，其形
制与 99DRNM1 中所出皮靴类似。墓葬 99DRNM2 出土一片皮革和一条带有针孔的皮带，
皆为黑色。前者形制不规则，后者的边缘部分可以观察到穿线痕迹，很有可能是皮靴
的一部分。99DRNM4 中也发现一片皮革残片，大致为圆形，有穿线痕迹，线为白色，
其表面经过加工，柔软并带有光泽。

图 6 – 4 – 11　热水墓地 II 区 99DRNM3 出土皮靴　　图 6 – 4 – 12　热水墓地 II 区 99DRNM1 出土皮靴残片

（同前，图版 29：1）　　　　　　　　　　　（同前，图版 14：5）

吐蕃人皮靴通常用牛皮制成。《隋书·附国传》记载，附国人"全剥牛脚皮为靴"[1]。脚蹬皮靴的吐蕃人物形象在棺板画中非常常见，《步辇图》中的禄东赞画像十分清晰地描绘出所穿的皮靴。一些皮靴图像的高帮和尖头比出土器物更加突出，说明其形制的多样性。这类黑色皮靴在整个中亚和唐朝地区非常流行，甚至在 6 世纪以来更大范围内的游牧部落中也广泛分布。

墓葬 99DRNM1 中出土有一些皮带残片，皮带上有两排清晰的针孔，一些孔眼里上残留有小银钉。皮带的正面皆为黑色。（图 6 – 4 – 12）

这四座墓葬中发现的皮革制品虽然损坏严重，仍然显示出皮革在当地的使用情况。《新唐书》记载吐蕃人都穿戴动物皮革[2]，这暗示这些皮靴皆为本地制作的物品。但从其形制来看，很可能受到了粟特或突厥地区的影响。

四　铜、铁、锡器物

（一）铜器

铜质器物可以分为 4 类：日用器皿、带饰和带钩、饰件、铃铛。

1. 日用器皿

迄今共发现 7 件具有完整器形的日用铜质器皿，包括盘、瓶、盆和鐎斗等。

卷草纹贴金铜盘[3]，2017 年热水墓地 M1 盗掘出土。宽沿，唇部较圆，盘内中心圆形区域纹饰锈蚀不清，其外环绕两重带状连续卷草纹，边缘饰连续的垂瓣纹，纹饰图案皆用金箔制成，以特殊工艺附着于盘上，外沿下部饰三角形连续图案。直径 46、高

[1]　《隋书》卷八三《西域传·附国》，第 1858 页。
[2]　《新唐书》卷二一六《吐蕃传》，第 6072 页。
[3]　首都博物馆、青海省博物馆：《山宗·水源·路之冲——一带一路中的青海》，第 220 页。

4.6、厚 0.11 厘米。（图 6 – 4 – 13）

铜细颈瓶①，共 2 件，海东市化隆县公安局收缴，出土地点不明。侈口，方唇，束颈、鼓腹、圈足，捶揲而成，通体布满捶揲痕迹，口部与足部为银质，肩腹部为铜，衔接处有套焊痕迹，肩腹衔接处做出 4 个心形图案。宽 9、高 15 厘米。该器形制和尺寸与 II 型包金银细颈瓶相同，仅肩部略宽，为吐蕃本土流行的特色器物。（图 6 – 4 – 14）

图 6 – 4 – 13　2017 年热水墓地 M1 盗掘出土卷草纹贴金铜盘

（《山宗·水源·路之冲》第 220 页）

铜錾指壶②，海东市化隆县公安局收缴，出土地点不明。为铜银复合材质，捶揲而成。口、颈、垫指板和足部为银质，器身和指环部分为铜。侈口带槽形流，折肩、斜腹、圈足，一侧有錾指，垫指板面上饰一狮，高 13、腹径 13.5 厘米。该器与上述 2 件铜细颈瓶应属同一作坊制品。（图 6 – 4 – 15）

铜盆，共 2 件。一件为海东市化隆县公安局收缴③，出土地点不明。平面呈六瓣花形，花瓣之间有筋纹，最上层盆口一侧有一圆环，盆底中心鼓起一半球形体。平底，

图 6 – 4 – 14　海东化隆收缴铜细颈瓶

（同前，第 188 页）

图 6 – 4 – 15　海东化隆收缴铜錾指壶

（同前，第 189 页）

---

① 首都博物馆、青海省博物馆：《山宗·水源·路之冲————一带一路中的青海》，第 188 页。

② 同上，第 189 页。

③ 同上，第 189 页。

图 6-4-16　海东化隆收缴铜盆
（《山宗·水源·路之冲》第 189 页）

图 6-4-17　热水哇沿水库墓地出土铜盆
（《青海都兰县哇沿水库古代墓葬 2014 年发掘简报》图 27）

折腹呈 3 层阶梯状，逐层向下收分。直径 36、高 7 厘米（图 6-4-16）。另一件出自热水哇沿水库墓地①，敞口，方唇，一侧有半圆形耳，折腹呈阶梯状，逐层向下收分。平底，中心向盆内凸起一半球形体，出土时盆内有动物骨骼。口径 20、底径 12.6、高 4.6 厘米。（图 6-4-17）

铜鐎斗②，热水墓地出土。圆口，深腹，一侧有弯长柄，底部有三足，器壁外侧有厚重烟炱。口径 14.9、高 15 厘米。

2. 带饰和带钩

热水 99DRNM1 中发现有 2 件带饰，皆为锻造（图 6-4-18：1、3），素面无纹。在乌兰大南湾 M3 和 M4 中各出土有 1 件，其中 1 件还带有皮带残块（图 6-4-19：1、2）。M4 还出土 1 件鎏金铜带钩，为卧狮形象，底部有两个纽用以钩住皮带，这种造型在本地区较为少见。（图 6-4-19：3）

3. 饰件

在热水 99DRNM1 中还发现有 5 枚玫瑰花形饰件（图 6-4-18：2、4、5、6）。形制和尺寸都相同，有 6 个环形的叶瓣，中心有铁钉。铁钉顶部有银片。其中一个铁钉上还残留有木痕。热水 99DRNM4 中出土有 15 件类似的铜饰件（图 6-4-18：7）。乌兰泉沟一号墓也发现有 13 件。这些饰件可能用于装饰一些木质器皿的表面。

---

① 青海省文物考古研究所、陕西省考古研究院：《青海都兰县哇沿水库古代墓葬 2014 年发掘简报》，《考古与文物》2018 年第 6 期。

② 同上。

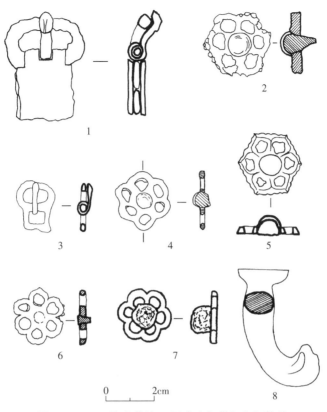

图 6 - 4 - 18 热水墓地 II 区出土铜带扣和铜饰件

(《都兰吐蕃墓》图 8、9、79)

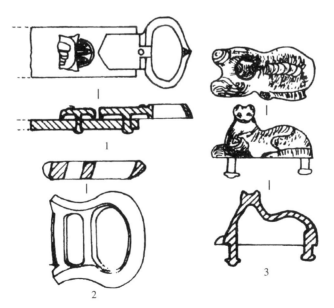

图 6 - 4 - 19 乌兰大南湾墓地出土铜带扣

(《青海乌兰县大南湾遗址试掘简报》图 14：5、2、9)

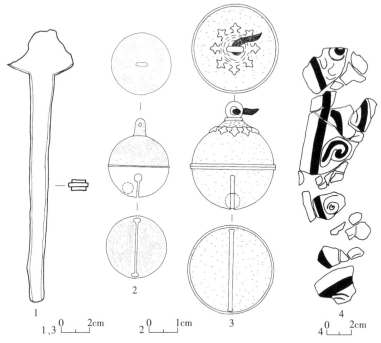

图 6-4-20　热水墓地Ⅱ区 99DRNM3 出土铜器

（《都兰吐蕃墓》图 43、图 44∶4）

4. 铜铃

都兰热水 99DRNM3 中发现有 9 件铜器，包括 2 件铜铃，1 件带彩绘的饰片以及一些无法确定器形的残片（图 6-4-20）。较大的铜铃由两个半圆形构成，顶部有一环，里面残留有纺织物残片，显然是用于系挂。在环与铃身结合处装饰有八瓣的贴花。铃铛底部有一长条形开口，开口两端呈圆形。铃铛内部有一实心的铜球（图 6-4-20∶3）。另一个铃铛形制相同，尺寸略小，不见有装饰（图 6-4-20∶2）。在该墓的盗坑中还发现有铜器柄部，呈长条形，一端残留有器体的残片（图 6-4-20∶1）。带彩绘的铜器残片位于彩绘木鸡的旁边，黄色为地，云团纹和条带纹涂以红色。发现时与一些铜条缠绕在一起，暗示了其功能与木鸡相关。

都兰热水墓地出土的铜器中有 8 件经金相组织鉴定[①]，全部为铸造，其中一件圆铜盘为铅锡青铜，一件铜盘为红铜，箭镞为砷白铜，其他的小件铜器包括铜条、铜钩、牛鼻圈、带环和带扣均为铅锌黄铜。除了红铜盘为冷加工制成外，其余均为热加工制品。黄铜器物的集中发现，说明吐蕃金属加工业中外来因素是非常明显的，可能与波斯或北印度有密切联系。但由于这些器物均为本地日常用品，级别并不高，可能并非

---

① 李秀辉、韩汝玢：《青海都兰吐蕃墓葬出土金属文物的研究》，《自然科学史研究》1992 年第 3 期。

图 6 - 4 - 21　2017 年热水墓地 M1 盗掘出土
人物纹贴金锡盘

（《山宗·水源·路之冲》第 220 页）

图 6 - 4 - 22　2017 年热水墓地 M1 盗掘出土
团窠纹贴金盘口锡瓶

（同前，第 222 页）

直接从中亚或西亚输入，很可能黄铜的冶炼技术已经通过中亚或西亚的冶金工匠输入
到吐蕃境内。

（二）锡器

共发现 3 件锡器，均出自热水墓地。

人物纹贴金锡盘①，2017 年热水墓地 M1 盗掘出土（2018—2020 年正式发掘后命
名为"2018 血渭一号墓"）。受损严重，残存 1/4，圆形、宽平缘、浅腹、平底。盘面
中心为花草团窠纹，其内有男女人物图像，头戴方冠、缠头或罗幂，穿大翻领袍服。
此花草纹团窠为中心，周边环绕有宴饮人物，或坐于毯上，或立于帐旁，或相拥相伴。
外围有牵马人物、骑射飞奔图像，间以山石、花草、飞鸟、奔狮等。盘缘饰一周团花
和一周 1/2 宝相花图案。残半径 24.8、高 1.5、口沿厚 0.3 厘米。（图 6 - 4 - 21）

团窠纹贴金盘口锡瓶②，2017 年热水墓地 M1 盗掘出土。盘口、细颈、圆腹、平
底。腹部有 4 个卷草纹团窠，其内饰立鸟，鸟翅上饰联珠纹。团窠之外的腹部和颈部
满饰卷草纹，底部有十字形纹饰，图案纹样贴金。高 16、口径 9.2、底径 6.5、壁厚
0.2 厘米。（图 6 - 4 - 22）

动物纹锡錾指杯③，2017 年热水墓地 M1 盗掘出土。敞口、浅腹、圈足，一侧有錾
指，上饰卷草，下为指环，錾指与圈足为焊接而成，有绿色铜锈痕迹。外侧近口沿部
分焊一周金珠，腹部饰 2 组相对的回首羱羊图像，中间隔以卷草花枝。该器形与金银

———————————

① 首都博物馆、青海省博物馆：《山宗·水源·路之冲——一带一路中的青海》，第 220 页。

② 同①，第 222 页。

③ 同①。

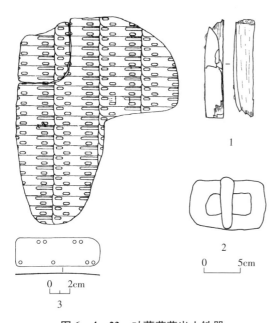

图 6－4－23　吐蕃墓葬出土铁器

1、2. 热水 99DRNM3 出土铁器（《都兰吐蕃墓》图 44：1、3）　3. 乌兰大南湾墓地出土铁甲（《青海乌兰县大南湾遗址试掘简报》图 14：4）

錾指杯相同。口径 12.3、高 3.8、厚 0.2 厘米。

从器物造型和装饰来看，此 3 件锡器均具有浓厚的本土特色。人物纹贴金锡盘装饰内容与海西州棺板画上的图像内容高度相似，包括表现手法和人物服饰细节。团窠纹贴金盘口锡瓶在造型上与阿勒萨尼藏品中的镶嵌绿松石凤鸟纹金胡瓶（见 II 型金瓶）相仿，应属于细颈瓶的一种，是吐蕃本土所流行的特色器物。动物纹锡錾指杯的造型与装饰风格也与 I 型碗形金錾指杯相同。因此，推测此 3 件锡器应属吐蕃本土制品。

此外，在甘肃肃南大长岭吐蕃时期墓葬中出土 1 件二龙戏珠锡盘[①]（见第七章第二节）。盘周边有宽沿，沿面上饰宝相花，其内外两边均为六角菱花形，盘内底部饰首尾相接的双龙，中心为多重同心圆形。双龙周边饰双重同心圆纹，其外点缀一周卷云纹。从其造型特征、装饰题材和伴出器物来源来看，可能属于唐朝制品，与上述 3 件锡器有非常明显的差别。

（三）铁器

铁器出土数量较少。热水墓地 II 区仅有 3 件，出土于墓葬 99DRNM3 的扰土中。包括 1 件带木鞘的小刀（图 6－4－23：1），1 件带扣（图 6－4－23：2）和 1 把锹。大南湾墓地 M4 中出土 1 具铁铠甲，锈蚀严重，仅存残片。由单个的长方形铁甲片用铁丝重叠连缀而成，甲片背后衬以丝织物，仅存些许痕迹（图 6－4－23：3）。铁铠甲与考肖图遗址中所出的漆甲（见后图 6－4－43）非常相似。乌兰泉沟一号墓地出土有铁剑、铁箭镞和铁质箭箙构件（图 6－4－24）。可见吐蕃时期的铁制品主要为兵器。

五　半宝石

包括绿松石饰、珍珠、玛瑙器或饰件、玻璃珠或饰件、石榴石珠等。

---

① 仝涛：《甘肃肃南大长岭吐蕃时期墓葬的考古学观察》，《考古》2018 年第 6 期。

图 6 - 4 - 24　乌兰泉沟一号墓地出土铁器
（《青海乌兰县大南湾遗址试掘简报》图7）

（一）绿松石饰

在器物装饰中发现最多的半宝石为绿松石。吐蕃时期金银器的一个独特特征是器表镶嵌大量的绿松石，尤其是以黄金为背景形成极为鲜明的颜色反差，使得器物显得光彩夺目。绿松石常依据器表装饰图样的需要雕刻成各种形状，拼接为植物叶脉、花瓣、联珠以及鸟兽动物等，或以马赛克式拼作花卉植物和鸟兽造型。除了器物表面镶嵌大量绿松石外，散落零碎的绿松石数量也很大。在都兰热水 99DRNM1 中发现有 45 颗各种形状的绿松石饰件，颜色多样，包括蓝色、浅绿色、深绿色和翠绿色（图 6 - 4 - 25）。4 颗为长方形，1 颗较大，带穿孔。另外 11 件为圆形，无穿孔，尺寸差异较大。绿松石表面抛光，有的上面有雕刻。热水 99DRNM3 出土 3 颗，其中 1 颗为带穿孔的长圆形，呈翠绿色。带穿孔的珠饰应该是来自串珠，而没有穿孔的多数是用于镶嵌。青海乌兰泉沟一号大墓出土散落的绿松石 68 颗[1]（图 6 - 4 - 26），有圆形、半圆形、椭圆形、水滴形和不规则形等，多数表面光滑，个别表面刻有叶脉纹，都属于器物表面的镶嵌饰物，直径 0.4—1.5 厘米。其中 M1B∶18 - 1 近圆形，正面打磨成弧形，背面为平面。直径 0.4、厚 0.15 厘米。M1B∶18 - 4 为扇形，中部磨刻出隆起的脊线（叶脉纹）。长 1、宽 0.9、厚 0.3 厘米。M1B∶18 - 8 为逗点形，正面磨刻凸起三道脊线（叶脉纹）。长 1、宽 0.65、厚 0.5 厘米。在该墓出土的鎏金王冠和金杯上，更将绿松石镶嵌装饰发挥到极致。绿松石镶嵌于器表打制出的各种形状的镂孔内，或在器表用掐丝编成图案轮廓的凹槽，然后以乳香树脂之类的植物胶将切割雕刻好的绿松石粘接于凹槽之内。

---

① 中国社会科学院考古研究所、海西蒙古自治州民族博物馆、乌兰县文体旅游广电局：《青海乌兰县泉沟一号墓发掘简报》，《考古》2020 年第 8 期。

图 6 - 4 - 25　热水墓地出土绿松石饰件

（《都兰吐蕃墓》图版 9∶5）

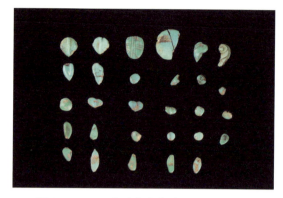

图 6 - 4 - 26　乌兰泉沟墓地出土绿松石珠

（《青海乌兰县大南湾遗址试掘简报》图 40）

吐蕃人热衷于绿松石装饰。棺板画上的人物头部装饰有大量的绿色珠子，显然也是绿松石质地。女性的头部装饰尤其丰富，一般成串缀于额前及两鬓，男性则装饰在垂于颈后的编发发环之上。从人物比例上来看，饰珠个头较大，多呈圆形，与后世西藏女性的头饰相仿。汉藏文献中也有较多相关记载，这类绿松石常用作吐蕃男女的头饰"瑟瑟珠"，其中"珠之好者"，在当地的价值"一珠易一良马"（见第六节第三部分）。但在考古发现中尚未发现这类大小的绿松石装饰。甘青地区在史前时期已经相当流行使用绿松石作装饰①。青海吐蕃时期大量使用绿松石装饰，应该是根植于本地区的技术工艺传统。虽然吐蕃金银器深受粟特、萨珊、唐朝和突厥地区的强烈影响，但在这些地区的金银器中镶嵌绿松石并不普遍，单件器物上镶嵌的数量也不多。而在吐蕃地区，密集的绿松石装饰实际上已经构成金银器的突出特征之一。至少在汉唐时期，可能绿松石已经被赋予了特定的神秘性和宗教色彩②。吐蕃时期墓葬中的这类发现可被视为此后青藏高原绿松石装饰大为盛行的肇始。

（二）玛瑙器和饰件

2017 年热水墓地 M1 盗掘出土 1 件十二曲玛瑙长杯③，长 26.8、高 11.9、壁厚 0.5厘米。用整块酱黄色玛瑙雕刻而成，器壁厚重，透光性好，琢磨光滑，通体呈玻璃光泽，可见片状结晶和片裂开线。杯口呈椭圆形，中间内凹，两端翘起，圜底，有十二个横向的曲瓣。该器物加工精美，所需制作原料体量较大。（图 6 - 4 - 27）

玛瑙杯通常为唐代高级贵族珍藏之宝，文献记载中均出自西域。日本正仓院中仓

---

① 崔兆年：《浅议青海史前文化的绿松石饰》，《青海社会科学》2007 年第 1 期。

② 同上。

③ 首都博物馆、青海省博物馆：《山宗·水源·路之冲——一带一路中的青海》，第 224 页。

收藏 2 件玛瑙杯和 1 件九曲玻璃杯，是天平胜宝四年（752 年）在日本奈良东大寺大佛开眼法会上的献纳宝物①，乃王室成员收藏的珍品。西安何家村出土 2 件椭圆形玛瑙杯、1 件八曲水晶长杯和 1 件镶金兽首玛瑙杯②，林梅村先生推演它们属于唐初输入的罽宾国贡品，同样属于皇家宝藏③。如此大型的外来玛瑙制品出现在吐蕃墓葬中，标示着墓主人必定有极高的等级。

与此件十二曲玛瑙长杯器形最接近的应属何家村所出八曲水晶长杯和陕西耀县（今耀州区）柳林背阴村出土的十二曲银长杯④，均有横向的曲瓣，年代分别为 8 世纪末和 9 世纪中期。北朝至唐代的多曲长杯与伊朗萨珊器物有密切关系⑤，这类器物据认为是萨珊人在古罗马的贝壳式银器启发下的创新器物⑥。唐代金银多曲长杯多为仿制萨珊器⑦，而水晶、玻璃、玛瑙多曲杯则因为原材料和制作工艺的限制，可能多数为外来物品。

（三）珍珠

热水 99DRNM3 出土的两片丝织物上有 1 串珍珠。其中 1 片丝织物一端打结，上面连缀有用绿色丝线串起的 7 颗圆形珍珠（图 6 - 4 - 28）。

图 6 - 4 - 27　2017 年热水墓地 M1 盗掘出土十二曲玛瑙长杯

（《山宗·水源·路之冲》第 224 页）

图 6 - 4 - 28　热水墓地出土珍珠

（《都兰吐蕃墓》图版 26：3）

① 正仓院事务所编：《正仓院宝物·中仓》，宫内厅藏版，朝日新闻社，1960 年，no. 7，no. 5。
② 陕西省博物馆等：《西安南郊何家村发现唐代窖藏文物》，《文物》1972 年第 1 期。
③ 林梅村：《唐武德二年罽宾国贡品考——兼论西安何家村唐代窖藏原为大明宫琼林库皇家宝藏》，《考古与文物》2017 年第 6 期。
④ 陕西省博物馆：《陕西省耀县柳林背阴村出土一批唐代银器》，《文物》1966 年第 1 期。
⑤ 齐东方、张静：《萨珊式金银多曲长杯在中国的流传与演变》，《考古》1998 年第 6 期。
⑥ 深井晋司：《镀金银制八曲长杯》，《ペルシア古美术研究·ガラス器·金属器》，吉川弘文馆，1968 年。
⑦ 同⑤。

数量更为丰富的珍珠发现于乌兰泉沟一号大墓的鎏金王冠上①。该冠前檐所系缀的冕旒皆以白色珍珠编织成六边形网格状结构，冕旒出土时平铺于前檐正前方，横长17、竖宽约15厘米，珍珠有大小两种，直径分别为2.5—3和1.6—1.9厘米。穿孔内所用丝线经实验室检测确定为丝绸。珍珠冕旒是中原王朝统治者所戴冕冠的重要组成部分，是其身份地位的象征，这在敦煌壁画和绢画上的唐王图像中多有表现。《旧唐书·舆服志》载，唐制天子冕冠中衮冕最为重要，"衮冕，金饰，垂白珠十二旒，以组为缨，色如其绶"，"贵贱之差，尊卑之异，则冠为首饰，名制有殊，并珠旒及裳彩章之数，多少有别。"② 可见珍珠冕旒在吐蕃境内的使用应是受到唐文化影响。

（四）其他

热水一号大墓出土一些穿孔的圆形蓝色玻璃珠，尺寸、形状和颜色都相同，可能属于串珠，用于身体装饰（图6-4-29：1）。

在热水99DRNM1的后室内发现有1颗半圆球形透明的玻璃质珠子，素面无色，底部有黑色粉状残留物和细小的亮片，可能为云母（图6-4-29：2）。

乌兰泉沟一号大墓的鎏金王冠上缀有20余颗瓜形玻璃珠，可能作为隔珠，与数枚绿松石管形珠和球形珠组合使用。由于散落于冕旒之间，其原具体位置不详。珍珠冕旒周边又有少量较大直径的成串珍珠和4颗水滴形石榴石珠散落，可能用作冠四角的缀饰。此外，在五个冠面的中心都镶嵌有圆形或方形的蓝色玻璃。

在热水99DRNM3中发现有2串半宝石缀饰，各有5色珠子组成，包括红色、翠绿色、黑色、浅绿色和白色。珠子共有25颗，都呈菱形。各色珠子的排列随意无规律（图6-4-29：3）。该墓葬还出土有不少细小的方解石残片，据称它们与苯教葬仪有某种联系。

1　　　　　　　　　　　2　　　　　　　　　　3

图6-4-29　热水墓地出土玻璃珠

（1. Studies of the Silk Road in Qinghai Province, China, p. 224, pl. 51　2、3.《都兰吐蕃墓》图版9：6、图版30：5）

---

① 中国社会科学院考古研究所、海西蒙古自治州民族博物馆、乌兰县文体旅游广电局：《青海乌兰县泉沟一号墓发掘简报》。
② 《旧唐书》卷四五《舆服志》，第1936页。

大多数珠饰由于未经系统实验室分析，比较难以确定其产地。但可以肯定的是，大部分半宝石饰珠或饰件皆非本地所产，即便是使用数量最多的绿松石，应该都是自其他区域输入。青海乌兰地区虽然存在绿松石矿床①，但尚未见到有古代开采遗迹。宋元时期中原内地的绿松石一部分是自河西地区输入的，有"河西甸子"之说，但"河西甸子"是否为河西所产存在争议，有人认为河西仅是转销地而非绿松石产地，实际产地应为中亚费尔干纳。根据中古时期波斯阿拉伯语文献记载，13世纪以前中亚地区绿松石矿藏主要分布在呼罗珊、花剌子模、河中地以及土库曼斯坦这四个地区②，但能否追溯至吐蕃时期目前尚无证据。1981年新疆哈密黑山岭发现古代绿松石矿坑，一度被认为是"河西甸子"所在③。目前黑山岭及其附近的天湖东绿松石采矿遗址的考古发掘正在展开，收获颇丰，但开采年代则为商周到春秋时期④，青海地区吐蕃时期大量使用的绿松石是否来自该地，尚需进一步探讨。

唐代珍珠常作为饰物和佛教用品上的装饰，迄今所见考古发现的珍珠多出自舍利宝函装饰和高等级墓葬中的饰物。根据文献记载，唐代珍珠产地有本土和域外两种。本土珍珠出自岭南道，《通典》记载"崖州珠崖郡贡银二十两、真珠二斤、玳瑁一具"⑤。域外珍珠主要通过朝贡和对外贸易两种方式输入，主要来自天竺国、林邑国、波斯鬼国、狮子国等⑥。可见青藏高原所见珍珠，也不出这两种来源，或来自唐代岭南道，或自波斯、印度等西域国家输入。考虑到珍珠冕旒这一礼冠配饰习俗源自中原内地，这些珍珠自唐朝岭南输入的可能性相对较大。

六　砖、石、木、泥制品

石刻在墓葬中数量较多，通常被作为特殊的纪念碑放置于墓葬前方，或者作为墓葬附属建筑的一部分。这类发现包括成对的石狮、石柱和柱础石。在考肖图遗址发现一对石雕狮子（图6-4-30）和一通石碑，原应立于围墙内。20世纪50年代它们被搬走，90年代石狮被移存于青海省文物考古研究所，保存状况基本完好。两尊石狮风格敦厚，大小不一，应有雌雄之别，大者高83厘米，小者高76厘米。均以花岗岩雕造，呈蹲踞状，鬃毛卷曲，从头顶披于肩部，前额凹陷，口部紧闭，前胸凸出，前胸和后背有一条中线，尾巴自双后腿间向前翻卷，伸出到左侧腰部。前腿直立，肌肉强

① 黄宣镇：《绿松石矿床的成矿特征及找矿方向》，《中国非金属矿工业导刊》2003年第6期。
② 陈春晓：《宋元明时期波斯绿松石入华考》，《北京大学学报（哲学社会科学版）》2016年第1期。
③ 任经午：《河西甸子与哈密绿松石》，《地球》1985年第1期。
④ 李延祥等：《新疆哈密两处古绿松石矿遗址初步考察》，《考古与文物》2019年第6期。
⑤ ［唐］杜佑撰，王文锦等点校：《通典》卷六《食货六·赋税下》，中华书局，1988年，第131页。
⑥ 高翠：《唐代真珠考略》，《中国国家博物馆馆刊》2016年第4期。

劲有力，肩胛部可见一星状印记，下颌镌刻胡须。根据该遗址 1996 年同地层出土的"开元通宝"钱币，推断石狮应该为 729 年[1]。有关学者已经对此石狮造型进行过深入讨论[2]，指出其主要特征均来自于中原，只是在制作上不如唐代中原的石狮精致，而且局部有一些变化。与石狮同出的还有石碑一通，截面为方形，20 厘米见方，素面，残高 240 厘米，不见有石刻铭文。很不幸的是石碑被破坏并用作其他建筑材料。

石狮的造型特征与西藏吐蕃时期墓地中发现的石狮如出一辙。例如琼结藏王陵、拉孜查木钦墓地等。都兰热水墓葬中出土的大量金带饰和鞍饰上的狮形纹也属于此类造型。石狮在吐蕃墓地的出现，应该是受到唐朝的影响。唐朝陵墓中发现有大量的石狮雕刻，如惠庄公主墓[3]和昭陵的李勣将军墓[4]。狮子并非中国本土所有，但随着佛教的传入，狮子题材在 5 世纪开始流行，一直延续到隋唐时期。虽然东汉时期墓地的神道上也有狮形的镇墓兽，但可以清楚辨识的石狮更多地出现在唐朝高级别墓葬中[5]。

考肖图遗址中出土的石柱也是唐朝地区影响的结果。仅存的残片为方形，高 3—4 米、0.2 米见方。同石狮一样，也是作为标志性纪念碑放置于建筑的前方。大南湾墓地出土有 2 件石刻柱础石，是典型的唐朝风格[6]（图 6 - 4 - 31），为圆形，雕刻 8 瓣莲花装饰，直径为 30、高 20 厘米。上部平面的中心有小洞，用以放置立柱，可惜立柱已经丢失。这类柱础在唐朝境内非常常见。

砖雕和木雕狮子也有发现。兴海县发现有一块方砖上雕刻有蹲踞的狮子，砖长 33、宽 32、厚 5 厘米。狮子蹲坐于莲花座之上，周围绕以卷草纹为边框[7]（图 6 - 4 - 32）。其构图与郭里木棺板画上的四神图案相似，很明显属于唐朝风格，同时也表现了一些本土特征，例如狮尾部丰厚的花叶，属于典型的吐蕃表现形式。

带有彩绘或贴金的木制品是吐蕃墓葬中一类独特的随葬品。木质明器和人俑在中原内地和河西走廊地区的汉晋时期墓葬中非常普遍，用以替代实物和殉人放置于墓室中。吐蕃时期墓葬中发现的俑类，都用浓墨重彩描绘，或用金箔贴饰。其中狮子和鸟类造型最为流行，还有一些骑马木俑。狮子为坐姿，口大张，形态生动形象（图 6 - 4 - 33）。

---

[1] 汤惠生：《略说青海都兰出土的吐蕃石狮》，《考古》2003 年第 12 期。

[2] 同上。

[3] 陕西省考古研究所：《唐惠庄太子墓发掘简报》，《考古与文物》1999 年第 2 期。

[4] A. L. Juliano, *Treasures of China.* New York, 1981, p. 151, bottom left.

[5] A. L. Juliano, J. A. Lerner, Cultural crossroad: Central Asian and Chinese entertainers on the Miho funerary couch, *Orientations*, 2001, vol. 28, no. 9, pp. 72 – 78.

[6] 青海省文物考古研究所：《青海乌兰县大南湾遗址试掘简报》，《考古》2002 年第 12 期。

[7] 许新国：《兴海县出土唐狮纹画像砖图像考》，《青海文物》1996 年第 10 期。

背部平坦，有孔洞，显示其原用于安插在其他器物之上。身体表面残留有红黄色的颜料和金箔片。墓葬99DRNM3中出土的一对木鸟保存较好（图6-4-34：1），与真鸟尺寸相当，高8.6、宽32.6厘米，由几个部分拼合而成。身体与翅膀和脚部接合的部分有方形孔，双翼展开，但双足丢失。鸟的腹部贴金，身体其余部分包括羽翼都描以红、黄、绿色。另一件木鸟带有铜足和圆锥形的木座，显示了这类木雕的安放形式（图6-4-34：2）。还有一些鸟头和身体残件，但彼此分离无法拼接，大部分都带有彩绘和贴金（图6-4-34：3、4；图6-4-35）。一部分鸟头（长约3厘米）用镶嵌绿松石表现眼部（图6-4-35：1、3、4），这类鸟可能属于凤鸟或鸡，在彩绘木棺上出现非常频繁。

　　木雕骑马人物俑形象相对呆板，多数为整块木头雕成，工艺比较粗略，不怎么注重细节部分，但可以看出其独特的吐蕃长袖和带具（图6-4-36：1），说明骑马者身份为吐蕃人物无疑。其中一件骑马俑身披铠甲，满身的甲片用墨线勾勒。还表现出了两侧开衩的吐蕃长袍（图6-4-36：3）。

　　民和博物馆在川口镇采集到的瓦当上刻画有人首鸟身形象[①]（图6-4-37），瓦当直径13厘米，上半身为人形，双手执长笛状乐器正在吹奏，双翼展开，下半身为站立的鸟形，周围围绕一圈联珠纹。这一人首鸟身形象应该是迦陵频伽鸟，在唐朝的中原地区和吐蕃时期的青藏高原都很流行。瓦当发现于中原地区通往高原的过渡地区，给这类图像乃至佛教的传播路线提供了有说服力的依据。

　　佛教在该地区的影响是多方面的，这在一些遗物上多有反映。在吐蕃时期的墓葬周

图6-4-30　都兰考肖图遗址
出土石狮
（《略说青海都兰出土的吐蕃石狮》图1）

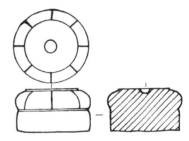

图6-4-31　乌兰大南湾墓地
出土石柱础
（《青海乌兰县大南湾遗址试掘简报》
图14：11）

图6-4-32　兴海出土狮纹画像砖
（《兴海县出土唐狮纹画像砖图像考》
图1）

① The Research Center for Silk Roadology ed., Studies of the Silk Road in Qinghai Province, China, p. 106；王朝闻总主编、陈绶祥主编：《中国美术史·隋唐卷》，齐鲁书社、明天出版社，2000，图157。

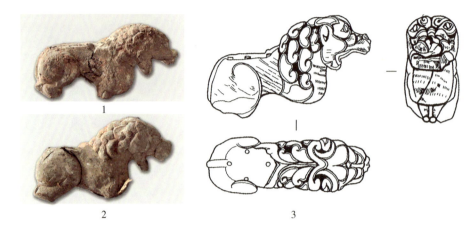

图 6 - 4 - 33　都兰出土木雕狮子

（1、2. Mayker Wagner 摄　3.《中国青海省都兰吐蕃墓群的发现、发掘与研究》图 4）

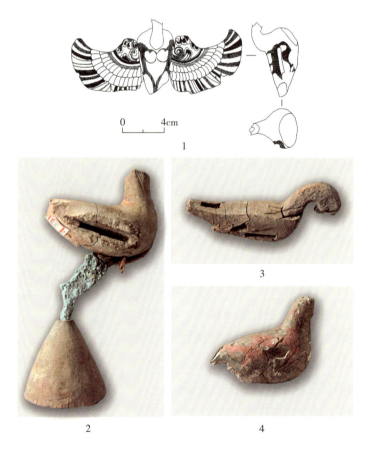

图 6 - 4 - 34　热水墓地出土彩绘木鸟

（1.《都兰吐蕃墓》图版 31，第 100 页，图 63　2、3、4. Mayker Wagner 摄）

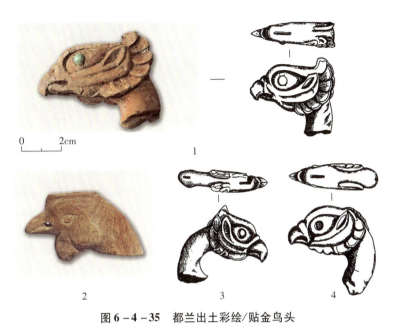

图 6 - 4 - 35 都兰出土彩绘／贴金鸟头

（1 左 . Mayker Wagner 摄；2.《都兰吐蕃墓》图版 30：2；1 右、
3、4.《中国青海省都兰吐蕃墓群的发现、发掘与研究》图 5）

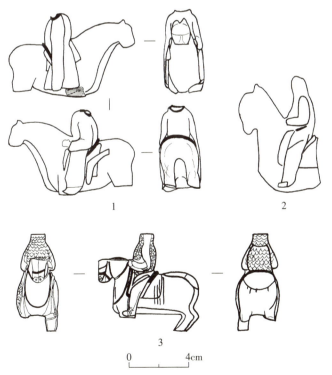

图 6 - 4 - 36 热水 II 区 99DRNM3 出土骑马人物俑

（1、3.《都兰吐蕃墓》图 61；2. 图 62：3）

围偶然发现有擦擦。"擦擦"一词源自梵文，指的是用模印或挤压而成的小型圆锥或圆饼形的佛塔或佛像。墓地中发现的擦擦多分布在地表封堆上及其周边，是墓主人子孙后代专门用以供奉祖先的。擦擦上面的文字通常为梵文，后来用古藏文书写，逐渐形成固定的格式①。考肖图遗址出土有至少 5 种类型的擦擦，乌兰县大南湾遗址中出土有 2 件，在相邻的新疆和田策勒县达玛沟佛寺遗址曾经发现几件擦擦，它们极有可能是吐蕃占领和田时期（790—866 年）所留下的遗物，反映了都兰和和田通过丝绸之路产生的内在联系。关于擦擦的详细情况及其分析见第七章第三节。

图 6 – 4 – 37　民和川口镇采集
人首鸟身纹瓦当
（《中国美术史·隋唐卷》图 157）

七　漆器

都兰吐蕃时期墓地中发现一批漆器，多数为残片，一部分可以修复。多数漆器为日常生活用器，如碗、杯、盘、罐等，多为整木刻作木胎，然后髹黑漆、绛红漆或清漆。制作方法有三：其一，漆直接施于木器表面；其二，木器表面抛光，涂灰泥以增加胎体强度，再抛光后髹漆；其三，先将木器表面裂缝填塞、抛光，然后木器表面覆一或两层苎麻布，再在麻布上髹漆。大多数漆器做工比较优良，充满玻璃质光泽②。

热水墓地出土漆器包括黑漆器和清漆器两类，多集中发现于热水一号大墓中。黑漆器有 4 件碗、3 件碟、3 件罐、2 件残器底和马鞍前后桥，均为木胎，髹黑漆或紫黑漆。碗器形较为接近，为直口或微侈口、敛腹、圈足或假圈足（图 6 – 4 – 38）。碟为侈口、浅腹、假圈足。罐为直口、方唇、束颈、溜肩，器身为筒形，下部有一道凸弦纹，口肩部和下部髹漆，中段和底部无漆。热水墓地和夏日哈还出土一批清漆器（图 6 – 4 – 39），器形有 9 件碗和 5 件碟，其中一类碗与黑漆碗一致，另一类碗形制为颈微束、折肩、圈足。此外还有一件碗有圆形底座。一些器物上有用铜片和铆钉修补的痕迹，显然属于重复使用多年的日用器。

---

① G. Tucci, *Transhimalaya*, Eng. transl. by J. Hogarth, Geneva: Nagel Publishers, 1973, p. 117.
② 许新国：《柴达木盆地吐蕃墓出土漆器》，载许新国：《西陲之地与东西方文明》，燕山出版社，2006 年，第 337—345 页。

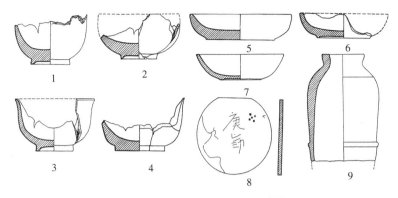

图 6 - 4 - 38　热水墓地出土漆器

（《柴达木盆地吐蕃墓出土漆器》图一、二）

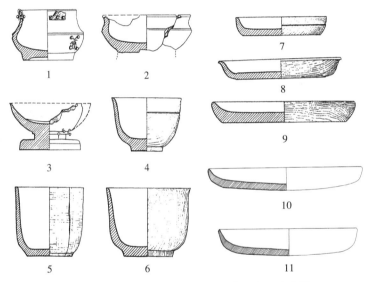

图 6 - 4 - 39　热水墓地和夏日哈墓地出土清漆器

（同前，图三、四）

　　以上器物均残损较严重。热水墓地出土一件较完整的漆盘[1]，长 22、宽 12、高 6 厘米。直壁，盘口为两瓣菱花形，矮圈足。盘内壁髹红漆，外壁髹黑漆。（图 6 - 4 - 40）

　　除了日常生活用具外，还有些器物也髹漆，如马鞍、箭囊、皮铠甲、棺木和一些建筑木构件（图 6 - 4 - 41）。乌兰泉沟一号墓地出土一批彩绘漆棺残块[2]，共计 96 件，为至少两具木棺的构件。棺板散落残损较为严重，尚未复原。多为带有榫卯的长条形

① 首都博物馆、青海省博物馆：《山宗·水源·路之冲——一带一路中的青海》，第 198 页。
② 中国社会科学院考古研究所、海西蒙古自治州民族博物馆、乌兰县文体旅游广电局：《青海乌兰县泉沟一号墓发掘简报》，《考古》2020 年第 8 期。

图 6 – 4 – 40　热水墓地出土漆盘
（《山宗·水源·路之冲》第 198 页）

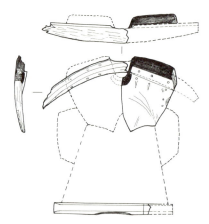

图 6 – 4 – 41　热水 II 区 99DRNM2 出土漆马鞍
（《都兰吐蕃墓》图 31）

图 6 – 4 – 42　乌兰泉沟墓地出土彩绘漆棺残块
（《青海乌兰县泉沟一号墓发掘简报》图 35）

木板或木条，两端及截面形制各异。表面髹黑漆，再施彩绘，彩绘内容有骑马行进人物、兽面、飞鸟、花卉、云团及几何图案等内容。根据棺板形制初步推测为一头大一头小的梯形彩绘漆棺，长约为 2.5 米，前挡宽为 1—1.3 米，后挡宽 0.80—1 米，棺板厚 8 厘米，高度不详。（图 6 – 4 – 42）

大部分中国周边区域和境外发现的古代漆器都是直接自中原地区输入的，漆器贸易在汉唐时期的对外贸易中占有很重要的位置。但从都兰漆器的形制和功能来看，很可能大部分是本地或邻近地区制作的，尤其是髹漆的建筑构件，来自遥远外地的可能性不大。髹漆的马鞍和桦树皮残片都与其他同类木器形制相同，表明漆器和无漆的木器可能有着相同的产地。普通的生活用漆器造型单一，不见有中原同类漆器上精致而复杂的装饰图案。漆的色调也与其他漆器相统一，显示了它们采用了相同的技术和原料。一些漆碗底部带有汉字或藏文题记，皆用漆书写，汉字为数字，可能为工匠制作过程中用来计数的（图 6 – 4 – 38：8），他们可能是唐朝人，或熟知汉字的吐蕃或吐谷浑人。虽然藏文题记无法辨识，但它的出现更加支持后一种身份推测，至少可以推测为通晓藏文的工匠参与了这些器物的制作，它们制作地点是本地的可能性很大。而乌

兰泉沟一号墓出土的彩绘漆棺是个较
为少见的个例，其体量较大，制作工
艺精湛，尤其是漆棺上类似工笔画的
彩绘艺术风格与同时期本地流行的彩
绘棺板画差异较大，不排除为汉地制
作后远途运输而来的可能。

图6-4-43　考肖图遗址出土漆皮铠甲
（Studies of the Silk Road in Qinghai Province, China, p. 217, pl. 28）

　　根据汉文献记载，临近青海北部
的高昌（今吐鲁番）地区早在5世纪
早期就生产漆器[1]。青藏高原东部的
附国在隋代也掌握了漆器制作技术，
他们可以生产漆皮铠甲[2]。考肖图遗
址中出土的漆皮铠甲可以为这一记载提供考古学上的佐证。（图6-4-43）

　　金城公主入藏带去很多唐朝工匠，其中应该有一些工匠善于日常生活用具的制作。
吐蕃在8世纪下半叶吞并河西走廊，敦煌地区的漆器手工业并没有中断，敦煌发现的文书
中提到不少漆器，包括碗、碟、盘、案和其他生活用具，在寺院中经常使用[3]。考虑到两
地间的距离和汉藏双语并存的特征，都兰的部分漆器源自敦煌地区也是完全可能的。

八　文字题记

　　都兰出土物中有不少物品带有文字题记，这对于我们理解出土物本身的性质及其
所处的历史背景提供了很大帮助。带有题记的出土物有各种类别，包括木器、石制品
金银器和丝织物。因为文字内容蕴含了大量有关墓葬的信息，对其进行深入的讨论是
很有必要的。

（一）古藏文

　　大量木简牍上有墨书的古藏文。热水M10出土11片（图6-4-44），均为短简，
长不超过10.5厘米，宽2.3厘米，厚0.2厘米。在右端留有小孔或刻有凹槽，以备捆
扎或编集之用。字迹均为吐蕃简牍中常见的行书体，介于草书和楷书之间，与新疆出
土的简牍近似。

---

① ［唐］李延寿：《北史》卷九七《西域传·高昌》，中华书局，1974年，第3212页。
② 《隋书》卷八一《西域传·附国》，第1858页。
③ 许新国：《柴达木盆地吐蕃墓出土漆器》，载许新国：《西陲之地与东西方文明》，燕山出版社，2006年，
　　第337—345页。

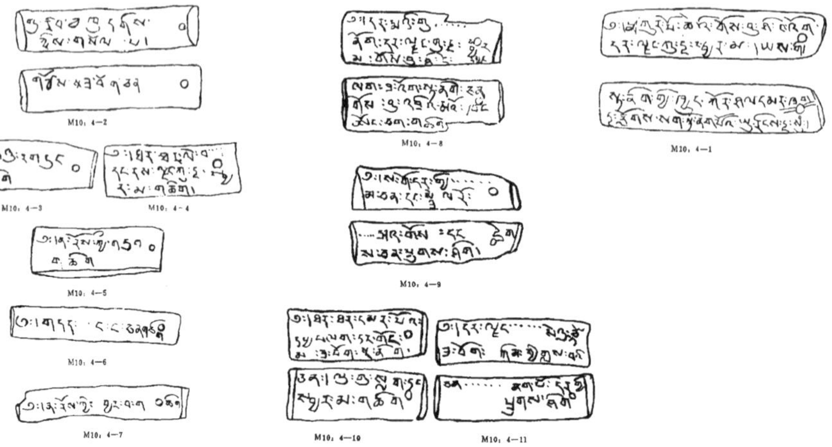

图 6 - 4 - 44 热水 M10 出土古藏文木简牍

(《青海吐蕃简牍考释》第 130—132 页)

唐吐蕃时期西北地区纸张缺乏，主要靠内地运来，保存不易，人们多就地取材，选取木质材料，削成薄片，用以书写。这与新疆出土的简牍完全一致。没有发现竹简，因为西北地区不易获取竹子。根据王尧和陈践的释读①，这批简牍可能为随葬衣物疏，是随同墓主人陪葬物的登录，大部分记载与墓主人有关的服饰类物品，多为丝绸类织物，包括缎面，绿绸里，衣袖镶绸缎的夹衣，黑漆长筒靴，边镶锦缎的羚羊皮，镶边的绿绒夹衣，红镶边衣袖、衣领为锦缎的羔羊皮衣，绿绸寿字缎，黑绸缎等。其他物品有黄铜号，毛毡垫，宝石钏，宝石杯。衣物疏显示随葬物品的种类很多，而且质地高级，其墓主人必定是一位较高级别的吐蕃贵族。

热水墓地 99DRNM3 和 99DRNM2 分别出土 3 枚、1 枚木简牍，其中仅两枚是完整的（图 6 - 4 - 45）。不见绳孔，个别一端可见有凹槽。文字书写于光滑的正面，有的在一侧面也有书写。题记的具体内容有待于解读。其中墓葬 99DRNM1 中的内容经王尧解读，其中可能包含有墓主人的名字，可译为"为尚思结送葬"（图 6 - 4 - 46）。其中"尚"是与王室通婚的家族，说明其身份与此有关。王尧将这一名字与《敦煌本吐蕃历史文书》中一位名叫"思结桑"的人联系起来，认为可能是同一人②。此人是一直参与并主持会盟重典，权力很大，在 757 年死于任上。如果这一勘定合理的话，这对于墓葬精确断代和墓主人身份的确定有相当大的帮助。

虽然这一墓葬主人的身份推定是尝试性的，但有的墓葬题记对于认定墓主人等级提供了直接的证据。热水墓地 99DRNM3 内发现有 12 块封门的大石，其中 4 块大小相

---

① 王尧、陈践：《青海吐蕃简牍考释》，《西藏研究》1991 年第 3 期。
② 北京大学考古文博学院、青海省文物考古研究所：《都兰吐蕃墓》，第 132—134 页。

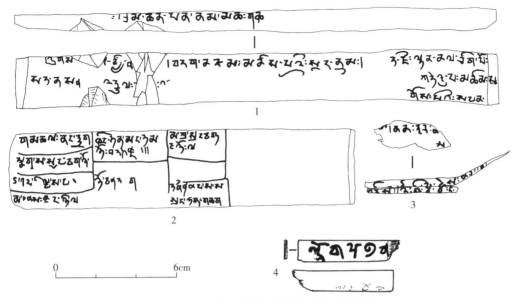

图 6 - 4 - 45　热水墓地 II 区出土古藏文木简牍

1、2、3. 热水墓地 II 区 99DRNM3 出土古藏文木简牍（《都兰吐蕃墓》图 68）

4. 热水墓地 II 区 99DRNM2 出土古藏文木简牍（同前，图 29:5）

图 6 - 4 - 46　热水墓地 II 区 99DRNM1
出土古藏文木条
（同前，图版 8:1、2）

图 6 - 4 - 47　热水墓地 II 区 99DRNM3
出土古藏文石刻题记
（同前，图版 29:4、图 69）

同，上有古藏文题记，刻写字迹清晰，阴刻文字内原应贴有金箔（图 6 - 4 - 47）。所谓的 "blon"，汉字作 "论"，可译为 "相"。《新唐书·吐蕃传》记载 "其官有大相曰论茝，副相曰论茝扈莽，各一人，亦号大论、小论。……总号曰尚论掣通空瞿"[①]。可见

---

① 《新唐书》卷二一六《吐蕃传》，第 6071—6072 页。

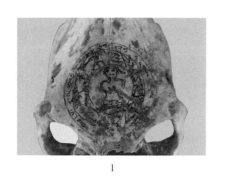  

1   2   3

图 6 - 4 - 48　考肖图遗址出土墨书图案马头骨

(Archeology of Funeral Rituals as Revealed by Tibetan Tombs of the 8th to 9th
Century, pl. 8; An investigation of Tubo sacrificial burial practices, p. 13)

"论"有大小,但属于政府高级官吏无疑。

在都兰考肖图遗址北侧凸出的马面形结构中,出土三件有墨书图案的符咒类马头骨,其上带有写满古藏文的同心圆图案和带枷锁人物形象①(图 6 - 4 - 48),应是禳灾巫术类遗物,其文字内容、使用功能与相关问题的研究参见第七章第三节的专题讨论。

在一些金银器、丝织品和漆器上也发现有錾刻或墨书的古藏文题记。金银器上的题记多为简单的人名或地名,可能指拥有器物的主人或寺院,文字题记旁边还有多个圆圈印记或竖线标记,可能标示器物的重量②。其中一片织锦上写有"spur khang"题记(图 6 - 4 - 49,详见本章第四节),其内容相当耐人寻味,明确说明了该织物的功用。热水 DRNM1 中出土一片丝绸残片,其主要图案是一行藏文字母,为墨书的草书体(图 6 - 4 - 50)。大多数此类题记都是后来添加的,比器物的生产年代要略晚一些。在一件漆盘的底部发现藏文题记,可能为制作漆器的工匠姓名或计数痕迹。

(二)汉文题记

一枚带有"谨封"二字的铜印据说早年出土于都兰的墓葬(图 6 - 4 - 51)。印面为方形,字体为典型篆书。在唐朝内地这类印章不少,常常用以封存书信。

大部分汉字出现在丝织物上,多为墨书。其中三件为墨书的道符,用以祈佑和辟邪。其中一件夹杂有汉字"市"(图 6 - 4 - 52:1),被认为是与商业买卖相关的符

---

① X. G. Xu, An investigation of Tubo sacrificial burial practices, *China Archaeology and Art Digest*, 1996, vol. 1, no. 3, pp. 13 - 21.

② A. Heller, Tibetan Inscriptions on Ancient Silver and Gold Vessels and Artefacts.

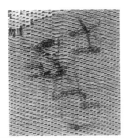

图 6 - 4 - 49　阿拜格基金会藏丝绸上古藏文题记
(Two Inscribed Fabrics and Their Historical Context: Some
Observations on Esthetics and Silk Trade in Tibet, 7th to 9th
Century. p. 96, fig. 42, 43)

图 6 - 4 - 50　热水墓地 II 区 99DRNM1 出土丝绸
上古藏文题记
(《都兰吐蕃墓》图版 10：5)

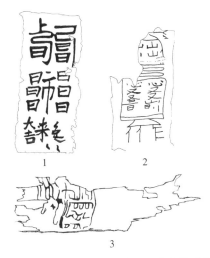

图 6 - 4 - 51　（传）都兰出土铜印
(《草原王国的覆灭：吐谷浑》第 70 页)

图 6 - 4 - 52　热水墓地出土织物上的道符
1、2. 热水墓地 II 区 99DRNM3 出土丝织物上道符（《都
兰吐蕃墓》图 45：3、图 49：2）　3. 热水墓地 II 区
99DRNM1 出土丝织物上道符（同前，图 17：3）

文①，可被释读为"上太阳神焄光明，诸神佑护市易，大吉必来，急急如太上律令"。
通过求得此符，使用者希望道教诸神可以为其贸易活动提供保佑。另一件道符包含

① 北京大学考古文博学院、青海省文物考古研究所：《都兰吐蕃墓》，第 139 页。

图 6 - 4 - 53　热水墓地 II 区 99DRNM3
出土丝织物上汉文题记

（同前，图 49∶3）

图 6 - 4 - 54　都兰出土丝织物
上汉文题记

（Mayker Wagner　摄）

有"爱"字[①]（图 6 - 4 - 52∶2），被认为与中国古代的"媚道"有关，但其准确、完整的含义尚待进一步分析。

　　一些丝织物残片上带有零散的墨书汉字，但破损比较严重，仅有只言片语，无法提供完整信息。其中汉字包括"黄州"（图 6 - 4 - 53），应在今湖北省，可能与该丝绸的产地相关。结合出土的关于市易的道符，这一丝织物残片可能是从当时的黄州通过贸易输入该地。其中一片黄色绢上出现人名"薛安"（图 6 - 4 - 54），为草书体，书于丝织物的背面，织物图案为典型的唐朝花卉图像。这一人名应该与丝绸的所有者密切相关，很有可能是一位中间商。一些书写于漆器器底的汉字显示其制作者可能是汉地出身的工匠。另外有一些带汉字的木器[②]显然是本地制作的，因为这类器物并不需要从汉地输入，可以推知通晓汉文的手工业者在本地的活动情况。由这些汉文题记可以看出，本地区不仅与汉地的长途贸易比较繁荣，两地之间手工业者的流动和交流也是比较活跃的。

　　（三）巴拉维文织物

　　热水墓地 M2 发现一片织锦上带有萨珊时期的巴拉维文（见图 6 - 3 - 10∶1）。这件缝合成套状的织锦属纬锦的裁边，红地，显藏青、灰绿、黄花。中部为一行连续的桃心形图案，与纬线平行，在地部为 1∶1 的纬二重组织。图案带的边缘为青黄彩条，

[①]　北京大学考古文博学院、青海省文物考古研究所：《都兰吐蕃墓》，第 141 页。
[②]　同上，第 95 页，图 59∶3。

排列有联珠。红地之上，织有一段巴拉维文字，经德国哥廷根大学中亚文字专家马坎基（D. N. Makenzie）的研究和释读[1]，可被转写为：

MlkanMLKA = Sahansah 意为"王中之王"

LBAGOH = Wuzurg xwarrah 意为"伟大的、光荣的"

这一铭文织锦并非说明本地居民可以使用或理解巴拉维文，因为文字是通过织入方式而非墨书表现在织锦上的，与其他的例子不同。它显然是在通晓巴拉维文的文化圈内被制作出来的，无论如何都可以反映出青藏高原与遥远的西方之间存在文化的交流。

毫无疑问，吐蕃统治时期藏语是都兰地区的官方语言，但汉语并没有被完全禁止，至少在一定范围内还存在。考虑到一些墓葬随葬器物上出现的汉字，尤其是汉文的印章、道符和带汉字题记的漆器和木器，认为墓葬主人完全不懂汉文是难以令人信服的。实际上在吐蕃663年征服吐谷浑之前，虽然吐谷浑人多数使用鲜卑语，但已经通晓汉文，至少在贵族阶层是如此。根据《洛阳伽蓝记》的记载，吐谷浑国"其国有文字，况同魏"[2]，因此所用的文字应该是汉字。根据《南齐书》记载，"拾寅子易度侯好星文，尝求星书，朝议不给"[3]。这一事件从侧面反映了当时的贵族阶层是掌握了汉文字的。

在吐蕃统治时期，这一情况仍然延续。这一地区事实上是藏汉双语区，两种语言同时并存，使得唐蕃文化的融合更加深入和广泛。甚至在8世纪，当吐蕃化政策在河西地区和新疆地区的汉人和其他新征服区的民族中广泛推行之时，汉字和汉语在青海北部地区仍然是应用非常普遍的。

第五节 墓葬年代

都兰热水血渭一号墓（后来发掘者更名为DRM1PM2）的年代，可以通过各种出土物的特征来进行确定。墓葬形制显示它应该是吐蕃时期的墓葬类型。鎏金银函和立凤造型，可以将其推定为8世纪早期。出土的丝织物可以进一步支持这一判断，多数年代为7世纪，最晚的织物残片为8世纪早期（见第七章第一节）。因此将热水一号大墓确定为7世纪末8世纪初是比较合适的。王树芝在墓葬封土内石墙中的穿木中随机提取3根，共制成16个树盘进行树种鉴定和树轮定年，确定其最外层年代为715年，说明热水一号大墓年代为715年前后[4]，与本人根据散见出土遗物推断的年代基本吻合。

[1] 许新国：《都兰吐蕃墓出土含绶鸟织锦研究》，《中国藏学》1996年第1期。
[2] [北魏]杨衒之著，周祖谟校释：《洛阳伽蓝记校释》第五卷，科学出版社，1958年，第95页。
[3] [南朝梁]萧子显：《南齐书》卷五九《河南传》，中华书局，1972年，第1026页。
[4] 王树芝：《青海都兰热水血渭一号大墓的年代》，载青海藏族研究会编：《都兰吐蕃文化全国学术论坛论文集》，文物出版社，2017年。

2000 年热水墓地发掘的 7 座墓葬通过树轮断代确定了绝对年代①，具体年代如下：
00DRXM10：611AD；00DRXM21：685AD；00DRXM14：691AD；00DRXM19：713AD；
00DRXM3：732AD；00DRXM23：753AD；00DRXM8：784AD

关于这几座墓葬的发掘报告尚未见出版，因此无法通过这一断代结果来获取更多关于整个墓地的详细信息。这 7 座墓葬年代上多与热水一号大墓相去不远，多数属于初唐和盛唐时期。在 M17 中出土的卷草纹银带饰与宁夏固原史道德墓葬（678 年）所出土的金牌饰很接近，因此其年代应该与其接近（见本章第二节）。

在热水南岸（II 区）的四座墓葬被发掘者断定为 8 世纪中期，所依据的是其中一片木简牍上的藏文题记。虽然对于藏文人名的比对还存在一些质疑，但其年代推定还是比较合乎实际的。四座墓葬的分布特征显示可能为两个家族墓地②。墓葬出土的丝织物上有含绶鸟图案和佛殿下端坐人物的形象，这些图案与热水北岸墓葬所出相同（图 6 - 3 - 6：4、5；图 6 - 3 - 7：1、2、6）。织锦条带上的莲花或棕榈花图案（图 6 - 3 - 28：2、3、4）也与其他一些织物上的图案相似。此外，最有说服力的证据是木器上的彩绘，与德令哈地区墓葬中所出的棺板装饰相同（详见下节），后者被断代为盛唐时期。

第六节　木棺板画及其展现的文化图景

一　木棺板画的内容

2002 年在青海省德令哈市的郭里木乡发现了两座吐蕃时期的墓葬（关于郭里木墓地参考第六章第一节），出土了三具有精美彩绘的棺椁③。棺板上所绘内容涉及吐蕃贵族日常生活的多个侧面，为了解吐蕃时期青藏高原北部居民的社会生活、宗教信仰和丧葬习俗，提供了难得一见的珍贵资料，大大弥补了这一领域的缺憾。这批材料一经发现便引起了学术界的广泛关注④，被认为是"吐蕃时期美术考古遗存一次最为集中、

---

① 王树芝：《青海都兰地区公元前 515 年以来树木年轮表的建立及应用》，《考古与文物》2004 年第 6 期。
② 北京大学考古文博学院、青海省文物考古研究所：《都兰吐蕃墓》，第 126 页。
③ 许新国：《郭里木吐蕃墓葬棺板画研究》，《中国藏学》2005 年第 1 期。
④ 《中国国家地理》2006 年第 3 辑《青海专辑·下辑》收录的一组文章对这一发现进行了介绍和初步的讨论，包括程起骏：《棺板彩画：吐谷浑人的社会图景》，罗世平：《棺板彩画：吐蕃人的生活画卷》以及林梅村：《棺板彩画：苏毗人的风俗图卷》，参见该刊第 84～98 页。更深入和全面的讨论参见罗世平：《天堂喜宴——青海海西州郭里木吐蕃棺板画笺证》，《文物》2006 年第 7 期；霍巍：《西域风格与唐风染化——中古时期吐蕃与粟特人的棺板装饰传统试析》，《敦煌学辑刊》2007 年第 1 辑；霍巍：《青海出土吐蕃木棺板画的初步观察与研究》，《西藏研究》2007 年第 2 期；T. Tong，P. Wertmann，The Coffin Painting of the Tubo Period from the Northern Tibetan Plateau，In：M. Wagner，W. Wang eds.，*Archaeologie in China*，*Band* 1，*Bridging Eurasia*，Mainz：Verlag Philipp von Zabern，2010，pp. 187 - 213.

最为丰富的发现"①。

2006 年本人有幸临摹了郭里木 M1 和 M2（下文简称郭 M1 和郭 M2）中两具彩绘木棺的三块侧板，并对其进行深入系统的研究，在此进行介绍和探讨。此处一并讨论的还有另外一具彩绘木棺，出自私人收藏者之手，其具体来源无法详知，但来自海西地区的可能性很大。木棺外侧的两侧挡和前后两挡都绘有图像，彼此之间用榫卯结构拼接。彩绘的具体程序为：首先在木板上刷一层褐色或红色的底色，然后用墨线或红线勾描各类图像轮廓，最后对图像进行填色。彩绘木棺上的图像内容非常丰富，为我们了解吐蕃和吐谷浑的日常生活提供了直观而生动的资料。

（一）郭 M1 彩绘木棺

郭 M1 的木棺和郭 M2 的棺椁共三具，形制相同，均有彩绘。复原后大致为一头大一头小的梯形棺，棺盖和底部未见报道，情况不明。前挡和后挡与其他木棺的前后挡混杂在一起，不易区分。

1. 棺板 I（图 6-6-1）

M1 木棺的左侧板，右端宽于左端。长 2.20、宽 0.56—0.70、厚 0.04 米。由三块木板拼合而成。图像保存较为完好，主要包括三个场景，自左而右依次为：a. 射猎动物；b. 奔赴盛宴；c. 宴饮舞乐。

整个画面描绘了完整的真实生活场景，是现实生活的再现。最左侧为四个骑手，一个在前，三个在后，正在追逐和射杀两头牦牛。他们都手握弓，箭指右侧的两头牦牛。其中一头牦牛已中箭而流血不止。一条红色的猎犬与牦牛并列奔跑，正在吠叫。在三个骑手下方靠后，有三个向左方奔逃的野鹿，被一个骑手追赶。其中两头野鹿被射中，另一个看似已耗尽体力，伸出长舌。

骑射狩猎图一旁是一个行进中的队伍，包括五个骑马者和一匹骆驼。其中四个骑马者前面开路，最后面的一位牵引骆驼，骆驼背上驮着一大堆货物。最后一位骑马者紧跟骆驼之后。队伍朝向宴饮之地进发，所以描绘的应该是赴宴的内容。宴会之地的帐篷一旁，已经站有两位恭敬的侍者在迎接他们的到来。在帐篷的前方，已经聚集了很多客人，正在享受美食和美酒。以帐篷为中心，男人列坐于左侧的地毯之上，女人们成排地站在右侧。一位男性宾客已经大醉，正弯腰呕吐，而其他人还在继续。一位宾客高举来通杯，似乎正在一饮而尽。帐篷门内端坐着一对尊贵的夫妇，手持酒杯正在饮酒。帐篷门正前方的空地上，站立着一些来宾，他们或敬酒、或豪饮，或在交谈庆祝。

---

① 霍巍：《青海出土吐蕃木棺板画的初步观察与研究》，《西藏研究》2007 年第 2 期。

在帐篷的右侧和后侧，正在进行着娱乐活动。一人立于小方垫之上，双手引满弓，射向一头拴在树桩上的牦牛。其身后还有另外一个射手在等候上场。两个侍者手捧美酒站立一旁，其中一位持胡瓶，另一位端托盘，盘上有三高足杯。还有另外两位旁观者。在射牛者和帐篷之间，有一对男女正在交合，旁边跪坐一位旁观者手握阳具。

2. 棺板 Ⅱ（图 6 - 6 - 2）

M1 木棺的右侧板，左端宽于右端。长 2.09—2.14、宽 0.58—0.71、厚 0.04 米。由三块木板拼合而成。图像保存较差，主要包括五个场景，自右而左依次为：a. 迎宾献马；b. 灵帐哭丧；c. 骑射祭祀；d. 动物献祭；e. 奔赴丧宴；f. 丧讫宴饮。

图像横向布置，彼此之间连续无分隔。前四个场景描绘的是丧礼内容，最后两个为奔赴丧宴和宴饮狂欢的场景。

棺板最右侧描绘了三位衣着华丽的贵宾牵着四匹骏马来参加丧礼。四匹马装饰肃穆而华丽，马匹的头、颈、鬃毛和马鞍上都覆盖有带联珠纹的丝织物。在颈部并排插有三束彩色多层三塔状饰物。三位迎宾者或跪或鞠躬迎来客，都双手恭敬地拱于胸前。二侍者立于二大酒缸侧，身旁有驮货物的骆驼。

在迎宾献马场景的左面，表现的是灵帐哭丧的场景。画面中心有一小帐篷，顶部有喇叭状采光孔，并覆盖有联珠纹样的丝绸装饰，底部模糊不明，似有方形棺椁。周围绘有男女人物共七人围绕帐篷哀悼痛哭，可见此帐篷应该是放置死者尸体的灵帐。灵帐后方有一骆驼，头向右方，背负货物。两位侍者站立于一个大酒瓮一旁。右上部分有一个击鼓和两个痛哭哀号的人物。

骑射祭祀场景位于灵帐哭丧场面的正上方。可见两骑马者一前一后共射一怪物，怪物全身赤裸，作跪状，反剪双臂束缚在背后一立柱上，头上有两颗惊恐的大眼，脑后两个发束也缚于立柱上，吻部突出，嘴巴宽大，肩部已中一箭，箭羽露出在外。周围更没有其他可射猎动物。此骑射图与灵帐哭丧密切相关，在其他多块棺板画上都有类似的表现形式。

第四个场景表现的是驱赶动物进行献祭的内容。灵帐左侧有三人手执棒，骑马或步行驱赶一群牦牛、马匹等朝着灵帐方向前行，一人已经到达帐前，双手持长棒，鞠躬祭拜。根据汉藏文献记载及吐蕃墓葬出土的大量殉葬动物来看，此类场景可能描绘的是为死者献祭动物。

动物献祭图的上方是奔赴丧宴内容，有三人列队骑马向左半部分的宴饮场地进发。最前面的一位骑马者手执带联珠纹和长飘带的旌幡，其身后紧跟着的两位非常特殊的贵宾，他们所骑马匹装饰有织物，形象与右下方的迎宾献马图中的马匹相同。其中第二人头戴高方冠，身披红色斗篷，第三人戴"垂群皂帽"。队伍向左侧的丧宴之地进

图 6－6－1　郭里木 M1 彩绘木棺左侧板（《棺板画上画的是什么人?》第 88—91 页）

图 6－6－2　郭里木 M1 彩绘木棺右侧板（许新国供图，作者绘制）

发，明显描绘的是奔赴丧宴的情景。

宴饮场景在棺板的最左侧，占据了整个棺板左侧将近一半的空间。棺板画上的这部分内容都描绘了大量男女人物帐居、宴饮、野合等纵情享乐的热闹场面，与右侧肃穆的哭丧场景形成巨大反差。画面左侧为一大帐，开口朝右，门内坐一男子伸手接受供奉，一侍女捧酒杯立于一侧。门外两侧各立一侍卫，其中一人手执棒形器。帐篷两侧各分坐一排男女，男人列坐于左侧，女人列坐于右侧，皆拱手端坐于红毯上。帐篷正前方的空地上，一些人立于三个大酒瓮周边，或盛酒，或饮酒，或敬酒，一些宾客作醉酒状。还有一人端坐于方毯上，手执长棍，旁有一羊，似在烹肉。在右侧一排女人的后面，有两男人匍匐于地，可能醉酒严重。帐篷背后（画面左侧），有一对站立的男女，似在约会，另外一对男女正在山间交合。画面左侧上方边缘描绘有连绵起伏的山峦和繁盛的树木，在人物之间装点有各类花草植物，营造出人物活动的草原背景。

（二）郭 M2 彩绘木棺

该木棺与郭 M1 相同，仅尺寸略小。

1. 棺板 I（图 6 - 6 - 3）

木棺左侧板。长 1.93—1.98、宽 0.47—0.57、厚 0.04 米。由两块木板拼合而成。右端宽，左端窄。彩绘保存较好，自左向右描绘了射猎和宴饮两个场景，与 M1 棺板 I 相比，省略了赴宴队伍和射牛场景，反映的是真实的草原生活。

侧挡左上方有三骑手向右飞驰，都张弓怒射几头奔鹿，其中一头鹿已中箭。左下方有两个骑手向左方飞驰，张弓射向向左侧逃奔的三头牦牛，其中一头身负重伤，血流不止。其右侧有一骑手向右侧飞驰，搭箭射向两头野驴。整个射猎画面绘法流畅，动感十足。

侧挡右侧绘有盛大的宴会场景。中心为一大帐，男主人及其妻子坐在帐内，饮酒交谈，门外有两名侍卫，其中一位手执棒形器。大帐两侧为两列宾客，左侧为男性，皆坐于长毯上，有的已经酩酊大醉作呕吐状。身后有几匹骏马，可能为宾客们的坐骑。右侧为女性，皆站立，或拱手，或饮酒，姿态优雅。在大帐的正前方男女宾客之间，是一片宽敞的区域，许多侍者和敬酒者站立于两个大酒瓮两侧，作敬酒状。大酒瓮很高大，周身覆盖着彩色的布帛，酒瓮后面放置有小案，上面放置有四个高足酒杯。他们或手执胡瓶，或高举酒杯，或从瓮中盛酒。在大帐后方，昏睡一人，披头散发，旁有一犬，正在啃食。大帐右侧（画面最右侧）站立一对男女，正在拥抱接吻。另有一男性正在对右侧站立的一排女人中最里面的一位调情。

在主体图像上部边缘和中心部位，勾勒有山峦树木，在主体图像之间的空白地方，填绘有各类花草植物，为这些宴饮活动创造出广阔而优美的草原背景。

2. 棺板 II（图 6 - 6 - 4）

木棺右侧板，左端宽右端窄。长 1.91—1.97、宽 0.49—0.58、厚 0.045 米。由两块长木板拼合而成。图像仅保留了上半部分，下半部分腐蚀严重，颜色脱落，仅有模糊的痕迹可以辨认。根据复原和仔细辨识，该图像包含六个场景，与 M1 的棺板 II 内容相同，自右向左排列依次为：a. 迎宾献马；b. 灵帐哭丧；c. 奔赴丧宴；d. 骑马射鬼；e. 献祭动物；f. 丧讫宴饮。

棺板右下方为迎宾献马场景。一组来宾身后跟着马匹到达丧礼地点，几位侍者拱手相迎。其中一匹马轮廓较为清晰，面部和颈部可见有华丽的丝织物装饰。侍者一侧有一大酒瓮，另一侍者正在从瓮中取酒。在迎宾图正上方，棺板的右上角，有一对男女，骑着同样装饰华丽的马匹，向后方挥手告别。两人的前方有一人手执旌旗，旗面上装饰有联珠纹团窠，后面拖着数条飘带。迎宾侍者一旁有一小帐，周围围绕哭丧者。由于图像腐蚀严重，仅可见哭丧者的部分背影。在小帐上方、执旌旗者的正前方，有四位骑手两前两后向左侧飞驰，同时张弓射向中央地上的目标。被射之物严重腐蚀，不可细辨。但根据 M1 右侧板内容可以推测为骑马射鬼场景。

棺板左侧为丧讫宴饮场景。画面左侧有一座大帐，开口向右，门内站立一男两女。门外站立二侍卫，手中皆持棒形器。大帐左右分列两排人物，画面右侧为女性，皆端坐状，袖手或拱手。左侧站立一排男性。大帐前方为一空地，一些宾客正在高举酒杯，或饮或敬。在右侧一排女人的后侧，一对男女正在拥抱接吻，右侧两个男人手中分别执一剑和一棒，向拥吻的男女冲去。在大帐左后方，有另外一对男女正在交合。在棺板上侧边缘，描绘有起伏的山峦。

（三）前挡和后挡

郭里木 M1 和 M2 中一共出土三对彩绘木棺的前后挡，为长方形，带弧形顶。其中两对彩绘有朱雀（图 6 - 6 - 5、6）和玄武（图 6 - 6 - 7、8），皆站立于莲花台座上，周围绕以丰富的花草。朱雀为前挡，玄武为后挡。这两对分别属于 M1 木棺和 M2 木椁。四神在汉唐时期的墓葬中是流行的题材，分别象征宇宙四方，在很多场合下仅用其中的一对作为象征。根据阴阳五行理论，朱雀镇南方、性阳、主火，玄武镇北方、性阴、主水。

第三对前后挡的弧形顶散落，仅余方形板（图 6 - 6 - 9、10）。尺寸上比前两对小，可能属于 M2 的椁内木棺。上面分别描绘宝相花内有立鸟和奔兔，宝相花周围还有类似宾花的花卉纹饰，以红色为地。整体图案类似于丝绸上的宝相花团窠，属于典型的唐代花卉造型。在汉唐时期，鸟和兔分别是太阳和月亮的象征，分别被称为金乌和玉兔，两者并置象征着阴阳和合。

图 6-6-3 郭里木 M2 彩绘木棺左侧板（许新国供图，作者绘制）

图 6-6-4 郭里木 M2 彩绘木棺右侧板（许新国供图，作者绘制）

图 6 - 6 - 5　郭里木彩绘木棺头挡

(《棺板画上画的是什么人?》第 96 页)

图 6 - 6 - 7　郭里木彩绘木棺头挡

(同前，第 98 页)

图 6 - 6 - 6　郭里木彩绘木棺足挡

(同前，第 98 页)

图 6 - 6 - 8　郭里木彩绘木棺足挡

(《尘封千年的岁月记忆》第 163 页，图 2.19)

　　前后挡上的图像为典型的汉地文化因素，显然是自中原内地输入的，可见唐朝所流行的宇宙观念和五行思想已与吐蕃的丧葬习俗融合为一体。其表现手法也是同时期唐朝风格。在中原地区，这些图像经常出现于墓门雕刻、墓室壁画或日用器皿上。

　　初步的观察表明，M1 和 M2 的棺板画内容相同，图像布局一致，绘画风格统一，仅存在一些细节差异。因此在时代上应该很接近，甚至源自同一传承的制作地点。从绘画风格技法上来看，显然受到了唐人的深刻影响。考虑到中原文化对于性爱的表现始终是比较隐晦的，即便是在边远地区，这一时期此类题材也极少会出现在墓室装

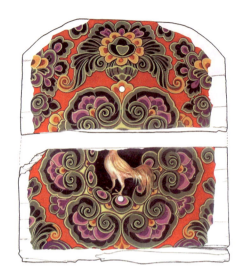

图 6 - 6 - 9　郭里木彩绘木棺头挡
（《尘封千年的岁月记忆》第 164 页，图 2.21）

图 6 - 6 - 10　郭里木彩绘木棺足挡
（许新国供图）

饰中，因此棺板画的绘制者更可能是本土画工，但对中原丧葬观念有深刻理解，并习得了汉地的绘画技术和风格。

（四）美国普利兹克家族藏彩绘木棺（采 M1）

美国普利兹克家族收藏的一具彩绘木棺，可能出自青海海西地区。阿米·海勒撰文对此木棺进行了介绍和解读[①]。整个木棺由 16 块宽窄不一的木板拼成，为前宽后窄的梯形棺，保存完好，包括棺盖。侧板彩绘内容与郭里木棺板画高度相似，应该来自同一地区且时代相当。

1. 棺板 I（图 6 - 6 - 11）

木棺左侧板。长 2.25、宽 0.50 米。由三块长条板拼合而成。自左而右可以分为以下几个场景：a. 射猎动物；b. 奔赴盛宴；c. 宴饮舞乐。

该棺板上左侧为射猎动物场景，所占面积较大。共有五位骑马者向左侧狂奔。最上层有一前一后两位，皆张弓射向前方奔逃的牦牛和鹿；中层有一骑马者，马匹被一猛虎咬住颈部而向前扑倒；下层有一前一后两位骑马者，分别手持弓箭和长矛，向前追逐几头野驴，已有一头野驴重伤扑地。

射猎图右侧为赴宴献礼场景。上层有两匹马已经赶到，宾客在前方跪坐致礼，也有迎宾者跪坐蹲地相迎；中层有一人牵骆驼到达，正急步向前与迎接者招呼；下层有一骑马者到达，前方有三人跪姿蹲地相迎，有两人站立相迎，手中端有器皿，可能装盛美酒。最下方有二犬摇尾迎上来。骑马者身后还带有一只羊用作献礼。

---

① A. Heller, Preliminary Remarks on Painted Wooden Panels from Tibetan Tombs, In: B. Dotson et al. eds., *Scribes, Texts, and Rituals in Early Tibet and Dunhuang*, Proceedings of the 12th Seminar of the International Association for Tibetan Studies, Wiesbaden: Reichert Verlag, 2013, pp. 11 - 24.

最右侧描绘有宏大的宴饮舞乐场景。最上层为射牛飨客图，只见两人单膝跪坐于长毯上，张弓瞄准中间一条强壮且在跳跃的青黑色牦牛。上方和下方各有一排人物在围观。射牛图右侧有一人端坐于凳上，接受一位宾客的致意，从其位置和身体特征来看，很可能描绘的就是墓葬主人。男主人身后为一大帐，门内可见一位跪坐的女性手捧酒杯。

男主人的下方为舞乐场景。下方有四位乐手，正在弹竖琴、琵琶、吹笛和吹笙等，其上方有一舞者高举左臂，似正在跳胡旋舞。舞乐场景的右侧有一排站立于长毯上的女性，其姿态端正，袖手而立。大帐上方有男女人物和孩童。其他各个场景中也散布有不少孩童。

大多数人物带有赭面。在棺板的上下边缘地带，都描绘有山峦树木；整个侧板上的空白区域都用平行的线条来填充，以营造出平坦开阔的草原背景。

2. 棺板 II（图 6 – 6 – 12）

木棺右侧板。长 2.25、宽 0.53 米，由三块长条板拼合而成。描绘内容自右而左依次为：a. 迎宾宴饮；b. 出行队伍；c. 灵帐哭丧；d. 射鬼祭祀；e. 动物献祭；f. 骑兵清道；g. 丧讫宴饮。

棺板最右侧是一群人围坐于篝火旁的长毯上举杯畅饮，左侧两位戴垂裙皂帽，手执钵、来通杯；右侧三位分别着缠头装和宽檐高帽，正在接受敬酒，其中一人手牵犬，旁有卧羊；下方一人正在敬酒。周围站立几位侍者敬酒侍奉，可见酒瓮和食品。画面上方有击鼓场景，其旁一对男女正在山间交合。其左侧有一众贵宾骑马向左前进，最前方为一执旌旗者，其后跟随六人，皆衣着华贵，冠有缠头装、垂裙皂帽和宽檐高帽几种，坐骑为装饰华丽的各色马匹，马面部和颈部都有联珠纹织锦装饰。应该为赴宴队伍。

出行队伍下方有一白色小帐，底部有两层台阶，上层为蓝色，饰有一排莲花状壶门，下层为白色，上下边缘饰联珠纹。一群人有的端着成盘的食品向着小帐侍奉，有的面向小帐鞠躬或跪坐哀号。其中一个献祭者跪在小帐右侧，举起手中的短剑刺向前额，血流满面，以"劙面"表达悲痛之情。

小帐下方为射鬼祭祀场景。共有四位骑马者向右狂奔，张弓射向一个褐色裸体怪物，怪物缚于两根立柱上，鲜血喷溅。小帐左侧为献祭动物场景。可见一人执棒，向小帐方向正驱赶几头羊。一头骆驼卧于一旁，可能为驮负礼品所用。

在出行队伍和献祭动物左侧，有两位骑马士兵，各执长矛向左侧进攻，正在追逐几个逃窜的行人，其中一人已倒地。两个士兵浑身披挂铠甲，其中一位是"甲骑具

图 6 - 6 - 11　美国普利兹克家族藏彩绘木棺（采 M1）左侧板
（*Preliminary Remarks on Painted Wooden Panels from Tibetan Tombs*, pl. 2）

图 6 - 6 - 12　美国普利兹克家族藏彩绘木棺（采 M1）右侧板（同前，pl. 1）

图 6 - 6 - 13　美国普利兹克家族藏彩绘木棺（采 M1）前、后挡

(*Preliminary Remarks on Painted Wooden Panels from Tibetan Tombs*，fig. 1、fig. 2)

装"，人马全身皆披铠甲。随行的还有两条犬。骑兵场景仅出现在这一处棺板画上，可能并非战争场景，而应该是与后面的出行队伍相关联的一部分，是为重要的官吏开路清道的先锋。

骑兵左侧的剩余空间描绘的是宏大的宴饮场景。最左侧为一大帐，其内坐一人正接受敬酒。帐外两侧各有一侍卫。帐前画面上下各有一排人物，上方为女性，皆拱手端坐于长毯上，一旁有侍女若干。下方皆为男性，皆端坐于长毯上，接受周围侍者的敬酒。两排人物之间是众多的侍者和童子，或献酒，或盛酒，或酒醉匍匐在地。上方女性一旁立一方形黑帐，其内有烹肉大锅支于火焰之上，一旁有侍者在摆弄。黑帐背后有二人在宰羊。在大帐后侧的山间，有几对男女正在交合，并有人围观，其旁有闲马几匹。

仅有少数出行人物涂有赭面，其余皆不见此类面部装饰。在棺板的上下边缘地带，都描绘有山峦树木；整个侧板上的空白区域都用平行的线条来填充，以营造出平坦开阔的草原背景。

3. 前、后挡（图 6 - 6 - 13）

前挡长 0.76、宽 0.63 米，后挡长 0.67、宽 0.50 米。前挡和后挡分别绘有四神中的朱雀和玄武，并辅以其他内容。前挡朱雀单脚站立于莲台上，丰腴的尾羽绕自己一周，呈宝相花状。下半部为一正面的龙形兽面，可见其双角、双翼、双前足和腹鳞。后挡绘一玄武，周围云气萦绕，底部绘有一骑马射箭人物，张弓射向左侧一捆绑的裸体人物，描绘的应该是射鬼祭祀内容。

图 6-6-14　海西州出土彩绘木棺左侧板
(霍巍　摄)

4. 盖板

在两个侧板上方有长条形的盖板，上面绘壶门样图案，其内分别绘十二生肖动物，每侧各六个，中间隔以植物纹。其中值得注意的是，猪用黑色的野猪代替，鸡为母鸡，与汉地流行的家猪和母鸡有所不同。

（五）私人藏彩绘木棺（采 M2）

另外一副私人藏彩绘木棺，可能也是出自青海海西地区。本人仅看到一些比较模糊的图片。其中包括有两个侧板和一个前挡，应该属于同一具木棺。两个侧板为梯形，都由两块长木板拼成，头宽尾窄，尺寸不详，但显然与郭里木 M2 相仿。

1. 棺板 I（图 6-6-14）

木棺的左侧板，描绘三个场景，自左而右依次为：a. 射猎动物；b. 赴会献礼；c. 舞乐帐居。

第一个场景为一个骑马者手执兵器，正在追赶四头向左侧狂奔的鹿，其下方有两个一前一后的骑马者，正在射杀位于他们之间向右狂奔的一头牦牛。右侧为第二场景：一个骑马者牵驮货物的骆驼，后面跟着另一个骑马者和一犬，为供奉致礼队伍。再右侧为第三场景：一组乐人正在弹奏各种乐器，前面有一舞者，高举长袖，足下生云，舞姿类似胡旋舞。一排女人坐在长毯上观看演出。右侧中心有一老者，面对舞者坐于四足方床上，手执长杖，正在接受来宾的致礼。身后为一大帐，门向左开，可见帐内一排人物围坐在一堆货物旁。门外站立二侍卫，帐后有一人牵二马和高大的树木，右

图 6 – 6 – 15　海西州出土彩绘木棺右侧板

（霍巍　摄）

端边缘饰有富丽的花卉。

2. 棺板 II（图 6 – 6 – 15）

右侧板主要表现了丧礼内容，包括五个场景，自右而左依次为：a. 灵帐哭丧；b. 射鬼祭祀；c. 奔赴丧宴；d. 动物献祭；e. 丧讫宴饮。

右侧的中心为一小帐，竖立于一个带有须弥座和壸门的圆形台上，小帐周围围以黑色屏风，屏风内可见三位哭丧者。小帐前方有一前一后两个骑手，正搭弓射向中间的一个裸体怪物，怪物为人形，须毛男根尽显，神态惊恐万状，双臂捆缚于两侧的立柱上，其腰间中一箭。应该为射鬼祭祀场景。小帐上方为一列向左行进的队伍，最前方为一驱牛者，手握棒，身后跟随两头牦牛，下侧有一骆驼。其后有一击鼓者和一位迎宾的人物。再右侧有一条狗和一只羊，应该为献祭或宴会所用动物。动物后方为一队骑马人物：最前方为一旗手，其后有三个扈从，最后面是两位衣着华丽的贵宾：其中一人身着红色锦袍，头戴棒形顶卷沿大乌冠，貌似手中执蠹；另一人身着黄色锦袍，头戴黄色高冠，与其他人迥异，其所乘坐骑也与普通马匹不同，头部有角，尖嘴有须。虽然骑者手握缰绳，但马头上不见马辔。颈后部覆盖一方形垫，可能与郭 M1 棺板上所描绘的"佩饰马"颈部装饰接近。此人显然是行进队伍中的主角。

棺板其他部分描绘丧讫宴饮场景。主人坐于帐内，门外有两位侍卫。帐前有很多男女宾客，男人或立或坐于下方长毯上，女人立于上方长毯上，之间有几位侍者正在献酒、切割动物。大帐左后侧有一对男女正在交合，右侧有一女人与两小儿打招呼。两块棺板的边缘都描绘有山川、树木、太阳等。

从背景色来看，至少有一块头挡属于这具木棺。大致为方形，主要描绘两个场景：上部是立于莲花座上的朱雀，周围绕以云团；下部分描绘一个兽面，口中衔环。其组合起来应该属于木棺的前挡。

虽然这幅木棺彩绘在图像内容上与郭 M1 和郭 M2 很相似，但从绘画技法上来看要生硬许多，存在一定的差距，因此可能是来自于不同的制作作坊，但它们所表现的丧葬观念是一致的。

（六）其他棺板画

此外还有一些散见的彩绘木棺板，但都不太完整和清晰。其中青海省博物馆藏的一块前（后）挡（采 M3）上描绘有一个骑马者张弓射向一个高大的裸体怪物，怪物呈倒立姿势，腰部中一箭①（图 6 - 6 - 16）。倒立的形象可能是其中箭仆地情形的表现，骑马者的骑射姿态及其红巾缠头装束，都与郭里木棺板画相仿。湟源古道博物馆藏的一块前（后）挡（采 M4）上可见四个骑马者共射一裸体男子，惜已残缺不全。裸体男子红唇白齿，大口圆张，神情惊恐，腰部中箭，鲜血直流。骑马者为缠头装，面涂赭，袖口下缘处皆用织锦镶边，饰联珠纹②。在青海藏文化博物馆、湟源古道博物馆、海西州民族博物馆藏还散见有至少 6 块棺板上描绘有同样的内容③。

在海西州采集的一块前（后）挡上描绘了一只公鸡（图 6 - 6 - 17），可能与十二生肖有关。另有一块为长条形木板，上面以红色为地，描绘有并列的联珠纹团窠，团

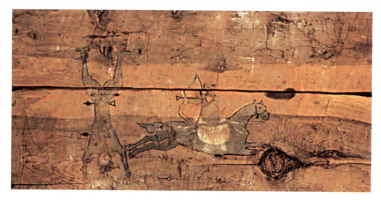

图 6 - 6 - 16　青海省博物馆藏前（后）挡（采 M3）
（《尘封千年的岁月记忆》第 192 页，图 4.10）

---

① 青海省博物馆编著：《尘封千年的岁月记忆——丝绸之路"青海道"沿线古代彩绘木棺板画》，文物出版社，2019 年，第 192 页，图 4.10、11。
② 同上，第 148 页，图 1.69。
③ 同上，第 146—147 页，图 1.67、68；第 170 页，图 2.29；第 171 页，图 2.31；第 193 页，图 4.12 和 4.13；第 194—195 页，图 4.14。

窠内分别有虎、兔、龙和蛇，显然表现的也是十
二生肖（图 6 - 6 - 18）。团窠图案之间填以花卉，
其装饰和布置形式很容易将其与当地所流行的织锦
联系在一起。该彩绘木板整体形制和内容与前述美
国私人藏彩绘木棺（采 1）的十二生肖盖板相似，
应该也属于一具彩绘木棺的盖板构件。联珠纹团窠
图案更多地出现在都兰哈日赛墓地所出的棺板上，
一些学者认为它与吐蕃征服前的吐谷浑葬俗有关[①]。
但从十二生肖所流行和传入青藏高原的时间来看，
应该还是盛唐时期的遗存[②]。

图 6 - 6 - 17　海西州出土彩绘
木棺前（后）挡
（霍巍　摄）

图 6 - 6 - 18　海西州出土彩绘木棺板
（霍巍　摄）

二　棺板画反映的丧葬习俗

　　青海海西发现的这批彩绘木棺，由于描绘有丰富详细的丧礼场景，对于研究吐蕃
时期的丧葬礼仪提供了极为重要的第一手材料。关于这方面的研究，以往主要是通过
汉藏历史文献的零星记载以及吐蕃时期墓葬考古资料[③]进行一些探讨，尤其基于对敦煌

---

① 许新国：《连珠纹与哈日赛沟吐谷浑古墓发掘》，《青海民族大学学报（社会科学版）》2011 年第 4 期。
② 仝涛：《甘肃肃南大长岭吐蕃墓葬的考古学观察》，《考古》2018 年第 6 期。
③ 通过考古资料来探讨吐蕃时期丧葬制度和丧葬习俗，在过去数十年间中外学者进行过较为深入的尝试。
　　参见霍巍：《西藏古代丧葬制度史》，四川人民出版社，1995 年；许新国：《吐蕃丧葬殉牲习俗研究》，
　　《青海文物》1991 年第 6 期；霍巍：《西藏昂仁古墓葬的调查发掘与吐蕃时期丧葬习俗研究——兼论敦煌
　　古藏文写卷 PT1042 考释的几个问题》，载四川大学博物馆、西藏自治区文物管理委员会编：《南方民族考
　　古》1991 年第 4 辑，四川科学技术出版社，第 163—176 页；何强：《西藏吉堆吐蕃墓地的调查与分析》，
　　《文物》1993 年第 2 期；A. Heller, Archeology of Funeral Rituals as Revealed by Tibetan Tombs of the 8th to 9th
　　Century, In：M. Compareti, P. Raffetta, G. Scarcia eds., *Transoxiana Webfestschrift Series I：Webfestschrift Mar-*
　　shak 2003, Ēran ud Anērān：Studies presented to Boris Il'ic Marsak on the occasion of his 70th birthday. Rome：E-
　　lectronic Version（October 2003）-Updated August 2006. Available at http：//www. transoxiana. org/Eran/Arti-
　　cles/heller. html；J. V. Bellezza, Z. Zhang：*Foundations of Civilization in Tibet. A Historical and Ethnoarchaeologi-*
　　cal Study of the Monuments, Rock Art, Texts, and Oral Tradition of Ancient Tibetan Upland（Denkschriften der
　　Philosophisch-Historischen Klasse）, Wien：Verlag der Österreichischen Akademie der Wissenschaften, 2008.

古藏文写卷 P. T. 1042 的解读①。根据该写卷的记载，吐蕃贵族的丧礼要持续三天的时间，其祭奠仪式比较复杂，但大致包括来宾致礼、献供、哭丧、列队致礼及丧讫宴饮等几个重要环节。一般是白天重复向棺材致礼、献祭各种物品和动物，并进行哭丧和骑马列队致礼，晚上来到丧宴之地宴饮作乐。这与几块棺板画上所描绘的内容大致吻合。四具木棺的右侧板上的丧礼画面，布局和内容都比较类同，包括灵帐哭丧、骑射祭祀、迎宾献马、动物献祭和丧讫宴饮一系列场景，可能是以时间为顺序再现吐蕃贵族的丧礼过程。

（一）灵帐哭丧

四具彩绘木棺的右侧板，包括郭 M1 棺板 II、郭 M2 棺板 II、采 M1 棺板 II、采 M2 棺板 II，都描绘有灵帐哭丧画面，占据木棺右侧板的右半部分，也就是靠近后挡的足端。整个丧礼图的中心为白色灵帐，可见有台阶状基础，有的带有壶门。有的小帐上可见联珠纹织物，可能为门帘。个别可见帐内棺椁样图像。小帐周围分布哭丧者和献祭者，有的描绘出"劗面"场景。

根据文献记载，吐蕃王室和贵族的丧礼，常用帐篷来装殓尸体以供亲属和群臣前来吊唁，并建马场进行骑马表演或祭祀。藏文古手抄本《巴协》比较详细地记载了赞普墀松德赞的葬礼：

> 马年，孟春（藏历正月），墀松德赞王薨逝，王子牟尼赞普尚幼，少喜法行，决定举行父王的超荐活动。琛氏赞协勒素与那囊氏嘉察拉囊、恩兰·达拉鲁贡等奉本大臣为了灭法（佛），信奉本僧，在札玛错姆山腰架起牛毛大帐，从马群中挑选出多匹体格强壮、跑速快的马匹，修制了马场，缝制宽敞帐篷，以这些为基础，

① 敦煌古藏文写卷 P. T. 1042 和 P. T. 239 详细描述了古老的本教丧葬仪轨，由于该写卷的重要性及其研究难度，自 20 世纪 50 年代以来国内外藏学界对其倾注了大量心血，形成了一批重要的研究成果：M. Lallou, Rituel Bon-po des Funérailles Royales, *Journal Asiatique*, 1952, vol. 240, pp. 339 – 361; E. Haarh, *The Yar-lun Dynasty: A study with particular regard to the contribution by myths and legends to the history of ancient Tibet and the origin and nature of its kings*. Koebenhavn: G. E. C. Gads forlag, 1969; R. A. Stein, Un Document Ancien Relatif aux Rites Funéraires des Bon-po Tibétains, *Journal Asiatique*, 1970, vol. 258, pp. 155 – 185, 中译本见〔法〕石泰安著，高昌文译：《有关吐蕃本教殡葬仪轨的一卷古文书》，载中国敦煌吐鲁番学会主编：《国外敦煌吐蕃文书研究选译》，甘肃人民出版社，1992 年，第 251—281 页; Per Kvaerne, *Tibet Bon Religion: A Death Ritual of the Tibetan Bonpos*, Leiden: E. J. Brill, 1985. 中译本见〔挪威〕帕·克瓦尔耐著，褚俊杰译：《西藏苯教徒的丧葬仪式》，载王尧主编：《国外藏学研究译文集》第五辑，西藏人民出版社，1989 年，第 120—181 页。国内研究参见：褚俊杰：《论苯教丧葬仪轨的佛教化——敦煌古藏文写卷 P. T. 239 解读》，《西藏研究》1990 年第 1 期；褚俊杰：《吐蕃本教丧葬仪轨研究——敦煌古藏文写卷 P. T. 1042 解读》，《中国藏学》1989 年第 3 期；褚俊杰：《吐蕃本教丧葬仪轨研究（续）——敦煌古藏文写卷 P. T. 1042 解读》，《中国藏学》1989 年第 4 期。

又召集了澎域地区的阿辛、切布、蔡波、雅安等 127 人，决定为赞普墀松德赞举行超荐。①

敦煌吐蕃文书 P. T. 1042 第 40—47 行还详细描述了吐蕃王室贵族丧礼中骑马列队进行祭祀和哭丧的仪式：

> 小供献本波将尸体、尸像（ring-gur）和供食搬到墓室门口……此后尸主留于此地，魂主向左转着走来，一共转三圈，在这期间每转一圈都要致礼，并供上一瓢酒。备马官也从左右两边走过来，转三圈，转完后，从（死者）的脸部开始，向（死者）折倒三次长矛，对死者致礼。侍者和死者亲朋们哭丧。②

这段话可能描述了吐蕃人绕帐祭祀并以"劙面"表达悲痛的场景。据《资治通鉴》卷二四六"武宗会昌二年（842 年）"条载，吐蕃老臣节都那预感吐蕃内乱将至，亡国无日，在痛斥佞相之后，"拔刀劙面，恸哭而出"。《旧唐书·吐蕃传》也记载吐蕃人"居父母丧，截发，青黛涂面"，皆以毁垢身体以示悲恸。译者将文中 ring-gur 译为"尸像"，较令人费解。哈尔博士译作"装殓尸体的灵台"（catafalque with the corpse）③。实际上藏文中 gur 即"帐篷"之意④，石泰安将两词直译为"身帐"（body-tent），但对于何谓"身帐"不甚明了，只推测它可能是一种天盖或一种灵台，又根据文书的具体解释，认为它是由丝绸（dar，该词也有"旗幡"的意义）织造，"完全如同在汉族房舍中使用的那种"，并作为"哭丧声之所缘""悲歌之丝绸"⑤。克瓦尔耐认为尽管这"灵帐"到底是什么还把握不准，但大概与 ring-khang 即"灵堂"（body-house）意义相同，很可能是安置死者画像或象征物的遮蔽物或"帐篷"⑥。ring-gur 在文书中出现多次，从丧葬队伍构成来看，应该是尸体停厝期间专门用来装殓尸体的设施。如此看来，古藏文文献中记载的这种用丝绸制作或装饰的帐篷，很有可能就是丧礼图中所描绘的停尸帐。图中所绘帐篷上覆盖着一块轮廓清晰的类似彩旗的织物，而帐篷的顶

① 转引自恰白·次旦平措、诺章·吴坚、平措次仁著，陈庆英等译：《西藏通史——松石宝串》，西藏社会科学院、中国西藏杂志社、西藏古籍出版社，1996 年，第 151 页。
② 褚俊杰：《吐蕃本教丧葬仪轨研究——敦煌古藏文写卷 P. T. 1042 解读》，《中国藏学》1989 年第 3 期。下文中所引该写卷资料如无特殊说明，皆源自褚俊杰文。
③ E. Haarh, *The Yar-lun Dynasty：A study with particular regard to the contribution by myths and legends to the history of ancient Tibet and the origin and nature of its kings.* Koebenhavn：G. E. C. Gads forlag, 1969, p375.
④ Sarat Chandra Das, *Tibetan-English Dictionary*, Reprint, Delhi：Motilal Banarsidass, 2004, p. 222.
⑤ 〔法〕石泰安著，高昌文译：《有关吐蕃本教殡葬仪轨的一卷古文书》，载中国敦煌吐鲁番学会主编：《国外敦煌吐蕃文书研究选译》，甘肃人民出版社，1992 年，第 266—267、272 页。
⑥ P. Kvaerne, *Tibet Bon Religion：A Death Ritual of the Tibetan Bonpos*, Leiden：E. J. Brill, 1985, p. 17.

部包括整个喇叭形采光口，都是用同样的织物制造。这些织物满饰联珠纹饰，色彩肃穆庄重，与棺板画上所绘人物的服饰相似，应该属于丝织物。

无独有偶，在 8 世纪的吐蕃墓中也发现了可能属于这种停尸帐的丝绸实物。瑞士阿拜格基金会于 1995—1997 年间收藏一批吐蕃时期丝织品，其上装饰有大量的联珠纹饰及对兽纹，很有可能来自于都兰地区①。其中两片对狮联珠纹丝绸残片上有墨书藏文题记（见图 6 - 3 - 24：3、4，见图 6 - 4 - 49），分别为 "spur khang zang zango" 和 "spur"，阿米·海勒女士将其分别释读为 "停尸房之宝物" 以及 "尸体"②。"spur" 与前文中 "ring" 是可以互换的同义词，均为 "遗体" "尸体" 之意③。"spur khang" 即 "停尸房"，用于在尸体处理期间装殓尸体。这两片丝绸图案接近，皆为联珠团窠纹饰及对狮纹，题记书于狮纹旁边。团窠及动物图案直径为 80 厘米左右，面积相当大。阿米·海勒女士因此认为它们可能不是衣物原料，而应该用于建筑装饰，很有可能是帐篷，而且 "在悉补野王朝的军事征服中狮子和其他动物纹饰经常装饰在帐篷上"。她进而推测这些残片应该属于死者生前军旅生涯所用的帐篷，死后被剪为碎片随葬入墓穴。事实上，根据棺板画上的灵帐图像来看，这些丝绸残片很有可能是死者停尸帐的一部分，可能是在尸体最后埋葬时随葬入墓穴中的。据敦煌古藏文写卷 P. T. 1042 记载，埋葬死者时需要 "从魂像（thug-gur，即 "魂帐"，与 "身帐" 同属一物④）上裁下盾牌大小的一块，放在陵墓的祠堂里"。

根据《敦煌本吐蕃历史文书》的记载来看，吐蕃赞普或者王室成员多在死后停厝一两年甚至多年才举行大葬，期间要在灵堂（ring-khang）内对尸体作 "降魂" "献祭" "剖尸" 等仪式⑤，古藏文写卷 P. T. 1042 第 81—82 行记载，"大葬要在死后三年的时候举行"。这一系列祭祀和尸体处理仪式，很有可能就是在类似的帐篷中进行的。列队环绕是吐蕃丧礼中一项重要的祭祀仪式，《贤者喜宴》记载 "一年之间王臣属民人等环绕（陵墓祭之），此后，届时年祭，并绕（陵）供奉"⑥。前引文献中可见吐蕃王室的丧礼需要牛毛大帐，修建马场并挑选多匹善跑的马匹，祭祀过程中由骑马者组成的丧

---

① K. Otavsky, Stoffe von der Seidenstrasse：Eine neue Sammlungsgruppe in der Abegg-Stiftung, In：K. Otavsky ed., *Entlang der Seidenstrasse. Frühmittelalterliche Kunst zwischen Persien und China in der Abegg-Stiftung*, *Riggisberger Berichte* 6, Riggisberg, 1998, pp. 13 – 41.

② A. Heller, Two Inscribed Fabrics and Their Historical Context：Some Observations on Esthetics and Silk Trade in Tibet, 7th to 9th Century, In：K. Otavsky ed., *Entlang der Seidenstrasse. Frühmittelalterliche Kunst zwischen Persien und China in der Abegg-Stiftung*, *Riggisberger Berichte* 6, Riggisberg, 1998, pp. 95 – 118.

③ 陈践：《藏语 ring lugs 一词演变考——敦煌藏文古词研究之一》，《中国藏学》1991 年第 3 期。

④ 〔法〕石泰安著，高昌文译：《有关吐蕃本教殡葬仪轨的一卷古文书》，第 267 页。

⑤ 王尧、陈践译注：《大事纪年》，民族出版社，1992 年，第 145—156 页。

⑥ 巴卧·祖拉陈哇著，黄颢译注：《〈贤者喜宴〉摘译（三）》，《西藏民族学院学报》1981 年第 2 期。

葬队伍绕着墓穴转三圈，每转一圈都要致礼并供酒，并有侍者和死者亲朋们哭丧。这些环绕灵帐进行的祭祀仪式并非吐蕃或吐谷浑所独有，也流行于其他游牧民族及邻近地区，如匈人、突厥和粟特等民族。其中最早的记录见于古罗马约达尼斯（Jordanes）的《哥特史》（Getica）中关于匈人首领阿提拉在 453 年的葬礼的记载：

> 他的尸体被安置在一块平地上，放在一个丝绸帐篷之中供人们瞻仰。在马技表演后，整个匈人部族中最优秀的骑手骑马环绕帐篷不停地转圈，向他们的领袖唱着丧歌……当他们哀悼时，以狂歌痛饮的形式（strava）在他的墓地来进行……然后在神秘的夜色中他的尸体被埋葬。[1]

《北史·突厥传》也记载："（突厥）死者，停尸于帐，子孙及诸亲属男女，各杀羊马，陈于帐前，祭之。绕帐走马七匝，一诣帐门，以刀剺面，且哭，血泪俱流，如此者七度，乃止。……葬之日，亲属设祭及走马剺面，如初死之仪。"

《新唐书·黠戛斯传》则记载黠戛斯葬俗为"丧不剺面，三环尸哭"。

此外，粟特人的葬礼中也用帐篷来装殓尸体，在中亚片治肯特（Panjikent）的壁画中有所表现[2]。十三世纪蒙古大汗的葬礼中还用帐篷存放遗体并进行祭奠活动，"逻骑以为卫，设供帐以祭之"，"因以为死者如生，故仍为之设帐，供食，献乳，置马，奉若生前"[3]，这大概是欧亚草原游牧民族共有的葬俗，彼此之间可能还存在一定的文化联系。

值得一提的是，在吐蕃墓葬制度中，似乎还曾经存在过帐篷形墓葬。如霍夫曼所说，松赞干布以前的赞普陵墓是外表像帐篷一样的圆形墓[4]。再如古藏文写卷 P. T. 1287 第 49 行关于止贡赞普陵墓的记载，学术界分歧较大：巴考和杜散认为是"建造一座形状像支起的帐篷一样的土墙墓。"麦克唐娜夫人直接将其译为"魂帐"，褚俊杰参考霍夫曼的注释及哈尔的观点，认为应该译为"在姜多山建造形状如同支起的帐篷形的陵墓"，同时援引 P. T. 1136 中"为安葬而建墓穴，形如牛毛帐篷"以及《汉藏史集》及《贤者喜宴》等书所说的"五赞"的墓、《王统世系明鉴》所说拉脱脱日的墓

---

① G. Jordanes, *The Origin and Deeds of the Goths*, translated by Charles Christopher Mierow, Princeton：Princeton University Press, 1908, p. 80.

② A. M. Belenizki, *Mittelasien Kunst der Sogden*, Leipzig：VEB E. A. Seemann, 1980, p. 50.

③ 袁国藩：《元代蒙人之丧葬制度》，载袁国藩：《元代蒙古文化论集》，台湾商务印书馆，2004 年，第 23—42 页。

④ H. Hoffmann, Die Gräber der tibetischen Könige im Distrikt 'P'yons-rgyas, *Nachrichten der Akademie der Wissenschaften in Göttingen*. 1. philologisch-historische Klasse, Nr. 1. Göttingen：Vandenhoeck & Ruprecht, 1950, p. 5.

都是"牛毛帐篷形的土堆",推断当时确实有建造帐篷形坟墓的风俗①。这样的帐篷形墓葬与棺板画中的"身帐"有何关系?或者其本身就应该属于这种停尸帐而非"帐篷形墓穴"?无论如何,棺板画上的灵帐哭丧图像对于有关吐蕃丧礼文献的解读,能够提供新的启示和更加直接的形象资料。

(二)骑射祭祀

多数彩绘木棺的丧礼场景中,在灵帐哭丧图的旁边都有骑马射鬼祭祀的图像。郭M1、郭M2中位于灵帐哭丧图上方,采M1和采M2中位于灵帐图下方。几个场景有着类似的表现形式,一般描绘为骑马者对着一个怪物张弓射箭,怪物被绑缚于两根立柱上,身体绘成灰色,全身赤裸,蓬头垢面,须毛男根尽显,身中箭,鲜血喷溅,满目惊恐。一些木棺的前(后)挡上也见有类似图像,其中包括采M1后挡,采M3、采M4前(后)挡。可见不仅出现于丧礼图中,还散见于木棺两端挡上,与具有镇墓辟邪功能的四神并置。

此骑射图与灵帐哭丧密切相关,可能反映的是前引文献中所述丧礼中马场上马技表演的具体内容之一。由于这些图像中所射杀的对象并非寻常动物形象,而是裸体灰色怪物,可以肯定应该是丧礼中一项重要的祭祀仪式。关于该场景有两种可能性解释:其一表现的可能是杀鬼超荐场面。《隋书·附国传》载:

> (附国)有死者,无服制,置尸高床之上……子孙不哭,带甲舞剑而呼云:"我父为鬼所取,我欲报冤杀鬼!"自余亲戚哭三声而止。

附国与吐谷浑和吐蕃相接,后为吐蕃征服,成为吐蕃王国一部分,在丧葬习俗方面如"死后十年而大葬,其葬必集亲宾,杀马动至数十匹"等与吐蕃有诸多类似之处,"杀鬼"的观念也盛行于吐蕃苯教丧葬中。止贡赞普时从象雄请来的殡葬本波精通丧葬礼仪,尤其是为死者除煞的"调伏刀剑"和超荐亡灵之术②,《汉藏史集》中也记载有本波巴热之子对止贡赞普开棺视看前进行"调伏刀剑"的杀鬼仪式③。如果图像中所描绘的是杀鬼场景,那么在实际的仪式中鬼的形象以何物代替,尚无法确定。辽代契丹人流行出征时以死囚"植柱缚其上"④,"射鬼箭"以祭诣先帝,被除不祥⑤,大概可以

---

① 褚俊杰:《吐蕃本教丧葬仪轨研究(续)——敦煌古藏文写卷 P. T. 1042 解读》,《中国藏学》1989 年第 4 期。
② R. A. Stein, *Tibetan civilization*, Eng. transl. by J. E. S. Driver, Reprint, California: Standford University Press, 1972, p. 232.
③ 达仓宗巴·班觉桑布著,陈庆英译:《汉藏史集》,西藏人民出版社,1986 年,第 84 页。
④ [元] 脱脱等:《辽史》卷五一《礼志三》,中华书局,1974 年,第 845 页,
⑤ 《辽史》卷一一六《国语解》,第 1535 页。

提供一定的启示。

另外一种解释是人祭或以猕猴来代替人祭。文献记载吐蕃①及其所兼并的高原国度如女国②和太平国③等都在丧葬中都流行人殉和人祭，这在吐蕃时期墓葬中有一些证据，如青海乌兰泉沟一号墓葬④、西藏昂仁吐蕃墓葬⑤等。克瓦尔耐指出"人祭可能是为了给死者'赎身'，或者给死者提供仆从或伴侣"⑥。藏文文献中还有"被献祭的奴隶被绑在木架上"，被苯教法师分割尸体献祭，作为替身为一个小邦王子治病的记载⑦，但类似的献祭仪式被认为是"罪恶而无益处"，也受到了报应论的谴责。可能是基于道义的考虑或佛教的影响，苯教祭祀仪式中多使用人形的模拟像（klud）来献祭魔罗以避免受其伤害，"用替罪羊式的人物或稻草制的'假人'，其内实以草、食物及宝贵的物品等，抛向魔罗将要出现的方向"⑧。这些替代物可能还包括与人形似的猕猴，汉文文献《隋书·女国传》记载女国"岁初以人祭，或用猕猴"⑨，吐蕃赞普的年度会盟上也要举行"刑猕猴"⑩的仪式。棺板画上的裸体怪物形象，与长毛发的灵长类动物是比较接近的，根据该图像的所在位置、功能及其与灵帐、动物献祭场景的相互关系来看，属于以猕猴作为人祭代用物的可能性很大。但无论是以人祭，或以假人或猕猴代祭，该类图像都可为研究吐蕃丧葬中人祭习俗的具体执行情况提供更直接的材料。

（三）迎宾献马

该画面一般位于右侧板右下角。来宾牵马朝向灵帐方向，马匹头、颈、鬃毛和马鞍上都有奢华的联珠纹织锦装饰，颈部插有花枝状饰物。迎宾者跪坐相迎，并备有酒水。郭 M1 、郭 M2 皆为这种表现形式。采 M1 中的这一位置主要表现客人到达后的宴饮场景。

---

① 《旧唐书》卷一九六《吐蕃传》，第 5220 页。

② 《隋书》卷八三《西域传·女国》，第 1851 页。

③ 《册府元龟》卷九六〇《外臣部·土风二》。"太平国"疑为"大羊同"之误。

④ 中国社会科学院考古研究所、海西蒙古自治州民族博物馆、乌兰县文体旅游广电局：《青海乌兰县泉沟一号墓发掘简报》，《考古》2020 年第 8 期。

⑤ 霍巍：《西藏昂仁古墓葬的调查发掘与吐蕃时期丧葬习俗研究——兼论敦煌古藏文写卷 PT1042 考释的几个问题》，《南方民族考古》1991 年第 4 辑，第 163—176 页。

⑥ 〔挪威〕帕·克瓦尔耐著，褚俊杰译：《西藏苯教徒的丧葬仪式》，载王尧主编：《国外藏学研究译文集》第五辑，西藏人民出版社，1989 年，第 120—181 页。

⑦ 同上。

⑧ 〔英〕F. W. 托玛斯著，刘忠、杨铭译注：《敦煌西域古藏文社会历史文献》，民族出版社，2003 年，第 238 页；"glud-tshab"．S. C. Das，*Tibetan-English Dictionary*，Reprint，Delhi：Motilal Banarsidass，2004，p. 259.

⑨ 同②，第 1851 页。

⑩ 同①。

迎宾献马场景在敦煌古藏文苯教丧葬仪轨文书中也有详细的表述。根据哈尔博士的研究，P. T. 1042 的第 1—9 行描述参加葬礼的各类客人（包括大王和母舅）到达并致礼，第 10—13 行介绍了献祭的各类物品，第 13—22 行为各类客人到达丧礼场所，献祭的动物和物品组成丧葬行列①。在各种献祭动物中马匹种类繁多，说明其在丧葬仪式中具有重要的作用，如 P. T. 1042 第 32—37 行："两个仪轨飘帘（gur，当指灵帐）的左右两边是内侍官和舅臣侍官……由两个御用辛带来（两排供品），两排顶端都有一个飞跑马，其后是大宝马，其后是大小香马，其后是一般的骑士，其后是亲人所供之养料，其后是诸侯列邦所供财物，其后是佳妙乐器、佩饰马。"从热水墓地的发掘也可以看出，吐蕃贵族的丧葬中使用大量马匹殉葬，很大一部分可能来自亲属或臣属的馈赠或供奉。敦煌古藏文文书 P. T. 1287《赞普传记》记载，松赞干布曾对韦氏一族发誓："义策忠贞不贰，你死后，我为你营葬，杀马百匹以行粮。"② 棺板画上所描绘的装饰华丽的马匹，很有可能就是文献中提到的佩饰马，它们大概是作为死者前往乐土的骑乘工具。关于马匹的装饰，在敦煌古藏文文献中也有所提及，根据 P. T. 1136 第 20—29 行的记载，这一吐蕃葬仪源自这样一个献祭良马的故事：

> 这亲密合意的牲口和玛米德尊布两个小人，穷人，情意深厚，一个死了另一个要为之修墓。后来玛米尊德布死了。（亲密合意的牲口）非常伤心，亲自为之安葬，建帐篷形墓穴。（死者说）："没有宝马，没有亲密马，合我心愿的牲口你要有勇气过山口，能坦然过渡口！"（死者）把马驹伯布领到"乐土"姜囊，起名为赛昂格，将它的马槽（用饲料）装得满满的，让它吃青绿稻谷，喝甘蔗糖水，马鬃上饰以锦缎，头上插鸟羽鹏羽，尾巴往下梳理，用秸秆盖一有窗户的马厩，马尾系上小套子。有勇气过山口，坦然过渡口，（因而）有益而有福。

文中提到的一些细节，如安葬主人的帐篷形墓穴，宝马马鬃上饰有锦缎，头上插鸟羽、鹏羽，都与棺板画所描绘的内容相吻合。画面中宝马马鬃和马头上都满饰联珠纹丝织物，马鬃部位插有彩色的花枝状饰物，可能便是鸟羽或鹏羽。这些宝马由参加吐蕃贵族丧礼的宾客或眷属进献给死者，并按照严格的顺序陪葬入墓地，其目的应该是用于死者到达"乐土"的坐骑或引导。

---

① E. Haarh，*The Yar-lun Dynasty：A study with particular regard to the contribution by myths and legends to the history of ancient Tibet and the origin and nature of its kings*，Koebenhavn：G. E. C. Gads forlag，1969，p. 375.
② 王尧、陈践译注：《敦煌本吐蕃历史文书》，民族出版社，1992 年，第 164 页。

（四）动物献祭

　　郭 M1、采 M1 上驱赶动物进行献祭的场景位于灵帐左侧；郭 M2 上该部分场景腐蚀严重，但隐约可见马匹的轮廓。采 M2 上的该场景位于灵帐左上方，位于赴宴出行的队伍之前。献祭动物的种类有牦牛、羊、马、狗等。骆驼也出现其中，但主要为驮运献礼货物。

　　动物献祭或殉葬在整个欧亚草原的游牧民族中都广泛存在，尤其以马匹的殉葬最为流行。吐蕃苯教对于动物殉葬的认识，也与其他游牧民族的观念有共同之处，其认为人死后通往乐土的路漫长而艰辛，因此要借助动物献祭的仪式才能顺利通过。这些动物不但可以清除路上的障碍，引导死者走出迷途，而且还是死者脱离死亡世界的坐骑。它们还可以充当替身，来避免恶鬼对死者可能的伤害。他们还相信，在到达乐土之后，仍然需要生前所拥有的一切，献祭成群的动物可以满足死者在乐土生活的需要，与献祭的其他物品如粮食、衣物和珍宝等具有同样的作用①。关于吐蕃墓葬中的动物殉葬，前人已有相关著述②，此不赘述。需要指出的是，根据 P. T. 1042 的记载，献祭动物从丧礼开始的第一天，就一直持续进行，并且根据不同阶段的需要，以不同的形式用于不同的场所。这在都兰吐蕃墓葬中发现的殉牲上也有所反映，从这些墓葬的封土堆周围，到封土内的不同层次乃至墓室内部，都有不同形式的殉葬坑和不同种类的动物骨骼③，反映了动物献祭的诸多不同功能。

（五）丧讫宴饮

　　郭 M1 棺板 II、郭 M2 棺板 II、采 M1 棺板 II、采 M2 棺板 II 四块完整的棺板画上都描绘有丧讫出行赴宴和宴饮作乐的场景，这两个连续的场景分别位于右侧板灵帐哭丧的上方和左侧，是整个棺板画的重要内容。列队赴宴的宾客，以长幡引导，队伍中的主宾衣着华丽，阵容强大，马匹周身也同样装饰豪华。宴饮作乐内容描绘了大量男女人物帐居、宴饮、野合等纵情享乐的热闹场面，与右侧肃穆的哭丧场景形成巨大反差。

　　如同匈人以狂歌痛饮的丧宴"strava"哀悼死者一样，吐蕃人在哭丧之后也奔赴丧

---

①　P. Kvaerne, *Tibet Bon Religion: A Death Ritual of the Tibetan Bonpos*, Leiden: E. J. Brill, 1985, p. 7.

②　许新国:《吐蕃丧葬殉牲习俗研究》,《青海文物》1991 年第 6 期；霍巍:《吐蕃时代墓葬的动物殉祭习俗》,《西藏研究》1994 年第 4 期。

③　许新国:《中国青海省都兰吐蕃墓群的发现、发掘与研究》,载许新国:《西陲之地与东西方文明》,燕山出版社,2004 年,第 132—141 页。

宴之地尽情饮酒作乐，在三天的丧礼活动中，这样的程序要反复举行。P. T. 1042 记载，"（供上各类人献供品后）便是哭丧仪式。此后到主府内的丧宴之地……向棺材致礼。此后到晚上的丧宴之地"。汉文文献记载，"君死之日，共命人皆日夜纵酒"①。新疆所出的古藏文木简也有类似记载，"哀悼开始，直到被埋葬男方的所有妻子们情绪悲痛到了极点（为患疾而死），由水酒供者（？）带来，主人和仆人们开怀畅饮"②。类似的习俗在附国同样流行，"死家杀牛，亲属以猪酒相遗，共饮啖而瘗之"③。

麦克唐纳认为这种丧宴具有一定的宗教内涵，"在反复举行殡葬礼仪时要伴随以欢乐和盛宴，席间要邀请亲朋。这种盛宴可能与定期向死者提供生活必需品有关，这些生活必需品是为了提供他在距神仙吉祥时代还有数千年的漫长期间耗用的"④。

（六）小结

总体来看，这些棺板画上以叙事手法自右向左大致完整地描绘了吐蕃时期苯教丧葬仪式中的几个重要环节，各画面在空间上连续无间断，时间上先后有次，构图上错落有致。迎宾献供、灵帐哭丧、动物献祭和骑射祭祀，都是围绕停尸灵帐来进行，丧宴是丧礼的最后部分，占据了整个棺板的左半部分。

从整个棺板画的措置来看，四幅丧礼图都位于葬具的右侧板上，左侧板主要描绘狩猎、帐居、乐舞、宴饮、野合等场景，没有与丧葬相关的任何内容，应该是死者生前享乐生活的写照。因此左右两侧的内容应该是遵循了固定的模式：左侧再现死者生前的享乐生活，右侧描绘其死后的丧葬场景；前后挡板分别是朱雀和玄武图像，可见中原丧葬观念对青藏高原地区的强烈影响。但将丧礼场景作为墓室内装饰，则非中原地区所流行，足见吐蕃文化对于丧葬礼仪的重视程度。根据古藏文写卷的记载，吐蕃人的殡葬礼仪以及反复、重新地举行具有相当重要的意义，他们相信通过这类礼仪可以确保死者不迷路而顺利到达"乐土"，并且"在神仙的吉祥时代之初便会复活"⑤。将丧礼场景图像化并形成固定的模式，也是这一信仰的具体体现。

在以往同时期的考古发现中，葬礼图像多见于粟特人的葬具或者壁画上，如中亚地区的纳骨瓮⑥，前所引片治肯特的壁画以及中原地区发现的入华粟特人石棺

① 《册府元龟》卷九六一《外臣部·土风三》，第 11307 页。
② 〔英〕F. W. 托玛斯著，刘忠、杨铭译注：《敦煌西域古藏文社会历史文献》，民族出版社，2003，第 336 页。
③ 《隋书》卷八三《西域传·附国》，第 1858 页。
④ 〔法〕麦克唐纳著，耿昇译：《敦煌吐蕃历史文书考释》，青海人民出版社，1991 年，第 233 页。
⑤ 同上。
⑥ A. M. Belenizki, *Mittelasien Kunst der Sogden*, Leipzig：VEB E. A. Seemann, 1980, p. 193.

床①，说明两文化在观念上可能有相通之处。考虑到棺板画中具有中亚特征的人物服饰和日用器物，以及都兰地区大量发现的来自中亚的丝绸，这一共性似乎不是偶然的。但正如霍巍先生指出，这不一定意味着两地之间存在着一种直线或单线的传承关系，因为诸多文化因素可能不仅仅只限于吐蕃和粟特，在邻近的游牧民族中同样也可见到②。事实上，从广阔的欧亚草原游牧文化背景来看，丧礼图所反映的一些丧葬习俗也流行于其他游牧民族地区，例如灵帐哭丧、骑射祭祀、动物献祭、丧讫宴饮等，这与吐谷浑地区所处的地理位置及其游牧民族生活方式密切相关。作为西迁鲜卑的一支，吐谷浑毗邻欧亚草原，并且在东西方丝绸之路上扮演着重要角色，其丧葬习俗自然会与其他游牧民族有更多的共性，并显示出多种文化交汇的特征。

以吐蕃苯教丧葬仪轨来阐释这批棺板画内容，从文献记载和相关考古材料来看都是比较合理的。根据藏文文献记载，止贡赞普时期，曾从 Ta-zig（吐蕃西部某个地方）和 A-za（阿豺，即吐谷浑）请来本波主持丧葬仪式③，"向吐谷浑王设置苯教超度，故摧毁吐谷浑政权，纳入悉补野治下"④。这说明吐谷浑地区可能早在吐蕃征服之前，已有苯教流行，并且在王室贵族的丧葬中扮演了一定的角色。吐蕃占领之后，苯教更盛，并深刻影响了当地的丧葬习俗，这从都兰地区所发现的吐蕃时期墓葬就可以窥见。都兰吐蕃墓葬的封土、墓室结构和布局，都同西藏发现的吐蕃时期墓葬类似，墓葬中随葬大量的动物也是苯教丧葬习俗的重要特点，在出土棺板画的墓葬中也有不少发现。此外，棺板画人物的服饰，尤其是赭面、朝霞缠头、翻领左衽联珠纹长袍等诸多因素，都是 8 世纪吐蕃人物形象的典型特征。这一方面是吐蕃通过吐谷浑地区进军中亚，并大批移民所致，另一方面也是在被征服地区大力推行吐蕃化政策的结果。然而木棺和棺板画装饰的形式为藏南吐蕃墓所不见，显示了吐谷浑地区在吐蕃化的过程中仍然保持了某些本土的文化传统。

三　木棺板画上人物服饰特征及其族属

本章第一节通过将柴达木盆地和西藏地区的吐蕃时期墓葬进行比较，可知都兰及

---

①　T. Umehara，*Miho Museum*：*Southwing*，Miho Museum，1997，p. 249.

②　霍巍：《西域风格与唐风染化——中古时期吐蕃与粟特人的棺板装饰传统试析》，《敦煌学辑刊》2007 年第 1 辑。

③　H. Hoffmann，*Quellen zur Geschichte der Tibetischen Bon-Religion*，Wiesbaden：Akademie der Wissenschaften und der Literatur in Mainz，Franz Steiner Verlag，1950，p. 211，212，246.

④　恰白·次旦平措、诺章·吴坚、平措次仁著，陈庆英等译：《西藏通史——松石宝串》，西藏社会科学院、中国西藏杂志社、西藏古籍出版社，1996 年，第 153 页。

其邻近地区吐蕃时期墓葬的主导性特征为吐蕃文化。本章第六节的论证显示，棺板画上的丧礼内容可以与敦煌本古藏文文书中的苯教丧葬仪轨进行对应和阐释。而扎根本土三百多年的吐谷浑人，在吐蕃征服后并未、也不可能全部迁入唐境，也不可能被吐蕃全部消灭或驱逐到其他地区，他们中的大部分仍然会居留原地，成为吐蕃统治下的臣民。因此这一区域的一大部分墓葬的主人，很有可能是吐蕃化的吐谷浑人。这一状况在木棺板画上得以详细体现。吐蕃时期的彩绘木棺不但在形制上，而且在彩绘装饰内容上，都延续了吐谷浑统治时期所流行的鲜卑文化传统：木棺为头大尾小的梯形棺，四面皆有彩绘，内容多为狩猎、帐居、宴饮、出行等内容，但在人物服饰上出现较大的变化，显然是吐蕃文化影响的结果。

（一）吐蕃服饰

棺板画中所描绘的人物形象大部分为典型的吐蕃服饰。大多数男人戴有两种类型的头饰，一种为高缠头，呈圆筒状，另一种为低缠头，呈环状。缠头颜色各异，有红、白、褐和蓝色，其中红色最为多见。大部分男人将头发编成环形的辫子垂于脑后，从侧面看便是一个明显的结节。一些男人将头发分成两股，分别垂于双肩前，发束上用丝带系一颗蓝色大圆珠。大部分人物面部都带有赭面，用红色颜料在额部、脸颊和下巴上涂作团状、条带状或点状。大部分人物服饰为宽松的长袍，领部外翻呈三角形，腰部束带，双袖细长，一些人物袖口窄狭，还有的为了方便起见，将长袖卷起，这些人物包括狩猎者、乐人、侍者和侍卫。右襟叠于左襟之上（左衽），下半部分掖进腰带。三角形翻领和袖口处多装饰有联珠纹，可见为镶边的织锦。通常三角形领部的边缘缀有厚实的边饰，两端下垂呈圆弧形，可能是系绑领口所用。一些人物领口为圆形，可能是将翻开的三角形领口系紧之后的情形。一些人物脚蹬黑靴，有的可见到袍子下面穿裤，有的在袍上面又披长长的斗篷，领部、襟部和下缘也都用联珠纹织锦镶边。腰带装饰有圆形饰，与马具革带相似。

这些服饰特征为7—9世纪典型的吐蕃人装束，已为前人较为系统和充分的探究过。海瑟·噶尔美（Heather Karmay）通过与现存图像资料的比对，总结出吐蕃服饰特征：早期的突出特征是，有两种样式的缠头，一种是在头上盘起高筒状缠头，可能只有王室成员才可穿戴。另一种比较扁平，缠紧成环状，头顶裸露。头巾的一角经常从一侧伸出。袍服较长，束腰贴身，与当今所流行的 *chu-ba* 比较接近。三角形大翻领宽窄不一，最宽松者可以从右后侧越过肩部，垂到胸前并掖入腰带。对襟、袖口和领口所用材料不同，袖长过手。靴子通常为黑色，脚尖上翘。这种服饰与后世的藏人服饰主要差别在于缠头形制和三角大翻领上。①

　　与木棺板画上人物对照，这一总结是相当准确的，仅有一些细节上存在出入。例如大部分长袍并非束腰，而是非常宽松的；靴子很少有脚尖上翘的，多数是平头。这类靴子在都兰热水的墓葬中也有出土（见图 6 - 4 - 9）。但毫无疑问，木棺板画上的人物服饰可以被概括为吐蕃服饰。在以往发现的图像资料中，实际上已经有不少吐蕃人形象，详细如下。

　　1. 步辇图②（图 6 - 6 - 19）

　　北京故宫博物院藏卷轴画。此画为唐代宫廷画家阎立本（627—673 年）所绘。内容为 640 年吐蕃大相禄东赞到长安拜见唐太宗，为松赞干布求婚的故事。禄东赞头缠环状缠头，脑后梳发辫，身着窄袖长袍，周身装饰团窠纹，其中袖口、领部、对襟和开叉处装饰联珠纹团窠图案，团窠内为立鸟，其余部分密布鱼鳞状弧形团窠纹，弧形内饰鹿或马图像。腰带为黑色，上面系缀有小袋和其他饰物，脚蹬黑靴。

图 6 - 6 - 19　阎立本
《步辇图》局部

（中国美术全集编辑委员会：
《中国美术全集·绘画编 2·隋
唐五代绘画》，人民美术出版
社，1984 年，图版二）

　　2. 敦煌 158 窟涅槃图③（图 6 - 6 - 20）

　　敦煌的壁画中保存了大量吐蕃统治时期（781—848 年）的吐蕃赞普和贵族供养人像。其中 158 窟北墙上的涅槃图中刻画有各国王子举哀图。其中吐蕃赞普和两个侍从立于画面的最左侧，应该是一众人物的首领。赞普头带圆形头光，旁边有横条题记"赞普"。赞普头缠环状头巾，巾角从右侧伸出。袍服通体饰有团窠图案，三角形大翻领。赞普由两位侍者搀扶。右侧侍者服饰相同，缠头为扁平的环状，巾角从一侧伸出。右肩处可见辫发环的侧面。另一侍者同样头上缠带，辫发垂于耳际。

　　3. 敦煌 159 窟维摩诘经变图④（图 6 - 6 - 21）

　　与 158 窟时代相当，在维摩诘经变图的下方，绘有吐蕃赞普站立于一台座上，上

　① H. Karmay, Tibetan costume, seventh to eleventh centuries, In: Macdonald A., Imaeda Y. eds., *Essais Sur L'art du Tibet*. Paris, 1977, pp. 65 - 81.

　② 胡嘉：《有关文成公主的几件文物》，《文物》1959 年第 7 期。

　③ 中国美术全集编辑委员会、敦煌研究院：《中国美术全集绘画编 15 下·敦煌壁画》，上海人民美术出版社，1985 年，图版 100。

　④ 同上，图版 111。

图 6 - 6 - 20　敦煌 158 窟涅槃图赞普像

（《中国美术全集绘画编 15 下·敦煌壁画》图版 100）

图 6 - 6 - 21　敦煌 159 窟维摩诘经变图

（同前，图版 111）

图 6 – 6 – 22　敦煌维摩诘经变绢画

(*The art of Central Asia*：*The Stein collection in the British Museum*，*vol.* 1，*Paintings from Dunhuang*，pl. 20)

有宝盖，周围有七名随从和侍者，均着吐蕃装。其余的各国王子服饰各异。

4. 敦煌维摩诘经变绢画①（图 6 – 6 – 22）

斯坦因所收集的敦煌绢画，年代为 8 世纪晚期。绘维摩诘经变图，与上述绘画内容相同，吐蕃赞普与各国王子前往听法。赞普及其随从皆着吐蕃装。

5. 敦煌劳度叉斗圣变绢画②（图 6 – 6 – 23）

大英博物馆藏敦煌绢画，年代为 8 世纪初。树下围观斗法的众人中有四人着吐蕃服饰。他们头戴高筒状或环状缠头，头发辫成环状垂于颈后。袍服长袖过手，有三角形大翻领，衣领有织锦镶边。额、双颊、鼻和下巴上均有赭面。

6. 敦煌和安西榆林窟散见的吐蕃人物形象

敦煌石窟第 359（图 6 – 6 – 24）、225 和 220 窟的壁画中，都可见吐蕃装供养人形象，其年代应该为吐蕃占领时期③。安西榆林窟第 25 窟北壁壁画弥勒净土变中描绘有吐蕃人婚宴，也出现吐蕃装人物形象④（图 6 – 6 – 25），而且是首次出现女性着吐蕃男

———————————

① R. Whitfield，*The art of Central Asia*：*The Stein collection in the British Museum*，*vol.* 1，*Paintings from Dunhuang*，Tokyo：Kodansha Ltd，1982，pl. 20.

② 沈以正：《敦煌艺术》，（台北）雄狮图书有限公司，1977 年；H. Karmay，*Tibetan costume*，*seventh to eleventh centuries*.

③ 段文杰：《唐代后期的莫高窟艺术（4）》，载敦煌文物研究所编：《中国石窟：敦煌莫高窟四》，文物出版社、株式会社平凡社，1987 年，第 161—174 页。

④ 中国美术全集编辑委员会、敦煌研究院：《中国美术全集绘画编 15 下·敦煌壁画》，第 43 页。

图 6－6－23　敦煌劳度叉斗圣变绢画

（《敦煌艺术》图版 1、165、161）

图 6－6－24　敦煌石窟第 359 吐蕃人物形象　　　图 6－6－25　安西榆林窟第 25 窟吐蕃人物形象

（《唐代后期的莫高窟艺术（4）》第 166 页，图 7）　　（《中国美术全集绘画编 15 下·敦煌壁画》图版 121）

性装束。其年代为 9 世纪早期。

　　7. 玉树地区摩崖石刻① （图 6－6－26）

　　玉树勒巴沟摩崖石刻中有吐蕃贵族礼佛图。男女人物的头饰和服饰与棺板画上的人物形象相同。石刻年代被断定为吐蕃早期。类似的吐蕃装供养人形象还出现在勒巴沟内吾娜桑嘎摩崖造像的石刻中，根据题记可知其年代为 8 世纪下半叶到 9 世纪

---

　　① 汤惠生：《青海玉树地区唐代佛教摩崖考述》，《中国藏学》1998 年第 1 期。

上半叶①。

8. 都兰热水墓地木板画（见图6-4-3、4）

都兰热水墓地Ⅱ区99DRNM3出土的一件木箱构件上（见本章第四节），有彩绘射猎图案，其服饰和赭面形象与彩绘木棺上的吐蕃人物形象一致。

9. 卫藏和阿里地区的图像

除了敦煌和吐蕃的东北部地带之外，同样的吐蕃人服饰在西藏西部和中部地区都可以寻觅到踪迹。不晚于9世纪的皮央·东嘎洞窟，有不少供养人图像着装与棺板画上人物形象相似②。同样的服饰特征一直持续到11世纪。海瑟·噶尔美将其归入第二组。在青藏高原西部拉达克的塔波寺③（图6-6-27），

图6-6-26　玉树勒巴沟吐蕃贵族礼佛图摩崖石刻
（《青海玉树勒巴沟古秀泽玛佛教摩崖造像调查简报》图五）

卫藏地区的艾旺寺和西藏西部的一个写本中都有类似的供养人形象④。这说明在西藏境内及其周边，直到数世纪之后，仍然延续着吐蕃强盛时期所流行的服饰。

汉文和藏文文献都有关于吐蕃服饰的记载。《册府元龟》提到东女国人"其王服青毛绫裙，下领衫，上披青袍，其袖委地。冬则羔裘，饰以纹锦"⑤。所描述服饰和头饰与棺板画中的吐蕃人物形象相合。吐蕃头饰也有明确记载，《新唐书·吐蕃传》："赞普坐帐中……身披素褐，结朝霞帽首，佩金缕剑。"⑥ 根据藏文文献，松赞干布红绢缠

① 青海省文物考古研究所、四川大学中国藏学研究所、四川大学考古学系：《青海玉树勒巴沟吾娜桑嘎佛教摩崖石刻调查简报》，载四川大学中国藏学研究所编：《藏学学刊》第16辑，中国藏学出版社，2017年，第95—147页。

② 霍巍：《西藏西部佛教石窟壁画中供养人服饰的初步研究》，载四川大学考古学系编：《四川大学考古专业创建40周年暨冯汉骥教授百年诞辰纪念文集》，四川人民出版社，2001年，第411—432页。

③ D. E. Klimburg-Salter, *Tabo, a lamp for the Kingdom. Early Indo-Tibetan Buddhist Art in the Western Himalaya*, Milan and New York：Skira-Thames and Hudson, 1997, p.124, fig.121.

④ H. Karmay, Tibetan costume, seventh to eleventh centuries, In：A. Macdonald, Y. Imaeda eds., *Essais Sur L' art du Tibet*. Paris, 1977, pp.65-81.

⑤ 《册府元龟》卷九六〇《外臣部·土风二》，第11294页。

⑥ 《新唐书》卷二一六《吐蕃传》，第6103页。

图 6 - 6 - 27　拉达克塔波寺壁画

图 6 - 6 - 28　布达拉宫
藏松赞干布像

(*Tibet*: *Klöster öffnen ihre Schatzkam-mern*, p. 431, no. 81)

头，后世法王仿效之，"遇新年等节令，则其所著衣物，谓是往昔之服饰，戴称作'赞夏'（btsan-zhaw）之红帽，其顶细长，上角有一阿弥陀像，用红绢缠缚，绢端前面交错"[①]。迄今保存下来的一些晚至14—17 世纪的松赞干布像，头顶上的"赞夏"表现很明显[②]（图 6 - 6 - 28）。"赞夏"一词很有可能与汉文献中的"朝霞"相对应，指的都是这类赞普的帽子。

棺板画上的人物中有不少女性形象，其冠饰和发饰同样为研究吐蕃时期女性服饰提供了难得的资料。女性也着袍服，与男性相同，但在腰部不见革带。大多数头饰都搭着长巾，两侧巾端沿着长发下垂过耳，垂于肩后。在脸颊两侧的发辫上都饰有一串蓝色珠饰。一些女性形象描绘为背对着观众，使得我们可以看到她们的头发松散地下垂，在发尾处形成一个结。还有一些女性没有头巾，头发分作两半下垂，在两耳处分别用红丝带扎束。她们一般在前额中央装饰一颗硕大的蓝色珠子。

---

① 张云：《论吐蕃文化对西夏的影响》，《中国藏学》1989 年第 2 期。

② M. Henss, King Srong Btsan sGam po revisited: The royal statues in the Potala Palace and in the Jokhang at Lha-sa. Problems of historical and stylistic evidence, 载霍巍、李永宪主编：《西藏考古与艺术：国际学术讨论会论文集》，四川人民出版社，2004 年，第 128—171 页。

　　汉文文献中也记载了青藏高原上的女性服饰特征，具有颇多共性。《北史》记载，吐谷浑"妇人皆贯珠贝，束发，以多为贵"①。《册府元龟》记载，白兰国"男子通服长裙帽或戴幂。妇人以金花为首饰，辫发萦后，缀以珠贝"②。发饰上常见的绿色珠在文献中被称为"瑟瑟"。《新五代史》记载，吐蕃妇人"戴瑟瑟珠，云珠之好者，一珠易一良马"③。棺板画上有一些男性也将发束扎起并佩戴珠子。《通典》记载吐蕃人"其俗重汉缯而贵瑟瑟，男女用为首饰"④。

　　类似的发式和饰珠在西藏及周边地区并不罕见。例如在塔波寺壁画中，每个男女供养人都在头发和颈部佩戴绿色珠。珠子的颜色、形状和佩戴方式都与棺板画上所描绘的相同。另外有一些晚期的苯教法师，也有类似的发式和珠饰⑤。很有可能此类珠饰在吐蕃时期已经被赋予了某种神秘的宗教色彩。

　　17 世纪的汉文文献《天工开物》对瑟瑟珠的记录为："属青绿种类者，为瑟瑟珠、祖母绿、鸦鹘石、空青之类。"⑥ 有人认为瑟瑟珠是蓝宝石⑦，其他学者则认为是绿松石或天青石⑧。对照棺板画上的图像，我们很容易将这类瑟瑟珠比定为吐蕃时期男女人物头上装饰的蓝色或绿色的大颗珠子。由于其尺寸较大，数量也较多，很有可能并非是其他小而稀见的宝石，极有可能就是绿松石。甚至在当代，同类绿松石珠饰仍然是西藏女性头饰的重要组成部分，与吐蕃时期的装饰风格仍然保持着一致性⑨。

　　（二）鲜卑服饰

　　在郭里木 M1 的棺板 II 的中上部，在骑马行进队伍中，有一位骑马者头戴椭圆形黑帽，帽后有一片垂布（图 6－6－29）。在同一块棺板的右下侧迎宾图中，左侧两位跪坐的人物戴有同样的帽子；在郭里木 M2 棺板 II 中的迎宾图中也有人物戴此类黑色帽。这类椭圆形黑帽装束与其他人物的缠头大不相同，在以往青藏高原出土的图像资料中没有发现过，而与中国北方地区北魏孝文帝改革前的鲜卑族装束一致。

---

① 《北史》卷九六《吐谷浑传》，第 3186 页。

② 《册府元龟》卷九六一《外臣部·土风三》，第 11303 页。

③ ［宋］欧阳修：《新五代史》卷七四《四夷附录第三》，中华书局，1974 年，第 918 页。

④ 《通典》卷一九〇《边防六·吐蕃》，第 5171 页。

⑤ H. Hoffmann, Quellen zur Geschichte der tibetischen Bon-Religion, Wiesbaden, 1950, pl. 9.

⑥ ［明］宋应星撰，潘吉星译注：《天工开物译注》，上海古籍出版社，1993 年，第 313 页。

⑦ 同上，第 210 页；Sung Ying-hsing in 1637, T'ien-kung k'ai-wu: Chinese technology in the seventeenth century, transl. by E-tu Zen Sun, Shiou-Chuan Sun, University Park, Pennsylvania: Pennsylvania State University Press, p. 299.

⑧ E. H. Schafer, The golden peaches of Samarkand: A study of T'ang exotics, The regents of the University of California, 1963, p. 333, no. 88.

⑨ 韦荣慧：《中华民族服饰文化》，中国纺织工业出版社，1992 年，第 125—127 页。

图 6 - 6 - 29　棺板画上戴风帽人物（图 6 - 6 - 2 局部）

　　早期鲜卑人的形象经常出现在壁画、石窟、丝织物和人物俑上，大多数年代在 494 年北魏自平城（今大同）迁都洛阳之前。敦煌莫高窟 125 和 126 窟间缝内发现的一件北魏"广阳王佛像绣"刺绣珍品[1]（图 6 - 6 - 30），年代为 487 年，描绘北魏鲜卑贵族广阳王元嘉和他的家庭成员向佛像供养的内容。男女供养人在佛像两侧各列一排，都戴黑色圆形高帽，帽后有垂布。北朝墓葬中出土有大量头戴风帽的人物俑，如北魏贵族司马金龙及其夫人的合葬墓[2]、大同雁北师院北魏墓葬[3]（图 6 - 6 - 31）、下深井乡 M1[4] 和宋绍祖墓（477 年）[5] 等。在大同云冈石窟中也有大量北魏早期供养人雕像着类似服饰。吕一飞根据文献记载对鲜卑服饰进行考证，认为《魏书·辛绍先传》中"垂裙皂帽"，即为《御览》卷九七五引《北齐书》所记之鲜卑帽[6]，其典型特征为垂裙、覆带、黑色。这种帽饰可能是用于抵御北方地区的风沙等恶劣天气。在北魏迁都平城之后，魏孝文帝（471—499 年在位）在风俗习惯等诸多方面推行汉化政策，变异旧风，禁士民胡服而改易汉服，"革衣服之制"[7]，这类鲜卑服饰逐渐式微。

①　敦煌文物研究所：《新发现的北魏刺绣》，《文物》1972 年第 2 期。

②　大同市博物馆、山西省文管会：《山西大同石家寨北魏司马金龙墓》，《文物》1972 年第 3 期。

③　古顺芳：《大同北魏墓葬乐舞俑初探》，《文物世界》2004 年第 6 期；J. C. Y. Watt, J. Y. An, A. F. Howard et al., *China：Dawn of a Golden Age, 200 - 750 AD.* p. 143.

④　大同市考古研究所：《山西大同下深井北魏墓发掘简报》，《文物》2004 年第 6 期。

⑤　大同市考古研究所、山西省考古研究所：《山西大同市北魏宋绍祖墓发掘简报》，《文物》2001 年第 7 期。

⑥　吕一飞：《胡族习俗与隋唐风韵——魏晋北朝北方少数民族社会风俗及其对隋唐的影响》，书目文献出版社，1994 年。

⑦　《魏书》卷七《高祖记》，第 176 页。

图 6 - 6 - 30　敦煌北魏织物上的鲜卑人物形象
(*China*：*Down of a Golden Age*，*200 - 750 AD*，p. 274，no. 29)

图 6 - 6 - 31　大同雁北师院北魏墓葬出土人物俑
(同前，p. 143，no. 52)

　　通过比较来看，郭里木棺板画上的鲜卑人形象应该是确信无疑的。结合时代和
历史背景，他们应该属于吐蕃时期归化吐蕃的吐谷浑人，在服饰方面仍然保留一些
鲜卑人自身的传统。《北史》记载吐谷浑王夸吕"椎髻毦珠，以皂为帽"①，可能
即此类鲜卑帽。《梁书》记载："河南王者，其先出自慕容鲜卑……著小袖袍，小口

---

　　① 《北史》卷九六《吐谷浑传》，第 3186 页。

袴，大头长裙帽。女子披发为辫。"① 长裙帽即为此类颈后带有垂布的圆顶"垂裙皂帽"。

棺板画上的人物还有一种较为特殊的冠饰，可能用黑色的毡子制作而成，有上卷的宽沿，顶部为高竖的桃形或槌形，有时顶部还饰有联珠纹团窠（图 6 - 6 - 32）。这类冠在这一地区还比较流行，不但较多地出现在棺板画上，在乌兰泉沟壁画墓（图 6 - 6 - 33）和北朝时期棺板画上也有一些体现，但在西藏境内的壁画中比较稀见。北魏时期山西大同沙岭壁画墓中出现过戴此类帽饰的人物形象②（图 6 - 6 - 34），在一些北魏时期的陶俑中偶有发现，很可能是鲜卑人所戴的一种冠饰。

吐蕃征服吐谷浑之后，虽然在政治、文化等各方面推行吐蕃化政策，但鲜卑的因素仍然得以保留和继承。鲜卑帽饰出现在棺板画中说明了吐蕃和鲜卑文化之间的融合和并存状态。

（三）赭面习俗

棺板画上大量人物都在面部涂抹有红色颜料，包括前额、双颊和下巴等不同部位。涂抹的形状有圆形、条状和点状。这一习俗非常奇特，在其他地区很

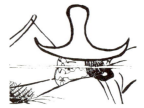

图 6 - 6 - 32　棺板画上戴
毡帽人物形象
（图 6 - 6 - 2、3 局部）

图 6 - 6 - 33　乌兰泉沟壁画墓上戴毡帽人物形象
（《青海乌兰县大南湾遗址试掘简报》图 16 局部）

图 6 - 6 - 34　大同沙岭北魏壁画墓上戴毡帽人物
（《山西大同沙岭北魏壁画墓发掘简报》图 39）

少发现。但该地区一些人物形象面部也没有涂色，说明这一习俗即便是在青藏高原也并非无处不在。这一现象为我们探讨吐蕃文化的形成过程提供了一个独特视角。

---

① 《梁书》卷五四《诸夷传》，第 810 页。
② 大同市考古研究所：《山西大同沙岭北魏壁画墓发掘简报》，《文物》2006 年第 10 期。

如同前文所举例证，在乌兰泉沟壁画墓、敦煌劳度叉斗圣变绢画和热水墓地所出的木板画上，典型的吐蕃人物面部都有此类装饰。除此之外，在青藏高原没有其他更多可供比对的图像材料。在同时期的汉文文献中，这一习俗被称为"赭面"。《新唐书》记载，吐蕃人"以赭涂面为好"[①]。《旧唐书》也记载，当文成公主出降吐蕃，"恶其人赭面，弄赞令国中权且罢之"[②]。这显然是一个权宜之计，可能仅仅限于一个很小的范围之内，因为在 8 世纪这一习俗在都兰及其附近地区仍然流行。甚至如今西藏北部和西部的牧民仍然保留着这一风俗。

《隋书》记载，女国"男女皆以彩色涂面，一日之中或数变之"[③]。女国位于西藏西部阿里地区。说明早在吐蕃统一青藏高原之前，高原一些地区就已经流行面部涂彩妆容。在吐蕃统治时期，这种习俗在更大范围内散播，包括吐谷浑故地也开始广泛流行，可被视为吐蕃文化影响的标志性特征。

四　棺板画所反映的社会生活

郭里木棺板画明显地显示出吐蕃文化、鲜卑文化与其他民族文化的融合。其中吐蕃文化面貌为主导性的，主要体现于独特的吐蕃服饰特征。鲜卑及其他民族文化仅仅保留一些痕迹，但正是这些痕迹使得它们可以与卫藏地区的吐蕃墓葬区分开来。这与吐谷浑人的民族属性及其所处的历史背景非常相合，它们在被吐蕃征服之后，一方面被全面地吐蕃化，另一方面仍然或多或少地继承了鲜卑文化传统。棺板画所描绘的当地人群的社会生活，也可以在当时的文献中找到明确的记载。

帐居和游牧是吐谷浑和吐蕃时期主要的生活方式。《梁书》《南齐书》及其他汉文文献对此都有详细记载。"多畜，逐水草，无城郭，后稍为宫室，而人民犹以毡庐百子帐为行屋"[④]，"有城郭而不居，随逐水草，庐帐为屋，以肉酪为粮"[⑤]。《旧唐书》：（吐蕃）"其人或随畜牧而不常阙居，然颇有城郭……贵人处于大毡帐，名为拂庐。"[⑥]在棺板画中没有发现固定建筑的图像，但在乌兰县泉沟壁画墓上，除了帐篷外，还有汉式门楼建筑图像，墓葬前后室的立柱也用唐代典型的八棱柱上置方斗支撑大梁。这说明这一时期宫室建筑已经比较流行，尤其是社会上层的贵族官吏，在居住方式上已经有明显的汉化。

---

① 《新唐书》卷二一六《吐蕃传》，第 6072 页。
② 《旧唐书》卷一九六《吐蕃传》，第 5222 页。
③ 《隋书》卷八三《西域传·附国》，第 1858 页。
④ 《梁书》卷五四《诸夷传》，第 810 页。
⑤ 《南齐书》卷五九《河南传》，第 1026 页。
⑥ 同②，第 5220 页。

吐谷浑境内动物种类丰富。《魏书·吐谷浑传》记载吐谷浑"好射猎，以肉酪为粮"，"土出牦牛、马、骡，多鹦鹉"①。棺板画中有不少射猎图像，射猎动物包括牦牛、鹿、野驴、虎等。牛羊马更是畜养较多，图像中有较多表现驱赶、屠宰、烹食牛羊的内容。当场射杀牦牛并烹而食之，已经演变成为一个招待贵客的重要礼仪，例如郭里木 M1 棺板 I 和采 M1 棺板 I 上的"射牛图"。根据《新唐书·吐蕃传》记载，"其宴大宾客，必驱牦牛，使客自射，乃敢馈"②，正是这一情景写照。

养马是吐谷浑畜牧产业中一个重要部分。吐谷浑最初从辽东向西南方向迁徙的原因，便是与其他部族产生马匹纠纷③。青海骢是吐谷浑所产宝马，常用来作为贡品进献给中原王朝，其畜养之法独特："青海周回千余里，海内有小山。每冬冰合后，以良牝马置此山，至来春收之，马皆有孕，所生得驹，号为龙种，必多骏异。吐谷浑尝得波斯草马，放入海，因生骢驹，能日行千里，世传青海骢者是也。"④

骆驼是丝绸之路上重要的运输工具，文献中记载吐谷浑境内有不少骆驼。北魏和平元年（460 年），北魏阳平王新成等击吐谷浑拾寅，"获驼马二十余万"⑤。北魏中兴二年（532 年），"夸吕又通使于齐氏。凉州刺史史宁觇知其还，率轻骑袭之于州西赤泉，获其仆射乞伏触扳、将军翟潘密、商胡二百四十人，驼骡六百头，杂彩丝绢以万计。"⑥ 骆驼图像在棺板画和乌兰泉沟壁画墓中都有表现，不少骆驼驮着大堆物品，有的甚至可以看出是五彩的丝织品，从其所处背景来看，可能是进献给贵族的礼品。

在苯教丧葬中，杀牲祭祀是一个非常重要的环节。棺板画中的丧礼图中有不少驱赶牛羊朝灵帐方向的图像，显然是为死者进献牺牲。在墓葬中发现大量动物殉葬的遗迹，便是苯教丧葬思想观念的反映。文献记载表明，苯教在吐蕃丧礼中起到非常重要的作用，这是吐蕃在新征服地区施行移民和文化同化策略的结果。藏文文献记载，止贡赞普时期，曾从 Ta-zig（吐蕃西部某个地方）和 A-za（阿柴，即吐谷浑）请来两个本波（苯教法师）主持丧葬仪式⑦。"向吐谷浑王设置苯教超度，故摧毁吐谷浑政权，纳入悉补野治下。"⑧ 这暗示吐谷浑地区可能早在吐蕃征服之前，已有苯教流行，并

———————————

① 《魏书》卷一〇一《吐谷浑传》，第 2240、2241 页。

② 《新唐书》卷二一六《吐蕃传》，第 6072 页。

③ 同①，第 2233 页。

④ 同①，第 2240、2241 页。

⑤ 同①，第 2238 页。

⑥ 《周书》卷五〇《异域传下·吐谷浑》，第 914 页。

⑦ H. Hoffmann, *Quellen zur Geschichte der Tibetischen Bon-Religion*, Wiesbaden: Akademie der Wissenschaften und der Literatur in Mainz, Franz Steiner Verlag, 1950. p. 211, p. 212, p. 246.

⑧ 恰白·次旦平措、诺章·吴坚、平措次仁著，陈庆英等译：《西藏通史——松石宝串》，西藏社会科学院、中国西藏杂志社、西藏古籍出版社，1996 年，第 153 页。

且在王室贵族的丧葬中产生了一定的影响。但文献中没有提供苯教在吐谷浑和吐蕃世俗生活中的更多细节。从文献记载来看，佛教在这一区域有一定的流行，但在棺板画上没有太多的反映。关于吐谷浑地区的佛教因素，后文将以专题的形式加以探讨。

一些棺板画中描绘有男女交合图像，有的一块棺板上还有多个类似场面。该类图像一般位于帐篷后侧，远处为山峦。描绘一对男女拥抱亲吻，或赤身裸体交媾；有的交合者一侧有第三人旁观自慰；有的交合者附近有持棒欲抢者，可能为争风吃醋者；有的交合者旁边有数名偷窥者；有的为一对男女在搭讪、约会、调情。从这些图像所处背景来看，应该是宴饮场景的一部分，是当地人真实生活的写照，并不具备神秘性和宗教色彩。赤裸裸的性生活图像在儒家文化盛行的中原地区有诸多忌讳，很少出现在墓室装饰中，更不会刻画得如此详细逼真。而在草原地区似乎并没有太多的私密性，被认为是快乐幸福生活的自然组成部分。这种观念的差异在文献中也有所反映。《旧唐书·窦威传附窦静传》中有关于草原民族生活方式的记载，"及擒颉利，处其部众于河南，以为不便，上封曰：'臣闻夷狄者，同夫禽兽，穷则搏噬，群则聚麀'"①。这其中也许有蔑侮成分，但实际上"聚麀"在草原地区是真实存在并流行的。

五　棺板画中的西域因素

海西地区发现的吐蕃时期棺板画上，主要显示的是吐蕃文化和唐朝文化的混合状态，同时也可以看得出有明显的中亚和西亚文化的影响。作为这些棺板画的使用者，吐谷浑和吐蕃人常年活跃在丝绸之路上，吸收和学习到周邻地区的先进文化是一个自然的过程。探讨西域地区的影响因素，需要对相关联地区所发现的图像和遗物进行详细的比对和分析。这些相关联地区不仅包括中亚地区的粟特人图像遗存，还包括那些移居于中原地区的中亚人的遗存。

（一）木棺装饰主题与粟特图像

在过去十多年，在中原及北方地区发现不少中亚移民的墓葬，墓主人大部分被推定为信奉祆教的粟特人后裔，通过丝绸之路移居于中国内地，他们的身份通过墓葬中的墓志得以确定。粟特人墓葬中出土有石棺椁或石棺床，上面刻有丰富的图像，反映了当时的宗教信仰、政治、经济和文化生活的各个方面。这些发现包括陕西西安的北

---

① 《旧唐书》卷六一《窦威传附窦静传》，第 2369 页。

周安伽墓（579 年）①，山西太原隋虞弘墓（592 年）②，西安北周史君墓（579 年）③，宁夏固原南郊隋唐墓④，西安北郊北周康业墓⑤等。在一些博物馆藏品中也发现有类似的石棺床，例如出自安阳的北齐石棺床⑥，日本美秀美术馆藏北朝石棺床⑦等。虽然大部分石刻图像混杂有中国本土文化因素，显示了这些中亚人的华化过程，它们仍然继承了中亚粟特壁画题材的深刻影响。

与鲜卑早期的木棺彩绘相比，郭里木棺板画与这些石棺床或石椁在时代上更为接近，具有更多相似的装饰主题和表现形式。基本上郭里木棺板画上所有的装饰内容在上述粟特人石棺床和石椁上都有表现，虽然它们反映的是不同的宗教背景和题材。

宴饮场景是石棺床上经常出现的内容，一般为主人或贵宾坐于帐中交谈和畅饮。在帐外或坐或站着侍者和舞乐表演者，有闲散的马匹，各类食品美酒堆放在地上。不仅在总体构图上，而且在不少细节上都表现出明显的相似性，例如双腿交叉的坐姿，用拇指和食指端着高足杯的饮酒姿态等。饮酒器物为胡瓶、高足杯、来通杯等，与中亚粟特地区的壁画中所出现的器物完全一致（图 6 - 6 - 35）。海西的棺板画和壁画上的舞蹈和奏乐图像中，执各类乐器的乐师围绕着中心的舞者，舞者一腿抬高离地，挥舞长袖于头顶，是典型的胡旋舞姿态。这类乐舞图在石棺床和石椁上也反复出现。

围绕灵帐进行的丧礼场景，也同时存在于棺板画和中亚粟特人葬具上，其表现形式和内容都高度一致。关于丧礼图的具体分析及其与中亚地区和草原地区的关联性参见本节第二部分。尤其值得注意的是，在棺板画丧礼图中有以"劓面"表达悲痛的场景，这在突厥、黠嘎斯、粟特等族的葬礼上是十分常见的习俗。"劓面"习俗可能并非必然与祆教或某一特定宗教相关联，在广阔的区域内流行这种哭丧习俗，一方面说明这一胡俗具有很强的生命力，另一方面也反映了吐蕃时期青海北部地区深受西北和中亚诸胡族的深刻影响。

---

① 陕西省考古研究所：《西安发现的北周安伽墓》，《文物》2001 年第 1 期；陕西省考古研究所：《西安北周安伽墓》，文物出版社，2003 年。

② 山西省考古研究所、太原市考古研究所、太原市晋源区文物旅游局：《太原隋代虞弘墓清理简报》，《文物》2001 年第 1 期；山西省考古研究所、太原市文物考古研究所：《太原隋虞弘墓》，文物出版社，2005 年。

③ 西安市文物保护考古所：《西安市北周史君石椁墓》，《考古》2004 年第 7 期；西安市文物保护考古所：《西安北周凉州萨保史君墓发掘简报》，《文物》2005 年第 3 期。

④ 罗丰编：《宁夏固原南郊隋唐墓地》，文物出版社，1996 年。

⑤ 程林泉、张翔宇：《西安北郊再次发现北周粟特人墓葬》，《中国文物报》2004 年 11 月 24 日第 1 版。

⑥ G. Scaglia, Central Asians on a Northern Chi'i gate shrine, *Artibus Asiae*, 1958, vol. 21, no. 1.

⑦ Miho Museum, *Eleven panels & two gate towers with relief carvings from a funerary couch.* 2008，http：// www. miho. or. jp/booth/html/artcon/00000432e. htm.

图 6 – 6 – 35 乌兹别克斯坦巴拉雷克特佩（Balalyk-Tepe）南墙和北墙壁画

（L. I. Albaum，*Balalyk-Tepe*：*Kistorii materialnoi kultury i iskusstva Tokharistana*，Tashkent，1960，fig. 96，fig. 112）

　　射猎图是石棺床、石椁和中亚壁画中的重要内容。如本节第二部分所论证，吐蕃时期木棺彩绘中的狩猎图继承了许多早期鲜卑人的彩绘木棺传统，在萨珊波斯和粟特的影响下，这类图像变得更加流行。在虞弘墓石椁上的狩猎图和安伽墓石棺床上的一幅狩猎图都属于典型的波斯风格，在题材上更加程式化和抽象化，表现一个男性骑于骆驼或大象上射猎一头具有西方风格的神兽——狮子或其他有翼动物。安伽墓石棺床的其他大部分狩猎图和美秀美术馆石棺床上的狩猎图都更加写实和生动。这种写实风格可能是受到了鲜卑彩绘木棺上狩猎图的影响。中国境内的狩猎图像曾经具有相当的影响力，即便在中亚也可以看到一些痕迹。如在阿弗拉西阿卜（Afrasiab）遗址的壁画中有一组唐人射猎动物形象，所表现的人物可能为唐朝皇帝。郭里木木棺彩绘也显示了同样的混合性：射手使用的倒三角形的箭头明显是鲜卑的传统，但其箭囊，即"胡禄"，为典型的西域风格，其名称也暗示了西方来源。类似形制的"胡禄"是波斯、突厥和粟特骑兵的常用装备。

（二）联珠纹图像

　　墓葬中发现的大量带有联珠纹图像的丝织物显然来自域外，对于论证本土文化的融合性比较欠缺说服力。而彩绘木棺多是本地制作，因为本地有足够的原材料，其本身又很笨重，生产加工的技术含量也不高。棺板画上的十二生肖图案是来自中原内地的观念，而这些十二生肖图像的周围都围绕以外来的联珠纹团窠，这反映了吐蕃时期本地人对于外来装饰图案有一定的偏好，倾向于将各种外来因素混杂在一起，创造出完全新奇的图案。

联珠纹团窠内包含有鸟兽和其他神灵图像，它们大多创自萨珊波斯地区。这类图像自6世纪以后在丝织物、建筑构件、雕刻、日用器物和墓葬中都广泛流行。基本上同一时期，它们在中国北方和中原地区开始大量出现，例如宁夏固原地区和山西大同的湖东一号墓的彩绘漆棺，都属于北魏早期（5世纪）鲜卑墓葬，根据墓葬随葬品推测可能是佛教信众。其他例子还有陕西三原县的李和墓石棺（582年）①，西安安伽墓石棺床（579年）②，河南安阳的石棺床（550—557年）③。安伽为信奉祆教的中亚粟特人，后来移居于甘肃武威。根据石刻图像分析，安阳石棺床的墓主人可能是另一位信奉祆教的粟特移民。至于李和，根据其墓志推测，其家族当为夏州豪强，极可能属于稽胡④。在其棺盖上刻有一周联珠纹团窠，其内包含有各类动物和神灵，与安伽墓石棺床上的装饰图案相似，可能具有特定的宗教功能⑤。在较早期的墓室葬具上，联珠纹团窠为典型的西方题材，与墓主人的宗教信仰密切相关。唐朝时期，联珠纹团窠在内地的墓室装饰中极为少见，更不用说棺板装饰了。因此郭里木的发现是高原上的例外。在郭里木棺板画上，联珠纹团窠内包含着内地流行的题材，是中原文化与西域文化融合产生的新形式。联珠纹团窠装饰比较随意，有时用以提高所包含的动物（一般为十二生肖）的神圣性，有时仅仅是出于审美情趣的选择（如将骑马人物置于团窠内）。它们常常作为棺盖的组成部分，这一装饰位置与李和墓石棺的棺盖装饰相吻合。在联珠纹团窠之间的空隙内，填以四出十字花形的一半，其布局形态和色彩背景显然是对当时丝织物图案的模仿。

（三）吐蕃服饰溯源

本节第二部分论证了大部分木棺彩绘上的人物形象着吐蕃服饰。通过更进一步的探究可知，吐蕃特征的服饰与中亚地区所流行的服饰具有非常密切的联系。海瑟·噶

① 陕西省文物管理委员会：《陕西省三原县双盛村李和墓清理简报》，《文物》1966年第1期。
② 陕西省考古研究所：《西安北周安伽墓》，文物出版社，2003年，第41—46页。
③ G. Scaglia, Central Asians on a Northern Chi'i gate shrine, *Artibus Asiae*, 1958, vol. 21, no. 1, pp. 9–28.
④ 罗新、叶炜：《新出魏晋南北朝墓志疏证》119《李和墓志》，中华书局，2005年，第325—330页。
⑤ 姜伯勤：《中国祆教艺术史研究》，三联出版社，2004年。

尔美认为吐蕃人所穿的袍服可以归为两类：一类为典型的
中国类型，有宽大的袖子；而另一类为中亚或西亚起源
的，适合骑乘马匹的紧身服饰①。通过对同时期材料的比
较，可以发现第一类服饰实际上与唐朝所流行的袍服有
明显的区别，而与中亚或西亚地区的服饰则有相当多的
共性。虽然是同类的 V 字领口，但唐人为右衽，而西域
胡人为左衽。同时衣领为大三角形，领口、袖口和袍服
边缘都饰有联珠纹饰，这些特征在粟特人服饰上都很常
见。片治肯特和阿弗拉西阿卜的壁画中大部分人物形象
都着此类服饰（图 6 - 6 - 36）。有时服饰全部装饰为联珠
纹团窠。棺板画人物服饰上的联珠纹团窠内部仅简化为
线条和圆点，而没有刻画出动物、鸟兽或其他主题，毕
竟只是概括而非完全写实的表现形式，但这完全不影响

图 6 - 6 - 36　阿弗拉西阿卜
壁画中粟特人物形象
(*Živopis' Afrasiaba*, fig. 5, fig. 8)

对它们材质和图案属性的判断。但吐蕃时期也有可能创制出新的题材内容。在卫藏地
区 11 世纪的佛教寺院塑像上，也有不少装饰有联珠纹团窠，一些团窠的内部装饰有
狮、鸟和植物主题②，但大部分为圆花造型。图齐注意到这类装饰的萨珊起源，暗示
这一风格的流行与萨珊服饰有关，是模仿萨珊服饰所致，最早可能源自贵族阶层对
佛教菩萨像进行模仿③。维塔利（Vitali）进一步认为这类团窠纹装饰的服饰是西藏
贵族阶层的象征，并不一定是整个族群的服饰。但两位学者都忽略了重要的一点，
即这类服饰都是用丝织品制作的，可能是因为对于丝织品的仰慕和热爱才使得它们
在贵族阶层中流行，或成为神灵身上的装饰内容。它们可能与棺板画上所画的联珠
纹服饰一样，有相当部分是来自萨珊波斯或中亚粟特地区。

　　这类联珠纹团窠的扩散和分布与粟特人的活动密切相关。无论他们移居到何处，
都可能坚持着自己的服饰传统。在西安、太原和安阳发现的粟特人葬具上有不少人物形
象穿戴着这类服饰。同时经常穿戴这类服饰的还有丝绸之路沿线的突厥（图 6 - 6 - 37）、
哒、吐谷浑和吐蕃人。在汉文文献中这类服饰被称为"蕃客锦袍"。《通典》记载，
天宝年间广陵郡（今扬州）进贡的丝织品有"蕃客锦袍五十领，锦被五十张，半臂锦

①　H. Karmay, Tibetan costume, seventh to eleventh centuries, In：A. Macdonald, Y. Imadea eds., *Essais Sur L'*
art du Tibet, Paris：1977, pp. 65 - 81.

②　G. Tucci, *Transhimalaya*, Eng. transl. by J. Hogarth, Geneva：Nagel Publishers, 1973, p. 144.

③　同上。

百段，新加锦袍二百领……独窠细绫十疋"①。《册府元龟》记载，开元六年（718 年）六月，唐玄宗"敕少府监锦袍，宜令益州每年粗细各织十五领送纳，以供赐诸藩守领"②。扬州和益州所产用以赏赐给诸藩国的"蕃客锦袍""独窠细绫"，可能就是此类西域胡族所艳羡青睐的联珠纹团窠袍服。

根据对都兰所出土丝织品的分析，吐谷浑和吐蕃境内的此类服饰，可能有中原、粟特和波斯地区三个来源。吐蕃服饰与中亚、西亚所见袍服的一个重要区别在于其具有一双长袖，在粟特和波斯服饰中则很少见到，与中原偶见的一些宽大长袖袍服也有所不同。但中亚的一些舞蹈者形象都有类似的长袖，与吐蕃服饰有些许相似（图 6 - 6 - 38）。很有可能吐蕃人从这些中亚和唐朝服饰中选择了长袖袍服，以适应高原上冷酷严寒的气候。长袖可以随气温变化而翻卷、舒展，大三角衣领也可以随时系上和展开，非常便于遮挡阳光和隔开严寒。

通过比对可知，吐谷浑和吐蕃服饰属于广阔范围内流行的中亚服饰类型之一，而与中原汉地服饰有异。在这一时期它成为吐蕃赞普和高级官吏们的通行服饰，说明丝织物在吐蕃人心目中具有非常重要的地位，同时他们有可能从心理上将自己视为中亚文化的一个部分，通过服饰文化来强调这一归属感。

图 6 - 6 - 37　库巴列夫（G. V. Kubarev）和波兹尼亚科夫（D. V. Pozdnyakov）依据阿尔泰突厥墓地出土丝织物复原的突厥人物形象

（D. V. Pozdnyakov 摄，引自 G. B. Kubarev, The Robe of the Old Turks of Central Asia according to Art Materials, *Archaeology*, *Ethnology & Anthropology of Eurasia*, 2000, vol. 3, p. 87, fig. 4)

图 6 - 6 - 38　西安安伽墓石棺床屏风上的舞蹈人物形象

（《西安北周安伽墓》图 24）

---

① 《通典》卷六《食货六·赋税下》，第 119—120 页。
② 《册府元龟》卷六三《帝王部·发号令第二》，第 708 页。

　　吐蕃人的缠头装束与周边其他文化判然有别，瑞查尔松（Richardson）将其归为印度文化的影响①，可能有一定道理。根据汉文献记载，这一缠头被称为"朝霞"，大概与其颜色及形状相关。根据《唐会要》的记载，开成二年（837 年），吐蕃来朝，其贡品中有一种叫作"朝霞甗"的棉布②，可能是制作"朝霞冒首"所用材料。根据文献记载分析，这种朝霞棉布主要出产于真腊、林邑、骠国、陀洹国、武安州等地③，相当于今越南、缅甸等东南亚地区，印度也是其中一个重要产地，吐蕃境内的棉布可能主要来自于印度。位于吐蕃东南部毗邻印度的悉立国，"男夫以缯彩缠头"④，可能就是类似的头饰。

　　（四）日用酒器

　　棺板画上有大量表现吐蕃人在葬礼和宴会上饮酒作乐的场景，这些活动在敦煌古藏文文书中也有记载⑤。这一时期葡萄酒是否已经传入吐蕃不得而知，但棺板画上描绘了一些源自西域的酒器，表明中亚和西亚的饮酒方式已经影响到了青藏高原北部的日常生活。在每个宴饮场景中，都使用成套的酒器，包括胡瓶、高脚杯和托盘（图 6 - 6 - 39、40）。胡瓶可能为萨珊起源，从罗马到伊斯兰世界都广泛分布，在输入到唐朝之后，被称之为胡瓶。在中原和北方地区北朝至唐时期的墓葬中，出土了一些银胡瓶，可能产自中亚地区⑥（图 6 - 6 - 41）。在隋唐时期壁画墓中，胡瓶常与其他来自西域的酒器同时出现，表明唐朝贵族阶层对于外来器物风格的偏爱⑦（图 6 - 6 - 42）⑧。胡瓶质地多为金、银等贵重金属，当然也有陶瓷。棺板画上的胡瓶形象都有短且宽的颈部、鸭嘴状槽形流和喇叭形矮圈足，弧形柄部将胡瓶口沿与肩部相连。这种形制是典型的粟特风格，比萨珊的同类器物轮廓线条更为流畅。

　　胡瓶经常被当作唐朝政府与西域藩邦之间交流的重要信物和载体。史载唐玄宗赏赐给安禄山的金银器物中有 4 件大银胡瓶，安禄山进献给玄宗的金银器中也有 2 件金窑细胡瓶⑨。胡瓶在吐蕃境内也被视为进贡珍品。《旧唐书·吐蕃传》记载：开元十七年

---

① H. Richardson, More on Ancient Tibetan Costumes, *Tibetan Review*, May-June 24, 1975：15.
② 《唐会要》卷九七《吐蕃》，第 1739 页。
③ 郑学檬：《南传"棉路"与海南棉织文明探源——关于黄道婆研究的一份背景资料》，载陈光良主编：《黄道婆文化研究文集》，中山大学出版社，2018 年，第 1—15 页。
④ 《新唐书》卷二二一《西域传上·悉立》，第 6240 页；《册府元龟》卷九六〇《外臣部·土风二》，第 11293 页。
⑤ 〔法〕麦克唐纳著，耿昇译：《敦煌吐蕃历史文书考释》，青海人民出版社，1991 年，第 233 页。
⑥ 敖汉旗文化馆：《敖汉旗李家营子出土的金银器》，《考古》1978 年第 2 期。
⑦ 安峥地：《唐房陵大长公主墓清理简报》，《文博》1990 年第 1 期。
⑧ 中国墓室壁画全集编辑委员会编：《中国美术分类全集·中国墓室壁画全集 2·隋唐五代》，河北出版传媒集团公司、河北教育出版社，2011 年，图版五二、五五。
⑨ 〔唐〕姚汝能撰，曾贻芳点校：《安禄山事迹》卷一，上海古籍出版社，1983 年，第 9 页。

图 6 - 6 - 39　郭 M2 棺板画上描绘的成套酒器

（图 6 - 6 - 3 局部）

图 6 - 6 - 40　郭 M1 棺板画上描绘的成套酒器

（图 6 - 6 - 1 局部）

图 6 - 6 - 41　内蒙古敖汉旗李家营子出土胡瓶

（*China：Down of a Golden Age，200 - 750 AD*，p. 316，
no. 208）

（729 年），吐蕃赞普向唐朝上表求和，"谨奉金胡瓶一、金盘一、金碗一、马脑杯一、零羊衫段一，谨充微国之礼"[1]。同时，吐蕃收到唐朝赏赐的金银器物中也有胡瓶[2]。

　　高脚杯从隋到盛唐时期都很流行，经常与胡瓶在宴会上搭配使用。它流行于从黑海地区、东欧一直到中亚和中国的广阔草原游牧民族地带，而最早的源头可以追溯到罗马帝国境内[3]。中亚地区的壁画、突厥石人和中原隋唐时期壁画墓上所表现的高脚杯

①　《旧唐书》卷一九六《吐蕃传》，第 5231 页。

②　《册府元龟》卷九七九《外臣部·和亲二》，第 11503。

③　B. Marschak，*Silberschätze des Orients. Metalkunst des 3. - 13. Jahrhunderts und ihre Kontinuität*. Leipzig，1986，
p. 326.

图 6 - 6 - 42　陕西大长公主墓壁画侍女图
（《唐房陵大长公主墓清理简报》图版 1）

图 6 - 6 - 43　山西太原虞弘墓石椁
浮雕彩绘敬酒人物
（《太原隋虞弘墓》第 118 页，图 159）

图 6 - 6 - 44　西安李静训墓出土高足杯
（*China：Down of a Golden Age，200 - 750 AD*，
p. 294，no. 186）

图 6 - 6 - 45　棺板画上的来通杯图像
（图 6 - 6 - 1 局部）

都具有相同的形制和功能（图 6 - 6 - 43）。唐朝境内出土有不少高脚杯实物，如出土于西安的一件金质高脚杯（608 年），与棺板画上所描绘的杯状酒器在器形上非常相似（图 6 - 6 - 44）。这些器物多为金银材质，但也有一些为木质。都兰热水吐蕃时期墓地曾出土一些木质高脚杯。最新发现的甘肃省天祝县吐谷浑喜王慕容智墓葬（691 年）中，出土了一套银质胡瓶和高脚杯，同时也伴出有木质高脚杯。可见这类器具在吐谷浑和吐蕃地区已经相当流行。

具有西域风格的来通杯在这一区域也相当普遍，在棺板画上的宴饮场面中多次出现（图 6 - 6 - 45）。来通杯多为角状，器身装饰平行带状纹和点状纹。在角的尖部有开

图 6 - 6 - 46 山西太原虞弘墓石椁浮雕宴饮人物

(《太原隋虞弘墓》第 128 页，图 178 : 3、4)

口，饮酒者高举将其倒入口中。来通杯源自西亚，大概在塞琉古王朝时期影响到中亚地区①。中亚地区壁画和虞弘墓石棺床（图 6 - 6 - 46）上都表现有类似的饮酒器物。美国克里弗兰艺术博物馆藏的一件银来通杯（见图 6 - 2 - 55），据称是来自青藏高原吐蕃时期的器物，其年代可以被推定为 7 世纪中期到 8 世纪②。其修长弯曲的器身和兽头形器嘴与粟特同类器物很相似，但器身的装饰纹样则有浓厚的本土特色，应该是吐蕃本土生产的仿粟特器物。

这些充满中亚和西亚风格的日用器皿显示了吐蕃时期青藏高原北部地区处于西域文化的强烈影响之中。汉文文献记载，吐蕃多次将本土生产的这类物品进献给唐朝皇帝。新疆米兰戍堡出土的吐蕃简牍也显示，一位吐蕃工匠在罗布地区被雇佣来生产杯子③，这说明吐蕃时期在西域存在一定数量的吐蕃工匠，已经参与到金属器物制作的手工业中去，他们自然会吸收一些具有中亚和西亚风格的器物特征，甚至在制作技术上也融入了外来因素。同时也有可能是吐蕃境内来自中亚、西亚的手工业者移民，参与了这类器物的制作。这在吐蕃完全控制了丝绸之路后更易实现。

---

① M. L. Carter, Three Silver Vessels from Tibet's Earliest Historical Era: A Preliminary Study.

② 同上。

③ F. W. Thomas, *Tibetan literary texts and documents concerning Chinese Turkestan* (*Part II : Documents*), London, 1951, p. 120, M. I. xix, 001.

第七章
吐蕃时期墓葬/遗存的专题研究

第一节　都兰热水一号大墓的形制、年代及墓主人身份探讨

热水墓地是吐蕃统治时期吐谷浑邦国最重要的文化遗存之一，也是青藏高原北部吐蕃时期墓葬最为集中的地区。热水一号大墓是该墓地乃至整个青海地区规模最大的吐蕃时期墓葬，也是整个墓地的制高点和分布中心，1982—1985 年青海省文物考古研究所对该墓及其附属遗迹进行了发掘（墓地位置及墓葬结构见第六章第一节）。根据对墓葬结构和出土遗物的分析，发掘者初步认定它是一座 8 世纪中期或稍晚的大型吐蕃墓葬，并将其比定为吐蕃统治下的吐谷浑邦国的遗存，属于吐蕃文化的一个区域类型[1]，墓主人应该是吐谷浑邦国的国王[2]。有人认为是吐蕃派驻吐谷浑地区的高级军政官员[3]，有的学者则持更谨慎态度，认为它属于吐蕃贵族墓葬[4]。

由于文献资料的缺载，迄今为止关于墓主人确切身份的相关讨论并不多见，凸显出青藏高原考古的薄弱环节。然而这一问题对于我们全面揭示都兰热水墓地的文化内涵，探讨吐蕃统治时期吐谷浑邦国的墓葬制度及其政治、文化发展史，都具有非常重要的意义。本节试图从热水一号大墓的形制和规模入手，根据出土物的年代特征，并结合汉藏文献记载，来初步确定墓主人的身份，希望能够为解决这一学术界关注多年

---

① 许新国：《中国青海省都兰吐蕃墓群的发现、发掘与研究》，载《西陲之地与东西方文明》，北京燕山出版社，2006 年，第 132—141 页。

② 许新国：《茶卡吐谷浑国王陵浅谈》，《青海民族学院学报》2009 年第 4 期。

③ 伦敦大学汪涛先生推测它是松赞干布的大论（即宰相）禄东赞的墓葬，这一推测可能与墓葬所显示的年代及相关文献记载不符。T. Wang, *Tibetans or Tuyuhun: An Archaeological Perspective on Dulan.* 15 November 2000, Speech presented in the School of Oriental and African Studies (SOAS), The University of London, 15 November, 2000.

④ 霍巍：《西藏古代墓葬制度史》，四川人民出版社，1995 年，第 189 页。

的问题提供一定的思路。

一 热水一号大墓的形制与规格

热水一号大墓的形制结构、附属遗迹以及整个热水墓群的空间分布（见第六章第一节）（图7-1-1），都与西藏地区的吐蕃墓葬有着许多共同之处。例如封土的结构为土石混筑，插有杂木，基础为梯形石砌围墙；墓前有动物殉葬坑，殉葬坑的形状、位置、排列方式以及殉葬动物也基本相同；墓侧有建筑遗迹；从墓地的空间布局来看，墓地均以一座大型墓为中心，周围分布中、小型墓葬，大墓建于墓地中的最高位置，中小型墓葬排列在其周围稍低的地方。其中一些显著特征在汉文文献记载中也有所反映。

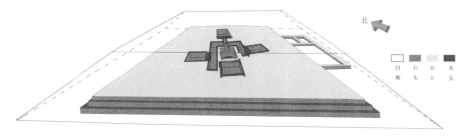

图7-1-1 热水一号大墓透视简图
（作者绘制）

热水一号大墓除了在文化面貌上表现出与西藏地区吐蕃墓的高度一致性，在墓葬的规模和级别上也可与琼结吐蕃王陵和其他吐蕃高级贵族墓葬相互参照。表一和表二分别将热水一号大墓的形制和规格与同时期的吐蕃王陵[1]以及部分可以初步推测身份的吐蕃高级贵族墓地进行了比较，包括列山 M2[2]、吉堆 M1[3]、都兰 99DRNM1[4] 和 99DRNM3[5]。

[1] 中国社会科学院考古研究所：《藏王陵》，文物出版社，2006 年。

[2] 根据巴桑旺堆基于藏文文献的推测，该大墓应该是吐蕃钦氏墓地，其中最大的墓葬 M2 当属钦氏家族地位最高者，结合文献中关于钦氏在吐蕃官僚体系中的记载，至少应属大论级别。见巴桑旺堆：《试解列山古墓葬群历史之谜》，载四川大学中国藏学研究所编：《藏学学刊》第 3 辑，四川大学出版社，2007 年，第 81—92 页。

[3] 根据洛扎吉堆吐蕃墓地附近两处相同的摩崖石刻可知，该墓地当为吐蕃高级贵族得无穷家族墓地，吉堆 M1 是该墓地中规模最大的墓葬，可能即是得无穷之墓。见巴桑旺堆：《新见吐蕃摩崖石刻》，《西藏研究》1982 年第 2 期；何强：《西藏吉堆吐蕃墓地的调查与分析》，《文物》1993 年第 2 期。

[4] 根据王尧对该墓所出古藏文简牍的解读，其中一简译作"为尚思结送葬"，结合《敦煌本吐蕃历史文书》中的相关记载，该人可能是死于 757 年的尚论思桑。见北京大学考古文博学院、青海省文物考古研究所：《都兰吐蕃墓》，第 132—134 页。

[5] 该墓葬出土有贴金箔的封门墓石，上刻有"blon"（论）题记，标明墓主人身份是吐蕃论级官员。见北京大学考古文博学院、青海省文物考古研究所：《都兰吐蕃墓》，第 132—134 页。根据树木年轮的断代，该墓葬年代为 784 年前后。见王树芝等：《都兰三号墓的精确年代——利用树轮年代学研究方法》，载中国文化遗产研究院：《文物科技研究》第五辑，科学出版社，2007 年，第 59—67 页。

从表中罗列的数据可以看出，如果将热水一号大墓的下层平台包括在内，其封土规模与同时期吐蕃王陵相当；如果仅从上层的封土来看，则与高级贵族墓葬如列山墓地的最大型墓葬接近。这可能暗示了一种介于吐蕃王陵和最高级贵族之间的社会等级。此外，其殉葬动物的数量也能大致反映出墓主人的社会地位。据敦煌古藏文文书P. T. 1287《赞普传记》的记载，松赞干布与韦氏一族兄子七人盟誓，松赞干布发誓云，"义策忠贞不贰，你死后，我为你营葬，杀马百匹以行粮……"①，这里"杀马百匹"虽极言其多，但也可以看出韦氏作为苏毗豪族首领的殉牲标准。热水一号大墓殉87匹完整的马，又有大量其他动物骨殖，基本与这一规格相符。其墓室也是迄今为止所发掘的吐蕃墓葬中面积最大、结构最复杂、出土物也最为丰富的。这些特征都表明热水一号大墓应属于青海地区规格最高的一座吐蕃墓葬。

表一　热水一号大墓与吐蕃王陵封土规模之比较　　　　（单位：米）

陵名	陵墓主人	封土类型	封土规模 （底长/宽/高）
热水一号大墓	吐谷浑邦国小王 （7 世纪末—8 世纪初）	梯形平顶 （下层为方形平台）	65/58/12 （整体 100—155/80/35）
穆日穆波	松赞干布（617—650 年）	方形平顶	130/124/18
俄谢塞波	芒松芒赞（650—676 年）	方形平顶	145/135/15
楚日祖朗	都松芒波支（676—704 年）	方形平顶 （下层为方形平台）	110/92/9
拉日祖南	赤德祖赞（704—755 年）	方形平顶 （下层为方形平台）	136/118/36

表二　热水一号大墓与吐蕃论级官僚墓葬之比较　　　　（单位：米）

墓葬名称	墓主人身份	封土类型	封土规模 （底长/宽/高）	墓室结构	墓室规模 （长/宽/深）
热水一号大墓	吐谷浑邦国小王（7 世纪末—8 世纪初）	梯形平顶 （下层为方形平台）	65/58/12（整体 100—155/80/35）	平面为十字形，由墓道，回廊，东室，西室，中室，南室组成	21/18.5/2
列山 M2	吐蕃高级贵族钦氏家族墓葬（mChims）（7—9 世纪）	梯形	最长边 66，高 14	不明	不明

---

① 王尧、陈践译注：《敦煌本吐蕃历史文书》，民族出版社，1992 年，第 164 页。

墓葬名称	墓主人身份	封土类型	封土规模（底长/宽/高）	墓室结构	墓室规模（长/宽/深）
吉堆 M1	吐蕃高级贵族得无穷（804—815 年）	梯形	46/44/7	不明	不明
99DRNM1	吐蕃论尚思结（757 年）	近圆形	直径 40，高 10.7	平面为亚字形，由甬道，前室，左右耳室和后室组成	7.05/6.67/2
99DRNM3	吐蕃论级官员（784 年前后）	近椭圆形	最大直径 33，高 3.7	平面近凸字形，由墓道，中室，东室和西室组成	14/4.6/2.6 墓道长 6

　　青藏高原吐蕃时期大中型墓葬主要存在两种类型：其一为地表起封堆，在封土堆正中建墓室，墓室建于地表上或者略低于地表，该种封堆平面多为方形；另一种为地表起封堆，在封土正中向下深挖成竖穴，再修建墓室，封堆平面有方形和圆形。热水一号大墓应该属于前者，其封土所在的下层平台应该是经过修整的自然山体，而真正的墓葬是在上层封土范围之内。这种选址和修建情况，在琼结藏王陵中也有相同的例子。藏王陵西陵区的 5 号和 6 号墓葬，就是建于经过修整的自然山体之上，其中 5 号墓下方山体修整痕迹甚为明显，沿着山体四周和表面，有人工修建石墙围护和加固，对墓葬平台形成保护墙。根据藏文文献中诸王陵相对位置的勘定，该陵应该属于都松芒波杰（676—704 年）之陵①。而"陵墓有围墙环绕，据说是霍尔人（Hor）所筑"②，也与实际情况相符，这是吐蕃王陵中少有的可见有围墙者③，其形制也是在山顶平台上修建梯形封土。由于是来自北方的游牧民族所修建，似可与热水一号大墓的相同形制进行联系，而且两者在时代上也相互吻合。

---

① 王仁湘等：《西藏琼结吐蕃王陵的勘测与研究》，《考古学报》2002 年第 4 期。

② 释迦仁钦德著，汤池安译：《雅隆尊者教法史》，西藏人民出版社，1989 年，第 38 页。"霍尔"（Hor）是藏文古籍中时常出现的民族称谓，一般认为是藏人对北方游牧民族的统称，是汉文"胡"的直接音译。Y. N. 罗列赫：《西藏的游牧部落》，载中国社会科学院民族研究所社会历史资料组编译：《民族社会历史译文集（第 1 集）》（内部资料），1977 年，第 38—46 页；陈渠珍著，任乃强校注：《艽野尘梦》，重庆出版社，1982 年，第 32 页。

③ 根据最新的考古发掘资料，藏王陵 1 号陵（松赞干布陵）也存在陵园结构，据推测是受到唐朝陵园制度的影响。见四川大学中国藏学研究所等：《西藏琼结县藏王陵 1 号陵陵垣的试掘》，《考古》2016 年第 9 期。

热水一号大墓的十字形墓室结构应该是
继承了吐蕃早期高规格墓葬的特征。根据藏
文文献《五部遗教》的记载，在松赞干布的
祖父达日年色统治时期（6 世纪），在雍布
拉康山顶宫殿一侧有一座吐蕃"珍宝墓"
（图 7 - 1 - 2）。结构为五格，为木石构建，
包括封石、甬道、阶梯、墓门、中室及侧室。
该墓葬属于与雍布拉康宫殿密切相关的吐蕃
早期墓葬，后来成为 13 位藏王的藏宝之所，
根据丹麦学者哈尔（Erik Haarh）博士对其结
构的复原，其总体形制与热水一号大墓比较
接近①。

琼结藏王陵虽未经发掘，但根据一些文献
记载也可对其墓葬内部结构进行大致的推测。
文献记载松赞干布的"墓作方形中网格……并
闻其内有五殿，四方墓形自此始"②，"在陵
内建神殿五座，其外封（土）如山"③。其平
面结构应该与热水一号大墓相似。所谓"墓

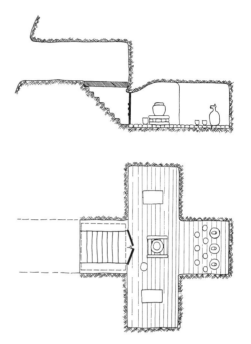

图 7 - 1 - 2 雍布拉康"珍宝墓"复原
(*The Yar-Lun Dynasty*: *A Study with Particular
Regard to the Contribution by Myths and Legends to
the History of Ancient Tibet and the Origin and Na-
ture of its Kings*, P. 355, pl. Ⅲ, 作者以此图为
基础进行了加工)

作方形中网格"，应为封土内部石砌结构，与热水一号大墓的梯形石砌围墙及封土中的
长方形殉葬坑相呼应。这类结构在已经发掘的吐蕃时期大中型墓葬中屡见不鲜④。

由于都兰接近汉地，其丧葬习俗也表现出不少与西藏地区吐蕃墓葬不同的方面，
其中最为明显的差别就是较多地使用木质葬具：热水一号大墓中室用长方木叠砌而成，
而其他陪葬墓中也在木石结构墓内部，用柏木圆木搭建成椁，有的椁内又用柏木板拼
成四方形棺，而西藏境内的吐蕃墓基本不见葬具。这可能是青海接近汉地、比西藏地
区更多地受到中原文化的影响所致，或是因于自然环境的差异。热水墓地出土的古藏
文简牍以及绘有典型吐蕃人形象（尤其是服饰和赭面特征）的木板画⑤，都说明了该墓
地具有明显的吐蕃文化特征。至于墓主人具体是吐蕃人还是吐蕃化的吐谷浑人，则需

① E. Haarh, *The Yar-Lun Dynasty*: *A Study with Particular Regard to the Contribution by Myths and Legends to the History of Ancient Tibet and the Origin and Nature of its King*, Koebenhavn: G. E. C. Gad's forlag, 1969, p. 355.
② 索南坚赞著，刘立千译注：《西藏王统记》，民族出版社，2000 年，第 112 页。
③ 巴卧·祖拉陈哇著，黄颢译注：《〈贤者喜宴〉摘译（三）》，《西藏民族学院学报》1981 年第 2 期。
④ 霍巍：《西藏古代墓葬制度史》，四川人民出版社，1995 年，第 186、169 页。
⑤ 北京大学考古文博学院、青海省文物考古研究所：《都兰吐蕃墓》，图版 33、34。

要根据墓葬情况来进一步确认。

二 热水一号大墓的年代

热水一号大墓中没有出土任何有明确纪年的遗物，而在以往的发掘和整理工作中，也没有通过科技手段对墓葬进行有效的断代，而今这一可能性已经大大降低。2000 年发掘的 10 座墓葬中，有 7 座经过树木年轮分析，其年代处于 611—784 年之间①，使我们可以大致看出热水墓地的年代跨度，可能也在 7—8 世纪之间。但这一判断毕竟不是基于热水一号大墓自身的数据。因此对其年代的推测，只能根据墓葬中出土的一些具有时代特征的遗物来进行，这些遗物主要包括丝绸和金银器物。

（一）丝绸

根据发掘者公布的数据，热水墓地出土的丝绸数量较多，共有 350 余件，图案不重复的品种达 130 余种，其中 112 种为中原汉地织造，占品种总数的 86%②。这些源自汉地的丝绸不少可以与新疆吐鲁番地区纪年墓葬中所出丝绸进行比较，从而可以对其年代进行大致的推断。

第六章第三节所探讨的热水一号大墓出土的丝绸，不少与吐鲁番地区所出土丝绸在图案题材和组织结构上都很接近。而吐鲁番地区的丝绸，其本身或所属墓葬都有较为明确的纪年或断代，其中包括：胡王牵驼对狮联珠纹锦所属墓葬为 589 年③（见图 6 - 3 - 25：2），日神骑士对兽锦为 6 世纪末 7 世纪初④（见图 6 - 3 - 17：1、2），簇四联珠对马锦为 625 或 653 年⑤（见图 6 - 3 - 18：2），小窠联珠玫瑰花纹锦为 653 年⑥（见图 6 - 3 - 31：2），对波缠枝葡萄印花绢⑦和联珠纹含绶鸟锦⑧皆为 665 年，小窠联珠对凤锦为 633 或 688 年⑨（见图 6 - 3 - 21：3），簇四联珠

① 王树芝：《青海都兰地区公元前 515 年以来树木年轮表的建立及应用》，《考古与文物》2004 年第 6 期。
② 许新国：《中国青海省都兰吐蕃墓群的发现、发掘和研究》，载许新国：《西陲之地与东西方文明》，北京燕山出版社，2006 年，第 132—141 页。
③ a. 新疆维吾尔自治区博物馆：《吐鲁番县阿斯塔那——哈拉和卓古墓发掘简报》，《文物》1972 年第 1 期；
　 b. 新疆维吾尔自治区博物馆：《新疆出土文物》，文物出版社，1975 年，第 53 页，图版 82。
④ 新疆维吾尔自治区博物馆：《新疆维吾尔自治区博物馆》，文物出版社，1991 年，图版 48。
⑤ 夏鼐：《新疆新发现的古代丝织品——绮、锦和刺绣》，《考古学报》1963 年第 1 期。
⑥ 武敏：《吐鲁番出土蜀锦的研究》，《文物》1984 年第 6 期，图五；同④，图版 59。
⑦ 同③b，第 107 页，图版一五二。
⑧ 同④，图版 55。
⑨ J. C. Y. Watt, J. Y. An et al., *China：Dawn of a Golden Age, 200 - 750 AD.* Exhibition catalogue, New York：The Metropolitan Museum of Art, New Haven and London：Yale University Press, 2004, p. 288.

对羊锦为 688 年① （见图 6 - 3 - 19：2），大窠联珠树下对鹿锦不晚于武周时期（690—705 年）② （见图 6 - 3 - 23：4），中窠宝相花纹锦为 706 年③ （见图 6 - 3 - 30：2），中窠双联珠对龙纹绫为 710 年④ （见图 6 - 3 - 22：3）。

相比而言，年代最早的胡王牵驼对狮联珠纹锦（589 年）两者图案的相似度并不高，对波骨架也有区别。许新国和赵丰的研究中还列举了另外几件隋代末年的吐鲁番丝绸作比较，其图案存在更大的差异⑤。最晚的吐鲁番中窠双联珠对龙纹绫（710 年）比都兰的标本图案更为精美，似乎暗示着其年代可能要略晚。而大部分相似度较高甚至完全相同的标本，集中在 7 世纪的后半，尤其是 650—690 年之间，可作为热水一号大墓断代的主要依据。如果考虑到中窠宝相花纹锦（706 年）和中窠双联珠对龙纹绫（710 年）的因素，以及墓葬年代需要以埋藏物最晚年限为准的原则，将热水一号大墓定在 7 世纪末到 8 世纪初之间应该是比较合理的。

从热水一号大墓出土丝绸的使用情况来看，显然经历了一个长期积累并重复利用的过程。不少标本是用两片不同的丝绸拼接成锦幡，可能是专门制作的丧葬用品，而该地区的丧葬礼仪中有使用红幡的习俗，这在青海德令哈郭里木出土的棺板画上有较为清晰的描绘⑥。如图 6 - 3 - 16 中的日神骑士对兽锦与另外一片较晚期的丝绸拼合在一起⑦，另一片日神骑士对兽锦与对马锦拼接⑧，图 6 - 3 - 31 中的小窠联珠玫瑰花纹锦和图 6 - 3 - 19 中的簇四联珠对羊锦拼接⑨。在同一墓葬中出土年代跨度达一个世纪之久的丝织物，说明了唐丝绸在青藏高原所受珍视的程度。

（二）镀金舍利银器

另一个可作为断代依据的是热水一号大墓及其附属遗迹所出的少量金银器物。

在热水一号大墓前方的殉马坑内，发现有一件周身镶有镀金银片的木质器物，出

① 武敏：《吐鲁番出土蜀锦的研究》，《文物》1984 年第 6 期，图六。
② 同上，图一〇。
③ 新疆维吾尔自治区博物馆：《吐鲁番县阿斯塔那——哈拉和卓古墓发掘简报（1963—1965）》，《文物》1973 年第 10 期。
④ 同①；J. C. Y. Watt, J. Y. An, A. F. Howard et al., *China：Dawn of a Golden Age, 200 - 750 AD.* Exhibition catalogue, p. 341.
⑤ 许新国、赵丰：《都兰出土丝织品初探》，《中国历史博物馆馆刊》1991 年第 15—16 期。
⑥ T. Tong, P. Wertmann, The Coffin Paintings of the Tubo Period from the Northern Tibetan Plateau, In：Mayke Wagner, W. Wang eds., *Bridging Eurasia*, Band 1, *Archaeologie in China*, Verlag Philipp von Zabern, Mainz, 2010, pp. 187 - 213.
⑦ 赵丰：《丝织品考古新发现》，艺纱堂服饰出版社，2002 年，第 78 页，图版 28。
⑧ 同上，第 74 页，图版 27。
⑨ 许新国：《吐蕃墓出土蜀锦与青海丝绸之路》，载《藏学学刊》第 3 辑，四川大学出版社，2007 年，图版八。

土时被石块压碎，经复原后推断为舍利容器①（见图6-2-9：2）。其埋葬方式较为特殊，与中原地区发现的舍利器物迥异，说明两者在使用功能上可能有所不同。虽然该器物相比之下体量稍大，但在器形和器表装饰上有一定可比性。目前考古发现的唐代舍利器有10多件，其中7件有准确纪年，纪年在7—8世纪的共有3件，分别出土于甘肃泾川大云寺塔基地宫（694年）、陕西周至仙游寺法王塔地宫（725年）和临潼庆山寺塔基地宫（741年）②。在这些发现中，甘肃泾川大云寺舍利器的第三重银椁③（见图6-2-9：1），在造型和装饰图案上与都兰出土器物最为接近，周身同样满饰缠枝忍冬纹，而其他舍利器的装饰则与之差别很大。

热水一号大墓舍利银器上的缠枝忍冬纹显示出初唐时期的典型特征。银器残片中有18件呈长条状（见图6-2-7：5），可能是舍利器底座的表面装饰。这些残片上的缠枝纹表现为束茎二方连续的桃形，这是隋至初唐时期缠枝纹的典型纹样，而不见于盛唐时期。有纪年的类似装饰图案见于隋李静训墓门（608年）④（图7-1-3：1）、唐段简璧墓门（651年）⑤（图7-1-3：2）、唐史索岩墓门（658年）⑥（图7-1-3：3）、唐新城长公主墓门（663年）⑦（图7-1-3：4）以及唐史诃耽夫妇墓门（670年）⑧（图7-1-3：5）等。8世纪的唐墓门装饰中已经不见这类缠枝纹。

舍利银器残片中有两件略成梯形，上面为镂空的立凤形象，应该原属于器物侧面的前半部分。立凤有一些独特的表现形式，如翅膀上饰联珠纹，显示出域外文化的影响，但整体上还是唐朝所流行的装饰风格。相同的两件立凤组合起来相当于隋唐时期中原地区所流行的对凤纹，类似的对凤图案还见于热水一号大墓所出的一片唐朝丝绸上，对凤翅膀上的联珠纹也清晰可见，暗示两者在产地上有内在联系。对凤羽翼的末端呈向上卷曲状，具有鲜明的时代特征。纵观隋唐时期的凤鸟图像，这一特征仅流行于7世纪后半到8世纪初，如唐法门寺地宫石门楣双凤⑨（图7-1-4：2），唐新城长公主墓石门楣双凤⑩（图7-1-4：3），唐史诃耽墓石门楣双凤⑪（图7-1-4：

① 许新国：《都兰热水血渭吐蕃大墓殉马坑出土舍利容器推定及相关问题》，《中国历史博物馆馆刊》1995年第1期。
② 杨泓：《中国隋唐时期佛教舍利容器》，《中国历史文物》2004年第4期。
③ 韩伟编：《海内外唐代金银器萃编》，三秦出版社，1989年，第169页，图320。
④ 中国社会科学院考古研究所：《唐长安城郊隋唐墓》，文物出版社，1980年，插页。
⑤ 昭陵博物馆：《唐昭陵段简璧墓清理简报》，《文博》1989年第6期，封二。
⑥ 罗丰：《固原南郊隋唐墓地》，文物出版社，1996年，第40页，图二九。
⑦ 陕西省考古研究所等：《唐新城长公主墓发掘报告》，科学出版社，2004年，第126页，图102。
⑧ 同⑥，第64页，图四七。
⑨ 陕西省考古研究院等：《法门寺考古发掘报告》，文物出版社，2007年，第14页，图五，彩版一四。
⑩ 同⑦，第116页，图九四。
⑪ 同⑥，第61页，图四六。

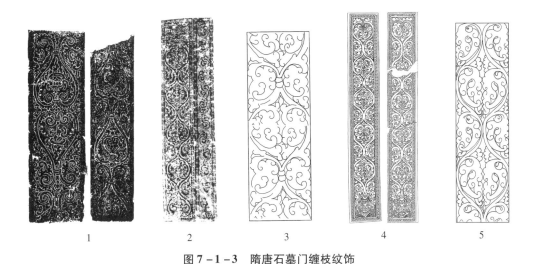

图 7 – 1 – 3　隋唐石墓门缠枝纹饰
1. 隋李静训墓　2. 唐段简璧墓　3. 唐史索岩墓　4. 唐新城长公主墓　5. 唐史诃耽夫妇墓

4），唐李无亏墓石门楣双凤（696 年）[1]（图 7 – 1 – 4∶5），唐李仁墓石门楣双凤（710 年）[2]（图 7 – 1 – 4∶6）等。而在更晚的纪年唐墓中，双凤图像再没出现过这种特征。

　　立凤的这一特征除了出现在都兰舍利银器和上述丝绸残片上之外，在吐蕃时期的银瓶上也有表现。该银瓶藏于美国克里弗兰艺术博物馆，瓶身捶揲出狮子、龙、人面鸟身像和凤鸟，其中凤鸟双翅的末端向上卷曲[3]（见图 6 – 2 – 43、图 7 – 1 – 4∶1）。器物口部有铭文，但模糊难辨。该银瓶是具有一致风格的一组镀金银器中的一件，另一件直筒鏨指杯底部鏨刻古藏文铭文，为"出身高贵的文成公主的私有财产"（见图 6 – 2 – 54）。如果这一释读正确的话，这几件器物应该是文成公主在吐蕃期间制作的，年代应该在其入藏到去世的 641—683 年之间。而都兰镀金银器在制作技术上采用包镀金的方法，也与这批吐蕃银器相同。

　　与都兰舍利银器伴出的还有一些塔形木饰件（图 7 – 1 – 5∶1），底部有插榫和金属片残留，中部刻成四瓣仰莲形，上部为逐层递减的圆台形，多者达 6 层。根据发掘者的推测它们应该属于木质容器顶部的饰物，但其具体安置位置并不明确。类似的木质构件在唐新城长公主墓中也有发现，插榫为鎏金的铜套管，残存有铜花叶片[4]（图 7 – 1 – 5∶2）。由于没有发现完整的器物，其具体使用方式不得而知，但应该与都兰的这

---

① 王团战：《大周沙州刺史李无亏墓及征集到的三方唐代墓志》，《考古与文物》2004 年第 1 期，图一。
② 中国科学院考古研究所：《西安郊区隋唐墓》，科学出版社，1966 年，第 11 页，图——。
③ M. L. Carter, Three Silver Vessels from Tibet's Earliest Historical Era: A Preliminary Study.
④ 陕西省考古研究所等：《唐新城长公主墓发掘报告》，科学出版社，2004 年，第 70 页，图 4、5。

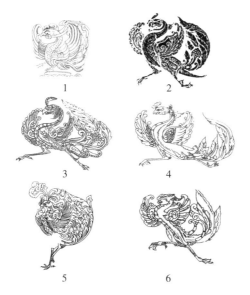

图 7 - 1 - 4　唐初立凤图案

1. 美国克里弗兰艺术博物馆所藏吐蕃时期银瓶　2. 唐法门寺地宫石棺　3. 唐新城长公主墓石门楣　4. 唐史诃耽墓石门楣 5. 唐李无亏墓石门楣　6. 唐李仁墓石门楣

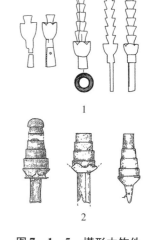

图 7 - 1 - 5　塔形木饰件

1. 热水一号大墓　2. 唐新城长公主墓

些木构件有相似的功能。

（三）金带饰

热水一号大墓出土有数枚方形镶绿松石金带饰①（见图 6 - 2 - 79），约 4 厘米见方，正面为小联珠二重绳索纹外框，框内以小金珠为地，以金片编出花瓣轮廓，其内镶嵌绿松石。背部纵向排列金质空心管，用三条横向金片焊接加以固定，空心管用以穿系丝带并将牌饰固定在绦带或其他饰物上。这样的金带饰以往发现不多，美国波士顿艺术博物馆（The Museum of Fine Arts，Boston）藏有一件（见图 6 - 2 - 83）。瑞典学者俞博根据纹样的特征，将它确定为隋或初唐时期②。从工艺技术和装饰风格上看，可能属于同一时代甚或同一作坊的产品。

从迄今所发现的纪年金银器物来看，这种以小金珠为地掐丝编出简洁明快的花瓣纹样，其内镶嵌绿松石或其他半宝石的装饰技术和风格，主要流行于初唐时期。其中

---

① 许新国：《中国青海省都兰吐蕃墓群的发现、发掘与研究》，载许新国：《西陲之地与东西方文明》，北京燕山出版社，2006 年，第 132—141 页，图三；中国金银玻璃珐琅器全集编辑委员会：《中国美术分类全集·中国金银玻璃珐琅器全集 2·金银器（二）》，河北美术出版社，2004 年，图版一四九。

② B. Gyllensvärd, *T'ang Gold and Silver*, Stockholm, 1957, pp. 50 - 51；pl. 1d；fig. 16d.

有代表性的器物有陕西西安窦皦墓（646 年）出土的镶金嵌珠宝玉带饰①（见图 6 - 2 - 84）和陕西咸阳贺若氏墓（621 年）出土的金梳背②。

热水一号大墓还出土有一组金带饰③（见图 6 - 2 - 73：1、2），为金片捶压而成，每件由两个对称的三曲花瓣形拼合，表面装饰有浮雕效果的忍冬纹样，以冲压的鱼子纹为地，风格朴拙粗放，两端有圆孔，可固定在革带上。同样的带饰也见于美国芝加哥的私人藏品，很有可能也来自于青海的吐蕃墓地④。以往发现有纪年的同类饰物并不多，可以略加比较的是宁夏固原史道德墓（678 年）出土的一件金带饰⑤（见图 6 - 2 - 81），其花瓣形轮廓和忍冬纹装饰都与都兰的带饰很接近，两端都有穿孔，说明也具有类似的功用。

从以上分析来看，热水一号大墓所出的丝绸和金银器物，都与初唐时期的同类器物比较接近，其纪年多集中于 7 世纪后半期，少数丝绸图案在 8 世纪初也有流行。墓葬中没有发现可以晚至盛唐时期的器物。因此如果将热水一号大墓的年代大致定在 7 世纪末到 8 世纪初之间，应该是比较符合实际情况的。

（四）树轮年代

2017 年，中国社会科学院考古研究所王树芝将一号大墓封土内石墙中的穿木随机取 3 根，共制成 16 个树盘进行树种鉴定和树轮定年，确定其最外层年代为 715 年⑥，说明热水一号大墓墓主人去世年代应在 715 年之前，这与笔者此前依据该墓出土的零星遗物进行的断代相差无几，基本上验证了此前的推测。如果墓主人去世时间早于此年份 1—2 年，则符合情理之中的尸体处理、备葬、建墓的时间安排。如果早于此年代 10—20 年，则可理解为"死后十年而大葬"、异地迁葬，或葬后进行封土养护修葺的可能。如果墓主人去世年份略晚于这一年份，可以解释为墓葬的修建使用了早期砍伐修治的木材，但热水一号大墓封土内所用木材均为细小木檩，作为一个拥有极高级别的贵族来说，使用陈年旧料的可能性并不大。因此可以推测，墓主人去世时间不可能晚于这一年代太久，更有可能是在 715 年之前。

---

① 中国文物精华编辑委员会编：《中国文物精华》，文物出版社，1997 年，图版 37。
② 负安志：《陕西长安县南里王村与咸阳飞机场出土大量隋唐珍贵文物》，《考古与文物》1993 年第 6 期，图五。
③ 崔永红：《草原王国的覆灭：吐谷浑》，《中国国家地理》2006 年第 3 期。
④ 霍巍：《吐蕃系统金银器研究》，《考古学报》2009 年第 1 期，图版伍：7。
⑤ 宁夏固原博物馆：《宁夏固原唐史道德墓清理简报》，《文物》1985 年第 11 期。
⑥ 王树芝：《青海都兰热水血渭一号大墓的年代》，载青海藏族研究会编：《都兰吐蕃文化全国学术论坛论文集》，文物出版社，2017 年。

三　热水一号大墓墓主人身份的大致推断

热水一号大墓的规模与吐蕃王陵相当，而 7 至 9 世纪各代吐蕃赞普都葬于悉补野家族起源地山南琼结县境的雅隆河谷，这是吐蕃王室死后归葬故里的丧葬习俗①。那么集中分布于都兰地区的吐蕃墓地，很自然地应该与吐谷浑邦国联系起来。鉴于热水一号大墓的规模及其明显的吐蕃文化特征，有人认为墓葬主人应该是吐蕃派驻吐谷浑地区的某位最高军政高官，然而这一猜测似经不起进一步的推敲。

吐蕃征服吐谷浑后，至少在 676 年之前，设立军政机构"青海节度衙"（Khrom）②，派驻吐蕃大论并联合吐谷浑王室，管理被征服民族，统辖进入该地区的各千户的行动，征发赋税、差役以及对外作战。在 8 世纪后半叶，这种统摄东线战场的吐蕃大论号称"东境节度大使""东面节度使"以及"东军宰相大论"等③。这一正式职位的前身，应该是 7 世纪至 8 世纪初活跃在吐谷浑地区比较有影响的吐蕃最高军政将领，首先应该提及的是曾经叱咤风云的噶尔家族。噶尔家族源于西藏山南琼结，第一代禄东赞在松赞干布即位后曾受命为大论，辅佐赞普治理朝政，开拓疆域，迎请文成公主，为松赞干布统一青藏高原立下汗马功劳。650 年松赞干布去世后，禄东赞辅佐芒松芒赞继续摄理朝政，掌管吐蕃军政事务，656 年率军进攻白兰（今玉树果洛附近），660 年命其子钦陵攻打吐谷浑，663 年禄东赞依靠投奔的吐谷浑大臣素和贵，亲自率兵灭掉吐谷浑，河源王慕容诺曷钵及弘化公主引吐谷浑残部走凉州。此后禄东赞又与唐交战，巩固了吐蕃对吐谷浑的统治。禄东赞后半生先后在吐谷浑住了 6 年，666 年"自吐谷浑境还，于悉立山谷颈部患痈疽"，次年薨于日布④。悉立为吐蕃西南古小邦名，汉文献有详细记载⑤，日

---

① 早在吐蕃王朝建立之前，吐蕃的先王便入葬琼结藏王墓地，松赞干布建立吐蕃王朝之后，以琼结为其旧都，在此建有夏牙，同时也将吐蕃王朝王陵区选择在祖陵所在地，另辟新区。见霍巍：《试论吐蕃王陵——琼结藏王墓地研究中的几个问题》，载四川联合大学西藏考古与历史文化研究中心、西藏自治区文物管理委员会编：《西藏考古》第 1 辑，四川大学出版社，1994 年，第 131—148 页。此后的吐蕃赞普无论死在何处，都归葬在这一陵区，如都松芒波杰 704 年薨于征南诏军中，亦不远千里归葬；芒松芒赞死于藏地巴囊岗（可能为今巴郎县），其陵墓建于松赞干布之左。见巴卧·祖拉陈哇著，黄颢译注：《〈贤者喜宴〉摘译（四）》，《西藏民族学院学报》1981 年第 3 期。
② 676 年，"董布躬身前往青海节度衙（khribshos khrom）"，王尧、陈践译注：《大事纪年》，民族出版社，1992 年，第 147 页；〔匈〕乌瑞著，沈卫荣译：《释 Khrom：七—九世纪吐蕃帝国的行政单位》（Khrom：Administrative Units of the Tibetan Empire in the 7th-9th Centuries），载王尧主编《国外藏学译文集》第一辑，西藏人民出版社，1985 年，第 131—138 页；杨铭：《吐蕃统治敦煌与吐蕃文书研究》，中国藏学出版社，2008 年，第 19 页。
③ 杨铭：《吐蕃统治敦煌与吐蕃文书研究》，中国藏学出版社，2008 年，第 28 页。
④ 王尧、陈践译注：《大事纪年》，民族出版社，第 146 页。
⑤ 《册府元龟》卷九六〇《外臣部·土风二》，第 11121 页，及卷九五八《外臣部·国邑二》，第 11103 页。

布当距悉立不远。一说死于森塔地方①。可见虽然禄东赞地位可比赞普，又在吐谷浑地区具有无人可及的影响，但其活动年代偏早，且在远离吐谷浑之境去世，又据吐蕃贵族的丧葬习俗，一般要归葬故里，没有任何迹象显示其葬于吐谷浑境内。

禄东赞死后，其子钦陵兄弟复专其国，长子赞悉若任吐蕃大相十三年，685 年"大论赞聂（即赞悉若）与芒辗达乍布二人（亲属间）相互残杀，大论赞聂薨于'襄'之孙波河（即日喀则襄曲河流域）"②。

而在吐谷浑地区屡建功绩的是禄东赞次子论钦陵。他 660 年率领军队攻打吐谷浑，其后经营西域，670 年大败唐名将薛仁贵于青海大非川，678 年大败李敬玄于青海湖附近，696 年又败唐将王孝杰于甘肃素罗汉山，成为吐蕃开拓疆土的有功将领。论钦陵 685 年接替其兄赞悉若担任大论，征战十余年，实权在握，功高震主，终为赞普墀都松所妒。699 年赞普亲自率兵讨伐，钦陵抵抗失败后自杀，其兄弟赞婆及兄子莽布支率千余人投奔唐朝，噶尔家族在吐谷浑的势力被剪除，家族财产被清查③。因此，虽然论钦陵去世年代很接近热水一号大墓的年代，但其身为吐蕃叛将，并遭灭族，恐死无葬身之所，更遑论以如此高的规格厚葬。

论钦陵之后在吐谷浑境较有影响的是吐蕃大相麹莽布支。《旧唐书·唐休璟传》："吐蕃自钦陵死，赞婆降，麹莽布支新知贼兵，欲曜威武，故其国中贵臣酋豪子弟皆从之。"④ 麹莽布支久视元年（700 年）寇凉州，为唐军大败⑤，705 年获罪免职。接着吐蕃大相乞力徐任期由 705 到 721 年，721 年死于任上。其间他与可能为吐谷浑小王的坌达延赞松在 706 年共同主持在吐谷浑的会盟⑥，714 年献书唐朝界定立盟⑦，又与坌达延赞松率众十万寇临洮、兰州及渭源⑧。719 年他和坌达延赞松及其他吐蕃王室成员共同接受唐廷赏赐的彩缎一百余匹⑨，其去世年代要略晚于热水一号大墓年代。而更为重要的是，从多处文献记载来看，在共同参与的政治和军事活动中，乞力徐一直位列坌达延之后，可见其地位明显低于作为吐蕃姻亲的吐谷浑小王。

由此可见自 7 世纪后半到 8 世纪初，吐蕃派驻吐谷浑的大论一级的最高级军政将

---

① 蔡巴·贡噶多吉著，东嘎·洛桑赤列校注，陈庆英、周润年译：《红史》，西藏人民出版社，2002 年。第 32 页注释中提到"吐谷浑返往乌斯藏的路途中得病死于森塔地方"。
② 王尧、陈践译注：《大事纪年》，民族出版社，第 147 页。
③ 同②，第 149 页。
④ 《旧唐书》卷九三《唐休璟传》，第 2978 页。
⑤ 《册府元龟》卷三五八《将帅部·立功第十一》，第 4037 页。
⑥ 同②，第 149—151 页。
⑦ 《册府元龟》卷九八一《外臣部·盟誓》，第 11359 页。
⑧ 《册府元龟》卷四三二《将帅部·立后效》，第 4895 页。
⑨ 《册府元龟》卷九八〇《外臣部·通好》，第 11344—11345 页。

领，似乎都无法与热水一号大墓联系起来，即便其墓葬有迹可循，其规格也应该低于吐谷浑王陵的级别。1999 年，在热水南岸发掘了与热水一号大墓正相对的四座中型墓葬，其中一座出土有带"论"字的刻石，表明了墓主人的身份，其墓葬的规模要远小于热水一号大墓，根据树木年轮断代该墓葬为 784 年①，应该是 9 世纪后期由吐蕃中央政府派驻到吐谷浑的一位论一级的高级官员。

吐蕃在征服青藏高原的过程中，吞并了数十个小邦，诸如羊同、苏毗、吐谷浑、工布、达布、娘布等，这些小邦或者与吐蕃有亲属关系，或者与吐蕃王室联姻，他们都承认吐蕃的宗主权，但在自己的领土上仍拥有一些独立性。有的后来融入了吐蕃本土的地方建制之中，王室成员也进入吐蕃中央的政治舞台，但王室似乎仍然保留下来②。在雅鲁藏布江流域发现的大型吐蕃墓葬，有不少属于其所属小邦的王室或贵族墓，已有学者对此进行过一些探索，例如吉堆墓群与得乌穷家族③，列山墓葬与钦域邦国④等。雄踞于都兰热水墓地显要位置又具有王陵级别的热水一号大墓，很自然地应该与某一位吐谷浑邦国小王（或可汗）联系起来。

根据吐蕃文献记载，吐谷浑邦国小王与吐蕃王室联姻，其地位在吐蕃的官僚体系中是很高的，至少表面上看来如此。从《贤者喜宴》记载赤松德赞弘扬佛法的盟书誓文⑤显示的盟誓者次序来看，吐谷浑王的署名列于首位，级别在吐蕃大论之上，包括大论尚结息和达札路恭，此二人 762 年任吐蕃攻京师之统军元帅，攻陷长安。赤德松赞时期弘扬佛法诏书⑥的发誓者名单中，外甥吐谷浑王堆吉布希桂波尔莫贺吐谷浑可汗不但排在大小参与国政的各大臣之前，甚至也排在其他小邦如工布和娘布的小王之前，后两者曾和吐蕃王室有亲属关系。在数次共同主持的吐蕃夏季会盟中，吐谷浑小王名号都排在大论钦陵和大论乞力徐之前。可见吐谷浑王在吐蕃王朝的管理体系中有非常突出的地位，高于吐蕃大论和其他小邦国王。更为重要的是，据《大事纪年》可知，吐谷浑小王也被吸收入吐蕃中央政府的管理体系。727 年吐蕃赞普墀德祖赞任命外甥吐谷浑王为大论，因而他具有双重的身份。吐谷浑邦国的重要性还体现在其为吐蕃征集大料集、吐谷浑王室直接参加甚至多次领导吐蕃的对唐战争等，这在汉藏文献中不乏

① 肖永明：《树木年轮在青海西部地区吐谷浑与吐蕃墓葬研究中的应用》，《青海民族研究》2008 年第 3 期。
② 林冠群：《唐代吐蕃的杰琛（rgyal phran）》，载林冠群：《唐代吐蕃史论集》，中国藏学出版社，2006 年，第 14 页。
③ 巴桑旺堆：《新见吐蕃摩崖石刻》，《西藏研究》1982 年第 2 期。
④ 巴桑旺堆：《试解列山古墓葬群历史之谜》，《西藏研究》2006 年第 3 期。
⑤ 巴卧·祖拉陈哇著，黄颢译注：《〈贤者喜宴〉摘译（九）》，《西藏民族学院学报》1982 年第 4 期。
⑥ 巴卧·祖拉陈哇著，黄颢译注：《〈贤者喜宴〉摘译（十二）》，《西藏民族学院学报》1983 年第 4 期。

记载①。这一地位可能主要是因为吐谷浑地区是吐蕃向唐朝和西域扩张的核心地区，并且是经过数百年发展的区域大国，因此吐谷浑邦国小王用接近于吐蕃赞普级别并高于大论级别的陵墓埋葬，应该是情理之中的。

基于这样的背景分析可知，都兰热水吐蕃墓与以雅鲁藏布江为中心的吐蕃墓分布区具有共同的墓葬特征，可以看作是吐蕃墓葬在青海境内的一个分布点，墓地主人的主体应该是深受吐蕃文化浸染的吐谷浑王室和贵族，但也有吐蕃中央政府派驻该地区的军政高官。作为整个墓地的核心，北岸的热水一号大墓规模和级别可与吐蕃王陵相较，说明墓葬主人在吐蕃官僚体系中具有相当高的地位，这与吐蕃封授的吐谷浑邦国小王（或可汗）的身份相符。结合热水墓地的总体布局来看，它很可能属于吐谷浑降蕃后首任或最重要的一个吐谷浑王陵墓。热水墓地之所以具有浓厚的吐蕃文化特征，不仅是吐谷浑王室与吐蕃王室联姻、合同为一家的结果，同时也与吐蕃在其新征服区推行一系列吐蕃化政策及行政管理体系相吻合。如果考虑到 663 年投奔唐朝的吐谷浑王室家族都采用汉式的墓葬制度葬于凉州②，这一点尤其容易理解。

四　古藏文文献关于吐谷浑邦国小王的记载

根据热水一号大墓出土物年代和墓葬规格，可以确定其墓主人应该是 7 世纪末到 8 世纪初的一位吐谷浑邦国可汗，而根据汉文和古藏文文献资料，似乎可以对这位吐谷浑可汗作更进一步的推测。

汉藏文献对于吐蕃征服后的吐谷浑邦国的记载比较零碎。《贤者喜宴》中有达日年色统治时期（6 世纪）吐谷浑邦国小王及其母后的记载③，但显然存在时代上的错位，因为吐谷浑这一时期处于史上最强盛阶段，达日年色所征服的小邦中并无吐谷浑。

敦煌发现的古藏文文书中，有两件与吐谷浑密切相关，即《敦煌本吐蕃历史文书》中的《大事纪年》④ 以及《吐谷浑（阿柴）纪年残卷》⑤。《大事纪年》以编年史的形

---

①　《册府元龟》卷九七七《外臣部·降附》："苏毗一蕃，最近河北，吐浑部落，数倍居人。盖是吐蕃举国强授，军粮马匹，半出其中。"王尧、陈践译注：《大事纪年》，民族出版社，第 148—153 页。

②　李占忠：《吐谷浑王后——弘化公主墓葬解密》，《中国土族》2003 年第 2 期；夏鼐：《武威唐代吐谷浑慕容氏墓志》，载夏鼐：《考古学论文集（上）》，河北教育出版社，2000 年，第 210—252 页。

③　巴卧·祖拉陈哇著，黄颢译注：《〈贤者喜宴〉摘译（一）》，《西藏民族学院学报》1980 年第 4 期。

④　王尧、陈践译注：《大事纪年》，民族出版社，1992 年。

⑤　学术界一致认为该残卷是一份编年史文献，但对其所反映的事件和年代，曾存在两种不同的看法：以英国学者托马斯（F. W. Thomas）为代表的 634—643 年说以及意大利藏学家伯戴克（L. Petech）和匈牙利藏学家乌瑞（G. Uray）为代表的 706—715 年说。其中伯戴克和乌瑞的观点更有说服力，尤其是年代上的吻合，为学术界广泛接受。关于国内外对于该纪年残卷的研究状况，见周伟洲：《关于敦煌藏文写本〈吐谷浑（阿柴）纪年〉残卷的研究》，载周伟洲：《吐谷浑资料辑录》，青海人民出版社，1992 年，第 436—455 页；杨铭：《吐蕃统治敦煌与吐蕃文书研究》，中国藏学出版社，2008 年，第 177—192 页。

式记载了一百多年中吐蕃一侧的重大事件，起自650年，终于747年，其中包括吐蕃与吐谷浑的关系。《吐谷浑（阿柴）纪年残卷》记载了706—715年间吐谷浑王室各种庆典、清查户口、亲属会见及可汗娶妻等大事，包括会见经由吐谷浑境的金城公主，而莫贺吐谷浑可汗之母墀邦与《大事纪年》中提到的689年下嫁于吐谷浑王的吐蕃公主墀邦同名，说明她是一位吐蕃公主。

根据这两份有关吐谷浑在7—8世纪的材料，我们可以获取不少可能与热水一号大墓相关的历史背景信息。可能是为了加强对吐谷浑王的笼络和控制，更有可能是为了抗衡噶尔家族在吐谷浑地区日益增长的势力，689年吐蕃王室将墀邦公主嫁与吐谷浑王为妻。从《吐谷浑（阿柴）纪年残卷》可知，这位墀邦公主在706年已经是一个年轻的吐谷浑邦国可汗的母后，协助其子参与各种政治大事，如果这位年轻的可汗是在689年后的一两年内出生的话，其年龄应该在十五六岁左右。由于他在母后代政下已经称王，因此可以推测他的生父，即老的吐谷浑王，在689—706年之间已经去世。根据我们的推测，并结合前面的论证，这位去世的老吐谷浑王很有可能就是热水一号大墓的主人。

《大事纪年》记载675年"垄达延墀松（dBon da rgyal khri zung）贡金鼎"，此后在687、688和690年他主持了三次吐蕃冬季会盟，在会盟中位列吐蕃大论论钦陵之后，694年去世。中外学者均认为此人即是一个吐谷浑王，因为"垄"（dBon）在古藏文里是外甥之意，《新唐书·吐蕃传》提到"吐谷浑与吐蕃本甥舅国"。吐蕃文书中也称吐谷浑为垄国，因此他可能就是吐蕃公主墀邦的丈夫。垄达延墀松的去世时间，正好处于689—706年之间，符合根据《吐谷浑（阿柴）纪年残卷》推测的老吐谷浑王去世时间，也与热水一号大墓的时间相当。

垄达延墀松是在《大事纪年》中首次出现的吐谷浑姻亲。在垄达延墀松之前，《大事纪年》中出现过名为"达延莽布杰（Da rgyal mang po rje）"者，他于653年在禄东赞主政时期为吐蕃征收农田赋税，659年于乌海"东岱"处与唐朝苏定方交战殉国。这位达延莽布杰可能是吐谷浑一位亲吐蕃首领，但名前无"垄"称号，况且当时吐谷浑尚未降蕃，吐谷浑王为亲唐的慕容诺曷钵。因此垄达延墀松大概是吐谷浑降蕃后册封的首任吐谷浑邦国小王。

垄达延墀松之后出现了"垄达延赞松"（dBon da rgyal btsan zung），应该就是《吐谷浑（阿柴）纪年》中提及的年轻的吐谷浑王。706—715年之间，他在母后墀邦辅佐下征收赋税，清查户口，主持庆典，娶妃，会见金城公主等。《大事纪年》中记载他与大论乞力徐在706、707、711、712和713年共同主持召集吐蕃的夏季会盟，位列乞力徐之前，714年夏他与尚赞咄热拉金征吐谷浑之大料集，此后与大论乞力徐率众十万寇临洮等地。据汉文文献记载，他于该年 5 月以"吐蕃宰相"身份献书唐朝定界立盟，719 年与乞力徐及吐蕃王室接受唐玄宗所赐彩缎。《大事纪年》又载：727 年吐谷浑王被墀德祖赞任命为众相，745 年与论莽布支二人攻打计巴堡城。紧接着汉文记载：748 年吐谷浑王子悉弄恭及子婿悉颊藏在积石军被唐将哥舒翰擒获[①]。我们无法确定 8 世纪中叶的吐谷浑王是否仍然是坌达延赞松，但如果按正常寿命推算，他仍然有健在的可能，其去世时间不如坌达延墀松更接近于热水一号大墓的年代。如果考虑到首任吐谷浑王的地位和墀邦公主的身份，坌达延墀松应该是热水一号大墓墓主人的首要人选。

五 结语

都兰热水墓地是青藏高原北部地区所见最大最集中的 7 至 8 世纪吐蕃墓地，热水一号大墓是该墓群乃至整个青海地区规模最大、等级最高的接近王陵级别的墓葬。根据墓葬中出土的金银器、丝织物及与其他地区有明确纪年的器物的比对，我们可以大致将该墓葬的年代确定为 7、8 世纪之交，相当于中原地区的初唐时期。将青藏高原与其他地区出土物进行比对而断代的基础，是这一时期通过唐蕃古道和青海丝绸之路汉藏文化进行的广泛交流。交通的开拓以及唐文化的强大辐射力，使得汉地的器物制度和思想观念输入到该地区不用花费太久的时间。

都兰热水墓地应该是以吐谷浑王室和贵族为主体，并有吐蕃中央政府派驻吐谷浑地区（青海节度衙）的高级官员陪葬的吐蕃时期墓地，其呈现的也主要是吐蕃文化的特征。从热水一号大墓封土和墓室的结构和规模来看，都与吐蕃赞普王陵比较接近，而高于吐蕃大论和其他高级贵族的墓葬，这与文献记载中吐谷浑邦国小王在吐蕃官僚体系中的地位相符。吐谷浑小王是吐蕃王室姻亲，同时在吐蕃的对内管理和对外战争中扮演着重要角色。从汉藏文献记载来看，吐蕃中央政府派驻东线战场的最高军政首领，都未埋葬在吐谷浑境内，或者即便埋葬在该地，其规模也会逊于吐谷浑王陵。

参照敦煌古藏文写卷的记载，薨于 694 年的坌达延墀松可作为热水一号大墓墓主人的可能人选，他大概是吐蕃吞并吐谷浑后册封的首位吐谷浑王，689 年娶吐蕃公主墀邦为妻，其子为下任吐谷浑王坌达延赞松。

不论是热水一号大墓还是文献记载，都反映出吐谷浑邦国在吐蕃王国中的地位，这不仅体现了吐谷浑在被征服前自身的强大，同时也可能反映了 7 世纪末期吐蕃在向

---

① 《册府元龟》卷三五八《将帅部·立功第十一》，第 4039 页。

唐朝和西域扩张的过程中日益倚重吐谷浑王室的政治策略。

第二节　甘肃肃南大长岭吐蕃墓地的考古学观察

7—9 世纪河西和陇右地区成为唐朝和吐蕃争夺的最重要前沿阵地，频繁的战乱导致这一区域经济衰退和人口外迁。到了唐后期，吐蕃内乱更使当地人口锐减，致使"河、渭二州，土旷人稀，因以饥疫，唐人多内徙三川，吐蕃皆远遁于叠、宕之西，二千里间，寂无人烟"[①]。吐蕃酋领论恐热大肆夺略鄯、廓、瓜、肃、伊、西等八州，并屠杀当地居民，焚其室庐，以至于"五千里间，赤地殆尽"[②]。也许正是这些原因，加之任职河西的唐朝官宦死后通常要归葬两京或故里[③]，导致河陇地区在唐蕃统治的二百多年间，留存下来的墓葬数量极为有限，尤其在武威以西地区，仅发现零星的唐墓，这与河西走廊汉晋十六国时期庞大的墓葬数量形成鲜明的对比。至于吐蕃统治时期的遗存，除了敦煌莫高窟、安西榆林窟等佛教石窟壁画、雕塑外[④]，墓葬更是稀见。1979年发现于甘肃省肃南裕固族自治县的大长岭墓地[⑤]，足以弥补这一空缺，使我们得以窥见河西地区在吐蕃控制期间的墓葬形态，并通过其遗物来探讨当时的区域文化交流状况。

大长岭墓地出土了包括木棺板画、金银器物、丝织品等共 143 件精美遗物。1996年国家文物局文物鉴定专家组认定其为吐蕃墓葬[⑥]，但具体证据不得而知。另有学者对此持有异议，认为它属于突厥墓葬[⑦]。本文通过分析其墓葬形制、丧葬习俗和出土器物特征，并联系相关的历史背景，尝试对其所属时代、族属和文化内涵进行讨论，并提出初步的看法。

一　墓葬形制

该墓葬位于肃南县马蹄区西水乡二夹皮村北山后的大长岭山坡上（图 7 - 2 - 1）。形制为洞室墓，由墓道、甬道、前室和后室组成（图 7 - 2 - 2）。墓道清理前已经破坏，

---

① 《资治通鉴》卷二四九《唐纪六五》，第 8064—8065 页。
② 同上，第 8044 页。
③ 李斌城等：《隋唐五代社会生活史：归葬先茔》，中国社会科学出版社，1998 年，第 293—295 页；陈忠凯：《唐代人的生活习俗——"合葬"与"归葬"》，《文博》1995 年第 4 期。
④ 沙武田：《吐蕃统治时期敦煌石窟研究》，中国社会科学出版，2013 年。
⑤ 施爱民：《肃南西水大长岭唐墓清理简报》，《陇右文博》2004 年第 1 期。
⑥ 施爱民：《肃南大长岭吐蕃文物出土记》，《丝绸之路》1999 年第 S1 期。
⑦ 李永平：《肃南大长岭唐墓出土文物及相关问题研究》，《台北故宫文物月刊》2001 年第 6 期。

图 7 − 2 − 1　大长岭墓葬地理环境

（作者　摄）

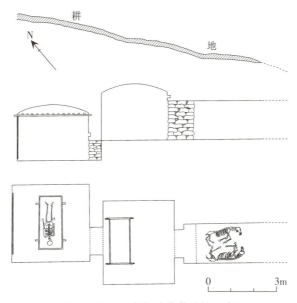

图 7 − 2 − 2　大长岭墓葬结构示意图

（王存存根据原图重绘）

朝向东南，甬道及前室门用石块砌堵，封门墙外出土两具殉葬马尸骨。前室平面近方形，南北长 3.5、东西宽 3.1 米，顶呈拱形，中心高 2.5 米。墓顶距地表深 2.1 米。后室平面呈方形，长、宽均为 3.3 米，顶距地表 3.8 米。墓顶为拱形，上置顶篷，用两根圆木作横梁，上置 13 根长木条，盖一层黄色丝绸帐幔。

前室靠近正壁中部的地面设一木制铜饰双人床，已残，仅余木构件。后室正中南北向置一木棺，盖板及侧板已散落，棺板上彩绘门楼侍卫和十二生肖图像。墓主人为男性，仰身直肢葬式，头戴银丝网盔帽，内用黄色丝绸缝衬，头上有两条 20 厘米长的发辫，用黄色丝绸缠绕。墓主人上身着衣 16 层，下身 14 层，皆丝绸织就。系牛皮腰带，上有金质饰件。尸骨左侧放置大小匕首 8 把，右侧放长铁剑一把，脚蹬高腰牛皮马靴。后室后壁下地面上有残破箭筒，内装 10 支铁箭。

前后双室墓形制在唐代并不多见。迄今所见的唐代墓葬多为单室墓，具有前后双室的一般为大型墓葬，数量并不多，仅有 10 余座，集中分布于西安地区。一般都带有高大的封土、长斜坡墓道、天井、过洞、小龛、壁画等，砖砌为主，也有土洞形式，都具有复杂的结构。双室墓流行于唐代高宗初年至开元时期（7 世纪中叶—8 世纪中叶），是高级贵族使用的一种特殊墓葬形制①。距离大长岭墓葬所在的张掖地区最近的双室唐墓，为酒泉西沟 1 号唐墓②，其形制及出现时代基本上与西安地区一致，显然是受到了中原地区的影响。双室唐墓分布的最西处为新疆阿斯塔那 506 号墓③ 和 64TAM37④，都为洞室墓，形制与大长岭墓葬比较接近，其中 506 号墓有确切纪年，为唐大历四年（769 年）。

大长岭墓葬采用双室结构，且前后室都采用拱顶造型，应该也是借鉴了唐墓的特征。从墓葬形制上看，墓葬主人应该等级非常高。但该墓葬与唐墓还存在一定的区别，地表既没有明显的封土标志，也没有唐墓中常见的长斜坡墓道与天井结构，其墓道似乎是平直的土洞。这说明它并不是对唐墓单纯的模仿。

大长岭墓葬与青海、西藏的吐蕃时期墓葬相比，也存在一定的共性和差异。墓葬的选址环境与青藏高原的吐蕃墓地非常相似。吐蕃墓地一般选在高山脚下、河谷之侧的半山坡上，即所谓的"坡皆丘墓"⑤。通常墓道朝向所依高山一方，视野非常开阔。即使周边有平坦宽广的谷地，也很少在那里安置墓葬，这可能与吐蕃的传统信仰有一定关系。大长岭墓葬也符合这种情形。大长岭是祁连山向北延伸出来的平缓支脉，墓

---

① 齐东方：《略论西安地区发现的唐代双室砖墓》，《考古》1990 年第 9 期；程义：《西安地区唐代双室墓葬研究》，《中原文物》2014 年第 6 期。
② 范晓东：《酒泉果园墓群及其文化内涵述略》，载王保东主编：《肃州历史文化遗产研究论文集》，第 39—47 页，甘肃文化出版社，2016 年。
③ 新疆维吾尔自治区博物馆、西北大学历史系考古专业：《1973 年吐鲁番阿斯塔那古墓群发掘简报》，《文物》1975 年第 7 期。
④ 新疆维吾尔自治区博物馆：《吐鲁番县阿斯塔那——哈拉和卓古墓群发掘简报（1963—1965）》，《文物》1973 年第 10 期。
⑤ 《新唐书》卷二一六《吐蕃传》，第 6103 页。

葬位于山坡顶上，墓道朝向背后的高山，墓室一侧为河西走廊的狭长宽谷。而一般的唐墓和其他民族的墓葬，则很少选择这样的环境。

在青海、西藏的吐蕃时期墓葬中，还没有发现这类具有前后双室的土洞墓结构，也不见拱形墓顶造型。但大长岭墓葬在拱顶上用圆木椽和方木条搭建顶棚，很可能受到了青海地区吐蕃墓葬①的影响，这些吐蕃墓葬常用横置的柏木对墓室进行封顶。墓门封门墙用石块砌筑，这在吐蕃墓葬中非常常见。因此从墓地选址和墓葬形制来看，大长岭墓葬具有吐蕃墓葬的一些特征，同时也深受唐墓的影响。

二　彩绘木棺

大长岭墓葬后室后壁附近地面上发现散乱的松木板，上面彩绘门楼和十二生肖动物，应是彩绘木棺葬具。无论是形式还是装饰内容，它都与青海都兰、德令哈等地吐蕃时期彩绘木棺非常相似，这是对墓葬族属及时代认定的一个重要依据。

彩绘木棺呈长方形，前后挡均用三块木板拼成，顶部成弧形，下部为方形。前挡（70 厘米×66 厘米）正中绘一歇山顶门楼，其上绘一正面凤鸟，下部绘台阶，门楼两侧各立一护卫甲士，皆一手叉腰，一手持剑（图 7 - 2 - 3）。后挡（42 厘米×28 厘米）顶部缺失，正中绘一大门，与前挡相呼应。侧板散乱，上面彩绘有 12 生肖图像（图 7 - 2 - 4、5、6）。共描绘 12 个动物，以单个或者两两相对的形式，包含于墨线勾勒的壸门之内，并按照从右至左的顺序排列②。

彩绘木棺葬具在唐代中原内地已经式微，大部分木棺仅以髹漆装饰。河西走廊魏晋十六国时期也曾流行过彩绘木棺③，但在隋唐时期已经不见。这一时期仍在

图 7 - 2 - 3　彩绘木棺前挡
（《甘肃文物菁华》第 189 页，图版 198）

① 北京大学考古文博学院、青海省文物考古研究所编：《都兰吐蕃墓》。
② 甘肃省文物局编：《甘肃文物菁华》，文物出版社，2006 年，第 189 页，图版 198；第 188 页，图版 196、197。
③ 甘肃省文物考古研究所：《甘肃高台县汉晋墓葬发掘简报》，《考古与文物》2005 年第 5 期；孔令忠、侯晋刚：《记新发现的嘉峪关毛庄子魏晋墓木板画》，《文物》2006 年第 11 期。

图 7 - 2 - 4　木棺彩绘十二生肖图案（马、蛇）

（同前，第 188 页，图版 196）

图 7 - 2 - 5　木棺彩绘十二生肖图案（猴、羊）

（甘肃肃南县博物馆藏）

图 7 - 2 - 6　木棺彩绘十二生肖图案（狗、猪）

（《甘肃文物菁华》第 188 页，图版 197）

流行这类葬具的仅见于青海吐蕃时期墓地[1]。木棺通常为前大后小的梯形棺，前后挡彩绘四神图像，两侧板则多绘有迎宾、宴饮、丧葬、狩猎、出行、放牧等反映当地生活各个侧面的场景，其中多为着吐蕃装的人物形象，并杂有其他少数民族服饰的人物。木棺形制和彩绘习俗与吐谷浑所属的鲜卑族常用的木棺非常吻合。这类彩绘木棺也不见于西藏地区的吐蕃墓葬，从地域分布和文化传统上来看，很有可能是吐蕃治下吐谷

---

① 许新国：《郭里木吐蕃墓葬棺板画研究》，《中国藏学》2005 年第 1 期。

浑人所特有的丧葬习俗①。

十二生肖题材的木棺板画在青海都兰的吐蕃时期墓葬中曾采集到两块，现分别收藏于美国大都会博物馆②和私人收藏家手中（见图 6 - 6 - 18）。哈日赛墓地出土的木棺板上也彩绘有联珠纹团窠，其内包含"牛、虎等动物"③，显然也是生肖内容，且表现形式相同，反映出这一题材在吐蕃境内的流布情况。在河西走廊的唐墓中也可以看到这类题材，只是表现形式有所区别。酒泉西沟发现的 3 座唐墓中，每座墓室的四壁都镶嵌有配套完整的十二生肖模印砖④，青海吐蕃墓葬中所见的十二生肖题材应该是受此地区影响所致。这一题材还可以进一步追溯到中原汉地。将十二生肖和丧葬明器结合的传统始于南北朝时期，但在隋至初唐时期仅发现于两湖、四川等南方地区，盛唐时期中原地区才开始流行⑤。由此可以推断河西和青海地区这类题材的出现应该不会早于盛唐。从古文献方面来看，吐蕃纪年法对十二生肖的采用，应该是在 8 世纪前后⑥。美国大都会博物馆和私人收藏的两件彩绘棺板，经碳十四测年为 8—9 世纪，进一步证实了这一推断⑦。这类装饰题材在青藏高原的流行，应是当时吐蕃与中原地区在纪年历法方面进行交流的结果。

大长岭墓葬的彩绘十二生肖图像，在表现形式上具有与青海都兰地区相似的特征，如将主体内容分别置于壹门之中，并填以云团纹装饰，这在都兰热水墓地出土的木板画中也有反映⑧（见图 6 - 4 - 4），代表了相似的艺术风格和时代特征。

大长岭墓葬彩绘木棺上有另一处重要细节值得注意——前挡上所绘门楼两侧的护卫武士。门楼和门侍本是中原内地所习见的题材，但此处并非全部照搬模仿。仔细观察可见两个武士腰部都裹有虎皮战裙，此外在其肩部、小臂和膝部的裙摆处，也都有虎皮样装饰。根据文献记载，吐蕃武士流行穿戴虎皮的传统，演化成为勇士的标志，并形成一套论战功行赏的"大虫皮制度"⑨。《旧唐书·吐蕃传》："但侯其前军已过，

① 仝涛：《木棺装饰传统——中世纪早期鲜卑文化的一个要素》，载《藏学学刊》第 3 辑，四川大学出版社，2007 年。
② A. Heller, Preliminary Remarks on Painted Wooden Panels from Tibetan Tombs, In: B. Dotson et al eds., *Scribes, Texts, and Rituals in Early Tibet and Dunhuang*, Proceedings of the 12th Seminar of the International Association for Tibetan Studies, Wiesbaden: Reichert Verlag, 2013, pp. 11 - 24.
③ 许新国：《连珠纹与哈日赛沟吐谷浑古墓发掘》，《青海民族大学学报（社会科学版）》2011 年第 4 期。
④ 吴浩军、赵建平：《西沟唐墓十二神兽砖雕艺术欣赏》，《丝绸之路》1994 年第 4 期。
⑤ 张丽华：《十二生肖的起源及墓葬中的十二生肖俑》，《四川文物》2003 年第 5 期。
⑥ 孔庆典：《中古时期中古西北民族的生肖纪年》，《西域研究》2010 年第 3 期。
⑦ A. Heller, Preliminary Remarks on Painted Wooden Panels from Tibetan Tombs.
⑧ 青海省文物考古研究所、北京大学考古文博学院：《都兰吐蕃墓》，第 102—103 页。
⑨ 陆离：《大虫皮考——兼论吐蕃、南诏虎崇拜及其影响》，《敦煌研究》2004 年第 1 期；陆离：《敦煌、新疆等地吐蕃时期石窟中着虎皮衣饰神祇、武士图像及雕塑研究》，《敦煌学辑刊》2005 年第 3 期。

见五方旗、虎豹衣，则其中军也。"[1]吐蕃贵人有战功者，死后在其墓旁房屋上绘以白虎，"生衣其皮，死以旌勇"[2]。《宋史·吐蕃传》中记载河北之地（即湟、鄯、廓）的吐蕃遗俗，其中就有"贵虎豹皮，用缘饰衣裘"[3]。《续资治通鉴长编》卷五六记载：景德元年（1004 年），"赐西凉府蕃族首领阎藏虎皮翻披。蕃俗受此赐者，族人推奉之"[4]。藏文献也不乏相关记载，《白史》记载吐蕃"右翼军队虎服勇士百"，"诸武将官，则多披虎皮"[5]。《贤者喜宴》详细说明了吐蕃军队中以虎豹皮奖励军功的制度：吐蕃勇士根据战功的大小，以虎豹皮制成六种不同规格的饰品来奖励，称为"六勇饰"；"勇者的标志是虎皮袍；贤者的标志是告身。所谓六褒贬是：勇士裹以草豹与虎（皮）；懦夫贬以狐帽……所谓六勇饰是虎皮褂、虎皮裙两者；缎鞯及马镫缎垫两者；项巾及虎皮袍等，共六种"[6]。可见军功最低一级为虎皮褂，其次为虎（或豹）皮裙，最高级别的则为项巾和虎皮袍。大长岭墓葬棺板上所刻画的吐蕃勇士，兼有虎皮裙、褂和项巾，其帽部损坏，无法识别是否有虎头装饰，但已足见其军功显赫、身份地位不同寻常。在敦煌莫高窟 231 窟吐蕃赞普出行图中[7]，赞普身后的侍从身披虎皮衣袍，头戴虎头冠，前面两个侍卫的吐蕃装也饰有虎皮衣领。类似的虎皮衣领吐蕃装还见于 237 窟吐蕃赞普身后的侍卫身上[8]，由此可见虎皮衣是吐蕃高级侍卫的典型服饰。根据木棺板画上所表现的内容，两位持甲武士可视为墓葬主人生前居所的侍卫，由此可以推断墓主人身份地位之高。结合墓葬内所出土的丰富精美的金银器物推测，墓主人极有可能是吐蕃军队的一位高级将领。

三 服饰与葬俗

墓主人的服饰特征是判断其族属的关键。大长岭墓葬后室内保存有完好的墓主人尸骨。墓主人头梳有两条 20 厘米长、用黄色丝绸缠绕的发辫，这应该是典型的吐蕃人流行发式。藏史记载，吐蕃赞普赤祖德赞（即热巴巾）以前，赞普皆为披发，赤祖德赞不喜欢披散头发，将其编成辫子，遂被人称为热巴巾赞普（意为"有发辫的赞

① 《旧唐书》卷一九六《吐蕃传》，第 5249 页。
② 《新唐书》卷二一六《吐蕃传》，第 6103 页。
③ 《宋史》卷四九二《吐蕃传》，第 14153 页。
④ ［宋］李焘：《续资治通鉴长编》卷五六《真宗·景德元年》，中华书局，1980 年，第 1231 页。
⑤ 根敦琼培著，法尊大师译：《白史》，西北民族学院研究所，1981 年，第 11—12 页。
⑥ 巴卧·祖拉陈哇著，黄颢译注：《〈贤者喜宴〉摘译（三）》，《西藏民族学院学报》1981 年第 2 期。
⑦ 谢静：《敦煌莫高窟〈吐蕃赞普礼佛图〉中吐蕃族服饰初探——以第 159 窟、第 231 窟、第 360 窟为中心》，《敦煌学辑刊》2007 年第 2 期。
⑧ 同上。

普"），其形状是将头发分成两部分，在顶端系以丝绸，垂于肩上。① 敦煌莫高窟壁画、绢画和青海地区出土的吐蕃时期棺板画上保存有大量唐代吐蕃人的形象②：男性大多梳成发环盘于脑后，或双辫垂于双肩，发环和发辫都用丝带扎束，有的装饰有蓝色瑟珠；而女性则统一为披发。此外，墓主人全身着多层丝绸衣物，系牛皮腰带，佩匕首短剑，脚蹬高靴，显然是典型的游牧民族装扮，与吐蕃人的装束非常吻合，虽然具体的翻领结构和帽饰还不非常明确。

　　大长岭墓葬的墓道内殉葬有两匹完整的马，这也是对其文化属性认定的重要线索。无论是青海还是西藏境内的吐蕃时期墓葬，殉牲都极为盛行，这被认为与当时苯教的流行有密切关系。在这些殉牲中，马匹具有最重要的地位，基本上在所有大型墓地中，都有一定数量的马匹殉葬，印证了汉文献关于吐蕃"人死，杀牛马以殉"③ 的记载。热水都兰血渭一号大墓殉马达 87 匹之多④，成为墓主人身份的重要的标志。哈日赛墓地一座墓葬有长方形斜坡式墓道，墓道内殉葬 2 匹完整的马⑤，其放置位置和数量与大长岭墓葬相同。而吐蕃丧葬用大量动物殉葬，在敦煌藏经洞里发现的吐蕃苯教丧葬仪轨文书中有更具体的反映⑥，这些丧葬仪轨文书对敦煌及附近地区的宗教信仰和丧葬习俗应该有一定的指导意义。

　　吐蕃时期墓葬由于盗扰严重或者二次葬，很难保存下来完好的葬式。西藏地区仅有昂仁布马村一号墓⑦、山南地区列山墓地 1993M12⑧ 等少数吐蕃墓葬保留有完整葬式，皆为侧身屈肢葬，这可能代表了吐蕃本身所固有的葬式。如果追溯到更早时期，新石器时代拉萨曲贡墓地⑨皆为侧身屈肢葬或二次葬，西藏西部的前吐蕃时期墓葬也都流行侧身屈肢葬和二次葬⑩。因此有理由认为侧身屈肢葬和二次葬是吐蕃本土所流行的主要葬式。而大长岭墓葬墓主人葬式则为仰身直肢葬，与习见的吐蕃本土葬式有别。

---

① 巴卧·祖拉陈哇著，黄颢译注：《〈贤者喜宴〉摘译（十三）》，《西藏民族学院学报》1984 年第 1 期。
② 仝涛：《青海郭里木吐蕃棺板画所见丧礼图考释》，《考古》2012 年第 11 期。
③ 《通典》卷一九〇《边际六·吐蕃》，第 5171 页。
④ 许新国：《中国青海省都兰吐蕃墓群的发现、发掘与研究》，载许新国：《西陲之地与东西方文明》，北京燕山出版社，2006 年，第 132—141 页。
⑤ 许新国：《连珠纹与哈日赛沟吐谷浑古墓发掘》，《青海民族大学学报（社会科学版）》2011 年第 4 期。
⑥ 褚俊杰：《吐蕃本教丧葬仪轨研究——敦煌古藏文写卷 P. T. 1042 解读》，《中国藏学》1989 年第 3 期；褚俊杰：《吐蕃本教丧葬仪轨研究（续）——敦煌古藏文写卷 P. T. 1042 解读》，《中国藏学》1989 年第 4 期。
⑦ 霍巍：《西藏古代墓葬制度史》，四川人民出版社，1995 年，第 88 页。
⑧ 中国社会科学院考古研究所西藏队、西藏自治区文物管理委员会：《西藏朗县列山墓地的调查与发掘》，《考古》2016 年第 11 期。
⑨ 中国社会科学院考古研究所、西藏自治区文物局：《拉萨曲贡》，中国大百科全书出版社，1999 年。
⑩ 同⑦，第 48 页；中国社会科学院考古研究所、西藏自治区文物保护研究所、阿里地区文化局等：《西藏阿里故如甲木墓地和曲踏墓地》，《考古》2015 年第 7 期。

另外，封土在吐蕃墓葬中是重要的身份标志，多为方形、梯形或圆形，一般墓主人等级越高，封土堆也相应地越高大，它的出现和流行可能与中原唐文化的影响密不可分①。像大长岭这类高级别吐蕃墓葬，理应具有高大的封土堆，但实际上并没有发现。那么这些差异该如何解释呢？

青海地区曾经发现过一定数量初唐之前的墓葬，集中分布在德令哈地区，诸如闹哈图、巴格希热图、水泥厂北、布格图阿门等墓地②。这些墓葬不见封土，或仅用简单的石堆作为墓标。根据出土遗物及树木年轮断代来看，年代都在 7 世纪之前，应该属于吐蕃征服之前的吐谷浑文化遗存。吐谷浑人大概继承了其祖先鲜卑人的葬俗，《宋书·索虏传》记载拓跋鲜卑的葬俗说"死则潜埋，无坟垄处所"③，这或许能够解释为什么吐谷浑在青海统治了三百余年的时间，发现的遗存却屈指可数，可能是其墓葬地表不设封土之故，大部分墓葬或许还潜存于地下而难觅踪迹。青海地区吐蕃时期的墓葬发现数量则非常庞大，主要分布在都兰和德令哈地区，但由于盗扰严重，仅都兰的哈日赛墓地保留有两例完整的葬式，皆为仰身直肢葬，而且该墓地也不见有任何形式的封土④。发掘者将这些特征归为吐谷浑族自身的丧葬习俗，可以说比较合理，但由此推定墓葬的时代在吐蕃征服之前，则缺乏充足的依据。从动物殉葬和出土木棺板画的内容来看，这些墓葬很可能晚至吐蕃统治时期。吐蕃在 7—9 世纪对新征服的青海和河西走廊地区大力推行一系列吐蕃化政策，通过军政管理、联盟、移民、通婚、杂居等手段，使得西北诸族包括吐谷浑在服饰习俗、语言文字、宗教信仰等各方面被融合和同化⑤，因而这一时期的遗存都深深打上了吐蕃文化的烙印。但吐蕃统治下的各民族处在逐渐融入吐蕃的历史进程中，仍然会保留一些自身的文化习俗。正是基于这样的时代背景，青海地区的吐蕃时期墓葬既表现出趋于一统的吐蕃文化面貌，同时也在具体形式上保留有一些地方特性，显得复杂多样。大长岭墓葬和哈日赛墓地采用仰身直肢葬式和墓表不设封土的习俗，便是这种复杂性的体现，它们可以被视为吐蕃墓葬的一种地方类型。

四　出土器物

大长岭墓葬内出土各类器物 143 件，包括金银器、鎏金铜器、铁器、锡器、木器、

---

① 霍巍：《西藏古代墓葬制度史》，第 153 页。
② 肖永明：《树木年轮在青海西部地区吐谷浑与吐蕃墓葬研究中的应用》，《青海民族研究》2008 年第 3 期。
③ 《宋书》卷九五《索虏传》，第 2322 页。
④ 许新国：《连珠纹与哈日赛沟吐谷浑古墓发掘》，《青海民族大学学报（社会科学版）》2011 年第 4 期。
⑤ 杨铭：《试论唐代西北诸族的"吐蕃化"及其历史影响》，《民族研究》2010 年第 4 期。

丝绸等。金银器有单耳带盖镶珠金壶、鎏金六龙铜杯、鎏金菱花形三折叠铜高足盘、鎏金铜盏托、银匜、如意形金饰、鎏金龙首铜饰、洗、盘、刀剑、鞍鞯、马具、铁甲、玉带饰品等。这些随葬物品种类丰富，做工精良，质地贵重，风格独特，不但彰显墓主人较高的社会地位，同时还折射出吐蕃统治河西时期与周边其他民族和地区的物质文化交流状况。

墓主人的贴身随葬品具有典型的游牧民族特征。墓主人腰勒牛皮腰带、足蹬牛皮马靴，腰左侧放 8 把匕首，右侧配一把铁剑，身后置一筒铁箭。此外还发现一具鞍鞯。腰带上有金质带饰，马靴、鞍鞯上饰金质带环，匕首柄部包金，镶嵌绿松石。这类装束和装饰是欧亚草原地带各游牧民族普遍流行的配备。墓室内还发现 4 块铁甲，以铁丝制成，环环相扣连成一体，这应该是文献记载中的吐蕃锁子甲，在吐蕃考古中是首次发现。《通典》云："人马俱披锁子甲，其制甚精，周体皆遍，唯开两眼，非劲弓利刃之所能伤也。"[①]《旧唐书·郭知运传》记载唐将郭知运开元六年（718 年）在九曲（今青海共和南）袭破吐蕃，"获锁子甲"[②]。可见锁子甲是吐蕃军队常见的装备，这是一种源自西方、经中亚地区输入到吐蕃的金属铠甲。吐蕃时期他们对中亚地区的占领和文化上的沟通与交流，是这些外来因素输入青藏高原的背后动因。

出土器物中有一件折肩金壶（图 7 - 2 - 7），长颈鼓腹，高足平底，侧带錾指，带盖。盖为圆拱形，中央有一莲花纹杯形纽，纽上镶一颗绿松石。肩部有凸弦纹一周，肩部铆一錾指，錾指顶部有菱花形垫指板，中央镶嵌一颗圆形绿松石。与此器物伴出的还有一件形制及大小相同的带盖折肩鎏金铜壶（图 7 - 2 - 8），其錾指残缺。这种形制的金银器物在北方草原地带曾经发现过一些。在阿尔泰地区图雅赫塔 3 号墓、库赖第 4 地点 1 号墓和图瓦共和国蒙根·塔杰地方的突厥墓中，出土数件类似的银壶，其中两件器物底部有突厥文铭记[③]。蒙古国后杭爱省毗伽可汗陵中也出土一件[④]。这四件银壶都是素面，錾指为单环状，无垫指板。而在米努辛斯克盆地西部、因此临叶尼塞河上游的哈卡斯共和国境内的科比内 2 号墓，出土两件錾花折肩金壶（图 7 - 2 - 9、10），环状錾指顶部装有花瓣形垫指板，其整体形制与大长岭墓葬所出金壶非常相似。突厥石人雕像常常刻有双手捧着类似造型的器物。孙机推测这类金银壶"应是突厥特有的、独具民族色彩的器型"[⑤]，时代多为 8 世纪中叶。中国境内的内蒙古

①　《通典》卷一九〇《边防六·吐蕃》，第 5171 页。
②　《旧唐书》卷一〇三《郭知运传》，第 3190 页。
③　孙机：《论近年内蒙古出土的突厥与突厥式金银器》，《文物》1993 年第 8 期。
④　D. Bayar, Gedenkstaetten und Steinskulpturen der Alttuerkischen Zeit, In：*Dschingis Khan und seine Erben*，*Das Weltreich der Mongolen*，München：Hirmer Verlag, 2005, p78, pl. 51.
⑤　同③。

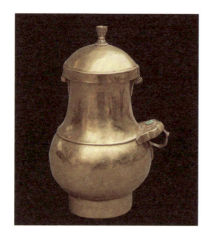

图 7 – 2 – 7　单耳带盖折肩金壶
（《甘肃文物菁华》图版 170）

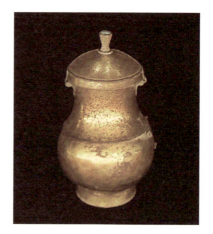

图 7 – 2 – 8　带盖折肩鎏金铜壶
（肃南裕固族自治县民族博物馆藏）

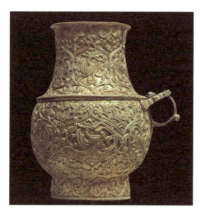

图 7 – 2 – 9　南西伯利亚科比内 2 号墓
出土单耳折肩金壶
（俄罗斯国家历史博物馆藏）

图 7 – 2 – 10　南西伯利亚科比内 2 号墓
出土单耳折肩金壶
（俄罗斯国家历史博物馆藏）

地区也曾发现这类器物，如敖汉旗李家营子 1 号墓[①]、哲里木盟（今通辽市）奈林稿木头营子 2 号墓[②]等。在 9 世纪的契丹墓乃至 10 世纪以降的辽墓中仍出土这类器物[③]，应该是继承了突厥器物的传统。

科比内 2 号墓还出土一件肩部无凸弦纹、无錾指的素面金壶。它的口沿部留下盖子的位置，两侧有固定盖子的小纽，形制与大长岭的折肩壶基本一致，可见这类器物在整体形制上是趋同的，但在具体细节部分容许有一些差异。科比内 2 号墓的四件

---

① 敖汉旗文化馆：《敖汉旗李家营子出土的金银器》，《考古》1978 年第 2 期。
② 内蒙古文物工作队：《内蒙古哲里木盟奈林稿辽代壁画墓》，《考古学集刊》1981 年第 1 集。
③ 塔拉、张亚强：《内蒙古通辽市吐尔基山辽代墓葬》，《考古》2004 年第 7 期。

图7-2-11　三折叠足鎏金银盘
（《甘肃文物菁华》第309页，图版326）

图7-2-12　金质饰牌
（肃南裕固族自治县民族博物馆藏）

图7-2-13　金质带籍
（肃南裕固族自治县民族博物馆藏）

金壶并列放置在一个鎏金银盘之上①，银盘的盘面轮廓为六瓣菱花形，与唐菱花镜的轮廓相仿。盘底原有三个支足，但遗失不见，仅在背面留下一些焊接痕迹②。可见其完整形态应该与大长岭所出三折叠足鎏金银盘（图7-2-11）形制相同。这类三足银盘在粟特银器③和唐朝金银器④中都有发现，风格交织，相互影响，年代集中在8世纪中期和后期。由此看来，科比内2号墓和大长岭墓葬的两批金银器物在形制、材质和组合上都很一致，很可能是出自同一突厥金属作坊的器物，代表了突厥人的工艺水平和审美情趣。

此外，大长岭墓葬中还出土有一批金质或鎏金铜带饰，包括62件牌饰、12件带扣、13件带籍和7件带銙（图7-2-12、13、14），用以装饰马具革带、马鞍以及墓主人皮靴和皮带。这些带饰上的纹饰以缠枝纹为主，一部分牌饰在缠枝纹地上饰有独角神兽图像，其形制和纹饰特征与北方草原地区的同类器物很相似。尤其是一件葫芦形缠枝纹吊扣（图7-2-15），这类器物源自突厥地区，在库赖第4地点1号突厥墓中都有出土。在稍晚的契丹和辽墓中发现有更加形似的器物，如奈林稿木头营子2号墓⑤和辽陈国公主墓⑥所见吊扣，都饰有缠枝纹。

① A. Mongait, *Archaeology in the USSR*, Moscow: Foreign Languages Publishing House, 1959, p. 305.
② 奈良国立博物館，なら・シルクロード博協会主催，《シルクロード・オアシスと草原の道》，奈良県立美術館，1988，p. 261，163。
③ B. Marschak, *Silberschaetze des Orients: Metallkunst des 3. – 13. Jahrhunderts und ihre Kontinuitaet*, Leipzig: VEB E. A. Seemann Verlag, 1986, fig. 45.
④ 王维坤：《试论日本正仓院珍藏的镀金鹿纹三足银盘》，《考古与文物》1996年第5期。
⑤ 内蒙古文物工作队：《内蒙古哲里木盟奈林稿辽代壁画墓》，载《考古学集刊》第1集，中国社会科学出版社，1981年。
⑥ 内蒙古文物考古研究所：《辽陈国公主驸马合葬墓发掘简报》，《文物》1987年第11期。

图 7–2–14　金质和鎏金铜带饰
（肃南裕固族自治县民族博物馆藏）

图 7–2–15　葫芦形缠枝纹鎏金铜吊扣

（李晓斌主编：《走进裕固族博物馆》，甘肃人民美术出版社，2016年，第39页）

由此可以推测，吐蕃贵族阶层所使用的金银器，可能很大一部分自突厥地区输入，或者直接受到突厥器物的影响。这与8世纪吐蕃经略青海、河西走廊地区，并与突厥保持频繁的接触有密切关系。根据文献记载，久视年间（700—701年），"突厥、吐蕃联兵寇凉州"[①]。727年，吐蕃使间道往突厥，君奠率精骑往肃州掩之[②]。8世纪末，西突厥沙陀部还迁附吐蕃至甘州[③]。两者邻近的地理位置、相似的民族属性以及政治、军事上的联合，势必会增强两者在物质文化面貌上的共性。

当然突厥器物仅仅是吐蕃所汇聚的八方财富的一个方面，来自唐朝的奢侈品也出现在墓葬随葬品中，其中包括丝绸和部分金银器。金银器中的银匜（刻有汉字"傅"）、二龙戏珠锡盘（图7–2–16）、鎏金龙首饰件（图7–2–17）、鎏金六龙银杯等，纹饰和造型具有典型的唐朝器物特征，可能是来自唐朝的物品。其中对鎏金六龙银杯的金相学研究表明[④]，其杯体成形工艺采用了金银器捶揲技术，表面鎏金层采用中国古代传统的鎏金工艺，代表了唐代金银器制作的基本特征。

大长岭墓葬中发现大量丝绸。墓主人上身着衣16层，下身14层，外层用米黄色锦缎夹金线织成，内层丝绸饰有黄黑两色菱花图案，丧葬衣衾极为奢华。吐蕃占据青海

① 《新唐书》卷一二二《郭元振传》，第4362页。
② 《旧唐书》卷一〇三《王君奠传》，第3192页。
③ 《新唐书》卷二一八《沙陀传》，第6154页。
④ 马清林、D. A. Scott：《甘肃省肃南大长岭唐墓出土鎏金银杯金相学研究》，载中国材料研究会主编：《2002年材料科学与工程新进展（下）——2002年中国材料研讨会论文集》，冶金工业出版社，2003年。

之后，丝绸成为贵族阶层生活中的重要奢侈品，主要通过劫掠、互市和赏赐获取，其中河西和陇右是其获得唐朝丝绸和其他贵重物品的主要渠道。据敦煌古藏文文书《赞普传记》记载，赤德祖赞时期（704—754 年），"唐地财富丰饶，于西部各地聚集之财宝贮之于瓜州者，均在吐蕃攻陷之后截获，是故，赞普得以获大量财物，民庶、黔首普遍均能穿着唐人上好绢帛矣"①。而作为河西重镇的甘州地区，由于其邻近直通青海的扁都口道，不但成为吐蕃汇聚唐朝和突厥物品的主要窗口，同时也是将这些商品输入到吐蕃本部的最主要交通孔道。

图 7 - 2 - 16　二龙戏珠锡盘
（肃南裕固族自治县民族博物馆藏）

图 7 - 2 - 17　鎏金龙首饰件
（《走进裕固族博物馆》第 45 页）

五　结语

通过以上对大长岭墓葬的形制、丧葬习俗和出土物的分析，我们可以对其所属年代和族属有一个初步的推断。根据棺板画十二生肖的出现、双室墓形制的流行以及突厥式金银器的年代，可以大致将墓葬年代定为盛唐时期，即 8 世纪中期前后。

综合来看，墓葬的选址特征、彩绘木棺的丧葬形式、棺板彩绘十二生肖图像、马匹殉葬习俗等，与青海都兰和德令哈地区一些吐蕃时期墓葬有颇多共同之处，尤其是墓主人游牧民族特色的服饰和缠绕丝绸的发辫、棺板彩绘虎皮裙武士和出土的锁子甲残片等因素，都显示了墓主人具有浓厚的吐蕃文化背景。结合随葬品等级以及当时吐蕃在河西地区的征战历程来看，墓主人极有可能是吐蕃军队的一位高级将领。

大长岭墓葬和青海都兰地区的一些同类型墓葬，代表了青藏高原北部地区吐蕃墓葬的一个类型。这类墓葬与其他吐蕃墓葬的主要区别是，地表不设或仅有简易的封堆，

---

① 王尧、陈践译注：《敦煌本吐蕃历史文书》（增订本），民族出版社，1992 年，第 166 页。

流行彩绘木棺和仰身直肢葬式。这类墓葬很可能与吐蕃化的吐谷浑人有密切联系。吐蕃王国对所征服地区大力推行吐蕃化政策，吐谷浑处在逐渐融入吐蕃文化的历史进程中，因此其地域文化既体现出显著的吐蕃文化特征，也保留了其自身长久以来的传统。同时由于地域上接近唐朝，在文化习俗、器物制度等方面受到唐朝尤其是河西地区的影响。

有研究者根据随葬的突厥特色的金银器物认为墓主人是突厥人，这一推断与墓葬形制、丧葬习俗和服饰所显示的吐蕃特征并不符。大长岭墓葬并不具备唐代突厥丧葬所具有的特征，如"并尸俱焚之，收其余灰"的火葬习俗，于墓所"立石建标"的墓上设施[1]等。这一判断也有违当时的历史背景。根据文献记载，在8—9世纪间，在河西走廊活动的主体族群为吐蕃人，包括其治下的吐谷浑人，而甘州是其中重要的聚居点之一，这一情况甚至一直持续到吐蕃衰亡以后。敦煌S389号文书提到在中和四年（884年），"其甘州吐蕃三百细小相兼五百余众，及退浑王拔乞狸等，十一月一日并往归入本国"[2]。虽然8世纪末期有西突厥沙陀部迁附吐蕃至甘州的记载，但其部落在该地停留没有多少年便迁往漠北，在河西走廊地区可谓昙花一现。吐蕃墓葬中常常汇聚来自周邻各地的奇珍异宝，包括来自唐朝和粟特的金银器，来自中亚、西亚和唐朝地区的丝绸等。由于吐蕃与突厥地域毗邻、民族属性相似、政治军事上联合，因此使用来自突厥地区的奢侈品也并不意外。

吐蕃在663年征服吐谷浑后便将触角深入到河西地区，至700年间多次寇略凉州。727年吐蕃大将悉诺逻寇大斗谷，进攻甘州，次年陷瓜州。728年唐大破吐蕃于祁连城下，吐蕃退至祁连山南。738年吐蕃大入河西。但这一阶段吐蕃并没有在河西地区长期逗留，因此留下吐蕃遗迹的可能性较小。安史之乱爆发之后，吐蕃乘虚而入，先攻占陇右各州，然后攻河西诸州，766年占甘州和肃州，781年陷沙州，至此河西地区尽为吐蕃所有。随着吐蕃对河西地区的征战及占领，吐蕃人开始移居河西。848年，吐蕃在河陇统治瓦解，其部落分散各地。从历史背景来看，吐蕃大规模聚居甘州地区的时间集中在766—848年之间，肃南大长岭墓葬的年代处于这一时间段的可能性较大。而在此前后的时期，虽然也有吐蕃人活动或居住在这一区域，但实际上已经缺乏出现高规格吐蕃墓葬的政治和经济背景。

作为对青海地区、西藏吐蕃时期墓葬的重要补充，肃南大长岭墓葬为我们认知吐蕃考古学文化增添了更丰富、更生动的内容。虽然迄今为止吐蕃墓葬在河西走廊地区

---

① 《周书》卷五〇《异域传下·突厥》，第910页。
② 邵文实：《唐代后期河西地区的民族迁徙及其后果》，《敦煌学辑刊》1992年第1、2期。

仅发现一座，却为我们提供了一个重温当时历史背景的窗口，透过它我们可以获知吐蕃统治河西时期具体的物质文化生活状况，尤其是在吐蕃化背景之下各民族文化汇聚和交织的进程。同时，也只有将这些出土物放在由文献资料和地下出土资料双重构建的时空维度当中，我们才有可能对它们背后的文化属性和族属进行客观和相对全面的解读。

第三节　都兰考肖图遗址性质刍议

20 世纪 90 年代，在青海柴达木盆地东南边缘的香日德和都兰附近，青海省考古工作者发现了至少 3 座吐蕃时期类似"古城"的遗存——考肖图遗址、英德尔遗址和红旗遗址。每个遗址都有类似城墙的长方形围墙，其内有一座巨大的、类似吐蕃墓葬封土的土墩遗迹。1996 年，青海省文物考古研究所对其中的考肖图遗址进行了发掘，揭露出一批重要遗迹现象，出土了一批富有特色的遗物[①]。关于该遗址的性质，此前有过几种不同看法。有学者认为是吐蕃墓葬，包括该遗址的发掘者许新国[②]以及汤惠生[③]、阿米·海勒[④]和部分日本学者[⑤]。还有人认为是祭祀遗址或祭祀台，但其具体祭祀对象不明。参与该遗址发掘的青海省文物考古研究所蔡林海曾指出它可能是"一座具有浓厚的中亚风格的佛塔"[⑥]，但这一很有见地的看法没有得到广泛的关注和讨论。至今在《中国文物地图集·青海分册》[⑦]及考肖图遗址的现场说明牌上，仍然认定其为"考肖图古墓"，甚至被当地人讹称为"观象台"或"祭天台"。由于当年的发掘报告尚未整理出版，迄今所公布的资料都比较零碎，对其进行全面讨论的时机还不成熟。但由于近年来青藏高原东部吐蕃时期佛教摩崖石刻的批量发现[⑧]，使得吐蕃佛教的相关研究引起越来越广泛的关注，对于考肖图这一沉寂多年的争议性遗址，很有必要重启更为深入的讨论。本文根据已经披露的零散资料，辅以田野考古调查所得，尝试对该遗址性

---

① 蔡林海：《都兰县考肖图吐蕃时期遗址》，《中国考古学年鉴》，文物出版社，1997 年。

② 许新国：《中国青海省都兰吐蕃墓群的发现、发掘与研究》，载许新国：《西陲之地与东西方文明》，燕山出版社，2006 年，第 132—141 页。

③ 汤惠生：《略说青海都兰出土的吐蕃石狮》，《考古》2003 年第 12 期。

④ A. Heller, Some Preliminary Remarks on the Excavations at Dulan, *Orientations*, 1998, vol. 29, no. 9, pp. 84 – 92.

⑤ 丝绸之路学研究中心编：《中国青海省丝绸之路研究》，《丝绸之路学研究中心学刊》，vol. 14，奈良国际基金会，2002 年，第 85—88 页。

⑥ 同①。

⑦ 国家文物局主编：《中国文物地图集·青海分册》，第 186 页。

⑧ 霍巍：《青藏高原东麓吐蕃时期佛教摩崖造像的发现与研究》，《考古学报》2011 年第 3 期。

质、内涵及功能作一初步的探讨。

一 考肖图遗址概况

考肖图遗址位于都兰县香加乡考肖图沟内（北纬36°01′52.18″，东经98°05′50.21″，海拔3396米），西距青藏公路6千米，地势平坦、开阔，周围群山环绕。遗址总面积约3万平方米，文化堆积厚达1.5—2米。主要遗迹包括大小2座围墙、1座塔形基址、1座覆斗形祭台和密集分布的房屋基址（图7-3-1）。大围墙平面呈长方形，西北—东南走向，东西长176米，南北宽134米，东墙似开有一门，西墙保存较好。墙基宽约5米，高2.5米。围墙内东南部区域已被发掘，塔形基址位于东南角，发掘前为一馒头状土墩，表面有较厚的覆土，内部为土坯垒砌的塔形建筑结构（图7-3-2、3）。塔基平面呈十字形，在方形主体建筑的四个侧面各凸出一个马面形结构，边长30米，高7.8米。塔基用砾石铺就，塔身四面由内外两重土坯围墙筑成，中间形成廊道。塔身肩部以上部分向上收分，顶部以上残缺。北侧的马面形结构经过清理，出土3个带有墨绘图案和古藏文的马头骨、古藏文木简牍、白色卵石和羊肋骨，2块绘有图案的羊肩胛骨，及1枚"开元通宝"钱币。塔体地面以下部分尚未完全揭露。

塔形基址周围分布有较多建筑基址，平面呈方形，围绕塔址分布，排列较为整齐。这一部分发掘面积较大，出土了一批陶器、铜器、漆器、骨器、石器、铁器等。出土器物中有大量陶片，少数能够复原。陶器以泥质灰陶为主，少见泥质红陶，器形有罐、瓮、钵、杯等，多小平底器，陶器以素面为主，纹饰有折线纹、弦纹、叶脉纹、水波

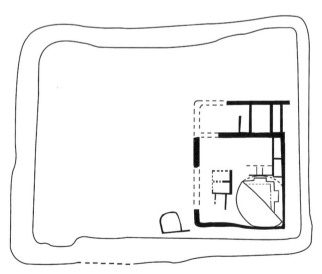

图7-3-1 考肖图遗址平面图

（作者绘制）

图 7 - 3 - 2　考肖图遗址内的塔形基址（东北—西南）

（作者　摄）

图 7 - 3 - 3　考肖图遗址内的塔形基址（东南—西北）

(Some Preliminary Remarks on the Excavations at Dulan, p. 88, fig. 10)

纹、缠枝纹等。铜器有铃、牌、鎏金莲花纹饰物等。还发现残损漆甲一副，由 10 余种不同规格的漆甲片缀合而成。在围墙内还发现有石碑、石狮、石柱础等。

　　大围墙外东南侧有一座较小的方形附属小围墙，方向与大围墙一致，东西长 160 米，南北宽 110 米，门向不明。其内东南角有 2 处土堆，外城外西南角有 3 处土堆。

　　根据出土物特征，发掘者将考肖图遗址的年代定为吐蕃时期。遗址中出土有"开元通宝"铜钱币，汤惠生文中说"据判断可能铸于开元十七年（729年）"①，但没有提供论证过程。古钱币专家尼克劳斯·奥德斯（Nicholas Rhodes）则认为铸造于乾元年间（758—760年），当时唐肃宗铸造大量"开元通宝"，一些含铅合金钱币是在新疆铸造的，地点可能是在和田。乾元之后铸造停滞，在吐蕃占领之前和田还有少量生产，但唐朝其他地区基本上不再铸造了，这导致800年前后流通货币普遍匮缺。据此观点，该钱币支持将考肖图遗址的下限定在841年后不久，因为这个时候一种新型的钱币在整个中国大量铸造②。因此考肖图遗址的年代应该在8世纪中期到9世纪中期之间。

其他出土物也与钱币显示的年代相吻合。塔形基址中出土的古藏文木简牍，形制、大小都与都兰热水墓地发现的木简相似。此外，石狮和石碑也是吐蕃时期大型墓地和寺院中常见的标志性配置。石狮造型也具有吐蕃时期石狮的典型特征。

二　主要遗迹和遗物的讨论

通过对考肖图遗址主要遗迹和遗物的讨论，可以大致确定该遗址的性质和功能。

（一）四出十字形塔基

考肖图遗址塔基周边有两重长方形围墙，内墙内侧修建有成排的方形建筑，形成小型的寺院，可供僧侣居住和进行法事活动。外侧城墙规模较大，俨然一座小城，但其内部布局和功能区分尚不太明确。这些区域的出土物包括石狮、石碑、擦擦、莲花形饰物等具有宗教功能的遗物，也有一些与世俗生活相关的遗物和生活设施，如盔甲、钱币、柱础、散水等。遗址内最重要的发现就是塔形基址，该基址在发掘前为馒头状土丘，形似墓塚，这是被认为是吐蕃时期墓葬的唯一依据。吐蕃时期所见墓葬，确实有一少部分是圆形封土，但吐蕃墓葬一般不会选择在平坦开阔的平坝上，而是多建在河谷两侧的山坡之上，有背山面水、居高临下的环境选择倾向。这类墓葬一般都有通往墓室的墓道，墓道朝向山顶一侧。通常吐蕃墓葬在周围很少见有围墙或茔园，具有居住功能的建筑基址数量也非常少。墓葬周边更多的是祭祀遗迹，如殉葬的动物坑，或者零星的小型陪葬墓。这些特征考肖图遗址都不具备，因此将其定性为吐蕃墓葬缺乏依据。

该基址经发掘后，可以复原出平面呈四出十字形的塔形结构，与中亚和我国新疆

① 汤惠生：《略说青海都兰出土的吐蕃石狮》，《考古》2003年第2期。
② A. Heller, Some Preliminary Remarks on the Excavations at Dulan, *Orientations*, 1998, vol. 29, no. 9, pp. 84 – 92.

地区早期覆钵式佛塔形制非常接近。印度早期佛塔均为平面呈圆形的覆钵式塔，至贵霜时期在犍陀罗地区出现了平面为方形的佛塔，后来在侧面添加一个阶梯，然后增加为2个，最后增加到4个阶梯，四面各一，由此形成十字形塔基①。这种十字形佛塔对后来印度和中亚的佛塔形制产生了深远影响，从2世纪一直延续到8世纪末9世纪初。例如白沙瓦地区的塔希卡佛塔（Tahkal Bala，2世纪）②和沙记卡德佛塔（Shah-ji-ki-Dheri，2世纪）③，塔吉克斯坦乌什图尔—穆洛佛塔（Ushtur Mulla，2—3世纪）④，巴尔赫地区的托普鲁斯坦姆佛塔（Tope-i-Rustam，2世纪末）⑤，塔克西拉的巴玛拉寺院佛塔（Bhamala，4—5世纪）⑥，我国新疆和田热瓦克佛塔（4世纪）⑦（图7-3-4），阿富汗塔帕萨达佛塔（Tapa Sardar，8世纪）⑧等。图齐将四面都有台阶的塔称之为"天降塔"（Lha-babs），据说是佛陀为死后升天的母亲传法去兜率天返回后的降临之地⑨。莫尼克·美拉德（Monique Maillard）将这种类型的佛塔与大乘佛教的传播新思潮联系起来，认为它的流行意味着"金刚乘（Vajrayana）将扮演日益重要的角色"，特别是通过某些佛教寺院来传播密宗文献⑩。

西藏地区的吐蕃时期佛教建筑，一开始就模仿了这种形制，应该是直接受到了印度东北部或孟加拉地区的影响。8世纪下半叶，赤松德赞赞普从印度迎请寂护和莲花生入吐蕃弘法，创建了西藏第一座寺庙桑耶寺。两位高僧均与孟加拉地区关系密切，而该地区在8—12世纪波罗王朝统治时期，金刚乘取得压倒性优势，不少寺院都具有十字形建筑布局。据记载桑耶寺的蓝本欧丹达菩提寺（Uddandapura，飞行寺），创建于波罗王朝初期，与附近的那烂陀寺（Nalanda）、超戒寺（Vikramshila）、苏摩普里寺（Somapura）等共为波罗王朝金刚乘之中心。虽然该寺遗址具体形貌尚难确定，而苏摩

① T. Fitzsimmons, *Stupa Designs at Taxila*, Institute for Research in Humanities Kyoto University, 2001, pp. 20 – 27.

② E. Errington, Tahkal: the Nineteenth-Century Record of Two Lost Gandhara Sites, *The Bulletin of the School of Oriental and African Studies*, University of London, 1987, vol. 50, part 2, pp. 301 – 324.

③ D. B. Spooner, Excavations at Shah-ji-ki-Dheri, *Archaeological Survey of India*, *Annual Report*, 1908 – 1909, pl. X. H. Hargreaves, *Archaeological Survey of India*, *Annual Report*, 1910 – 1911, pl. XIII.

④ N. Lapierre, *Le bouddhisme en Sogdiane d'après les donnees de l'archéologie* (*IV-ixe siecles*), Paris, 1998, p. 29.

⑤ A. Foucher, La vieille route de l'Inde de Bactres à Taxila, *Mémoires de la Délégation archéologique franaise en Afghanistan*, 1, Paris, 1942, pp. 83 – 98.

⑥ J. Marshall, *Taxila*: An Illustrated Account of Archaeological Excavations Carried Out at Taxila under the Orders of the Government of India between the Years 1913 and 1934. Cambridge University Press, Cambridge, Eng. 1951. I, 391 – 397; III, pl. 114 – 118.

⑦ M. A. Stein, *Ancient Khotan*: Detailed Report of Archaeological Explorations in Chinese Turkestan, vol. 1, Oxford: Clarendon Press, 1907, pp. 482 – 506.

⑧ F. R. Allchin, N. Hammond ed., *The Archaeology of Afghanistan*: from Earliest Times to the Timurid Period, Academic Press, 1978, p. 291.

⑨ 〔意〕G. 杜齐著，向红笛译：《西藏考古》，西藏人民出版社，2004年，第40页。

⑩ M. Maillard, *Grottes et mounuments d'Asie Centrale*, Paris, 1983, p. 170.

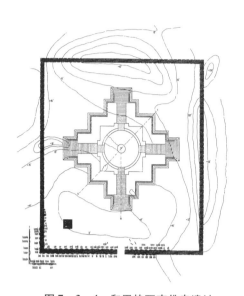

图 7 - 3 - 4　和田热瓦克佛寺遗址

(*Ancient Khotan*：*Detailed Report of Archaeological Explorations in Chinese Turkestan*，pp. 482 – 506.)

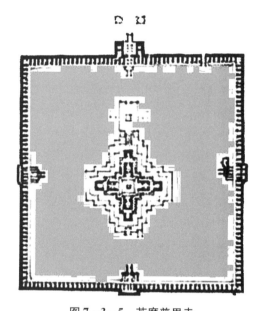

图 7 - 3 - 5　苏摩普里寺

(*Stupas and Stupa-Shrines*，pp. 25 – 34.)

普里寺①（图 7 - 3 - 5）和超戒寺②的考古发掘证实，寺院中心的大型佛塔都采用了十字形平面布局。这种结构与四阶梯（修行的步骤）、五部佛（佛的空间分布）的概念相配置，是金刚乘曼陀罗的典型模式。桑耶寺内修建最早的中心殿堂乌孜大殿，也因此采取了十字形平面布局。这种布局的佛教寺院在孟加拉地区一直延续到 13 世纪③。

吐蕃时期的佛塔建筑保留下来的极少。桑耶寺内的 4 座佛塔据说可以追溯到吐蕃时期，其中绿塔台座为方形，其上塔基为四出十字形④。在桑耶寺以西 7.5 千米，有 5 座吐蕃时期松噶尔石塔⑤，据传是寂护大师主持雕造，其中一座平面也为十字形。近年来西藏地区的考古新发现也为吐蕃时期佛塔形制提供了更重要的佐证。在拉萨河南岸柳梧乡发现的噶琼寺遗址，是赤德松赞赞普在位时期（804—815 年）吐蕃王室修建的大型寺院遗址，遗址内发现有琉璃瓦、大型覆莲石柱础及"噶迥寺赤德松赞碑"残段等遗物，文献记载和考古遗存对应明确。据记载寺院四方修建有四座佛塔，其中西塔

① P. R. Myer, Stupas and Stupa-Shrines, *Artibus Asiae*, 1961, vol. 24, no. 1, pp. 25 – 34.
② P. K. Chaudhary, ASI to Develop Ancient Site of Vikramshila Mahavihara, *The Times of India*, 10 October 2009.
③ 柴焕波：《佛国的盛筵：孟加拉国毗诃罗普尔（Vikrampura）佛教遗址的发掘》，《中国文物报》2016 年 1 月 1 日第 6 版。
④ 宿白：《藏传佛教寺院考古》，文物出版社，1996 年，第 60 页。
⑤ 西藏自治区文管会：《松噶尔石雕五塔》，载西藏自治区文管会编：《扎囊县文物志》，内部资料，2009 年，第 37 页。

基址被发现并揭露出来。塔基是先铺设平面为正方形的石砌台基，然后在台基上“仿曼陀罗形制”构筑四出十字形的塔基。塔基由夯土筑成，外侧用石块包裹，边长在 18 米左右，很可能是因循了桑耶寺佛塔的布局和造型，代表了吐蕃时期佛塔的流行模式①。

随着佛教的大规模弘传，由印度高僧和吐蕃赴印高僧自波罗王朝携来的宗教思潮和建筑艺术，势必会进一步对吐蕃统治下的青海地区施加影响。赤松德赞赞普时期开始在吐蕃境内大修佛寺，青海地区也积极参与佛教的传播。敦煌文书中记载在 9 世纪早期河源地区（今贵德）已经形成一个佛教中心——赤噶寺，融合了汉地的禅宗和吐蕃的密宗②；吐蕃在这一地区还举行印沙佛会，“脱宝相（像）于河源，印金容于沙界”③；在青海玉树贝勒沟、勒巴沟、都兰卢丝沟、甘肃民乐县扁都口都发现不少吐蕃时期佛教摩崖石刻造像。可见这一时期青海的北部和东部地区在敦煌和卫藏地区的双向影响下，已经成为一个不折不扣的佛教弘传中心了，而都兰作为青海地区吐蕃人最集中的聚居区和最重要的统治中心，其境内出现佛塔和寺院，完全符合时代背景和宗教环境。

（二）符咒图马头骨

在塔基北侧凸出的马面形结构中，出土 3 件有墨书图案的马头骨。其中两件上面带有写满古藏文的同心圆图案，中心画一带枷锁人物（见图 6-4-48）；另一件上面仅见文字，不见人形图案。这几件带图案的马头骨非常罕见，对其功能的分析有助于对该遗址性质和功能的认定。

阿米·海勒对马头骨图案上的古藏文进行了释读，将 *gong sri mar mnan/ rta 'dre dang rta sri mar mnan/* 译为“镇伏马鬼”④，推测刻画的应是符咒图案，人们用这种形式的巫术来禳退、引走成了精怪的马匹，避免其伤害其他家畜。带枷锁的人物被称为 linga（“灵嘎”或“灵卡”），这个词于 9 世纪从梵文译为藏文⑤，用来指画有敌人样貌

① 赤列次仁、陈祖军：《堆龙德庆县吐蕃时期噶琼寺西塔遗址》，载中国考古学会编：《中国考古学年鉴 2015》，中国社会科学出版社，2016 年，第 320 页。
② 〔英〕H·E·理查德森著，石应平译：《吐蕃摩崖石刻的研究札记》，载四川联合大学西藏考古与历史文化研究中心、西藏自治区文物管理委员会编：《西藏考古》第一辑，四川大学出版社，1994 年，第 127—129 页。
③ 谭蝉雪：《印沙·脱佛·脱塔》，《敦煌研究》1989 年第 1 期。
④ A. Heller, *Tibetan art: Tracing the development of spiritual ideals and art in Tibet*, 600-2000 AD, Milan, 1999; A. Heller, Archeology of funeral rituals as revealed by Tibetan tombs of the 8th to 9th century, In: M. Compareti, P. Raffetta, G. Scarcia, eds., *Ēran ud Anērān: Studies presented to Boris Il'ic Marsak on the occasion of his 70th birthday*, Rome: Electronic Version (October 2003)-Updated August 2006. http://www.transoxiana.org/Eran/Articles/heller.html.
⑤ S. G. Karmay, *Secret Visions of the Fifth Dalai Lama: the Gold Manuscript in the Fournier Collection*, London: Serindia Publications, 1988, p. 72.

的纸片，或是用面团捏的敌人。在黑巫术的藏文文献中经常可以看到，为了索取某个仇敌的性命而举行各种巫术，需要一些特殊的灵嘎画像①。这一图案与 15 世纪以来的存世文献中关于古老的黑巫术的描述非常相近，足见西藏本土文化传承的内在稳定性。石泰安也介绍了这一禳灾仪规："有一尊小型人像叫作 linga，这是一尊丑陋的裸体像，手脚缚住仰天而卧（用面膏、纸张和兽皮做成），它代表着邪恶、敌人和魔鬼。"程序是首先由一尊主神用短剑刺伤它，然后又由神侍者将它切割碎尸②。这类图像在青海海西地区的棺板画上也有描绘（见图 6-6-2，图 6-6-4，图 6-6-12，图 6-6-15、16）。这些形态丑陋的裸体小人被绳子捆绑着手脚，蓬头垢面，跪坐或倒立姿态，身中多箭，满身血污，周围还分布有弓箭手对其怒射。这类形象显然与 linga 所处的宗教环境非常相似。将祛除恶鬼的图像内容表现在马头骨上或描绘在棺板上，应该都是葬礼或其他宗教仪式上的重要内容。

古代西藏黑巫术极为盛行，上到国政要事，下至百姓日常生活都有渗透。《新唐书》记载吐蕃人"重鬼右巫，事羱羝为大神。喜浮屠法，习呪诅，国之政事，必以桑门参决"③。《西藏的神灵和鬼怪》详细介绍了一种由黑苯波巫师施行的用以致死敌人的"恶咒法"④：首先设法悄悄地获得被害人的指甲或穿过的衣服碎片……然后在一片纸上画一圆圈，用十字线分成四个相等的部分。在圆圈的中央画上代表被害者的男人或女人俑像，俑像的手脚画上厚重的铁链锁住。在圆圈的周围写上各种咒语，如"断命""掏心""裂体""断权力""断子系"。写好咒语后，将其与被害者头发、指甲等物用布包裹好，塞到野牦牛的右角中。再加上各种邪毒、污秽之物，埋于被害者家宅内施法。这种俑像周围的圆圈，与马头骨上的同心圆性质相同，应该是 cakra，指的是保护轮、魔圈、八齿（辐）轮、轮盘。它与曼陀罗有相似之处，但曼陀罗是神圣之境，而 cakra 则用于魔法。在双重同心圆中沿顺时针方向书写上所祈求的神灵名称，可以保佑免受同心圆中心所画的恶魔的侵害⑤。

在古代藏族巫术中，将写有魔咒的人或兽的头盖骨掩埋或者安置，是降服厉鬼的最有效的方法。头盖骨和咒语的种类、头盖骨掩埋场地的选择要根据所降服厉鬼的不同而有所变化，不同的厉鬼需要掩埋不同动物的头盖骨。根据记载，在敌人驻地的边界掩埋狼、马或牦牛的头盖骨，可以降服"敌鬼"；在佛塔的下面掩埋人、狗或猪的头

---

① 〔奥地利〕勒内·内贝斯基·沃杰科维茨著，谢继胜译：《西藏的神灵和鬼怪》，西藏人民出版社，1996 年，第 431 页。

② 〔法〕石泰安著，耿昇译：《西藏的文明》，中国藏学出版社，1999 年，第 220 页。

③ 《新唐书》卷二一六《吐蕃传》，第 6072 页。

④ 〔奥地利〕勒内·内贝斯基·沃杰科维茨著，谢继胜译：《西藏的神灵和鬼怪》，第 572 页。

⑤ S. G. Karmay, *Secret Visions of the Fifth Dalai Lama: the Gold Manuscript in the Fournier Collection.*

盖骨可禳解"瑜伽师誓鬼"①。

吐蕃时期的佛塔本身就赋予了镇鬼除魔的功能。据记载松赞干布时期就修建和祭祀不同的佛塔来镇伏各种妖魔②。桑耶寺四塔的修建，为的是"镇服一切凶神恶魔，防止天灾人祸的发生"③；松噶尔五座石塔建造目的也是为了调伏当时阻碍佛教弘传的妖魔鬼怪④。这说明吐蕃时期的佛塔不但用以供僧俗顶礼膜拜，还具有神秘的威慑力，可以摧毁一切邪恶或异己力量，并供人们祈祷求助。在考肖图佛塔基址中还出土一些木简牍，内容也为镇伏魔怪的内容。这类掩埋的符咒类遗物对于认定考肖图遗址具有佛塔功能是一个重要的佐证。

（三）擦擦

考肖图遗址中塔基周边房址内出土不少擦擦，目前所知至少有5种类型，均以黄色泥土制成，除一种覆钵式塔为脱模制作，其余都是在圆形泥片上按印制成，周边有按印时挤压翻起的泥沿，背面平整。

覆钵式圆雕塔擦擦（图7-3-6），基座为圆台形，塔顶为覆钵状。塔身外侧有三层台阶，最下层台阶似突起一周小塔，覆钵之上为塔刹座，塔刹部分残缺。残高10、底径6厘米。这种圆雕佛塔的擦擦形制非常独特，不仅在西藏比较少见，在印度也难得见到。但其描绘的佛塔造型则是典型的中亚佛塔形制。

另外4件擦擦都是圆形或椭圆形，刻画的分别是坐佛、观音像和佛塔。

坐佛像有2件，其中一件高8、宽5厘米，坐佛面部和身材都较清瘦修长，高肉髻，着袒右袈裟，似有顶饰和臂钏，双手结禅定印，结跏趺坐在仰莲台座上。头周有椭圆形头光，身后有背光，两侧饰双兽（图7-3-7）。另一件形制和图像基本相同。观音像擦擦直径6厘米，面部较瘦，束高髻，体态修长，上身袒裸，右臂屈置右膝上，手指随意弯曲，左手按在莲台边，左臂支撑身体。下着贴体长裙，双腿作游戏坐，右腿屈起，左腿屈盘右腿前，有椭圆形头光，仰莲台座，右侧饰小塔和数行经咒。（图7-3-8）

佛塔像擦擦直径为2.5厘米，浅浮雕的小塔居中，塔刹粗矮，塔顶呈球状，塔座为束腰的须弥座，上下有叠涩。小塔两侧布满梵文经咒。（图7-3-9）

① 〔奥地利〕勒内·内贝斯基·沃杰科维茨著，谢继胜译：《西藏的神灵和鬼怪》，第607页。
② 〔古印度〕阿底峡尊者发掘，卢亚军译注：《柱间史——松赞干布的遗训》，中国藏学出版社，2010年，第134、137、142、154页。
③ 何周德、索朗旺堆：《桑耶寺简志》，西藏人民出版社，1987年，第10页。
④ 同上，第59页。

图 7 - 3 - 6 考肖图遗址出土覆钵式圆雕塔擦擦
(《中国美术分类全集·中国藏传佛教雕塑全集 4·擦擦》图版四)

图 7 - 3 - 7 考肖图遗址出土坐佛像擦擦
(同前, 图版一)

图 7 - 3 - 8 考肖图遗址出土观音像擦擦
(同前, 图版二)

图 7 - 3 - 9 考肖图遗址出土佛塔像擦擦
(同前, 图版三)

此外还有两个擦擦没有图像, 仅按印有梵文佛教经咒, 据推测内容可能为 Ye dharma hetuprabhava, 即 "诸法从缘起"。直径为 2.5 厘米。

作为一种用黏土按印或脱模制作的小型佛教雕像, 擦擦常常被佛教信徒供奉在佛教场所。梵文中 "擦擦" 对应词汇 "saccha", 指的是用泥压入模具时候发出的声音。意大利藏学家图齐则认为擦擦 "tsha tsha" 源自梵文 "sat-chaya", 意为真相或复制的意思[1]。对佛教信徒而言, 擦擦易于制作且成本低廉, 因此在佛教所及的很多地区都有大量发现。一般认为西藏的擦擦出现并流行于 11 世纪之后的佛教后弘期, 源自东印度

---

① G. Tucci, *Stupa*:*Art*, *Architectonics and Symbolism*, *English version of Indo-Tibetica* 1, L. Chandra ed., trans. by Uma Marina Vesci, New Delhi: Aditya Prakashan, 1988, p. 54.

地区。考肖图遗址内出土的擦擦，首次将其年代提早到 8—9 世纪，代表着最早出现的擦擦类型。较之于东印度或孟加拉地区波罗王朝早期（8 世纪）所流行的擦擦①，虽然其制作略显粗糙，但其形制和图像内容则如出一辙，尤其是游戏坐的莲花手观音像，暗示了两地之间存在的关联性。

　　新疆和田策勒县达玛沟佛寺遗址曾经发现几件擦擦，形制为桃形，图像为莲花手观音，作游戏座，造型与考肖图遗址所出非常相似。发掘者认为该寺院创建于 6—9 世纪，毁弃年代不晚于 11 世纪初。实际上根据历史背景来看，它们极有可能是吐蕃占领和田时期（790—866 年）所留下的遗物，吐蕃在这一新占领区兴建佛寺的传统甚至可以追溯到 7 世纪末②。青海省乌兰县大南湾遗址中也出土 2 件擦擦③，一件为多层台阶的佛塔形，底部按印佛教经咒，另外一件则呈扁平的覆钵塔形。发掘者同样将其确定为 11 世纪，实际上这类圆雕覆钵塔形的擦擦，在 10 世纪之后并没有出现过④，很可能与其周边其他遗迹一样，属于吐蕃时期遗存。

　　从西藏早期的擦擦发现地点来看，一般都与佛教寺院有直接关系，擦擦在考肖图遗址中的出现更加佐证了该遗址具有佛寺功能。尤其值得注意的是，考肖图遗址所出的禅定坐佛像似有顶饰和臂钏，可能为大日如来像，莲花手观音作游戏坐姿态，这两类图像都是同时期藏东、川西北和青海境内所见的吐蕃佛教摩崖石刻上的主要刻画内容，可能两者反映的是同样的信仰主题和宗教背景。

（四）石狮与石碑

　　考肖图遗址原有一对石狮和一通石碑（详见第六章第四节，图 6 - 4 - 30）。吐蕃时期的大型墓地常常模仿唐陵建制，安放石狮和石碑，两者通常组合出现。单独出现的也有几例，如都兰热水墓地据报道也曾经发现有石狮，朗县列山墓地的石碑放置在专门修建的小亭内。但这并非是判定属于王陵或墓葬的依据，因为在吐蕃时期的大型寺院内，也有安置石狮和石碑的传统。文献中有不少关于文成公主为了驱凶辟邪或镇伏地煞妖魔而安置石狮和佛塔的记载⑤。桑耶寺"寺院后面有一石碑，上刻盟誓文之略

————————

①　S. L. Huntington，J. C. Huntington，*Leaves from the Bodhi Tree：The Art of Pala India*（8th - 12th Centuries）*and its International Legacy*，Seattle and London：the University of Washington Press，1990，pl. 53 - 55.

②　朱丽双：《〈于阗国授记〉译注（上）》，《中国藏学》2012 年第 S1 期。

③　青海省文物考古研究所：《青海乌兰县大南湾遗址试掘简报》，《考古》2002 年第 12 期。

④　张建林：《藏传佛教后弘期早期擦擦的特征——兼谈吐蕃擦擦》，《中国藏学》2010 年第 1 期。

⑤　〔古印度〕阿底峡尊者发掘，卢亚军译注：《柱间史——松赞干布的遗训》，第 138 页；五世达赖喇嘛著，刘立千译注：《西藏王臣记》，民族出版社，2000 年，第 27 页。

本，饰以莲花，镇以石狮"①，至今在桑耶寺乌孜大殿左右两旁各立一尊石狮，它们具有典型的吐蕃艺术特征②。热巴巾修建的无比吉祥增善寺，四方置有石狮，并将顶盖用铁链系于石狮之上以防巨风③。在大型寺院内竖立石狮和石碑，应该也是仿效了唐代中原地区的传统。此外在考肖图遗址 1996 年的发掘中，还出土有 60 厘米见方的柱础石，饰有太阳图案，可能为石碑底座，或是大型建筑遗存。这些遗物的发现都与佛教寺院的性质相吻合。

三　结语

青海地区因为地处吐蕃佛教的中心——河西地区和卫藏之间，常常被视为汉地佛教输入吐蕃的经行地段，而非大规模的弘传中心。实际上早在吐谷浑时期，这一地区已经有佛教弘传，在吐蕃晚期灭佛时期，这里还发挥着佛僧避难地的作用④。这说明该地区是远离佛教中心和政治漩涡的边鄙之地，但也恰恰是因为具备这样的优势，使吐蕃佛教余脉得以延续，为后弘期佛教的复兴提供丰厚的土壤。

吐蕃在统一青藏高原的过程中，将自己置身于印度、中亚和唐朝的佛教势力包围之中，佛教逐渐通过不同渠道输入吐蕃，并初步实现了吐蕃化的过程。但吐蕃真正开始修建佛寺并且产生了广泛影响是在赤松德赞统治时期。《敦煌本吐蕃历史文书·赞普传记》记载，赤松德赞时期"复得无上正觉佛陀之教法，奉行之，自首邑直至边鄙四境并建寺宇伽兰，树立教法"⑤。热巴巾统治时期（806—838 年），更是大修佛寺，据记载这一时期吐蕃王臣在汉地和吐蕃本土共建寺庙一千零八处，"在汉地五台山修建了寺院，在沙洲的东赞地方，大海之中，铁树之上，修建了千佛寺"⑥。敦煌千佛洞在吐蕃占领时期新建和重修洞窟 90 多个，其中不少是建于热巴巾在位时期。但迄今为止，除了现存的桑耶寺和考古发掘的噶琼寺外，很难见到吐蕃时期寺院的影子。

从都兰考肖图遗址的选址、主体建筑的形制结构、配套设施的规模与布局、出土器物所显示的使用功能和宗教内涵来看，它与吐蕃时期的墓葬具有很大区别，很有可能是一座吐蕃时期以佛塔为中心的寺院建筑，而与墓葬无涉。这一遗址可能修建于吐蕃在全境大建佛寺的赤松德赞或热巴巾时期，佛塔造型模仿了卫藏地区的吐蕃佛塔，

① 黄明信：《吐蕃佛教》，中国藏学出版社，2010 年，第 68 页。
② 何周德、索朗旺堆：《桑耶寺简志》，西藏人民出版社，1987 年，第 52 页。
③ 索南坚赞著，刘立千译注，《西藏王统记》，民族出版社，2000 年，第 137 页。
④ 〔法〕石泰安著，耿昇译：《西藏的文明》，中国藏学出版社，1999 年，第 78—79 页。
⑤ 王尧、陈践译注：《敦煌本吐蕃历史文书（增订本）》，民族出版社，1992 年，第 167 页。
⑥ 达仓宗巴·班觉桑布著，陈庆英译：《汉藏史籍》，西藏人民出版社，1986 年，第 121—122 页。

间接地接受了东印度或孟加拉地区同时期金刚乘寺院的影响，这与吐蕃佛教的输入路线相互吻合。

值得注意的是，在青海都兰地区类似考肖图遗址的地点还不止一处，如夏日哈乡的英德尔遗址（见图 6 - 1 - 16）和考肖图附近的红旗遗址①。在此前的调查中都被认定为吐蕃墓葬或者古城遗址，实际上从它们的形制和功能上来看，很可能也是吐蕃时期佛教寺院基址。这两个地点尚未展开考古发掘，保存的信息还相当完整，为以后的工作留下了不少空间。

第四节　考古材料所见吐蕃时期青海地区的佛教信仰

早在 5—6 世纪时，统治青海地区的吐谷浑人就开始接受佛教，青海道（即吐谷浑道）在这一时期成为连接东西方的重要通道和交通枢纽。高僧昙无竭、慧览、法献、宋云、阇那崛多等都路经此道西行求法或云游东土。加之周边的凉州和陇西地区佛教相当兴盛，营造了浓厚的氛围，这在一定程度上促进了佛教在吐谷浑统治区的传播。到拾寅统治时期（452—481 年），吐谷浑已经"国中有佛法"了。6 世纪初，吐谷浑王还诏许在益州兴建佛寺，并向南朝梁遣使求佛像及经论。当然吐谷浑统治者虽有崇佛姿态，而民间的佛教信仰似乎并没有太多普及，占主导地位的宗教信仰仍然是"敬鬼神，祠天地日月星辰山川"②等原始巫术。

隋和初唐时期青海周边地区的佛教活动相当繁荣，河西走廊和陇右地区作为佛教输入中原地区的必经之路，中原王朝在这一地区大规模开窟造像，从敦煌、凉州天梯山到天水麦积山都留下丰富的佛教遗迹。在唐蕃边境的古道关隘处，唐王朝也凿山构室，修建寺院。邻近凤林关的甘肃永靖炳灵寺，成为唐蕃使者往来途中必经的礼佛圣地③。据史籍记载，唐前期青海河湟地区的佛教寺院至少有五座之多④。新发现的青海化隆旦斗寺的唐代题记也证实，至迟在 673 年唐朝已在这一地区修建了寺院⑤。7—8 世纪唐蕃之间频繁的使团互访、边境互市和军事冲突，客观上为唐蕃之间的佛教交流创造了条件。

另一方面，吐蕃也对佛教在新征服区的传播起到积极的助推作用。吐蕃在 663 年

---

① 国家文物局主编：《中国文物地图集·青海分册》，第 185 页。
② 《三国志》卷三〇《魏书·乌丸东夷鲜卑传》，第 832—833 页。
③ 魏文斌、吴荭：《炳灵寺石窟的唐蕃关系史料》，《敦煌研究》2001 年第 1 期。
④ 李映辉：《唐代佛教地理研究》，湖南大学出版社，2004 年，第 89 页。
⑤ 伯果、谢继胜、扎西尖措等：《青海化隆旦斗岩窟壁画初步调查》，《考古与文物》2014 年第 2 期。

征服吐谷浑地区，遂将整个青海地区置于统治之下，进而乘安史之乱之机，尽取河西和陇右之地。这一时期正是笃信佛教的赤松德赞（755—797 年在位）及赤祖德赞（815—838 年在位）时期，从唐朝和印度同时输入的佛教，几经波折后已经在吐蕃社会得以确立。在统治者的大力支持下，吐蕃在河西地区开窟造像，建寺度僧，大力扶植寺院经济，佛教基本上延续了初唐时期的繁荣。在青海地区，佛教的弘扬得到了吐蕃治下吐谷浑王的积极支持，779 年吐蕃桑耶寺兴佛证盟诏书中，吐谷浑王之名居于众立誓人之首[1]。赤德松赞（798—815 年在位）时的《噶琼多吉英寺兴佛诏书》，小邦发誓者之首也为吐谷浑可汗[2]。因此吐谷浑地区不但是吐蕃佛教弘传的重地，很可能也是其向河西地区推进的前站，势必会成为唐朝和吐蕃佛法的汇聚之地。

从最近这些年的考古发现来看，唐朝和吐蕃时期在青海地区留下了一些佛教题材的遗存以及与佛教密切相关的遗迹和遗物，这其中除了前节所述都兰考肖图吐蕃佛寺遗存外，还有一批佛教摩崖石刻和受佛教影响的墓葬随葬品。

一 佛教摩崖石刻

摩崖石刻是研究吐蕃佛教发展状况以及唐蕃古道交通路线的重要资料。迄今为止所发现的吐蕃时期佛教摩崖石刻共计 20 处。其中西藏 8 处，主要分布于昌都地区；青海共 7 处，主要分布于玉树地区；四川共 5 处，分布于玉树邻近地区的石渠县[3]。大致集中分布在青藏高原东麓，以青海玉树和西藏昌都地区为中心，并辐射到邻近地区。最近几年相关的新发现不断增多，调查工作更加全面和细化，积累了丰富的材料，同时也使我们对以往的发现产生了新的认识。

青海地区发现的吐蕃摩崖石刻主要集中于玉树地区，多分布在贝纳沟、勒巴沟口和勒巴沟内。

（一）贝纳沟摩崖造像

位于青海玉树结古镇南约 20 千米处，雕刻于沟内一块峭壁上，主尊为大日如来坐像，左右分列八大菩萨立像，造像附近有藏文题记。据分析时代当为 806 年[4]。

① 巴卧·祖拉陈哇著，黄颢译注：《〈贤者喜宴〉摘译（九）》，《西藏民族学院学报》1982 年第 4 期。
② 巴卧·祖拉陈哇著，黄颢译注：《〈贤者喜宴〉摘译（十二）》，《西藏民族学院学报》1983 年第 4 期。
③ 张长虹：《藏东地区吐蕃时期大日如来图像研究》，《青海民族研究》2017 年第 1 期。
④ 〔瑞士〕阿米·海勒：《公元 8—10 世纪东藏的佛教造像及摩崖石刻》，载王尧主编：《国外藏学研究译文》第十五辑，西藏人民出版社，2001 年，第 189—210 页；谢继胜：《川青藏交界地区藏传摩崖石刻造像与题记分析——兼论吐蕃时期大日如来与八大菩萨造像渊源》，《中国藏学》2009 年第 1 期；霍巍：《青藏高原东麓吐蕃时期佛教摩崖造像的发现与研究》，《考古学报》2011 年第 3 期。

（二）勒巴沟口摩崖造像

位于贝纳沟造像东北约 8 千米处的沟口位置，共有两处造像，分别为阴线刻的礼佛图和说法图。礼佛图主尊为释迦牟尼立像，左侧刻有四位朝拜者，依次为跪拜侍童、吐蕃装男性、汉装妇女以及汉装年轻女性形象，刻画的可能为一个吐蕃贵族家庭（见图 6 - 6 - 26）。说法图题材为释迦牟尼佛坐像，左右各一尊坐佛像，后侧有一列四尊交脚听法僧众像。右下方为两尊龙女（或龙王）神像和两身听法人众形象。最下侧罗列虎、豹、犀牛、象、孔雀、鹿、马等各类动物，为前来听法的诸有情（图 7 - 4 - 1）。释迦牟尼的狮子座具有典型的吐蕃时代特征，靠枕与背屏的样式与印度波罗王朝时期造型极为相似，年代应该是 8 世纪下半叶到 9 世纪①。

（三）勒巴沟内恰冈摩崖造像

位于距沟口不远处，分布于相邻的三块岩石上，题材为大日如来、观世音与金刚

0　　　　　　30厘米

图 7 - 4 - 1　玉树勒巴沟口摩崖造像说法图
（《青海玉树勒巴沟古秀泽玛佛教摩崖造像调查简报》图一四）

---

① 青海省文物考古研究所、四川大学中国藏学研究所：《青海玉树勒巴沟古秀泽玛佛教摩崖造像调查简报》，载四川大学中国藏学研究所编：《藏学学刊》第 16 辑，中国藏学出版社，2017 年，第 63—94 页。

图 7 - 4 - 2　玉树勒巴沟内恰冈摩崖造像
(《青海玉树勒巴沟恰冈佛教摩崖造像调查简报》图五)

手菩萨，皆为减地浅浮雕。在大日如来左上部有两通供养天女形象，为阴线刻（图 7 -
4 - 2）①。根据藏文题记推测年代为赤德松赞时期的 814 年，或为赤祖德赞在位期间的
826、838 年②。

（四）勒巴沟内吾娜桑嘎摩崖造像

位于勒巴沟内勒曲河南岸，距北端沟口约 1.5 千米，位于前两处石刻点之间。共
有 5 组图像，主要为佛传故事。

A 组石刻上方岩面阴线刻一佛二菩萨，下方刻二菩萨和一只猕猴，右下角有一段
古藏文题记，内容为描述"猕猴奉蜜"故事。第二段描述释迦牟尼佛诞生故事，即 B
组石刻，位于 A 组右侧，刻画佛母摩耶夫人站于树下，右胁下方站立一尊小佛像，前
方现一排莲花，左侧跪坐三面四臂的梵天，旁为站立的帝释天。摩耶夫人身后刻人首
龙身的龙王形象，佛母头顶两侧刻有三身飞天像。画面右侧下方有藏文题记，标明内

---

① 青海省文物考古研究所、四川大学中国藏学研究所：《青海玉树勒巴沟恰冈佛教摩崖造像调查简报》，载
四川大学中国藏学研究所编：《藏学学刊》第 16 辑，中国藏学出版社，2017 年，第 148—163 页。
② 〔瑞士〕阿米·海勒：《公元 8—10 世纪东藏的佛教造像及摩崖石刻》，载王尧主编：《国外藏学研究译文》
第十五辑，西藏人民出版社，2001 年，第 189—210 页。

第七章　吐蕃时期墓葬/遗存的专题研究 ┃ 363

图7-4-3　玉树勒巴沟内吾娜桑嘎摩崖造像佛陀诞生图

(《青海玉树勒巴沟吾娜桑嘎佛教摩崖石刻调查简报》图一二)

容为《无量寿经》和经咒及持诵该经咒的功德。(图7-4-3)

B组右侧为C组画面，上部刻坐佛及胁侍菩萨和弟子各一，以及一尊跪坐供养状神像。左侧刻有一座汉式建筑，其内端坐三位吐蕃装人物形象。图像下方为藏文题记，内容为《圣薄伽梵母般若波罗蜜多心经》。根据报告者分析，该经文与玄奘译本差异较大，而与吐蕃高僧法成的译本较为接近。

D组位于C组右侧，中间刻有三尊立像，中间为释迦牟尼佛，两侧各立一菩萨，左侧为三面四臂的梵天，右侧为手举华盖的帝释天。梵天左侧有三位吐蕃装供养人，帝释天身后也有一身供养人。图像下方为乘坐六牙大象的普贤菩萨，左侧为骑狮的文殊菩萨。该图像表现的是释迦牟尼佛降自三十三天的场景。

E组位于D组右侧，是该石刻点的最北端，面积最大，位置最高。最上方刻汉式歇山顶屋檐，其下端坐一佛和二胁侍菩萨，应为大日如来和金刚手、观世音菩萨。其下侧刻佛涅槃场景。佛侧卧于棺床上，其上方为龙王和众佛弟子，龙王和佛头后侧各有一株娑罗树。棺床下方刻有三四身跪坐人物，为首的是一吐蕃装人物，应为前来致哀的吐蕃王族家眷。整个图像下半部分刻画一佛二菩萨，均为坐姿，两菩萨身后各立一弟子。其下侧可以分辨出三尊菩萨坐像。下方为藏文题记，可辨"外道""众外道魔变尽失""听法"等字样①。

吾娜桑嘎石刻地点是近年来玉树地区最新发现的吐蕃佛教摩崖石刻，报告者依据图像风格和藏文题记，将该石刻年代断为 8 世纪下半叶到 9 世纪上半叶，与周边摩崖石刻年代接近。

此外，在海西州都兰县热水乡察汗乌苏河南岸、卢斯沟南侧的崖面上有一组摩崖石刻。许新国认为是 5—6 世纪的三佛题材，最近有学者认为仍属于吐蕃时期大日如来与二菩萨造像②。

玉树是整个青海地区吐蕃佛教摩崖石刻最为集中的地区，这显然与其位于唐蕃古道的重要交通节点具有密切的关联。其中贝纳沟摩崖造像所在位置后期建有文成公主庙，相传当年为文成公主入藏经过此地所刻图像，虽然石刻时代上有明显的不符，但其地理位置的重要性显而易见。玉树周边区域的吐蕃佛教摩崖石刻分布数量较多，其中比较重要的发现包括四川石渠县照阿拉姆摩崖石刻造像（755—794 年，或 804 年）、须巴神山石刻群（755—794 年），西藏昌都芒康县仁达丹玛扎、扎廓西、孜许和朗巴朗则摩崖造像，以及察雅县丹玛札摩崖造像（804 年）等。这些吐蕃佛教摩崖石刻无论是内容题材还是艺术表现形式上，都具有非常明显的共同特征，学者们无一例外地将其作为一个整体来进行讨论。

从空间分布上来看，这些佛教摩崖石刻造像都位于卫藏地区通往汉地的交通要道上，时代集中在 8 世纪下半叶到 9 世纪上半叶。从题材内容上来看，主要流行大日如来、金刚手和观世音三尊像，以及相对复杂的大日如来与八大菩萨组合。造像风格上，这批摩崖石刻造像一方面吸收了来自尼泊尔和印度波罗风格的影响，这主要是印度高僧入藏弘法所致，同时佛、菩萨和供养人像的吐蕃式装束显示了佛教本土化、世俗化的特征，在表现手法上也创造了阴线刻的独特形式。从藏文石刻题记中可以看出，对石刻雕凿起到重要作用的是众多吐蕃高僧以及汉族或藏汉交界地带的少数民族匠人，他们的宗教热情、熟练的雕造技术和创造力，使得这些独特风格得以形成固定的模式，并在广阔的范围内迅速传播。其中一个代表性人物是吐蕃高僧益西央。昌都察雅县丹

---

① 青海省文物考古研究所、四川大学中国藏学研究所、四川大学考古学系：《青海玉树勒巴沟吾娜桑嘎佛教摩崖石刻调查简报》，载四川大学中国藏学研究所编：《藏学学刊》第 16 辑，中国藏学出版社，2017 年，第 95—147 页。

② 席琳：《吐蕃佛教石刻造像综述》，《西北大学学报（哲学社会科学版）》2011 年第 1 期。

玛札摩崖造像题记提到这位吐蕃高僧不但主持了该处造像和题记的雕刻，同时还在"玉、隆、蚌、勒、堡乌等地"（应该是玉树周边区域）广为勒石。他的名号还出现在玉树贝纳沟摩崖造像、甘肃民和扁都口摩崖造像上，以及敦煌的古藏文写卷中①。益西央大约在 862 年圆寂于贵德赤噶寺。自 800 年起，汉地和藏地的禅宗大师都居于该寺院，它是青海地区吐蕃佛教的另一个中心，后来成为吐蕃僧侣逃避达摩灭法迫害的汇聚点②。

　　吐蕃时期摩崖石刻多以阴线刻为主，辅以少量的浅浮雕，这是适应青藏高原东部地区地多坚石环境的一个独创。泥塑、壁画和圆雕在这一区域并没有适合的自然环境条件，且成本也极为高昂，而本地千百年的岩画雕凿传统，则为吐蕃摩崖石刻提供了丰厚的土壤。汉族和汉藏交界地带的少数民族工匠名字频繁出现在摩崖石刻题记之中，如石渠须巴神山、昌都察雅县丹玛札、玉树贝纳沟的摩崖造像等。其中昌都察雅县丹玛札摩崖石刻中还有"阴"姓同料僧人（协助设计施工的技术人员）和"浑"姓匠人，暗示他们可能分别是敦煌的大姓和青海的吐谷浑人后裔。石渠照阿拉姆摩崖石刻造像题记中提到，"弥药王"在赤松德赞之世"得入解脱之道，广建寺院"③。这都说明汉、藏和当地少数民族共同参与、完成了这些寺院的修建和摩崖石刻的雕凿，这是外来佛教在题材内容和表现手法上实现本土化和汉藏融合的必要条件。

　　以玉树和昌都为中心的吐蕃佛教摩崖造像在艺术风格和题材内容上具有强烈的共性，这说明在吐蕃时期，尤其是在赤松德赞和赤德松赞统治时期，青海玉树地区已经形成一个吐蕃佛教的弘传中心，并创造了一套统一的佛教摩崖造像系统。虽然这一套摩崖造像系统不可避免地会受到来自吐蕃占领时期河西的佛教圣地——敦煌的影响，但在敦煌出现的具有典型吐蕃波罗样式的作品，包括壁画和卷画，年代都在 9 世纪上半叶，集中在 830 年前后，略晚于玉树和昌都的摩崖石刻年代——9 世纪初，这暗示了这一风格从青海至河西、由南而北的传播和发展过程。可以推测，从卫藏地区输入的印度佛教，沿着唐蕃之间的交通孔道，在青海地区进行改造和定型，进而对汉地的敦煌和四川地区施加影响。

二　墓葬随葬品中的佛教因素

　　青海地区佛教摩崖石刻造像的年代主要集中于 9 世纪初，而可以确定为 8 世纪乃至更早的佛教遗存非常少见。实际上赤松德赞时期已经开始在这一区域大力弘法，779

---

① 霍巍：《论藏东吐蕃摩崖造像与吐蕃高僧益西央》，《西藏大学学报（社会科学版）》2015 年第 2 期。
② 〔瑞士〕阿米·海勒：《公元 8—10 世纪东藏的佛教造像及摩崖石刻》，载王尧主编：《国外藏学研究译文》第十五辑，西藏人民出版社，2001 年。
③ 同上。

年桑耶寺的兴佛证盟誓文中，吐谷浑王居于众立誓人之首，势必会极大推动吐蕃占领的吐谷浑地区的佛教发展。在 663 年吐蕃征服这一地区之后的近二百年间，吐蕃在青海地区留下大量墓葬，其年代集中于 8 世纪，这些墓葬的出土物中或多或少会存在一些佛教因素，可以透过它们窥见佛教在该地区的传播情况和存在状态。

（一）鎏金银舍利函

在热水一号大墓前方的殉马坑内，出土一件周身镶有鎏金银片的木质器物，经复原后为一件鎏金舍利容器①。本书第六章第二节通过分析比对推断其年代应该为 7 世纪末到 8 世纪初②。从外形及装饰风格来看，该器物确实与唐代汉地所流行的镂雕金棺银椁形舍利器相仿，而从其埋葬方式来看，两者存在一定差异。汉地发现的舍利器都作为神圣的崇拜对象瘗埋于佛塔地宫之内，而该器物埋于殉马坑内，有可能与杀牲祭祀活动并行。一般认为吐蕃墓地的大量动物殉葬是苯教丧葬习俗的反映，8 世纪初叶正是苯教在吐蕃社会占主导地位的时期，佛教的地位无足轻重。开元年间慧超所著《往五天竺国传》云："至于吐蕃，无寺无僧，总无佛法。"③ 而这件舍利容器的出现，可能意味着吐蕃统治阶层将佛教器具当作丧葬祭品贡献给亡灵，折射了在 8 世纪初来自汉地的佛教信仰已经为青海地区吐蕃统治阶层所认知、并在一定程度上得以接受的状态。

赤松德赞时期舍利逐渐成为吐蕃统治者追捧和掠夺的吉祥圣物，敦煌文书 S. 1438《献舍利表》记载，786 年吐蕃占领沙州以后，当地唐朝故吏为讨吐蕃统治者欢心，将"沙州寺舍利骨一百卅七粒，并金棺银椁盛全"献给吐蕃赞普，深信其"神通莫测，变化无穷……有福则遇，无福则消，作苍生之休征，为王者之嘉瑞"④。至于吐蕃赞普如何处置，并没有下文。藏文典籍《拔协》记载赤松德赞时期吐蕃曾远征天竺，前往摩揭陀国掠取佛塔内的佛骨舍利，装藏于桑耶寺佛塔之内⑤。当然这描述的是 8 世纪后半叶佛教彻底战胜苯教、获取了主导权时的情形。

（二）迦陵频伽（kalavinkas）形象

热水一号大墓的鎏金银舍利函并非孤立的发现。美国芝加哥私人藏品和香港梦蝶

---

① 许新国：《都兰热水血渭吐蕃大墓殉马坑出土舍利容器推定及相关问题》，《中国历史博物馆馆刊》1995 年第 1 期。
② 仝涛：《青海都兰热水一号大墓的形制、年代及墓主人身份探讨》，《考古学报》2012 年第 4 期。
③ ［唐］慧超著，张毅笺释：《〈往五天竺国传〉笺释》，中华书局，2000 年，第 68 页。
④ 王惠民：《〈董保德功德记〉与隋代敦煌崇教寺舍利塔》，《敦煌研究》1997 年第 3 期。
⑤ 拔塞囊著，佟锦华、黄布凡译注：《〈拔协〉（增补本）译注》，四川民族出版社，1990 年，第 39—41 页。

轩藏品中有类似的器物，从其形制大小和装饰题
材来看，都可能是属于同一类宗教用品，据推测
应该来自青海都兰地区的吐蕃时期墓葬。关于这
批镀金银片的介绍参见第六章第二节。

迦陵频伽和凤鸟是唐代舍利容器上的常见装
饰题材①。该器物无论是功能还是装饰题材，都蕴
含浓厚的佛教意味。迦陵频伽即妙音鸟，佛教经
典中用其鸣叫声比喻佛菩萨的妙处，认为它是极
乐世界净土的鸟类。奏乐的迦陵频伽常与孔雀、
鹦鹉、仙鹤等"奇妙可爱杂色"众鸟组合，营造
烘托极乐世界氛围。在敦煌莫高窟最早出现于初
唐，盛唐时期尤其流行，成为阿弥陀极乐净土的
一个标识，后来也出现于药师净土变中。

吐蕃时期尤其喜好装饰迦陵频伽。在敦煌吐
蕃时期的 159 号洞窟，仅南壁观经变中就有 12 身
之多，其样貌、装束和姿态与此 8 件饰片上的迦
陵频伽形象极为类同。同时主室盝顶龛沿还出现
一身吐蕃装束、作舞蹈状的迦陵频伽形象②（图

图 7 - 4 - 4　敦煌 159 号吐蕃时期
洞窟迦陵频伽图案
（《敦煌壁画迦陵频伽图像的起源与演
变》图一— a）

7 - 4 - 4）。这类吐蕃装束的迦陵频伽在石渠须巴神山吐蕃摩崖石刻造像③（图 7 - 4 - 5）
和吐蕃时期银瓶、来通杯上也出现过④（图 7 - 4 - 6、7），可见吐蕃佛教对迦陵频伽形
象的改造和吸收。从年代上看，这批镀金银饰片可能为 8—9 世纪。青海吐蕃时期墓葬
内出现与佛教密切相关的装饰题材，足以说明当时佛教在该地区已经有一定影响力了。
从器物形制、形象特征和表现手法上，可以看出来自唐朝尤其是河西地区的强烈影响。

（三）佛殿纹锦

都兰出土丝绸上有一类佛殿图像，其内端坐一坐像，两侧有持械侍卫或胁侍，
周边还分布有狮、大象。从其构图、人物形象、建筑特征和周边配置图像来看，很

---

① 沈柏村：《唐代舍利容器纹饰的文化内涵》，《东南文化》1997 年第 2 期。
② 孙武军、张佳：《敦煌壁画迦陵频伽图像的起源与演变》，《中国国家博物馆馆刊》2018 年第 4 期。
③ 四川省文物考古研究院、共石渠县文化局：《四川石渠县新发现吐蕃石刻群调查简报》，《四川文物》2013
年第 6 期。
④ M. L. Carter, Three Silver Vessels from Tibet's Earliest Historical Era：A Preliminary Study.

图 7-4-5　石渠须巴神山吐蕃时期摩崖
石刻上的迦陵频伽图案

《四川石渠县新发现吐蕃石刻群调查简报》图一五）

图 7-4-6　吐蕃鎏金银来瓶上的迦陵频伽图案

（Three Silver Vessels from Tibet's Earliest Historical Era：A Preliminary Study，fig. 5b）

有可能是刻画或模仿汉地佛教造像。具体情况参见第六章第三节。

（四）吐蕃"王冠"

在普利兹克家族的芝加哥藏品中有一批银饰片，据推测可能出自青海境内吐蕃时期高规格墓葬中，马尔夏克和霍巍认为它属于吐蕃时期的王冠样式，具体情况参见第六章第二节。

从敦煌壁画来看，吐蕃赞普的冠饰通常为高缠头，文献称之为"朝霞冒首"[1]。敦煌158窟《涅槃变》中的吐蕃赞普冠为朝霞缠头外围装饰有一排三角形叶状饰，与吐蕃时期大日如来和诸菩萨冠饰相似。与此同时也为赞普绘出头光，很显然描绘的是着菩萨装的吐蕃赞普，以凸显赞普的圣性及其对佛教的崇信和支持力度[2]。这在敦煌壁画诸吐蕃人物中仅此一例。

突出的三叶形冠饰是尼泊尔和印度波罗风格造像的重要特征之一，吐蕃进行了改造吸收，创造了高缠头外加三叶形饰片的诸佛菩萨冠饰，这在吐蕃摩崖石刻造像和敦煌绢画中非常普遍[3]（图 7-4-8）。这件银制"王冠"实际上并非真正的吐蕃赞普王

---

① 《新唐书》卷二一六《吐蕃传》，第6103页。

② 魏健鹏：《敦煌壁画中吐蕃赞普像的几个问题》，《西藏研究》2011年第1期。

③ A. Heller，*Questions concerning Tibet and International Trade Routes*，8th *to* 11th *Century Circle of Tibetan and Himalayan Studies*，SOAS，London，April 23，1998，p. 7，fig. 2. 霍巍：《青藏高原东麓吐蕃时期摩崖造像的发现与研究》，《考古学报》2011年第3期；四川大学中国藏学研究所等：《西藏芒康嘎托镇新发现吐蕃摩崖石刻调查简报》，载四川大学中国藏学研究所编：《藏学学刊》第16辑，中国藏学出版社，2017年，第233—251页。

图7-4-7 吐蕃鎏金银来通杯
上的迦陵频伽图案
（同前，fig. 9b）

图7-4-8 玉树贝纳沟浮雕大日如来像
（A. Heller, Early Ninth Century Images of Vairochana from East-
ern Tibe, Orientations, 1994, vol. 25, no. 6, p. 78, fig. 12）

冠，更可能是对佛和菩萨冠饰的模仿。墓主人大概是笃信佛教的吐蕃高级贵族，佩戴
它用以表明其信仰佛教，或是期望在另一个世界得以永生。如果这一推断属实，则可
以看到佛教对吐蕃丧葬观念和习俗的影响非常深刻，佛教的世俗化已经达到了一个新
的高度。

（五）狮、象、摩羯鱼与莲花造型

在吐蕃时期墓葬里各种材质的随葬品中，出现了一些深受佛教影响的图像和造型，
其中以狮子、大象和莲花最为普遍，显示出浓厚的佛教氛围。

狮子在佛教中是最具标识性的动物之一。在吐蕃摩崖石刻佛座前出现大量的双狮
形象，在吐蕃墓葬中狮子的形象也相当常见。西藏的吐蕃王陵、郎县列山、拉孜查木
钦，青海都兰热水墓地等高等级吐蕃墓地中，都发现成对的石雕狮子，上节所述的都兰
考肖图遗址中也发现一对。总体上看，吐蕃地区的石狮不论是造型还是功能，都应该是
受到唐代中原帝陵石狮的影响①，在细节部分与敦煌地区的狮子造型有更多相通之处。安
放石狮一般为佛教寺院的习俗，吐蕃时期修建的佛教寺院都用石狮镇妖伏魔。大力弘扬
佛教的赞普赤松德赞陵前也安放石狮，其陵墓石碑上还刻有狮子立于莲花之上的图像，

① 汤惠生：《略说青海都兰出土的吐蕃石狮》，《考古》2003年第12期。

可以看出它与佛教的密切联系①。青海都兰吐蕃时期墓葬内出土有一些木雕狮子，兴海县还发现吐蕃时期的狮纹画像砖（见图6-4-32），可能都是镇墓之物。

此外，狮子图像还大量出现在青海的吐蕃金银器物上，如金质马鞍、带饰、各类金银器皿等。这些器物多为贵重的生活用器，使用者都具有较高的社会地位。狮子造型多带双翼，作奔跑或直立状，风格活泼，多与其他动物如龙、麒麟、翼马、羱羊等并置，以突出其神兽属性。文献中也有相应记载，唐显庆二年（657年），"吐蕃赞普遣使献金城，城上有狮子、象、驼、马、原羝等，并有人骑"②。吐蕃时期的狮纹丝织品也非常受欢迎，多为两两相对置于联珠纹团窠之内③，文成公主据传进藏时携带有"八狮子鸟织锦垫"④。金银器和织锦上的狮子造型具有较为浓厚的中亚、西亚艺术风格，这可能与其图像的载体有一定关联性。由此可见吐蕃佛教在传播的过程中，作为其象征的狮子图像已经广泛存在于世俗生活的很多方面了。

与佛教密切相关的另一种动物——大象的图像在吐蕃墓葬中发现有数例。都兰热水墓地出土的一件丝织品上有大象图像，背上搭着方形坐垫，与狮子图像并列⑤。热水墓地出有一件方形金饰片，上面镂刻大象，周围环绕忍冬纹，大象背部的圆形鞍垫上饰莲瓣纹、联珠纹等图案⑥（图7-4-9）。香港梦蝶轩藏品中也有2件类似饰片（图7-4-10）。圆形鞍垫的形制和图案与唐代敦煌壁画、吐蕃时期榆林窟壁画所见的大象鞍鞯非常相似⑦。此类图像还出现在西藏赤松德赞陵前的石碑基座上（图7-4-11）。可见它们具有共同的来源和时代特征⑧。吐蕃时期石雕大象比较少见，在桑耶寺乌孜大殿门前存有一对汉白玉圆雕石象（779年）⑨，背部鞍鞯装饰繁缛，背驮

① A. Heller，Lions and Elephants in Tibet，Eighth to Ninth Centuries，In：J. A. Lerner，Lilla Russell-Smith eds.，*Journal of Inner Asian*，*Art and Archaeology*，volume 2. *Roderick Whitfield Felicitation volume*，Turnhout：Brepols. 2007，pp. 59 -67；夏吾卡先：《吐蕃石狮子考古调查及相关文化研究》，《西藏研究》2017年第2期。

② 《册府元龟》卷九七〇《外臣部·朝贡三》，第11042页。

③ K. Otavsky，Stoffe von der Seidenstraße：Eine neue Sammlungsgruppe in der Abegg-Stiftung，In：K. Otavsky ed.，Entlang der Seidenstrasse：Frühmittelalterliche Kunst zwischen Persien und China in der Abegg-Stiftung. *Riggisberger Berichte* 6，Riggisberg，Schweiz，1998，pp. 13 -41.

④ 索南坚赞著，刘立千译注：《西藏王统记》，民族出版社，2000年，第68页。

⑤ 许新国：《吐蕃墓出土蜀锦与青海丝绸之路》，载《藏学学刊》第3辑，四川大学出版社，2007年。

⑥ 首都博物馆、青海省博物馆：《山宗·水源·路之冲——一带一路中的青海》，第218页。

⑦ 徐彦钧：《论敦煌莫高窟壁画中的大象》，《大众文艺》2015年第7期。

⑧ A. Heller，Two inscribed fabrics and their historical context：some observations on esthetics and silk trade In Tibet，7th to 9th century，In：K. Otavsky ed.，Entlang der Seidenstrasse. Frühmittelalterliche Kunst zwischen Persien und China in der Abegg-Stiftung，*Riggisberger Berichte* 6，Riggisberg，1998，pp. 95 -118.

⑨ A. Heller，Works from the Nyingjei Lam collection in the Light of Recent Sculptural Finds in Tibet，*Oriental Art*，2000，vol. 46，no. 2，pp. 14 -23. Title was Misprinted；Correct title：Chronological Study of Dated Sculptures from Tibet and the Himalayas，7th -17th century.

图 7 - 4 - 9　都兰热水墓地出土的
大象图案金饰片

（《山宗·水源·路之冲》第 218 页）

图 7 - 4 - 10　梦蝶轩藏吐蕃大象图案金饰片

（《金曜风华·赤猊青骢》卷 Ⅱ 第 159 页）

图 7 - 4 - 11　赤松德赞陵石碑基座上雕刻的大象图案

（Two Inscribed Fabrics and Their Historical Context：Some Observations on
Esthetics and Silk Trade in Tibet，7th to 9th Century，p. 113，fig. 51）

宝珠，具有明显的唐代中原石雕风格①。

　　莲花也是佛教图像中最为普遍的装饰题材。青海吐蕃时期遗址和墓葬的出土文物
中，发现不少此类装饰。在乌兰县大南湾遗址发现石雕的莲瓣形柱础②，此类柱础在西
藏吐蕃时期的寺院发现多例，如噶琼寺③、桑耶寺④等，大概与石狮一样是吐蕃时期佛

────────────────

① 霍巍：《吐蕃王朝时期的佛寺遗存与汉地文化影响》，《西藏民族学院学报（哲学社会科版）》2015 年第 3 期。
② 青海省文物考古研究所：《青海乌兰县大南湾遗址试掘简报》，《考古》2002 年第 12 期。
③ 赤列次仁、陈祖军：《堆龙德庆县吐蕃时期噶琼寺西塔遗址》，载中国考古学会编：《中国考古学年鉴
2015》，中国社会科学出版社，2016 年，第 320 页。
④ 霍巍：《吐蕃王朝时期的佛寺遗存与汉地文化影响》，《西藏民族学院学报（哲学社会科学版）》
2015 年第 3 期。

教寺院的标准配置。乌兰县泉沟壁画墓中还用莲花装饰柱头①，可见莲花作为建筑构件装饰同样适用于吐蕃时期的墓葬。莲花还用以渲染和表现各类动物或神兽的神性，前述迦陵频伽和狮子等佛教形象很多都有莲花台座，就连原本非佛教题材的四神、龙、凤等也都装饰以莲花台座，说明当时佛教因素对其他宗教图像的渗透和影响颇为强烈。

三　结语

隋唐和吐蕃时期是青海丝绸之路及唐蕃古道形成和发展的重要阶段。青海地区由于处于汉藏之间，具有独特的地理位置，唐朝佛教经由唐蕃古道输入到吐蕃统治的核心地区，与印度输入的佛教产生碰撞和融合，形成吐蕃特色的佛教艺术。在吐蕃政权的大力支持下，地方军政首领和佛教高僧成为弘传佛教的中坚力量，通过他们的积极活动，吐蕃佛教沿唐蕃古道向汉藏交界地带输出。他们根据各个地区的具体情形采取适应性的弘法手段，藏东、玉树地区山多坚石，又有古老的岩画雕凿技术和传统，故大面积、多地点地雕凿简易的阴线刻摩崖造像，使这一地区成为青藏高原摩崖石刻造像最为集中的一个区域。这些石刻地点都位于唐蕃之间的交通要道上，能最大程度地影响到往来民众。同时造像以大日如来和胁侍菩萨题材为主，题材相对比较单一、表现直观而重点突出，加之又融入了吐蕃本土世俗化形象，这在吐蕃之前本无佛教信仰传统的藏东和玉树地区足以发挥巨大的影响力。而敦煌地区一直以来是汉地的佛教圣地，吐蕃占领后因地制宜继续大量开窟建寺，绘制壁画，继承并创新了当地的佛教信仰传统，将印度、尼泊尔输入的佛教因素融入其中，使得这一时期的洞窟出现了具有浓厚吐蕃特色的佛教艺术。通过汉藏僧侣往来、工匠合作等途径，敦煌与藏东、玉树地区之间保持着密切的互动和交流。

敦煌与玉树、藏东之间通过穿越柴达木盆地和河源地区的唐蕃古道建立联系，佛教在这些区域同样遗留下一些痕迹。青海都兰考肖图吐蕃佛塔遗存②、贵德地区曾经存在的赤噶寺等，都说明这一区域绝非佛教传播的空白区。吐蕃时期墓葬集中发现于这一区域，墓葬中的佛教要素似乎更能体现出吐蕃佛教在整个社会生活体系中的状态和影响。与虔诚的佛教弘传者所修造的摩崖石刻造像、彩绘洞窟有所不同，佛教在墓葬中的反映并非是纯粹的、排它的，以杀牲祭祀为特征的苯教丧葬习俗仍然是最普遍的，

---

① 中国社会科学院考古研究所、海西蒙古自治州民族博物馆、乌兰县文体旅游广电局：《青海乌兰县泉沟一号墓发掘简报》，《考古》2020 年第 8 期。

② 仝涛：《丝绸之路上的疑似吐蕃佛塔基址——青海都兰考肖图遗址性质刍议》，《中山大学学报（社会科学版）》2017 年第 2 期。

甚至是根深蒂固的，尤其在高等级的吐蕃墓葬中。但可以看出佛教的观念已经渗透到世俗生活的多个方面，佛教中所流行的几类象征性图像广泛存在于日常生活器具上。这些影响更多的是来自汉地，尤其是河西敦煌地区，毕竟两地之间咫尺之遥，而一大部分吐蕃墓葬的主人很有可能是曾经活跃在河西佛教区的吐蕃贵族阶层。佛教与苯教在吐蕃丧葬习俗中并存，可能一直持续到吐蕃灭亡，直到佛教后弘期天葬形式的出现。由于资料所限，目前尚无法从墓葬材料中观察到彼此之间势力的消长过程，但将来这应该会是一个非常值得开展的课题。

青藏高原丝绸之路的
考古学研究

ARCHAEOLOGICAL STUDY
ON THE SILK ROADS OF THE
QINGHAI-TIBET PLATEAU

仝　涛　著

下

文物出版社

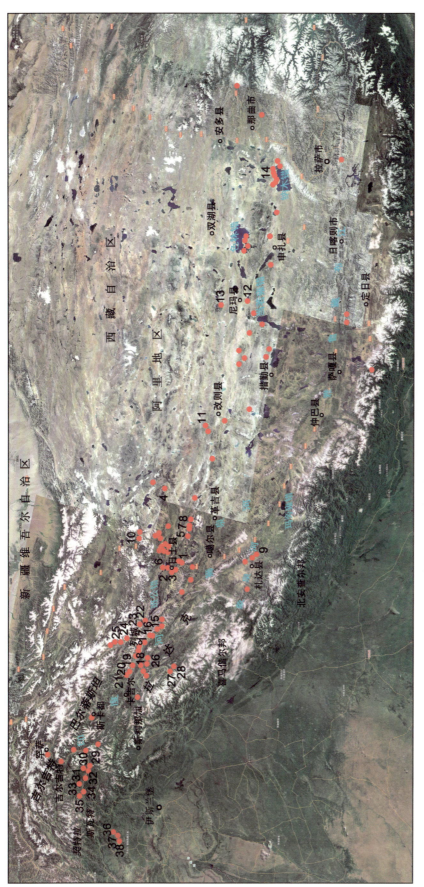

地图 11－1　青藏高原西部及相邻地区岩画分布图

西藏地区：

1. 任姆栋　2. 鲁日朗卡　3. 阿垄沟　4. 康巴若久　5. 左雍湖西北岸　6. 塔康巴　7. 果热　8. 扎龙　9. 度日坚　10. 多玛　11. 日杰　12. 夏桑　13. 加林山　14. 纳木错湖畔

拉达克地区：

15. 特里苏尔　16. 萨布　17. 玛托　18. 卡拉泽　19. 东卡　20. 桑贾克　21. 提力羌　22. 章孜　23. 杜尔布克　24. 德斯凯特　25. 玉卡尔克　26. 托波　27. 恰尔　28. 扎木塘

巴基斯坦北部地区：

29. 奇拉斯　30. 塔潘　31. 基齐河谷　32. 霍达尔　33. 托尔　34. 乌希巴特　35. 沙提亚　36. 高格达拉第 I 地点　37. 莱卡·嘎塔　38. 卡菲尔考特

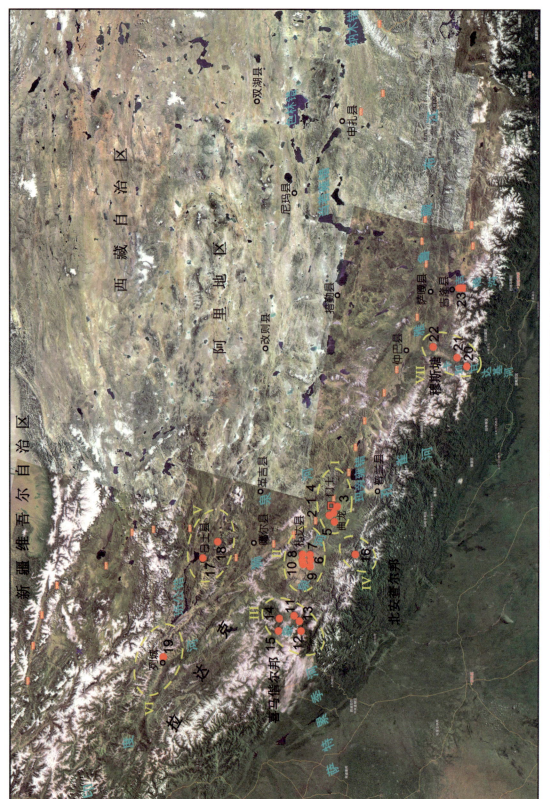

地图 12-1 青藏高原西部"前吐蕃时期"遗迹分布图

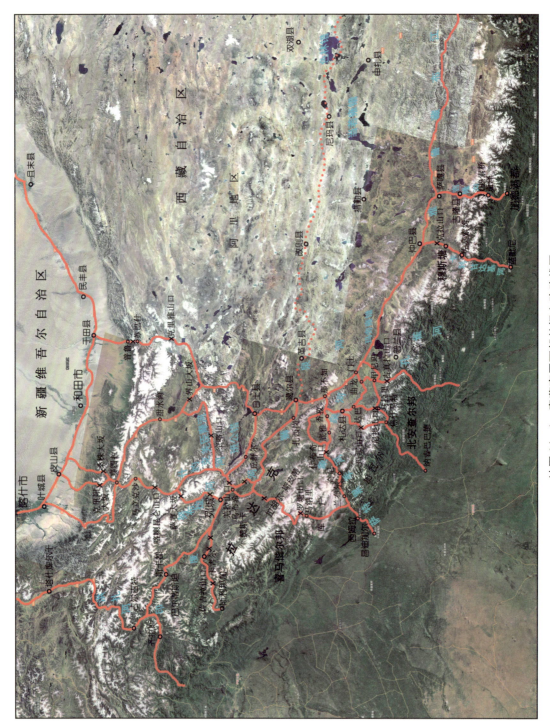

地图 14－1 青藏高原西部丝绸之路路线图

目　录

下　编
青藏高原西部丝绸之路的考古学研究

下　编
青藏高原西部丝绸之路的考古学研究

第八章
青藏高原西部自然地理概况

第一节　自然地理概况

　　青藏高原西部地区与中国西藏自治区的一个地级行政区——阿里地区基本重合。本节以阿里地区为基点来介绍青藏高原西部的自然地理概况。阿里地区位于中国西南边陲、西藏自治区西部、青藏高原西南部。东起唐古拉山以西的杂美山，与那曲地区相连；东南与冈底斯山中段的日喀则地区仲巴、萨嘎、昂仁县接壤；北倚昆仑山脉南麓，与新疆喀什、和田地区相邻；西南连接喜马拉雅山西段，与印度、尼泊尔毗邻。总面积34.5万平方千米，南北宽约680千米，东西长700多千米。地理坐标为北纬29°40′40″—35°42′55″，东经78°23′40″—86°11′51″。平均海拔高度为4500米以上。

　　阿里地区处于羌塘高原西侧，是喜马拉雅、冈底斯等山脉相聚的地方，被称为"万山之祖"。从南到北有四条大致呈西北—东南走向的山脉穿过，即喜马拉雅山、阿依拉山、冈底斯山和喀喇昆仑山。山岭海拔大约5500—6000米。

　　喜马拉雅山脉　位于青藏高原西南边沿，是世界上最雄伟的山脉，是东亚大陆与南亚次大陆的天然界山，也是中国与印度、尼泊尔、不丹、巴基斯坦等国的天然国界。西起克什米尔的南迦帕尔巴特峰，东至雅鲁藏布江大拐弯处的南迦巴瓦峰，全长2450千米，宽200—350千米。西北部是喀喇昆仑山脉和兴都库什山脉。喜马拉雅山以北为青藏高原，以南为印度河—恒河平原。

　　喜马拉雅山脉由几条相互平行的山脉组成，从南向北为外（或亚）喜马拉雅山、小（或低）喜马拉雅山、大喜马拉雅山和特提斯喜马拉雅山。我国一般把喜马拉雅山分为三段：普兰马甲藏布（孔雀河）以西为西段，东至亚东为中段，亚东以东为东段。国外文献从西到东则分别称之为旁遮普喜马拉雅、库蒙喜马拉雅、尼泊尔喜马拉雅、锡金喜马拉雅及阿萨姆喜马拉雅。

喜马拉雅山脉在地势结构上并不对称，北坡平缓，南坡陡峻。在北坡山麓地带，是中国青藏高原湖盆带，地势比较平缓，呈阶梯式下降，河流侵蚀切割能力弱，河谷地形宽坦、堆积地貌发育，湖滨牧草丰美，有良好的牧场。流向印度洋的大河，几乎都发源于北坡，切穿大喜马拉雅山脉，形成3000—4000米深的大峡谷。大峡谷多为悬在半山腰的悬谷，落差可达几十米，形成瀑布或跌水。如东端的雅鲁藏布江大峡谷，印度河上游的象泉河谷地，恒河一些支流的上游朋曲、波曲、吉隆藏布、孔雀河等，都切穿了喜马拉雅山伸至山脉的北翼，在喜马拉雅山脉上打开缺口，成为我国西藏与印度、尼泊尔、不丹等国的天然通道。

喜马拉雅山连绵成群的高峰挡住了从印度洋上吹来的湿润气流，因此，喜马拉雅山的南坡雨量充沛，植被茂盛，而北坡的雨量较少，植被稀疏，形成鲜明的对比。随着山地高度的增加，高山地区的自然景象也不断变化，形成明显的垂直自然带。

冈底斯山脉　冈底斯山位于喜马拉雅山之北，为一弧形山脉，全长约1600千米，平均宽度100千米左右。冈底斯山最高峰罗波峰海拔7095米。冈底斯—念青唐古拉山系位于青藏高原的中南部，是一条重要的地理界线。它的主体是高原上内外流水系的分水岭，山系南侧是印度河上游狮泉河及雅鲁藏布江水系，而北侧河流发育的规模要小得多，大部分注入藏北高原的湖泊中。

著名的冈仁波齐峰海拔6656米，历史上一直是佛教、印度教、耆那教和苯教四大宗教崇拜的神山。它是一座四边陡峭、顶部呈圆锥形的山峰，山体四周为悬崖绝壁，峰顶常年积雪。其他山地一般在6000米左右，与河谷地区高差仅千余米，故地形显得并不十分巍峨雄伟。每年周边的佛教、苯教和印度教徒都会前往此地进行转山朝圣。

西昆仑山　即青海以西、西藏和新疆之间的昆仑山。山体呈北西—南东走向，长约450千米，宽70—130千米。山体宽厚高大，南北不对称。北坡长而陡峭，与海拔1000多米的塔里木盆地相邻，高差4000米；西南坡与帕米尔高原、喀喇昆仑山毗邻，与谷地高差1000—2000米。平均海拔5000—6000米，主要山峰偏于西部。

阿里喀喇昆仑山脉　喀喇昆仑山绵延于巴基斯坦和印度北部，与我国新疆边境交界。阿里喀喇昆仑山脉是喀喇昆仑山脉的东延部分，呈西北—东南走向，长约400千米，宽约140千米。西北与新疆境内的羌隆山相连，正西与克什米尔为邻，北面是断续相连的湖盆宽谷带，南面是班公错和扎普宽谷，与冈底斯山相望，东面是一个弧形的湖群带，因此地形上好似一条伸向藏北高原的舌形高山。喀喇昆仑山西南坡面对着西风环流，降水较为丰富，高山地区年降水量在800—2400毫米之间，从而造成雪线降低，在海拔5000米左右。这里是世界上低纬度地区最大的山岳冰川区，世界著名的6条长达50—70千米的高山冰川，都集中在这里。喀喇昆仑山以东地区山体比较破碎，山势和缓，降水减少，又被一些横向的谷地切割，连续分布的山地海拔多在 5200 米左右，到空喀山口以东的阿里境内没有一座超过 7000 米的高峰。总体山势是西段高于东段。喀喇昆仑山山势雄伟，又处于喜马拉雅山山脉和昆仑山山脉之间的高原之上，因而自然环境更为恶劣。在雪线以下，除了部分地区有少量高山草甸外，很难见到其他绿色植被。喀喇昆仑山北坡，积雪覆盖面积很小，从远处望去，满眼都是高高耸立、令人生畏的黑黢黢的群山。因此，喀喇昆仑山在突厥语中为"黑石群"之意，在维吾尔语中则意为"紫黑色的昆仑山"。同喜马拉雅山一样，由于掀升运动，在喀喇昆仑山的许多地段，也形成了南坡陡北坡缓的地形。这种地形，使从北面进入这些山区比从南面进入要容易得多。

其他山脉　在喜马拉雅山与冈底斯山之间，还有一排平行的断续相连的高山，一般海拔 5500 米左右，个别高峰超过 6000 米。比较大的山脉有两条：狮泉河与象泉河之间的阿伊拉日居山，为札达县和噶尔县的界山，西接拉达克山，山峰海拔 6495 米，山麓为天然牧场，动物主要有藏绵羊和牦牛；雅鲁藏布江与朋曲、叶如藏布之间为拉轨岗日山脉。

阿里大部地区是中度切割的山地和分割成片的高原面，西南边境为深度切割的高山深谷。

羌塘高原　指冈底斯山以北、昆仑山以南、唐古拉山以西的广大高原内陆地区。大致以黑（那曲）阿（阿里）公路为界分为南北两部分。北部地面平均海拔 5100 米，由一系列平缓的低山、丘陵和湖盆组成，地形起伏如波。在低山丘陵之间是开阔的宽谷和盆地，辽阔平坦的湖成平原中，残存着许多矿化度很高的湖泊。除个别湖泊外，绝大多数无水草和鱼类生存。河水水量大都很小，下渗很快。自然条件相当恶劣，大部分地区杳无人烟。南羌塘主要由冈底斯山北侧的一系列中山及其间的构造湖盆、宽谷等组成，地势稍低，平均海拔在 4800 米左右，湖盆地区海拔 4500—4600 米。本区无乔木生长，灌木也很少，因此燃料奇缺。但水源较充足，草场辽阔，数千年来一直是藏族先民从事牧业之地，是羌塘高原人烟相对稠密的地区。

札达盆地　札达谷地为一古湖盆，长 150 千米，宽 20—60 千米。其西北缘是发育于侏罗系砂岩及灰岩中的曲松山间盆地，也是札达湖盆的一部分。札达全县最高点是位于县境南面的喜马拉雅山脉的卡美特山冰峰，海拔 7756 米，最低点为象泉河流入印度的出境河水面，海拔 2900 米。全县平均海拔 4500 米左右，有通外山口 38 个。札达盆地埋藏有厚约 500—600 米的第三纪—第四纪古湖相砂砾质沉积层，在象泉河的侵蚀切割下，沉积层层理外露，层层累积，清晰可见。其高度可达数十米乃至一二百米，加以风蚀的作用，便塑造成各种体态奇异的景象。而西喜马拉雅山的雨影作用，又加强了当地的荒凉景色。只有马阳、什布奇一带河谷，由于气候温暖，在河水浇灌之处可见片片绿洲。

阿里地区是西藏高原河流较多的地区，而且也是我国及亚洲一些著名河流的发源地，故又称为"百川之源"。在阿里地区的高山峡谷之间，分布有几条重要的外流水系：孔雀河、象泉河、马泉河和狮泉河，并称为"四大圣河"。西藏人认为这四大圣河都源自冈底斯山，自冈仁波齐流向四方，奔腾万里后齐归入印度洋。南流的孔雀河（马甲藏布）灌溉着普兰的主要农区，西流的象泉河（朗钦藏布）灌溉着札达的主要农区，西北流的噶尔藏布和狮泉河（森格藏布）灌溉着噶尔的主要农区。这些河流的谷地海拔一般在 3500—4300 米，临近边境局部河段下切到海拔 3000 米以下。流入班公错的麻嘎藏布和多玛曲是内流水系，河谷宽展，海拔 4250—4350 米，其下游是日土的主要农区所在。

象泉河流域 象泉河（藏文名朗钦藏布）是印度河最大支流萨特累季河（Sutlej）的上游，也是阿里地区最主要的河流之一。北邻森格藏布流域，南与恒河上源甲扎岗噶河、乌热曲—乌扎拉曲流域以及印度接壤，东接内陆湖拉昂错和外流的马甲藏布流域，西邻印度。该河发源于喜马拉雅山脉西段兰塔附近的现代冰川。自南向北流经曲龙、东波、札达、扎布让、努巴，于什布奇以西穿过喜马拉雅山脉后流入印度，改称萨特累季河，在巴基斯坦境内汇入印度河。全长 309 千米，流域面积 22760 平方千米。中国境内全长 260 千米，落差 2400 米，河源处海拔约 5300 米。流域地势为东南高、西北低。

可分为上、中、下游三段：（1）门士曲汇入口以上为上游段。河长 59 千米，落差约 1023 米，平均坡降 17‰，地势较开阔，河源地区为现代冰川发育。根据地形地貌和文献记载，象泉河源及上游水系在近期历史上可能有过很大变化，历史上其源头可溯至玛旁雍错及其汇入河扎藏布。（2）门士曲汇入口至扎布让附近为中游段。河长 130 千米，落差 1377 米，平均坡降 5.5‰。以宽谷段为主，其间又夹有峡谷段。河流在流经宽谷河段时，水流平缓，河道分汊，多江心洲。中游段支流较多，并且多发源于喜马拉雅山北麓。特别值得指出的是，象泉河中游流经湖相地层，在流水作用下，切蚀着黄土状湖相地层，其景观酷似我国黄土高原。中游段阶地发育，其中札达以上为峡谷，以下为宽谷。（3）扎布让以下至什布奇为下游段。河长 105 千米，平均坡降 7.2‰，下游河段以峡谷为主，阶地不发育。

象泉河流域主要为沙生针茅占优势的亚高山荒漠草原，以放养藏绵羊、牦牛为主。

农作物一年一熟，主要种植青稞、豌豆、春小麦等。什布奇一带作物一年两熟，可种植水稻，是阿里地区主要农牧区。

狮泉河流域　南邻象泉河流域。狮泉河（藏文名森格藏布）是印度河的上源，为西藏西部最大的河流，也是西藏的主要河流之一。发源于冈底斯山脉主峰冈仁波齐，源头海拔 5164 米。该河自源头向北流，经革吉后转向西流，在扎西岗附近纳支流噶尔藏布，汇合后折向西北流，然后流入克什米尔地区。狮泉河从源头至国境全长 430 千米，流域面积 27450 平方千米，落差 1264 米，平均坡降 2.9‰。北部、东部紧邻内流水系，南部、西部与象泉河流域相连，西南部与克什米尔毗邻。狮泉河流域处于半荒漠和荒漠地带，气候干旱少雨，以牧业为主。位于狮泉河与噶尔藏布交汇处的狮泉河镇，为阿里地区行政公署驻地。

孔雀河流域　孔雀河（藏文名马甲藏布）是恒河上源支流，位于西藏西南部普兰县境内，发源于喜马拉雅山脉兰批雅山口附近的马羊浦，流域内有天然牧场和土质肥沃的农田。源头海拔 5400 米，流经普兰、科迦，于谢尔瓦附近汇入尼泊尔，名呼格尔纳利河，后折向南流入印度境内，在巴特那附近汇入恒河，成为恒河左岸的主要支流。中国境内长 110 千米，平均坡降 16.1‰，流域面积 3020 平方千米。流域内有天然牧场和土质肥沃的农田。

马泉河流域　马泉河（藏文名当却藏布）是雅鲁藏布江上源，平均海拔 5200 米以上。水流平缓，江心湖和汊流发育，两岸大片沼泽地内栖息着许多水鸟。马泉河穿行在南面的喜马拉雅山和北面的冈底斯山之间，谷地开阔，一般都有 10—30 千米。马泉河流域基本上都是牧区，在帕羊以下河谷两侧是由高蒿草组成的沼泽化草甸景观，这里是最优良的冬春牧场。在帕羊以上，沼泽化草甸由温变干，渐趋消失，坦荡的谷地出现一片针茅草原景观，广泛分布着紫花针茅和蒿子。这里是上游地区主要的夏季牧场。

马泉河谷地的上段，人烟稀少，有藏羚羊、岩羊、野驴、野牦牛、熊、狼、狐狸、鼠、兔等多种动物。沼泽湿地位于仲巴县境内，主要分布在上游和中游巴巴扎东村附近，是藏北蒿草—华扁穗草群落为主的沼泽。

阿里地区境内湖泊星罗棋布，有大小 100 多个，均分布在海拔 4000 米以上的地区。湖泊多属于藏北内陆湖类型，由于地表起伏较为平缓，湖泊汇水范围一般都不大，汇水量有限，湖泊水系不很发育。60% 的湖泊属于盐湖，其次为咸水湖，淡水湖很少。

玛旁雍错　亦称马法木错（Lake Manasarovar），藏语意为"永恒不败的碧玉湖"，与冈仁波齐峰一起被苯教、佛教、印度教和耆那教誉为"神山圣湖"。位于冈底斯山主峰——冈仁波齐峰和喜马拉雅山纳木那尼峰之间，西藏自治区普兰县内，是中国湖水透明度最大的淡水湖泊和第二大蓄水量天然淡水湖。曾与相邻的拉昂错相通，后由洪积、冰水堆积物堵塞而演化为内流湖。湖泊呈"鸭梨"形，北宽南窄，湖岸线平直，周长83千米，湖面海拔4588米。在洪积平原和山麓洪积扇上、湖滨阶地上发育了沼生植被沼泽化草甸。湖区以牧业为主。

气候特征及农牧业条件 本区远距海洋，接近亚洲大陆的中心，加以重山阻隔，既不受东部水气的影响，又处于西亚副热带高压的控制之下，因而成为西藏最干旱的地区。≥10℃的天数50—100天，最暖月平均气温10—12℃，年降水量50—100毫米。降水量从南向北递减，南部冬春季节降水较多，大风少，普兰县年平均降水量168.6毫米，到了狮泉河减至68.9毫米，北部更少，日土只有50余毫米。由于普遍多大风，蒸发强烈，相对湿度极小，光照充足，日照时间长，太阳辐射强度大，对农业生产比较有利。

该地区土壤主要是耕种草原土，也有少量的河湖滩耕种草甸土。只要有灌溉保证，就可以种植多种春播作物。耕地集中分布在海拔4200米以下的河谷、湖盆阶地和洪积扇上，像普兰县的马甲藏布河谷、札达县的托林、香孜、马阳、底雅、什布奇等地，作物均能一年一熟，且收成较好。作物以青稞为主，另有春小麦、豌豆、油菜、大麦、荞麦、蚕豆等粮食及油料作物。札达西北端底雅、什布奇等地海拔较低，海拔高度在2900米以下，作物一年两熟，有少量的糜子、荞麦和水稻。但这些地带草场匮乏，牲畜很少，有绵羊、山羊、犏牛、黄牛、马、驴等动物。普兰北部、札达北部、日土大部和噶尔一部则为宽阔的高原，海拔4300—4500米，是当地主要的牧区。草场质量一般尚好，类型较多，产草量与载畜能力不高，暖季草场面积大，冬春草场缺乏。主要放养藏绵羊，并有山羊、牦牛和部分马匹。野生植被主要以耐寒的禾本科和莎草科为主，有较多的变色锦鸡儿和沿河谷成片生长的沙棘、水柏枝等，曾是当地民众燃料的重要来源。在海拔3800米以下地区生长有杨、柳、苹果、核桃等乔木树种。野生动物主要有青羊、藏羚羊（长角羊）、野牛、野驴、黄羊、岩羊、黑颈鹤、小天鹅等。

第二节 人口与居民

我国西藏阿里地区共辖7县，截至2018年，阿里地区人口为10.94万人，是世界上人口密度最小的地区（0.33人/平方千米），居住着藏、汉、蒙、回、维吾尔等27个民族，主要民族为藏族，占94%，主要从事农牧业。

　　印度、尼泊尔境内的西部和中部喜马拉雅地区（海拔 1000 米以上），1961 年人口为 2000 万①。印裔的印度教徒主要居于亚喜马拉雅山脉和喜马拉雅中部山谷。在北部的大喜马拉雅山地区，从拉达克到印度东北部，主要是信仰藏传佛教的藏族人群。在尼泊尔中部，印度文化和藏族文化融合在一起，形成了富有特色的混合文化区。穆斯林主要分布在克什米尔西部，他们的文化与伊朗、阿富汗相似。历史上喜马拉雅地区人群主要从事农牧业，但贸易和商业在喜马偕尔邦、拉达克、库蒙和加瓦尔边境村庄人民的生活中发挥了至关重要的作用。

---

①　M. Apollo, The Population of Himalayan Regions by the Numbers: Past, Present and Future, In: R. Efe, M. Oz-turk eds. ,*Contemporary Studies in Environment and Tourism*. Cambridge Scholars Publishing, 2017, pp. 143 – 159.

第九章
文献记载中的青藏高原西部早期历史

"阿里"一词是藏语音译，意为"属地""领地""领土"等。直到 9 世纪初，这里仍称"象雄"。在汉文史籍中，不同朝代对其称呼各异。9 世纪前被称为"羊同"，元代称"纳里速古鲁孙"，明代称"俄里思"，到了清代方称"阿里"，直到今日。在藏文古籍中，"阿里"一词是 9 世纪中叶以后才出现的。吐蕃王朝赞普之后裔来到这块原属象雄十八部的政治区域，并在此扎根。从此，这块上部区域名副其实地臣服于赞普后裔的统辖之内，故才有"阿里"的称谓。

中外文献中有关阿里地区在吐蕃征服之前的历史记载极为模糊。西方文献最早仅提及阿里以西的拉达克及邻近地区。希罗多德的《历史》第三卷中提到"撒塔巨达伊人"（Sattagytae）与"健达里欧伊人"（Gandarioi）（即犍陀罗 Gandhāra）、"达迪卡伊人"（Dadicae 即达尔德人）同为阿黑门尼德王朝第七地区①，撒塔巨达伊人据推测位于犍陀罗的东南方和德里的北方②。希罗多德的《历史》第三卷中还记载有关于内陆亚洲有名的"蚂蚁掘金"的传说③，这是一则曾经引起许多争议的神话。这一传说的源出地一度被定于西藏西部。20 世纪初以后，大多数人又将其放在西藏西部以西的拉达克地区，是因为比希罗多德晚一个世纪的希腊人麦加斯梯尼（Megasthenes，约公元前 350 年—前 280 年）重提这一传说，并把这些黄金拥有者与达尔德人联系起来。达尔德人居住在靠近印度东部的山中，那里是海拔很高的高原。公元 2 世纪，托勒密（Ptolemy）把达尔德人的居住地定位于印度河的源头或上游地区，即拉达克地区。赫尔曼（Her-

---

① 〔古希腊〕希罗多德著，王以铸译：《历史》卷三，商务印书馆，1959 年，第 237 页。

② 〔匈〕雅诺什·哈尔马塔主编：《中亚文明史》第二卷《定居文明与游牧文明的发展：公元前 700 年至公元 250 年》，中国对外翻译出版公司，2002 年，第 400 页，地图 1 "阿黑门尼德帝国和中亚的伊朗游牧部族"。

③ 同①，第 240—241 页。

mann）认为这则传说完全可以追溯到一些在拉达克和巴尔蒂斯坦（Baltistan）特别是卡吉尔（Kargyil）流传的淘金知识。①

汉文文献中明确记载了位于西藏西部的"大羊同"国盛产黄金。《释迦方志》："苏伐刺拏瞿旦罗国（言金氏也），出上黄金。东西地长，即东女国，非印度摄，又即名大羊同国，东接吐蕃，西接三波诃，北接于阗。其国世以女为王，夫亦为王，不知国政。男夫征伐种田而已。"② 汉文文献中对羊同国最早的详细记载见于《通典》卷一九〇《边防·大羊同》和《唐会要》卷九九《大羊同国》等。"大羊同，东接吐蕃，西接小羊同，北直于阗，东西千余里，胜兵八九万……其王姓姜葛，有四大臣，分掌国事。"③

关于大羊同和小羊同的具体位置，汉文史书中的记载比较混淆，甚至同一文献中前后自相矛盾。但综合各种汉文文献记载，发现至少有一点比较统一，即大羊同位于吐蕃以西，在于阗之南，东西千余里。如此则可以确定大羊同与今天的阿里地区是高度吻合的。而根据《大唐天竺使之铭》碑刻发现地点吉隆县，以及铭文中关于"已届小杨童之西"的记载，完全可以确定小羊同位于今日喀则至江孜一带，这样大小羊同的相对位置便一目了然。因此《唐会要》所说的"西接小羊同"，其方位可能有误，应为"南接小羊同"。这也与《释迦方志》卷上"遗迹篇"第四所载河州经吐蕃通泥婆罗道关于小羊同在吐蕃西南、泥婆罗国北面的记载相吻合。由此可以确定，大羊同在今阿里地区西部和藏北羌塘高原，小羊同在今阿里地区南部。

羊同国"自古未通中国"，7 世纪前半叶它被吐蕃征服之前曾三次遣使唐朝朝贡。贞观五年（631 年）十二月，朝贡使至。十五年（641 年），"闻中国威仪之盛，乃遣使朝贡，太宗嘉其远来，以礼答慰焉"④。二十一年（647 年），"堕婆登、乙利、鼻林送、都播、羊同等远夷十九国，并遣使朝贡"⑤。贞观末年（649 年前后），羊同国"为吐蕃所灭，分其部众，散至隙地"⑥。

汉文献中的羊同与藏文文献中的象雄（Zhang zhung）对应，这基本上已经得到学术界的公认。按照《贤者喜宴》和《敦煌吐蕃历史文书》的记载，象雄在"小邦时代"已经存在，"香雄之地，王为黎纳许，大臣为玛及热桑"⑦，"在各个小邦境内，遍

---

① 〔意〕L. 伯戴克著，扎洛译：《拉达克王国：公元950—1842 年（一）——拉达克的早期历史》，《西藏民族学院学报（哲学社会科学版）》2009 年第 2 期；〔法〕布尔努瓦著，耿昇译：《西藏的黄金与银币：历史、传说与演变》，中国藏学出版社，1999 年，第 62—86 页。

② 〔唐〕道宣著，范祥雍点校：《释迦方志》，中华书局，1983 年，第 37 页。

③ 〔唐〕杜佑：《通典》卷一九〇《边防六·大羊同》，中华书局，1988 年，第 5177—5178 页。

④ 〔宋〕王溥：《唐会要》卷九九《大羊同国》，中华书局，1960 年，第 1770 页。

⑤ 〔后晋〕刘昫等：《旧唐书》卷三《太宗本纪》，中华书局，1975 年，第 60 页。

⑥ 同④，1770—1771 页。

⑦ 巴卧·祖拉陈瓦著，黄颢译：《〈贤者喜宴〉摘译》，《西藏民族学院学报》1980 年第 4 期。

布一个个堡寨，任小邦之王与小邦家臣者其历史如下：象雄阿尔巴之王为李聂秀，家臣为'琼保若桑杰'与'东弄木玛孜'二氏"①。象雄被吐蕃征服是在7世纪中期，这一点得到藏文文献的支持，但其立国时间无法确知。

象雄立国年代没有见于任何文献记载，有学者根据传说中的象雄王室世系与吐蕃王室世系之间的某些并存关系，推测其立国年代在公元前4世纪—前1世纪范围内②，延续到7世纪中期被吐蕃征服为止，它的存续时间达700—1000年。从人类文明发展史来看，一个王朝世系或者朝代延续如此漫长的时期而没有中断并不多见，很有可能象雄与吐蕃相似，有很长一段王室世系实际上是在正统王朝体系确立之后向前追溯的。

象雄国可能经历了一个由松散的部落或部族联盟到统一政体的发展过程。藏文苯教文献《世界地理概说译注》③将象雄划分为里、中、外或者上、下象雄，其中里象雄"有大小三十二部族"，中象雄"是象雄王国的都城，这片土地曾经为象雄十八王统治"，外象雄包括"三十九个部族，北嘉二十五族"等。但至少在吐蕃征服之前，象雄似乎已经是一个统一的王权国家："王姓姜葛，有四大臣，分掌国事"，"香雄之地，王为黎纳许，大臣为玛及热桑"。象雄末代王李迷夏与赞普松赞干布的妹妹联姻，建立了友好的联系。但将"里象雄"的冈底斯山西面三个月路程之外的波斯（par zig）等地囊括进去，似乎是不可能的。东部的"外象雄"为苏毗及其以东地区，显然也在象雄疆域之外。"里、中、外象雄"很可能只是晚期苯教文化的播及范围，而非政治势力或行政管理上的概念。《世界地理概说》提到纳木错和念青唐古拉山是"象雄和吐蕃的交界处，既可以说是吐蕃的国土，也可以说是象雄的疆域"。抽丝剥茧，结合其他文献分析，很有可能关于"中象雄"的记载，代表了当时比较确定的象雄国的政权统辖范围：

> 中象雄在冈底斯山西面一天路程之外，有詹巴南喀的修炼地琼隆银城，这里还是象雄王国的都城。这片土地曾经象雄十八位国王所统治……当惹雍错向东二十日的行程处，有纳木错和念青唐古拉山等圣地，是象雄和吐蕃的交界处。

正如伯戴克所言，这个王国最初可能扩张到了卫藏的西北部甚至北部地区，但喜马拉雅地区"本身的地理情况决定了有多少山谷就会不可避免地被细分为多少单元，其经济上（农业上或商业上）的重要性为一个政治实体的存活提供了足够的基础。每一个王国或公国均源自河谷地带……王国的形成严格地限于当地，人口和经济的基础

① 王尧、陈践译注：《敦煌本吐蕃历史文书》，民族出版社，1980年，第173页。
② 霍巍：《论古代象雄与象雄文明》，《西藏研究》1997年第3期。
③ 扎敦·格桑丹贝坚赞著，德倩旺姆译注：《世界地理概说译注》，《中国藏学》2015年第4期。

不足以支撑涵盖多于一个主要河谷的大的政体的发展和持续"①。基于这种地理环境导致的局限性，象雄王国仅限于"今天的西藏西部地区和一些邻近的山区地带"，向东的过分扩张不被接受。图齐也同样推断象雄的实际疆域，南与印度喜马拉雅山接界，很可能控制了拉达克，向西延伸到巴尔蒂斯坦及和田，并且把势力扩展到羌塘高原。这一疆域范围与汉文献记载其"东西千余里"、波斯文献记载的长宽均为一月的路程以及藏文文献中将象雄视为一"小邦"相对比较吻合。

对于吐蕃征服前后的历史，藏文文献提供了一些重要细节。《敦煌大事纪年》记载吐蕃向西推进开始于 634—635 年，是象雄首度承认吐蕃为其宗主国的时间。《敦煌本吐蕃历史文书》之《大事纪年》：644 年，"墀松赞普之世，灭李聂秀，将一切象雄部落均收于统治下，列为编氓"。

松赞干布时，"与象雄王子方面联姻结好，一方面又公开交兵征战，赞蒙赛玛噶往象雄王帐作李迷夏之王妃。此象雄王原与墟格妃暗中相好，与赞蒙不和"，后赞普"发兵攻象雄之王，统其国政，象雄王李迷夏失国，象雄一切部众咸归于辖下，收为编民"。

653 年，吐蕃在此地委任了一名藏族地方长官。制度化的管理始于 662 年，开始推行行政定居点（mkhos）。677 年曾发生了暴乱，但未成功。此后象雄完全融入吐蕃王国之中。719 年，吐蕃政府展开一次对象雄和 Mar(d) 的人口普查，724 年重新组织了管理体系。

慧超 727 年从印度到中亚游历，根据他的《往五天竺国传》记载，"又迦叶弥罗国东北，隔山十五日程，即是大勃律国、杨同国、娑播慈国，此三国并属吐蕃所管，衣着言音人风并别，著皮裘氍衫靴袴等也。地狭小，山川极险。亦有寺有僧，敬信三宝。若是已东吐蕃，总无寺舍，不识佛法，当土是胡，所以信也"。② 759 年到 764 年，一直居住在犍陀罗的唐朝使臣悟空指出，从克什米尔一条向东的线路可以进入吐蕃，另一条向北的线路可到勃律。东线进入吐蕃只能是通过佐吉拉山口，这表明当时的吐蕃领土囊括了拉达克。

这一情况也被当时的波斯文文献所记录。《世界境域志》③ 是一部地理学著作，982 年一名中亚作者用波斯文写成，主要是以 9 世纪的中亚内容为其来源，其中不少言及吐蕃，描述的是吐蕃强盛时期的情形。内记："Rang-Rong（让绒）是吐蕃的一个省，

① 〔意〕伯戴克著，张长虹译：《西部西藏的历史》，载四川大学中国藏学研究所编：《藏学学刊》第 8 辑，四川大学出版社，2012 年，第 135—176 页。
② ［唐］慧超著，张毅笺释：《〈往五天竺国传〉笺释》，中华书局，2000 年，第 64 页。
③ （佚名）著，王治来译注：《世界境域志》，上海古籍出版社，2010 年，第 65 页。

与印度和中国相毗连。在吐蕃没有比这更穷的地方了。居民住在帐篷中，其财产为绵羊。吐蕃可汗向他们征收人头税以代地税。其地长为一月的路程，宽亦如之。据说其山上有金矿，山中发现金块，状如几个羊头拼在一起。不管是谁，如果收集到这种金子并将其带回家，死神就要降临，除非他把这金子送回（原）处。"关于获取金矿产地和获取金子所需要承担的生命危险，与希罗多德《历史》中所记载的"蚂蚁掘金"传说形成呼应。Rang-Rong 根据读音、地理位置和人文风物，应该指的就是象雄或羊同。这是西方文献中首次出现的有关西藏西部的准确描述。尤其是对其地域范围的描述——长宽均为一月的路程——非常值得重视。

　　有关阿里在吐蕃王国崩溃之后的古格王国时期，汉文献没有任何记载，但相关的藏文记载逐渐丰富起来。842 年朗达玛被暗杀后，吐蕃王朝分崩离析，陷入一片混乱。吐蕃王室后裔吉德尼玛衮率部逃亡阿里避难，并与当地首领女儿成婚，成为布让的统治者。后逐渐发展壮大，征服阿里三围，于 10 世纪末建立起古格王国，都城仍然选择在象泉河谷地，建立在距离象雄都城西北百余千米外的扎布让（今札达县）。古格王国此后从克什米尔引入佛教，建造托林寺，成为藏传佛教后弘期的重要弘传中心，影响到西藏各地。西藏西部在象雄时期原本是本土宗教——苯教的起源地和宗教中心，在数个世纪后再次成为影响整个青藏高原的宗教文化源泉。这两个宗教都曾在广阔的青藏高原上占据过统治地位，当它们处于辉煌的鼎盛时期时，古老的象泉河谷逐渐被遗忘和疏远，消隐在历史的尘埃之中。

第十章
青藏高原西部考古工作的回顾

第一节　新中国成立前青藏高原西部的考古工作

　　青藏高原西部的考古研究肇始于西方学者对我国西藏西部地区的探险和考察活动。早在17世纪20年代至18世纪40年代之间，欧洲的天主教教士从喜马拉雅山外或从我国内地进入到西藏，在阿里和卫藏地区进行传教活动，他们在游历和调查过程中获取大量有关藏族历史、宗教、民俗和其他社会情况等方面的资料，成为西方学者研究西藏的开端[①]。1715年，加普森派传教士德·西德里（de Chardin）通过印度河进入西藏，首次报道了冈底斯山和玛旁雍错，认为该湖是印度河和恒河的源头[②]。19世纪以来，针对西藏高原的专门性的旅行考察开始出现，尤其在19世纪80年代以后，对西藏西部的探险日渐增加，西方国家地理学会的探险家如鲍厄尔（H. Bower）、李特戴尔（G. R. Littledale）、戴西（H. H. P. Deasy）等都经过拉达克或南疆到达西藏西部进行地理测绘和考察。斯文·赫定曾三次到西藏进行考察，其中后两次（1898—1901年、1906—1907年）穿越了西藏西部地区。1907年，他到达冈仁波齐和玛旁雍错，考察了周边所有寺院，此后西行到象泉河谷地。他所撰写的《穿越喜马拉雅》（*Trans-Himala-ya*）一书，曾提及他沿着象泉河（即萨特累季河）途经东波寺（Dongbo）、芒囊寺（Mangnang）、达巴寺（Dava）、托林寺（Totling）等地直到古格都城扎不让一线的旅程，其中有对达巴遗址内佛塔、寺院殿堂、碉楼等建筑所做的调查记录，并附有若干幅线图和照片加以介绍。

　　基督教摩拉维亚教会（Moravians）于1853—1930年期间进入西喜马拉雅地区

[①]　冯蒸：《国外西藏研究概况（1949—1978）》，中国社会科学出版社，1979年，第1页。

[②]　沈福伟：《外国人在中国西藏的地理考察（1845—1945）》，《中国科技史料》1997年第2期。

进行传教，其中数位早期传教士后来都成为研究该地区的学者。其中德国人奥古斯特·赫尔曼·弗兰克（August Hermann Francke，1870—1930年）在1909—1910年受雇于印度考古调查局，开始了至西部西藏边界的调查之旅。印度政府没有批准他越过边界进入中国西藏阿里地区的提议，因此，他主要是在与之毗邻的拉达克列城一带考察，这次考察揭开了藏西考古的序幕①。

弗兰克1909年自西姆拉启程开始，经斯皮蒂到达拉达克，再西行到达斯利那加，为期4个月，基本靠步行。考察的对象包括寺庙、佛塔、墓葬等古代遗址，以及摩崖石刻、造像、藏文题记、写本，还有小件器物如各种材质的饰物、法器、生活用具及擦擦等，考察成果丰富地展示了当地的历史遗存面貌。弗兰克对拉达克地区的墓葬一直格外关注，早在1903年就对列城附近河谷中的墓葬进行过发掘。1909年，对同一地点又进行了发掘，详细记录了墓葬形制、规模和出土遗物，对出土人骨进行了体质人类学测量和分析，对其族属和断代问题进行了讨论，认为墓主人属于大约公元后500年之间来自北印度的达尔德人（Dards）。弗兰克的研究成果汇集为两卷本巨著②，在英印政府的主持下先后出版。第一卷实为印度考古调查局在拉达克等藏区进行的首次系统考古调查的报告；第二卷收录了弗兰克于1914年之前在西喜马拉雅历次考察中搜集的有关各地历史的藏文写本及当地人的口述记录，并对其中的重要文献《拉达克王统记》进行了深入全面的研究。弗兰克还抄录了拉达克地区保存的大量古代藏文摩崖题刻，1906、1907年出版了《西部西藏的古代藏文摩崖题刻汇编》（*Collection of Tibetan Historical Inscriptions on Rock and Stone from West Tibet*）第一辑和第二辑。

1912年，英国人麦克沃斯·杨，假道印度，深入象泉河谷地，对古格故城和托林寺进行了考察，曾撰《到西藏西部的托林寺和扎不让的旅行》，发表在印度旁遮普历史学会杂志上③。但此后对西藏考古影响最大的要数俄国人乔治·罗列赫（G. Roerich）和意大利藏学家图齐（G. Tucci）。

俄国学者乔治·罗列赫是一位掌握了数十种语言的藏学家和东方学家，他于1925—1929年间参加了其父尼古拉·罗列赫（N. Roerich）率领的中亚考察队，历访锡金地区、克什米尔以及我国西藏、内蒙古、新疆等地。对西藏的考察主要集中在西部和北部。他们在藏北高原发掘了一批出土有青铜箭镞的石丘墓以及与之相关的大石遗

---

① 杨清凡：《弗兰克与西部西藏历史研究——兼论西部西藏考古的发端》，载四川大学中国藏学研究所编：《藏学学刊》第13辑，2015年，第245—268页。
② A. H. Francke, *Antiquities of Indian Tibet*, vol. 1, Calcutta, 1914; vol. 2, Calcutta, 1926.
③ 张建林：《荒原古堡——西藏古格王国故城探察记》，四川教育出版社，1996年，第30页。

迹，并首次将这些大石遗迹按照考古类型学的方法，分为独石、石圈和列石几种不同的类型加以考察。乔治·罗列赫指出，藏北游牧民族中尚未受佛教影响的文化，与中央亚细亚的"文化世界"具有相似之处。除了要关注西藏佛教文化艺术遗存之外，还应当关注"前佛教时期西藏游牧部落艺术的历史遗存"。他的主要著述有《藏北游牧民族的动物纹饰风格》（1930 年）①，《西藏绘画》②（1925 年）、《亚洲腹地行记》③（1931 年）等。

1928 年至 1948 年间，意大利藏学家图齐八次赴藏考察，其中第四次考察（1933 年）和第五次考察（1935 年）深入到阿里地区。第四次主要考察了斯皮蒂、拉达克的重要寺院和阿里地区的托林寺和扎不让。第五次考察的重点为象泉河上游地区，在参访了普兰的科迦寺和神山圣湖周边的所有寺院后，他西行到曲龙村，对曲龙遗址进行了为期三天的调查。此后图齐参访了托林寺、扎不让和皮央·东嘎石窟等，沿着印度河经扎西岗和列城返回印度。这两次考察收集了大量实物文献，对斯皮蒂和阿里的重要寺院进行了深入研究。图齐后来撰写成四卷本《印度—中国西藏》④、三卷本《西藏画卷》⑤、《西藏考古》⑥ 等。

从图齐的考察成果来看，他根据曲龙遗址所在地名推测其为象雄都城"琼隆银城"，这是有记载的首位注意到这个遗址的存在和价值的西方学者；他途经位于故如甲木寺院旁侧的卡尔东城址，却没有登临造访，在与该遗址一步之遥的地方与其擦肩而过。他对古格故城的考察，也没有意识到它为废弃已久的古格王国都城，只是将其看作一处大型寺院遗址，称之为"擦巴隆寺遗址"（即扎不让）。但他的这两次考察，使国内外文化学者开始认识到西藏西部的象泉河谷地在西藏考古和艺术史研究领域内的重要价值，尤其是关于皮央·东嘎石窟的调查，为后来中国学者在该区域的一系列工作提供了线索。

第二节 新中国成立后青藏高原西部的考古工作

新中国成立后的青藏高原西部考古，首先要数青藏高原旧石器时代遗址的发现，

---

① G. Roerich, *The Animal Style Among the Nomads of Northern Tibet*, Prague：Seminarium Kondakovianum, 1930.

② G. Roerich, *Tibetan Paintings*, Paris：Paul Geuthner, 1925.

③ G. Roerich, *Trails to Inmost Asia. Five Years of Exploration with the Roerich Central Asian Expedition*, New Haven：Yale University Press, 1931.

④ G. Tucci, *Indo-Tibetica*, 7vols. Rome, 1932 – 1941. 中译本为：〔意〕图齐著，魏正中、萨尔吉主编《梵天佛地》，上海古籍出版社，2009 年。

⑤ G. Tucci, *Tibetan Painted Scrolls*, 3 vols. Roma, Istituto Poligraficoe Zecca dello Stato, 1949.

⑥ G. Tucci, *Transhimalaya（Ancient Civilizations）*. London, 1973. 中译本为：〔意〕G·杜齐著，向红茄译：《西藏考古》，西藏人民出版社，1987 年。

这是此前西藏考古工作中尚未关注的领域。1956 年，中国科学院的地质专家在那曲以北发现了十几件打制石器①，1966—1968 年中国科学院青藏高原综合考察队又在定日发现数十件石器②，1976 年又先后在申扎、双湖、日土、普兰、吉隆等地采集一大批旧石器③，石器的分布点扩展到了阿里地区。这些发现都是自然科学工作者在对青藏高原进行科学考察的过程中偶然采集到的，都缺乏地层依据，因此没有准确的年代标志。对这些新发现，考古学者多从三个方面进行研究，一是石器工艺特征的类型学分析，二是细石器地点与自然环境变化的关系，三是进一步探究青藏高原古人类的来源、路线及其对高原的适应性进程。相对于历史时期考古来说，这一时段的研究是国际上关注度比较高的课题。

但是在 20 世纪 80 年代之前，西藏西部的考古工作基本上还是寂寂无闻。新中国成立后，中国的文物考古工作者第一次对阿里地区进行考古调查，是在 1979 年。早在 1957 年，去西藏拍摄藏族人民新生活的中央新闻电影制片厂摄影师，在当地驻军协助下来到古格故城遗址拍摄，胶片带回北京后剪辑成一部纪录片，文物考古专家看到后无不震惊，遂报请国家文物局、文化部，将故城遗址列入国务院公布的第一批全国重点文物保护单位。1979 年 6—9 月，西藏自治区文物管理委员会（今西藏自治区文物局）与新疆维吾尔自治区文物管理委员会共同组织考察了古格故城，对城址保存的建筑、壁画和出土文物，结合相关文献记载进行了介绍④。1981 年 9 月，西藏工业建筑设计院对古格故城进行了测绘，7 年后出版了《古格王国建筑遗址》。

也许是因为首次考察所获取的信息具有重要价值，或者是因为有关人士奔走呼吁，1985 年 6—10 月，西藏文管会专门组织考察队对古格遗址进行了大规模、系统的考古调查和发掘。由于西藏本土专业人员短缺，文物出版社、故宫博物院、陕西省文物考古研究所、四川大学等数家单位共同派员参加了此次田野考古工作。这是迄今为止对古格王国故城所做的最全面、最深入的考察，弄清楚了遗址总面积、遗迹数量和分布情况，出土、采集了一大批古格王国时期的遗物。1991 年《古格故城》上下卷出版，公布了考察和研究的成果。考察队 1985 年还对普兰、日土等县进行了调查，发现了日土县任姆栋等 3 处岩画，这也是西藏岩画调查与研究的开端。⑤

---

① 邱中郎：《青藏高原旧石器的发现》，《古脊椎动物学报》1958 年第 2—3 期。
② 张森水：《西藏定日新发现的旧石器》，中国科学院西藏科学考察队：《珠穆朗玛峰地区科学考察报告 1966—1968 第四纪地质》，科学出版社，1976 年。
③ 安志敏、尹泽生、李炳元：《藏北申扎、双湖的旧石器和细石器》，《考古》1979 年第 6 期；西藏自治区文管会：《西藏自治区文物工作三十年》，《文物考古工作三十年》，文物出版社，1979 年，第 383 页。
④ 西藏自治区文物管理委员会：《阿里地区古格王国遗址调查记》，《文物》1981 年第 11 期。
⑤ 张建林：《日土岩画的初步研究》，《文物》1987 年第 2 期；西藏文管会文物普查队：《西藏日土县古代岩画调查简报》，《文物》1987 年第 2 期。

由于这些工作，20 世纪 80 年代末 90 年代初，西藏文化界掀起了一阵"阿里热""古格热"。1986—1987 年的第二批援藏队和 1990—1992 年的第三批援藏队工作都集中在日喀则以东地区，阿里地区的考古工作暂告一段落。但从 1992 起到 1999 年的八年内，阿里地区考古工作进入了蓬勃发展阶段，迄今为止许多重要的成果基本上都是在这八年内取得的，这为以后的工作奠定了坚实的基础。活跃在阿里地区的工作队主要有三方力量、两支队伍，即西藏文管会分别与陕西省考古研究所和四川大学的考古专业人员合作组建的两支考古队，他们的调查和发掘工作分别集中在札达县的皮央·东嘎石窟群和托林寺。

1992 年 5—8 月，西藏文管会和四川大学考古专业人员组成文物普查队，对阿里等地区进行全面普查工作。普查队第一小组考察了著名的札达县皮央·东嘎石窟群以及象泉河南岸的吉日、岗察、芒扎等石窟地点。① 在日土县发现了塔康巴岩画②，这是西藏高原目前的岩画中内容最丰富、场面最宏大的一处岩画地点。此次考察还在日土县发现了阿垄沟墓地③，这是阿里高原首次调查发现的一处早期墓地。1994—1996 年间，调查队又多次调查皮央·东嘎石窟群④，对遗址内主要的寺庙建筑、石窟、佛塔等重要遗迹作了调查、编号、测绘和清理性发掘，基本上确定了该遗址的文化性质、分布范围与年代，使皮央·东嘎石窟群成为古格王国境内继古格故城扎不让之后考古资料最为丰富的一处遗存，填补了青藏高原佛教石窟寺考古的空白。

1999 年 7—8 月，双方组建考古队对札达县东嘎遗址 V 区墓群和新发现的皮央格林塘墓地和萨松塘墓地进行了考古发掘⑤，清理各种类型墓葬 10 座，殉马坑 1 座，列石遗迹 1 处。根据碳十四年代测定，东嘎遗址 V 区墓地距今 2370 年，格林塘墓地距今 2725—2170 年。这是阿里地区首次对前吐蕃时期墓葬的发掘。同年，考古队还在东嘎乡发现了格布塞鲁墓群，并对其进行了调查。2001 年，考古队对东嘎第 V 区居住遗址，即丁东遗址进行了发掘，除了石砌建筑基址外，还发现了碳化大麦（青稞）及蔬菜种子，这是西藏西部地区第一个经考古发掘的史前居住遗址，年代为距今 2000 年左右，文化内涵比较丰富。这些发掘成果表明，在相当于中原内地的秦汉时期，西藏西部地区可能存在一个独特的考古学文化系统，这将为探索长期以来仅存在于文献记载中的

---

① 西藏自治区文物局、四川联合大学考古专业：《西藏阿里东嘎、皮央石窟考古调查报告》，《文物》1997 年第 9 期。
② 李永宪：《西藏日土县塔康巴岩画的调查》，《考古》2001 年第 6 期。
③ 李永宪、霍巍、更堆：《阿里地区文物志》，西藏人民出版社，1993 年，第 132—133 页。
④ 西藏自治区文物局、四川联合大学考古专业：《西藏阿里东嘎、皮央石窟考古调查简报》，《文物》1997 年第 9 期。
⑤ 四川大学中国藏学研究所等：《西藏札达县皮央·东嘎遗址古墓群试掘简报》，《考古》2001 年第 6 期。

古老的"象雄文明"提供可靠的考古学证据。

对西藏后弘期的重要佛教寺院——托林寺的发掘开始于1997年，当时国家文物局组织"阿里文物抢救保护工程"，陕西省考古研究所与西藏文物局的业务人员共同承担全面调查和局部发掘任务。发掘工作持续了三年，1999年结束。出土了数量众多的各类文物，为研究西藏古格王国史、西藏西部佛教发展史和西藏佛教艺术史提供了极为重要的资料。1998年，阿里文物抢救办公室考古队在古格故城附近发现了卡尔普墓群，并清理了几座残墓。从公布的少量资料来看，这处墓群以木棺为葬具，随葬青铜器、羊骨、陶器等，与皮央·东嘎墓葬群年代比较接近。

2000年之后，阿里地区的考古工作以调查为主。2004年，西藏自治区文物局和四川大学联合开展"象泉河流域考古综合调查"项目。该项目初衷原本是以梳理和综合研究象泉河流域古格时期遗址为重心，但最终所取得的最重要的成果，却是众多前吐蕃时期遗存的发现，其后续影响也大大超出了预期。考古队在噶尔县门士乡境内的卡尔东遗址群周边，发现了石器采集点8处，其中4处为打制石器点，另外4处为细石器采集点；前吐蕃时期大型遗址2处、大型墓地2处、小型墓地或墓葬点3处，立石和地表石圈（石围）2处；后弘期地面建筑与洞窟结合的佛寺遗址1处、立石遗迹及佛教洞窟各1处。考古队对卡尔东城址进行了试掘，出土了一些重要遗物，认为这里很有可能是象雄时期的都城"琼隆银城"，对于象雄城堡的研究具有深远的意义。①

2004年，为配合阿里地区地方志文物卷的编写，陕西省考古研究所张建林主持了阿里地区文物补查工作，新发现各类文物点51处，其中包括细石器地点、石构遗迹、岩画、戍堡遗址、城堡遗址、寺院遗址、石窟寺遗址等。调查所发现的25处列石、石圈等石构遗迹主要分布在藏北高原人烟极为稀少的游牧地区，初步推测其年代为新石器时代至金属时代早期。5处岩画中以环罗布错分布的3处岩画点最为突出。

关于卡尔东城址的调查随后又有新的进展。奥地利探险家布鲁诺·鲍曼（Bruno Baumann）在2005年参访象泉河谷，考察了卡尔东城址和泽蚌墓地。他的专著《金翅鸟的琼隆银城：西藏最后的秘密的发现》对该城址进行了详细介绍，他认同将该城址视为象雄都城琼隆银城的观点。② 这是国外学者首次对这一城址进行系统的调查和介绍。

---

① 李林辉：《近年来西藏地区主要开展的考古工作及收获》，《中国边疆考古学术讨论会论文摘要》，2005年11月7日成都"中国边疆地区考古学术讨论会"会议论文集。
② B. Baumann, *Der Silberpalast des Garuda: die Entdeckung Von Tibets Letztem Geheimnis*, München: Malik-Verlag, 2009.

经多年的文物普查可知，阿里地区文物的分布，与自然环境的客观条件相关性非常高。所调查的各类文物点，包括石器、岩画、墓葬、寺庙、石窟等不同门类，其分布状况大体上是沿阿里的几条主要河流如狮泉河、象泉河、噶尔河等流域分布，南部地区比较集中，北部发现的文物点可至日土班公湖一带，而越过北纬34°，则多为荒凉的无人区，人畜罕至，很少寻得文物点线索。而象泉河流域又属于整个阿里地区文物分布最为集中的区域。20世纪80年代以来开展的考古调查和发掘工作，基本上都集中在这一区域，尤其以古格故城和皮央·东嘎洞窟为代表。

随着古格王朝时期遗存的考古调查、发掘和藏传佛教艺术史研究工作的推进，阿里地区更早时期的遗迹逐渐浮出水面，这吸引了考古学者们的注意，开展了一些辅助性发掘和调查。但由于这些遗迹分布比较零散，数量也不是很丰富，在时空中的价值还没有充分体现出来，因此学界的重视程度还比较有限，发掘也没有形成规模。但这毕竟为未来的西藏西部考古打开了一扇窗，指引了新的方向。

八年之后的2012年，中国社会科学院考古研究所与西藏自治区文物保护研究所合作，相继启动了对象泉河上游地区故如甲木墓地、卡尔东城址和曲踏墓地的大规模考古发掘工作，这是基于前人铺垫和积累之上的新进展。从弗兰克和图齐，到霍巍、李永宪和张建林等学者开展工作的一百年间，我们可以看到西藏西部的考古事业从初创到成熟、从萌芽到繁盛的发展历程。前辈们在高海拔地区艰苦卓绝、持之以恒的发掘和研究工作所取得的辉煌成就，为未来的新发现提供了弥足珍贵的启示和指南，也为未来的工作建立起足够的信心。相信随着考古工作的进一步开展，距离建立起青藏高原西部的考古学文化框架体系的目标不再遥远。

第三节　关于"青藏高原西部丝绸之路"的提出与论证

关于青藏高原西部地区的古代对外交通与文化交流，在很长时期内并没有引起学界的关注，主要原因是青藏高原西部地处内亚的偏僻地带，海拔超高且地广人稀，给人以交通闭塞隔绝、文化独特孤立的刻板印象。因此这一地域在古代文献中的记载也极为匮缺。也正因这一原因，在21世纪之前，青藏高原西部地区的考古工作开展得相当有限，并没有提供太多的证据来支撑和论证这一研究领域。另外，我国西藏西部地区考古的研究者与周邻的印度、尼泊尔、巴基斯坦北部地区的考古研究者交流较少，这也影响了学界对西藏西部地区古代文化面貌理解和探究的兴趣。

不过，20世纪90年代以来，一些学者开始以新疆为中心，从交通史的角度，探讨南疆地区经喀喇昆仑山口至列城的道路。这是自新疆南部叶儿羌向南通往印度的一条重要商道，也是西藏西部得以与南疆地区相连接的一条古老的通道，可被视为青藏高原丝绸之路的一个关键环节。关于这条路线开发和使用的历史及其背后的文化交流状况，殷晴先生先后发表《古代新疆的南北交通及经济文化交流》《古代于阗的南北交通》《古代于阗和吐蕃的交通及其友邻关系》等多篇论文进行了深入探讨①，通过梳理古代汉文献记载中我国南疆和克什米尔诸国方位及求法高僧的经行路线，并引述大量晚近文献中对于这条路线的记述，来复原具体的交通路线走向和详细途程。他的这一开创性研究为后来学者更深入和全面的探索奠定了史料来源和方法论方面的基础。

王小甫是首位以西藏西部为出发点来考察这一地区对外交通的学者，其研究成果《七至十世纪西藏高原通其西北之路》② 是一项重要的调查报告。作者在"平山郁夫丝绸之路研究奖学金"的资助下，实地考察了西藏最早的通新疆之路、喀喇昆仑山区的古代交通、吐蕃西进中亚之路和葱岭山区的南北交通，同时调查了一些古迹和民风民俗等与古代文化相关的材料，对西藏高原西北的古代交通有了清晰的认识，解决了一些单靠文献史料无法解决的学术难题。他指出西藏高原通往其西北的道路主要有两条：向北去塔里木盆地的新藏公路和喀喇昆仑山口通道，以及向西跨越帕米尔的"勃律道"。他对这些路线所经行的主要山口、路口、河口、渡口等进行了记录和论证。这些结论及其举证史料屡次为后来者征引。

陆水林在 2011 年发表《新疆经喀喇昆仑山口至列城道初探》③ 一文，在殷晴研究的基础上，利用古代汉文献资料和晚近的游历资料，更加详细地勾勒出这一交通路线的使用历史，并对途中各站及路况进行了介绍和考述。

较早利用考古材料来论证藏西与南疆之间的文化联系的是霍巍先生的两篇代表性论文：《从考古材料看吐蕃与中亚、西亚的古代交通——兼论西藏西部在佛教传入吐蕃过程中的历史地位》④ 和《于阗与藏西：新出考古材料所见两地间的古代文化交流》⑤。在前文中，作者认为西藏出土的带柄镜是以新疆地区为中介，从中亚传入

---

① 殷晴：《古代新疆的南北交通及经济文化交流》，《新疆文物》1990 年第 4 期；殷晴：《古代于阗的南北交通》，《历史研究》1992 年第 3 期；殷晴：《古代于阗和吐蕃的交通及其友邻关系》，《民族研究》1994 年第 5 期。

② 王小甫：《七至十世纪西藏高原通其西北之路——联合国教科文组织（UNESCO）"平山郁夫丝绸之路研究奖学金"资助考察报告》，载史卞麟锡教授停年纪念论丛编委会编：《春史卞麟锡教授停年纪念论丛》，釜山：图书出版公司，2000 年 12 月，第 305—321 页；王小甫：《七、八世纪之交吐蕃入西域之路》，载田余庆主编：《庆祝邓广铭教授九十华诞论文集》，河北教育出版社，1997 年，第 74—85 页。

③ 陆水林：《新疆经喀喇昆仑山口至列城道初探》，《中国藏学》2011 年第 S1 期。

④ 霍巍：《从考古材料看吐蕃与中亚、西亚的古代交通——兼论西藏西部在佛教传入吐蕃过程中的历史地位》，《中国藏学》1995 年第 4 期。

⑤ 霍巍：《于阗与藏西：新出考古材料所见两地间的古代文化交流》，载四川大学中国藏学研究所编：《藏学学刊》第 3 辑，四川大学出版社，2007 年。

西藏西部，再传入吐蕃腹心地带的，这条传播路线有极大可能即为文献记载中的"中道"；在新疆叶城地区发现的岩画在内容题材和风格技法上与阿里地区岩画完全相同，中巴公路沿线的岩画调查也表明我国西藏阿里地区与克什米尔地区有很多相似的因素；新疆青铜时代晚期和早期铁器时代的人类学材料的总体特征与现代藏族很接近，是于阗和西藏的古代居民同属于一个大的种系的证据；吉隆县发现的《大唐天竺使之铭》碑刻是吐蕃——泥婆罗之间古代交通路线开通的可靠证据。

后文是霍巍先生在前文的基础上进一步探讨藏西与于阗之间的文化联系。他提出新疆和田、西藏阿里及拉达克境内的古代岩画应当是远古时期两地之间游牧民族交通往来所形成的历史遗迹，这种情况一直延续到了吐蕃时代。吐蕃时期于阗丹丹乌里克佛教寺院的平面布局、密教性质的壁画和木板画题材、克什米尔风格的铜佛造像等内容，对 11—13 世纪藏西地区古格早期佛教艺术起到过直接或间接的示范作用。两者可能具有相同的来源，并由此认为吐蕃和于阗之间在佛教文化方面早有密切的交流与往来。

此前的相关研究，虽然没有正式提出和系统论证"青藏高原西部丝绸之路"这一称谓，但无论是从文献资料还是考古资料的视角，都为我们理解此后西藏西部地区的考古出土遗物在广阔范围内的文化联系提供了重要启发。2010 年，中国社会科学院考古研究所对故如甲木墓地进行了调查，笔者发表《西藏阿里象雄都城"穹窿银城"附近发现汉晋丝绸》① 一文，便是在这一方向的指引下追踪这批新出土丝绸、木器和金属器的来源问题，首次在分析考古资料的基础上指出，阿里高原"作为文化交流纽带的重要作用，并有可能将西藏西部与南疆的交通和文化纳入丝绸之路考古研究的视野，甚至将其视为丝绸之路南线向青藏高原的一个分支和延伸"。2012 年，中国社会科学院考古研究所与西藏自治区文物保护研究所联合对故如甲木墓地启动发掘，出土了黄金面具、丝绸、铜器、铁器、木器等。在发掘报告结语中，笔者代表发掘团队对这些新出考古资料进行了细致分析，进一步明确了西藏西部地区"处于丝绸之路的波及区域，通过新疆的丝绸之路应该延伸到青藏高原的西部地区"，并对该路线的具体走向进行了初步推测。②

其间，笔者又于 2012 年 10 月在新疆吐鲁番举办的"古代钱币与丝绸高峰论坛"上宣读论文《西藏西部出土丝绸与"高原丝绸之路"》，此后在一系列学术会议上作"青藏高原西部丝绸之路的考古学重建""从考古发现看丝绸在青藏高原的传播"等报告，以西

---

① 仝涛：《西藏阿里象雄都城"穹窿银城"附近发现汉晋丝绸》，《中国文物报》2011 年 9 月 23 日第 4 版。
② 中国社会科学院考古研究所、西藏自治区文物保护研究所：《西藏阿里地区噶尔县故如甲木墓地 2012 年发掘报告》，《考古学报》2014 年第 4 期。

藏西部新出土考古资料为基础论证了"青藏高原西部丝绸之路"这一议题。并先后发表一系列学术论文，如《考古发现填补青藏高原丝路缺环》①、《欧亚视野内的喜马拉雅黄金面具》②、《西藏西部的丝绸与丝绸之路》③ 等，对西藏西部地区出土的丝绸、黄金面具等进行专门系统的探讨，进而阐发青藏高原西部丝绸之路的文化交流状况。

霍巍先生于 2013 年发表《从考古发现看西藏史前的交通与贸易》④ 一文，论证了石器时代的交换与贸易，分别列举了昌都卡若遗址出土的海贝，卡若遗址和曲贡遗址出土的玉器，昌果沟的麦类作物、带柄铜镜、双圆饼首青铜短剑、早期黄金制品、石丘墓、石棺葬、大石遗迹、岩画与动物纹饰、蚀花料珠，故如甲木墓地的丝绸等要素，指出从史前石器时代开始，直到早期金属时代，西藏高原各古代部族就与外界进行着密切的联系。并对交通工具、交通设施和交通路线进行了讨论，将西藏史前交通的基本格局归纳为"双层三线"，双层即以高原内部自身形成的交通网络为内层，以高原和周邻地区的交通线路为外层；"三线"即以高原东北部、东南部和西南部形成 3 条主要的交通路线。

石硕和罗宏在 2015 年发表的《高原丝路：吐蕃"重汉缯"之俗与丝绸使用》⑤ 一文，梳理了文献中有关吐蕃使用汉地丝绸的记载，归纳出唐地丝绸输入吐蕃主要通过朝廷赐品、战争和互市三个渠道，并结合吐蕃时期棺板画和摩崖石刻中的图像资料，推测丝绸在吐蕃境内流行的主要功能，是用以表示身份、等级的标志物和表达崇敬与尊贵的礼仪品。该文虽以"高原丝路"为名，但仅限于吐蕃时期唐蕃之间丝绸的流通和使用。

青年学者吕红亮 2015 年出版了《跨喜马拉雅的文化互动：西藏西部史前考古研究》⑥ 一书。该书虽未用"丝绸之路"之名，但通过对西藏西部地区考古学文化面貌上的共同要素的研究，提出了"西喜马拉雅考古综合体"这一概念。该研究是首部以西藏西部地区史前考古遗迹和遗物为主要研究对象的学术专著，侧重对公元前一千纪晚期至公元一千纪早期之间西藏西部及周邻地区考古学文化面貌的静态解读，并对跨地域的文化互动进行了动态观察，分门别类地对一些具有标志性的研究个案进行探讨，包括石器、青铜器、岩画、大石遗迹、石丘墓等。他指出西喜马拉雅高山地带的中亚文化因素可能与公元前第一千纪活动于中亚东部的游牧人的迁徙有关，实际上这也正是丝绸之路在西藏西部地区延伸的体现。

① 仝涛：《考古发现填补青藏高原丝路缺环》，《中国社会科学报》2016 年 8 月 25 日第 7 版。
② 仝涛、李林辉：《欧亚视野内的喜马拉雅黄金面具》，《考古》2015 年第 2 期。
③ 仝涛：《西藏西部的丝绸与丝绸之路》，《中国国家博物馆馆刊》2017 年第 2 期。
④ 霍巍：《从考古发现看西藏史前的交通与贸易》，《中国藏学》2013 年第 2 期。
⑤ 石硕、罗宏：《高原丝路：吐蕃"重汉缯"之俗与丝绸使用》，《民族研究》2015 年第 1 期。
⑥ 吕红亮：《跨喜马拉雅的文化互动：西藏西部史前考古研究》，科学出版社，2015 年。

自 2017 年起，霍巍先生相继发表一系列论文，系统地阐述和揭示"高原丝绸之路"的价值和意义，包括《"高原丝绸之路"的形成、发展及其历史意义》①、《汉晋时期藏西"高原丝绸之路"的开通及其历史意义》② 等。他通过对以往相关研究和考古工作的回顾和总结，对"高原丝绸之路"的价值和意义给予了极高评价，认为它是输送中原文明进藏的"主动脉血管"，承担着中外文化交流的中转站和集散地作用，对于吐蕃社会和吐蕃文明的形成起到了特殊作用，是青藏高原文明最终融入中华文明体系强有力的联系纽带。

以上回顾可以看出，青藏高原西部地区的重要性越来越受到考古学界、史学界和藏学界的关注。前期由于资料所限，关注领域仅限于基于相关文献记载进行的历史地理的考证，以及对古格和皮央·东嘎石窟为代表的后弘期佛教遗迹的考察。在 2010 年之后，尤其是以 2012 年西藏阿里故如甲木墓地的考古发掘为时间节点，新出土的前吐蕃时期考古资料对于探讨青藏高原西部的丝绸之路提供了重要启发，学界逐渐将研究视野转向以象泉河流域为中心的早期墓地所反映的区域文化交流方向。这批墓葬中出土的数量丰富的、携带重要文化交流信息的遗物，成为提出和论证"青藏高原西部丝绸之路"这一概念的主要依据。但总体来看，这些论证都还比较薄弱、不够全面，大量出土遗物的来源地及其文化内涵、文化背景并没有揭示明了，青藏高原西部丝绸之路交通和贸易网络上还存在不少缺环。再者，2018 年以来，西藏西部地区启动了大规模的联合考古发掘，呈现出更为丰富的遗迹和遗物，这都为我们全面探讨青藏高原西部地区的丝绸之路交通网络的经行路线和格局，以及跨地域、跨文明的文化交流情况提供了充足的证据和第一手材料。

---

① 霍巍：《"高原丝绸之路"的形成、发展及其历史意义》，《社会科学家》2017 年第 11 期。
② 霍川、霍巍：《汉晋时期藏西"高原丝绸之路"的开通及其历史意义》，《西藏大学学报（社会科学版）》2017 年第 1 期。

第十一章
青藏高原西部岩画与中亚地区岩画的关系

　　青藏高原西部地区岩画分布地域广，时代跨度大，数量丰富，主要集中在藏西阿里地区、藏北羌塘和日喀则西部等地。中国学者最早于 20 世纪 80 年代开始关注西藏岩画调查和研究，在西藏西部日土县境内发现了几处岩画点①。90 年代之后，中外学者相继在那曲文部、定日县门吉、纳木错扎西岛，以及阿里地区的日土、札达、革吉、改则等地发现大量岩画。截至目前，在整个西藏自治区超过 15 个县市发现岩画，岩画点接近 150 处，超过 1000 幅独立画面，近万个单体图像②。分布趋势是呈东西向的条带状（地图 11 - 1），绝大多数岩画点海拔 4000 米以上，主体内容反映的是高原"北部文化"或"牧猎文化"③。

　　在相当长一段时期，西藏西部地区的岩画被作为一个独立和隔离的单元进行观察和分析，尤其是国内学者由于资料获取的不便，对于藏西周邻地区的了解比较有限，对于岩画的年代及其反映的文化交流状况并没有过多的深入探讨。这一方面的工作最早始自一些西方学者，他们客观上有条件对藏西及其毗邻的拉达克地区的岩画进行实地考察和对比分析，为探讨西藏西部岩画的源头及其广阔的欧亚文化背景提供了全新的视角。拉达克地区的岩画与西藏西部地区表现出诸多共性，是将藏西岩画与中亚地区联系起来的关键环节。早在 1902 年，德国藏学家弗兰克在拉达克和斯皮蒂河谷发现并记录了一批动物图案的岩画，他觉察到拉达克地区与欧亚草原地区的青铜时代和铁器时代文化有一定的联系④。1937 年，意大利藏学家图齐在 *Transhimala*（汉译作本

---

　　① 西藏自治区文管会文物普查队：《西藏日土县古代岩画调查简报》，《文物》1987 年第 2 期；张建林：《日土岩画的初步研究》，《文物》1987 年第 2 期。

　　② 汤隆皓：《西藏岩画研究回顾》，《中国藏学》2018 年第 4 期。

　　③ 李永宪：《札达盆地岩画的发现及对西藏岩画的几点认识》，载四川大学中国藏研究所编：《藏学学刊》第 1 辑，四川大学出版社，2004 年。

　　④ A. H. Francke, Notes on Rock Carvings from Lower Ladakh, *The Indian Antiquary*, October, 1902, pp. 398 - 401.

《西藏考古》）一书中，也注意到拉达克和西藏地区岩画之间的相似性①。1990 年，法国岩画学者法兰克福（H. P. Francfort）对藏西和拉达克岩画与中亚地区青铜时代和铁器时代的岩画进行了比较研究②，认为它们与公元前 2 千纪到前 1 千纪前半叶活跃在欧亚草原地带的游牧人群有关。他分析比对了一些与欧亚草原地区相似的特征性岩画，其中包括：

1. 狩猎瓢羊或羚羊图像，射箭者腰间系有用以投射击杀动物的圆石（缒杖），这类图像年代在公元前 2 千纪；

2. 人面图像，与奥库涅夫文化以及公元前 3 千纪—前 2 千纪的青铜时代文化相关；

3. 马、鹿等动物造型，其中马的特征为通体击打出剪影形式、踮脚尖站立、马鬃为齿状等，在中亚、哈萨克斯坦和我国内蒙古等地区多见，尤其是中亚青铜时代的塔姆加利（Tamgaly）岩画；

4. 回首鹿形象，与陕西西周早期玉雕鹿相似，年代为公元前 10 世纪；

5. 虎逐鹿图，在拉达克、日土岩画中常见，还见于印度河上游的塔潘（Thalpan）、奇拉斯（Chilas）Ⅰ等地点，与我国内蒙古阴山、蒙古希维尔廷·阿姆（Shivertyn-am）岩画以及西伯利亚发现的大量鹿石上虎逐鹿图像相似。

法兰克福的这一研究具有开创性和系统性，是少有的建立在科学分析基础上的岩画学探讨。当然，藏西和拉达克地区岩画与欧亚草原岩画具备如此典型且可以比对的共同文化因素，对学者来说可谓是一种幸运。这些共同因素后来得到更多学者的关注和响应，并得以进一步引申。汤惠生据此对日土任姆栋岩画进行了初步的年代推测，敏锐地将其置于公元前 5 世纪—前 3 世纪之间③。吕红亮在其研究中探讨了西藏西部岩画所具有的欧亚草原背景，并在这一清单中增加了盾牌饰主题④。法国学者布伦诺·劳丽安（Bruneau Laurianne）和美国学者文森特·贝勒兹（J. Vincent Bellezza）在合作研究中，补充了更多他们调查所获取的饰 S 纹动物图像、车马图像和人面图像材料，以及和田地区新近出土的实物资料⑤，在法兰克福研究基础上进行了系统性归纳和延伸。

① 〔意〕G. 杜齐著，向红笳译：《西藏考古》，西藏人民出版社，2004 年，第 17 页。

② H. P. Francfort, Archaic Petroglyphs of Ladakh and Zanskar, In：M. Lorblanchet ed. , *Rock Art in the Old World：papers presented in Symposium A of the AURA Congress*, *Darwin*（*Australia*）, 1988, New Delhi, Ignca, 1992, pp. 147 – 192.

③ 汤惠生、张文华：《青海岩画：史前艺术中二元对立思维及其观念的研究》，科学出版社，2001 年，第 170—172 页。

④ 吕红亮：《西喜马拉雅岩画欧亚草原因素再检讨》，《考古》2010 年第 10 期。

⑤ L. Bruneau, J. V. Bellezza, The Rock Art of Upper Tibet and Ladakh：Inner Asian cultural adaptation, regional differentiation and the "Western Tibetan Plateau Style", *Revue d'Etudes Tibétaines*, Décembre 2013, no. 28, pp. 5 – 161.

布伦诺·劳丽安通过数年的实地调查，对拉达克地区自青铜时代到早期佛教时期的158处共20000幅岩画进行了系统记录和整理，并将各类岩画图像分门别类进行汇总和分析①，为我们理解和研究西藏西部岩画提供了重要的参照。

岩画研究中一个最重要的挑战是有效解决其年代问题。大部分岩画图案为写实性和剪影式，很难通过跨区域的联系和比较以证明它们之间存在特定的内在关系。因为如果描绘的对象相同，无论在任何地域，这些图案都会表现出明显的近似性。但在西藏西部的岩画中，有一部分附带有特定艺术符号或经过艺术加工的图案，它们在不同区域的出现无法用简单的巧合来解释，显然是单一起源的。尤其是这些主题或风格在地理空间分布上确实存在明显的相关性。不同区域出现的这类艺术特征，应该是直接或间接文化交流的结果，其流行的时代也会大致相当。这也是法兰克福及其他持有相同观点的学者进行大胆对比分析的理论基础。

法兰克福所提出的五种特征性岩画图像，足以证明我国西藏西部与中亚和欧亚草原地区之间存在一定的文化联系，为研究西藏西部早期与外界沟通交往的途径和模式提供了重要材料。其中狩猎者腰部系击杀动物的圆石图像以及人面图像，基本都属于写实风格题材，特征性并不突出，因此需持谨慎态度。而其余三类动物造型或构图，都与饰S纹动物图像并存，因此我们可以以此类动物图像作为指标进行论证。关于车马岩画图像，贝勒兹已经进行了系统探讨，但基于其重要的指标作用，在此有必要进一步补充和扩展讨论。此外，还存在其他几种独特的动物或事物图像，都可以为区域性的文化联系增加佐证。

第一节　饰S纹动物图像

青藏高原西部的岩画中有一类别具特色的动物形象，即在动物身上装饰S纹或卷涡纹。具有这类装饰的动物有鹿、羊、牦牛等野生动物，其中以鹿为最多。S纹表现为两种形式：一种为在动物侧面的肩部和臀部分别饰向后卷曲的涡纹，前后不连接；另一种为将前后的涡纹连接在一起，形成横置的S纹。这两种纹饰在同一地点的同幅岩画中同时存在，彼此穿插交错，因此可视为同一装饰题材，表现的是同一种思想观念或审美情趣。这类特征性动物除了身饰S纹外，其体态造型也非常典型，不少鹿为回首造型，四足踮起脚尖作奔跑状，有的则为虎逐回首鹿造型。

---

① L. Bruneau, *Le Ladakh（état de Jammu et Cachemire，Inde）de l'Âge du Bronze à l'introduction du Bouddhisme：une étude de l'art rupestre*, 4 *volumes*, Paris, Université de Paris I/Panthéon-Sorbonne（Unpublished PhD thesis），2010.

**图 11 - 1 - 1　西藏日土任姆栋
岩画**

（《西藏日土县古代岩画调查简报》
图十三）

据粗略统计，我国西藏西部共有 160 处岩画、超过 450 个动物个体装饰这类卷涡纹或者 S 纹，集中分布在日土县，分布地点包括任姆栋（图 11 - 1 - 1）、鲁日朗卡、阿砻沟、康巴若久、左雍湖西北岸、塔康巴、果热等。与我国西藏西部相邻的印度河上游地区，也发现不少这类动物题材岩画，具体地点有赞斯卡的恰尔（Char）、乔科斯蒂（Choksti）；拉达克的玛托（Matho）、东卡（Domkhar）（图 11 - 1 - 2）①、德斯凯特（Deskit）（图 11 - 1 - 3：1）②、章孜（Tangtse）③、杜尔布克（Durbuk）④ 等。在巴基斯坦北部地区，也分布有类似的图像，如塔潘、奇拉斯第 I 地点、托尔（Thor）、米纳噶（Minar-Gah）等地点⑤。

我国南疆地区，岩画总体数量发现较少，在叶城和皮山县以南的昆仑山深处，一共有 6 处岩画分布点⑥，但都没有发现饰 S 纹动物图像。但在该地区出土的一些器物上出现有带 S 纹装饰的动物图像，如于田县萨塔玛墓地（Satma Mazar）出土的木桶，外面刻有饰 S 纹的鹿形象（图 11 - 1 - 3：2）⑦，无论其形制和装饰图案，源头都可以追溯到图瓦地区晚期游牧文化中的骨杯⑧，

---

① M. Vernier, L. Bruneau, Animal style of the steppes in Ladakh：A presentation of newly discovered petroglyphs, In：L. M. Olivieri, L. Bruneau, M. Ferrandi eds. , *Pictures in Transformation*：*Rock art Research between Central Asia and the Subcontinen*, British Archaeological Reports（BAR）International Series 2167, Oxford：Archaeopress, 2010, pp. 27 - 36, fig. 4.

② Q. Devers, L. Bruneau, M. Vernier, An archaeological survey of the Nubra Region（Ladakh, Jammu and Kashmir, India）, *Études mongoles et sibériennes, centrasiatiques et tibétaines*［online］, 2015, no. 46, fig. 30. https：//journals. openedition. org/emscat/2647.

③ L. Bruneau, J. V. Bellezza, The Rock Art of Upper Tibet and Ladakh：Inner Asian cultural adaptation, regional differentiation and the "Western Tibetan Plateau Style", Fig. Ⅳ. 11.

④ V. Mehta, The Hidden Rock Art of Ladakh, *Flight of the Khyung*［Online］, May 2017, Fig. 8. Access 14th of June 2016. Available from：http：//www. tibetarchaeology. com/may-2017/［Access 14th of June 2016］.

⑤ K. Jettmar, V. Thewalt, *Between Gandhara and the Silk roads*：*Rock Carving along the Karakorum Highway*, Mayence, Philipp von Zabern, 1987.

⑥ 王炳华：《新疆岩画的内容及其文化涵义——新疆岩画概观之二》，《新疆师范大学学报（哲学社会科学版）》2004 年第 3 期。

⑦ C. Baumer, *The History of Central Asia*, Volume One：*The Age of the Steppe Warriors*, I. B. Tauris & Co. Ltd, 2012, p. 222.

⑧ 杨建华、邵会秋、潘玲：《欧亚草原东部的金属之路——丝绸之路与匈奴联盟的孕育过程》，上海古籍出版社，2017 年，第 342 页，图 5 - 1 - 49：10、11。

图 11 - 1 - 2 拉达克东卡岩画

这一发现弥补了塔克拉玛干南缘此类动物装饰的空白点。在中亚地区，饰 S 纹的动物岩画见于吉尔吉斯斯坦伊塞克湖地区乔尔蓬·阿塔（Cholpon-Ata）地点①、哈萨克斯坦阿普劳臣（Aprauzen）和塔姆加利等岩画地点②。

西伯利亚地区，这类动物纹数量更多，其中以阿彦—阿尔泰地区最为集中。巴泽雷克（Pazyrk）墓冢出土器物上有不少动物纹带有 S 纹，尤其在图埃克塔（Tuekta）（图 11 - 1 - 3：3、4)③ 和巴沙达尔（Bash-Adar）墓葬（图 11 - 1 - 3：5)④ 中尤为常见。动物造型比较夸张多样，包括麋鹿、山羊、野猪等被捕食动物，另有极少量虎，有此类装饰的器物种类也很丰富，有鞍饰件、棺板雕饰、皮质衣服饰件等。

此外，这类动物纹还见于米奴辛斯克盆

图 11 - 1 - 3 S 纹装饰图案

1. 拉达克德斯凯特岩画 2. 新疆于田萨塔玛墓地出土木桶 3、4. 巴泽雷克图埃克塔墓地木棺及皮革装饰 5. 巴泽雷克巴沙达尔木棺装饰

① Ye. A. Miklashevich, Pelroglify Cholpon-Aty, *Drevneye iskusstvo Aziyi*, *Petroglify*, Kernero, 1995, vo. s. 63 - 68.
② L. Bruneau, J. V. Bellezza, The Rock Art of Upper Tibet and Ladakh: Inner Asian cultural adaptation, regional differentiation and the "Western Tibetan Plateau Style".
③ S. I. Rudenko, *Frozen tombs of Siberia: the Pazyryk burials of Iron Age horsemen*, trans. by M. W. Thompson, London: J. M. Dent & Sons LTD, 1970, pp. 268 - 271, fig. 136, 137A, B.
④ 同上，p. 269, fig. 136.

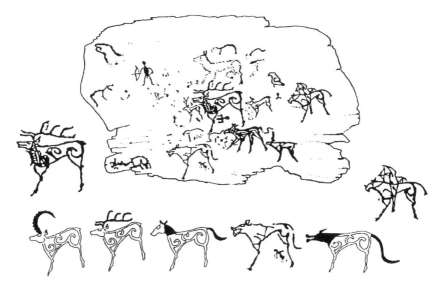

图 11 - 1 - 4　米奴辛斯克乌斯特图巴岩画

地的乌斯特图巴（Ust-Tuba）第Ⅲ地点（图 11 - 1 - 4）①、泰普塞（Tepsey）第Ⅱ地点②，以及蒙古鄂尔浑地区的伊克·阿力克（Ikhe-Alyk）和杜尔拜支（Durbeldzhi）③等岩画地点。在中国北方地区的宁夏贺兰县、平罗县④等地的岩画，也可见到这类动物图像。值得注意的是，在中国东周时期的叙事画像纹青铜器上，有不少类似的动物纹装饰，如河南三门峡上村岭虢国墓地出土铜镜⑤、山西浑源李峪出土铜豆⑥等。它们显然受到草原地带装饰艺术风格的影响。

由此可见，饰 S 纹动物图像在欧亚草原地带、中亚地区和中国北方地区都有较为普遍的分布。虽然对岩画的直接断代比较困难，但以上列举的不少图像都出现在墓葬出土物上，个别岩刻图像属于墓葬的附属物，这都为岩画的断代提供了间接的参照。从整个欧亚地区来看，饰 S 纹动物图像最早见于图瓦的阿尔赞 1 号墓中所出的鹿石，饰 S 纹鹿与蹄脚尖的鹿形象并置，其年代为公元前 8 世纪末到公元前 7 世纪初。但在公元前 6 世纪之前，这类动物纹比较少见。公元前 6 世纪之后，在萨彦—阿尔泰地区普

---

① Ja. A. Sher, *Petroglify srednej i central'noj Azii*, Moscow, Nauka, 1980, pp. 249 – 251, Fig. 122.
② 同上, Fig. 71.
③ A. M. Tallgren, Inner Asiatic and Siberian Rock Pictures, *Eurasia Septentrio-nalis Antiqua*, 1933, no. 8, 175 – 210, Fig. 13.
④ 金维诺、张亚莎、邢军主编：《中国美术全集·岩画版画》，时代出版传媒股份有限公司、黄山书社，2010 年，第 31、33 页。
⑤ 宋新潮：《中国早期铜镜及其相关问题》，《考古学报》1997 年第 2 期。
⑥ 山西省考古研究所：《山西浑源县李峪村东周墓》，《考古》1983 年第 8 期；胡嘉麟：《浑源彝器晋地遗风——记上海博物馆藏李峪村出土青铜器》，《艺术品》2014 年第 6 期。

遍流行，尤其集中在公元前 5 世纪—前 3 世纪。如奥弥利格（Ajmyrlyg）墓群出土铜镜，具有前后双涡纹饰的野山羊图形；萨格里—巴兹（Sagly-Bazi）Ⅱ号墓地出土木雕和动物饰件。此两例年代都为公元前 5 世纪—前 3 世纪①。图埃克塔Ⅰ号和巴沙达尔Ⅱ号墓葬出土动物纹身上装饰有类似的 S 纹，碳十四测年为公元前 520 年②；新疆布尔津图瓦新村墓地 M1 出土的石板上刻有饰 S 纹双虎图像③，其年代大致为公元前 4 世纪—前 3 世纪④；前述于田县萨塔玛墓地出土的木桶经碳十四测年大致为公元前 390—前 200 年。

萨彦—阿尔泰的周邻地区发现的饰 S 纹动物图像多数也集中在公元前 6 世纪之后。新疆阿拉沟 M30 出土的虎形金牌饰⑤，年代在公元前 5 世纪—前 3 世纪之间。至于中国北方地区所发现的叙事画像纹青铜器，韦伯（C. D. Weber）专门对其动物装饰进行过详细的搜集和比对（图 11 - 1 - 5），将其年代定于公元前 5 世纪的前半⑥。

舍尔（J. A. Sher）对中亚地区岩画的研究也证实了这一推论。他认为这种身上装饰 S 纹的动物图像，包括踞脚尖鹿和回首鹿、虎逐鹿等图像，在阿尔赞—玛杰米尔（Arzhan-Majemir）动物纹风格的早期阶段（即公元前 8 世纪—前 6 世纪）非常少见，而在公元前 6 世纪—前 4 世纪的成熟期比较常见，装饰位置也不限于动物的前肩和后臀⑦。从目前所见资料来看，这类动物纹时代较晚的是在公元前 2 世纪—前 1 世纪，如塔山塔（Tashanta）Ⅱ号墓地 M4 中出土的 S 纹木雕动物图像⑧，但这一时段的总体数量比较少。从其延续时段和分布特征来看，这种动物图像与欧亚草原游牧民族，尤其是斯基泰人的兴起和活动区域相吻合，在游牧民族最为兴盛的公元前 6 世纪—前 4 世纪，它们达到了最为广阔的分布范围，数量上也达到了峰值。

由于西伯利亚阿彦—阿尔泰地区的这类图像出现最早且分布最为密集，不但具有丰富的载体种类和图像变化形式，而且其装饰传统延续长达数个世纪，应该是这类图像产生的源头和发展主线所在。中国北方地区岩画以及东周时期叙事画像纹青铜器上出现的类似图像，与中亚、拉达克和我国藏西地区一样，很可能是受

① 马健：《公元前 8—前 3 世纪的萨彦—阿尔泰——早期铁器时代欧亚东部草原文化交流》，《欧亚学刊》2006 年第 8 期。
② K. Jertmar, *L'art des steppes. Le style animalier eurasiatique, genèse et arrière-plan social*, Paris, Albin Michel, 1965, p. 136.
③ 新疆文物考古研究所：《新疆布尔津喀纳斯下湖口图瓦新村墓地发掘简报》，《文物》2014 年第 7 期。
④ 刘思文：《新疆阿勒泰早期铁器时代石构墓葬的特点》，《宁夏大学学报（人文社会科学版）》2016 年第 1 期。
⑤ 新疆社会科学院考古研究所：《新疆阿拉沟竖穴木椁墓发掘简报》，《文物》1981 年第 1 期。
⑥ C. D. Weber, *Chinese Pictorial Bronze Vessels of the Late Chou Period*, Part Ⅳ, *Artibus Asiuae*, 1968, vol. 30, pp. 145 - 213, Fig. 70 - 71.
⑦ Ja. A. Sher, *Petroglify srednej i central'noj Azii*.
⑧ V. D. Kubarev, *Kurgany Ulandryka*, Novosibirsk, Nauka, 1987, pp. 131 - 135.

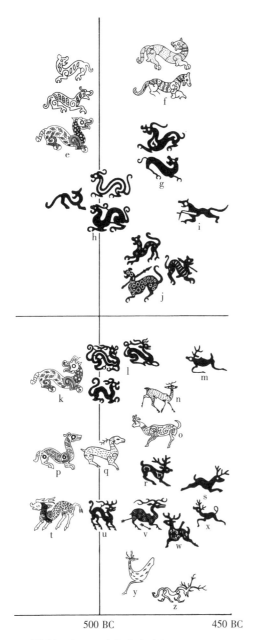

500 BC 450 BC

图 11-1-5 中国北方青铜器上的 S 纹动物图像

(Chinese Pictorial Bronze Vessels of the Late Chou Period, Part IV, Fig. 70–71)

到了欧亚草原地区的影响所致。西藏西部地区的这类岩画图像，当是通过拉达克地区从中亚、我国新疆南部以及欧亚草原地区辗转输入的。

因此藏西和拉达克地区此类岩画图像的年代，应该不会超出欧亚草原地区的年代框架范围，即不会早于公元前 6 世纪，更有可能的时代为公元前 5 世纪—前 3 世纪之间。

对于涡纹和 S 纹动物装饰的功能，从视觉上来看，可能是用以增加动物形象的活力。贝勒兹提出这些装饰代表了动物的生命力①，是有一定的道理的。从巴泽雷克地区来看，动物图像躯体上的装饰图案非常多样，涡纹和 S 纹仅仅是其中一个种类，其他装饰图案还包括圆圈纹、半马蹄纹、逗点纹等，主要出现于咬斗的动物身上，一些单体动物图像上也有装饰，主要用以刻画动物的肋骨和肌肉纹理②。但输入到中亚和藏西的程式化涡纹和 S 纹饰，是否发展出了某种宗教内涵，目前尚无法详知。

对于藏西地区制作和利用这些岩画的人群，有不同的观点。法兰克福认为如果他们不是直接的萨加人，至少也是草原的游牧人，可将其与和田地区的塞人联系起来。他们夏季在西藏西部、赞斯卡和拉达克的夏季牧场，冬季穿越喀喇昆仑山山口迁移到昆仑山绿洲。他们的经济形态如同在阿尔泰和帕米尔地区一样为游牧，但也

① L. Bruneau, J. V. Bellezza, The Rock Art of Upper Tibet and Ladakh: Inner Asian cultural adaptation, regional differentiation and the "Western Tibetan Plateau Style".
② S. I. Rudenko, *Frozen tombs of Siberia: the Pazyryk burials of Iron Age horsemen*, p. 271.

包含有商业和交换①。但目前还无法进一步证实这一推论。贝勒兹则认为，萨加人出现在西藏西部似乎可能性不大，因为这不但会面临着语言系统认定方面的问题，同时还包括生活方式的差异。泛文化艺术趋向的出现可能借助了一些物质媒介的传播，如交换的物品包括容易携带的铜质工具等，交换物品上的纹饰很可能成为岩画艺术的灵感源泉②。

笔者倾向于贝勒兹的观点，因为从目前的考古发现来看，西藏西部地区虽然会吸收中亚和我国新疆南部同时期的文化因素，但并没有发现可以确定萨加人文化广泛存在的证据，也缺乏体质人类学和相应出土器物的支持。但是此类动物图像如此独特，又很难将其归为不同地区的巧合。因此很有可能是伴随着游牧人群活动、物品交流、宗教思想观念或审美情趣上的传播，地域之间存在交流和影响的关系，但这种关系又没有密切到可以归属同一族群的程度。西藏西部独特的高原环境毕竟不同于海拔低而且平坦开阔的草原地带，同时还缺乏其他地区易于获取的自然资源和生活用品，因此会对外来迁徙人群造成一定的阻碍，区域间互补性的商品交换自然会成为文化交流的主导形式。

西藏西部地区迄今为止所发现的年代最早的考古遗存，是札达县格布赛鲁遗址、格林塘墓地③和皮央·东嘎遗址群④，为公元前6世纪—前5世纪，都位于日土县以东三百千米、海拔较低的札达县境内，属于半农半牧的混合经济形态。遗址中发现不少具有欧亚草原风格的器物，如带柄铜镜。而在海拔较高的日土县境内，尚未发现可以归属这一时期的、具有定居性质的考古遗存。从岩画分布的自然环境来看，日土并非单纯的季节性牧场，还是连通狮泉河东部和西部地区的重要通道。象泉河上游谷地较低海拔地带半农半牧部落群体的存在，为这些交通要道上岩画的出现增添了更充分的理由。

第二节 对三角形动物图像

对三角形动物纹也是岩画中一种特殊的动物表现方式。常见的动物图像基本上都是

---

① H. P. Francfort, Archaic Petroglyphs of Ladakh and Zanskar.
② L. Bruneau, J. V. Bellezza, The Rock Art of Upper Tibet and Ladakh: Inner Asian cultural adaptation, regional differentiation and the "Western Tibetan Plateau Style".
③ 四川大学中国藏学研究所等:《西藏札达县格布赛鲁墓地调查简报》,《考古》2001年第6期;记者春拉:《阿里考古发掘迄今所知西藏境内最早墓葬》,新华社拉萨4月10日电, http://www.xinhuanet.com/2018-04/10/c_129847547.htm.
④ 四川大学中国藏学研究所等:《西藏札达县皮央·东嘎遗址古墓群试掘简报》,《考古》2001年第6期;记者赵朗:《西藏发掘24座墓葬展现西部早期文明》,中国新闻社拉萨4月4日电, http://www.chinanews.com/cul/2019/04-04/8800887.shtml.

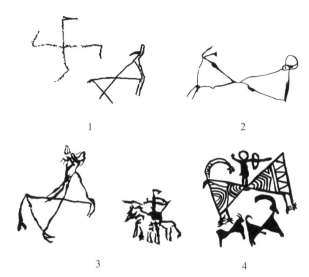

图 11 - 2 - 1　我国西藏、新疆的对三角形动物图像

1. 西藏纳木错 Brag bying gur phug 洞穴岩画（Bon Rock Paintings at gNam mtsho, fig. 15）　2. 西藏纳木错 Brag bying gur phug 洞穴①　3. 西藏纳木错 Sangs rgyas yar byon phug 洞穴（同前，fig. 13）　4. 新疆博格达峰岩画（巫新华供图）

以写实的方式客观地描绘出动物的基本轮廓，而对三角纹则是一种几何化的动物形象，是以两个相对的三角形勾画出动物躯体，实际上在现实中并不存在这种造型的动物。这种动物图像在相关联的不同地区出现，应该与人群迁徙或区域文化交流存在一定的联系。

据调查可知②，那曲纳木错湖周边至少有 6 个岩画点，多数岩画集中分布在湖东南岸长约 10 千米的好运角（bKra shis do）半岛上，在这个岬角顶部有两道低洼山脉，其中约有 30 个洞穴、岩体和悬岩内绘有岩画。岩画主要以不同色调的赭石绘制，部分岩画局部用黑色颜料。其中至少有 5 个动物个体的躯干表现为对三角形，多为牦牛图像。其中一个出现于 Brag bying gur phug 洞穴内，位于一个雍仲符号下方；另外三个分别出现于 bKra shis rtags brgyad phug 洞穴、Sangs rgyas yar byon phug 洞穴和 Phrang lam 洞穴内。在其他洞穴内还画有一个对三角形的鹿图像③。（图 11 - 2 - 1：1、2、3）这些对三角形动物图像都以简洁的线条勾勒轮廓，通常为狩猎动物图像的组成部分。同样形式的动物图像在西藏西部见于日土县多玛乡岩画④。

---

① J. V. Bellezza, Gods, Hunting and Society: Animals in the Ancient Cave Paintings of Celestial Lake in Northern Tibet, *East and West*, 2002, vol. 52（1 - 4）, pp. 347 - 396, fig. 22.

② J. V. Bellezza, Bon Rock Paintings at gNam mtsho: Glimpses of the Ancient Religion of Northern Tibet, *Rock Art Research*, 2000, vol. 17, no. 1, Melbourne；西藏自治区文管会文物普查队：《西藏纳木错扎西岛洞穴岩壁画调查简报》，《考古》1994 年第 7 期。

③ 同①，pp. 347 - 396.

④ 索朗旺堆：《西藏岩画艺术》，四川人民出版社，1994 年，第 85 页。

这类动物图像在拉达克地区分布较多，包括列城东部的萨布（Sabu）①、西部的卡拉泽村（Khalatse）②、达村（Dah）的提力羌（Tilichang）③、扎木塘（Zamthang）④ 以及努布拉河谷的玉卡姆·托波（Yulkam Tokpo）（图11 - 2 - 2）⑤ 等地点。

巴基斯坦北部斯瓦特河谷的高格达拉（Gogdara）第 I 地点，是这类对三角形动物图像分布比较集中的地点之一（图11 - 2 - 3）⑥。凿刻和涂绘两种手法并存，其中凿刻的对三角形单体动物图像共 9 个，涂绘的共 6 个。动物种类包括豹、马和山羊等。该处岩画上所有动物都面向右侧，表现出惊人的一致性。印度河上游地区其他包含有对三角形动物图像的地点还有莱卡·嘎塔（Lekha-gata）（图11 - 2 - 4∶1）⑦，霍达尔（Hodar）⑧，

图11 - 2 - 2　拉达克玉卡姆·托波岩画

① L. Bruneau, *Le Ladakh （état de Jammu et Cachemire, Inde） de l'Âge du Bronze à l'introduction du Bouddhisme∶ une étude de l'art rupestre*, 4 volumes, Paris, Université de Paris I/Panthéon-Sorbonne （Unpublished PhD thesis）, 2010, Fig. 23,78,80,83,87,89,92,96,98,100,102,113,115.

② G. Orofino, A Note on Some Tibetan Petroglyphs of the Ladakh Area, *East and West*, 1990, vol. 40, no. 1/4, pp. 173 - 200, Fig. 23.

③ L. Bruneau, *Le Ladakh （état de Jammu et Cachemire, Inde） de l'Âge du Bronze à l'introduction du Bouddhisme∶ une étude de l'art rupestre*. pl. 46,48,51; L. Bruneau, J. V. Bellezza, The Rock Art of Upper Tibet and Ladakh∶ Inner Asian cultural adaptation, regional differentiation and the "Western Tibetan Plateau Style".

④ M. Vernier, Zamthang, epicentre of Zanskar's rock art heritage, *Revue d'Etudes Tibétaines*, 2016, no. 35, pp. 53 - 105, Fig. 3.

⑤ M. Vernier, L. Bruneau, *Franco-Indian Archaeological Mission in Ladakh*, *Mission Archéologique Franco-Indienne au Ladakh （INDIA）*, Report∶ fieldwork 2015, fig. 5.

⑥ L. M. Olivieri, The Rock-Carvings of Gogdara I （Swat）∶ Documentation and Preliminary Analysis, *East and West*, 1998, vol. 48, no. 1/2, pp. 57 - 91, fig. 17.

⑦ L. M. Olivieri, M. Vidale, Beyond Gogdara I∶ New Evidence of Rock Carvings and Rock Artefacts from the Kandak Valley and Adjacent Areas （Swat, Pakistan）, *East and West*, 2004, vol. 54, no. 1/4, pp. 121 - 180, fig. 30.

⑧ K. Jettmar, Felsbilder und Inschriften am Karakorum Highway, *Central Asiatic Journal*, 1980, vol. 24, no. 3/4, pp. 185 - 221.

图 11 - 2 - 3 巴基斯坦斯瓦特高格达拉第 I 地点岩画

托尔①，奇拉斯（Chilas）第Ⅱ、第Ⅳ地点，加拉特（Ziarat）第Ⅱ地点奇拉斯（Chil-as）第Ⅱ、第Ⅳ地点，加拉特（Ziarat）第Ⅱ地点②，马尔丹的哈提阿瑙·坎道（Hatiano Kandao）地点、托德莱（Tor Derai）地点③等。

在中亚地区，这类风格的动物纹主要见于吉尔吉斯斯坦的塞玛里塔什（Saimaly Tash）（图11 - 2 - 4：2）④。该岩画群位于海拔3000—3500米的半封闭山谷里，分为西部的第Ⅰ地点和东部的第Ⅱ地点。第Ⅰ地点发现10000块岩画，第Ⅱ地点发现1500块，动物形象有野山羊、盘羊、牛、鹿、马、骆驼、狗、狼等，大部分动物为对三角形造型，岩画内容包括车马、犁耕、狩猎等。此外在阿富汗巴达赫尚的纳玛古特（Nama-

① K. Jettmar, Non-Buddhist traditions in the petroglyphs of the Indus valley, In: J. Schotsmans, M. Taddei eds. , *South A-sian Archaeology*, Instituto Univesitario Oriental Dipartimento Di Studi Asiatici, Naples, 1985, pp. 751 – 775, Fig. 3.

② A. H. Dani, *Chilas: The City of Nanga Parvat (Dyamar)*, Islamabad, 1983, fig. 8 – 10,12,13,21.

③ M. S. Qamar, Rock Carvings and Inscriptions from Tor-Derai (District Loralai), *Pakistan Archaeology* 10 – 22, 1974—1986, pp. 168 – 178, pls. XLIXB, La.

④ K. Tashbayeva, Petroglyphs of Kyrgyzstan, In: K. Tashbayeva, M. Khujanazarov, V. Ranov, Z. Samashev, *Pet-roglyphs of Central Asia*, International Institute for Central Asian Studies, Samarkand, Bishkek, 2001, pp. 9 – 79, fig. 11.

图 11 - 2 - 4　巴基斯坦北部、中亚的对三角形动物图像
1. 巴基斯坦斯瓦特莱卡·嘎塔岩画　2. 吉尔吉斯斯坦塞玛里塔什岩画

gut）岩画点也可见到①。

我国新疆也发现一处对三角形动物图像的岩画（图 11 - 2 - 1：4）②，分布在天山博格达峰冰川边缘，海拔约 3570 米。分布集中，且数量较多。岩画遗址群有 80 余处，共计 800 余幅单体图像，动物主要有野山羊、牛、鹿、马、狗、骆驼等，动物图像多为对三角形造型。岩画内容主要是狩猎、车马、战争等。

从对三角形动物图像的分布来看，天山博格达峰岩画是最北方，西伯利亚的阿彦—阿尔泰地区及其以北地区，都不见这类动物形象。与饰 S 纹动物图像相比，它的分布比较有限，在中亚地区数量并不多，也没有延伸到中国北方的草原地带。可见其中心地区应该是中亚和拉达克地区的高寒地带。我国藏西和羌塘地区出现的这种动物造型，应该是通过拉达克地区输入的中亚岩画因素。

这类动物造型岩画的年代，在不同地区有一定的差异性，很可能其本身延续的时间比较长。图齐最早对斯瓦特河谷的高格达拉 I 地点岩画进行调查和记录，他认为这种对三角形动物纹与古代伊朗地区陶器上的装饰图样非常相似，将其断定为"原史时期（proto-historic time）"③。受图齐影响，不少西方学者将其年代置于公元前 2 千纪到公元前 1 千纪初期之间，主要依据是伊朗和中亚地区史前陶器纹饰的相似性。莱卡·嘎塔地点被断定为与高格达拉第 I 地点同一时期，为青铜时代晚期，即公元前 2 千纪的后半④。

达尼（A. H. Dani）将整个中亚地区的对三角纹动物图像归为公元前 4 世纪—前 2 千纪⑤。

① J. Sher, O. Garyaeva, The Rock Art of Northern Eurasia, In：P. G. Bahn, A. Fossati eds. , *Rock Art Studies：News of the World I. Recent Developments in Rock Art Research*（*Acts of Symposium* 14D at the *NEWS*95 *World Rock Art Congress*，*Turin and Pinerolo*，*Itlay*），Oxbow Monograpy 72, Oxford, 1996, pp. 105 - 126.

② 该岩画资料由中国社会科学院考古研究所新疆工作队巫新华提供。

③ G. Tucci, Preliminary Report on an Archaeological Survey in Swat, *East and West*, 1958, vol. 9, no. 4, pp. 279 - 328.

④ L. M. Olivieri, M. Vidale, Beyond Gogdara I：New Evidence of Rock Carvings and Rock Artefacts from the Kandak Valley and Adjacent Areas（Swat, Pakistan）.

⑤ A. H. Dani, *Chilas：The City of Nanga Parvat*（*Dyamar*），Islamabad, 1983, p. 24.

1   2   3

图 11-2-5　伊朗出土陶器上的对三角形动物图像
1、3. 苏萨遗址　2. 高尔遗址

在这一时期，对三角形动物图像在伊朗的扎克（Zaqeh Tepe）[①]、苏萨（Susa）（图11-2-5：1）[②] 和高尔（Gol Tepe）（图11-2-5：2）[③] 等遗址出土的彩陶器上多有发现，动物主要为大角的山羊和鹿，其年代为公元前3500年—前2000年，应该是此类动物图像的源头所在。耶特马尔认为岩画中对三角形动物纹的年代跨度比较大，自青铜时代一直延续到晚近[④]，但他所列举的晚近阶段的证据明显缺乏说服力。作为中亚地区对三角形动物纹最为集中的地点，吉尔吉斯斯坦的塞玛里塔什岩画被认为是在公元前3千纪到公元前2千纪早期，属于铜石并用时代到青铜时代[⑤]；另有学者将其年代进一步限定为公元前1000年前后[⑥]。如果考虑到与高格达拉第Ⅰ地点的关联性，这一年代推测应该是合理的。

天山博格达峰岩画的发现者认为该岩画可能早至公元前2千纪，与青铜时代活动于天山一带的牧人祭祀博格达峰有关[⑦]，这一推测与整个中亚地区该类型岩画的年代体系相符。它们在天山东部地区的出现，应该与塞玛里塔什岩画有密切的关联性，两者地理环境相似，岩画内容高度相似，很有可能是游牧人群的迁徙所致。

西藏西部日土县多玛乡岩画和拉达克西部达村附近的提力羌岩画中所见的对三角形动物纹，应该是中亚和巴基斯坦北部所见对三角形动物纹传统向青藏高原西部地区的延伸，具有明显的空间连续性，在时代上也应该基本相当。至于纳木错湖畔的对三

---

① W. Seipel, 7000 *Jahre persische Kunst: Meisterwerke aus dem Iranischen Nationalmuseum in Teheran*, Wien, 2000, p. 84, pl. 4.

② A. U. Pope ed., P. Ackerman (Asst. Editor), *A Survey of Persian Art: from Prehistoric Times to the Present*, vol. 1, London and New York: Oxford University Press, 1938-1939, p. 174, fig. 24; pl. 1c, 3c.

③ H. Tala'I, Notes on New Pottery Evidence from the Eastern Urmia Basin: Gol Tepe, *Iran*, 1984, vol. 22, pp. 151-156, fig. 2: z.

④ K. Jettmar, Non-Buddhist traditions in the petroglyphs of the Indus valley.

⑤ K. Tashbayeva, Petroglyphs of Kyrgyzstan, In: K. Tashbayeva, M. Khujanazarov, V. Ranov et al., *Petroglyphs of Central Asia*, International Institute for Central Asian Studies, Samarkand, Bishkek, 2001, pp. 9-79.

⑥ A. N. Bernstam, Naskanje izobrazenija Sajmali Tas, *Sovetskaja Etnografija*, 1952, vol. 2, Karatau (Kazakhstan).

⑦ 郭物：《通过天山的沟通——从岩画看吉尔吉斯斯坦和中国新疆在早期青铜时代的文化联系》，《西域研究》2011年第3期。

角形动物图像，贝勒兹虽然认同它们与中亚地区和印度河上游地区的关联性，但他倾向于相当晚近的时期，最晚可至 7—13 世纪，其主要论据是与这些动物图像并置的还有藏文题记和佛教性质的图像，如雍仲符号、佛塔等。实际上从公布的资料来看，与这类动物图像共同构成一个画面构图的仅有雍仲符号一类，而这类符号在西亚铜石并用时代已经出现，如苏萨遗址的印章图像中同样有雍仲符号与对三角形动物图像并存（图 11 - 2 - 5：3）①，其图像模式和配置与纳木错岩画相同。雍仲符号在西藏西部和拉达克地区在青铜时代也比较常见，并与其他典型的青铜时代岩画图像共存。因此此处的对三角形动物纹图像，应该是与拉达克、斯瓦特和中亚地区处于同一时期，具有密切的关联性，其年代也应属于公元前 1000 年前后。

第三节 车马图像

车马图像是岩画中一个比较特殊的类别，它在青藏高原的出现对于探讨古代西藏与周边地区的交通与交往具有重要价值。一方面，从整个欧亚地区来看，该类图像的分布具有一定的时代特征，仅流行于特定的历史时期，因此对岩画的断代具有一定参考价值；另一方面，青藏高原作为一个独特的地理单元，车马岩画的出现必定是受到周边地区的影响所致，通过检视它们的分布情况，可以按图索骥，复原其输入的交通路线；此外，马车本身就是青铜时代以降重要的交通工具，它蕴含着古代青藏高原上的交通发展和人群活动方面的重要信息。

马车在欧亚大陆的出现是在公元前 2 千纪，与此同时也开始出现在岩画上。据统计欧亚草原地带的车马岩画共有 270 幅左右，主要分布于巴尔喀什湖以东以南、阿尔泰山、杭爱山以及蒙古戈壁地区，少部分发现于天山山脉东部、青藏高原北部、贺兰山、阴山和河西走廊地区②。车辆多以单辕双轮车为主，一般挽车的马匹背靠辕，四肢朝外，以辕为中线左右对称，这类风格的车辆岩画在南亚、西亚、北非及北欧等地区也有发现，被称之为"上视图"或"分裂造型（split representation）"，是车辆岩画艺术的主流。同时在中亚南部也有少量为侧视表现形式（profile representation），如吉尔吉斯斯坦的塞玛里塔什③。

---

① L. Le Breton, The Early Periods at Susa, Mesopotamian Relations, *Iraq*, 1957, vol. 19, no. 2, pp. 79 - 124, fig. 8,9.

② 特日根巴彦尔：《欧亚草原中东部地区车辆岩画的分布特点及内容分析》，《中原文物》2012 年第 2 期。

③ H. P. Francfort, Some Aspects of Horse Representation in the Petroglyphs of Inner Asia from Earliest Periods to the 1st Millennium BCE, In: L. Ermolenko ed., *Arkheologiia Iuzhnoi Sibiri*, Kemerovo: Kemerovo State University, 2011, pp. 54 - 64.

图 11-3-1　我国西藏西部的车马图像

1. 西藏尼玛加林山岩画　2. 西藏尼玛夏桑岩画　3. 西藏改则日杰岩画　4. 西藏札达度日坚岩画

　　根据调查，迄今为止在藏西和羌塘至少有 5 个岩画地点发现双轮马车的图案，包括那曲尼玛县的加林山（Gyaling）地点（图 11-3-1：1）①和夏桑（Shaktshang）地点（图 11-3-1：2）②、改则县日杰（Rigyal）地点（图 11-3-1：3）③、日土县龙门卡村的扎龙（Gyamrak）地点和札达县度日坚（Duruchen）地点（图 11-3-1：4）④。共发现马车图像 20 多幅，其中以札达县的度日坚地点最为集中，有 10 余幅之多。

　　夏桑和加林山岩画点位于那曲尼玛县境内，海拔在 4700 米以上。夏桑车马岩画为单辕、双轮、双马、半圆形舆，马车部分为上视图，而双马为侧视图。周边凿刻有鹿、牦牛、骑士等图像。加林山岩画点距离夏桑 160 千米左右，马车为单辕、双轮、圆形舆，仅有车身，未刻马匹。马车图像周围有牦牛、马、犬、羚羊、人、藏文等，岩画周边发现有石砌墙基等居住遗迹⑤。从岩画周围的动物配置来看，很可能马车具有狩猎动物的功能。马车略去了双马，调查者认为是未完工的画面。但在羌塘中部和西北部还发现有涂绘和凿刻的其他类似马车图案，同样没有刻画出双马⑥。可见双马是可以被省略的部分，这一现象在蒙古国和中亚地区的岩画上也很常见。

　　青海天峻卢山岩画中共有 4 幅马车图，但都为侧视图。格尔木的野牛沟岩画共有 2 幅完整的上视图造型，另外还有两幅"未完成的车"，实际上为简化的车辆形象，省略了马匹和车轴⑦，这些特征显示出其与卢山岩画应该有不同的来源，或者出自不同的时期。夏桑和加林山岩画的马车在构图上表现出与野牛沟更接近的特征，可能具有一定的关联性。但考虑到两地之间近千千米的距离和无人区的阻隔，它们之间的联系可能是间接的。

---

① 洛桑扎西：《那曲尼玛县夏桑、加林山岩画调查简报》，《西藏研究》2002 年第 3 期，图二。

② 同上，图三。

③ 张晓霞、罗延焱、郭晓云：《西藏改则岩画的田野调查》，《内蒙古艺术学院学报》2018 年第 1 期，图六。

④ L. Bruneau，J. V. Bellezza，The Rock Art of Upper Tibet and Ladakh：Inner Asian Cultural Adaptation，Regional Differentiation and the "Western Tibetan Plateau Style"，fig. IV. 1.

⑤ 同①。

⑥ J. V. Bellezza，*Flight of the Khyung*，November 2011，fig. 1，2. http：//www.tibetarchaeology.com/november-2011/

⑦ 汤惠生、张文华：《青海岩画：史前艺术中二元对立思维及其观念的研究》，科学出版社，2001 年，第 32 页，图 61；第 27 页，图 46；第 22 页，图 35；第 25 页，图 44。

图 11 - 3 - 2　拉达克和中亚地区的车马图像
1. 拉达克特里苏尔　2. 吉尔吉斯斯坦塞玛里塔什　3、4. 哈萨克斯坦塔姆加利

　　藏西和拉达克地区的车马岩画，很可能是那曲尼玛地区车马岩画的直接来源。羌塘西部改则县日杰岩画地点的一块岩石上发现有一幅马车图，采用上视图造型，仅刻画出车辆而略去双马，周边分布有大量动物图像，主要是牦牛和野驴[①]。札达度日坚岩画的马车图像为上视图，凿刻极为细致，表现出了马具和马夫的细节，轮辐多达 20 余个，这在整个欧亚草原地区的车辆岩画中是不多见的[②]。车辆图像的周边分布狩猎和动物捕食场景。拉达克地区仅发现一处马车岩画，位于特里苏尔（Trishul）地点（图 11 - 3 - 2：1）[③]，同样属于典型的上视图造型，与度日坚岩画相同。虽然仅此一例，但足以弥补该图像在我国藏西与中亚、巴基斯坦北部地区之间的缺环。

　　拉达克以西的马车岩画主要见于巴基斯坦奇拉斯的托尔、高格达拉第Ⅰ地点、莱卡·嘎塔等地点[④]。莱卡·嘎塔的马车为上视图，双马为侧视图，被认为是斯瓦特地区所见最早的马车图像[⑤]。

　　中亚和欧亚草原地带的车马岩画分布较多且集中，其中包括东哈萨克斯坦的阿普劳臣、塔姆加利（图 11 - 3 - 2：3、4）[⑥]、乌塞克（Usek）等，吉尔吉斯斯坦的塞玛里塔什（图 11 - 3 - 2：2）[⑦]，戈尔诺—阿尔泰的考巴克塔什（Kalbak-tash）、阿朗尕什

① J. V. Bellezza，Riding high：The chariots of ancient Upper Tibet，*Flight of the Khyung*，August 2010，http：//www.tibetarchaeology.com/august-2010/；张晓霞、罗延焱、郭晓云：《西藏改则岩画的田野调查》，《内蒙古艺术学院学报》2018 年第 1 期，图六。

② L. Bruneau，J. V. Bellezza，The Rock Art of Upper Tibet and Ladakh：Inner Asian Cultural Adaptation，Regional Differentiation and the "Western Tibetan Plateau Style"，Fig. Ⅳ. 1.

③ 同上，Fig. Ⅳ. 2；L. Bruneau，Étude thématique et stylistique des pëtroglyphes du Ladakh（Jammu et Cachemire，Inde）：Une nouvelle contribution à l'art rupestre d'Asie centrale por l'Age du Bronze，*Eurasia antiqua*：*Zeitschrift für Archäologie Eurasiens*，2012，no. 18，pp. 69 - 88，Fig. 19.

④ L. M. Olivieri，M. Vidale，Beyond Gogdara I：New Evidence of Rock Carvings and Rock Artefacts from the Kandak Valley and Adjacent Areas（Swat，Pakistan）.

⑤ L. M. Olivieri，The Rock-Carvings of Gogdara I（Swat）：Documentation and Preliminary Analysis.

⑥ A. N. Maryashev，A. A. Goryachev，*Petroglyphs of Semirechie*，Almaty，2002，p. 29，Tabl. Ⅳ：19；A. N. Mar'jašev，A. A. Gorjačev，S. A. Potapov，*Kazakhstan 1*：*choix de pétroglyphes du Semirech'e*（*Felsbilderim Siebenstromland*），Paris，diffusion DeBoccard，1998，fig. 17.

⑦ A. J. Martynov，A. V. Mariachev，A. K. Abetekov，*Gravures Rupestres De Saimaly-Tach*，Almaata，1992，fig. 87.

（Elangash）等，图瓦的穆古尔萨高尔（Mugur-sargol），蒙古的楚鲁廷高尔（Chulutyn-gol）、喀孜高特（Kavtsgalt）、阿拉林高尔（Alarin-gol）、考布德萨蒙（Khobd-somon）等，以及我国内蒙古的阴山、宁夏的贺兰山等地①。根据雅各布森（Jacobson E. ）的观察，这些地区的车马岩画构图中，车辆本身是最重要的构成部分；牵引动物次之，或可省略；马夫是最为次要的部分，偶尔有所表现。这一现象也出现在青藏高原的车马图像上。从形态上看，西藏西部和拉达克的车马岩画与中亚和欧亚草原东部地区所流行的车辆岩画如出一辙，有典型的对称性上视图，也有双马的侧视造型，此外还有略去双马仅表现车辆的图像。从配置上看，西藏西部的车马也通常与各类动物并列或混杂，与中亚和欧亚草原地区的车辆功能相同，主要是用于狩猎。将车马图像铭刻在岩石上，也代表了雕凿者所拥有的财富和社会地位。车辆成为贵族身份的象征，贵族阶层通过凿刻和使用车马岩画，从而宣示其统治权威②。过去不少学者认为中亚地区车辆图像的出现与印欧人的军事扩张和理念传播有关③，但雅各布森通过分析指出，欧亚草原地区的岩画中所描绘的车辆均与战争场面无关，并没有足够证据显示中亚岩画中的车马图像都是印欧人所留下的标记④。西藏西部和拉达克地区的车马岩画也同样与战争场面无关，更没有证据显示其与印欧人的活动有直接的关联性。

从年代上来看，多数学者认为马车在欧亚大陆的出现是在公元前 2 千纪。贝勒兹指出，在公元前 2 千纪的晚期，青藏高原的周边已经广布熟知车辆的人群，这暗示西藏西部和拉达克地区车马岩画的出现，也约略在这个时间，即公元前 2 千纪后半到公元前 1 千纪前半，而不会晚至公元前 4 世纪，因为这一时期在整个欧亚草原车辆已经不再作为一个具有战略价值的基础技术装备⑤。有的学者则将其从岩画上消失的年代定于公元前 8 世纪—前 7 世纪，随着斯基泰人的出现和骑马游牧方式的兴起而衰退⑥。但仅仅是从岩画艺术上消失而已，马车在现实生活中仍然为游牧民族所用。值得注意的是，巴基斯坦和中亚地区的车马图像还有与对三角形动物纹图像并置的例子，如斯瓦特的高格达拉Ⅰ地点，莱卡·嘎塔地点，以及吉尔吉斯斯坦的塞玛里塔什。因此在公

---

① E. Jacobson, Warriors, Chariots, and Theories of Culture, *Mongolian Studies*, 1990, vol. 13, The Hangin Memorial Issue, pp. 83 – 116.

② 同上。

③ D. W. Anthony, Horse, Wagon and Chariot: Indo-European language and archaeology, *Antiquity* 1995, vol. 69, pp. 554 – 565.

④ E. Jacobson, Warriors, Chariots, and Theories of Culture.

⑤ L. Bruneau, J. V. Bellezza, The Rock Art of Upper Tibet and Ladakh: Inner Asian cultural adaptation, regional differentiation and the "Western Tibetan Plateau Style".

⑥ E. Jacobson, Warriors, Chariots and Theories of Culture.

元前 1 千纪前后，这两种图像在一定范围内是共存的。

第四节　塔形图

　　在西藏西部、北部的岩画中流行一种多层塔形图像，其特征为由数个台阶垒砌，由下向上逐层收分，台阶多为 3—4 层台阶，顶部为圆形，有的顶上无装饰，有的竖有三叉戟状饰物。一般认为这类塔图像与西藏后弘期的佛教传播有关，凡是出现塔形图案的岩画点，其年代都被笼统地归为吐蕃王朝时期以后，甚至更晚①。

　　在过去 20 年间，贝勒兹在我国西藏西部、北部以及相邻的斯皮蒂河谷地区发现和记录了 200 多处塔形图岩画地点②。其中日土县热邦湖区分布较为集中，可见有 10 余处分布点，应该是经历了一个比较长的时期，可以透过它们来探讨塔形图的发展演变轨迹。日土拉卓章岩画地点的一些塔形图可能属于早期形态，其造型不规整，类似若干石块垒砌而成的祭坛，基本样式是 3—4 层台阶，层层向上收分，顶部竖有桅杆形饰物（图 11 - 4 - 1）。与其同属于一个构图的，还有一些代表性的符号，包括日月、雍仲符号、树木、鹰、鸟等。扎洞岩画点的塔形图可能代表了进一步发展的成熟形态，塔形图主体部分为 5 层或更多层台阶，顶部为圆形，两侧有尖角形饰，造型比较规整和一致，应该属于后期的发展。

　　贝勒兹将这种台阶状塔形图称之为祭坛（shrine），以区别于吐蕃佛教流行时期（7 世

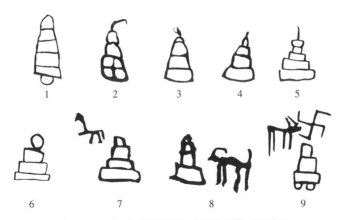

图 11 - 4 - 1　西藏西部及周边地区塔形图岩画

　　1、5、6、7、8、9 印度斯皮蒂岩画（Visitations from Upper Tibet and Ladakh，fig. 55，60，48，49，42，47）

　　2、3、4. 我国西藏日土拉卓章岩画（同前，fig. 72；《西藏岩画中的 "塔图形"》图 10、11）

---

① 　西藏自治区文管会文物普查队：《西藏纳木错扎西岛洞穴岩壁画调查简报》，《考古》1994 年第 7 期。

② 　J. V. Bellezza，Visitations from Upper Tibet and Ladakh：A survey of trans-regional rock art in Spiti，*Flight of the Khyung*，August 2015. http：//www. tibetarchaeology. com/august-2015/.

纪早期至 9 世纪中期）常见的佛塔（chorten）。祭坛的年代断定为原史时期（公元前 100 年—公元 600 年）。他认为这种原始的台阶状祭坛是象雄文化的象征物，是雍仲苯教中的神殿塞康（gsas-khang）的前身①，其为苯教守护神盖阔（Gekhoe）及其眷属以及各路神灵所建，每层台阶代表献祭的不同贡品，在宗教仪式中，它象征着整个宇宙和众神的居所②。

在 20 世纪 80 年代，已有西方学者注意到我国西藏西部地区的塔形图与巴基斯坦北部地区早期佛塔图像的关联性③。相同类型的塔形图在拉达克、斯皮蒂和巴基斯坦北部的科希斯坦地区岩画中有非常丰富的分布。在 20 世纪 80 年代中巴喀喇昆仑山公路沿线调查中，德国考察队的耶特马尔（K. Jettmar）、特瓦尔特（V. Thewalt）和巴基斯坦考古学家达尼，发现大量 2—9 世纪的佛塔岩画④，其中一些附带有佉卢文和粟特文题记，为其断代提供了确切依据。早期的佛塔图像为逐层收分的 2—4 层台阶，顶部为圆形，有的顶上竖有多层伞盖形塔刹，并两侧垂幡带；有的顶上空无一物。其年代为 1—4 世纪，尤其集中于 1—2 世纪。分布地点包括奇拉斯、塔潘、沙提亚（Shatial）、乌希巴特（Oshibat）、卡菲尔考特（Kafir-kot）（图 11 - 4 - 2）⑤、契特拉（Chitral）、洪扎河谷、巴尔蒂斯坦⑥等。这类图像属于贵霜时期（1—3 世纪）的典型佛塔图像，与当时的佛塔实物遗存相吻合（图 11 - 4 - 3）⑦，反映了贵霜时期大力发展佛教的历史背景。

从藏西和拉达克地区塔形图的造型和分布特征上来看，显然是与巴基斯坦北部地区有着密切的关联，很可能是受到科希斯坦地区早期佛塔造型影响。但这一推断会牵涉出一个重大的学术问题，即将西藏西部地区最早接受中亚佛教影响的年代，提前到

① J. V. Bellezza, Ancient ceremonial structures of Upper Tibet and Indus Kohistan, *Flight of the Khyung*, April 2010. http：//www. tibetarchaeology. com/april-2010/

② J. V. Bellezza, *The Dawn of Tibet*：The Ancient Civilization on the Roof of the World, Lanham：Rowman & Littlefield Publishers, 2014, p. 191.

③ K. Jettmar, Non-Buddhist traditions in the petroglyphs of the Indus valley；P. Denwood, Stupas of the Tibetan Bonpos：the Stupa, Its Religious, Historical and Architectural Significance. In：A. L. Dallapiccola ed. , *Beitraege zur Suedasienforschung*, Bd. 55, Wiesbaden, 1980, pp. 175 - 182.

④ K. Jettmar, D. König, V. Thewalt, *Antiquities of Northern Pakistan*, vol. 1, Mainz：Verlag Phillip Von Zabern, 1989；A. H. Dani, *History of Northern Areas of Pakistan（up to 2000 AD）*, Lahore：Sang-e-Meel, 2001；K. Jettmar, *Rockcarvings and Inscriptions in the Northern Areas of Pakistan*, Islamabad, 1982.

⑤ A. N. Khan, A. Nisar, L. M. Olivieri et al. , The Recent Discovery of Cave Paintings in Swat A Preliminary Note, *East and West*, 1995, vol. 45, no. 1/4, pp. 333 - 353, fig. 10.

⑥ K. Jettmar, *Rockcarvings and Inscriptions in the Northern Areas of Pakistan*, Islamabad, 1982；K. Jettmar, Exploration in Baltistan, In：M. Taddei ed. , *South Asian Archaeology* 1987, Rome, 1990, pp. 801 - 813；V. Thewalt, Rockcarvings and Inscriptions Along the Indus：the Buddhist Tradition, In：J. Schotsmans, M. Taddei eds. , *South Asian Archaeology* 1983, Naples, 1985, pp. 779 - 800；A. H. Dani, The Sacred Rock of Hunza, *Journal of Central Asia*, 1985, no. 8（2）, pp. 5 - 124.

⑦ A. Rahman, Butkara Ⅲ：A Preliminary Report, *Ancient Pakistan*, 6, 1991, pp. 152 - 163, pl. 10.

图 11 - 4 - 2　巴基斯坦斯瓦特卡菲尔考特岩画

吐蕃时期之前，甚至可能早至公元 1—2
世纪，这无论如何是个非常大胆、且不易
被接受的论断。因此有关学者从多方面对
这一现象进行折中解释，一方面认可巴基
斯坦北部的早期佛教艺术对西藏西部和拉
达克地区塔形图的影响，同时将西藏西部
的这类塔形图归属于本地的宗教传统——
苯教信仰。贝勒兹即认为西藏西部出现的
塔形图可以追溯到两个源头，"一个是从
犍陀罗起源，通过克什米尔影响到印度河

图 11 - 4 - 3　斯瓦特波特卡拉（Butkara）
Ⅲ号遗址出土石雕佛塔

谷的科希斯坦和拉达克，最后到达西藏西部和北部；另一个是西藏西部本土早就存在
的祭祀建筑"①。而张亚莎和龚田夫则更加强调这类图像的本土性，他们认为西藏西
部这些台阶状的塔状物主体部分是苯教文化的产物——石祭坛或祭柱，有其自身发
展演变的明确轨迹，在基本构成和造型样式上，与印度或中亚地区的佛塔有明显区
别，所表达的宗教理念也很不一样。但同时，两位研究者也指出，早期苯教祭塔或
祭柱出现于藏西，而不是藏北，反映出塔形图案的出现，可能与更西部的中亚或克
什米尔地区的文化有关②。张亚莎又通过与巴基斯坦奇拉斯所见的塔形图的比较，对
西藏阿里地区塔形图案的文化属性进行了反思，主张这类苯教垒石祭坛的起源与佛教
文化无关，虽然不能否认后期确实受到了佛塔的一些影响。至于中亚或克什米尔地区

① J. V. Bellezza, Visitations from Upper Tibet and Ladakh: A survey of trans-regional rock art in Spiti, *Flight of the Khyung*, August 2015. http://www.tibetarchaeology.com/august-2015/.

② 张亚莎、龚田夫：《西藏岩画中的"塔图形"》，《中国藏学》2005 年第 1 期。

出现的这种塔形图案，她认为是自西藏西部输入的影响，"作为高原苯教文化的核心发展区域的西部西藏，其苯教文化曾经漫过喀喇昆仑山脉进入到今天巴基斯坦奇拉斯地区。"① 这一结论还需要进一步的商榷。

首先，被认为属于西藏西部早期塔形图的诸多本土特征，在印度河上游的巴基斯坦北部地区的佛塔岩画中都出现过，而且年代还相当早。例如被认为是西藏西部本土最早的塔形图特征之一的"祭柱形"图像，在卡菲尔考特②、奇拉斯③、塔潘（图11 - 4 - 4：1）④ 和基齐河谷（Gichi Nala）⑤（图11 - 4 - 4：2）⑥ 都很多见⑦，其年代可早至 2 世纪，个别的"祭柱"还带有三叉戟形顶饰。对于这类"祭柱"，耶特马尔称之为"佛塔变体"⑧，达尼将之解释为"庙宇"⑨，或被认为是与佛塔搭配出现的"还愿柱"⑩。另一个被认为是西藏西部早期祭坛本土特征的因素——三叉戟形顶饰⑪，在卡菲尔考特、巴尔蒂斯坦、奇拉斯的乌希巴特的佛塔造型中也很多见⑫（图11 - 4 - 4：3）⑬，是早期存在的多种塔顶装饰之一，它们出现在西藏西部的早期塔形图上，说明了两个区域之间存在一定的关联。

此外，针对西藏西部岩画中出现的塔形图，贝勒兹总结出其发展演变的过程，并为张亚莎等学者所接受，认为"其自身发展演变的轨迹明确"，与印度或中亚地区的佛塔有明显区别。这种演变图式由于无法确知各自的年代先后关系，更多反映的是不同

① 张亚莎：《西藏西部垒石建筑岩画的发展轨迹——与巴基斯坦吉拉斯岩画的对比研究》，《三峡论坛（三峡文学理论版）》2010 年第 1 期。

② A. N. Khan, A. Nisar, L. M. Olivieri et al., The Recent Discovery of Cave Paintings in Swat A Preliminary Note, *East and West*, 1995, vol. 45, no. 1/4, pp. 333 - 353.

③ V. Thewalt, *Stupas, Tempel und verwandte Bauwerke in Felsbildern bei Chilas am oberen Indus (Nordpakistan)*, http：//www. thewalt. de/chilas1. htm.

④ K. Jettmar, Felsbilder und Inschriften am Karakorum Highway, *Central Asiatic Journal*, 1980, vol. 24, no. 3/4, pp. 185 - 221, Fig. 13.

⑤ D. Bandini-König, O. V. Hinüber, eds., *Die Felsbildstationen Shing Nala und Gichi Nala (Materialien zur Archäologie der Nordgebiete Pakistans)*, vol. 4, Heidelberg：Verlag Philipp von Zabern, 2001.

⑥ L. Bruneau, L'architecture bouddhique dans la vallée du Haut Indus：un essai de typologie des représentations rupestres de stūpa. *Arts asiatiques*, 2007, vol. 62, pp. 63 - 75, fig. 3.

⑦ 同上，pp. 63 - 75.

⑧ K. Jettmar, Non-Buddhist traditions in the petroglyphs of the Indus valley.

⑨ A. H. Dani, *Chilas：The City of Nanga Parvat (Dyamar)*, p. 212.

⑩ A. N. Khan, A. Nisar, L. M. Olivieri et al., The Recent Discovery of Cave Paintings in Swat A Preliminary Note.

⑪ J. V. Bellezza, Bon Rock Paintings at gNam mtsho：Glimpses of the Ancient Religion of Northern Tibet, *Rock Art Research*, 2000, vol. 17, no. 1, Melbourne；J. V. Bellezza, *Metal and Stone Vestiges：Religion, Magic and Protection in the Art of Ancient Tibet*, April 29, 2004. Fig. 16, 17. https：//www. asianart. com/articles/vestiges/index. html#9.

⑫ A. N. Khan, A. Nisar, L. M. Olivieri et al., The Recent Discovery of Cave Paintings in Swat A Preliminary Note.

⑬ 同⑧，Fig. 13.

图 11 - 4 - 4　巴基斯坦北部岩画中的"祭柱形"塔形图
1. 塔潘　2. 基齐河谷　3. 斯瓦特

的造型分类。而这一分类中所出现的各种塔形图类型，都可以在巴基斯坦北部地区的佛塔岩画中找到，而且其数量和变化形式要远远多于西藏西部，从其出现的年代上来看，也是相当早的。因此可以推知，西藏西部所出现的各种塔形图，应该都是受到巴基斯坦北部地区的佛塔造型影响所致，而与西藏西部和羌塘高原的立石遗迹似乎没有太大关联性。

因此，无论是我国西藏西部岩画中最早出现的塔形图造型，还是其发展演变的各个阶段的特征，都与巴基斯坦北部地区的佛塔岩画图像相吻合，但其种类的数量却远远少于后者，且其出现年代也不会早于后者。从空间分布上来看，自斯瓦特、吉尔吉特和拉达克到西藏西部，可以形成连续不间断的传播链条。可见巴基斯坦北部地区作为早期佛教艺术的源泉和宝库，为拉达克和西藏西部地区提供了各种不同的图像类型。

在西藏西部的考古出土物上，也出现了疑似塔形图案，为我们理解岩画中塔形图的宗教功能和流行年代提供了重要启示。2009 年在札达县曲踏墓地Ⅰ区 M1 出土一面黄金面具，在长方形的额部上錾刻出三座并列的台阶式塔形图，各有三层台阶，顶部为圆形，与岩画中所见的塔形图高度相似。在每个塔形图的两侧，各刻一只鹤形立鸟，其中一对立鸟之间刻有一树状物。每个塔形图正中（或正前）各刻一只山羊，皆面向左侧，角部向后卷曲（图 11 - 4 - 5：1）[①]。根据该墓葬的碳十四数据，其年代约在 2 世纪。出现在丧葬面具上的这类塔形图，应该与当时的丧葬观念和宗教信仰密切相关，很可能在现实中存在这种类型的宗教建筑，并在当时人们的精神世界中占据极为重要的地位。塔形图周边分布的立鸟和山羊，很可能是供奉的神灵。在一件传世的"托架"器物上（图 11 - 4 - 5：2），同样可以见到塔形图的影子。与曲踏的黄金面具一样，在一个环形铜神像的冠部，并列横置三座塔形图，台阶分为 3—4 层，顶部的造型由于磨

---

① 仝涛、李林辉：《欧亚视野内的喜马拉雅黄金面具》，《考古》2015 年第 2 期，图 2。

1   2

图 11 - 4 - 5　西藏器物上的塔形图
1. 曲踏墓地出土黄金面具（局部）　　2. "托架"器物（私人藏）

蚀严重无法辨明，但整体特征与"祭柱形"的塔形图非常接近。冠部的两侧分列两只立鸟，可能与黄金面具上的立鸟具有类似涵义。在神像的双手两侧，还有两座类似的塔形图。该器物年代和用途无法确知，但显然是具有浓厚宗教内涵的器物。

　　我国西藏西部基本上在同一时期出现了与巴基斯坦北部地区佛塔造型相同的塔形图案，而且二者又高度相似，且都与宗教信仰密切相关，这应该不是偶然的巧合。结合印度河上游的历史来看，西藏西部岩画和出土物上的早期塔形图像，很可能与贵霜时期的佛教兴盛有关。贵霜王国在迦腻色伽统治时期（2 世纪），大力提倡佛教，广造佛塔佛寺，使之成为中亚和南亚的佛教中心。贵霜王国的疆域自北大门吉尔吉特深入到克什米尔地区，在洪扎河谷、奇拉斯和拉达克都留下了文化印记，这从考古发现和岩画题记上都可以看到。穆克吉（B. N. Mukheijee）指出，吉尔吉特阿拉姆桥附近一些有确切纪年的岩刻题记，可能指向迦腻色伽时期的不同年份，迦腻色伽 I 世时期的题记显示贵霜王对克什米尔地区的征服[1]。汉文文献也记载，在迦腻色伽时期，在迦湿弥罗（又译为罽宾，即克什米尔）曾举行过佛典的第四次结集[2]。当 400 年前后法显经过克什米尔地区时，佛教已经在这一地区相当流行。在拉达克西部的卡拉泽、东卡和桑贾克（Sanjak）发现的佉卢文题记，证明这一地区曾经在贵霜早期被征服过[3]；赞斯卡萨尼寺（Sani Monastery）附近的卡尼卡塔（Kanika Chorten），据推测与贵霜王迦腻色伽相关[4]。因此一般认为来自克什米尔的佛教在公元前后传入拉达克地区，坤宁汉

---

[1]　B. N. Mukherjee, *The Rise and Fall of the Kushana Empire*, Calcutta: Firma KLM Private Limited, 1988, p. 574.

[2]　［唐］玄奘、辩机著，季羡林等校注：《大唐西域记校注》卷三，中华书局，1985 年，第 331 页。

[3]　L. Bruneau, Influence of the Indian Cultural Area in Ladakh in the 1st Millinium AD: The Rock inscription evidence, *Puratattva*, 2011, vol. 41, pp. 179 - 190.

[4]　同上。

（A. Cunningham）甚至将拉达克接受佛教的时间提早至阿育王时期，公元前 243 年曾有一些沙门将佛教经典带到拉达克地区[①]。因此即便贵霜王国并没有占据拉达克全境，贵霜王国的佛教文化因素由克什米尔影响到拉达克，进而波及西藏西部地区，是有很大可能性的。英国藏学家施耐尔格罗夫（D. Snellgrove）通过分析后推测，巴基斯坦北部的佛教因素在吐蕃引入佛教之前，已经渗透进我国西藏的西部地区[②]。

但西藏西部可能仅仅是吸收了来自克什米尔地区的佛塔造型艺术，它们为本土盛行的苯教信仰所借用，成为苯教中的象征物。因为在西藏西部出现的早期塔形图中，并不见任何与佛教相关的内容，而与之搭配出现的，主要有日月、雍仲符号、树木、山羊、鹰、鸟等，这些内容更可能属于苯教神灵信仰的范畴。曲踏墓地出土的黄金面具上的塔形图装饰，很可能是苯教体系中灵魂和神灵的依所，这与早期佛塔所具有的"圣物""坟冢"的功能是相通的。与贵霜时期所流行的佛塔造型的"圣骨匣"一样，体现了类似的丧葬观念。

第五节　结语

除了前文所列举的这几类图像，我国西藏西部岩画中还包含有其他的中亚和欧亚草原因素，正如法兰克福所总结的那样，可以归入饰 S 纹动物图像同期的特征性岩画还有更多类型，这些特征显示青藏高原在地理空间上并非完全隔绝于欧亚大陆。实际上，岩画这一史前艺术形式在青藏高原的出现，本身就反映了这一区域是欧亚大陆的有机组成部分。

张亚莎将西藏岩画划分为 4 种不同的风格[③]。其中 A 型是年代最早的岩画类型，岩画用"通体凿刻"方法制作，图像为"剪影"式，动物主要以牦牛为主，其次有较多的马、羊、狗、鹰等，射猎牦牛是主要的经济活动。有较为固定的符号组合，主要包括日月、树木与雍仲符号等构成要素。这类题材在西藏岩画中分布尤其广泛，时间跨度相当大，上限大致距今 3000 年前后，是青藏高原最早出现的岩画类型，也是根植于西藏本土、极有生命力的岩画传统。其分布范围遍布整个青藏高原，在青海、藏北与藏西地区均有发现，但青海和藏北地区分布较少，而在藏西，尤其是阿里的日土县，该类岩画点分布密集，数量多，表现内容尤为丰富。而中亚风格浓厚的 B 型岩画则分

① J. N. Ganhar, P. N. Ganhar, *Buddhism in Kashmir and Ladakh*, New Delhi: Shri Prem Nath Ganhar, 1956, p. 176.
② D. Snellgrove, *The Nine Ways of Bon: Excerpts from Gzi-Brjid*, London, 1967.
③ 张亚莎：《西藏美术史》，中央民族大学出版社，2006 年，第 40—52 页。

布区域很小，主要流行于西藏西部日土境内及拉达克地区，多采用线刻法，题材以鹿为主，不见狩猎场面，表现主题为"兽逐图"。C 型风格为线刻轮廓法，题材包括战争格斗、群体狩猎和祭祀舞蹈等内容，主要分布于西藏西部，应该是 A、B 两种风格融合的结果。D 型为涂绘岩画，主要分布于藏北湖滨洞穴遗址，以纳木错湖畔最为集中，主题与 C 型岩画相同。

这 4 种风格分类是非常合理的，前文所列举的 4 种与中亚岩画相关的题材，根据各自的制作方法特征，可与此风格划分体系作如下对应：

车马图像——A 类；饰 S 纹动物图像——B 类；对三角形动物图像——B、D 类；塔形图——C、D 类。

由此对应关系可以看出，流行于我国西藏地区的 4 类风格岩画，都与中亚地区有密切关系。张亚莎将 A 类岩画的来源归属为青海地区的影响，似乎忽略了车马图像所体现出来的标志意义，以及该类型岩画尤其集中分布于藏西日土地区的特点。A 类岩画在制作方法上与中亚地区相同，但在题材内容上经过了地方化的过程，将表现主题转换为高原本土的动物、环境和文化符号。换言之，西藏早期岩画的出现和流行，很可能是在中亚岩画的刺激和影响下开始的。虽然这一过程中所保留下来的中亚图像原型（如车马图像）分布区域并不广泛、数量也并不多，但它们的出现足可以证实这一推测。

史前时期西藏西部和羌塘高原的岩画分布区与青海柴达木盆地周缘地区之间存在交通孔道并非不可能，但面临着巨大的空间跨度和重山阻隔，尤其是长达 800千米、平均海拔在 5000 米以上的无人区，这在漫长的历史时期一直是两个区域之间难以逾越的屏障。因此即便会有一些来自青海地区岩画的影响，也一定不是可以长期持续、频繁出现且数量丰富的。青海地区与卫藏和阿里地区的直接交通，直到吐蕃时期（7—9 世纪）随着吐蕃王国的军事扩张，依靠官方的支持才得以实现，而且选取的也是绕道偏东一侧的河源—玉树—那曲—拉萨路线，即所谓的"唐蕃古道"。

而我国西藏西部地区与中亚之间沟通的肇始，则要远早于"唐蕃古道"。西藏岩画中出现的中亚因素，很可能是通过狮泉河通道实现的，这也为岩画的分布规律所证实。西藏岩画主要分布于西部的日土与东部的纳木错之间的羌塘高原，呈东西向的条带状。这个分布带东西长 1000 千米、南北宽 200 千米，这一分布带与古遗址分布、近现代居民点和交通路线相互吻合，也反映出古代羌塘高原交通孔道的路线走向。在日土以西，岩画分布带继续沿狮泉河河谷向西部延伸到拉达克地区。拉达克岩画最集中的分布地带是自西部的达村（海拔 2700 米）到东部的奇德芒（Kidmang）（海拔 4000 米）之间的狮泉河谷地，其次是向北通往喀喇昆仑山口的努布拉和什约克河谷，以及向南的赞斯卡河及其支流①，由此可以通往北印度。出拉达克后，岩画分布带继续沿印度河谷向西延伸至巴尔蒂斯坦和吉尔吉特，进而向西南至斯瓦特河谷，向北经洪扎河谷至帕米尔山结和中亚地区。如果将这些岩画分布点串起来，基本上可以勾勒出自我国西藏西部到巴基斯坦北部和中亚地区的交通路线，史前时期的西藏西部主要是通过这一通道保持着与外界的沟通交往，不同时期的中亚地区岩画因素也由此输入到西藏西部，进而向其他地区扩散。根据文献记载和民族志材料，这一通道的使用一直持续到历史时期乃至近现代。

西藏西部出现的这几类特征性岩画，为探讨岩画的年代及我国西藏史前时期与中亚内陆和欧亚草原的文化交流状况提供了重要线索。它们之间的历时性共性充分说明，西藏西部和北部地区虽然是孤立于世的高海拔苦寒地带，但并没有完全处于封闭和隔绝之中。其中以日土为中心的区域，经过狮泉河流域与拉达克相连接，进而向北方翻越喀喇昆仑山进入塔里木盆地，向西方通过吉尔吉特到达中亚和巴基斯坦北部地区。这一通道至少在青铜时代已经形成，历经早期铁器时代和吐蕃时期，源源不断地为西藏西部地区输送域外的文化影响。

最早输入我国西藏西部的中亚和欧亚大陆文化因素，很难有效地从现存岩画中观察到，但车马岩画的流行年代和地域具有一定规律性，可以作为早期岩画的一个代表。通过对其梳理和分析可知，至少在青铜时代末期到铁器时代早期，这一兴起于欧亚草原地带、为东西方文化交流立下汗马功劳的交通工具，已经出现在青藏高原的西部和北部地区了。基本上与此同时，中亚岩画中出现的对三角形动物图像，也影响到了西藏西部和北部地区。但这两类岩画的数量分布相对较少。随着欧亚草原游牧民族的兴起，斯基泰风格的动物纹开始盛行，大量中亚和欧亚草原文化因素在这一时期输入西藏西部，其中以饰S纹的动物图像最具特色。这一时期的西藏岩画，与欧亚草原之间表现出更多的共性，暗示着全新的游牧生活方式为西藏西部人群的迁移提供了更广阔的空间。

这一时期在西藏西部一些低海拔的河谷地带兴起了半农半牧部落，这些地区的开发和社会的发展，离不开游牧人群在不同地域之间的往返穿梭和物品、技术的交换。在公元后的最初几个世纪，西藏西部和北部的岩画中开始出现与苯教祭祀密切相关的塔形图，从它们的造型和分布区域来看，很可能受到了巴基斯坦北部佛教中

---

① L. Bruneau, J. V. Bellezza, The Rock Art of Upper Tibet and Ladakh: Inner Asian Cultural Adaptation, Regional Differentiation and the "Western Tibetan Plateau Style", p. 21.

心所盛行的佛塔岩画的影响。如果考虑到此前漫长的历史时期已经形成了自西而东的交通通道和文化交流模式，这一联系也在情理之中。无论从考古发现还是文献追溯上看，在吐蕃借道"大、小勃律"（即巴尔蒂斯坦和吉尔吉特）进军中亚之前，西藏西部似乎没有形成足以对其以西地区施加强势影响的文化、宗教中心，更不具备这样的经济基础。因此即使是西藏的本土宗教——苯教在西藏西部的诞生过程，也可能受到了中亚甚至西亚的影响，其源头一向被追溯到吉尔吉斯斯坦或波斯①。从岩画学提供的线索来看，通过拉达克地区到达巴基斯坦北部和中亚地区的通道逐渐形成和成熟，是完全支持这一推测的。

　　需要指出的是，无论哪种特征性岩画题材，对其年代的界定都不会是绝对的，因为一些岩画特征可能会延续相当长的时期，或被更晚期的人群所模仿和采用。具体对于某个岩画点年代的确定，还需要充分考虑它的环境位置、配置图像、打破关系、磨蚀程度、凿刻技术等，进行综合全面的分析。西藏岩画中大量存在的本土题材，由于缺乏一个可靠的外部参照系，其时代特征还有待进一步的观察、分析和总结。随着西藏西部考古发掘工作的开展，会出现越来越多的有确切年代的器物纹饰和墓室装饰图像，它们对于判定岩画的时代和功能将发挥出积极的作用。

---

① 才让太：《古老的象雄文明》，《西藏研究》1985 年第 2 期；张云：《上古西藏与波斯文明》，中国藏学出版社，2017 年，第 112—122 页。

第十二章
青藏高原西部"前吐蕃时期"遗存的
时空分布

青藏高原西部的考古工作向来比较薄弱，可以说是整个青藏高原地区最为薄弱的地区。以往的工作多集中于以古格、皮央·东嘎石窟为核心的后弘期石窟寺考古和藏传佛教艺术研究，对于早期的考古遗存关注度较低，田野工作也以调查为主，定点发掘工作比较零星，缺乏系统性成果，尚处于积累基础材料的阶段，还不具备对该区域考古学文化进行分区和分期研究的客观条件。2012 年以来，中国社会科学院考古研究所与西藏自治区文物保护研究所合作，在象泉河流域进行了一系列较大规模的考古发掘，揭露了故如甲木墓地和曲踏墓地，为我们认识这一区域"前吐蕃时期"的考古学文化面貌提供了系统性的资料。2018 年以来，西藏自治区文物局在西藏阿里地区组织了大规模的考古发掘，包括四川大学考古学系和陕西省考古研究院等多家考古团队，集中力量对象泉河上游地区的早期遗址和墓地进行了系统调查和发掘，发现和揭露了一批新的遗址和墓葬，获取了丰富的考古资料。但从目前来看，这些新资料尚未进行系统整理和正式发布，还缺乏深入的解读和分析，对于搭建青藏高原西部的考古学文化编年体系仍然为时过早。不过通过对这些新资料的初步观察，可以尝试理解"前吐蕃时期"青藏高原西部地区的遗存空间分布特征和大致的文化演进线条，以及出土遗物所蕴含的跨区域文化交流因素。这几方面对于探讨青藏高原西部地区丝绸之路的经行路线、文化交流模式以及丝绸之路的拓展对于青藏高原西部古代社会发展所起到的促进作用具有十分重要的意义。本章尝试对这些新资料在空间和时间两个维度上进行初步的分析。

第一节　分区

近年来的考古调查和发掘工作显示，青藏高原地区的"前吐蕃时期"遗存主要分布于喜马拉雅西段和中段的几条大河及其支流区域，主要包括象泉河上游、狮泉河上游和卡利甘达克河上游地区，总体上可以初步划分为七个区。象泉河上游是核心分布区，墓葬数量相对多而集中，等级也较高，并且还分布有都城遗址，可细分为我国西藏故如甲木—曲龙地区、札达地区，印度斯皮蒂—金瑙尔地区和印度北阿坎德邦加瓦尔地区；狮泉河流域有少量分布地点，根据目前资料来看可分为我国西藏日土地区和印度拉达克列城地区；尼泊尔卡利甘达克河上源有穆斯塘地区，这是最靠近东部的一个分布区。（地图 12-1）

一 我国西藏故如甲木—曲龙地区

（一）故如甲木墓地

故如甲木墓地位于阿里地区噶尔县象泉河上游北岸一级台地上。墓地面积约 3 万平方米，海拔 4300 米，与卡尔东城址相距约 1.5 千米，主要分布于故如甲木寺院周边，是阿里地区所见的规模最大、埋葬最为集中的墓葬群之一。2012—2014 年，中国社会科学院考古研究所与西藏自治区文物保护研究所联合对该墓地进行了系统发掘，共发现和清理了 11 座大小不等的墓葬，包括 8 座"前吐蕃时期"墓葬和 3 座吐蕃时期墓葬[①]。墓葬分布较有规律，南北方向一字排开，皆东西向，墓葬间距 3—6 米，相对比较均匀，这说明墓地的使用应有一定规划。"前吐蕃时期"的墓葬皆为竖穴土坑石室墓，多为二次葬，发现有完整的侧身屈肢葬式。大型墓葬深度都在 5 米以上，都是多人合葬，结构复杂，存在二次或多次开挖迹象。填土层内设有专门的祭祀层，殉葬有人和动物。高规格的墓葬都有横木搭建的墓顶和长方形箱式木棺。墓葬内出土有丝织物、黄金面具、铁剑、鎏金铜器、银器、铁器、石器、骨器、木器、草编器、陶器、料珠等，以及大量人和动物骨骼。

根据碳十四年代测定，故如甲木墓地 8 座墓葬的年代为距今 1700—1800 年，即 2—3 世纪，相当于中原的东汉魏晋时期。这一时期应是文献记载中西藏西部象雄王国（汉文文献记载的"羊同"国）统治时期。从墓葬形制、规模、出土遗物等判断，故如甲木墓地很有可能是一处象雄部族贵族墓地。

故如甲木墓地 3 座吐蕃时期的墓葬均为小型石砌墓室，用石板封顶，侧身屈肢葬式保存非常完好，出土遗物较少，主要为料珠。从墓葬形制及丧葬习俗上看，基本沿

---

① 中国社会科学院考古研究所、西藏自治区文物保护研究所：《西藏阿里地区噶尔县故如甲木墓地 2012 年发掘报告》，《考古学报》2014 年第 4 期；中国社会科学院考古研究所、西藏自治区文物保护研究所、阿里地区文化局等：《西藏阿里地区故如甲木墓地和曲踏墓地》，《考古》2015 年第 7 期。

袭了"前吐蕃时期"时期的传统,说明在吐蕃吞并象雄之后,该地区的文化得以延续。

(二)加嘎子墓地

位于噶尔县门士乡故如甲木寺西北 10 千米处一处断崖上。2015 年夏由于洪水冲刷暴露,门士乡牧民清出一座墓葬,另有至少 3 座墓葬。墓葬形制与故如甲木墓地相同,为竖穴土坑石室墓,墓室用横木搭顶,顶上压石片封护。墓室内放置箱式木棺,合葬墓有多具木棺。棺内外出土大量保存完好的遗物,包括丝绸、竹木器、铜器、铁器、银器、陶器等。丝绸有野蚕丝织成的深蓝色方目纱,做成带流苏的长巾包裹于头骨之外,尸骨为侧身屈肢葬式,整个尸骨外用大幅棕红色丝绸包裹,织物种类有绢、绮和平纹纬锦,其中平纹绢数量较多;陶器包括陶罐、陶杯;竹器有成套相连的竹杯;木器有长方形彩绘木案、马蹄形木梳等;铜器有铜盆、铜釜,铜盆内装盛粮食,混合有稻米、青稞、小麦、大麦及粟等多种谷物;另外发现一片银片,上面用黄色颜料绘有逆时针的雍仲符号。根据墓葬形制和出土物特征分析,加嘎子墓地年代应该为 3—4 世纪,与故如甲木墓地、卡尔东城址有着密切的内在联系。

(三)直达布日墓地

位于象泉河上游门士乡直达布日寺背后的山腰上,距离故如甲木墓地 12 千米,海拔 4463 米。2019 年 6 月直达布日寺修建天葬台时发现。阿里地区文化(文物)局抢救性清理了 1 座墓葬。墓葬形制为竖穴土坑石室墓,墓坑填土中出土较多殉葬动物骨骼,有马、牛、羊等,头骨多达 10 个。墓室为长方形,石砌,长 2.6、宽 2、深 1.5 米。墓室顶部搭以横木,其上压较大石块。墓室内放置一具箱式木棺,棺板上墨绘有简单的动物图案。棺内有一具人骨,侧身屈肢葬式。出土有野蚕丝织成的深蓝色方目纱,可能用以包裹死者头部,墓主人身体骨骼上残留有黄褐色织锦残片,带靛青色纹饰。其他随葬品不多,包括大型长方形四足木案、铜器残片、铁器残片、钻木取火器、疑似茶叶团块、青稞种子等,在墓主人尸骨一侧还发现散乱的鱼刺。从墓葬形制与出土遗物来看,其年代与文化面貌与故如甲木墓地相同。[①]

(四)萨札墓地

2017 年札达县曲龙村新修 744 乡道时发现。札达县文物局配合工程对暴露的 6 座墓葬进行了清理,皆为竖穴土坑石室墓。M2 墓室发现木棺,前挡板上墨绘有鹰、狗图

---

① 该材料由西藏阿里地区文化(文物)局洛桑先生提供。

像。出土器物有带柄铜镜、铜罐、铜铃、陶器、动物骨骼等，现存于札达县文物局①。根据墓葬结构和出土物分析，这批墓葬年代应当在2—4世纪之间，与故如甲木墓地年代及文化面貌均相仿，应属于同一类型的文化遗存。2018年陕西考古研究院在萨扎墓地发掘了1座灰坑、1座竖穴土坑墓葬和1座祭祀坑，同时对其邻近地区的塞拉钦波普地点的2座墓葬、2座祭祀坑和嘎尊地点的2座房址进行了考古发掘，出土陶器、铜器、铁器、石器、木器、骨器、螺、贝、玉髓、玛瑙等各类遗物82件（组）。根据陶器形制、纹样等特点初步判断，该年度发掘墓葬的年代约为公元前后。墓葬形制与随葬品组合、人骨特征等均显示出与2017年6座墓葬明显不同，可能反映了两批墓葬在时代、族属或文化因素等方面的差异。②

（五）卡尔东城址

卡尔东城址位于噶尔县门士乡故如甲木寺东1.5千米处，曲那、曲嘎两条小河与象泉河在遗址南侧交汇，海拔4300米，是迄今为止西藏阿里地区发现的面积最大、时代最早、年代跨度最长的古城址。2004年四川大学"象泉河流域考古调查"项目组发现该城址并进行了试掘③。2012年中国社会科学院考古研究所与西藏自治区文物保护研究所合作对城址进行了局部解剖。根据四川大学的调查，该遗址分布于呈北东—南西走向的长条形山顶，总面积为13万平方米。依地势高低和遗迹分布，可分为四个小区：A区位于山顶地势最低的南部，东西长约300米、南北宽约200米，地面相对平缓。建筑遗迹最为集中，地面建筑共有90余个单位，均为砾岩岩块或砾石砌建的地面建筑。据观察，依据建筑用途大致可分为防御性建筑（防墙和堡垒等）、家庭居住建筑、公共建筑、宗教祭祀建筑、生活附属设施（牲圈类、蓄水坑）等类型。B区位于遗址中部的西北边缘，地势高于A区，并与C区之间有一凹地相隔，东西长约350米、南部宽15—50米。建筑遗迹共计13个单位，包括山顶崖边的防护墙、堡垒等防御性工事，另外在北部发现疑似宗教礼仪活动相关的建筑遗迹和一个地下通道出入口。C区位于遗址中部的东南边缘，地处山顶东北的最高部位，地势高于A区，与B区相对，东西长300、南北宽约30米。有建筑遗迹共计20个（组），大部分为崖边缘防护墙、堡垒等，在西部发现一组可能是宗教礼仪功能的公共建筑。D区位于遗址最北端另一个山丘顶上，编号遗迹有8处，全部为堡垒性质的防御性工事。

① 该材料由札达县文物局罗丹先生提供。
② 陕西省考古研究院：《以实干笃定前行，以奋斗不负韶华（四），2019年业务成果汇报纪要》，https://www.sohu.com/a/377886504_199807，2020-03-05/2020-07-17.
③ 霍巍：《西藏西部早期文明的考古学探索》，《西藏研究》2005年第1期。

城址地面采集到大量文化遗物，包括夹砂红褐陶片，各种形制的磨石、石臼、石片等石器，铁甲残片和铜器残件以及玻璃珠、骨珠、骨器等，另有大量动物骨头。"象泉河流域考古调查"项目组试掘了一处长方形石砌祭坛遗迹（S66），出土一件双面青铜神像。霍巍先生认为是早期宗教（如苯教）信仰的遗存，甚至不排除其具有印度、伊朗文化某些因素的影响，和象雄文化的关系相当密切。2012 年，中国社会科学院考古研究所等单位在城址东北边缘发现了更早期的城墙和大量动物骨骼，显示该城址的城墙经历了不断扩建、重建的过程。最早期城墙年代为 2—4 世纪，基本与故如甲木墓地年代相当。而故如甲木墓地依城脚下而建，其墓主人很有可能是该城址的建造者或使用者。城址内没有发现任何后弘期的遗迹，依据地层堆积的碳十四年代，最晚为吐蕃时期，应该是其废弃年代。[①]

考古资料显示，该城址很有可能是象雄国的都城"琼隆银城"，主要有以下几个方面的依据：

1. 城址位于象泉河上游谷地，与汉藏文献中象雄都城位于冈底斯山脉和玛旁雍错附近高度吻合，在西藏西部目前尚未发现同一时期的其他城址。

2. 城址在相对高度 100 多米的山顶筑城，符合西藏地区在山顶建造都城的历史传统。吐蕃时期的都城雍布拉康宫、青瓦达孜宫和布达拉宫（逻些城），以及古格王国时期的都城古格故城，均选取在山顶筑城，其主要考虑防御性和安全性。

3. 该城址面积巨大，石砌建筑数量庞杂、功能齐全，还有大量居住遗迹和公共设施，生活遗迹堆积丰厚，深达 2—4 米，显示出该城址主要是服务于一定人口规模的居民。同时建筑设施在规模上存在很大差异，显示出其内部在层级上的区分比较明显。

4. 该城址具有严密的军事防御体系，周边城墙环绕，堡垒林立，仅有部分梯道可供上下出入。山顶视野开阔，地势雄险，易守难攻。

5. 从地层堆积来看，该城址修建于 2—3 世纪，毁于 8 世纪。城址内遗留大量甲片、箭镞等残片，以及众多日常生活用具和装饰品，显然是毁于惨烈的战争。这与文献记载中 8 世纪前期象雄被吐蕃所灭的历史事实高度吻合。

6. 故如甲木墓地发现有"王侯"文丝绸，从随葬品来看墓主人等级较高，很有可能是该城址内"王侯"级别的高级贵族。一般王侯级别的人死后会葬于都城附近，这在汉唐时期中原内地是一贯的传统，西藏地区应也遵循了这一习惯，如吐蕃王陵便修建于青瓦达孜宫脚下。

---

① 玖玉、吕红亮、李永宪等：《西藏高原的早期农业：植物考古学的证据》，载四川大学博物馆、四川大学考古系、成都文物考古研究所编：《南方民族考古》第十一辑，科学出版社，2015 年，第 91—114 页。

7. 不排除这一时期在周边地区存在洞穴式居住址的可能。但根据考古学研究表明，该地区居民日常平安时会居住在相对平坦的石砌聚落内，而在战争危急时刻或寒冷多风的冬季会转移至洞穴内避难或避寒。最明显的参照是大致同一时期穆斯塘地区米布拉克（Mebrak）聚落遗址和洞穴遗址的关系。[①]

综上所述，笔者认为卡尔东城址是象雄都城"琼隆银城"的可能性较大。该城址与故如甲木墓地的存在和组合关系，也证明了象泉河上游谷地是西藏西部地区前吐蕃时期一个政治、经济和文化的中心，同时也占据着青藏高原西部丝绸之路的重要枢纽地带。

本地区的4处墓地年代相同、地域接近，随葬器物包含了相当多的共同因素，包括形制相同的箱式木棺、黄金面具、丝织品、陶器、铜器、铁器、木器和料珠等。从丧葬习俗上看，虽然在不同的地理环境中采用了不同的墓葬形制，但都流行深挖潜埋，采用侧身屈肢葬式，并殉葬大量马、羊等动物，因此应该属于"前吐蕃时期"的同一个考古学文化，其影响范围扩展到了整个喜马拉雅山地带。由于阿里地区自然资源匮乏，很多墓葬出土物并非本地所产，而是来自周边海拔较低的河谷地带，甚至更为遥远的我国新疆、中亚和北印度地区。对外来文化的吸纳和融合是"前吐蕃时期"考古学文化的一个主要方面。具有浓厚军事色彩的大型城址的出现是西藏西部地区文化发展的一个标志性事件，这说明在2—4世纪该地区社会冲突与矛盾上升到一个新阶段，社会性质发生了质的改变。丝绸等远距离输入的奢侈品是这一社会变革发生的一个外在表征，商业上的频繁交流很可能是促成这一社会变化的主要内在推动力。城址所在位置也说明故如甲木地区在军事和对外交通交流方面具有相当突出的地位，它可能成为象泉河地区古代文化对外沟通的一个主要出口。

二　我国西藏札达地区

（一）曲踏遗址与墓地

曲踏遗址位于阿里地区札达县象泉河上游南岸，西距札达县城0.5—1.5千米，地理坐标为北纬31°29′，东经79°47′，海拔3724米。遗址发现于2015年，总面积为40万平方米。沿遗址北部边缘分布有大量石砌建筑遗存，遗址内的大部分区域有厚达2—4米的文化堆积层，分布均匀，包含大量碳化青稞种子，其他遗物较少，推测很可能是当时的农田遗存。2018年，中国社会科学院考古研究所对遗址北部边缘的建筑遗迹进

---

① A. Simons, W. Schön, S. S. Shrestha, The Prehistoric Settlement of Mustang, First Result of the 1993 Archaeological Investigations in Cave Systems and Connected Ruined Sites, *Ancient Nepal*, 1994, no. 137, pp. 93 – 129.

行了解剖，清理出 1 条长 12、高 3 米的石墙和护坡，以及 3 组石砌建筑基址。出土文物包括陶器残片、玛瑙珠、玻璃珠、铜器残件、铁器残件、动物骨骼等。根据出土物特征，结合碳十四年代数据，推测房基年代应该为公元前 2 世纪—前 1 世纪，与曲踏墓地的年代非常接近，应该属于墓葬主人生前居住的房址。建筑基址进一步延伸到现存土林之中，显示出 2000 年以来曲踏遗址地貌的巨大变化。遗址废弃很可能是因为自然环境变迁导致遗址遭到严重破坏。

曲踏墓地共分为三个区，呈品字形分布于曲踏遗址的周边，相互间距约为 1 千米。Ⅲ区位于札达中学门前，由于村民制砖取土，破坏殆尽，尚未进行发掘。Ⅰ区位于曲踏沟西侧山丘上，2009 年修建巴木公路过程中发现洞室墓 2 座（2009M1、2009M2），墓道及墓室损毁严重，仅保留坍塌的墓室部分，可以推测为带竖穴墓道的洞室墓。出土遗物包括黄金面具、丝织品、大量陶器、铁剑、铁箭镞、铁马衔、棒形纺织工具、纺轮、铜盆、铜镯、方形木盘、圆形漆盘、小木桶、彩绘木盒、钻木取火器、草编器等。根据碳十四测年及出土物特征分析，这两座较大型竖穴洞室墓年代为 1—2 世纪。

2013、2015 和 2018 年，中国社会科学院考古研究所与西藏自治区文物保护研究所合作，在Ⅰ区发现和清理小型洞室墓 4 座、方形石砌墓 9 座、瓮棺葬 5 座。出土遗物较为丰富，包括陶器、铁器、木器残片、织物残片、骨质纽扣、贝饰、婴幼儿骨殖、羊骨、植物种子、红玉髓珠、蚀花玛瑙珠、玻璃珠、铜饰珠等[①]。根据碳十四测年及出土物特征分析，这批婴幼儿墓葬年代为公元前 3 世纪—前 1 世纪，与曲踏Ⅱ区的成人墓葬区时代相当。说明当时这种非正常死亡的婴幼儿有其专属埋葬区，与成人分开埋葬。

曲踏Ⅱ区墓地即是与这批婴幼儿墓葬同时期的成人墓地。墓地位于象泉河南岸一级台地边缘的断崖上，2012 年修建自来水引水管道的施工过程中发现 1 座洞室墓（2012M1），札达县文物局对该墓进行了抢救性清理。出土遗物共计 29 件，包括黄金面具、铜盆、铁盘、铁环、铁矛、铁箭镞、木箭镞、木案、木桶形器、钻木取火器、蚀花玛瑙珠、贝饰等。2014、2015 年中国社会科学院考古研究所与西藏自治区文物保护研究所合作，在该区发现、发掘了 6 座较大型竖穴洞室墓。这几座墓葬呈东西向排列，整齐划一，显然墓地经过一定的规划。墓葬形制及随葬品特征高度统一。多数都具有窄狭的竖穴墓道，墓道下挖约 2.5 米左右出现二层台，上面横置一排青石板封顶，将墓道分为上下两段。墓道底部向山体方向开挖圆拱形墓门。墓室有单室墓和双室墓两种类型。单室墓平面略呈方形，顶部略平。双室墓有左右并列的两个墓室，形制较大，

① 中国社会科学院考古研究所、西藏自治区文物保护研究所、阿里地区文化局等：《西藏阿里地区故如甲木墓地和曲踏墓地》，《考古》2015 年第 7 期。

为多人合葬墓。墓室内都保存有较好的长方形箱式木棺、成组的陶器以及大量马、羊等动物骨骼。木棺内有墓主人骨骸及大量随葬用品。墓主人均为侧身屈肢葬，周边摆放大量随葬品，包括彩绘陶器、彩绘木案、长方形木盘、方形木梳、带柄铜镜、刻纹木牌、纺织工具、草编器物以及大量玻璃珠、红玉髓、蚀花玛瑙珠等。

曲踏墓地是西藏阿里地区主动性发掘中首次发现的洞室墓群，由于随葬品种类特别丰富，涵盖了当时社会物质生活的诸多方面，对于重建象泉河谷地公元前2世纪—公元2世纪之间的生活面貌提供了极有价值的材料。墓室的形制很有可能是模仿当时的洞窟式居址修建的，墓室内还根据生人的生活需要进行功能分区，墓室结构与古格时期普遍流行的洞窟遗迹非常接近，为考察阿里地区"前吐蕃时期"的建筑形式及其使用情况提供了参照。墓室内随葬大量青稞种子和牛、羊、马等动物，说明了当时象泉河流域半农半牧的生活方式以及经济上的繁荣。同时由于墓地使用时代跨度较大，为研究当时商品交换的类别及其变化、跨文化交流的模式与途径提供十分重要的资料。

（二）皮央·东嘎遗址与墓群

皮央·东嘎墓群主要分布于三个地点：格林塘、萨松塘和东嘎V区。1999年四川大学中国藏学研究所等在这三个地点发现和清理了一批土坑墓、洞室墓和石丘墓[1]。此后又在东嘎V区墓地内发掘了丁东建筑遗址。

东嘎V区墓群位于东嘎乡东嘎村西南300米，地处东嘎沟南缘的谷坡台地，海拔4070米。共发现石丘墓27座，分布面积1.3万平方米。1999年清理墓葬10座。地面垒砌的石丘因早年破坏已不详。现存遗迹可分为三类：一是直接在地面用石块围砌方形、长方形的墓室，其上再以砾石垒砌成丘；二是以地下竖穴土坑为墓室，其上垒石成丘；三是在地下竖穴土坑内用石块砌建墓室，其上再垒砌成丘。经清理的墓坑（室）深0.4米左右，未见人骨、葬具等，出土有圜底夹砂红陶罐等少量陶器。[2] 东嘎V区M6的碳十四年代为距今2370±80年，校正后年代为公元前769年—前352年。

格林塘墓地位于格林塘遗址南部，与皮央旧寺遗址隔一条小沟相望，相距20米，南与萨松塘墓地隔东嘎河相望，两地相距约100米。地理坐标为北纬31°41′，东经79°48′，海拔4050米。地处山谷谷坡台地，由北向南倾斜，地表没有明显标志，墓葬数量

[1] 四川大学中国藏学研究所、四川大学考古学系、西藏自治区文物局：《西藏札达县皮央·东嘎遗址古墓群试掘简报》，《考古》2001年第6期；四川大学中国藏学研究所、四川大学考古学系、西藏自治区文物局：《皮央·东嘎遗址考古报告》，四川人民出版社，2001年，第189—231页、255—259页。
[2] 国家文物局：《中国文物地图集·西藏自治区分册》，文物出版社，2010年，第361页。（后文略去出版信息。）

及分布面积不详。1999年调查清理了因水流冲刷暴露的10座墓(包括2座残墓)、殉马坑1座、列石遗迹1处。墓葬可分为竖穴土坑墓、石室墓、洞室墓三类。7座为竖穴土坑墓,皆为圆角长方形或不规则形,深0.3—0.53米,人骨零乱,葬式不明,出土有夹砂红陶圜底罐等陶器;石室墓1座,有石块垒成的石丘,残高0.3米,其下为石块砌建的长方形墓室,深0.5米,未见人骨及随葬器物;洞室墓2座,墓室开口平面分别为椭圆形和方形,有斜坡墓道及2—3个壁龛,单人屈肢葬式,人骨下铺垫桦树皮及朱砂,出土有夹砂褐陶圜底罐、青铜短剑、石镞、骨饰品等。殉马坑位于墓群东端,长方形竖穴土坑,马骨分布于坑内西端,皆为肢骨而不见头骨;列石遗迹位于墓群北端,用砾石在地面铺列为回字形,可能为墓地祭祀场所。[①]

萨松塘墓地位于皮央遗址的南部,北距皮央村1000米。墓群所在的台地为三角形,东嘎河与皮央河在台地北部交汇,绕台地向西南流去,东部为一条冲沟,台地北与皮央旧寺遗址(格林塘遗址)隔东嘎河相望,海拔4080米。台地南高北低,呈缓坡状,分布有墓葬近70座。墓葬均为石块垒砌的石丘封堆,有石砌边框。石丘由块石及砾石垒砌,多为椭圆形,最大者占地15平方米,最小者仅5平方米左右,现存高0.3—0.5米。石丘下为墓室,或在地面直接用石块围砌而成,或先挖成浅穴再用石块围砌墓室,入葬后再垒石成丘。墓葬均早年被盗,1999年清理墓葬6座,发现有火葬习俗,出土有夹砂褐陶圜底罐、铜耳饰等遗物。

丁东遗址位于东嘎Ⅴ区墓地内,海拔4100米,遗址面积1500平方米。2000年四川大学中国藏学研究所等清理房屋遗迹3处、立石遗迹1处。F1为长方形半地穴式石砌建筑,长12米,宽2—6米,房内有隔断将其隔为两间。F2为长方形单间地面式石砌建筑,长5.7、宽4米。F4为多开间地面式石砌建筑,长11、宽6.75米。房址内设火塘,遗存有炭化青稞、陶片、石磨盘等。立石遗迹位于居址东北,中间立石柱,周围用石块围成椭圆形石圈,石圈内有零星炭化青稞粒。遗址还出土有青铜残片、石镞、磨石、磨盘、砍砸器、陶片等。陶片以夹细砂红褐陶为主,器形有敞口束颈带耳罐、直口方唇杯等。根据F1内炭灰的碳十四测年数据,其时代为距今2065±60年,校正后年代为公元前348年—公元71年。这一年代数据与东嘎Ⅴ区M6年代有交叉。[②] 从出土陶片特征来看,与东嘎Ⅴ区墓地出土陶器相似,两者之间应有密切关联性。

---

① 《中国文物地图集·西藏自治区分册》,第361页;四川大学中国藏学研究所、四川大学考古学系、西藏自治区文物局:《西藏札达县皮央·东嘎遗址古墓群试掘简报》,《考古》2001年第6期。

② 四川大学中国藏学研究所、四川大学考古学系、西藏自治区文物局:《西藏阿里地区丁东居住遗址发掘简报》,《考古》2007年第11期;《中国文物地图集·西藏自治区分册》,第356页。

（三）卡尔普墓地

位于扎不让乡扎不让村东南 2 千米，地处象泉河南岸二级阶地，地表无标志，因水流冲刷有 3 座墓葬暴露墓室。其中 M1 为带墓道的洞室墓，墓道长方形，墓室方形，墓室内放置箱形木棺，棺内人骨凌乱，有头骨及部分肢骨、肋骨。M2、M3 为竖穴土坑墓，均残，其中 M3 出土羊头骨 3 个。经清理的 M1、M3 出土有夹砂红褐陶双耳罐、双耳带流罐、单耳带流罐、双耳直口罐等圜底陶器，腹、底部多饰绳纹，个别罐在颈部彩绘红色波折纹，另有盘、梳、刻纹木牌等木器和铁镞、草编器等。墓主人骨经鉴定属蒙古人种北方种系。[①] 从墓葬形制和出土器物来看，卡尔普墓地与曲踏 II 区墓地表现出高度一致的特征，应该属于同一时期同一文化的墓葬。

（四）格布赛鲁墓地

位于托林镇北 15 千米，地处象泉河北岸支流的东岸高台地，坐标为北纬 31°34′，东经 79°48′，海拔 3780 米。根据 1999 年四川大学、西藏文物局联合考古队对该墓地的调查可知，该墓地分布面积约 2 万平方米，共有石丘墓 50 余座。石丘皆用砾石或块石垒砌，以方形者为多，最大者占地近 40 平方米，最小者 10 余平方米，残高均在 0.5 米以下。少数因水流冲刷暴露土坑墓室，距地表深 1—2 米，平面为方形。地面采集有夹砂褐陶圜底罐、带耳杯、圜底钵等陶器残片和刮削器、砍斫器、切割器、锥状细石核等石器以及铜环、铜泡等饰件。初步推断墓地年代距今2500—2000 年左右。[②]

2017 年，西藏自治区文物保护研究所对该墓地进行了发掘，共清理墓葬 9 座。除 M6 为带封堆的异穴合葬土坑墓外，其余 8 座均为小型土坑石室墓。墓室底部有涂红迹象，有木质葬具痕迹，葬式以仰身直肢葬为主。出土陶质、石质、骨质、铜质、铁质、木质、玻璃、贝饰、皮质等各类遗物 300 余件（组），采集人骨和动物骨骼约 100 余个个体。8 座土坑石室墓出土的陶器以中小型圜底彩陶罐为主，另有数量较多的珠饰、铜饰、铜锥状器、铜铃、石器等；M6 出土的陶器则以大中型绳纹或刻划纹圜底陶罐为主，伴有铁器、木器等。根据出土物特征初步推断，8 座土坑石室墓的时代约为公元前 7 世纪—前 3 世纪，M6 的时代可能晚至汉晋时期。[③]

---

① 《中国文物地图集·西藏自治区分册》，第 361 页。
② 《中国文物地图集·西藏自治区分册》，第 361 页；四川大学中国藏学研究所等：《西藏札达县格布赛鲁墓地调查简报》，《考古》2001 年第 6 期。
③ （记者）田进：《考古发现西藏西部高原丝绸之路重要文物遗存》，中新网西安 1 月 28 日电 http://www.chinanews.com/cul/2018/01-28/8435374.shtml；（记者）春拉：《西藏阿里墓葬考古发掘探寻高原史前文明足迹》，新华网拉萨 8 月 15 日电 http://m.xinhuanet.com/xz/2018-08/16/c_137395292.htm。

2018 年，西藏自治区文物保护研究所在格布赛鲁遗址区域发掘了 380 余平方米，共清理 3 座墓葬、1 处石框遗迹以及几处晚期石墙、灰坑、沟等遗迹。从墓葬形制来看，3 座墓葬均为双室土洞墓，墓室内人骨分布散乱，为二次葬的可能性较大。随葬品以陶器为主，陶器以夹砂红陶居多，器形以圜底罐为主。随葬有大量的动物骨骼，包括牛骨、羊骨等，另外还有铁器、铜器等金属器，还有少量木器，保存状况较差。石框遗迹出土了若干碎骨骼、碎陶片，根据平面布局及垒砌方法，初步判断为祭祀遗迹的可能性较大。根据碳十四测年结果，这 3 座墓葬与石框遗迹的绝对年代在距今 2620—2150 年间。[①]

（五）桑达沟口墓地

位于札达县正北 1 千米处的桑达沟口，分布于象泉河北岸的一级台地上。2017 年 11 月，因修建加油站发现 10 座墓葬，主要为竖穴洞室墓[②]。出土文物包括金项饰、铜器、铁器、木器、草编器、红玉髓、蚀花玛瑙珠等。墓葬形制和随葬品与曲踏Ⅱ区墓地近似，应该属于同一时期（公元前 2 世纪—前 1 世纪）的遗存。它的发现进一步丰富了曲踏墓地所展现的文化面貌，二者应属于同一人群、同一时期的文化遗存。2018 年至今，西藏自治区文物保护研究所对该墓地进行了系统发掘，相关资料正在整理之中。

从墓葬形制和出土遗物来看，札达地区是西藏西部前吐蕃时期遗存类型最为丰富、数量最多的地区，同时也是遗存延续时期最长、文化演进链条最为完整的地区。这些遗址和墓葬对于建立西藏西部地区考古学文化年代体系起到关键的作用。墓和遗址数量丰富，显示出这一地区在前吐蕃时期是西藏西部地区人烟相对密集、经济社会发展较为先进的区域。从这些遗存的空间分布看，它们大都位于较为发达的河谷台地上，这些河谷通常都是该区域与其他地区进行交往的通道。但札达地区在 2—4 世纪没有孕育出军事防御性质的古城和要塞，说明当时这一区域社会矛盾和冲突并不突出，外在的入侵和掠夺也较为少见，或是地处王国的经济核心区，受到了外围军事要塞和据点的庇护。

三 印度金瑙尔—斯皮蒂地区

印度喜马歇尔邦东北角的金瑙尔（Kinnaur）和斯皮蒂地区与我国西藏札达县毗邻，

---

① 中新社拉萨 4 月 3 日电，（记者）赵朗：《西藏发现前吐蕃时期墓葬》，http://www.chinanews.com/cul/2019/04-03/8799615.shtml.

② 该材料由札达县文物局罗丹先生提供。

是象泉河流入印度境内后途经两个县级行政区（1960 年后斯皮蒂县与拉胡尔县合并为拉胡尔—斯皮蒂县）。这一地区的墓葬资料多来自于地表调查（最近这些年当地的基本建设兴盛和盗墓活动猖獗，对古代墓葬破坏较大）。墓葬主要有两种：石室墓和洞室墓。石室墓用石板或者稍小的石块建造墓室四壁和墓盖，有时墓底也铺石板，多为长方形，也有其他形状。这种石砌墓在拉胡尔（Lahul）地区也有发现。一些石室墓在地表有成排或方形的石堆或小土丘，构成墓葬的上层结构。洞室墓的墓室有墓道或竖井通向地表，埋葬后封填。洞室墓的墓室为圆形、椭圆形或者长方形，有单室和多室的形制，有的单室被垂直向分为两层或者多层。这类墓葬很少有石堆等地表标志。

（一）聂桑墓地

位于喜马偕尔邦金瑙尔地区聂桑村（Neasang）附近，海拔 3000 米。1995 年发现 2 座石室墓。墓葬位于地表以下 1 米，墓室用较大的石片砌成，石片长 70、厚 40、高 45 厘米。墓主人侧身屈肢葬式，随葬品较少，仅发现有一些铜杯残片。人头骨数据显示其可能属于印度雅利安人，与中亚游牧人群较为接近。[①]

（二）里帕墓地

位于喜马偕尔邦金瑙尔地区莫朗专区里帕村（Lippa）附近一座山坡之上，海拔 3200 米。2011—2013 年，印度加瓦尔大学（H. N. B. G. University）历史和考古学系进行调查和清理。在 14 平方米的范围内分布有 3 座石室墓，墓葬均以石板砌成长方形。M1 和 M2 内仅有人骨，不见随葬品。M3 内除人骨外，还发现黑炭、2 件小的高度玻璃化的黏土坩埚和一些管状滑石珠。人骨属于 4 个个体：1 个 35 岁左右的男性，2 个年轻男性和 1 个 26 岁左右的女性。均为二次葬。根据碳十四测年，这几座墓葬年代为公元前 6 世纪—前 5 世纪。[②]坩埚的发现表明里帕的居民已经开发出用于冶金和非冶金活动的烧造技术（高温应用），里帕可能是横贯喜马拉雅地区的一个重要的多工艺中心。

（三）克纳墓地

位于喜马偕尔邦金瑙尔地区克纳村（Kanam）后山坡上，俯瞰象泉河谷地，

---

① A. K. Singh, Cist Burials in Kinnaur, Western Himalayas, A Preliminary Report on Recent Discovery, *Central A-siatic Journal*, vol. 43, no. 2, 1999, pp. 249 – 258.

② V. Nautiyal et al., Lippa and Kanam: Trans-Himalayan cist burial culture and pyrotechnology in Kinnaur, Himachal Pradesh, India, *Antiquity*, vol. 88, no. 339, March 2014.

2007 年修路过程中发现数座墓葬。其中一座为长方形石室墓，四壁用石板砌成，顶部原应有石板覆盖，墓底无铺石。墓室内放置一具完整的人骨，侧身屈肢葬式，双手共带有 3 件铜镯，头侧放置有羊角、铁箭镞和陶罐，腰侧放置有铁制工具，其他位置也有铁制工具，墓主人是一个 50 多岁的男性。该墓葬碳十四测年数据为距今 3140±150，但发掘者认为该年代数据存在问题，可能是测年样本中碳含量过低所致，尚需进一步的分析。[1]

（四）域村墓地

位于斯皮蒂河谷东部的域村（Gyu）。当地村民在建造寺院平整土地的过程中，发现 5 座墓葬，具体形制不详。出土器物有圆盘形、星形的带孔贝壳（纽扣）、海贝、绳纹陶器、麝香鹿牙等，现藏于西姆拉的喜马歇尔邦博物馆。[2]

（五）玛尼贡麻墓地

位于斯皮蒂河谷东部的玛尼贡麻村（Mani Gongma）附近的山坡上。2014 年调查时发现 2 座竖穴洞室墓，墓室长 2—3 米，内有木棺板，出土物包括铜盆、大双耳陶罐、单耳罐、敛口罐、长方形木案、人骨、动物骨骼等。

此外，在斯皮蒂河谷的其他几个地点也发现数量不等的墓葬，包括贡日村（Gungri）、郎扎村（Langdza）、扎西岗村（Tashigang）、奇奇村（Chichim）、萨木林村（Sumling）等。墓葬多为长方形石砌墓结构，出土器物有铜碗、圈足和圜底碗、单耳绳纹圜底罐、单耳带流（曲口）绳纹罐。但由于多属于调查所得，墓葬形制和出土遗物的具体情况无法详知。[3]

四 印度北阿坎德邦加瓦尔地区

马拉里墓地

位于印度北阿坎德邦（Uttarakhand）加瓦尔地区（Garhwal）杰莫利区（Chamoli District）尼提谷地的马拉里村，北纬 30°41′10.07″，东经 79°53′24.5″，海拔 3500 米，

[1] V. Nautiyal et al., Lippa and Kanam: Trans-Himalayan cist burial culture and pyrotechnology in Kinnaur, Himachal Pradesh, India, *Antiquity*, vol. 88, no. 339, March 2014.
[2] J. V. Bellezza, The Ancient Burial Sites of Spiti: The indigenous socioeconomic and cultural order and trans-regional communications in the era before the spread of Buddhism, *Flight of the Khyung*, January 2016. http://www.tibetarchaeology.com/january-2016/.
[3] 同上。

处于中喜马拉雅山南坡的两条河流——道利河（Dhauli）和拉普塔河（Lapthal）的交汇处，属恒河水系上源支系。北距我国西藏札达县城约 180 千米，有道路经尼提山口（Niti Pass）、均朗、达巴和玛朗，到达札达县城。1968 年达布劳（Dabral）首次在该村偶然发现 10 座石室墓，出土有陶器和人骨。其中一座人骨保存较为完整，为屈肢葬式，头侧有少量器物。两座墓内发现殉葬马匹、红陶器、铜器等。达布劳将墓葬主人归属于萨加人，其年代断定为公元前 5 世纪—前 1 世纪。①

1986—2009 年，印度加瓦尔大学对尼提谷地进行了系统调查，发现更多的洞室墓，出土遗物包括多种形制的带流红陶、黑陶器、黄金面具、金缀饰、铁器、铜器、人骨和动物骨骼等。

1986 年发现的一座洞室墓，出土大量陶器残片和一些完整的陶器，如盘、带流罐，红陶、黑陶罐等，器物上刻划有线形纹和几何形纹饰，在刻划纹内填有白色颜料。铁质器物包括箭镞、凿、不同形制和大小的刀，以及戒环、铁钉和长方形铁块等。

1987 年发现的一座洞室墓，直接开挖于软性的石灰岩边缘地带，墓室开口直径 1.16 米，用鹅卵石垒砌封堵，墓室深 2.4 米。出土物包括黄金面具、一具完整的杂交牦牛（zoba 或 tso）骨骼，以及狗、山羊、绵羊骨骼，没有发现人骨。

2001 年加瓦尔大学巴特（R. C. Bhatt）等对马拉里墓地继续开展调查，又发现一座洞室墓。墓葬开挖于山坡上，墓顶塌陷，竖穴墓道在深 1 米处用石块封堵。墓室平面为圆形，进深 2.05 米，墓门直径 1.57 米。墓室内发现一具人骨，年龄在 12—15 岁之间。出土 11 件形制、大小和质地不同的陶罐，主要是红陶和灰陶，装饰有刻划的几何纹。其中最重要的一类是 5 件带耳罐，其中 3 件为带流罐，2 件为圈足罐。此外还出土一件直径 16 厘米的铜盆②。

2009 年新发现 2 座洞室墓，被当地人扰乱。出土 2 件完整的陶器和一些陶片、金缀饰及一枚铜珠饰。③

马拉里墓地洞室墓的年代当为公元前 1 世纪前后，其墓葬形制和出土器物与曲踏墓地非常相似，尤其是黄金面具和陶器。陶器作为本土特征较强的器物，在这两

① D. P. Grawajle, J. S. Kharakwals, S. Kusumgar et al., Cist Burials of the Kumaun Himalayas, *Antiquity*, 1995, vol. 69, pp. 550 – 554.

② R. C. Bhatt, K. L. Kvamme, V. Nautiyal et al., Archaeological and Geophysical Investigations of the High Mountain Cave Burials in the Uttarakhand Himalaya, *Indo-Kōko-Kenkyū-Studies in South Asian Art and Archaeology*, 2008—2009, vol. 30, pp. 1 – 16.

③ K. Bist, N. Rawat, A Comparative Study of Burial Tradition in Higher Himalaya with Special reference to Malaria: New Findings and Their Importance, *Proceedings of the Indian History Congress*, 2013, vol. 74, pp. 885 – 891.

个地区表现出惊人的相似度，可能意味着它们具有相同的产地，通过贸易交换输入到本地。

五　我国西藏日土地区

（一）阿垄沟墓地

1990 年西藏自治区文管会在阿里地区进行文物普查时发现[1]。墓地位于日土县日土区阿不兰热山一条名为阿垄沟的山沟内，这条山沟位于日土镇前行政所在地南面，沟前是县城通往日土镇热角村的乡间公路。沟口北距日土镇约800 米，沟宽20—40 米，大体上由西北向东南延伸，海拔高度4400 米。墓地内共发现约100 座石丘墓，均分布在山沟北口两侧的冲积扇上，地表为砾石层覆盖。墓地面积约1.5 万平方米。石丘墓葬的形制，是从地表向下挖掘成浅穴或直接在地表用大石垒成墓框，葬入骨殖和随葬品后，其上用大石块垒覆，形成圆形或椭圆形的墓丘。石丘直径多在 2 米左右，残高约 1 米。有单人葬、男女合葬、母子合葬等。葬式主要为侧身屈肢葬，大腿向上弯曲，紧贴胸前。另外还有二次葬和火葬。如三号墓出土骨骼不见头骨，仅有椎骨、股骨残段及 3 枚牙齿，分别葬在墓坑内约40—70 厘米深处；四号墓在整个墓穴内发现被火烧过的痕迹，骨殖已成碎渣。墓葬中还有男女二人合葬、母子二人合葬的情况，其中男女合葬是男女并排放置，而母子合葬则是将婴儿尸体葬于母亲身下。部分尸体由于当地干燥的自然环境，出土时已成木乃伊式的干尸。随葬品不多，有泥质灰陶残片、带有焚烧痕迹的残木条、灰白色的骨珠和红色料珠各一枚，以及残铁钩、残马蹄铁、织物等。一号墓女尸脚上穿有一种绛红色亚麻布织成的套袜。五号墓女尸采用屈肢葬式，面部残存"瞑目"一类的织物，领部残留一截用黑白红三色羊毛织成的绳索残段，推测可能是用于捆绑尸骨的遗物。值得注意的是，部分石丘墓葬的大石上还刻有岩画，内容有牦牛等动物和骑马人物等。

（二）洛布错湖环湖墓地

2013 年7—8 月，陕西省考古研究院与西藏自治区文物保护研究所联合对日土县热帮乡的洛布错环湖区域进行了全面调查。洛布错湖周边发现的各类遗迹密集分布在临

---

① 索朗旺堆主编：《阿里地区文物志》，西藏人民出版社，1993 年，第 132—133 页；霍巍：《西藏西部早期文明的考古学探索》，《西藏研究》2005 年第 1 期；霍巍：《西藏高原史前时期墓葬的考古发现与研究》，《中国藏学》1994 年第 4 期；国家文物局主编：《中国文物地图集·西藏自治区分册》，第 365 页。

湖岩壁以及湖滨山坡上,海拔在 4350—4550 米之间,可分为 4 个遗迹区。此次共调查岩画 618 组,墓葬 57 座,此外还新发现祭祀坑 24 座、大型石片摆砌遗迹 1 组、石构遗迹 4 组、石墙 4 道。①

聂诺遗迹区位于洛布错西南的大片开阔山坡地带,与果热遗迹区相邻,之间以一道黑石山脊隔开,是新发现的遗迹区。根据调查报告,该遗迹区共计发现岩画 304 组、祭祀坑 24 个、石片摆砌遗迹 1 组、石构遗迹 4 组、吐蕃时期墓葬 39 座。其中岩画遍布整个遗迹区,数量很大,刻在大小、形状不一的单体石块上,以中上部三道黑石矮梁区域最为集中,与其他遗迹呈现出交错分布的现象,部分岩画石块成为早期祭祀坑、石构遗迹和吐蕃墓葬的砌石。岩画的题材主要有牦牛、鹿、羊、马、狗、鹰以及人物、面具形图案、塔形图案等,其中面具形图案、舞蹈人物、三角形人体是该区较有特点的三类图像。早期祭祀坑外圹形制有椭圆形、长方形、近方形三种,内部用石块围砌成长方形单格、双格或五格,以单格和双格居多。以 K1 为代表,内圹双格,清理后发现散乱的牛、羊、兔等动物骨骼和黄白色、褐色玻璃珠若干。内圹北侧竖立的石块上有早期敲凿的岩画,反映了岩画与祭祀坑之间的密切联系以及可能存在的早晚关系。石构遗迹均位于岩画与祭祀坑集中的山梁东侧陡坡上。最高处三组砌石保存较多,每组由 2—3 部分组成;其下偏东处一组分为东、西两部分,砌石保存较少。石片摆砌遗迹位于湖滨第一阶地的开阔平缓处,周围有岩画数组。摆砌遗迹整体平面近长方形,由侧立并半埋于地下的片石构成,边框内部和四角有片石摆砌的各类图案。图案以几何形为主,有三角波折纹、二方连续菱形纹、雷纹等图案。图案内散布有白卵石,原应为填充图案所用。吐蕃时期墓葬有土石混筑封土,平面以梯形为主,部分墓葬砌石保存较多,垒砌规整,侧边内弧较明显。

根据遗迹类别和时代特征可知,洛布错环湖遗址是一处延续时间长、遗迹种类丰富的综合性遗迹群。岩画中有时代相对确定的带 S 纹动物图像,例如果热区 11 号岩画的双鹿图像。如前章所述,这类动物图像在西藏西部尤其是日土地区有较为密集的分布,其流行年代区间多为公元前 5 世纪—前 3 世纪,因此该岩画群年代至少可以推断至这一时期。吐蕃时期土石混筑的封土墓是其年代下限,推测这一遗址群年代延续一千余年,这在幅员辽阔、人烟稀少的西藏西部来说是极为稀见的。这一方面凸显了洛布错周邻地区具有适宜游牧人群生存的不可多得的自然环境条件,同时也很可能这一

---

① 陕西省考古研究院、西藏自治区文物保护研究所:《西藏日土洛布措环湖考古调查取得重要收获》,《中国文物报》2013 年 10 月 18 日第 1 版;成倩、于春、席琳等:《西藏阿里洛布措环湖遗址出土玻璃成分检测与初步研究——兼论丝绸之路西藏西部阿里段》,载四川大学中国藏学研究所编:《藏学学刊》第 17 辑,中国藏学出版社,2017 年,第 264—274 页。

地区处在西藏西部和中亚地区的交通枢纽地带，地理位置的优势使得本土和往返迁移的人群长期汇聚于这一地点。

尤其值得注意的是，在公元前5世纪—前3世纪至吐蕃时期之间漫长时段内的墓葬遗存未见报道，调查者没有给予进一步的阐释。上述聂诺遗迹区中有一类遗址被判断为"早期祭祀坑"，共计24座，根据其形制特征和出土遗物，我们推断它们应该属于早期墓葬，与阿垄沟所见石丘墓相同。出土的动物骨骼、玻璃珠当为殉牲和贴身随葬品。之所以不见人骨，其中可能有多个原因，如火葬、婴幼儿墓或经过盗扰等，这一现象在札达县曲踏墓地Ⅰ区的婴幼儿墓葬中非常常见。墓室四壁利用带有岩画的石板垒砌，也见于阿垄沟墓地。调查者通过对玻璃珠的成分和制作工艺分析，认为这一类"祭祀坑"属于公元前后的遗存，其时代判断较为合理。

六　印度拉达克地区

拉达克地区的印度河谷及其支流有比较丰富的岩画遗存，以往所做的调查和研究工作比较充分。而对地下遗存的调查和发掘所做的工作极为欠缺，目前见于报道的仅有一处墓地，即列城墓地，还是20世纪初德国藏学家弗兰克进行的调查。

列城墓地位于拉达克列城的提色如（Teu gser po 或 Tiserru），距离前英属印度长官官邸约2英里（1英里为1.609344千米，后同）。1903、1909年，弗兰克对列城附近河谷的墓葬作了两次发掘。1909年所发掘的一座墓葬，墓顶在地下1米左右，墓室用粗糙的大石砌成长方形，长1.8、宽1.35、深1.8米以上。大石均为长方形，长1.35、宽0.3米左右。弗兰克推测墓室内原应有木板。出土物包括各种陶器，但多已破碎。最大的一件陶罐据碎片推测器高0.9米，直径也在0.9米左右；较小的陶罐高10—15厘米；另有一些碟状小陶器。陶器均为手制，肩侧所附的小耳很有特色，表面有刻划的线纹，但未见彩绘（在此前1903年发掘出土的2件中等大小的陶罐上，装饰有暗红色彩绘）。多数陶罐内装有人骨，这一情况说明列城附近的古代居民流行分解尸体并将碎块装入陶罐埋葬的习俗。一些陶罐上带有陈旧的裂痕，两侧分布有钻眼，说明当时人们习惯用绳子来修补破损的陶器，陶器作为一种生活用品还相当珍贵。金属器主要有大量小型铜器：其中有上百件浮雕有圆环形纹饰的方形薄铜片，其功用无法确定；众多大小不同的圆形、椭圆形铜珠饰；一些铜铃形饰，镂刻有三角形孔，顶部有环，它们大概是安插在铜珠之间以串成项链；诸多大小不同的铜扣饰，背面带环，直径为1.2—5厘米，装饰有星形纹、涡形纹或素面；此外还发现带柄铜镜、铜罐、带十字形的铜印、饰有圆圈纹的手镯，以及铁器残片、喇叭形金饰和一个珍珠母色的玻璃珠。

墓葬中出土有 15—20 个头骨，根据弗兰克的分析，这些头骨显示出北印度达尔德人（Dards）的特征，与藏族有别。此外还出土一些羊头骨、牛角。弗兰克推测墓葬年代大致在公元 1—500 年之间。[①]

根据弗兰克的简略描述，该墓葬很有可能是大石块砌成的石室葬，他认为墓葬最初应该有一部分暴露于地表，后来经过冲刷堆积，将其掩埋于地下。墓葬中原应有木板和木器，但由于灌溉用水的进入和腐蚀，此类器物没有保存下来。墓葬内用陶器装盛人骨，应该属于瓮棺葬。瓮棺葬在曲踏墓地Ⅰ区比较流行，但这类小型瓮棺葬主要为婴幼儿使用，不见于成人墓葬。将人骨肢解后埋葬的习俗见于尼泊尔穆斯塘的萨木宗墓地。因此从葬俗上来看，列城墓地表现出更为复杂和多元的特征。

墓葬中的出土物包含有大量陶器，器物形制与我国西藏西部及周边地区的共性较少，尤其是缺少带流陶器，可见其地域性特征较为突出。但总体来看，器耳较为流行，陶器大小悬殊较大，其功能区分非常明显，这一特征又与我国西藏西部及周邻地区存在一致性。另一处墓葬内发现红、黑彩绘陶器，但器物形制不明，无法与我国西藏西部地区的彩绘陶器进行比对。铜器上的共性表现较为明显，带柄铜镜、铜饰珠、铜铃、铜扣饰、铜镯等，在曲踏墓地、皮央·东嘎墓地等均有发现，且形制相似。因此墓葬年代也当与这两处墓地相当，定于公元前 2 世纪—公元 3 世纪之间为宜。

七　尼泊尔穆斯塘地区

（一）楚克潘尼（Chokhopani）墓地

位于尼泊尔北部穆斯塘地区特戈古纳河谷（Thakkhola River）与甘达基河（Gandaki River）交汇处，海拔 2600 米。1992 年，德国科隆大学与尼泊尔考古部联合进行初步发掘，清理了 3 座洞室墓，出土 100 余件陶器及丰富的装饰品和用具，包括青铜饰片、红铜手镯和耳环、铁钉、红玉髓珠、费昂斯珠、骨珠、贝饰、麝香鹿牙项饰、片岩制作的粗针等。墓葬均为合葬墓，3 座洞室墓中至少出土 21 具人骨个体：11 个为 7 岁以下的儿童（其中 3 个为初生婴儿），1 个为 12 岁，2 个为 14—18 岁的青年，以及至少 7 个成年人。陶器均为手制，灰褐色，器形主要为直口高领圆腹圜底罐，有宽带形单耳或棒状柄，另有双联罐、方口高圈足盆和直柄钵等。纹饰有刻划纹和绳纹。由于很多器物烧制火候较差，且其他地方没有发现类似器物，推测应为本地制作。碳十

① A. H. Francke, *Antiquities of Indian Tibet: Archaeological survey of India*, 1914, vol. Ⅰ, 1914, pp. 71 – 74.

四测年数据为距今 2575 ± 19 年。①

（二）米布拉克（Mebrak）墓地

位于尼泊尔北部穆斯塘地区穆格蒂纳特（Muktinath）河谷上游沿岸的宗村（Dzong Village），海拔 3600 米。1995 年，德国科隆大学史前史研究所和尼泊尔考古部联合调查发现。共有 6 组多层的洞室墓，洞室墓面积为 4—12 平方米，顶高 1.2—1.6 米。在一个小洞穴（5 米×2 米）内，放置有 3 个箱式木棺（长 1.1、宽 1 米），木棺上绘制动物、几何图案，包括红色的鹿、蓝色绵羊或岩羊以及捻角山羊。木棺内放大量人骨，为二次葬。尸骨上盖有竹席，人骨为屈肢葬式，双手用棉衣或竹条绑缚于胸前。洞穴内共有 30 具人骨，根据树木年轮分析和碳十四测定其延续时间为 350 年。其中一个箱式木棺可分 3 层，人骨分层放入。出土物包括陶器、铜镯、项饰（贝壳、红玉髓珠、玻璃珠串）、棉织物和皮毛制成的长袍和裤子、木弓、木碗、竹笛、竹编器、粮食（青稞、稻米和豌豆）等，殉葬的动物骨骼有 11 个山羊头和 2 个绵羊头，墓室入口处放置一匹完整的马。陶器多为手制，灰褐色，主要为高领侈口圜底罐、折肩碗、圆形杯、长颈瓶形罐等，肩部有刻划几何纹，腹部饰绳纹，有的器身遍布压印网格纹。此外还有一些轮制磨光陶器，可能为晚期阶段自其他地区输入的。根据碳十四测年，该墓葬年代为公元前 400 年—公元 50 年。根据体质人类学分析，墓主人应该属于蒙古人种，发掘者推测可能自西北地区的中亚迁徙而来。②

（三）萨木宗（Samdzong）墓地

萨木宗墓地位于穆斯塘北部，中尼边界线南侧 7 千米处，海拔 4000 米以上，卡利甘达基河支流萨木宗河流经此地。在河谷东岸、萨木宗村对面的崖壁上，分布有 10 座竖穴洞室墓。2009 年，此处地震导致崖壁和洞室内的遗物被震落，村民才发现该处墓葬。2011—2013 年，美国考古学者对该墓地进行了发掘。沿着崖壁分布的墓葬可分为 3 组：M3 位于最北侧，其南 9 米为密集分布的 M1、M4、M5、M6、M7 和 M8，再向南 6

① A. Simons, W. Schön, S. S. Shrestha, Preliminary report on the 1992 campaign of the Institute of Prehistory of the University of Cologne, *Ancient Nepal*, 1994, no. 136, pp. 51 – 75; A. Simons, W. Schön, S. S. Shrestha, The prehistoric settlement of Mustang, first result of the 1993 archaeological investigations in cave systems and connected ruined sites, *Ancient Nepal*, 1994, no. 137, pp. 93 – 129.

② K. W. Alt, J. Burge, A. Simons et al., Climbing into the past—first Himalayan mummies discovered in Nepal, *Journal of Archaeological Science*, 2003, vol. 30, pp. 1529 – 1535; A. Simons, W. Schön, Cave system and Terrace Settlements in Mustang, Nepal. Settlement Periods from Prehistoric Times up to the Present Day, *Beiträge zur allgemeinen und vergleichenden Archäologie*, 1998, no. 18, pp. 27 – 47.

米为 M2、M9 和 M10。竖穴总数尚未尽知，很可能中间的一组墓葬共享 2 个竖穴，但可以确定 M3、M2、M9 和 M10 分别有各自的竖穴。竖穴以石块封堵入口。这处墓地应该属于丛葬、合葬的家族墓群，M5（422—538 年）埋葬 2 具尸骨。其中一具为成年人，安放于箱式木棺内，木棺外部有彩绘骑马人物图案。另一具年龄为 8—12 岁，置于棺前地面上。该墓出土遗物最为丰富，包括黄金面具、铜罐、铜釜、铜勺、铁质三足锅架、木柄铁匕首、铜镜、铜镯、竹筒杯以及大量铜珠和玻璃珠，其中一些珠饰连缀在织物上，这些织物可能是黄金面具上的附件。殉葬有马、羊、牦牛等动物，另外还有装有青稞面粉的木盘。

相连分布的 M1—M4（583—690 年）排列整齐，一共包含 83 个个体。墓室内缺乏炊具和容器，大部分器物为马具，如带扣、带环、饰有扣和牌饰的皮带，以及大量匕首、箭镞、铁盘等。尸骨放置在低矮的木板上，有的直接放置于地面上。墓葬中也出土 2 件黄金面具，其中一件带有彩绘五官，与 M5 黄金面具相同，另一件未施彩。[①]

萨木宗墓地出土的尸骨中 76% 带有刀砍痕迹，应该是在墓主人死后不久进行了剔除皮肉、肢解尸体的处理。这一葬俗在本地区之前的墓葬中没有出现过。由于墓葬被扰乱，墓主人葬式不明，但根据米布拉克墓地的情况来看，萨木宗墓地应该也采用了侧身屈肢葬式。

碳十四年代数据表明这批墓葬年代在 450—650 年之间。对金属器物的成分和制作工艺分析表明，部分器物如铜罐、黄铜手镯等，可能来自南亚地区，玻璃珠来自萨珊波斯、南印度或东南亚以及信德地区。一个洞室墓内出土有来自中国的丝绸。DNA 分析表明，这些人群来自东亚的北方地区，他们的遗传特征与现代的夏尔巴人和西藏人比较接近。

第二节　分期

从年代序列上来看，位于象泉河上游的我国西藏札达地区的墓葬，具有较为完整的发展演变链条，从公元前 6 世纪一直延续到公元 3—4 世纪，基本上没有间断，可以以其作为分期的主线。通过对各处墓地的墓葬形制及出土物特征的观察和分析，可初步将我国西藏西部及周邻地区的考古学文化划分为 4 个时期：（1）公元前 7 世纪—前 4 世纪；（2）公元前 3 世纪—公元 1 世纪；（3）1—4 世纪；（4）5—7 世纪。尼泊尔卡利

---

① G. Massa, M. Aldenderfer, M. Martinón, Of gold masks, bronze mirrors and brass bracelets: Analyses of metallic artefacts from Samdzong, Upper Mustang, Nepal 450—650 CE, *Archaeological Research in Asia*, 2019, vol. 18.

甘达克河上游穆斯塘地区的遗存时代也较早，且延续时段很长，总体上与此分期高度吻合，只是相对缺乏第 3 阶段的遗存；印度金瑙尔—斯皮蒂地区和北阿坎德邦加瓦尔地区与我国西藏札达地区相近，在文化面貌和发展序列上与我国西藏札达地区基本一致；我国西藏日土和印度拉达克地区的遗存目前所见数量较少，但都可以归入这一年代序列中的不同阶段。详细情况如下，列表见后。

一 公元前 7 世纪—前 4 世纪

根据目前的考古发现来看，青藏高原西部最早的墓葬遗存主要分布在尼泊尔穆斯塘的楚克潘尼墓地和我国西藏札达县格布赛鲁墓地，在我国西藏皮央·东嘎的格林塘墓地也有一些分布。楚克潘尼遗存的年代可早至公元前 1000 年—前 800 年，但其洞室墓年代集中于公元前 800 年—前 600 年。米布拉克墓地继承了楚克潘尼的文化特征，其洞室墓年代最早为公元前 450 年，可归入本期。陶器本地特色较为突出，多为手制，呈灰褐色，火候较差。器形主要为直口高领圆腹圜底罐，有宽带形单耳或棒状柄，另有双联罐、方口高圈足盆和直柄钵等。纹饰有刻划纹和绳纹。由于很多器物烧制火候较差，且其他地方没有发现类似器物，推测应为本地制作。墓葬中出土红铜、青铜饰物和少量铁器以及大量的各类珠饰，应该与中亚和印度次大陆有密切关系。

这一时期西藏札达地区的墓葬形制主要为石室墓。2017 年度格布赛鲁墓地发掘的 8 座墓葬以及格林塘 2018 年度发掘的 2018PGM2 可归入本期；印度金瑙尔—斯皮蒂地区发现的石室墓也属于同一时期同一类型的遗存。墓葬形制为较浅的竖穴土坑，土坑内用石块或石板围砌墓室，或象征性放置一些较大石块。葬式有仰身直肢葬和侧身屈肢葬。随葬器物不多，主要为陶器、铜器、玻璃珠、贝饰等。陶器为夹砂红褐陶，器形主要有中小型圜底彩绘陶罐、侈口高领双耳圜底罐和单耳圜底罐。彩绘圜底陶罐罐身饰有红褐色三角形网格纹，其特征与我国新疆南部同一时期彩绘陶器风格相似。仰身直肢葬式在我国西藏地区的墓葬中极少发现，根据报道迄今为止仅在西藏西部地区的早期墓葬中出现过几例，它们可能与侧身屈肢葬式所代表的人群来源不同。由于是最新发现的资料，其体质人类学分析尚在进行之中。

二 公元前 3 世纪—公元 1 世纪

这一时期墓葬和遗址的分布范围扩大，墓葬种类和数量都增加，出土遗物比较丰富，形成了比较固定的墓葬形制特征和器物组合。这一时期同时流行三种类型的墓葬：石丘墓、洞室墓和婴幼儿墓葬，皆为新出现的墓葬形制。

石丘墓主要分布于我国西藏札达地区的格布赛鲁墓地、皮央·东嘎 V 区墓群和萨松塘墓地，以及日土的阿垄沟墓地和洛布错环湖墓地。其典型特征是在地面上或较浅的土坑内用石块围砌成方形、长方形墓室，埋葬后墓室上垒砌成圆形或椭圆形石丘封土。石丘墓一般规模较小，埋藏较浅，葬式多为侧身屈肢葬，另外还有二次葬和火葬。火葬墓内常见有骨灰、烧骨及焚烧痕迹。随葬品较少，有泥质灰陶、铁器、织物、料珠、动物骨骼等。

洞室墓在本期不再限于尼泊尔穆斯塘地区，开始在我国西藏札达地区盛行，以曲踏墓地Ⅱ区为典型代表。分布地点包括我国西藏札达县皮央·东嘎墓群（格林塘2018PGM1）、卡尔普墓地、格布赛鲁墓地、桑达沟口墓地，印度加瓦尔地区马拉里墓地，尼泊尔穆斯塘米布拉克墓地等。洞室墓是先在山坡上垂直向下掏挖出长方形竖井状墓道，墓道两侧壁分布有脚窝，在墓道一半深度的位置有二层台，上面铺设石板以防护墓道下半部和墓室。在墓道底部向长方形的短边一端掏挖墓室，墓门入口为拱形，多以石块垒砌封堵。墓室有单室和双室，单室略呈圆角方形，双室多为哑铃型。墓壁略弧，均为平顶。四壁上开凿出长条形或方形小龛。墓室内常以鹅卵石垒砌石棺床，其上放置箱式木棺。墓主人多为侧身屈肢葬式置于棺内，身上有羊毛毡类衣服或裹布，头梳发辫。墓室内空间依据不同功能进行划分，放置有不同类别的随葬品，其中包括储存类大型陶器、炊煮类中型陶器或铜器、饮食类小型陶器以及匕等餐具。随葬器物周边及木棺下方殉葬大量动物骨骼，主要为羊、牛和马。牛、羊用作食物，周边常放置有木柄铁刀为餐具；马匹佩戴马衔、马鞭等马具，用于骑乘，常放置于正对墓门位置，或因墓室窄小而放置于墓道底部。不少墓室内还放置成袋的青稞粮食。木棺内及石棺床周边放置其他随葬物品，包括贴身饰物，如小型黄金面具、带柄铜镜、木梳、刻纹木牌、铜铁镯、铜珠饰、铜纽扣、蚀花玛瑙珠、玻璃珠、红玉髓珠等；漆木器如长方形木盘、四足或方圈足木案、漆盘、纺织用具等，兵器如弓箭、青铜短剑等。棺内及墓室四壁小龛内还常见大量草编器，其内装盛秸秆碎屑。依墓主人财富等级差别，随葬品多寡不一。有的墓室仅见散乱的石棺床而不见木棺，随葬物品仅有数件陶器、草编器、石磨盘等。而等级较高的墓葬，随葬品种类丰富，一应俱全，两者差别较为明显。从墓地空间布局来看，等级较高的墓地墓葬排列整齐划一，墓葬形制规整；而等级较低的墓葬则明显缺乏规划，开凿位置随意性较强，出现反复密集的相互打破关系，墓道位置和墓室形制较不规则。值得注意的是，黄金面具在这一时期开始出现，但尺寸较小。墓葬形制和随葬品在这一时期形成了较为固定的特征和组合关系。

这一时期还出现了专门的婴幼儿墓葬区。主要分布于我国西藏札达县曲踏墓地Ⅰ区，皆为小型墓葬，包括三种不同形式：洞室墓、石砌墓和瓮棺葬。洞室墓是曲踏墓地Ⅱ区洞室墓的小型化，有长方形墓道和圆形墓室。石砌墓用砾石垒砌方形或长方形墓室，墓口用较大石板封盖，底部铺设沙土，葬具为草编器，婴幼儿人骨放置其中，葬式不明。瓮棺葬用大型陶罐作为葬具，内部放置婴幼儿人骨及随葬品，大陶罐口部用石板封盖，埋葬较浅。出土遗物较为丰富，包括陶器、铁器、木器残片、织物残片、骨质纽扣、贝饰、婴幼儿骨殖、羊骨、植物种子、红玉髓珠、蚀花玛瑙珠、玻璃珠、铜饰珠等。

婴幼儿皆为非正常死亡，将他们的墓地与成人分开安置，可能是出于某种亡灵信仰，或是对瘟疫疾病的恐惧。这些婴幼儿都有随身的饰物和随葬用品，显示出当时人们对于生命的关照是均等的，并不因为死者是婴幼儿而弃之不顾，而后者在经济发展比较落后的地区非常常见。这暗示着这一时期象泉河谷地的社会发展水平已经达到了一个新的高度。

三 1—4 世纪

这一时期石丘墓消失不见，洞室墓继续流行，新出现了大型竖穴土坑石室墓。洞室墓主要分布于我国西藏札达县曲踏墓地 I 区（2 座）、皮央·东嘎墓群和印度加瓦尔地区马拉里墓地（1 座）。墓葬形制基本上与前期洞室墓相同，延续了箱式木棺和侧身屈肢葬式，但在随葬品上与前期洞室墓表现出明显的差别。

本期洞室墓内随葬陶器主要有双耳深腹罐、带流圈足杯和单耳圜底杯。器物的喇叭口形圈足和喇叭口形高领特征较为突出，与前期陶器相比，表现出更多的非对称性，彩绘陶基本消失。随葬品中出现了较大的黄金面具，大小更加适合真人面部；铁器数量明显增多，出现了铁质工具钉耙和烹煮用的三足支架；这一时期首次出现了丝绸、茶叶、漆器、汉式一字格铁剑、马蹄形木梳、钻木取火器等，这些物品很可能是来自我国新疆的汉文化因素，通过新疆南部地区输入到西藏西部，极大地丰富了这一地区的物质文化。

大型竖穴土坑石室墓是这一时期新出现的墓葬形制，主要见于我国西藏噶尔县门士乡的故如甲木墓地、加嘎子墓地和直达布日墓地，札达县曲龙村萨扎墓地等。通常是先在地面上挖出竖穴土坑，在坑底用大石块沿四壁垒砌成长方形墓室，墓室顶部横搭棚木，再在棚木上面压石块后回填。墓坑填土中设有祭祀层，埋葬羊、马等殉牲及殉人头骨。大部分为多人合葬墓，墓坑内填土的局部有二次或多次开挖迹象。少量为单人葬。级别较低者不见棚木和木棺，人骨散乱堆积一起，随葬品较少。级别较高者棚木粗壮结实，墓室因而能够保存完好，墓室内放置方形箱式木棺。二次葬的人骨混杂堆积，葬式不辨，单人葬皆采用侧身屈肢葬式，头部和周身包裹丝织品。随葬品多放置于木棺内和墓室中，包括黄金面具、丝绸、茶叶、漆器、铜质容器、铜质工具、汉式一字格铁剑、方形木案、杯形竹器、马蹄形木梳、钻木取火器、食物种子、陶器、玻璃珠、羊马骨骼等。这些出土遗物与洞室墓器物特征和组合较为一致，但陶器数量较少，质量也较差，可能因为多数遗址位于高海拔地带，不具备制作陶器的条件，输入也较为不便。但所见陶器器类在洞室墓陶器中也比较常见，主要包括双耳深腹罐、单耳圜底罐、带流圜底罐等。

较之于前期，本期墓葬在分布范围上更广，尤其是在生存条件极为严峻的高海拔地区，也出现了大量墓群以及相关的永久定居点和都城遗址，这显示出象泉河谷地人群移动和扩张的新趋势。前一期具有一定农业优势的较低海拔河谷地带，可能已经不能承载日益增长的人口压力，而远距离贸易的繁荣增强了人群应对各种恶劣自然环境的能力，对本地区社会的发展具有极强的互补作用。同时因为商品交换的繁荣，在通往外部世界的交通路口，如故如甲木墓地和卡尔东城址周边，发展出新兴的政治、军事和经济中心，可以说已经出现了一个区域国家的雏形。

四 5—7 世纪

这一时期遗存发现较少，目前仅见尼泊尔穆斯塘的萨木宗墓地。大型洞室墓继续流行，使用箱式木棺。流行真人面部大小的黄金面具，随葬物品较为丰富，包括丝织品、铜质器皿、铁盘、马具、木柄匕首、铁箭镞、铜镜、铜镯、铜珠饰、竹木器、玻璃珠、青稞粮食、牛羊动物等。从墓葬形制和器物特征来看，基本上继承了前期大型洞室墓的传统，但在分布范围上进一步向我国西藏札达河谷地区的周边扩展。在靠近喜马拉雅中段的尼泊尔穆斯塘地区首次出现了黄金面具和来自中原地区的丝绸，这说明以札达河谷地区洞室墓器物组合的影响在空间分布上较前期扩大，同时也显示，横切喜马拉雅山脉的河谷地带在沟通青藏高原和南亚次大陆方面起到了更加重要的作用。

这一时期萨木宗墓地的墓主人在死后经过了剔除皮肉和肢解处理，这一尸体处理方式被认为是后弘期天葬的前身。这一葬俗在西藏西部地区前期的墓葬中并不多见，应该是本期新出现的一种丧葬文化现象。它是否仅流行于穆斯塘地区，抑或在这一时期更大范围内普遍流行，尚有待进一步的资料来证实。

依据以上分析制成青藏高原西部"前吐蕃时期"遗存的分期、分区表（见后）供参考。

青藏高原西部"前吐蕃时期"遗存分期、分区表

分区	第一期 公元前7世纪—前4世纪 洞室墓	第一期 石室墓	第二期 公元前3世纪—公元1世纪 石丘墓	第二期 洞室墓	第二期 婴幼儿墓葬	第三期 1—4世纪 洞室墓	第三期 竖穴土坑石室墓	第四期 5—7世纪 洞室墓
我国西藏札达地区		格布赛鲁墓地、皮央·东嘎格林塘墓地	格布赛鲁墓地、皮央·东嘎V区墓群和萨松塘墓地	曲踏墓地II区;皮央·东嘎格林塘、卡尔普墓地、格布赛鲁墓地、桑达沟口墓地	曲踏墓地I区、小洞室墓、石砌墓和瓮棺葬	曲踏墓地 I 区、皮央·东嘎墓群		洞室墓
我国西藏故如甲木—曲龙地区							故如甲木墓地、加嘎子墓地、直达布日墓地、曲龙萨扎墓地	
我国西藏日土地区			阿垄沟墓地、洛布错环湖墓地					
印度金瑙尔—斯皮蒂地区		聂桑墓地、里帕墓地、克纳墓地				马尼贡麻墓地、域村墓地		
印度北阿坎德邦加瓦尔地区		马拉里墓地		马拉里墓地		马拉里墓地		
印度拉达克地区							列城墓地	
尼泊尔穆斯塘地区	楚克潘尼墓地、米布拉克墓地			米布拉克墓地				萨木宗墓地

第十三章
墓葬形制及出土遗物综合分析

第一节 墓葬形制

一 小型石室墓

小型石室墓是青藏高原西部地区最早出现的一类墓葬。在竖穴土坑内用石板或石块建造墓室四壁和墓盖，有时墓底也铺石板，多为长方形，也有其他形状；有的在竖穴土坑内象征性地放置一些较大石块。多数墓葬规模较小，墓葬一般距地表 0.5—1 米深，长 1—2、宽 0.5—1.5、深 0.3—1 米。少量墓葬内可见木质葬具痕迹，墓主人为仰身直肢葬式，一些地区为侧身屈肢葬式。墓葬内仅有少量随葬品。（图 13－1－1）

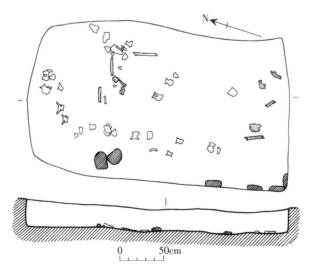

图 13－1－1 皮央·东嘎格林塘墓地（PGM3）

（《西藏札达县皮央·东嘎遗址古墓群试掘简报》图 24）

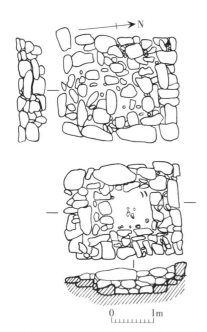

图 13-1-2 皮央·东嘎萨松塘
墓地石丘墓（PSM1）

（《西藏札达县皮央·东嘎遗址古墓群试掘
简报》图 10、11）

图 13-1-3 日土阿垄沟墓地
石丘墓（M6）

（《阿里地区文物志》第 133 页，图 46）

小型石室墓流行年代大致为公元前 7 世纪—前 4 世纪，主要见于我国西藏札达地区的格布赛鲁墓地和皮央·东嘎格林塘墓地，印度喜马歇尔邦金瑙尔—斯皮蒂地区的聂桑墓地、里帕墓地和克纳墓地以及印度北阿坎德邦加瓦尔地的马拉里墓地等。

这类石室墓在巴基斯坦斯瓦特河谷沿印度河、象泉河和杰纳布河上游一直到库蒙喜马拉雅地区一带都存在和流行。有学者认为青藏高原西部地区石室墓的源头应该在中亚和巴基斯坦北部地区，如萨纳纳墓地（Sanana）、佰塞里墓地（Baseri）等。[1]

二 石丘墓

石丘墓是继小型石室墓之后兴起的一类墓葬。其典型特征是在地面上或较浅的土坑内用石块围砌成方形、长方形墓室，埋葬后墓室上垒砌圆形或椭圆形石丘封土。石丘大小为 5—15 平方米，大多直径在 2 米左右，残高 0.3—0.8 米，墓室一般为 0.5—2 米见方，规模较小且埋藏较浅。葬式多为侧身屈肢葬，另外还有二次葬和火葬。火葬墓内常见有骨灰、烧骨或焚烧痕迹。随葬品较少，有泥质灰陶、铁器、织物、料珠、动物骨骼等。（图 13-1-2、3）

石丘墓主要分布于札达县的格布赛鲁墓地、皮央·东嘎V区墓群和萨松塘墓地，以及日土县的阿垄沟墓地和洛布错环湖墓地。这类墓葬流行年代在公元前 3 世纪至公元前后。石丘墓的突出特征是地表有石丘，这类地表标志不见于前一期的石室墓，也不见于同时期的洞室墓。墓室构筑较为简单，一

---

① D. P. Grawajle，J. S. Kharakwals，S. Kusumgar et al.，Cist Burials of the Kumaun Himalayas，*Antiquity*，1995，vol. 69，pp. 550-554.

般是就地取材，围砌成墓，葬入后以石块封顶成丘。从分布区域来看，与同时期的洞室墓多有重合。出土遗物来看，两者存在一定的差异，很有可能属于不同的人群。

三 洞室墓

从目前资料来看，洞室墓最早出现于尼泊尔穆斯塘的楚克潘尼墓地（公元前 7 世纪），并在该地区一致延续使用至 5—7 世纪。在我国西藏西部主要流行于公元前 3 世纪—公元 2 世纪之间，一些墓地也延续到 5 世纪—7 世纪。可见洞室墓是青藏高原西部地区极具本土特色、分布范围广、延续时间最长的一种墓葬形制。洞室墓主要见于楚克潘尼墓地、曲踏墓地、皮央·东嘎墓地（格林塘）、卡尔普墓地、格布赛鲁墓地、桑达沟口墓地、马拉里墓地、米布拉克墓地、玛尼贡麻墓地、域村墓地、萨木宗墓地等。洞室墓一般具有垂直的竖井形墓道，墓道为长方形，一般长 2、宽 0.5—1、深 3—5 米，两壁上分布有脚窝。在墓道底部向一端开凿出圆形或方形墓室。一些墓葬在墓道的中段设有二层台，上面铺设石板防护墓道下半部和墓室（图 13－1－4、5）。墓室口部常用石板或砾石砌筑封堵。墓室有单室和双室，室内大致长 1.6—2.6、宽 1.5—3、高 1.3—1.7 米，平顶或弧形顶，四壁常开凿出小龛。墓葬地表不见石丘和封土堆，个别墓道口摆放一些陶罐等祭祀用品。从葬具葬式和随葬物品来看，各地区的洞室墓存在较多的一致性和传承性。（图 13－1－6、7）

洞室墓结构复杂，掏挖不易，对修造工具、技术和投入成本上都有一定要求，相较于石室墓和石丘墓来说，洞室墓代表了较高的社会经济发展阶段和技术水平。洞室墓的修造主要有两个影响因素：其一是需要锐利的、效率高的工具，这在以石器、木器和铜器为主要生产工具的时期较难实现，因此在第一期（公元前 7 世纪—前 4 世纪）这类墓葬形制并不普遍，而在第二期（公元前 3 世纪）之后在西藏西部地区较为流行。从西藏西部的洞室墓内壁上留下的工具痕迹来看，当时应该使用了一种类似镐或钉耙之类的铁质工具。个别墓葬中出土有带木柄的三齿铁耙，可以轻松完成大型洞穴的掏挖工作。其二是需要具备一定的地质学知识，大致了解墓葬修造地点的地层堆积情况。掏挖洞室墓需要寻找到湖相沉积的粉砂岩层，避开山前砾石堆积、砾岩层和致密坚硬的泥岩层。水平层理的粉砂岩层不仅直立性好，不易垮塌，而且开凿较为容易。而山前乱石堆积和砾岩层则无从下手，泥岩层也不易开挖，且容易垮塌。这一时期的有些墓葬看似为竖穴土坑，实际上可能是洞室墓顶部垮塌的结果。成功的墓葬修造者应该具备丰富的经验，来寻找最合适的地点和层位来开凿墓室。但这些合适的地点并非遍地都是，因此一旦寻找到一个地点，便会充分加以利用。曲踏墓地 Ⅱ 区的洞室墓显然根据岩层的堆积机理进行了合理规划，6 座墓葬一字排开，互不打破，既保证了足够的空间来彰显每座墓葬应有的规格,也充分利用了这一地点的所有粉砂岩层。而桑达沟口墓地的洞室墓之间出现了极为复杂的叠压打破关系,一方面说明该墓地缺乏统一的规划,把有限的砂岩层最大化地利用,另一方面也显示出墓葬的规格不同,无法在单个墓葬的空间上给予充分考虑。实际上两处墓地在随葬品上的差别也支持这一推断。当然,桑达沟口墓地延续使用时段较长也是一个重要原因。

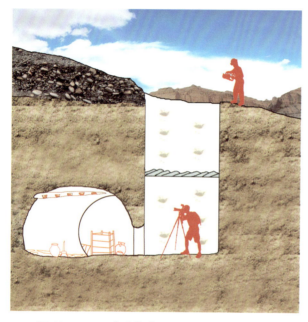

图 13−1−4　曲踏墓地Ⅱ区洞室墓结构示意图
（作者绘制）

图 13−1−5　曲踏墓地Ⅱ区 2014M5
墓道及二层台
（《西藏阿里地区故如甲木墓地和曲踏墓地》
图 19）

图 13−1−6　曲踏墓地Ⅱ区 2014M2
墓室平面图
（同前,图 16）

图 13−1−7　曲踏墓地Ⅱ区 2014M3
左右墓室
（同前,图 20）

青藏高原西部地区竖穴洞室墓形制独特，在周边地区没有出现过完全相同的例子。从整个欧亚大陆来看，在黑海地区、中亚和我国新疆地区，也在大致相当的时期开始流行洞室墓。黑海北岸的晚期斯基泰墓地（公元前2世纪）开始出现与曲踏洞室墓类似的墓葬形制，同样是在岩石上掏挖竖穴墓道和洞室墓穴，在墓室壁上挖出小龛，墓室入口用石块封堵，墓室内还偶见动物纹彩绘图像①。费尔干纳地区公元前3世纪—前1世纪开始流行竖穴洞室墓，一直延续到1—5世纪②，乌兹别克斯坦南部地区距今2000年的康居人也流行洞室墓。中亚地区洞室墓特征为地表起封堆，多为圆形石堆或石圈，墓室某一端略长出墓道，多以土块封堵洞口。这些洞室墓绝大多数可以归属于偏室类，建造方法是先挖出长方形竖穴至底，然后在一侧留出生土二层台，在对面一侧下挖，并掏成很浅的弧顶半洞室。我国新疆地区在西汉时期也出现了竖穴偏洞室墓③。其中黑海北岸和费尔干纳地区的洞室墓在具体形制和流行时间上，都与我国西藏西部地区较为接近。这说明西藏洞室墓的流行，与周邻地区基本上保持同步，是当时整个欧亚内陆地区铁器时代生产工具的改进和技术进步所带来的普遍社会现象。但由于时空跨度较大，在中亚和我国西藏西部之间缺乏建立关联性的中间环节，尚无法确定两者在这一方面是否存在直接的相互影响。

四 竖穴土坑石室墓

大型竖穴土坑石室墓是青藏高原西部局部地区出现的一种特殊的墓葬形制，目前来看仅分布于故如甲木—曲龙区，包括故如甲木墓地、加嘎子墓地、直达布日墓地、曲龙萨扎墓地等几处墓地。其流行时段为2—4世纪。一般在地面上挖出长方形的竖穴土坑，墓室长3—6、宽3—5、深3—6米，坑底用大石块沿四壁垒砌成墓室，墓室顶部横搭棚木，再在棚木上面压石块后回填。墓坑填土中设有祭祀层，埋葬羊、马等殉牲及殉人头骨。大部分墓葬为多人合葬和二次葬，墓坑填土局部有二次或多次开挖迹象。少量为单人葬。级别较低者不见棚木和箱式木棺，人骨堆积散乱，随葬品较少。级别较高者棚木粗壮结实，墓室因而能够保存完好，随葬品较为丰富。（图13－1－8、9、10）

---

① J. Davis-Kimball, V. A. Bashilov, L. T. Yablonsky eds., *Nomads of the Eurasian steppes in the Early Iron Age*. Berkeley: Zinat Press, 1995, pp. 76 – 78.

② 杨建华、张盟：《中亚天山、费尔干纳与帕米尔地区的早期铁器时代研究——与新疆地区的文化交往》，载吉林大学边疆考古研究中心编：《边疆考古研究》第9辑，科学出版社，2010年。

③ 吐鲁番文管所：《鄯善苏巴什古墓葬发掘简报》，《考古》1984年第1期；新疆文物考古研究所：《新疆尼勒克乌吐兰墓地发掘简报》，《文物》2014年第12期。

图 13 - 1 - 8　故如甲木墓地 2012M1

（《西藏阿里地区噶尔县故如甲木墓地 2012 年发掘报告》图版壹：2）

图 13 - 1 - 9　故如甲木墓地 2013M3

（《西藏阿里地区故如甲木墓地和曲踏墓地》图 3）

　　竖穴土坑石室墓在西藏西部地区曾经在第一期的格布赛鲁墓地出现过，但规模较小，具体形制有别，被列入小型石室墓范畴。故如甲木—曲龙地区大型竖穴石室墓的流行时间，也是以曲踏墓地为代表的竖穴洞室墓正在流行的时期，但为何在故如甲木—曲龙区没有采用洞室墓，而创造出竖穴石室这一崭新形制，将在下面进行探讨。

　　竖穴土坑石室墓的成功建造需要满足两个条件：其一是地下堆积较为松软，易于

图 13 – 1 – 10　故如甲木墓地 2014M1
(《西藏阿里地区故如甲木墓地和曲踏墓地》图 5)

开挖出大型露天土坑。故如甲木—曲龙地区的象泉河河谷开阔，河流冲积和下切发育成沙土堆积丰厚的台地，开挖起来比洞室墓的粉砂岩层便利得多。也正是这个原因，这一河坝地带不适宜开凿洞室墓，因为土质堆积较为松软，直立性差，且地下水位较高，一旦掏挖成洞将很容易垮塌。其二，石室墓的修建需要较长而粗壮的木料作为撑顶的棚木。由于墓室跨度较大，一般石材难以覆盖顶部，因此需要粗壮的木材来封护墓顶。在海拔 4000 米以上的象泉河上游地带，木材是极为稀缺的资源，这里无论木材大小，都只能从海拔较低的喜马拉雅山谷地远程运来。实际上这一地区的大部分竖穴土坑墓都没能实现这一条件，只有少数几座规格较高的墓葬使用了粗壮的三尖杉搭建墓顶框架[1]，棚木上面再压大石块，保证了墓室的完整性。大部分墓葬的顶部并没有使用木材，或者仅象征性地使用几根细小的木棍，并不足以支撑墓顶的大石块和墓坑填土的重量，因此多数墓葬刚建成就已垮塌。而不使用棚木的墓葬，不得不在墓室内填满大石块以支撑墓顶，所以墓室内大石与人骨、动物骨骼及随葬物品混杂一起，狼藉一片。因此从这些墓葬的修建效果来看，并不适用于那些级别较低、财富缺乏的人群。

　　故如甲木—曲龙地区的竖穴土坑石室墓与同一时期札达地区的洞室墓虽然在墓葬形制上差异较大，但也存在一些共性，如墓穴开挖埋葬都深入地下，地表不设任何封土或封堆，合葬墓均有二次打开的现象等。并且从随葬物品、葬具、葬式上来看，两者的文化面貌没有太大区别。这些共性似乎显示出他们并非属于不同的人群或阶层。从分布范围

---

① 王树芝：《故如甲木墓地 M1 所出木材的鉴定和树轮分析》，《考古学报》2014 年第 4 期。

图 13-1-11　曲踏墓地I区婴幼儿墓葬（洞室墓）

图 13-1-12　曲踏墓地I区婴幼儿墓葬（石砌墓）

图 13-1-13　曲踏墓地I区婴幼儿墓葬（瓮棺葬）

来看，竖穴土坑墓没有出现在故如甲木—曲龙地区以外的其他地区（拉达克列城墓地可能为竖穴洞室墓，但无法确知），缺乏洞室墓的广泛性特征，它的出现很大可能是对不同地质环境条件进行适应性调整的结果。

五　婴幼儿墓葬

专门辟设墓葬区安置早夭的婴幼儿，是一个地区社会经济文化发展到一定程度才会出现的现象。曲踏墓地Ⅰ区在公元前 3 世纪出现婴幼儿墓葬，皆为小型墓葬，包括三种不同形式：洞室墓、石砌墓和瓮棺葬。洞室墓是曲踏墓地Ⅱ区洞室墓的小型化，有长方形墓道和圆形墓室，总长 0.8—1.0、宽 0.8、深 0.5—0.7 米。墓室门口有石板和碎石封堵。有的墓道和墓室垮塌，发掘时显示似为土坑形制（图 13-1-11）。石砌墓是用砾石垒砌成方形或长方形墓室。墓室长 0.4—0.6、宽 0.4、深 0.5 米，墓口用较大石板封盖，底部铺设沙土，葬具为草编器，婴幼儿骨放置其中，葬式不明。垒砌墓壁的砾石一般就地取材，用黏土黏合。有的墓葬壁或盖板用废弃的石磨盘充数，显然是从生活区或附近拾得的（图 13-1-12）。瓮棺葬使用较大的陶罐作为葬具，内部放置婴幼儿及随葬品，口部用石板封盖，埋葬较浅，出土遗物较为丰富。（图 13-1-13）

对于早夭的婴幼儿遗体的处置，不同墓地和不同时期会采取不同的形式。

日土阿垄沟墓地的石丘墓中婴儿尸体与母亲合葬于一室；皮央·东嘎萨松塘墓地的石丘墓中，也有幼童墓葬夹杂于成人墓葬之中；穆斯塘萨木宗墓地 5 号墓有成年人与婴幼儿的合葬现象。但单独设置婴幼儿墓葬区，将婴幼儿与成人墓葬完全分开，则在我国西藏阿里其他地区、新疆及中亚地区极少发现。在秦汉时期中原内地的墓葬中发现过集中埋葬的婴幼儿墓，如西安市秦汉栎阳城遗址西汉晚期至新莽时期的婴幼儿墓群[①]。这应该也是一个地区丧葬观念的发展及其背后经济文化水平提高的反映。

青藏高原西部及周邻地区所流行的墓葬，从小型石室墓到石丘墓、洞室墓、婴幼儿墓葬和大型竖穴石室墓，反映出随着时代的演进，墓葬形制由简单到复杂、由小型到大型、由浅表到地下、由单一到多样的发展趋势。随葬物品也由简单粗陋逐渐到复杂多样、组合完备、质地精美。这实际上反映了自公元前 7 世纪到公元后数个世纪之间青藏高原西部地区社会经济文化的发展及社会组织结构的复杂化过程。在这一过程中，对于自然资源极为贫乏的青藏高原西部来讲，本土的农牧业和手工业发展可能不是主要的推动力，起到关键作用的应该是外来因素的刺激，也就是跨区域商业和交换的发展。

第二节　黄金面具

一　黄金面具的发现

迄今为止，各国考古学者在青藏高原西部地区共发现 7 件黄金面具。分别出自我国西藏札达县曲踏墓地（2 件）、噶尔县故如甲木墓地（1 件），尼泊尔穆斯塘地区萨木宗墓地（3 件）和印度北阿坎德邦马拉里墓地（1 件）。另外在故如甲木墓地还发现 1 件残损的疑似面具的鎏金银片。下分述之。

（一）故如甲木墓地黄金面具

2012 年发现于故如甲木墓地 M1 中部北侧[②]。正方形，长 4.5、宽 4.3、厚 0.1 厘米，由金片压制而成。正面用红、黑、白三色颜料绘出人物面部。双目为黑色，大睁。用宽度约 0.2 厘米的红色线条描绘出面部轮廓线、上下眼睑、鼻部轮廓、

① 刘瑞、李毓芳、王自力等：《西安市阎良区秦汉栎阳城遗址墓葬的发掘》，《考古》2016 年第 9 期。
② 中国社会科学院考古研究所、西藏自治区文物保护研究所：《西藏阿里地区噶尔县故如甲木墓地 2012 年发掘报告》，《考古学报》2014 年第 4 期。

**图 13 - 2 - 1　故如甲木墓地 2012M1
出土黄金面具**

(《西藏阿里地区噶尔县故如甲木墓地 2012
年发掘报告》，图版肆：7)

鼻梁、鼻翼，嘴部轮廓较细，口内部分用白色打底，并用黑线条勾画出牙齿。下巴上画出三根粗硬的胡须，中间一根垂直向下，两侧对称的两根分别先向下后折向两侧。周边均匀分布 8 个小圆孔，孔径 0.2 厘米，应该是用以缝缀在较软质地的材料上。背面可见压制的线条。保存较好，右侧圆孔处略有破损，表面多处被压皱。根据人骨碳十四数据，该墓葬年代为 2 世纪。(图 13 - 2 - 1)

（二）曲踏墓地 Ⅰ 区黄金面具

2009 年发现于札达县曲踏墓地 Ⅰ 区 M1[①]。长约 14.2、宽 14、厚 0.01 厘米，大小与真人面部相仿，由冠部和面部两部分连缀而成。冠部呈长方形，长 14、宽 5.7 厘米，面部上宽下窄，长 9.6、宽 8.1 厘米。冠部正面錾刻出并列的三座阶梯状的雉堞，顶部有穹顶，每个雉堞两侧各刻一只鹤状立鸟，除最右侧边缘处的鸟面向穹隆顶外，其余皆背对穹隆顶，在自左侧第二和第三个雉堞之间的两只鸟之间刻有一穗状物。雉堞正中各刻一只羊，皆面向左侧，角部向后卷曲。面部有部分重叠在冠部之下，重叠部分有两排小孔，并用丝状物与冠下部边缘连缀在一起。面部刻出眉、眼、鼻、口，甚至包括细部的人中和法令纹。冠部和面部的刻痕都用红色颜料勾勒。整个面具沿周边也有一周直径为 0.2 厘米的圆孔，每两个为一组，背后衬有多层丝织物，并残留有打结的系带。冠部背部丝织物的后面还用薄木片加固，通过直径约 0.2 厘米的系带与丝织物缝制在一起。根据出土动物骨头的碳十四数据，该墓葬年代在 1—2 世纪。(图 13 - 2 - 2、3)

（三）曲踏墓地 Ⅱ 区黄金面具

2013 年发现于札达县曲踏墓地 Ⅱ 区[②]。椭圆形，长 5.5、宽 4.1、厚 0.01 厘米。由金片压制出面部轮廓及眉、眼、口、鼻。下巴较尖，双目呈杏状，鼻较修长，小嘴。边缘处折向背面，可能用以固定在其他物品上。五官刻痕都用红色颜料描绘。其年代应该与曲踏 Ⅰ 区 M1 年代相当。(图 13 - 2 - 4)

① 金书波：《从象雄走来》，西藏人民出版社，2012 年。
② 该资料由札达县文物局罗丹先生提供。

**图 13 – 2 – 2　曲踏墓地Ⅰ区 2009M1 出土
黄金面具（正面）**
（《欧亚视野内的喜马拉雅黄金面具》图 2）

**图 13 – 2 – 3　曲踏墓地Ⅰ区 2009M1
出土黄金面具（背面）**
（同前，图 3）

**图 13 – 2 – 4　曲踏墓地Ⅱ区 2013M1 出土
黄金面具**
（同前，图 4）

图 13 – 2 – 5　马拉里墓地出土黄金面具
（Archaeological and Geophysical Investigations of the
High Mountain Cave Burials in the Uttarakhand Himala-
ya，fig. 14）

（四）马拉里墓地黄金面具

1986—1987 年，印度考古学者在北阿坎德邦加瓦尔地区的马拉里墓地调查发掘中出土①。面具呈倒梯形，长8厘米，最宽7、最窄4.5、厚0.009厘米，重5.23克。鼻子修长，鼻翼宽厚，口紧闭，嘴角上扬，两侧边缘处各有10个小孔，孔径0.1厘米。所属墓葬的年代在公元前1世纪前后。（图13-2-5）

（五）萨木宗墓地黄金面具

2011年由美国考古学者发现于尼泊尔穆斯塘地区萨木宗墓地M5和M1—M4②（图13-2-6、7）。一共有3件，均为略轻薄的倒梯形，厚度为50—70微米。每件面具都由两层构成：富含黄金的箔片居前，富含银的箔片居后，两者紧密粘合在一起。M5的金银面具（SMZ5-1）长15.5、最宽12.3厘米。对横截面的分析可知，银箔层厚40—50微米，金箔层厚15—30微米。隆起的鼻梁和眼眶、牙齿、胡须、眼角纹均用朱砂

图13-2-6 萨木宗墓地出土
黄金面具（SMZ5-1）
（Of gold masks, bronze mirrors and brass bracelets: Anlyses of metallic artefacts from Samdzong, Upper Musang, Nepal 450—650 CE, fig. 17a)

图13-2-7 萨木宗墓地出土黄金面具
使用状况复原
（《尼泊尔天穴探秘》）

---

① R. C. Bhatt, K. L. Kvamme, V. Nautiyal et al., Archaeological and Geophysical Investigations of the High Mountain Cave Burials in the Uttarakhand Himalaya, In: *Indo-Kōko-Kenkyū-Studies in South Asian Art and Archaeology*, 2008 - 2009, vol. 30, pp. 1 - 16.

② M. Aldenderfer, Variation in Mortuary Practice on the Early Tibetan Plateau and the High Himalayas, *The Journal of the International Association for Bon Research*, 2013, vol. 1, Inaugural Issue, pp. 293 - 318. 迈克尔·芬克尔著，刘珺译：《尼泊尔天穴探秘》，《华夏地理》总第124期，2012年10月；G. Massa, M. Aldenderfer, M. Martinón-Torres, Of gold masks, bronze mirrors and brass bracelets: Analyses of metallic artefacts from Samdzong, Upper Mustang, Nepal 450—650 CE, *Archaeological Research in Asia*, 2019, vol. 18.

勾勒（经过扫描电镜分析），眉毛和眼珠用黑色颜料（可能为碳质，没有检测到重元素）勾勒。整个面具周缘分布有小孔，直径为 0.1 厘米，都带有毛刺，说明它原应缝制固定于有机基质或织物上。另外两件面具保存较差，发现时折叠成小团块，但展开后显示出大致相似的特征，包括用红色和黑色颜料涂绘、周缘穿孔等。其中一件面具（SMZ1－C4－1）的左面绘有一个雍仲符号，局部金箔脱落，可以看到底层的银箔（图 13－2－8）。另一件具有类似梯形形态的箔片（SMZ1－C2－1）也具有涂绘痕迹，但面部特征并不明显（图 13－2－9）。该批墓葬年代为 4—5 世纪。

图 13－2－8　萨木宗墓地出土黄金面具
（SMZ1－C4－1）

（《尼泊尔天穴探秘》图 17d）

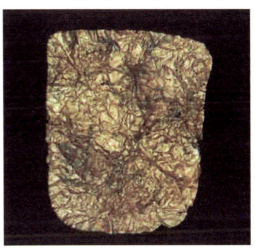

图 13－2－9　萨木宗墓地出土黄金面具
（SMZ1－C2－1）

（同前，图 17e）

（六）故如甲木墓地鎏金银片

2014 年发现于故如甲木墓地 2014M2 中部的人骨堆积中[①]。破碎成数十个残片，最大残片 3 厘米见方，完整形制不明，据估计总长约 12、宽 10 厘米。正面鎏金，背面为黑色，并带有木屑，应该是用木头做衬底。周边有小孔，孔径约 0.15 厘米。同出有少量丝绸残片，周围还发现有绿色料珠，疑为面具类饰物（图 13－2－10）。该墓葬年代为 2 世纪。

这些面具或者疑似面具的器物都发现在喜马拉雅山西段的南北麓，年代多为 1—2世纪前后，萨木宗墓葬年代稍晚，为 4—5 世纪。它们具有很多共同特征：多为黄金制品，尺寸不一，至少有 2 面与真人面孔大小相当，另外几面较小，约 4—5 厘米见方；

---

① 资料尚在整理中。

图 13 –2 –10　故如甲木墓地 2014M2 出土鎏金银片

都为捶碟法制成，在正面形成凸出的五官，并用朱砂或赭石颜料勾勒出五官和胡须线条，个别还用黑色或白色颜料描出眉目、牙齿。值得注意的是，多数面具的周边都钻有小圆孔，用以通过丝线固定在其他材料上。从具体的发现情况来看，其中 3 件器物上都有较多的丝织物残余，基本上都是固定在纺织物上。只有一件面具周边没有钻孔，但其边缘下折，同样可以附着、固定，但所用衬底的材质不得而知。较小型的面具可以通过衬底的纺织品来扩大其面部覆盖面积，这种面具基本上是象征性的。至少有 2 件面具在周边还发现各色玻璃珠，可能是与黄金面具搭配使用，装饰在墓主人的面部。这些面具除了尺寸上有差异外，面部特征也不同。多数面具的五官具备蒙古人种特征，而马拉里的面具有较硕大的鼻子，具有明显的印欧人种特征。

二　欧亚视野内的黄金面具

汉晋时期西藏西部与南疆地区的考古学文化有颇多相似之处，其中包括丝绸、钻木取火器、马蹄形木梳、漆木器、铁器等，这说明在藏西和南疆之间至迟自早期铁器时代开始，两地之间已经存在比较密切的文化交流。南疆的丝绸之路经由喀喇昆仑山口、拉达克地区或是新疆阿克赛钦地区向西藏西部延伸，直接影响到喜马拉雅地带的考古学文化面貌。两个地域文化通过这条高原丝绸之路形成了许多共同因素，也使得我们有足够的理由将喜马拉雅地区的黄金面具与新疆及邻近地区出土的类似器物进行联系和比较，并进一步将其置于整个欧亚大陆的背景中去考察。

在欧亚大陆范围内，北非和西亚地区的黄金面具发现最早。美索不达米亚平原和东地中海地区的古代国王贵族，在丧葬中流行用黄金面具、眼罩和口罩①，例如埃及、迈锡尼、色雷斯、乌尔和沙特阿拉伯东北部地区等。这种葬俗从公元前三千纪出现，流行到公元前一千纪的后半叶。公元前后在近东地区主要的使用者和传播者是帕提亚人，其文化影响一直达到波斯帝国的边境，如当时属罗马行省的叙利亚地区、高加索地区及黑海北岸包括克里木半岛。地中海地区的黄金面具并非缝缀在织物上，而是用细线通过面具四角的圆孔固定在死者的面部，帕提亚的面具也沿用了这一习俗②（图13-2-11）。

双目相连的眼罩是面具的简约形式，最早出现在西亚地区，很快传播到黑海北岸地区和克里木半岛。这种眼罩在公元一千纪的前半叶经丝绸之路传播到中亚地区，后在我国新疆地区也有不少发现③。来自波斯的金属面具、眼罩和口罩传统，在我国新疆地区与中原地区原有的丝绸覆面传统融合在一起，产生了新的形式。覆面是用丝织物将死者的头部包裹，或者覆盖在面部，又称为面衣或幎目，本是中原地区流行的葬俗，秦汉以前就已经出现④。公元2、3世纪之交，在中亚游牧民族的墓葬中，这些面具或眼罩、口罩开始放置或者缝制在丝绸覆面之上，丝绸上装饰有波斯风格的图案。有时或许因为缺少金属或为了制作方便，将丝绸覆面改成眼罩的形状⑤。在第一千纪的后半叶，在西伯利亚的西部和东南部、乌拉尔地区、乌克兰草原地区和喀尔巴阡盆地，这类眼罩、口罩和面具也开始缝制在丝绸之上，与中亚地区的面具表现形式相同，而不再直接用丝线直接固定在死者的头上了。这一现象证明了这类面具组合形式是从中亚影响到西伯利亚和欧洲东部，而不是直接从黑海北部和高加索地区传入的。⑥

欧亚大陆东部的丧葬面具主要流行在公元前后到公元6世纪之间，其出现、流行和传播可能与帕提亚和萨珊波斯的文化密切相关。中亚地区以及我国新疆是丧葬中用黄金面具比较集中的区域。新疆吐鲁番地区最常见的是银质或铜质的眼罩缝缀在丝绸

---

① M. Benko，Burial Masks of Eurasian Mounted Nomad Peoples in the Migration Period（1st Millennium A. D.），*Acta Orientalia Academiae Scientiarum Hung. aricae*，1992/93，vol. 46，nos. 213，pp. 113 – 131.

② J. E. Curtis，*Parthian gold from Nineveh*，*British Museum Yearbook*. I. *The Classical tradition*，London：BMP，1976，pp. 47 – 66.

③ 王澍：《复面、眼罩及其他》，《文物》1962年第7—8期。

④ 武伯纶：《唐代的覆面和胡部新声》，《文物》1961年第6期。

⑤ S. I. Rudenko，*Die Kultur Der Hsiung-Nu und die Huegelgraeber von Noin Ula*，Bonn：Rudolf Habelt Verlag GMBH，1969，pl. XVI；〔俄〕鲁伯-列斯尼契科娃著，李琪译：《阿斯塔那古代墓地》，《西域研究》1995年第1期。

⑥ 同①。

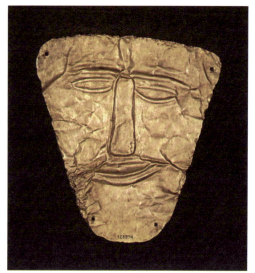

图 13 - 2 - 11 帕提亚尼尼微金面具
(The Trustees of the British Museum)

图 13 - 2 - 12 萨石墓地出土黄金面具
(The History of Central Asia, Volume Two:
The Age of the Silk Roads, p94, fig. 72)

覆面上，覆面包裹死者的头部，常常是一片彩色的丝绸，装饰有萨珊风格的纹饰，例如联珠纹、衔绶鸟、对马、猪头等。吉尔吉斯斯坦发现 2 面黄金面具，分别出自萨石墓地（Shamsy）（4—5 世纪）（图 13 - 2 - 12）和扎拉克杰拜墓地（Džallak Džebe）墓地（3—5 世纪）[1]。我国新疆境内也发现 2 面，包括昭苏波马黄金面具（1—5 世纪）（图 13 - 2 - 13）[2] 和吐鲁番鎏金铁面具[3]。新疆尉犁县营盘墓地的白色麻制面具前额贴饰长条形金箔片（2 世纪）（图 13 - 2 - 14）[4]，可视为黄金面具的变异形式。墓主人头部用丝绵缠裹，与面具搭配使用。

在西伯利亚米努辛斯克盆地附近的墓葬中，发现数以百计的丧葬用泥质和石膏面具[5]，有学者认为这些丧葬面具的观念源自地中海东部文明[6]。这些面具是从死者面部翻模制作的，都双目紧闭，男性面具用赭石或朱砂涂作红色，女性的涂为白色，但用红色装饰。双目都用黑色木炭勾画，有的在眼睛、鼻子和嘴巴部位都保留

[1] M. Benko, Burial Masks of Eurasian Mounted Nomad Peoples in the Migration Period (1st Millennium A. D.), *Acta Orientalia Academiae Scientiarum Hung aricae*, 1992/93, vol. 46, pp. 113 - 131. pl. IV, V.

[2] 安英新:《新疆伊犁昭苏县古墓葬出土金银器等珍贵文物》,《文物》1999 年第 9 期。

[3] 〔俄〕鲁伯 - 列斯尼契科著, 李琪译:《阿斯塔那古代墓地》,《西域研究》1995 年第 1 期。

[4] 新疆文物考古研究所:《新疆尉犁县营盘墓地 15 号墓发掘简报》,《文物》1999 年第 1 期。

[5] E. B. Vadetskaia, *The Ancient Yenisei Masks from Siberia*, Krasnoiarsk, St-Peterburg, 2009.

[6] A. M. Tallgren, *Trouvailles tombales Sibériennes en 1889*, Suomen Muinaismuistoyhdistyksen Aikakauskirja, 1, Helsinki, 1921, p. 18.

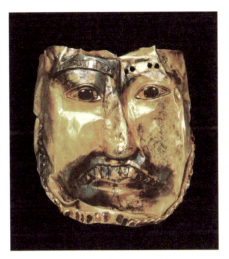

图 13 - 2 - 13 新疆昭苏波马出土
黄金面具

（《丝绸之路·新疆古代文化》第 258 页，
图 2）

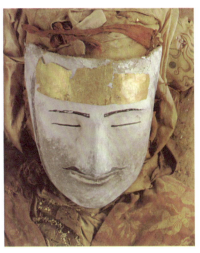

图 13 - 2 - 14 新疆尉犁县营盘墓地
出土麻制金箔面具

（《天山古道东西风——新疆丝绸之路文
物特辑》第 320、321 页）

图 13 - 2 - 15 米努辛斯克奥格拉
赫图（Oglakhty）墓地出土面具

（*The Ancient Yenisei Masks from Siberia*，pl. 5）

图 13 - 2 - 16 米努辛斯克奥格拉
赫图墓地出土面具

（同前，p. 117，fig. 99a）

有皮革和纺织物衬底痕迹，说明原来应该有完整的覆面（图 13 - 2 - 15、16）。该地区
这一丧葬现象出现于 1—2 世纪，3 世纪时开始盛行，持续到 5—6 世纪，与我国新疆和
喜马拉雅地区的流行年代基本一致。营盘墓地所发现的贴金白色麻布面具，应该是米
奴辛斯克泥质面具和喜马拉雅黄金面具之间的一种过渡形态。

可见，在公元前后一直到公元 5—6 世纪，在以中亚为中心，北到西伯利亚，南到喜马拉雅地带的广阔地域范围内，都盛行用面具覆盖死者面部的丧葬仪式，有黄金面具、鎏金银面具和铁面具等金属面具，更有大量泥质、石膏面具，上面用錾刻、镶嵌等手法或用红、黑色颜料勾画出五官以模仿真容。大多数面具以丝绸覆面作为衬底，两者配合使用，这是西方起源的金属面具传统与东方起源的丝绸覆面传统结合而形成的独特文化现象。

从以上分析可以看出，喜马拉雅地带出土的黄金面具与新疆及周边地区的黄金面具应该是同一丧葬传统背景下的产物。喜马拉雅黄金面具的使用年代在 2—3 世纪，最晚的一例是 5 世纪，与中亚及相邻地区的流行年代区间相当。在使用方式上也是以丝绸覆面为衬底，与金属面具搭配使用。丝绸覆面上装饰有较为独特的纹饰，以区别于其他服饰。结合墓葬内其他共出器物的特征，这种联系似乎更为直接。这些共性具体是通过文化上的交流和传播，还是通过族群的迁徙而形成，尚不十分明朗。从整个欧亚大陆的发现来看，黄金面具的使用和传播，可能与印欧人的活动和迁徙有密切关系，印度学者将他们在喜马拉雅地区的发现归为自帕米尔南下的雅利安人所创造的文化[①]。但从黄金面具所显示的特征来看，除了印度马拉里的例子外，其他几件喜马拉雅地带的面具都不具备明显的印欧人特征。对出土人骨的体质人类学分析也证明，墓葬主人具有较为明显的蒙古人种特征，因此仅仅根据黄金面具的使用情况来判定具体的族群，似乎还缺乏足够的说服力。黄金面具的使用以及其他考古学文化面貌上所显示的共性，更多的可能是通过丝绸之路的文化交流实现的、由不同族群共享的文化特征。

三 黄金面具的功能

总体看来，欧亚大陆的黄金面具彼此间存在千丝万缕的联系，一些地域之间存在相互影响和传播的迹象，但这一推断并不能扩大化和绝对化。黄金面具分布的时空跨度非常大，不同地区和不同阶段的黄金面具可能具有完全不同的社会功能，很难将这些器物都归于一个源头，或是赋予一种相同的功能。因为特定区域内具体的丧葬观念和宗教信仰是千差万别的，纵然是互有影响和传播关系的器物之间，由于在新的使用区域实现了本土化的过程，其功能也会随之发生变化。也正是这些原因，以往对于这类丧葬面具功能的考察，无论是考古学者，还是人类学者，都众说纷纭，

---

① A. K. Singh, *Cist Burials in Kinnaur, Western Himalayas: A Preliminary Report on Recent Discovery*. Paper presented at the Fifth World Archaeological Congress, Washington, D. C., 2003.

莫衷一是。但某些功能不论在任何地域或时段，都是相通的。例如对于黄金作为稀有贵重金属的认识是一致的，这一点决定了黄金面具的使用者一般都具有较高的社会地位，属于容易得到这些贵重用品的阶层，黄金面具也因此具有象征身份和地位的社会功能。又因为黄金恒久不变的属性，使得黄金面具不仅具有保护和装饰尸骨的功能，同时也使这一功能永恒不变，从而使逝者得到永生，成为其灵魂的凭依之物。

早期阶段古埃及、美索不达米亚和东地中海地区的黄金面具就具有这样的功能，一般被认为是用于保护死者木乃伊或尸骨，或在头部受损、腐烂或者丢失的情况下，作为头部永久的替代品，使死者的灵魂与肉身结合，使其安全到达另一个世界。[1]

南西伯利亚发现的丧葬面具多数并不是黄金或者其他金属，而是泥质、石膏及其他易得材料，在使用上也具有更大的广泛性，其实用价值和宗教内涵超越了社会地位的象征意义。这些面具都与二次葬密切相关。墓主人死后尸体要放在外面或者临时的墓穴，待血肉完全从骨头上消失后再入葬，这种葬俗与中国和希腊作家记载的突厥人葬俗吻合[2]。这类墓葬很少保存有完整的骨架，头骨经常缺失，常用面具来代替。一些头骨经环切处理，人骨上有很多刀痕，说明肉身并非自然腐败，而是采用人工清理来为最后的下葬做准备。头骨软组织被清理干净后，所有的空洞都填满泥，由此产生了面部模型，常见的是用一层灰泥覆盖，有时还涂上一层石膏。[3] 民族学材料证明这些面具象征亡者，其目的是将亡者与生人分开以避免伤害到生人，被认为是墓主人的灵魂栖息之所。[4] 也有学者推测这些面具是为了避免生者看到亡者腐烂的面孔，具有保护亡者防备邪恶之眼窥视的预防作用。[5]

喜马拉雅地带的黄金面具可能也具有类似的功能。《唐会要》《通典》《资治通鉴》等汉文文献记载了吐蕃征服（642年）前羊同国的统治范围和风土民情。《通典·边防六》记载："大羊同，东接吐蕃，西接小羊同，北直于阗，东西千余里，胜兵八九万人。其人辫发毡裘，畜牧为业。地多风雪，冰厚丈余。所出物产，颇同蕃俗。无文字，但刻木结绳而已。刑法严峻。其酋豪死，抉去其脑，实以珠玉，剖其五脏，易以黄金，

---

① 顾朴光：《古代埃及面具文化刍论》，《贵州民族学院学报》2002年第2期。

② M. A. Czaplicka, *The Turks of Central Asia in History and at the Present Day*: *An Ethnological Inquiry into the Pan-Turanian*, Adamant Media Corporation, 2005, pp. 90 – 91.

③ E. M. Murphy, Mummification and Body Processing: Evidence from the Iron Age in Southern Siberia, *Kurgans*, *Ritual Sites*, *and Settlements*: *Eurasian Bronze and Iron Age*, British Archaeological Reports, 2000, pp. 279 – 292.

④ E. B. Vadetskaia, *The Ancient Yenisei Masks from Siberia*, Krasnoiarsk, St-Peterburg, 2009.

⑤ A. M. Tallgren, *Trouvailles tombales Sibériennes en* 1889, Suomen Muinaismuistoyhdistyksen Aikakauskirja, 1, Helsinki, 1921, p. 19.

假造金鼻银齿，以人为殉，卜以吉辰，藏诸岩穴，他人莫知其所……其王姓姜葛，有四大臣分掌国事。古未通，大唐贞观十五年（641 年），遣使来朝。"这里面记载酋豪死后"假造金鼻银齿"，指的可能就是黄金面具之类的器物。文中没有对"黄金鼻银齿"给出更多解释，但提供了一条非常重要的线索，即酋豪在死后要经历一系列"抉去其脑""剖其五脏"的尸体处理方式，这与故如甲木墓地和萨木宗墓地所获取的考古资料相对应。在萨木宗墓地出土的尸骨"76% 带有确定无疑的刀痕，并且这些痕迹很明显是在死后产生的"，不是出自乱砍或猛击，很可能是在死后为制作干尸而剔除皮肉、分解尸体所留下的，最后仅将尸骨入葬。在故如甲木墓地，虽然人骨上没有发现这类刀痕，但有不少证据显示尸骨在埋入前要停厝一段时间，多数合葬墓是二次葬的产物，人骨很有可能经过了一个自然腐败的过程。

在中国北方地区辽代贵族墓葬中也出现一批金银面具[1]，有观点认为是受到唐代西域胡人丧葬传统的影响[2]。关于辽代丧葬中使用金银面具，宋人文惟简《虏廷事实》有明确记载："（契丹）富贵之家，人有亡者，以刃破腹，取其肠胃涤之，实以香药，明矾，五彩缝之。又以尖苇筒刺于皮肤，沥其膏血且尽，用金银为面具，铜丝络其手足。"[3] 我们无法确定如此晚期阶段中国北方地区的金银面具与 5 世纪之前中亚、西伯利亚地区所流行的丧葬面具之间是否具有某种联系，但两者在葬俗上有共同之处，即丧葬面具的使用都伴随着尸体的人为损伤。

由此看来，使用黄金面具或其他形式丧葬面具的文化中，尤其注重尸体的处理，比较普遍的现象是尸骨在最终埋葬前进行了人为的干预：或者是抽取脑浆和内脏制作木乃伊，或者是用利器分解尸体，或者是通过有意地长时间停厝，利用自然条件（如风干、动物啃噬等）而去除皮肉，共同的结果是尸体的完整性遭到破坏。而丧葬面具可以在尸骨最终埋入墓室时进行面部装饰，以保证尸骨的完整性。用朱红色的颜料勾勒出五官轮廓，创造出活生生的人的形象，而后用贵重金属衬上珍贵的丝绸覆面，既维护了亡者最后的尊严，也体现了他所拥有的财富和社会地位。同时，由于黄金的使用，说明使用者希望这种保护具有永恒的时效，可能蕴含了重新复活或者在另一个世界得以永生的丧葬观。

至于这种丧葬习俗背后具体的宗教观念为何，可能不同地区各不相同，尚需要更多的材料来证明。结合有关古代象雄的文献记载和大量动物殉葬的现象来看，喜马拉

---

① 木易：《辽墓出土的金属面具、网络及相关问题》，《北方文物》1993 年第 1 期；S. H. Minkenhof, Date and Provenance of Death Masks of the Far East, *Artibus Asiae*, 1951, vol. 14, no. 1/2, pp. 62 – 71.
② 吕馨：《辽墓出土金属面具与网络起源的再探讨》，《南方文物》2012 年第 1 期。
③ ［宋］刘惟简：《虏廷事实》，载［明］陶宗仪编撰：《说郛》卷八，涵芬楼本，中国书店，1986 年。

雅地区黄金面具的宗教功能可能与原始苯教密切相关。原始苯教与北亚地区盛行的萨满教都属于万物有灵论，两者具有千丝万缕的联系①。至今在北方草原地区民间仍然沿袭覆面之风，这种风俗必然与萨满教观念有关联，并有着特定的表现形式和意义。

喜马拉雅地带迄今也流行金属、木雕、泥塑、皮质、织品等各种材质的面具，雕作神灵、英雄人物和藏戏人物形象，用于巫师占卜、逐疫去邪和民间歌舞说唱。这主要源自萨满教、民间神话和佛教、印度教的传统②，与前吐蕃时期所流行的丧葬面具有较为明显的差异。当然由于地域上的重合，如果追溯其远古的源头，也很难排除两者具有承继关系的可能。

通过上述分析和比较，可以看出整个喜马拉雅地带在铁器时代的早期，已经与我国新疆和南亚次大陆建立了比较密切的联系，又通过新疆与中原乃至中亚和欧亚草原存在互动和交流。可以说新疆地区是喜马拉雅地带与我国中原和中亚地区建立联系的纽带。黄金丧葬面具的出现和使用，可能是这条纽带联通的结果。这一丧葬习俗在整个欧亚地区具有深远的背景，虽然不同地区的丧葬面具可能是各自独立发展起来的，但相邻地区之间相互的影响和交流也是显而易见的，尤其是在中亚、我国新疆和喜马拉雅地区三个区域之间。作为探讨喜马拉雅地带与整个欧亚大陆关联性的一个重要指标，黄金面具代表了在广泛地区内流行的类似的丧葬观念、宗教观念和价值体系，尤其是对尸体的处理和保护、对灵魂不灭和复活的共识以及对贵族阶层身份的象征。

第三节　丝绸

一　丝绸出土情况

丝绸主要发现于故如甲木墓地和加嘎子墓地，在直布达日墓地、萨木宗墓地和曲踏墓地Ⅰ区也有少量发现。大部分丝绸因自然环境或者人为因素造成严重损坏，呈不规则的残片状，仅有几件具有较为完整的形状，但其使用功能也无法从自身形制推知。个别品种伴有严重的粉化和板结病害，多数互相纠绞，具有贯穿性撕裂。中国社会科学院考古研究所的研究团队对丝绸样本进行了初步的保护和检视，辨别出4种不同的纺织品，包括锦、绢、纱和麻布。有纹饰和素面两类，颜色较为鲜艳，织物强度尚可，织造工艺精湛。材质有桑蚕丝、柞蚕丝和麻三种。具体介绍如下（以下如无说明，均

① D. Ermakov，*Bo and Bon. Ancient Shamanic Traditions of Siberia and Tibet in Their Relation to the Teachings of a Central Asian Buddha*，Kathmandu，2008.

② T. Murray，Demons and Deities：Masks of the Himalayas，*HALI Annual*，1995，no. 2，pp. 54 – 79.

图13-3-1 "王侯"文禽兽纹锦（M1采：24）

出自故如甲木墓地2012M1①）。

（一）"王侯"文禽兽纹锦

1件（M1采：24）。用以包裹墓主人头骨，展开后呈长方形，长44、宽25厘米。藏青地上织黄褐色纹饰，自下而上由三组循环纹样构成。最下层为波状纹饰，每个波曲内饰一组对鸟脚踏祥云。波曲间饰以相对的龙身图像，波曲顶部饰支撑柱状图案，将中层分隔为数个单元。每个单元内围绕中心的神树对称分布成对的朱雀和白虎，四角对称分布青龙和玄武，四神之间可见汉字"王侯"及其镜像反字。最上层以神树为对称轴饰以背对而立的虎状有翼神兽，尾部放置一件三足汉式鼎，其旁可见汉字"宜"。平纹经锦，采用1：3平纹经重组织，图案经向循环为4厘米，纬向通幅不循环，织物密度为27×15根/平方厘米，经纬线投影宽0.15—0.25毫米，无捻。（图13-3-1）

（二）几何纹锦

2件。一件（M1采：25）略呈方形，长17.5、宽15厘米。黄地上带有赭色曲池纹饰带和点状纹饰带，并有间距不一的胭脂红平行条带纹。平纹纬锦，采用1：1平纹纬重组织，夹经两根拼股，图案纬向循环为1.8厘米，织物密度为42×39根/平方厘米，经线投影宽0.15—0.25毫米，纬线投影宽0.25毫米，均加Z向强捻（图13-3-

———————

① 中国社会科学院考古研究所、西藏自治区文物保护研究所：《西藏阿里地区噶尔县故如甲木墓地2012年发掘报告》，《考古学报》2014年第4期。

图 13 - 3 - 2　几何纹锦（M1 采：25）

图 13 - 3 - 3　几何纹锦显微结构（M1 采：25）

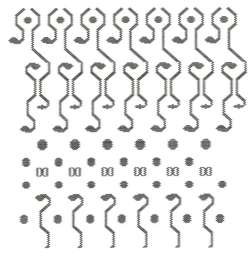

图 13 - 3 - 4　几何纹锦纹饰图案（M1 采：25）

图 13 - 3 - 5　几何纹锦（M1 采：26 - 1）

2、3、4）。另一件（M1 采：26 - 1）为方形，长 41.5、宽 40 厘米，带几何纹，黄色地上带有赭色点状纹饰带。平纹纬锦，采用 1：1 平纹纬重组织，有完整的幅边，幅宽 40 厘米，织物密度为 88 × 60 根/平方厘米，经线投影宽 0.15 毫米，纬线投影宽 0.2—0.35 毫米，均加 Z 向弱捻。几何纹锦周边连缀红色方目纱残片和绢残片，总长约 62、宽 55 厘米。（图13 - 3 - 5）

（三）黑色方目纱

1 件（M1 采：27）。呈长条形，一侧残存幅边，展开尺寸长 43、宽 29、幅边宽 1.3 厘米，黑色，素面。用极细的柞蚕丝织成，织物密度非常高，达到 72 × 16 根/平方厘米，一侧残存幅边，幅边密度为 200 × 16 根/平方厘米。经线投影宽 0.05—0.1 毫米，纬

线投影宽 0.25—0.5 毫米，无捻。（图 13 - 3 - 6）

图 13 - 3 - 6　黑色方目纱（M1 采：27）

（四）红色方目纱

5 件。一件（M1 采：28）呈长条形，长 46.5、宽 45.4 厘米。红色，素面。（图 13 - 3 - 7）织物密度为 46 × 24 根/平方厘米，经线投影宽 0.1—0.15 毫米，纬线投影宽 0.2—0.25 毫米，不加捻。四件为连缀在平纹麻布和几何纹锦上的残片。

图 13 - 3 - 7　红色方目纱（M1 采：28）

（五）棕色绢

1 件（M1 采：29）。不规则形，长 36、宽 27 厘米，棕色，素面。织物密度为 54 × 38 根/平方厘米，经线投影宽 0.1—0.15 毫米，纬线投影宽 0.15—0.2 毫米，不加捻。（图13 - 3 - 8）

（六）平纹麻布

1 件（M1 采：30 - 1）。呈长条形，总长 122、宽 45 厘米，两端连缀有红色方目纱和赭色方目纱残片。织物密度为 24 × 22 根/平方厘米，经纬线投影宽 0.3—0.35 毫米，经线 Z 向强捻，纬线 Z 向弱捻，麻布两侧分别连缀有红色方目纱残片。（图 13 - 3 - 9）

图 13 - 3 - 8　棕色绢（M1 采：29）

2012M1 中除了上述丝绸标本外，仍有大量零碎的丝绸残片有待进一步保护和分析，但其种类基本上不外乎以上诸种。另外根据门士乡村民反映，在故如甲木墓地早年村民修建房舍过程中，曾经发现墓穴中出土有"藏袍"样衣物，大概属于同一时期的丝绸。在 2015 年的田野考古调查中，距离故如甲木墓地西北 10 千米处的加嘎子墓地，也出土有大批丝绸。但该墓地尚未正式发掘，仅根据当地人

图 13 - 3 - 9　平纹麻布（M1 采：30 - 1）

所取得的丝绸样品特征来看，应该是与故如甲木墓地丝绸时代相同、种类相似的遗物。其墓葬形制和其他出土遗物也确定了这一推断。这充分说明故如甲木墓地出土的丝绸并非是孤立的个案，在这一区域的汉晋时期墓葬中应该是比较常见的。

在札达县曲踏墓地Ⅰ区的墓葬中也发现使用丝绸的痕迹。该墓地 2009M1 中出土的黄金面具①，背后衬有两层丝织物和厚厚一层丝绵絮，并有打结的系带（见图 13 - 2 - 2、3）。丝织物所保存面积与黄金面具大小相当，15 厘米见方，应该是用作墓主人的覆面。两层丝织物均为绢，颜色分别为赭色和黄色，赭色绢织物密度为 76 × 72 根/平方厘米，经纬线投影宽 0.05—0.1 毫米，均无捻（图 13 - 3 - 10）。这种面具后面衬以丝织物、缠裹丝绵絮的覆面形式，与新疆营盘墓地的发现非常相似②。根据对出土动物骨头的碳十四测年数据，该墓葬的年代应该在 1—2 世纪。

穆斯塘萨木宗墓地出土 2 片丝织物，是明显的中国丝绸③。主要为绢类平纹织物，经纬线光亮、未加捻，其中一片带有朱砂，丝纤维直径 6.07—10.1 微米，与脱胶丝纤维的直径平均值相合（5—10 微米）（图 13 - 3 - 11、12）。这是中原内地丝绸输入青藏高原西部后到达的最远地点。

2014 年度曲踏墓地Ⅱ区发掘的 5 座墓葬中，还没有发现丝织物的存在，这批墓葬断代为公元前 2 世纪—前 1 世纪。早前时期发掘的札达县皮央·东嘎古墓群年代在战

① 金书波：《从象雄走来》，西藏人民出版社，2012 年；仝涛、李林辉：《欧亚视野内的喜马拉雅黄金面具》，《考古》2015 年第 2 期。

② 新疆文物考古研究所：《新疆尉犁县营盘墓地 15 号墓发掘简报》，《文物》1999 年第 1 期。

③ M. Gleba, I. V. Berghe, M. Aldenderfer, Textile technology in Nepal in the 5th-7th centuries CE: the case of Samdzong, STAR: Science & Technology of Archaeological Research, 2016, vol. 2, no. 1, pp. 25 - 35, DOI: 10.1080/20548923. 2015. 1110421.

图 13 - 3 - 10　曲踏黄金面具背衬赭色绢显微结构

图 13 - 3 - 11　穆斯塘萨木宗墓地出土丝绸（S50）

(Textile technology in Nepal in the 5th-7th centuries CE: the case of Samdzong, fig. 8)

国—西汉时期，未见丝织品痕迹。由此可以推测，丝织品在青藏高原西部的出现和流行应该是在东汉西晋时期。

二　丝绸的来源及相关问题

从装饰艺术风格来看，这批丝绸与毗邻的新疆地区出土的同时期丝绸一致，这不但可以更加确定它们的具体年代，同时也可以追踪其来源和输入路线等一系列问题，对于探讨西藏西部地区与新疆乃至中亚的文化联系具有十分重要的意义。

迄今为止，与故如甲木墓地出土"王侯"文禽兽纹锦装饰纹样相同的丝绸发现2件，都在新疆地区。一件为吐鲁番阿斯塔那沮渠封戴墓出土禽兽纹锦[1]（图 13 - 3 - 13），年代为 455 年。构图以直曲交错的连续波曲纹为骨架，在神树、立柱间填以四神为主的对称的珍禽异兽，纹样呈条带状排列。整体构图及鸟兽、神树、立柱等都与故如甲木禽兽纹锦相同，但图案规整有序，风格显得较为呆板，且不见"王侯"文，显示出略有不同的年代特征。另一件出自尉犁营盘墓地 M39[2]（图 13 - 3 - 14），年代为 3—4 世纪，以波曲为骨架，在立柱间填以龙形和其他动物形象，空隙处织有"王侯"和佉卢文及其反字。从装饰图案、整体风格及"王侯"文来

看，与故如甲木"王侯"文锦更为接近。由此可以推知故如甲木墓葬丝绸年代应该在3—4 世纪之间，这与碳十四测年显示的数据十分吻合。

---

① 新疆文物考古研究所：《阿斯塔那古墓群第十次发掘简报》，《新疆文物》2000 年第 3、4 期合刊；中国文物精华编辑委员会：《中国文物精华》，文物出版社，1993 年，图版 133。

② 赵丰：《纺织品考古新发现》，香港：艺纱堂/服饰出版，2002 年，第 45 页。

塔里木盆地发现较多"王侯"文织物，集中在东汉魏晋时期。一般被认为是中原官服作坊织造、赐予地方藩属王侯的标志性物品，是贡纳体系的产物，具有一定的政治意义。俞伟超先生认为尼雅出土的"王侯合昏千秋万岁宜子孙"织锦，"只能是由官服作纺织造，然后由皇帝下令，赐给所封的王、侯"，尼雅"王侯合昏"锦的使用者当是原有精绝王的继承者[1]。于志勇进一步推测，这类织有"王侯"等字的文字织锦，应是在京朝贡的西域绿洲城邦国家王族或在京西域质子们请求织室或服官役吏，遵照他们的意旨和喜好而设计生产的，极大可能昭示着某种地位和身份[2]。虽然无法断定故如甲木墓地发现的这类丝绸是否具有同样的政治内涵，但其使用者一定是容易得到这类奢侈品的特权阶层，具有相当高的社会地位和政治影响力，如果不在"王侯"之列，是不敢贸然买来使用这类物品的。而墓葬内的其他出土物也彰显了与其他墓葬的巨大等级差别。

故如甲木墓地所出"王侯"文丝绸，其来源很可能是新疆地区。但新疆只是其输入的中转站而已，出土的多数丝绸属于平纹经锦，属于典型的汉地纺织工艺，其原产地应该是在中原内地地区。另外一个证据是所出土的黑色方目纱，经检测是由柞蚕丝（*Antheraea pernyi*）织成，纤维表面存在纵向线状条纹，截面呈扁平形，原始颜色为灰黑色。由于野蚕丝细度差异大，缫丝比较难，杂质也多，故需精深加工才能利用，而成熟的规模化生产有更高的技

图 13 - 3 - 12　穆斯塘萨木宗墓地
出土丝绸（S13）
（同前，fig.9）

图 13 - 3 - 13　新疆吐鲁番阿斯塔那
沮渠封戴墓出土禽兽纹锦
（《中国文物精华》图版 133）

---

① 俞伟超：《尼雅 95MN I 号墓地 M3 与 M8 墓主身份试探》，《西域研究》2000 年第 3 期。

② 于志勇：《楼兰——尼雅地区出土汉晋文字织锦初探》，《中国历史文物》2003 年第 6 期。

图 13 – 3 – 14　新疆尉犁营盘墓地出土"王侯"文锦

（《纺织品考古新发现》第 45 页）

术要求，这在汉晋时期只有中原内地才能达到这样的水准。汉文献中明确记载了这一时期柞蚕丝的规模化生产，主要集中在山东半岛。如《太平御览》引《古今注》云："（汉）元帝永光四年（公元前 40 年），东莱郡东牟山，有野蚕为茧……收得万余石，民人以为丝絮。"①《后汉书》载：光武建武二年（26 年），"野谷旅生，麻尗尤盛，野蚕成茧，被于山阜，人收其利焉"。② 这类野蚕丝织成的纺织品在内蒙古居延地区也有发现，时代可早到公元前 120 年③。故如甲木墓地出土的柞蚕丝细纱，是中国北方地区规模化开发利用野蚕的反映，也是这一技术发展到一定阶段的结果。

西藏西部出土的丝绸大多可以推断来自中原内地地区，但其中两件几何纹平纹纬锦可能有不同的产地。其中一件图案较为清晰，可以辨别出是简洁明快的折线波纹与圆点纹的组合。这类图案在新疆地区东汉西晋时期的织锦中比较常见，例如在新疆楼兰古城城郊出土的东汉时期"方格曲纹锦"④"续世锦"⑤，民丰尼雅出土的汉—西晋时期的"世毋极锦宜二亲传子孙"锦覆面⑥等，但这些锦都是经锦，是典型的汉地织锦。

① ［宋］李昉等：《太平御览》卷八一九，中华书局，1960 年，第 3643 页。

② 《后汉书》卷一《光武帝纪》，第 32 页。

③ V. Sylwan, Investigation of silk from Edsen Gol and Lop-Nor: reports from the scientific expedition to the Northwestern Province of China under the leadership of Dr Sven Hedin. *The Sino-Swedish Expedition Publication* 32, Ⅶ *Archaeology* 6. Stockholm: Bokforlags Aktiebolaget Thule, 1949, p. 20.

④ 中国美术全集编辑委员会编：《中国美术全集·工艺美术编 6·印染织绣（上）》，文物出版社，1986 年，图九二。

⑤ 金维诺总主编，赵丰主编：《中国美术全集·纺织品一》，黄山书社，2010 年 12 月，第 75 页。

⑥ 同上，第 85 页。

图 13 - 3 - 15　新疆且末扎滚鲁克
墓地出土几何曲折纹锦

图 13 - 3 - 16　新疆且末扎滚鲁克
墓地 M115 出土几何草叶纹锦

　　且末扎滚鲁克墓地出土有不少平纹纬锦残片，其中有至少两件装饰纹样与故如甲木墓地的几何纹平纹纬锦很接近：一件出自 73 号墓[①]（图 13 - 3 - 15），饰有折线波纹和圆点纹，其年代为东汉末到西晋时期；另一件出自 115 号墓[②]，饰有折线波纹和草叶纹，年代确定为 3 世纪中期之前（图 13 - 3 - 16）。故如甲木墓地的几何纹锦显然就是这类草叶纹的变形。可见这种饰几何纹样的平纹纬锦在新疆地区东汉晚期至西晋时期是比较多见的，其组织结构、装饰纹样和所属时代都与故如甲木墓地的平纹纬锦非常吻合。

　　西藏西部和新疆南部地区出现的平纹纬锦可视为中国境内最早的一批纬锦。从目前的资料来看，除了在新疆且末扎滚鲁克墓地发现最为集中外，在我国甘肃花海墓地（377 年）、新疆营盘墓地、阿斯塔那墓地和乌兹别克斯坦蒙恰特佩墓地等也都有一些发现，年代集中在 3—4 世纪。这些汉晋时期的平纹纬锦被许多学者认为是新

①　新疆维吾尔自治区博物馆等：《新疆且末扎滚鲁克一号墓地发掘报告》，《考古学报》2003 年第 1 期，图版十六：1。
②　王明芳：《三至六世纪扎滚鲁克织锦和刺绣》，载赵丰：《西北风格·汉晋织物》，香港：艺纱堂/服饰工作队，2008 年，第 18—39 页。

疆当地产品[①]，是一种用丝绵纺线作经纬而织成的多彩重织物——绵线纬锦。这种织锦的经纬线均采用加有 Z 向强捻的丝质绵线，使用平纹纬重组织织造，其图案设计风格多来自汉式织锦，有的还点缀有粗疏的汉字，色彩常见土黄、白、红、浅褐色等，幅宽有的 1 米左右，以"张"为计量单位。若故如甲木墓地的几何纹平纹纬锦为新疆本地所产，不但显示出西藏西部汉晋时期丝绸来源的多样性，同时也可以进一步证实两地之间存在直接、密切的文化交流。

第四节　茶叶

西藏西部有 2 处墓地中出土有茶叶遗存，为我们探讨青藏高原丝绸之路长距离贸易的途径和古代西藏饮茶习俗的起源提供了重要资料。出土茶叶的墓地主要为故如甲木墓地和曲踏墓地 I 区，年代均为 2—4 世纪。

故如甲木墓地 2012M1 出土的茶叶本体均为褐色团块状，由于放置于铜器内而染为深绿色。共有 2 件铜器内发现茶叶遗存：一件为盆形铜釜，其内还放置有铜勺，茶叶与青稞种子混杂铺于铜釜底部（图 13 - 4 - 1、2）；另一件为盘口铜瓷，茶叶附着于器物底部，形成厚厚一层结块（图 13 - 4 - 3、4）。两件器物均为炊煮用器，外壁都附着有烟熏痕迹。此外，在曲踏墓地 I 区 2009M1 出土的一件圆盘形草编器内，也发现类似的茶叶残渣，呈黑色团块状（图 13 - 4 - 5）。

图 13 - 4 - 1　故如甲木墓地 2012M1 出土铜釜
（《西藏阿里地区噶尔县故如甲木墓地 2012 年发掘报告》图版叁：1）

图 13 - 4 - 2　故如甲木墓地 2012M1 出土铜釜内茶叶遗存

---

① 赵丰：《新疆地产绵线织锦研究》，《西域研究》2005 年第 1 期；李文瑛：《新疆境内考古发现的丝绸文物》，《东方早报》2015 年 11 月 11 日第 B10 版。

图 13 − 4 − 3　故如甲木墓地 2012M1 盘口铜瓮
(《西藏阿里地区噶尔县故如甲木墓地 2012 年发掘报告》
图版叁：3)

图 13 − 4 − 4　故如甲木墓地 2012M1 盘口
铜瓮内茶叶遗存

故如甲木墓地两件铜器中的茶叶样本送交中国科学院地质与地球物理研究所吕厚远团队进行了实验室分析，结果显示样品中的茶氨酸和咖啡因保留时间和质谱图，同现代标样高度相似，说明这类遗存为古代茶叶。另一类证据来自对样品的植钙体进行的分析，发现样品中含有丰富的植钙体（簇晶和毛状体基部），这些植钙体形态特征与现代茶叶（*Camellia sinen-*

图 13 − 4 − 5　曲踏墓地Ⅰ区 2009M1
出土茶叶遗存

sis）的相吻合。这三种鉴定特征（咖啡因、茶氨酸和植钙体）共同证明这些残渣应属茶叶[①]。曲踏墓地Ⅰ区出土的疑似茶叶残渣虽然没有经过这一系列的检测，但从其外观形态及其随葬方式上判断，应同属于茶叶。

这些茶叶残渣与青稞、稻米、粟种子混杂在一起，放置于炊煮用器之内，显然不是实际的食用方式，很可能是一种祭祀行为。以炊煮容器装盛多种谷物混杂一起进行随葬，可能代表着为墓主人尽可能提供丰富、充足的食物之意。

从另外一些器物上或许可以看出当时茶叶的饮用方式。故如甲木墓地出土茶叶的墓葬中，还出土 6 件长方形四足木盘（均为Ⅱ型）（图 13 − 4 − 6、7）。盘面四角均有向下的孔洞，有的在盘面正中也有一排孔洞，用于排水，可能用作饮茶用具，类似现在的茶盘。四个短足的设置很可能也是为了排水的方便。同时期的加嘎子墓地一座墓中出土有 6 件长方形四足木盘（均为Ⅱ型）（图 13 − 4 − 8），其中有 3 件盘面的四角有

---

① H. Y. Lu，J. P. Zhang，Y. M. Yang et al.，Earliest tea as evidence for one branch of the Silk Road across the Tibetan Plateau，*Scientific Reports*，2016，vol. 6：18955.

图 13 – 4 – 6　故如甲木墓地 2012M1
出土长方形四足木盘

图 13 – 4 – 7　故如甲木墓地 2012M1
出土长方形四足木盘

图 13 – 4 – 8　加嘎子墓地出土长方形
四足木盘及竹筒杯

孔洞。由此看来，此类木盘的数量不少，显示出饮茶在当地日常生活中占有一定比重。此类形制的木盘与茶叶出现的时间相吻合。而在西藏西部更早期的、未见茶叶随葬的曲踏墓地Ⅰ区、桑达沟口墓地、卡尔普墓地、皮央·东嘎墓群中，虽然也发现大量的长方形木盘（均为Ⅰ型），但从未见盘面上有孔洞者，而且木盘均为平底，无四足，盘内大多残留秸秆状植物碎屑或团块状食物残渣，而不见茶叶残留，因此应属于不同用具。

此外，故如甲木墓地和加嘎子墓地中还出现不少小陶杯。其中故如甲木墓地中出土圜底杯 3 件、平底杯 2 件、高足杯 5 件（图 13 – 4 – 9）。加嘎子墓地出土各式小陶杯 3 件，此外还有 3 套（共 5 件）小竹筒杯。这类小型杯应该是与长方形木案配套使用的饮具，其形制和大小非常适合用来饮茶。此类杯子在未见茶叶出土的早期墓地中也从未出现过。

发现茶叶的两处墓地均出土有丝绸、漆器、黄金面具、一字格铁剑和较大型铜器，均为长距离输入的稀有奢侈物品，可见其相对于其他墓葬来看等级较高。茶叶显然是与丝绸、漆器等同时输入的汉地物品，其输入渠道应该是途经新疆地区的丝绸之路。在丝绸之路沿线的多个地点已经发现茶叶遗存，基本上可以对其输入路线进行复原。

西安汉景帝（公元前 188 年—前 141 年）阳陵出土大量深棕色砖块形植物叶子遗存（图 13 – 4 – 10）。吕厚远团队采用同样的技术方法确认其为茶叶（Camellia sinensis），这是目前中国境内考古出土的年代最早的茶，力证西安地区在西汉时期已经开始

0　　　　5cm

图 13 - 4 - 9　故如甲木墓地出土陶杯

(《西藏阿里地区噶尔县故如甲木墓地 2012 年发掘报告》图 13)

饮茶。西汉辞赋家王褒公元前 59 年所作《僮约赋》中有"烹茶尽具""武阳买茶"的记载，是汉文献中最早关于饮茶习俗和茶叶贸易的明确记载，可见当时饮茶和茶叶交易在蜀郡已相当流行。中国西南地区是野生大茶树种类最多、分布最集中的区域，一般认为这一区域最可能是茶树的原产地，然后传播到南方的其他地区①。根据有关学者的梳理，唐代以前关于茶的文献记载，也多集中于西南、中南的四川和湖北、贵州等地区。② 因此可以推知，陕西和西藏西部等丝绸之路沿线出土的茶叶，来自中国西南地区的可能性较大。

　　西藏西部的茶叶应该是汉晋时期经由新疆南部的丝绸之路南线输入的。新疆民丰尼雅博物馆在尼雅遗址采集到一批汉晋时期遗物。其中有一些砖茶残块，呈灰褐色，用灰色织物包裹，现存尼雅遗址博物馆（图 13 - 4 - 11）。另外也有在和田地区采集到古砖

---

① 刘馨秋、朱世桂、王思明：《茶的起源及饮茶习俗的全球化》，《农业考古》2015 年第 5 期。

② 李炳泽：《茶由南向北的传播：语言痕迹考察》，载张公瑾主编：《语言与民族物质文化史》，民族出版社，2002 年。

图 13 - 4 - 10　汉景帝阳陵出土茶叶标本	图 13 - 4 - 11　尼雅遗址采集茶叶
（DK15 - 1）	（尼雅遗址博物馆藏）

（Earliest tea as evidence for one branch of the Silk
Road across the Tibetan Plateau, fig. 1∶D）

茶的记载。1873 年，英属印度测量局测量员约翰逊（William Johnson）擅自偷越喀喇昆仑山口到和田周围活动，在其返回印度后写的报告中提到，他在和田时曾听说北部沙漠中发现了掩埋的古城，出土有古茶砖和金币，城址位于和田东部①。由于采集地点无法确定，其具体时代尚有待考证。但可以确定的是，将来在新疆的丝绸之路沿线以及西藏西部地区一定会发现更多的茶叶遗存。

第五节　竹、木、漆器

青藏高原西部地区海拔较高，寒冷干燥，树木无法生存。自古至今当地居民的生活用木器及建筑材料都来自周边海拔较低地区，尤其是各条大河在喜马拉雅山脉下切形成的谷地，都有一定的自然条件来提供木材，满足当地人修建房舍城池、制作家具用具的需求。从考古出土器物来看，其中有些便于运输和携带的木器，在器物形制、制作工艺和树种选择上，很有可能受到新疆地区的影响，甚至有可能直接从新疆地区输入。这些器物包括长方形木盘、马蹄形和方背木梳、刻纹木牌、钻木取火器、木盒、纺织器等，此外还包括少量的竹器和漆器。下分述之。

一　木制品

（一）长方形木盘

主要出土于洞室墓和大型竖穴土坑墓葬中，可分为 2 种类型。

---

① W. Johnson, *Report of a Mission to Yarkund in* 1873∶ *vol.* 1, Calcutta∶ The Foreign Department Press, 1875, p. 449.

Ⅰ型　曲踏墓地Ⅱ区出土 20 件。呈长方形，平底略弧，由整木砍削而成，两端有凸出的短柄。盘内大多残留秸秆状植物碎屑或团块状食物残渣。长 20—40、宽 15—20、高 3—4 厘米。（图 13 - 5 - 1、2）

Ⅱ型　故如甲木墓地出土 6 件、加嘎子墓地出土 6 件、曲踏墓地Ⅰ区出土 2 件、玛尼贡麻墓地发现 1 件。由整木砍削而成，呈长方形，带四矮足，盘面周边留有边框，有的盘内四角有镂穿的方形孔洞。四足侧面呈梯形，有的外侧面上有彩绘，图案包括几何纹和牦牛、羊等动物形象。长 30—50、宽 8—14、高 5—10 厘米。（见图13 - 4 - 6、7、8；图 13 - 5 - 3、4）

作为饮食用具，木盘的流行说明人们是席地而坐的进食方式，有的木盘内还保存有大量食物残渣。Ⅰ型木盘出现较早，流行于公元前 2 世纪—前 1 世纪，Ⅱ型木盘出现较晚，主要流行于 2—4 世纪。有的Ⅱ型木盘内四角有镂空的方形洞，结合墓葬中发现的多件小陶杯具，推测这类木盘很可能是作为托盘使用。

曲踏墓地Ⅱ区 2014M2 墓室一件木盘经鉴定属于桦属（*Betula sp.*），桦木木材强度较大，结构细致，易加工，切面光滑，可制作木桶、弓箭、马鞍、工具柄、农具等[①]。

图 13 - 5 - 1　曲踏墓地Ⅱ区出土长方形木盘
（2014M3 右：15）

图 13 - 5 - 2　曲踏墓地Ⅱ区出土长方形木盘
（2014M4）

图 13 - 5 - 3　故如甲木墓地出土长方形木盘
（2012M1 采：11）

图 13 - 5 - 4　故如甲木墓地出土长方形木盘
（2012M1 采：12）

---

① 该标本由中国社会科学院考古研究所王树芝研究员进行鉴定。

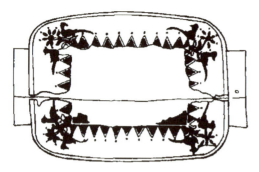

图 13-5-5　扎滚鲁克墓地出土漆案

（《新疆且末扎滚鲁克一号墓地发掘报告》图38：4）

图 13-5-6　新疆吐鲁番洋海墓地出土木盘

（ⅡM154：11）

（《新疆鄯善洋海墓地发掘报告》图版14：3）

　　长方形木盘在新疆地区最早出现于塔什库尔干青铜时代的下坂地墓葬①，在该地区战国时期的吉尔赞喀勒墓地②中继续流行。至汉晋时期，南疆地区墓葬中此类木盘或漆盘已经非常常见，例如洛浦山普拉墓地③、且末扎滚鲁克墓地（图 13-5-5）、民丰尼雅遗址、吐鲁番洋海墓地④（图 13-5-6）等。其形制与流行年代与此两型木盘接近，应是受到南疆地区影响。

　　（二）高足木案

　　主要出土于洞室墓中，在个别竖穴土坑墓葬中也有发现，多有彩绘。可分为 2 种类型。

　　Ⅰ型　共5件，曲踏墓地Ⅱ区出土4件、故如甲木墓地出土1件。案面为方形盘状，两侧有耳，四角各有一足，四足自案底部向外撇形成一定弧度，截面为方形。器表涂有红彩，有的有彩绘图案，包括几何纹、牦牛、飞鸟、岩羊等。其中一件保留有器盖。（图 13-5-7、8、9）

　　Ⅱ型　1件，出自曲踏墓地Ⅱ区。方形浅盘状，盘为圜底，双柄耳，有方圈足，足四面均有彩绘。正面涂一层金色为地，上面用墨线勾勒相对而立的孔雀，站立于卷云之上。其他四面用墨线或金色线条绘出不同的几何纹样，有之字纹、涡形纹等。（图13-5-10）

①　新疆文物考古研究所：《新疆下坂地墓地》，文物出版社，2012 年。
②　中国社会科学院考古研究所新疆工作队：《新疆塔什库尔干吉尔赞喀勒墓地发掘报告》，《考古学报》2015 年第 2 期。
③　新疆维吾尔自治区博物馆、新疆文物考古研究所编著：《中国新疆山普拉》，新疆人民出版社，2001 年，第 106—107 页。
④　新疆吐鲁番学研究院、新疆文物考古研究所：《新疆鄯善洋海墓地发掘报告》，《考古学报》2011 年第 1 期。

图 13 – 5 – 7　曲踏墓地Ⅱ区出土彩绘木案
（2014M2：12）

图 13 – 5 – 9　故如甲木墓地出土方形木案
（2012M1：16）

图 13 – 5 – 8　曲踏墓地Ⅱ区出土彩绘木案
（2014M4：9）

图 13 – 5 – 10　曲踏墓地Ⅱ区出土方足
彩绘木案（2014M4：8）

此两型高足木案均为食器，出自级别比较高的墓葬内，雕造精细，彩绘艳丽，应
是墓主人身份地位的象征。彩绘内容除了本土的牦牛、羊、飞鸟外，还出现了南亚地
区特有的孔雀造型，显示出明显的南亚次大陆的影响。这类高足木案在我国新疆和中
亚地区不见。

（三）木梳、篦

根据形制可分为 2 种类型。

Ⅰ型　共 3 件。方背木梳。皆出自曲踏墓地Ⅱ区。方形，一侧宽厚，另一些变薄，
刻出细密的梳齿。（图 13 – 5 – 11）

Ⅱ型　共 3 件。马蹄形。故如甲木墓地 1 件、加嘎子墓地 2 件。一侧宽厚，另一侧
变薄，刻出细密的梳齿。（图 13 – 5 – 12、13）

图 13 – 5 – 11　曲踏墓地 Ⅱ 区出土木梳　　　　图 13 – 5 – 12　故如甲木墓地出土木梳
（2014M3 右：16）　　　　　　　　　　　　　（M1 采：21）

图 13 – 5 – 13　加嘎子墓地出土木篦　　　　图 13 – 5 – 14　中亚土库曼斯坦 Gonur Depe
　　　　　　　　　　　　　　　　　　　　　　　　　　遗址出土方背象牙梳

　　Ⅰ型方背木梳可能延续了印度河流域史前及青铜时代象牙梳的形制。象牙梳是哈拉帕文化中常见的器物，其中一类为方形，这类方背象牙梳在青铜时代传播很广，甚至影响到中亚地区（图 13 – 5 – 14）①。公元前 2 世纪—前 1 世纪西藏西部地区出现的这种形制的木梳，应该也与印度河流域的方背梳传统有密切关系。

　　Ⅱ型马蹄形木梳、篦是秦汉时期中原内地流行的形制，汉晋时期通过河西走廊逐渐影响到新疆地区。新疆汉晋时期遗存中出土大量此类造型的木梳和木篦，例如尉犁营盘墓地②、民丰尼雅遗址③（图 13 – 5 – 15）、洛浦山普拉墓地（图 13 – 5 – 16、17）、且末扎滚鲁克墓地等。西藏阿里地区在 3—4 世纪出现的这类木梳和木篦，应该是与丝

---

①　D. Frenez，Manufacturing and Trade of Asian Elephant Ivory in Bronze Age Middle Asia. Evidence from Gonur Depe（Margiana，Turkmenistan），*Archaeological Research in Asia*，September 2018，vol. 15，pp. 13 – 33，fig. 4.

②　周金玲、李文瑛：《新疆尉犁县营盘墓地 1995 年发掘简报》，《文物》2002 年第 6 期。

③　新疆维吾尔自治区博物馆考古队：《新疆民丰大沙漠中的古代遗址》，《考古》1961 年第 3 期。

图 13 - 5 - 15 民丰尼雅遗址 95MNI 墓地 M8
出土木梳、篦

（《新疆民丰县尼雅遗址 95MNI 号墓地 M8 发掘简报》
图 26）

图 13 - 5 - 16 新疆和
田山普拉墓地出土木梳

（《中国新疆山普拉》第
119 页，图 186）

图 13 - 5 - 17 新疆和田
山普拉墓地出土木篦

（同前，图 188）

绸、漆器、汉式铁剑等一起输入到西藏阿里地区的，带有浓厚的汉文化因素。

（四）刻纹木牌

曲踏墓地Ⅱ区一座墓葬（2014M3）中发现 2 件刻纹木牌。其中一件为长方形，中间有两孔，孔内残留有绳头，两面阴刻有纹饰，一面刻有方格纹和变形双 S 纹，另一面的一半刻有一组回形纹，另一半的纹饰不明。长 6.10、宽 1.20、厚 0.50 厘米（图 13 - 5 - 18）；另一件为方形，一端有球形纽，两面阴刻有纹饰，一面刻有两个完整的 S 纹和一个不完整的 S 纹，另一面刻有一组变形的双 S 纹，中心部分汇作一点。球形纽中间有孔，孔内残留有绳头。长 4.50、宽 2.40、厚 0.70 厘米。（图 13 - 5 - 19）

这类刻纹木牌在南疆汉晋墓葬中有一些发现，尤其多见于且末县扎滚鲁克墓地[1]。该墓地出土 8 件，均发现于墓主人腰部。上面雕刻花纹，钻孔并且穿毛绳带，分为圆形和长方形两类，有的带柄，有的无柄，刻纹以 S 纹为主体，辅以圆点、三角和单弧线（图 13 - 5 - 20）。洛浦山普拉墓地也出土有此类木牌[2]（图 13 - 5 - 21）。从木牌放置位置来看，应属于墓主人腰带上系挂的随身饰物，不具备实用功能，很可能是用以辟邪、具有一定宗教色彩的物件。西藏西部与南疆地区在这类物品上的共通性，进一步

---

[1] 新疆维吾尔自治区博物馆等：《新疆且末扎滚鲁克一号墓地发掘报告》，《考古学报》2003 年第 1 期。祁小山、王博编著：《丝绸之路·新疆古代文化》，新疆人民出版社，第 45 页，图 10。

[2] 新疆维吾尔自治区博物馆、新疆文物考古研究所编著：《中国新疆山普拉》，新疆人民出版社，2001 年，第 116 页，图 173。

图 13 - 5 - 18　曲踏墓地Ⅱ区出土刻纹木牌
（2014M3：21）

图 13 - 5 - 19　曲踏墓地Ⅱ区出土刻纹木牌
（2014M3 右：10）

图 13 - 5 - 20　且末县扎滚鲁克墓地出土刻纹木牌
（《丝绸之路·新疆古代文化》，第 45 页，图 10）

图 13 - 5 - 21　和田山普拉
墓地出土刻纹木牌
（《中国新疆山普拉》，第 116 页，
图 173）

证明了两地之间的联系非常密切，这种联系不仅仅体现在奢侈品和普通生活用品上，而且还上升到精神世界和宗教意识上。

（五）钻木取火器

钻木取火器共发现 2 件。一件发现于故如甲木墓地（2012M1），为两端细中部宽的长条形。器身正中有一个直径为 0.6 厘米的圆孔直通到另一侧，应该用于系挂。表面有深浅不一的圆形钻孔，另一面也有比较集中的圆圈形钻痕，但都没有深入，应该是预制的钻眼点位。长 9.3、最宽处 2.6、厚 1.3 厘米（图 13 - 5 - 22）。另一件发现于曲踏墓地Ⅰ区（2009M1），呈刀形，正面有一钻孔，侧面有一圆孔用以系挂，内有细绳状残留物。长 7.7、宽 2、厚 1 厘米。（图 13 - 5 - 23）

图 13 – 5 – 22　故如甲木墓地出土钻木　　　图 13 – 5 – 23　曲踏墓地 I 区出土钻木
取火器（2012M1 采：19）　　　　　　　　取火器（2009M1）

图 13 – 5 – 24　和静察吾呼墓地出土　　　　图 13 – 5 – 25　和田山普拉墓地出土
钻木取火器　　　　　　　　　　　　　　　钻木取火器
（《新疆察吾呼——大型氏族墓地发掘报告》彩版　　（《中国新疆山普拉》第 116 页，图 177）
一〇：3）

钻木取火器在新疆地区从青铜时代晚期已经开始流行，汉晋时期尤为普遍，主要发现于苏贝希文化、吉尔赞喀勒墓地、察吾呼文化（图 13 – 5 – 24）、山普拉墓地（图 13 – 5 – 25）、民丰尼雅遗址、吐鲁番洋海墓地等[①]。西藏西部发现的这两件钻木取火器，年代在 2—4 世纪，应该是来自新疆南部地区的影响。小巧便携的钻木取火器的传入和使用，大大拓展了象泉河谷地人群的活动空间，甚至在一定程度上改变了他们的生活模式。尤其是对于高海拔寒冷地区的移居，更需要熟练掌握和随时操作生火技术，来快速地解决饥饿和寒冷问题。

（六）纺织工具

纺织工具共发现 7 件。曲踏墓地 II 区（2014M4）出土 4 件。其中 2 件为扁平的木棒形，两侧缘刻有密集的槽痕，中段保留有较多的丝线。长 26—35、宽 3—4、厚 1—1.5

---

① 于志勇：《新疆考古发现的钻木取火器初步研究》，载文化遗产研究与保护技术教育部重点实验室、西北大学文化遗产与考古学研究中心编：《西部考古》第三辑，三秦出版社，2008 年，第 197—215 页。

图 13 - 5 - 26　曲踏墓地Ⅱ区出土纺织
工具（2014M4：16）

图 13 - 5 - 27　曲踏墓地Ⅱ区出土纺织
工具（2014M4：17）

图 13 - 5 - 28　曲踏墓地Ⅰ区出土
纺织工具（2009M2）

厘米（图 13 - 5 - 26）。另 2 件截面为半圆形，两端的柄部向同一侧弯曲，中段保留较多的丝线。长 33、宽 3.5、厚 1.6—1.9 厘米（图 13 - 5 - 27）。曲踏墓地Ⅰ区（2009M2）出土 1 件，呈扁平的棒形，一侧缘有密集的槽痕。残长 67、宽 1.5 厘米（图 13 - 5 - 28）。

这类纺织工具应该是简易腰机上所用的打纬刀和分经棍①，残存的丝线可能为羊毛线。类似的纺织工具在新疆且末扎滚鲁克墓地也有发现②，其长、宽尺寸也大致相当，年代为战国—西汉时期。西藏西部的这些纺织工具所属墓葬年代为公元前 2 世纪—前 1 世纪和公元 2 世纪，可见其延续时间较长。考虑到两地之间诸多文化因素上的相似性，这些纺织工具在西藏西部地区的出现很可能是受到南疆地区影响。

（七）箱式木棺

箱式木棺是青藏高原西部汉晋时期墓葬中颇为流行的一种葬具，大部分公元前 3 世纪—公元 5 世纪的较高级别墓葬中都使用这类葬具。箱式木棺多为长方形，长 1—1.40、宽 0.6—0.8、高 0.55—1.2 米。由四面侧板、四角立柱和底板构成，形制规整。四角有方形立柱，带凹槽和卯眼，侧板和底板都用榫卯结构固定于立柱上。四面侧板间用子母口扣合。底板由两三块木板拼合，棺板表面砍斫痕迹明显。多数无棺盖，用纺织物覆盖口部。大部分木棺为素面，有的侧板内外表面有圆形和竖线墨线痕迹，应该为工匠制作时留下的记号（图 13 - 5 - 29、30）。尼泊尔萨木宗墓地的棺板外有彩绘图案，绘有骑马人物、树形纹等（图 13 - 5 - 31）。米布拉克墓地的木棺四足雕刻出凹凸造型，并用红白颜料绘出几何纹样和野生动物（鹿、羊、捻角山羊等）等图像（图 13 - 5 - 32、33）。

在早期的石室墓、石丘墓中不见箱式木棺。这类葬具最早流行于公元前 3 世纪—前 1

---

① 葛梦嘉、蒋玉秋、方丹丹等：《新疆原始腰机织造技艺考析》，《装饰》2020 年第 3 期。
② 新疆维吾尔自治区博物馆等：《新疆且末扎滚鲁克一号墓地发掘报告》，《考古学报》2003 年第 1 期，第 110 页，图二一。

世纪的洞室墓，其中包括曲踏墓地Ⅱ区、皮央·东嘎萨松塘墓地、桑达沟口墓地、马拉里墓地、米布拉克墓地、卡尔普墓地等。而另一些同时期没有使用箱式木棺的墓葬主要是因为级别较低，没有足够的经济能力来配置这一葬具，而非因葬俗不同。在2—6世纪较高级别的洞室墓和竖穴土坑墓中，箱式木棺继续流行，其中包括曲踏墓地Ⅰ区、域村墓地、故如甲木墓地、加嘎子墓地、直达布日墓地、曲龙萨扎墓地和萨木宗墓地。

　　箱式木棺使用的木材只能从喜马拉雅山海拔较低的谷地远途运输而来。曲踏墓地Ⅱ区 2014M3 右室的木棺经鉴定属于单维管束松亚属软木松类（*Subgen. Haploxylon*）的乔松（*Pinus griffithii*）[①]。乔松树干高大挺直，材质优良，结构细，纹理直，较轻软，

图 13 - 5 - 29　故如甲木墓地 2014M1
出土木棺复原图

图 13 - 5 - 30　曲踏墓地 Ⅱ 区 2014M3
右室木棺

图 13 - 5 - 31　萨木宗墓地
5 号墓出土木棺

（Variation in Mortuary Practice on the Early Tibetan Plateau and the High Himalayas，fig. 5）

图 13 - 5 - 32　米布拉克
墓地 63 号洞木棺

（Archaeological Research in Mustang. Report on the Fieldwork of the year 1994 and 1995 done by the Cologne University Team，pl. 3）

图 13 - 5 - 33　米布拉克墓地
63 号洞木棺雕刻装饰

（同前，pl. 4）

---

① 该标本由中国社会科学院考古研究所王树芝研究员鉴定。

木材耐腐，可作建筑、器具、枕木等用材。由于木材耐腐，所以是做棺椁的好材料。在古代中国内地，松木也常被选作棺椁的用材。青藏高原西部地区所用松木，应该来自北印度的喜马拉雅山地。那里海拔较低，各类树木生长茂盛，比较容易获取所用木材。

箱式木棺在青藏高原西部的出现和流行，毫无疑问是本地区社会经济文化和区域交通贸易发展的结果。但从木棺形制特征来看，很明显受到了新疆塔里木盆地汉晋时期木棺形制的影响。民丰尼雅遗址①（图13-5-34）、尉犁营盘墓地等地流行的木棺，形制均为四足长方形，侧板之间用子母口形式扣合，足部较高以利于保护棺内物品。这些特征与青藏高原西部的箱式木棺大同小异，差别仅在于前者木棺尺寸较大，可以满足墓主人仰身直肢的葬式，而后者可能是为适应侧身屈肢葬式而作的调整，同时也可以节省珍贵稀缺的木料。在尼雅、楼兰等遗址还出土有一些带有雕刻的四足木箱，其整体形制和制作技法与箱式木棺更为相似②（图13-5-35），可见两地之间在这类木箱的制作和使用上应该存在一些交流和联系。

新疆两汉至晋、十六国时期木器发现比较多，分布范围也广，多数木器为刮挖而成，

**图13-5-34 民丰尼雅遗址95MNI
墓地M8出土木棺**

（《新疆民丰县尼雅遗址95MNI号墓地M8发掘简报》封二：1）

图13-5-35 尼雅遗址出土雕刻木柜

(Innermost Asia Detailed Report of Explorations in Central Asia, Kan-Su and Eastern Īrān. pl. XV.)

---

① 新疆文物考古研究所：《新疆民丰县尼雅遗址95MNI号墓地M8发掘简报》，《文物》2000年第1期。
② M. A. Stein, *Innermost Asia*: *Detailed Report of Explorations in Central Asia，Kan-Su and Eastern Īrān*，vol. 3，Oxford：The Clarendon Press，1928，pl. XV.

或是斧凿削成。其中山普拉木器加工业最为发达，这与铁制工具的使用和流行有直接的
关系。青藏高原西部木器所用木材主要来自低海拔的喜马拉雅山谷地，并非自新疆直接
输入，因此两地在木器上的共性应该归因于木器加工技术的影响和金属制作工具的传入。

二 漆器

在西藏西部地区的墓葬中发现 4 件漆器。较完整的一件为曲踏墓地 I 区 2009M2 出
土的漆盘，平底、尖唇，木胎，外髹黑漆，内髹红漆。直径 14.5、高 2、厚 0.5 厘米
（图 13 - 5 - 36）。故如甲木墓地 2012M1 出土一件局部髹漆的木奁，圆形，子母口，盒
盖遗失，平底，器腹外壁有一周黑色漆皮。器口部和器底内外都有制作时形成的旋纹，
应为旋制。口径 6.6、底径 7.1 厘米（图 13 - 5 - 37）。故如甲木墓地 2013M2 中也发现
红色漆皮残片（图 13 - 5 - 38）。

故如甲木墓地 2013M2 出土的红色漆皮残片经实验室观察与分析，可知该漆器样品
中的生漆（urushiol）属中国和日本产地的漆树种（Rhus vernicifera），并含有松香树
脂。其制作工艺与汉代中央政府管辖范围内的漆器制作工艺基本一致，又具有自身的
特点：即先在木胎上敷上麻布，再用漆和骨灰、石英进行涂刷，接着涂底漆，再涂以
赤铁矿为主要显色物质的暗红色层，最后涂以朱砂为主要显色物质的亮红色表层。[1]

出土这些漆器的墓葬年代均为 2—4 世纪。考古材料表明，新疆地区在战国时期
已经开始使用漆器[2]。汉晋时期新疆地区出现更多的中原内地输入的漆器，在民丰
尼雅墓地、洛浦山普拉墓地、若羌楼兰遗址、尉犁营盘墓地、且末扎滚鲁克墓地、

图 13 - 5 - 36 曲踏墓地 I 区 2009M2
出土漆盘

图 13 - 5 - 37 故如甲木墓地 2012M1
出土木奁（M1 采：20）

① 该标本由北京科技大学魏书亚、中国社会科学院考古研究所刘勇鉴定。
② 新疆社会科学院考古研究所：《新疆阿拉沟竖穴木椁墓发掘简报》，《文物》1981 年第 1 期。

图 13 - 5 - 38 故如甲木墓地 2013M2
出土红漆皮残片

图 13 - 5 - 39 鄯善大阿萨墓出土的汉代漆盘

吐鲁番阿斯塔那—哈拉和卓墓地等都有一定数量的发现。尤其是鄯善大阿萨墓出土的汉代漆盘[1]（图13 - 5 - 39），其形制与装饰特征都与曲踏墓地Ⅰ区所出漆盘相似。西藏西部发现的漆器，应该是与丝绸、一字格汉式铁剑等器物有共同的来源，属于自新疆地区辗转输入的汉文化因素。

三　竹器

本地区共发现 8 件（套）竹器，主要包括竹弓、竹筒杯、竹编器、竹篮等。

曲踏墓地Ⅱ区 2014M3 出土一件竹弓，弯曲成弧形，表面有缠线痕迹，附近有铁箭镞出土。弓长93、宽1、厚3.50厘米（图 13 - 5 - 40）。

加嘎子墓地出土3套共5件竹筒杯，每套为2件，其中一套仅残余一节。每套竹筒杯下方的一件口沿一圈被削薄，可以与上方的一件首尾相连，套合在一起。每节长6.90—10、直径4.50厘米（图 13 - 5 - 41）。这类竹杯主要出现在高海拔地区的墓葬中，用以替代陶杯。陶器在这些地区不但是较为难得的物品，同时也容易破碎、不便运输，因此竹杯便可发挥出其独特的作用。

皮央·东嘎的格林塘 M5 出土 1 件竹编器残件，由 3 根竹片构成内芯，外用竹片旋绕围裹，残长 6、内芯竹片宽 0.3—0.5 厘米，缠绕竹片宽约 0.3 厘米。

穆斯塘萨木宗墓地 M5 中也出土一件竹筒杯。米布拉克墓地出土的竹制品种类更多，其中包括竹筒杯、竹笛、竹席以及竹条编织的竹篮[2]（图 13 - 5 - 42、43）。竹席

---

① 李肖主编：《吐鲁番文物精粹》，上海辞书出版社，2006 年，第66 页。
② K. W. Alt, J. Burge, A. Simons et al., Climbing into the past—first Himalayan mummies discovered in Nepal, *Journal of Archaeological Science*, 2003, vol. 30, pp. 1529 - 1535；Angela Simons, Werner Schoen, Sukra Sagar Shrestha, Archaeological Research in Mustang. Report on the Fieldwork of the year 1994 and 1995 done by the Cologne University Team, *Ancient Nepal*, 1998, no. 140, pp. 65 - 83.

图 13 - 5 - 40　曲踏墓地Ⅱ区 2014M3 出土竹弓

图 13 - 5 - 41　加嘎子墓地出土竹筒杯

图 13 - 5 - 42　米布拉克墓地 63 号
洞出土竹篮

（Cave system and Terrace Settlements in Mustang, Nepal. Settlement Periods from Prehistoric Times up to the Present Day. p37, fig. 6）

图 13 - 5 - 43　米布拉克墓地 63 号洞木棺内的
覆尸竹席

（Climbing into the past-first Himalayan mummies discovered in Nepal, p. 1532, fig. 3）

编织出各类图案，可能用以裹覆墓主人尸骨；墓主人双手和双腿皆用棉布或竹条进行捆缚，以保持其侧身屈肢葬式。

可见竹质材料在这一地区较容易获取，但其生长区域多靠近热带和亚热带地区，纬度在北纬 46°至南纬 47°之间，海拔高度 0 至 4000 米，大部分在 3500 米以下。大约 66% 的竹子集中分布于印度东北部诸邦①，在喜马拉雅地区东部和西部的潮湿丛林地带如尼泊尔，印度的锡金、北方邦、喜马歇尔邦等地也有不少分布②。

竹子的使用在印度具有悠久的历史。根据文献记载，公元前 4 世纪亚历山大征印度时，印度军队使用 6 英尺（1 英尺为 0.3048 米）长的竹弓、竹盾和竹竿铁箭与

---

① D. K. Hore, Genetic resources among bamboos of Northeastern India, *Journal of Economic and Taxonomic Botany*, 1998, vol. 22 (1), pp. 173 - 181.

② D. K. Tamang, D. Dhakal, S. Gurung et al., Bamboo Diversity, Distribution Pattern and its uses in Sikkim (India) Himalaya, *International Journal of Scientific and Research Publications*, February 2013, vol. 3, no. 2. K. Shrestha, Distribution and status of bamboo in Nepal, In: A. N. Rao, V. R. Rao eds., *Bamboo Conservation, diversity, ecogeography, germplasm, resource utilization and taxonomy*, *Proceedings of training course cum workshop 10 - 17 May, Kunming and Xishuangbanna, Yunnan, China*, 1998. https://bioversityinternational.org/fileadmin/bioversity/publications/Web_version/572/ch29.htm. N. Saini, C. Nirmala, M. S. Bisht, *Bamboo Resource of Himachal Pradesh (India) and Potential of Shoots in Socioeconomic Development of the State*, 10th World Bamboo Congress, Korea, 2015.

其战斗①。《旧唐书·西戎传·泥婆罗》记载尼泊尔地区也流行使用竹器作装饰，"泥婆罗国，在吐蕃西。其俗……揎以竹筒牛角，缀至肩者以为娇丽"②。当今一些民族学材料对于解释西藏西部及周邻地区竹器的来源和用途具有重要启发。印度东北部山区的那加兰邦（Nagaland）是竹林分布非常茂密的地带，这里的那加人（Nagas）是制作竹器的行家。他们制作的竹器包括竹席、竹篮和竹盾牌，以及一种叫作冲嘎（Chunga）的杯子，用以饮水或奶，还可用以炊煮或发酵食物。项链、臂镯和护胫也都用竹藤编制。其地陶器较为稀见，仅在一少部分村落内使用，制陶没有陶轮，仅用手制③。竹藤编制的装饰品与唐代文献中关于泥婆罗国的记载挺相似。冲嘎竹杯在喜马拉雅山地带比较普遍，尤其在印度锡金地区、孟加拉东北部等地相当流行④，这一习俗与上述喜马拉雅地区竹器的使用情况较为吻合。可见加嘎子墓地、萨木宗墓地和米布拉克墓地出土的竹筒杯就是古代的冲嘎杯，应该是自喜马拉雅山南坡的竹子产地输入的日用器皿。

在新疆地区也有出土竹器的报道。且末扎滚鲁克 1 号墓地发现"汉前残竹器"⑤。新疆民丰尼雅遗址采集到一批汉晋时期竹木器，其中包括一大片竹席残片和一件小竹筒杯，现存于民丰尼雅遗址博物馆。两件竹器与我国西藏西部和尼泊尔北部发现的器物非常类似，考虑到这类日常用器不易自中原内地的竹子产地输入，因此它们产自喜马拉雅山谷地、经由西藏西部地区输入到新疆南部的可能性非常大。

第六节　铜、铁器

一　铜器

（一）铜镜

西藏西部及周邻地区迄今为止共发现 5 枚铜镜。

---

① D. Raven, Ancient Military: *The Military of Ancient India*, http://ancientmilitary.com/ancient-india-military.htm.

② 《旧唐书》卷一九八《西戎传·泥婆罗》，第 5289 页。

③ *India Crafts*, Craft of Nagalan, http://www.india-crafts.com/indian_states_crafts/nagaland.html.

④ D. K. Tamang, D. Dhakal, S. Gurung et al., Bamboo Diversity, Distribution Pattern and its uses in Sikkim（India）Himalaya, *International Journal of Scientific and Research Publications*, February 2013, vol.3, no.2.

⑤ （记者）陈国安：《新疆出土竹器证明新疆与中原汉前即有贸易来往》，新华网乌鲁木齐 1 月 11 日，http://news.sohu.com/35/99/news147639935.shtml.

图 13 - 6 - 1 曲踏墓地Ⅱ区 2014M4　　　图 13 - 6 - 2 萨木宗墓地 M5 出土铜镜
出土带柄铜镜

1. 曲踏墓地Ⅱ区（2014M4）带柄铜镜[1]

镜面为圆形，带方形短柄，柄部中间有上下两个圆孔，镜背面有四道同心圆纹。直径 5.00、柄长 1.20、厚 0.20 厘米。（图 13 - 6 - 1）

2. 萨木宗墓地铜镜

共 2 件铜镜。一件出自萨木宗墓地 M5（SMZ5 - 12），顶部边缘有一小圆孔。刻划、压印出多重同心圆形，间隔以两排小圆圈纹，边缘处装饰有 12 瓣较大的半圆形图案。直径 8 厘米，厚 4 毫米（图 13 - 6 - 2）[2]。另一件为残片，出自 M1（SMZ1 - C4 - 2），直径约 6 厘米，厚 3 毫米。

3. 曲踏遗址采集带柄铜镜

2015 年采集于曲踏遗址，现存札达县文物局。圆形，带柄，镜缘向上隆起，镜背刻有两组同心圆图案，每组四个圆环。直径 7.6、柄残长 0.7、厚 0.15 厘米。（图 13 - 6 - 3）

4. 拉达克列城墓地出土带柄铜镜[3]

1909 年，弗兰克在列城附近一座石室墓中发掘获得。圆形，一侧带长方形短柄，柄端有圆孔。具体尺寸及纹饰不详。

以上 5 枚铜镜，除了萨木宗的 2 件铜镜外，都确定属于带柄铜镜。萨木宗铜镜 SMZ 5 - 12 顶部边缘有一圆孔，可以用以系挂或安装柄部。不少带柄铜镜的镜身和柄部

① 中国社会科学院考古研究所、西藏自治区文物保护研究所、阿里地区文化局等：《西藏阿里地区故如甲木墓地和曲踏墓地》，《考古》2015 年第 7 期。

② G. Massa, M. Aldenderfer, M. Martinón-Torres, Of gold masks, bronze mirrors and brass bracelets: Analyses of metallic artefacts from Samdzong, Upper Mustang, Nepal 450 – 650 CE, *Archaeological Research in Asia*, 2019, vol. 18, fig. 11.

③ A. H. Francke, *Antiquities of Indian Tibet*, Calcutta: Superintendent Goverment Printing, 1914, vol. Ⅰ, pl. XXIXa.

图 13 - 6 - 3　曲踏遗址采集带柄铜镜　　　　图 13 - 6 - 4　吉尔赞喀勒墓地出土
带柄铜镜（M11∶11）

（《新疆塔什库尔干吉尔赞喀勒墓地发掘报告》图版 14∶10）

是分铸的，柄部是后来焊接或用铆钉固定到镜身上。此类带孔的圆形铜镜在青海大通上孙家寨墓地 M43、内蒙古集宁二兰虎沟匈奴墓、西沟畔匈奴墓和新疆吐鲁番艾丁湖墓葬均有出土，是欧亚草原地区所流行的带柄铜镜形制之一。相关的论述参见本书上编第四章第四节。

萨木宗铜镜 SMZ5 - 12 外部特征显示为铸造，主体纹饰在范上刻制而形成，成型后再补充以捶揲。经电镜分析检测，其表层锡含量高达 30% 。另外一件铜镜或牌饰残片（SMZ1 - C4 - 2），经电镜分析检测，属于高锡无铅青铜，锡含量超过 21% ，杂质含量可以忽略不计。除了铜和锡之外，硫是唯一检测到高于 0.1% 的元素。铜镜的金相分析显示其铸造中经过缓慢冷却的过程。其工艺技术和成分与印度金属工艺比较接近，发掘者推测该铜镜是从中亚地区输入的，但从镜背纹饰来看，很有可能受到了汉地连弧纹铜镜的影响①。

欧亚草原、中亚和我国新疆地区所流行的大部分带柄铜镜，是镜身与柄部合铸的长方形柄，年代主要集中于公元前 8 世纪—前 3 世纪。如新疆于田圆沙古墓群、轮台群巴克墓地、尼勒克东麦里墓地、察吾乎沟西墓地、吉尔赞喀勒墓地（图 13 - 6 - 4）、且末扎滚鲁克墓地等出土的带柄铜镜（图 13 - 6 - 5），均属此类②。青藏高原西部发现的几件带柄铜镜也可以归入这一类型。曲踏墓地Ⅱ区（2014M4）和拉达克列城墓地所出土带柄铜镜，与欧亚草原地区晚期斯基泰人（公元前 2 世纪）和中期萨尔马提安人

---

①　G. Massa, M. Aldenderfer, M. Martinón-Torres, Of gold masks, bronze mirrors and brass bracelets：Analyses of metallic artefacts from Samdzong, Upper Mustang, Nepal 450 - 650 CE.

②　潘静、井中伟：《中国早期铜镜的类型、流布和功能》，《西域研究》2020 年第 2 期；文婧：《浅析新疆考古出土的汉代铜镜》，《昌吉学院学报》2008 年第 1 期；祁小山、王博编著：《丝绸之路·新疆古代文化》，新疆人民出版社，第 45 页，图 11。

图 13 - 6 - 5　且末扎滚鲁克墓地
出土的带柄铜镜

（《丝绸之路·新疆古代文化》第 45 页，
图 11）

图 13 - 6 - 6　"萨尔马提安"铜镜

（Les Sarmates-Amazones et lanciers cuirassés entre Oural et Dan-
ube：VIIe siècle avant J. C. -VIe siècle après J. C.，p. 127）

（Sarmatians）（公元前 1 世纪—公元 2 世纪）（图 13 - 6 - 6）[1] 所使用的铜镜形制高度
相似，这类形制的带柄铜镜的源头应可追溯至此。

　　在西藏南部地区发现 3 枚带柄铜镜，其中一枚出自拉萨曲贡墓地[2]，一枚为德国学
者 N. G. 容格搜集自藏南河谷[3]，另外一枚藏于法国[4]，据称也出自雅鲁藏布江河谷。3
枚均为铁柄铜镜，造型近似、风格统一，与西藏西部地区的带柄铜镜有较大区别。西
南地区的云南、四川等地战国至西汉墓葬中也出土一批带柄铜镜[5]，但地方特征明显，
尤其注重镜柄装饰，与西藏西部地区的带柄铜镜并无直接关联。因此西藏西部地区出
土的这些带柄铜镜，也有助于厘清西藏南部和云南、四川等地区带柄铜镜的输入渠道
问题，可以排除一些学者所主张的自中亚地区途经西藏西部输入的可能。

（二）铜剑与铜柄铁剑

1. 双圆饼形剑首青铜短剑

　　皮央·东嘎格林塘墓地（M6）出土一件双圆饼形剑首青铜短剑[6]。直刃式剑，剑

---

① J. Davis-Kimball，V. A. Bashilov，L. T. Yablonsky eds.，*Nomads of the Eurasian steppes in the Early Iron Age*，
　Berkeley：Zinat Press，1995，p. 144,158.

② 中国社会科学院考古研究所西藏队：《拉萨曲贡》，中国大百科全书出版社，1999 年，第 208 页，图 145，彩版 4。

③ 〔德〕N. G. 容格、V. 容格、H. G. 希特尔著，朱欣民译：《西藏出土的铁器时代铜镜》，《西藏考古》第一
　辑，四川大学出版社，1994 年，189—199 页。

④ A. Chayet，*Art et Archéologie du Tibet*，Paris：Picard，1994，p. 59，fig. 33.

⑤ 郭富：《四川地区早期带柄铜镜的初步研究》，《四川文物》2013 年第 6 期。

⑥ 四川大学中国藏学研究所、四川大学考古学系、西藏自治区文物局：《西藏札达县皮央·东嘎遗址古墓群
　试掘简报》，《考古》2001 年第 6 期。

图 13 - 6 - 7　格林塘墓地
（M6）出土青铜短剑
（《皮央·东嘎遗址考古报
告》彩图 24 - 55）

图 13 - 6 - 8　四川盐源出土
青铜短剑
（《老龙头墓葬和盐源青铜器》图版
一）

图 13 - 6 - 9　云南永胜
出土青铜短剑
（《我国西南地区青铜剑的研
究》图 11 - 6）

柄与剑身铸成一体，剑柄两端各有一涡状圆饼形饰，内为同心圆纹线。剑茎的格与剑首部位均装饰由联珠纹连缀而成的三角形纹样，表面似原有鎏金，三角纹饰之外饰有一周小圆点组成的联珠纹。（图 13 - 6 - 7）

　　虽然剑首作双圆圈状或饰双圈纹的青铜短剑在内蒙古和河北一带也有所发现，但形制与本件铜剑最为相似的例子多见于中国西南地区，而且数量较多。霍巍先生针对对此类青铜短剑做过系统深入的讨论①，根据他的统计，出土地点包括云南剑川鳌凤山②、德钦纳古③、永胜金官④和四川凉山盐源等⑤（图 13 - 6 - 8）。其中以云南永胜县发现数量最多，永胜县金官区在修建龙潭水库时曾出土 25 件这类双圆柄首剑（图 13 - 6 - 9）。而四川凉山盐源发现的双圆饼形剑首青铜短剑，与格林塘墓地所出土的青铜短剑在形制、装饰和尺寸上完全一致。一般认为出土这类短剑的墓葬年代在战国末期到西汉，更有一些学者将其更精确地断定为西汉早期⑥，这与皮央·东嘎遗址的青铜短剑大致同时。

———————————

① 霍巍：《试论西藏及西南地区出土的双圆饼形剑首青铜短剑》，载吉林大学边疆考古研究中心编：《庆祝张忠培先生七十岁论文集》，科学出版社，2004 年，437—447 页。
② 云南省文物考古研究所：《剑川鳌凤山古墓发掘报告》，《考古学报》1990 年第 2 期。
③ 张新宁：《云南德钦县纳古石棺墓》，《考古》1983 年第 3 期。
④ 童恩正：《我国西南地区青铜剑的研究》，《考古学报》1977 年第 2 期；易学钟：《云南永胜金官龙潭出土青铜器》，《云南文物》1986 年总第 19 期。
⑤ 成都市文物考古研究所、凉山彝族自治州博物馆编著：《老龙头墓地与盐源青铜器》，文物出版社，2009 年，第 70、173 页；刘弘、唐亮：《老龙头墓葬和盐源青铜器》，《中国历史文物》2006 年第 6 期。
⑥ 徐学书：《关于滇文化和滇西青铜文化年代的再探讨》，《考古》1999 年第 5 期。

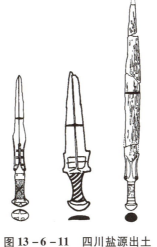
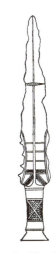

图 13 - 6 - 10　曲踏墓地Ⅱ区
2015M1 出土铜柄铁剑

图 13 - 6 - 11　四川盐源出土
青铜短剑和铜柄铁剑
(《盐源近年出土的战国西汉文物》图
一：3、图二：3、6)

图 13 - 6 - 12　云南大理
五指山出土青铜短剑
(《我国西南地区青铜剑的研
究》图 11 - 4)

毫无疑问格林塘墓地所出土的青铜短剑应该是直接或辗转来自以滇文化为中心的中国西南地区，并保持着其出产地的原貌，既非其他地区仿造，应该也没有经过使用者的改造和加工。

2. 铜柄铁剑

曲踏墓地Ⅱ区（2015M1）出土一件铜柄铁剑。柄部为青铜铸造，首部为椭圆状半球形，茎上铸有凸起的缠缫状螺旋纹，下方渐收。剑格部分为长方形，饰凸起的网格纹。剑身为铁质，两侧有刃。总长 30、宽 3.5、厚 1.4—3 厘米。(图13 - 6 - 10)

该铜柄铁剑的剑格形制较为独特，与北方地区所见的铜剑格均不同，而与四川凉山盐源盆地和云南大理发现的一些铜剑或铜柄铁剑剑格较为相似[1]（图 13 - 6 - 11、12）。其共性是都具有较长的剑格，有的剑格中间装饰有类似的方格纹。曲踏墓地所出的铜柄铁剑很有可能与格林塘所出双圆饼形剑首青铜短剑一样，有着相同的来源，即川西或滇西地区。

从这类青铜剑多发现于川西高原和滇西北高原地带来看，显然在当时已经可以通过今滇藏和川藏公路大致的方向，向青藏高原腹心地带和遥远的西藏西部输送西南地区的文化因素了。这使我们相信，在青藏高原西部和东部横断山区之间的交通干线上发现任何与西南地区文化相关的器物或文化因素都是可能的。而拉萨地区正好处于这一交通线

---

[1]　凉山州博物馆、西昌市文管所、盐源县文管所：《盐源近年出土的战国西汉文物》，《四川文物》1999 年第 4 期。

路的中间位置，它应该有更便利的条件获取来自东部青铜文化的器物及其文化影响。

这两件器物的发现又为我们提出了更多的问题：从空间距离上看，西南地区距离西藏西部有 4000 千米之遥，其间需要跨越无数高山险阻和无人荒原才可通达，这在 2000 多年前是如何实现的？从如此遥远的东部横断山麓输入这类器物，其背后的动因是什么？此外，在西南地区和西藏西部之间的广阔区域，迄今还从来没有发现过可作为两地直接文化联系的中间环节的物证，这一现象又该如何解释？这可能还需要寄希望于未来更多的考古调查和发掘工作。

（三）铜质容器

铜质容器一般体型相对较大，用料较多，制作技术要求较高，因此仅出现在级别较高的墓葬中。其功能主要是作为炊煮和饮食用具，其内往往装盛有食物残渣。器形包括釜、瓮、碗、杯、罐等。

1. 釜

釜发现较多，根据其形制可分为 2 种类型。

Ⅰ型　弧壁圜底盆形，共 3 件。曲踏墓地Ⅱ区 2 件。一件出土于 2012M1。口微敛，方唇，斜腹，圜底，锻制。器壁外有烟熏痕，内有碳化食物。口径 30.8、底径 20、壁厚 0.3、高 13 厘米（图 13 - 6 - 13）。另一件出自 2015M1，口部微敛，鼓腹，圜底。器壁外有烟熏痕，出土时放置于三块石头支起的灶上。口径 23.8、底径 10、壁厚 0.3、高 12 厘米。（图 13 - 6 - 14）

Ⅱ型　折沿折肩平底盆形，共 5 件。曲踏墓地Ⅰ区 2009M2 出土 1 件。口沿外折，折肩，斜腹，平底。器表有烟熏痕迹，器内有茶叶状残渣。口径 27、底径 17、高 15 厘米（图 13 - 6 - 15）。故如甲木墓地发现 2 件。一件（2012M1：10）为盆形，折沿，斜壁，

图 13 - 6 - 13　曲踏墓地Ⅱ区出土铜釜（2012M1：13）

图 13 - 6 - 14　曲踏墓地Ⅱ区 2015M1 出土铜釜

折腹，平底。器底有两处修补痕，用方形
小铜片包住口沿，并用两枚铜钉加固，有
的铜钉脱落留下圆孔。器表有烟熏痕迹。
口径 35.4、腹径 36、底径 26.4、高 15、
厚 0.2 厘米。发现时内置一长柄铜勺，有
茶叶状植物叶片结块（图 13 - 6 - 16）。
另一件（2012M1 采：2）为盆形，口微
侈，折沿，溜肩，斜腹，圜底。器表有烟
熏痕迹，保存较完好。口径 25、底径 12、
高 13.6、厚 0.1 厘米（图 13 - 6 - 17）。
穆斯塘萨木宗墓地出土 1 件，口沿外折，
束颈，折肩，平底。外壁有烟熏痕迹，其
内置铜勺，发现时置于铁制三足支架上。
口径 15、腹径 16、高 8 厘米。①

2. 瓮

共发现 2 件。故如甲木墓地出土 1 件
（2012M1：9）。盘口，束颈，折肩，鼓
腹，圜底，腹部以下与底部脱节。器表
有烟熏痕迹，盘口处有凹槽，腰部有一
周凹弦纹。口径 14.8、肩径 17.6、腹径
25、底径 16、高约 23.5、厚 0.1—0.2
厘米（图 13 - 6 - 18）。内部发现有褐色
茶叶状残渣。穆斯塘萨木宗墓地 M5 出土
1 件，呈圆筒形，折肩，直腹，圜底。口
径 38、腹径 55、高 45 厘米②。（图 13 -
6 - 19）

3. 碗

图 13 - 6 - 15　曲踏墓地 I 区 2009M2
出土铜釜

图 13 - 6 - 16　故如甲木墓地出土铜釜
（2012M1：10）

图 13 - 6 - 17　故如甲木墓地出土铜釜
（2012M1 采：2）

共 2 件。一件出自故如甲木墓地 2012M1。口微敛，斜腹下收，底部残。部分器表
光滑，无明显锈蚀。口径 14、残高 6.6、厚 0.2 厘米（图 13 - 6 - 20）。另一件出自故

① 〔美〕迈克尔·芬克尔著，刘珺译：《尼泊尔天穴探秘》，《华夏地理》总第 124 期，2012 年 10 月。由于
该资料未完整公布，此数据为根据图片比例约略估计。
② 由于该资料未完整公布，此数据为根据图片比例约略估计。

如甲木墓地2013M3，为木碗口沿的外层包皮。圆唇，铜片折成双层包于木器外表，并用铜钉固定，铜钉长1厘米。内有木碗壁残留。口径12、残高3.3、铜片厚0.1、碗壁厚1厘米。（图13-6-21）

4. 杯

共2件，均出自故如甲木墓地2012M1。其中一件（2012M1采：5）为直口，斜腹，有环形耳，内外壁靠近口沿处有一周弦纹，底部残缺。口径11.8、残高6、厚0.1厘米（图13-6-22）。另一件为残片，器底残缺。口径12、残高4、厚0.1厘米。

5. 罐

故如甲木墓地2012M1出土1件。侈口，高领，溜肩，鼓腹，平底，口沿处向外伸出曲形柄部，素面。口径12、底径5、高9.6、厚0.2厘米。（图13-6-23）

图13-6-18　故如甲木墓地出土铜瓮
（2012M1：9）

图13-6-19　穆斯塘萨木宗墓地M5
出土铜瓮

(Of gold masks, bronze mirrors and brass brace-lets: Analyses of metallic artefacts from Samdzong, Upper Mustang, Nepal 450-650 CE, fig. 3a)

图13-6-20　故如甲木墓地出土铜碗
（2012M1采：4）

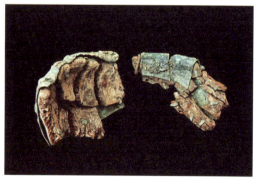

图13-6-21　故如甲木墓地2013M3出土
铜包皮木碗

图 13 - 6 - 22　故如甲木墓地出土铜杯　　　图 13 - 6 - 23　故如甲木墓地出土
（2012M1 采：5）　　　　　　　　　铜罐（2012M1：12）

青藏高原西部几处墓地出土的铜质容器均为炊煮和饮食用具。其中釜占多数，其两种类型分别代表着早、晚两个时期。Ⅰ型主要出现在曲踏墓地Ⅱ区，年代为公元前 2世纪—前 1 世纪，主要特征是呈弧壁、圜底的盆形，没有明显的口沿，整体造型线条流畅。Ⅱ型出现于公元 2—4 世纪，延续至 5、6 世纪，其特征为折沿、折肩、平底的盆形，具有明显外折的口沿和折肩。这一时期出现的铜罐、瓮也具有这些特征。早期的铜釜放置于三块石头支起的简易灶上，晚期出现了与釜配套的铁质三足架，显示出铁器的进一步推广和普及。由于铜器属于稀缺的资源，在曲踏墓地铜质容器自始至终使用较少，除了铜釜外基本上不见其他器形，主要以大量不同造型和规格的陶器来满足炊煮和饮食的需要。在故如甲木地区，陶器制作较为落后，因此在高等级的墓葬中使用不同形制和功能的器物如铜碗、杯、罐等与铜釜组合使用。但在普通级别墓葬中，仅使用包铜边的木碗和少量粗糙的陶器。

曲踏墓地Ⅱ区出土的Ⅰ型铜釜，为热锻工艺制作，其具体成分分析尚未公布。故如甲木墓地的铜碗和铜杯，锡含量在 20%—23% 之间，铅含量甚微，有硫化物夹杂，为高锡无铅青铜。显微结构表明，这两件器物都在热锻加工后淬火，与萨木宗墓地出土铜镜成分及工艺相同。使用这类技术制作的器物一般器形偏小。热锻后进行淬火处理，改善了器物的加工和使用性能。其中一件铜碗的表面有加工痕迹，可能经过车削或磨削等加工处理，体现出较高的铜器加工工艺水平。古代流行高锡青铜的地区有中国、印度和泰国，但中国铜器含铅量较高，而印度则一直为无铅高锡青铜传统。显然这一类器物的工艺技术和成分与印度金属工艺比较接近。

较大型的容器多为红铜热锻加工而成，器物表面均可看到锤打痕迹。穆斯塘萨木宗墓地的铜瓮用两半红铜片打制铆合而成，中间用一条金属条和几个铆钉相连接，在容器的口部使用类似的条带作为口沿，底部也用铆钉和铜片进行修补。故如甲木墓地、曲踏墓地Ⅰ区和萨木宗墓地出土的Ⅱ型铜釜，也都是使用此类工艺制作的。这种素面

图 13 - 6 - 24 　 巴基斯坦塔克西拉遗址
出土红铜罐

图 13 - 6 - 25 　 巴基斯坦斯瓦特明戈拉地区
出土笈多时期铜釜

无装饰和简单的制作技术与中国和中东地区复杂的金属器差别较大，而与巴基斯坦北部地区的红铜器皿制作技术相同，应该是根植于哈拉帕文化的金属打制技术传统①。如塔克西拉遗址（Taxila）中出土的红铜罐，就是由两半红铜片打制成型后铆合在一起（图 13 - 6 - 24）②；一件出自斯瓦特（Swat）明戈拉地区笈多时期的铜釜（501 年），也是由几部分铜片敲制成型后再铆接在一起，基本上与萨木宗墓地出土铜器时代相当（图 13 - 6 - 25）③。红铜质容器在印度发现数量不多，这类器物一般被认为是具有神圣性的物品，至今印度几乎所有的宗教用器都是用红铜制作。该笈多时期铜盆上刻有婆罗米文字，内容显示其为僧人献给寺院的贡品。1857 年在喜马歇尔邦的坎格拉地区（Kangra District）发现的一件红铜罐，周身刻有悉达多太子乘车出行图，根据其题材风格被认为是公元前 1 世纪或公元 3 世纪的红铜器皿④，这是距离札达河谷地区最近的同时期器物。

根据印度学者的研究，在公元前 200 年到公元 150 年间，印度境内的红铜产量非常丰富，通过巴里加沙港（Barygaza，今布罗奇，位于坎贝湾）输入到西亚诸国，当时的铜匠已经掌握了各种红铜加工工艺，包括锤打、锻造和铸造技术⑤。这一时期青藏高原

---

① G. Massa, M. Aldenderfer, M. Martinón-Torres, Of gold masks, bronze mirrors and brass bracelets: Analyses of metallic artefacts from Samdzong, Upper Mustang, Nepal 450—650 CE, *Archaeological Research in Asia*, 2019, vol. 18.

② J. Marshall, *Taxila: An Illustrated Account of Archaeological Excavations Carried Out at Taxila under the Orders of the Government of India between the Years* 1913 *and* 1934. Cambridge University Press, Cambridge, Eng. 1951, pl. 174.

③ H. Falk, A Bronze Tub with a Brahmi Inscription from Swat, *Bulletin of the Asia Institute*, 2011, vol. 25, new series, pp. 147 - 156, fig. 1.

④ P. Neogi, *Copper in Ancient India*, Calcutta: Sarat Chandra Roy, Anglo-Sanskrit Press, 1918, pp. 25 - 26.

⑤ A. K. Jha, Chemical Industries in Ancient India (from the Mauryan Era to THE Gupta Age), *Proceedings of the Indian History Congress*, 2003, vol. 64, pp. 122 - 131.

西部地区铜器数量的增加和铜质容器的流行，应该是与印度河上游地区制铜业的兴盛有密切关系。同时在邻近喜马拉雅山脉的北印度地区，红铜器制作应该也有一定的发展。文献记载显示，唐代前后铜器的使用在喜马拉雅山脉纵深地带非常盛行，《旧唐书·西戎传》记载，"泥婆罗国，在吐蕃西……其器皆铜……以铜为钱"[1]，这些铜器的流行应该是北印度恒河流域铜器制造业发展和影响的结果。理论上萨木宗墓地出现的大型铜质容器，应该也有可能从卡利甘达基河谷通道自北印度输入，但目前来看在其邻近的北印度地区尚未见到同时期的类似器物。

与青藏高原西藏西部毗邻的中亚和我国新疆地区，从青铜时代到早期铁器时代，铜质容器的制作和使用并不发达，金属容器是极为少见的器物类别。因此这类较大型的铜质容器，应可排除来自这些地区的可能。

（四）铜饰件

铜质的小件装饰品发现较多，有珠饰、铜铃、手镯、扣饰、马具等 5 类，用于人体和马身的装饰。

1. 铜珠

可分为 3 种类型。

Ⅰ型 项饰。在曲踏墓地Ⅱ区 2014M4 中发现较多，在拉达克列城墓地和穆斯塘萨木宗墓地均有发现。曲踏墓地出土铜项饰由细长的圆柱形珠、桶形珠和铜铃连缀而成，圆柱形珠表面刻有圆球、凸棱、束腰等相间的造型组合，并刻有"×"形、"S"形凹槽，造型组合呈有规律的循环。较完整者总长约 19 厘米，铜珠长 0.9—1.2、宽 0.6、孔径 0.3 厘米（图 13-6-26）。

Ⅱ型 头饰。穆斯塘萨木宗墓地出土的铜珠为头饰，共 19 件。铜珠为圆管状，用红铜和黄铜打制，用薄片卷成长 1、直径 0.2 厘米的圆管，再进行截取，没有焊接痕迹。它们用辫状羊毛线绳穿联，与玻璃珠组合并排固定于织物上，再与黄金面具连缀形成头部装饰（图 13-6-27）[2]。

Ⅲ型 服饰。曲踏墓地Ⅱ区出土较多此类饰珠。珠子为圆柱形，成串出现，珠子之间用较粗的辫状毛绳相连，间距较大，约 2 厘米，可能是服饰上的饰件。铜珠长 0.5—1、直径 0.5 厘米（图 13-6-28、29）。

---

① ［后晋］刘昫等撰：《旧唐书》卷一九八《西戎传·泥婆罗国》，中华书局，1975 年，第 5289 页。

② M. Gleba, I. V. Berghe, M. Aldenderfer, Textile technology in Nepal in the 5th-7th centuries CE: the case of Samdzong, *STAR: Science & Technology of Archaeological Research*, 2016（2）：1，pp. 25-35，fig. 7.

图 13 – 6 – 26　曲踏墓地Ⅱ区出土铜珠饰
（2014M4：22）

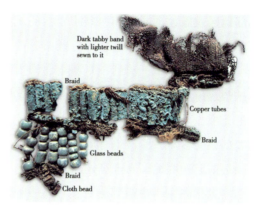

图 13 – 6 – 27　萨木宗墓地 5 号墓出土头饰珠

图 13 – 6 – 28　曲踏墓地 2014M2 出土铜饰珠

图 13 – 6 – 29　曲踏墓地 2014M2 出土铜饰珠

在欧亚草原、我国新疆及中亚的青铜时代晚期和早期铁器时代，铜是制作贴身饰物的重要材料。管状铜珠见于新疆和静察吾乎墓地①、莫呼查汗墓地②、温宿包孜东墓地③、且末扎滚鲁克墓地④等，在战国时期的内蒙古桃红巴拉匈奴墓⑤、毛庆沟匈奴墓地⑥和西汉中晚期宁夏倒墩子匈奴墓⑦中也可见到。但其连缀和使用方式不明。而曲踏墓地这类管状珠出土时明显是作为项饰使用，可为其使用功能提供佐证。萨木宗墓地出土的管状铜珠，发掘团队根据铅同位素分析结果认为其与源自印度的金属器物成分

①　新疆文物考古研究所：《新疆察吾呼——大型氏族墓地发掘报告》，东方出版社，1999 年，图一六三，1、4。
②　新疆文物考古研究所：《新疆和静县莫呼查汗墓地发掘简报》，《考古与文物》2014 年第 5 期。
③　新疆维吾尔自治区博物馆、阿克苏地区文管所、温宿县文化馆：《温宿县包孜东墓葬群的调查和发掘》，《新疆文物》1986 年第 2 期；王博、傅明方：《包孜东、麻扎甫塘古墓与龟兹古国文化》，《龟兹学研究》第二辑，2007 年。
④　新疆维吾尔自治区博物馆等：《新疆且末扎滚鲁克一号墓地发掘报告》，《考古学报》2003 年第 1 期。
⑤　田广金：《桃红巴拉的匈奴墓》，《考古学报》1976 年第 1 期。
⑥　田广金：《近年来内蒙古地区的匈奴考古》，《考古学报》1983 年第 1 期。
⑦　宁夏文物考古研究所、中国社会科学院考古所宁夏考古组、同心县文物管理所：《宁夏同心倒墩子匈奴墓地》，《考古学报》1988 年第 3 期，图版十八。

非常接近，很有可能来源于印度①。但印度河流域缺乏这类铜珠使用和流行的证据，我们认为它与我国新疆地区的文化关系更加密切，但不排除使用邻近地区的金属工艺制作的可能。用桶状或柱状铜珠作项饰，在新疆地区自青铜时代即开始出现，在一些早期铁器时代的墓葬中也较常见，如和静莫呼查汗墓地出土有完整的铜珠项链、手链和散珠，铜珠有铸造和铜片卷成两种制作形式②。

2. 铜铃

发现于曲踏墓地Ⅱ区、拉达克列城墓地等。呈喇叭状，顶部有环形纽或连接长管，铃身有三角形镂孔，常与铜饰珠伴出，应为项饰上的坠饰。长2—3.5厘米。（图13-6-30、31、32）

铜铃形饰在新疆轮台群巴克墓地③、和静莫呼查汗墓地④（图13-6-33）、帕米尔高原的吉尔赞喀勒墓地⑤和查古斯墓地（Chargus Ⅱ）⑥等春秋战国墓葬以及西汉时期的温宿包孜东墓葬⑦中都可见到，可见其在新疆地区流行时间较长。在中亚和欧亚草原地带，这类铜铃形坠饰分布非常广泛，尤其流行于匈奴⑧和萨尔马提安时期⑨。铜铃形饰主要作为坠饰，与其他饰物如铜珠、铜管等搭配，作为贴身饰物使用。在巴基斯坦北部齐特拉地区，这类铜铃与蚀花玛瑙珠搭配作为装饰物悬挂在墓主人的腰带上（图13-6-34）⑩。吐鲁番洋海墓地出土的铜管和铜铃组合在墓主人小腿和腰间各有一圈⑪（图13-6-35），据推测是巫师作法时用以制造声响的道具，但由于该墓地有数座墓葬都出土此类铜铃，因此它更可能是一类普通的装饰品。在曲踏墓地和拉达克列城墓地

① G. Massa, M. Aldenderfer, M. Martinón-Torres, Of gold masks, bronze mirrors and brass bracelets: Analyses of metallic artefacts from Samdzong, Upper Mustang, Nepal 450-650 CE, *Archaeological Research in Asia*, 2019, vol. 18, pp. 68-81.

② 新疆文物考古研究所：《新疆和静县莫呼查汗墓地发掘简报》，《考古与文物》2014年第5期。

③ 中国社会科学院考古研究所新疆工作队、新疆巴音郭楞蒙古自治州文管所：《新疆轮台县群巴克墓葬第二、三次发掘简报》，《考古》1991年第8期。

④ 新疆文物考古研究所：《新疆和静县莫呼查汗墓地发掘简报》，《考古与文物》2014年第5期。

⑤ 中国社会科学院考古研究所新疆工作队：《新疆塔什库尔干吉尔赞喀勒墓地发掘报告》，《考古学报》2015年第2期。

⑥ B. A. Litvinskiĭ, *Eisenzeitliche kurgane zwischen Pamir und Aral-See*, München: C. Beck, 1984, p. 55.

⑦ 新疆维吾尔自治区博物馆、阿克苏地区文管所、温宿县文化馆：《温宿县包孜东墓葬群的调查和发掘》，《新疆文物》1986年第2期。

⑧ S. I. Rudenko, *Die Kultur der Hsiung-nu und die Hügelgräber von Noin Ula. Übersetzung aus dem Russischen von Helmut Pollems*, Bonn: Habelt, 1969, fig. 41.

⑨ T. Sulimirski, *The Sarmatians*, London: Thames & Hudson, 1970, p. 125, fig. 45; pl. 60; J. Davis-Kimball, V. A. Bashilov, L. T. Yablonsky eds., *Nomads of the Eurasian steppes in the Early Iron Age*. Berkeley: Zinat Press, 1995, pl. 60, fig. 30-h.

⑩ B. E. Hemphill, M. Zahir, I. Ali, Skeletal Analysis of Gandharan Graves at Shah Mirandeh, Singoor, Chitral, *Ancient Pakistan*, 2017, vol. 28, pp. 1-59, fig. 11.

⑪ 新疆吐鲁番学研究院、新疆文物考古研究所：《新疆鄯善洋海墓地发掘报告》，《考古学报》2011年第1期。

图 13 - 6 - 30　拉达克列城墓地铜饰珠
（Antiquities of Indian Tibet：Archaeological survey of India，vol. I，pl. XXIXa）

图 13 - 6 - 31　曲踏墓地 II 区 2014M4
出土铜铃

图 13 - 6 - 32　曲踏墓地 II 区 2014M4
出土铜铃

图 13 - 6 - 33　和静莫呼查汗墓地出土铜铃
（《新疆和静县莫呼查汗墓地发掘简报》图36：6）

图 13 - 6 - 34　巴基斯坦齐特拉沙赫米兰德
（Shah Mirandeh）墓地出土铜铃和
红玉髓珠

图 13 - 6 - 35　吐鲁番洋海墓地出土
铜管和铜铃组合
（《吐鲁番文物精粹》第31页）

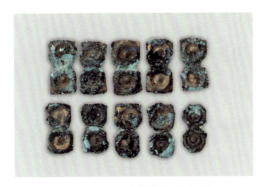

图 13 - 6 - 36　曲踏墓地出土铜扣
（Ⅱ区 2014M2：18）

图 13 - 6 - 37　皮央·东嘎格林塘墓地出土铜扣
（《西藏札达县皮央·东嘎遗址古墓群试掘简报》
图 33）

发现的铜铃与铜珠搭配组合成的项链，应该是受到了北方草原和新疆地区的影响。

3. 铜扣

发现于曲踏墓地Ⅱ区（图 13 - 6 - 36）、皮央·东嘎格林塘墓地（图 13 - 6 - 37）、拉达克列城墓地（见图 13 - 6 - 30）等。呈束腰的长方形或"8"形，由两个相连的圆形片连接而成，在连接的束腰处缠有带状绳，每个圆形片上有圆圈纹。背面残留有棕色毛织物残片。长 2—3、宽 1.5—2、厚 0.2 厘米。

双联珠形铜扣在西藏西部几处墓地中都有发现，其中数量最多的是曲踏墓地Ⅱ区。这类铜扣可能是服饰上的扣饰，在北方草原地区和新疆地区早期铁器时代有广泛的分布。如内蒙古敖汉旗周家墓地出土的双联珠铜饰，是钉缀于腰带上的饰物[1]（图 13 - 6 - 38）。新疆和静莫呼查汗墓地出土大量联珠状铜饰，主要是作为女性墓主人头、肩部的挂饰[2]。在帕米尔高原的查古斯墓地也发现同类饰物[3]。伊朗卡香市附近的西耶尔克铁器时代遗址出土过可铸造双联珠铜饰和三联珠铜饰的石铸范，乌恩先生曾据此认为联珠形铜饰的源头可能在西亚地区。[4]

4. 铜节约

共 3 件。发现于曲踏墓地Ⅱ区，出土于随葬马匹头侧，与铁马衔并置。呈扁圆形，背面中心为圆环形孔，周边有方形或椭圆形孔，正面凸起，表面饰有圆圈纹或联珠纹。

① 中国社会科学院考古研究所内蒙古工作队：《内蒙古敖汉旗周家墓地发掘简报》，《考古》1984 年第 5 期。

② 新疆维吾尔自治区文物考古研究所：《新疆莫呼查汗墓地》，科学出版社，2016 年，图版七五、七六、三二。

③ B. A. Litvinskiĭ, *Eisenzeitliche kurgane zwischen Pamir und Aral-See*, München：C. Beck，1984，p. 55.

④ 乌恩：《北方草原考古学文化比较研究——青铜时代至早期匈奴时期》，科学出版社，2008 年。

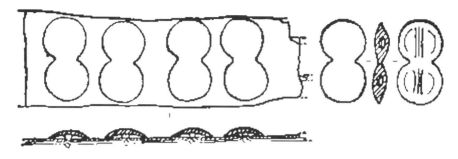

图 13 - 6 - 38　内蒙古敖汉旗周家墓地出土双联珠铜饰

（《内蒙古敖汉旗周家墓地发掘简报》图 9 - 1、2）

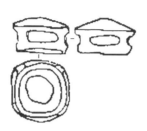

图 13 - 6 - 39　曲踏墓地　　图 13 - 6 - 40　轮台群巴克　　图 13 - 6 - 41　吉尔赞喀勒

Ⅱ区 2014M5 出土铜节约　　Ⅰ号墓地出土铜节约　　墓地出土铜节约（M15：1）

直径 3.6、高 1.6 厘米。（图 13 - 6 - 39）

　　铜节约形制与新疆和静莫呼查汗墓地①、轮台群巴克Ⅰ号墓地（图 13 - 6 - 40）②、塔什库尔干吉尔赞喀勒墓地（图 13 - 6 - 41）③ 出土铜节约非常相似，应该是继承了青铜时代以来南疆地区所流行的铜节约形制。

　　5. 铜手镯

　　铜镯可分为 2 型。

　　Ⅰ型　宽带形。铜镯以带状铜条弯曲作 C 形或 O 形，多为素面，发现于我国西藏札达县的曲踏墓地Ⅱ区和格布赛鲁墓地、印度喜马偕尔邦金瑙尔的克纳墓地、尼泊尔穆斯塘的楚克潘尼和米布拉克墓地等。铜镯多成对出现，但有时多件手镯共出，如克纳墓地一具人骨双臂上共佩戴 3 件铜镯④。铜镯还常与铁镯伴出，如曲踏Ⅱ区 2014M2

---

①　新疆文物考古研究所：《新疆和静县莫呼查汗墓地发掘简报》，《考古与文物》2014 年第 5 期。

②　中国社会科学院考古研究所新疆工作队、新疆巴音郭楞蒙古自治州文管所：《新疆轮台县群巴克墓葬第二、三次发掘简报》，《考古》1991 年第 8 期，图 13：10。

③　中国社会科学院考古研究所新疆工作队：《新疆塔什库尔干吉尔赞喀勒墓地发掘报告》，《考古学报》2015 年第 2 期，图版 14：7。

④　V. Nautiyal et al., Lippa and Kanam: Trans-Himalayan cist burial culture and pyrotechnology in Kinnaur, Himachal Pradesh, India, *Antiquity*, vol. 88, no. 339, March 2014.

出土 3 件铁手镯和 2 件铜手镯，铜镯直径
5—8、宽 1.4、厚 0.1 厘米① （图 13 - 6 -
42）。楚克潘尼墓地也发现 2 件此类铜镯
（图13 - 6 - 43）。

图 13 - 6 - 42　曲踏墓地 Ⅱ 区 2014M2
出土铜镯（2014M2∶24、25）

　　Ⅱ型　细棒形。铜镯以细棒状铜条弯
曲作 C 形或 O 形，多为素面。曲踏墓地 Ⅰ
区 2009M2 出土铜镯为黄色，疑为黄铜，
直径 6、宽 0.25 厘米（图 13 - 6 - 44）。萨木宗墓地 M5 出土 1 件铜镯和可能是镯的 2
件残块，经检测均为黄铜制作，截面均作半椭圆形，表面装饰有平行的刻划线纹，内
径 6、厚 3—4 厘米（图 13 - 6 - 45）。楚克潘尼墓地也出土一件此类型铜镯，但未确定
其是否为黄铜制作（图 13 - 6 - 46）。格布赛鲁墓地采集到一件铜镯，横截面略呈椭圆
形，环身可见三道刻痕，与萨木宗 M5 出土铜镯刻划线纹相似。外径 6.5、内径 5.9 厘
米②（图 13 - 6 - 47）。

　　铜手镯是欧亚草原地区、中亚地区和我国新疆自青铜时代以来广泛使用的贴身装
饰物。安德罗诺沃文化中已出现宽带形手镯③，塔什库尔干的下坂地墓葬发现 7 件同类
型的铜镯④（图 13 - 6 - 48）。这一传统一直延续至早期铁器时代，在吉尔赞喀勒墓地
（图 13 - 6 - 49）、香宝宝墓地、萨恩萨伊墓地⑤均有发现。我国西藏西部地区Ⅰ型铜镯时
代较早，属公元前 6 世纪—前 1 世纪，均继承了欧亚草原和新疆地区宽带形素面铜镯的
特征。曲踏墓地 Ⅱ 区还存在铜镯与铁镯伴出的现象，这在帕米尔东部地区早期铁器时
代也已出现⑥，如香宝宝墓地 M37 的墓主人左、右手分别戴 1 件铁镯和 1 件铜镯⑦，说
明铁器开始作为贵重金属被制成贴身饰物。Ⅱ型铜镯年代较晚，属于 1—6 世纪。铜镯
发展为细棒形，有的表面带有纹饰，同时出现了黄铜制作的铜镯。与曲踏墓地 Ⅰ 区出
土铜镯时代相当、形制近似的铜镯发现于新疆温宿包孜东墓葬和尉犁营盘墓地⑧，两个
地区之间应存在一定的内在联系。

①　中国社会科学院考古研究所、西藏自治区文物保护研究所、阿里地区文化局等：《西藏阿里地区故如甲木
墓地和曲踏墓地》，《考古》2015 年第 7 期。
②　四川大学中国藏学研究所等：《西藏札达县格布赛鲁墓地调查简报》，《考古》2001 年第 6 期。
③　张杰：《新疆玛纳斯河流域首次发现安德罗诺沃文化墓葬》，《中国文物报》2017 年 12 月 15 日第 8 版。
④　新疆文物考古研究所：《新疆下坂地墓地》，文物出版社，2012 年，图版五∶5、图版十五∶3、图版二十∶3。
⑤　新疆文物考古研究所：《新疆萨恩萨伊墓地》，文物出版社，2013 年，图版五五∶2。
⑥　B. A. Litvinskiǐ, *Eisenzeitliche kurgane zwischen Pamir und Aral-See*, München：C. Beck，1984，p. 57.
⑦　新疆社会科学院考古研究所：《帕米尔高原古墓》，《考古学报》1981 年第 2 期。
⑧　周金玲、李文瑛：《新疆尉犁县营盘墓地 1995 年发掘简报》，《文物》2002 年第 6 期。

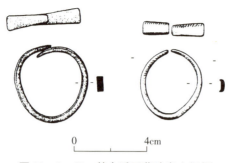

图 13 - 6 - 43　楚克潘尼墓地出土铜镯

(Preliminary Report on the 1992 Campaign of the Institute of Pre-history of the University of Cologne, p. 66. fig. 9)

图 13 - 6 - 44　曲踏墓地 I 区
2009M2 出土铜镯

图 13 - 6 - 45　萨木宗墓地 5 号墓出土黄铜手镯

(Of gold masks, Bronze Mirrors and Brass Bracelets Analyses of Metallic Artefacts from Samdzong, Upper Mustang, Nepal 450 - 650 CE, fig. 7)

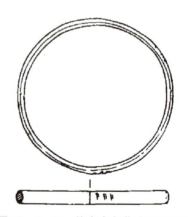

图 13 - 6 - 46　楚克潘尼墓地出土铜镯

(同图 13 - 6 - 43, fig. 9)

图 13 - 6 - 47　格布赛鲁墓地采集铜镯

(《西藏札达县格布赛鲁墓地调查简报》图6:1)

　　电子探针分析显示萨木宗墓地出土的黄铜手镯含有大量的锌，铁、锡、硫和铅含量都很低。研究者据此推测这些黄铜手镯来自中东或印度，因为这些地区菱锌矿比较常见，而且黄铜制品中无铅，属于典型的印度和尼泊尔的金属传统。其来源可进一步

追溯至巴基斯坦的塔克西拉，该遗址
中发现的黄铜器物虽然铅含量多少不
一，而铁和锡含量普遍较低。其中一
件为黄铜手镯，表面饰有刻划纹，与
萨木宗的黄铜镯高度相似，其年代为
4 世纪，被认为是印度河地区最早的
黄铜器①。但也有学者根据一些考古
资料将黄铜器在印度的出现时间追溯
至公元前 1 世纪②。

　　在汉晋时期的新疆地区，黄铜器
物也已经出现。黄铜在汉文献中被称
为"鍮石"，新疆吐鲁番阿斯塔那
305 号墓中出土的 4 世纪的《随葬衣
物疏》中有"鍮钼钗一双"的记
载③，铜钗应是黄铜制作的发钗。5
世纪末吐鲁番文书中有关于购买鍮石
的记载④。东汉魏晋时期新疆尉犁营
盘墓地 M20 出土 3 件黄铜装饰品，含
锌量均在 20% 以上，其中一件为手镯
（图 13 - 6 - 50），与曲踏墓地Ⅰ区发
现的Ⅱ型铜镯形制非常接近。汉晋时
期小河遗址也发现黄铜器残片⑤，民

图 13 - 6 - 48　下坂地墓地出土铜镯
（《新疆下坂地墓地》图版五：5）

图 13 - 6 - 49　吉尔赞喀勒墓地出土铜镯（M11：8）
（《新疆塔什库尔干吉尔赞喀勒墓地发掘报告》图版 14：8）

图 13 - 6 - 50　尉犁县营盘墓地出土黄铜手镯
（《新疆尉犁县营盘墓地 1995 年发掘简报》图 44）

丰尼雅遗址墓葬中还发现小方形"鍮石坠饰"⑥，应为项链上的装饰。可见黄铜器在当
时属于较为罕见的贵重物品，常用来制作小件贴身饰物。

---

① J. Marshall, *Taxila*: *An Illustrated Account of Archaeological Excavations Carried Out at Taxila under the Orders of the Government of India between the Years* 1913 *and* 1934. Cambridge University Press, Cambridge, Eng. 1951, pl. 171, vol. Ⅲ.

② P. Neogi, *Copper in Ancient India*, Calcutta: Sarat Chandra Roy, Anglo-Sanskrit Press, 1918, p. 35.

③ 穆舜英：《从出土文物中探索新疆古代的科学技术》，《新疆社会科学研究》1982 年第 2 期。

④ 饶宗颐：《说鍮石——吐鲁番文书札记》，载饶宗颐：《饶宗颐史学论著选》，上海古籍出版社，1993 年，第 384 页。

⑤ 袁晓红：《新疆汉晋小河遗址一件黄铜样品的科学分析》，载中国化学会应用化学委员会编：《全国第 11 届考古与文物保护化学学术研讨会论文集：文物保护研究新论（二）》，文物出版社，2010 年。

⑥ 新疆文物考古研究所：《新疆民丰县尼雅遗址 95MNI 号墓地 M8 发掘简报》，《文物》2000 年第 1 期。

因此，青藏高原西部地区出现的铜手镯（包括黄铜手镯），除了可能直接来自巴基斯坦北部地区外，也有可能是经新疆地区辗转输入的印度或西亚物品。另外，《隋书·西域传》中有关于女国"出鍮石、朱砂、麝香、牦牛"的记载，女国应指包括拉达克地区的大羊同国，该记载证实了黄铜器在青藏高原西部的盛行。青藏高原西部本不出产黄铜，这里的"出鍮石"大概指的是通过拉达克地区输入的黄铜器。

二　铁器

（一）铁质容器

发现的铁质容器较少，主要器形为铁盘。总计发现 6 件，其中曲踏墓地 3 件（图 13 - 6 - 51），故如甲木墓地 3 件（图 13 - 6 - 52）。铁盘形制较为统一，均为浅盘状，侈口，斜腹，平底。口径 31—40、底径 15—22、高 3—6、壁厚 0.5—1 厘米。

铁盘是本地区发现的唯一的铁质器皿，其形制相同，意味着具有相同的来源。在曲踏墓地的早期阶段（公元前 2 世纪—前 1 世纪）仅发现 1 件，2—4 世纪数量增多，说明铁器时代铁器制造技术得到进一步发展，制造较大型器具较为容易，同时出现了更多的日常生活器皿，显示铁器不再作为珍贵金属使用。

（二）一字格铁剑

共出土 3 件。

故如甲木墓地出土 2 件。其中一件发现于 2012M1。剑身截面略为菱形，为一次性铸成的一字形铁格，表面残留漆皮状覆盖物。剑身表面有木质残留物，应该是木质剑鞘痕迹。总长 45.2、宽 3.8、厚 1.4 厘米，剑身部分长 33.4、茎长 10、格长 8 厘米（图 13 -

图 13 - 6 - 51　曲踏墓地Ⅱ区出土铁盘　　　　图 13 - 6 - 52　故如甲木墓地出土铁盘
（2013M1：22）　　　　　　　　　　　　残片（2012M1 采：8）

6 – 53）。另一件发现于 2013M2。剑身扁平，有一字格，锈蚀严重。残长 50、宽 4.2、柄长 13、厚 0.5 厘米。（图 13 – 6 – 54）曲踏墓地 I 区 2009M1 出土 1 件。柄部和一字格残损，长 51、剑身宽 3.1、柄长 13.5、厚 0.5 厘米。（图 13 – 6 – 55）

　　此类一字格铁剑均发现于公元 2—4 世纪的墓葬中，代替了公元前 3 世纪—前 1 世纪所见的青铜短剑或铜柄铁剑，说明铁器的普及以及制造技术得到极大提高。一字形的剑格是汉式铁剑的一个典型特征，但在中原内地剑格并非与剑身一次性合铸，而是在剑身锻造出后再装上剑格，剑格主要有铜质和玉质两种。但在铁剑的整体形制上，可以看出西藏西部与中原内地是完全一致的，这很可能是边疆地区对中原汉剑仿造的结果。剑鞘为木质，外髹红漆，这也是典型的汉式铁剑鞘的传统。

图 13 – 6 – 53　故如甲木墓地出土铁剑（2012M1：14）

图 13 – 6 – 54　故如甲木墓地出土铁剑（2013M2：7）

图 13 – 6 – 55　曲踏墓地 I 区 2009M1 出土铁剑

图 13 - 6 - 56　塔吉克斯坦图卡尔（Toulkar）墓地中出土一字格铁剑

西藏西部的周邻地区迄今尚未发现同时期、形制完全相同的汉式铁剑。在中亚和欧亚草原地带的萨尔玛提安人晚期文化中出现一种一字格铁剑，但长度都在 1 米左右，格部为棱形，应该也是仿造汉剑的结果，如塔吉克斯坦公元前 2 世纪晚期到 1 世纪早期的图卡尔墓地中出土的一字格铁质长剑（图 13 - 6 - 56）①。这类一字格铁剑的长度大大超过西藏西部所见铁剑，二者之间未必有直接的关联，但至少启发我们，在西藏西部周边的某些区域可能还存在仿制汉剑的传统。新疆地区汉晋时期墓葬中多有铁剑出土，和静县察吾乎沟口三号墓出土 2 件铁剑：一件似为扁茎折肩汉式铁剑，格部无存，剑身一侧黏结有木片残块，原当有木鞘；另一件为无格柳叶形铁剑，在表面黏结有木片残块，并见褐色漆片，原来当有漆木鞘②。可见在东汉时期新疆地区流行铁剑和配套的漆木质剑鞘，这显然也是受到汉式铁剑及其装具的影响。从文献记载来看，汉晋时期铁器的冶铸和钢的制作在西域城郭诸国相当普遍，并且用于生产工具和武器，其中武器有仿制汉式兵器的可能。《汉书·西域传》记载，婼羌"山有铁，自作兵，兵有弓、矛、服刀、剑、甲"③；鄯善"能作兵"④，自且末以西，"畜产作兵，略与汉同"⑤。因此西藏西部地区汉式一字格铁剑的制作地点，是南疆地区的可能性很大。

（三）木柄铁匕首/锥

曲踏墓地Ⅱ区共出土 6 件。刃部为棒形、三角形和矛头形，柄部插入圆棍形木柄中并用缠线固定，出土时与随葬动物放置在一起。总长 20—23、刃宽 2.5—2.9、厚 1.9 厘米（图 13 - 6 - 57、58、59）。曲踏墓地Ⅰ区婴幼儿墓地和洞室墓中也发现数件，但木柄均腐朽脱落，铁刃部分形似箭头（图 13 - 6 - 60）。

---

① I. Lebedynsky, *Les Sarmates-Amazones et lanciers cuirassés entre Oural et Danube*（*VIIe siècle avant J. C. -VIe siècle après J. C.*），Errance，2002，p. 216.
② 中国社会科学院考古研究所新疆队、新疆巴音郭楞蒙古族自治州文管所：《新疆和静县察吾乎沟口三号墓地发掘简报》，《考古》1990 年第 10 期。
③ 《汉书》卷九六《西域传》，中华书局，1962 年，第 3875 页。
④ 同上，第 3876 页。
⑤ 同③，第 3879 页。

图 13-6-57 曲踏墓地Ⅱ区出土木柄铁匕首
（2014M3 右：21）

图 13-6-58 曲踏墓地Ⅱ区 2015M1 出土
木柄铁匕首

图 13-6-59 曲踏墓地Ⅱ区 2014M5 出土
木柄铁匕首

图 13-6-60 曲踏墓地Ⅰ区 2013M2
出土铁匕首

尼泊尔萨木宗墓地发现 2 件。均以圆形木棍作柄，铁匕首柄端呈锥形，插入木棍的一端。

木柄铁匕首和铁锥应该是继承了青铜时代所流行的木柄铜锥或铜刀工具。锥主要用以制作皮制品等，匕首主要作为剥肉和食肉工具。在铁器出现和流行之后，木柄铁匕首或铁锥取而代之，形制上并无太大变化。这类工具在吐鲁番洋海三号墓地①（图 13-6-61）、民丰尼雅遗址②（图 13-6-62）等地均有发现，青藏高原西部地区的这类工具可能是受新疆地区的影响而产生的。

（四）箭镞

铁质箭镞出土较多。曲踏墓地Ⅰ区共发现 7 件，均出土于大型洞室墓中；曲踏墓地Ⅱ区共发现 25 件，每座墓葬内 6—10 件不等（图 13-6-63、64）；故如甲木墓地共出土 3 件（图 13-6-65）。

这些箭镞形制统一，均为双翼，箭身呈三角形，截面为菱形，圆铤，残长 3.8—10厘米不等，宽 1.5—2.3 厘米，厚 0.5—0.8 厘米。

① 吐鲁番市文物局、新疆文物考古研究所、吐鲁番学博物馆：《新疆洋海墓地》，文物出版社，2019 年，第 548 页。
② 新疆文物考古研究所：《新疆民丰县尼雅遗址 95MNI 号墓地 M8 发掘简报》，《文物》2000 年第 1 期。

图 13 - 6 - 61　吐鲁番洋海三号墓地 M76 出土木柄铁刀

（《新疆洋海墓地》图版 204：7）

图 13 - 6 - 62　民丰尼雅 95MNI 墓地 M8 出土木柄铁刀

（《新疆民丰县尼雅遗址 95MNI 号墓地 M8 发掘简报》图 32）

图 13 - 6 - 63　曲踏墓地 II 区出土铁箭镞（2014M3 右：23）

图 13 - 6 - 64　曲踏墓地 II 区 2015M1 出土铁箭镞

与箭镞组合出现的有竹弓。此外在出土青铜短剑、铁剑的墓葬中，常有箭镞发现，而在出土纺织器、手镯、铜镜、梳子之类的墓葬中不见箭镞和铁剑，显示出随葬品在性别上的差异。显然弓箭、铜铁剑等兵器仅出现在男性墓葬中。

西藏西部地区最早出现的双翼箭镞为公元前 3 世纪，此后一直到 3—4 世纪仍然保持着同样的形制，没有发生太大改变。新疆地区在汉晋时期比较流行木质和骨质箭镞，铁箭镞数量不多，均为三翼形制[1]，与西藏西部地区存在很大差异。而巴基斯坦北部的齐特拉、斯瓦特河谷地区比较流行此类双翼铁箭镞，见于诺霍尔穆里（Noghormuri）、纳扎尔拉特（Nazarat）、沙赫米兰德（Shah Mirandeh）等墓地（图 13 - 6 - 66）[2]，造型与西藏西部地区非常近似。由此地经拉达克输入或影响到藏西，存在一定的可能性，

---

[1] 吐鲁番市文物局、新疆文物考古研究所、吐鲁番学博物馆：《新疆洋海墓地》，文物出版社，2019 年，第 486 页，图八三二；新疆文物考古研究所：《新疆萨恩萨伊墓地》，文物出版社，2013 年，图六：2，图版二三：3。

[2] G. Stacul, Discovery of Protohistoric Cemeteries in the Chitral Valley (West Pakistan). *East and West*, 1969, vol. 19, no. 1/2, pp. 92 - 99; B. E. Hemphill, M. Zahir, I. Ali, Skeletal Analysis of Gandharan Graves at Shah Mirandeh, Singoor, Chitral. *Ancient Pakistan*, XXVIII, 2017, pp. 1 - 59, fig. 15.

图 13 - 6 - 65　故如甲木墓地
出土铁箭镞（2012M4：9）

图 13 - 6 - 66　巴基斯坦齐特拉沙赫米兰德墓地出土铁箭镞

当然这还需要更多中间环节的材料来补充论证。

（五）马衔

本地区发现的马具主要为铁质马衔，共出土 9 件：曲踏墓地Ⅰ区 1 件、Ⅱ区 4 件（图 13 - 6 - 67、68）、故如甲木墓地 4 件（图 13 - 6 - 69）。马衔大都出土于马头部，形制较为统一，都为两节双环式，每节中部为细铁棒，两端捶出一大一小两个铁环。两节马衔之间以小环相套接，小环为圆形或椭圆形；大环为圆形，套在马颊两侧的马镳上。总长 22、节长 10、杆直径 1.5、大环直径 3 厘米左右。马镳留存不多，所见呈棒状，中部有两个穿孔用于系结颊勒。

从时代上来看，铁马衔与铁箭镞情形较为近似，最早都是出现于曲踏墓地Ⅱ区早期阶段（公元前 2 世纪—前 1 世纪），一直沿用至 2—4 世纪，基本上保持着稳定不变的形制。此类马衔与欧亚草原和我国新疆地区同时期流行的马衔形制一致。欧亚草原地区巴泽雷克时期已经出现此种形制的青铜马衔[1]，在匈奴时期置换为铁质并广为流行，如蒙古诺音乌拉[2]，我国内蒙古补洞沟[3]和西沟畔匈奴墓[4]（图 13 - 6 - 70）等墓地

① S. I. Rudenko, *Frozen tombs of Siberia：the Pazyryk burials of Iron Age horsemen*, trans. by M. W. Thompson, London：J. M. Dent & Sons LTD, 1970, fig. 74, 97.

② S. I. Rudenko, *Die Kultur der Hsiung-nu und die Hügelgräber von Noin Ula. Übersetzung aus dem Russischen von Helmut Pollems*, Bonn：Habelt, 1969, Taf. XXI, 8.

③ 伊克昭盟文物工作站：《伊克昭盟补洞沟匈奴墓葬清理简报》，《内蒙古文物考古》1980 年（创刊号）。

④ 伊克昭盟文物工作站、内蒙古文物工作队：《西沟畔匈奴墓》，《文物》1980 年第 7 期。

图 13 - 6 - 67　曲踏墓地Ⅱ区 2014M5
出土铁马衔

图 13 - 6 - 68　曲踏墓地Ⅱ区 2014M4
出土铁马衔

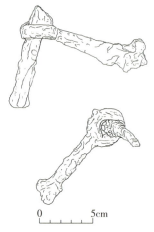

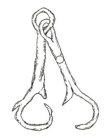

图 13 - 6 - 69　故如甲木墓地
出土铁马衔（2012M1：19、20）

图 13 - 6 - 70　西沟畔匈奴
墓出土马镳和马衔
（《西沟畔匈奴墓》第 5 页，
图 8：3）

图 13 - 6 - 71　洋海墓地
ⅢM1 出土铁马衔
（《新疆鄯善洋海墓地发掘报
告》图四：1）

均有发现。新疆地区见于楼兰遗址①、洋海墓地②（图 13 - 6 - 71）等地。在巴基斯坦北部的塔克西拉也流行类似形制的铁质马衔，但略晚于西藏西部地区开始出现此类铁质马衔的时代③。

　　由于西藏西部本土缺乏原材料、燃料和冶铁术，并没有条件制造铁器，因此基本上该地区所有的铁器都是外部输入的。从时代上看，西藏西部地区铁器的出现和流行基本上是在新疆地区冶铁业兴起之后。从器物种类和形制上看，除了少量器物如铁盘、

---

① M. A. Stein, *Innermost Asia*: *detailed report of explorations in Central Asia，Kan-su and Eastern Iran*，Oxford：Clarendon Press，1928，vol. 3，pl. XXI.

② 新疆吐鲁番学研究院、新疆文物考古研究所：《新疆鄯善洋海墓地发掘报告》，《考古学报》2011 年第 1 期。

③ L. S. Leshnik，Some Early Indian Horse-Bits and Other Bridle Equipment，*American Journal of Archaeology*，1971，vol. 75.

两翼铁镞在新疆地区较少发现外，其他器物都与新疆地区同类器物形制相仿且时代相当，应该是源自新疆地区的产品。此外，铜柄铁剑应该与西南地区早期铁器时代文化关系密切，箭镞类应与巴基斯坦北部斯瓦特和齐特拉地区有关，因此铁器的输入有可能并非单一来源。但从马衔、箭镞等器物的时代特征来看，早期和晚期形制缺乏变化，并没有周邻地区的丰富多样，这显示出本地区所接受的周邻地区的影响并非同步。

第七节　珠饰

一　无机珠类

（一）蚀花玛瑙珠

青藏高原西部地区共出土 7 件，可分为 3 种类型。

Ⅰ型　橄榄形。

共 5 件。一件出土于曲踏墓地Ⅱ区 2012M4，发现于墓主人头颈部。饰珠两端截平，有穿孔，长 2.85、直径 0.5、最大径 0.9 厘米，孔径 0.2 厘米。深褐色和乳白色相间纹饰，上下相对有两排乳白色三角形虎牙纹，使中间的褐色部分形成波折纹。两端留有宽度约 2.5 厘米的褐色带。从其中一端的截面上来看，其深褐色渗透较深。而另一端的截面没有完全染色，留有透明的肉色。饰珠的孔内残留有细绳，很显然是用于系带（图 13 - 7 - 1）。另一件出土于曲踏墓地Ⅰ区。两端为黑色，中间为白色，两端有穿孔，通体有红色粉末残留。长 1.7 厘米，珠身直径 0.8 厘米，末端直径 0.6 厘米（图 13 - 7 - 2）。此外，在北印度喜马偕尔邦金瑙尔地区的克纳墓地的石室墓中，也出土 3 枚，长分别为 2.6、2.0、1.9 厘米，最大径为 0.8—0.9 厘米。其中 2 件的纹饰为褐白相间的条带纹，另一件纹饰不很明晰，两端为带状条纹，主体部分似为 "Z" 形纹配圆圈纹。此 3 件蚀花玛瑙珠的详细出土信息尚未公布。

Ⅱ型　圆板形。

1 件，出土于曲踏墓地Ⅰ区。较扁平，正面中心为褐色圆形图案，周围有乳白色圆环，最外环及整个背面为深褐色。侧面有对穿的圆孔，可见天然玛瑙的纹理，圆孔内残留有细绳。直径 2.3、厚 0.4 厘米。（图 13 - 7 - 3）

Ⅲ型　半圆球形。

1 件，出土于曲踏墓地Ⅰ区 2009M1。侧面穿孔内残留有丝绳。球面有黑白相间的

图 13 - 7 - 1　曲踏墓地Ⅱ区出土蚀花玛瑙珠（2014M4：15）　　图 13 - 7 - 2　曲踏墓地区出土蚀花玛瑙珠（2018M4：6）　　图 13 - 7 - 3　曲踏墓地I区 2015T7M1 出土蚀花玛瑙珠　　图 13 - 7 - 4　曲踏墓地I区 2009M1 出土蚀花玛瑙珠

纹饰，形似眼球，底面为黑色，略呈弧状。直径 2.9、厚 1.3、穿孔直径约 0.2 厘米。由于是抢救性发掘，此珠系从墓室沙土中筛选出来，具体发现位置不得而知。（图 13 - 7 - 4）

　　从出土蚀花玛瑙珠的墓葬来看，Ⅰ型和Ⅱ型的年代较早，为公元前 3 世纪—前 1 世纪，Ⅲ型年代稍晚，为公元 2—4 世纪。这些珠饰的出土位置通常都与其他贴身饰物接近，并穿有系绳，可能是作为项饰。但是否与其他材质和纹饰的珠子搭配成串尚不确定。

　　蚀花玛瑙珠在西藏地区并非首次发现。早在 20 世纪 80 年代，童恩正先生曾提到西藏的古墓中出土过蚀花石珠，伴随出土物尚有铜箭头、铁镞等①。这些珠子有两种形式：一种为椭圆形珠，有黑、白、棕色的条纹，夹以白色圆斑，圆斑又称为"眼"，数目从一至十二不等；另一种为圆珠形，上有虎皮斑纹或莲花形图案。他认为这种石珠应该是吐蕃之前的东西，但由于都没有出土环境，其时代和来源难以肯定，但他认为"其中无疑应该有公元 7 世纪以前的遗物"。1991 年西藏山南隆子县吞玛石棺墓出土一件圆柱形料珠②，两端饰黑白两色，中有圆形穿孔，长 1.3 厘米，孔径 0.10 厘米。发掘者认为是"黑白两色的琉璃料珠"，可能是一串珠中的一枚。但从其装饰特征来看，很有可能是黑白色蚀花玛瑙珠。该石棺墓年代应该为战国—西汉时期。

　　西藏地区发现的这些蚀花玛瑙珠数量并不多，但是具有非常重要的价值，因为从长远的历史来看，这可能开启了西藏后弘期"gZi 珠"崇拜的先河。10 世纪

① 童恩正：《西藏考古综述》，《文物》1985 年第 9 期。
② 西藏自治区文管会文物普查队：《西藏山南隆子县石棺墓的调查与清理》，《考古》1984 年第 7 期。

之后这类黑白色蚀花玛瑙珠被赋予了新的宗教内涵，并由此风靡整个青藏高原，可能也是源自青藏高原西部地区的早期传统。从拉达克的塔波寺壁画来看①，古格时期的贵族流行在颈部佩戴纹饰繁杂的黑白色串珠，显然与早期铁器时代出现并流行的蚀花玛瑙珠串珠装饰习俗是一脉相承的。在公元前3世纪—公元4世纪，西藏西部是这类珠饰分布相对比较集中的地区，它的出现应该与周邻地区尤其是印度河上游地区有密切关系。

印度河流域在哈拉帕文化时期最早出现了黑白色蚀花玛瑙珠，这是一种由蚀花肉红石髓珠技术衍生出来的独特的二次改色工艺，即通过特定介质对半透明的白玉髓珠的表层漂白后再染以黑色图案，或者先将珠体黑化后再蚀出白色图案，形成黑白相间的独特纹样。黑色或白色都深入渗透到珠子中心的穿孔处，使珠体颜色看起来浑然天成。哈拉帕文化时期的蚀花玛瑙珠主要表现为三种形制：一为三段式桶形珠，中段为白色，两端为黑色或深褐色，代表性的例子有卡奇湾附近希卡布尔遗址（Shikarpur）出土的珠饰（图13-7-5）②；二为有黑白两段的简单式样，代表性的例子有巴格旺普拉遗址（Bhagwanpura）出土珠饰③，以上这两种珠被称为"Band bead"或者"Zone bead"；三为半圆球形，底部和顶部中心为黑色，其间为白色条带，形似眼球形，被称为"猫眼珠"（cat's eye bead）。其形制虽然相对比较单一，图案也缺乏变化，但制作和使用传统从哈拉帕文化早期一直延续到晚期。

黑白色蚀花玛瑙珠在公元前600年—公元300年间出现了更丰富的图案形式，并向周边地区广为传播。黑白相间的三段式（图13-7-6）和"猫眼珠"（图13-7-7）图案继续流行，又出现了在黑色珠体部分增加一条或多条白色带状纹的"线珠"，带状纹数往往是一、三或五等奇数（图13-7-8）；还出现了带有圆圈纹和带状纹组合的"有眼gZi珠"。这类珠子在印度和巴基斯坦北部及周邻地区很受欢迎，制作中心有阿里卡梅都（Arikamedu）（公元前3世纪—公元3世纪）、科塔林加拉（Kotalingala）（公元前5世纪—前1世纪）④等地点，通过长距离贸易

---

① D. E. Klimburg-Salter, *Tabo, a lamp for the Kingdom. Early Indo-Tibetan Buddhist Art in the Western Himalaya*, 1997, p. 125, fig. 123.

② K. K. Bhan, P. Ajithprasad, *Excavations at Shikarpur 2007—2008: A Costal Port and Craft Production Center of the Indus Civilization in Kutch*, India. Accessed: 18 October 2020. URL: http://a.harappa.com/content/excavations-shikarpur-gujarat-2008-2009.

③ P. Francis Jr., Two Bead Strands from Andhra Pradesh, India, *Asian Perspectives*, 1990, vol. 29, no. 1.

④ P. Francis Jr., Beadmaking at Arikamedu and beyond, *World Archaeology*, 1991, vol. 23, no. 1.

图 13 - 7 - 5　哈拉帕时期希卡布尔（Shikarpur）
遗址（卡奇湾附近）出土珠饰
（Excavations at Shikarpur 2007 - 2008，fig. 5）

图 13 - 7 - 6　吉尔赞喀勒墓地出土"三段式"
蚀花玛瑙珠
（《新疆塔什库尔干吉尔赞喀勒墓地发掘报告》图版 13：5）

图 13 - 7 - 7　阿富汗巴克特里亚出土
公元前 4 世纪—前 2 世纪"猫眼珠"
（Treasures of the Ancient Bactria，pl. 200：b，c）

图 13 - 7 - 8　吉尔赞喀勒墓地出土"线珠"
（《新疆塔什库尔干吉尔赞喀勒墓地 2014 年发掘报告》图版 14：1）

输入到塔克西拉①、阿富汗巴克特里亚②、哈萨克斯坦③及中国的新疆④等地。青藏高原西部这几类黑白蚀花玛瑙珠也都是出现在这一时间范围内，其形制和纹饰都没有超出印度河流域所流行的类型，时代上要晚于印度河流域甚至我国新疆地区开始流行的时代。从其地理位置上来看，很有可能是自印度河上游地区直接输入。

---

① H. C. Beck，The beads from Taxila（Memoirs of the Archaeological Survey of India，no. 65），J. Marshall ed.，Delhi：Manager of Publications，1941.

② Miho Museum，Treasures of the Ancient Bactria，Miho Museum，2002，p. 145.

③ J. Davis-Kimball，V. A. Bashilov，L. T. Yablonski eds.，Nomads of the Eurasian Steppes in the Early Iron Age. Berkeley：Zinat Press，1995. p. 218，fig. 50.

④ 新疆文物考古研究所：《新疆库车县库俄铁路沿线考古发掘简报》，《西部考古》2016 年第 1 期；中国社会科学院考古研究所新疆工作队、新疆喀什地区文物局、塔什库尔干县文物管理所：《新疆塔什库尔干吉尔赞喀勒墓地 2014 年发掘报告》，《考古学报》2017 年第 4 期。

（二）红玉髓

共发现 47 颗，主要出土于曲踏墓地Ⅰ区的婴幼儿墓葬和Ⅱ区的洞室墓中。均为暗红色，半透明质，一些珠子内局部有褐色色块，皆有穿孔。根据形状可以分为 3 型。

Ⅰ型　细长管状，长 1—3.6、直径 0.6、孔径 0.1—0.18 厘米。

Ⅱ型　短圆柱状，长 0.3—1、直径 0.6—0.9、孔径 0.2 厘米。

Ⅲ型　橄榄形，两端较细，中间较粗，整体较细长，长 1.55—1.75、两端直径 0.40—0.46、最大径 0.6、孔径 0.16 厘米，

这些红玉髓珠大多成串发现，仅出现在少数级别相对较高、随葬品较为丰富的墓葬中。其中曲踏墓地Ⅱ区 2014M2 中出土 36 颗，包括Ⅰ型细长管状珠 18 颗，Ⅱ型短圆柱状珠 17 颗和Ⅲ型橄榄形珠 1 颗，应属于同一串项饰（图 13 - 7 - 9）；曲踏墓地Ⅰ区 2015M2 出土Ⅰ型珠 5 颗和Ⅲ型珠 1 颗（图 13 - 7 - 10），属于同一串饰；曲踏墓地Ⅰ区 2015M7 出土 4 颗Ⅲ型珠（图 13 - 7 - 11）。此外在曲踏墓地Ⅰ区 2018M6 中出土Ⅱ型珠 1 颗。

红玉髓珠仅发现在公元前 3 世纪—前 1 世纪的墓葬中，在公元 2—4 世纪的曲踏墓地及其他晚期墓地中均无发现，其存在时代较为明确。从新疆及周边地区来看，这类素面红玉

图 13 - 7 - 9　曲踏墓地Ⅱ区出土红玉髓珠
（2014M2∶30）

图 13 - 7 - 10　曲踏墓地Ⅰ区 2015M2
出土红玉髓珠

图 13 - 7 - 11　曲踏墓地Ⅰ区 2015M7
出土红玉髓珠

髓珠也见于时代稍早的和静哈布其罕萨拉墓地①、塔什库尔干香宝宝墓地②和吉尔赞喀勒墓地③，有管状、橄榄状和圆球形等多种形制，但在汉晋时期已不再流行，代之以纹饰多样的蚀花玛瑙珠④。因此从地理位置和传统上看，西藏西部出土的这批红玉髓珠应该是直接源自印度河流域。从技术传统上看，这批红玉髓珠内部多有褐色色块，是加热烧红的结果，属于典型的印度红玉髓原料加工技术传统；微痕分析显示这些珠子多采用双面钻孔技术，使用钻石钻头，属于印度坎贝的玉髓钻孔技术传统。

印度河流域珠子的生产具有非常悠久的历史，在公元前 2600 年—前 1900 年已经能够制作精美的细长红玉髓珠，并向周边的中亚、波斯湾甚至两河流域输入。红玉髓最大的矿物产地在印度中部的古吉拉特邦（Gujarat）⑤。铁器时代（公元前 500 年—公元 500 年）较著名的红玉髓珠加工地或生产中心有阿里卡梅都⑥、古吉拉特⑦以及东北印度的奥里萨邦（Orissa）⑧ 等。

（三）玻璃珠

曲踏墓地Ⅱ区出土大量玻璃珠，共计 756 颗。主要出土于墓葬 2014M2（45 颗）和 2014M3（711 颗）中，发现于墓主人身上及周边，呈蓝色和深蓝色半透明状，圆珠形，直径 0.2、孔径 0.1 厘米（图 13 – 7 – 12）。此外在墓葬 2014M2 还出土 13 颗圆管形珠，应属于同一串饰，呈淡绿色，管内残留有褐色穿绳。长 0.58—0.65、直径 0.3 厘米、孔径 0.2 厘米。（图 13 – 7 – 13）

洛布错环湖墓地聂诺区 1 号"祭祀坑"出土两类玻璃珠串：一类为金黄色半透明玻璃珠，完整单环珠 4 颗、两联珠 8 颗、三联珠 6 颗、四联珠 1 颗。其中残损单珠高 3.14、宽 5.15 毫米；残损两联珠外径 5.54—5.58、内径 2.20—2.83 毫米。另一类为红褐色不透明玻璃珠，共 39 颗，高 2.18 毫米。（图13 – 7 – 14）

① 新疆文物考古研究所：《新疆和静哈布其罕萨拉墓地墓群 2013 年发掘简报》，《文物》2014 年第 12 期。
② 新疆社会科学院考古研究所：《帕米尔高原古墓》，《考古学报》1981 年第 2 期。
③ 中国社会科学院考古研究所新疆工作队：《新疆塔什库尔干吉尔赞喀勒墓地发掘报告》，《考古学报》2015 年第 2 期。
④ 作铭：《我国出土的蚀花的肉红石髓珠》，《考古》1974 年第 6 期。
⑤ I. Marie-Louise, La cornaline de l'Indus et la voie du Golfe au IIIème millénaire. In：A. Caubet ed., *Cornaline et pierres précieuses*, Paris：Musée du Louvre/La documentation française. 1999, pp. 125 – 138.
⑥ P. Francis Jr., Beadmaking at Arikamedu and beyond, *World Archaeology*, 1991, vol. 23, no. 1.
⑦ P. Francis, *Indian Agate Beads*. Lake Placid, New York：Centre for Bead Research, 1982.
⑧ P. Mohanty, B. Mishra, Beads from the archaeological sites of Kalahandi District, Orissa. *Bead Study Trust Newsletter*, 1999, no. 34, pp. 14 – 15.

图 13 - 7 - 12　曲踏墓地 II 区 2014M3
出土玻璃珠

图 13 - 7 - 13　曲踏墓地 II 区 2014M2
出土玻璃珠

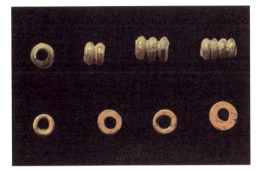

图 13 - 7 - 14　洛布错环湖墓地出土玻璃珠
(《西藏阿里洛布措环湖遗址出土玻璃成分检测与初
步研究》图 3)

图 13 - 7 - 15　故如甲木墓地 2013M1
出土玻璃珠

故如甲木墓地 2013M1 出土圆形玻璃珠 3 颗。有穿孔，表层为蓝色，内层为黄色，直径 0.6、孔径 0.2 厘米（图 13 - 7 - 15）。该墓还出土 1 串圆管形珠，有两种颜色的珠子相间分布，包含浅绿色珠子 125 颗和红色珠子 9 颗，每隔大概 15 颗浅绿色珠子有 1 颗红色珠，浅绿色珠子接近绿松石颜色。所有珠子形制相同，形态规整，呈圆管形。直径 0.5、高 0.3 厘米，中间有直径为 0.2 厘米的圆孔，孔内残留有线绳。（图 13 - 7 - 16）

萨木宗墓地出土有上千颗玻璃珠，有圆形和圆管形，一些蓝色圆形玻璃珠发现时与青铜珠和布珠搭配装饰于黄金面具的丝绸衬底上，详细资料尚未公布。[1]

根据玻璃成分检测来看[2]，曲踏墓地玻璃珠子有两类：一类为钾钙玻璃，属于钾玻

①　M. Aldenderfer, L. Dussubieux, *Regional connections identified through the analysis of glass beads from Samdzong*, *Upper Mustang*, *Nepal*, *CE* 500. Presented at The 80th Annual Meeting of the Society for American Archaeology, San Francisco, California. 2015. https://core.tdar.org/document/396443/regional-connections-identified-through-the-analysis-of-glass-beads-from-samdzong-upper-mustang-nepal-ce-500.

②　该样品由北京大学崔剑锋检测分析。

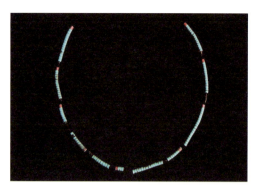

图 13 - 7 - 16 故如甲木墓地出土玻璃珠
（2012M1∶17）

璃的一种，这类钾钙玻璃在印度有出产，应该与其有关；另一类是钠钙玻璃，属于草木灰玻璃，特点是除了氧化钠和氧化钙外，氧化镁和氧化钾都比较高，这类玻璃普遍认为是中亚、西亚（波斯—萨珊系统）常见的玻璃品种。

故如甲墓地的玻璃珠子有三类：一类是高氧化铝的钠钙玻璃，氧化铝高是印度钠钙玻璃的特点，因此这种玻璃应该源自印度[①]；另一类是草木灰钠钙玻璃，与曲踏墓地出土同类玻璃一样，可能来自中亚；第三类较有特色，氧化钙很高，而氧化钠和氧化钾含量很低，这种玻璃有点类似陶瓷上的釉，目前其产地尚无法确定。

洛布错环湖墓地聂诺区 1 号祭祀坑出土的红褐色玻璃珠，据检测为高氧化铝的钠钙玻璃，金黄色玻璃珠属于草木灰钠钙玻璃，内壁有银元素存在[②]。此两类玻璃珠成分与故如甲木墓地出土玻璃珠基本相同，应该分别来自印度和中亚地区。

根据对萨木宗墓地玻璃珠的初步分析来看，这些玻璃珠的来源包括印度南部或斯里兰卡、中亚和萨珊波斯[③]。但具体的分析报告尚未公布。

印度最古老的玻璃制作遗址位于北方邦（Uttar Pradesh）的科皮亚（Kopia）[④]，大约为公元前 3 世纪。在公元前 1 世纪末至公元 1 世纪，玻璃主要被用于制作珠子，如中央邦（Madhya Pradesh）的纳瓦萨（Nevasa）、纳达托利（Navdatoli）、乔尔（Chol）等遗址[⑤]。巴基斯坦北部白沙瓦地区的巴拉（Bara）遗址也是公元前 2 世纪—公元 2 世纪的一个玻璃制作中心[⑥]。根据青藏高原西部地区出土玻璃珠的形制及成分来看，大部分

① R. H. Brill, Chemical Analyses of Some Early Indian Glasses, *Archaeometry of Glass*, Corning, New York∶Corning Museum of Glass, 1999—2012, pp. 1 - 25.

② 成倩、于春、席琳等：《西藏阿里洛布措环湖遗址出土玻璃成分检测与初步研究——兼论丝绸之路西藏西部阿里段》,《藏学学刊》2017 年第 2 期；于春、席琳、何伟：《西藏阿里洛布措环湖遗址考古调查札记》,《大众考古》2017 年第 7 期。

③ M. Gleba, I. V. Berghe, M. Aldenderfer, Textiletechnology in Nepal in the 5th-7th centuries CE∶the case of Samdzong, *STAR∶Science & Technology of Archaeological Research*, 2016, vol. 2, no. 1, pp. 25 - 35.

④ A. K. Kanungo, R. H. Brill, Kopia, India's First Glassmaking Site∶Dating and Chemical Analysis, *Journal of Glass Studies*, 2009, vol. 51, pp. 11 - 25；谢尔盖、冯筱媛、林英：《公元前三千纪至公元前一千纪稀有商品贸易网络中的中亚——以青金石与玻璃为中心的探讨》,《海洋史研究》2018 年第 2 期。

⑤ D. P. Agrawal, M. Shah, *Review∶Ancient Glass and India. Sen*, S. N. and Mamta Chaudhary. New Delhi∶Indian National Science Academy, 1985, pp. 201.

⑥ L. Dussubieux, B. Gratuze, Glass in South Asia, In∶K. H. A. Jan ssens ed., *Modern Methods for Analysing Archaeological and Historical Glass*, Wiley-Blackwell House, 2013, p. 400.

有可能是在印度北方邦或巴基斯坦北部地区生产并传入的。

二 有机珠类

(一) 圆盘形贝饰

共发现 19 件。

穆斯塘的楚克潘尼墓地中出土 4 件。均为圆形盘状，内凹，一侧的边缘稍平，并向内折，中心有穿孔。直径 3.26—4.80、厚 0.40、孔径 0.43 厘米。[1] 该墓地可能出土有更多此类贝饰，但目前仅公布此 4 件。(图 13 - 7 - 17)

曲踏墓地 II 区出土 2 件。均为圆形盘状，内凹，白色。一件出自 2013M1，中心有一穿孔，表面有黄色斑痕，内面有釉质。直径 4.80、厚 0.90、孔径 0.30 厘米 (图 13 - 7 - 18)。另一件出自 2014M3，表层有一层黄褐色的皮，侧面有一穿孔。直径 2.60、厚 0.10、孔径 0.20 厘米。(图 13 - 7 - 19)

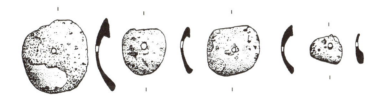

图 13 - 7 - 17 楚克潘尼墓地出土圆盘形贝饰

(Preliminary report on the 1992 campaign of the Institute of Prehistory of the University of Cologne, p. 64, fig. 7)

**图 13 - 7 - 18 曲踏墓地 II 区 2013M1
出土圆盘形贝饰**

**图 13 - 7 - 19 曲踏墓地 II 区 2014M3
出土圆盘形贝饰**

---

[1] A. Simons, W. Schön, Sukra Sagar Shrestha, Preliminary report on the 1992 campaign of the Institute of Prehistory of the University of Cologne, *Ancient Nepal*, 1994, no. 136, pp. 51 - 75.

图 13 - 7 - 20　曲踏遗址采集圆盘形贝饰

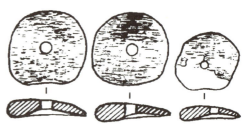

图 13 - 7 - 21　皮央·东嘎墓地出土圆盘形贝饰
(《西藏札达县皮央·东嘎遗址古墓群试掘简报》图 33)

图 13 - 7 - 22　里帕墓地出土圆盘形贝饰
(A Note on the Marine Shell Objects from the Burial
Sites of Malari, Lippa and Ropa in the Trans-Himalay-
an Region of India, fig. 4)

图 13 - 7 - 23　里帕墓地出土圆盘形贝饰
(同前，fig. 5)

　　曲踏遗址 2018 年采集 1 件。为圆盘形，白色，中部微凸起，一面边缘有一周放射形刻划纹，中心有椭圆形孔，长 0.6、宽 0.3 厘米，原来应为两个小穿孔，后被打通相连。整个贝饰直径 3.20、厚 0.30 厘米。(图 13 - 7 - 20)

　　皮央·东嘎格林塘 M6 出土 3 件。呈不规则圆形，内凹，表面为黄色，中间穿孔，直径约 1.5、孔径 0.3—0.4 厘米。原报告称其是用骨片磨制而成，根据其形制、颜色，推测很有可能属于此类贝饰。(图 13 - 7 - 21)

　　喜马偕尔邦金瑙尔地区的里帕墓地出土 2 件。一件是较小的扁平圆盘，风化较为严重，利用小尺寸印度圣螺的尖顶部分做成，中心穿孔，直径 1.98 厘米 (图 13 - 7 - 22)。另一件是直径为 2.22、厚 0.35 厘米的圆盘，有一个稍微偏离中心的穿孔。由于风化严重，表面布满小坑。(图 13 - 7 - 23)

　　金瑙尔地区鲁帕墓地 (Ropa) 出土 2 件。中心有穿孔，直径 1.98、孔径 0.22 厘米 (图 13 - 7 - 24)。该墓地还出土 13 件仿海贝形饰珠，原应为串饰，饰珠均为卵形或椭圆形，一面平整，另一面鼓起。在稍窄的顶部都有钻孔用于悬挂，从穿孔到边缘有一条笔直的凹槽将其等分为两半。平均长 1.68、宽 1.04、孔径 0.29 厘米。

图 13 – 7 – 24　鲁帕墓地出土圆盘形贝饰
（同图 13 – 7 – 22，fig. 6）

图 13 – 7 – 25　斯皮蒂域村墓地出土各类贝饰
（The Ancient Burial Sites of Spiti，fig. 3）

斯皮蒂的域村墓地出土有海贝形珠、海贝、星形贝珠和圆盘形贝饰[1]（图 13 – 7 – 25、26）。圆盘形贝饰共 4 件。其中一件中心有双孔，边缘处有一单孔，边缘一周刻划有放射形的短线，一侧内凹，直径约为 3.3 厘米。此件圆盘形贝饰与曲踏遗址所采集的贝饰造型及装饰非常接近。另一件圆盘形贝饰与前件相似，但没有放射形刻划线，边缘处无穿孔，直径约为 2.5 厘米。此外还有两件较大的圆盘形贝饰，呈不规则的圆形，一侧内凹，一部分边缘向内折，内折部分较厚，边缘一周都刻划有较短的平行线，中心分别有 2、3 个穿孔。直径约为 5.1 厘米。

北阿坎德邦加瓦尔地区的马拉里墓地出土 1 件圆盘形贝饰和 1 件贝壳手镯残片。圆盘形贝饰呈扁平的圆盘状，一侧内凹，中心穿孔，直径 3.83、厚 0.65 厘米（图 13 – 7 – 27）；另一件贝饰是贝壳做成的手镯残片，表面中心刻两组互相平行的直线，两侧各两个圆孔，中间一个圆孔，另一面为素面，工艺较为精湛。

根据德什潘德·穆吉克（A. Deshpande-Mukherjee）等学者的观察和分析[2]，里帕墓地、鲁帕墓地、域村墓地和马拉里墓地出土的圆盘形贝饰、贝壳手镯残片和仿海贝形饰珠均是由印度圣螺（Turbinella pyrum）的螺纹壳制成，这些贝饰上有印度圣螺所特有的条纹。楚克潘尼墓地出土贝饰经慕尼黑的冯·德里希（A. von den Driesch）教授鉴定，同样是来自印度洋。曲踏遗址、曲踏墓地和皮央·东嘎格林塘墓地发现的这类圆盘形贝饰，具有相同的形制和功能，应是衣服、革带或项饰上的饰件[3]。根据其所在地

---

① J. V. Bellezza, The Ancient Burial Sites of Spiti：The indigenous socioeconomic and cultural order and trans-regional communications in the era before the spread of Buddhism, *Flight of the Khyung*，January 2016, fig. 4. http：//www. tibetarchaeology. com/january-2016/.

② A. Deshpande-Mukherjee et al.，A Note on the Marine Shell Objects from the Burial Sites of Malari, Lippa and Ropa in the Trans-Himalayan Region of India. In：A. C. Christie ed.，*Archaeo + Malacology Group Newsletter*，2015，no. 25，pp. 9 – 15.

③ J. M. Kenoyer, Shell working industries of the Indus civilization：A summary. *Paleorient*，1984，vol. 10/1，pp. 49 – 63.

图13－7－26　斯皮蒂域村墓地出土圆盘形贝饰
（同图13－7－22，fig. 8）

图13－7－27　马拉里墓地出土圆盘形贝饰
（同前，fig. 2）

理位置上的相互关系，应该归属于相同的材质和来源。

　　印度圣螺的使用可以追溯至公元前3千纪，一直延续至晚期历史时期①。大而结实的印度海螺只发现于南亚次大陆的滨海海域，其栖息地仅限于卡奇湾（Kutch Gulf）、卡拉奇附近莫克兰海岸（Makran Coast）的潮间带珊瑚礁区②，以及印度东南海岸的马纳尔湾（Mannar Gulf）和帕尔克湾（Palk Bay）的深水区③。用印度海螺制作的圆盘形贝饰在巴基斯坦北部、中亚地区和欧亚草原广泛分布，公元前一千纪出现于帕米尔东部丘陵地带、靠近吉尔吉斯山脉北麓的墓葬中，在公元一千纪前半叶流行于欧亚草原的西部地区④，主要是通过丝绸之路自印度输入，大部分贝饰用作革带上的装饰，还有一些用作外来铁剑的剑首装饰。塔什库尔干的吉尔赞喀勒墓地出土4件带平行刻划线纹的圆盘形贝饰⑤（图13－7－28、29），与曲踏墓地、域村墓地所出完全一致，显示出这类贝饰已由印度河上游向高海拔的帕米尔地区传播，在空间上已经非常接近西藏西部地区。北印度的阿格罗哈（Agroha）遗址出土的此类圆盘形贝饰，在时代上与西藏西部周邻地区发现的圆盘形贝饰更为接近；鲁帕墓地出土的仿海贝形饰珠在印度境内

①　A. Deshpande-Mukherjee, Shell fishing and Shell craft Activities during the Harappan period in Gujarat, *Man and Environment*, 1998, vol. 23, no. 1, pp. 63－81.

②　J. M. Kenoyer, Shell-working in the Indus Civilization. In: M. Jansen, M. Mulloy, G. Urban, eds., *Forgotten cities on the Indus, early civilization in Pakistan from the 8th to the 2nd Millennium BC*. Mainz: Verlag Philipp von Zabern, 1991, pp. 216－219.

③　A. Deshpande-Mukherjee et al., A Note on the Marine Shell Objects from the Burial Sites of Malari, Lippa and Ropa in the Trans-Himalayan Region of India.

④　R. D. Goldina, Artefacts from the Turbinella Pyrum Shell Found at 3rd-4th Century Sites in the Middle Kama Region, *Vestnik Arheologii Antropologii I Etnografii*, 2018, no. 4 (43), pp. 97－107.

⑤　中国社会科学院考古研究所新疆工作队、新疆喀什地区文物局、塔什库尔干县文物管理所：《新疆塔什库尔干吉尔赞喀勒墓地2014年发掘报告》，《考古学报》2017年第4期。

极为少见，但在塔克西拉地区出现过此类珠饰[1]。由此可见，印度河上游即印度和巴基斯坦北部地区是这类贝饰输入到西喜马拉雅地区的中转地带。

（二）海贝

穆斯塘的楚克潘尼墓葬中出土一些海贝装饰，贝壳背部有穿孔，由于该墓葬中大部分为儿童，很可能这类海贝是儿童身上的饰物。其时代是本地区年代最早的（距今 2575 年）。经慕尼黑的冯·德里希教授鉴定，这批贝饰应该来自印度洋[2]。（图 13 - 7 - 30）

曲踏墓地 I 区的婴幼儿墓葬中海贝发现较多，共出土 21 颗。一座墓葬中大多为 1—2 颗，个别墓葬中有 4、5 颗。多发现于墓主人的头颈部，应为项饰。海贝均为椭圆形，白色或棕褐色。长 1.8—2.3、宽 1—1.6、厚 0.7 厘米。（图 13 - 7 - 31、32）

域村墓地共发现 4 颗海贝。均为白色，椭圆形，在鼓起的一面上有一大一小两个孔。具体出土情况不明。长约 2、宽约 1.5 厘米。

海贝在青藏高原最早出现于昌都卡若遗址[3]，但有可能是从西南地区的四川或云南地区输入的，与西藏西部地区并无关联。在东周至西汉时期之间，海

图 13 - 7 - 28 吉尔赞喀勒墓地出土圆盘形贝饰
（《新疆塔什库尔干吉尔赞喀勒墓地 2014 年发掘报告》图版 14：7）

图 13 - 7 - 29 吉尔赞喀勒墓地出土圆盘形贝饰
（同前，图版 5：6）

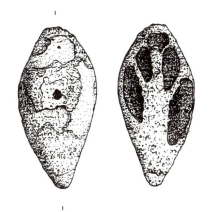

图 13 - 7 - 30 楚克潘尼墓地出土海贝
（Preliminary report on the 1992 campaign of the Institute of Prehistory of the University of Cologne，p. 64，fig. 7）

[1] H. C. Beck，*The beads from Taxila*（*Memoirs of the Archaeological Survey of India*，no. 65），J. Marshall ed.，Delhi：Manager of Publications，1941，pp. 19 - 20.

[2] A. Simons，W. Schön，Cave-Systems and Terrace Settlementsin Mustang，Nepal. Settlement Periods from Prehistoric Time up to the Present Day. *Beiträge zue Allgemeinen und Vergleichenden Archäologie*，1998，vol. 18，pp. 27 - 47.

[3] 西藏自治区文物管理委员会：《西藏昌都卡若遗址试掘简报》，《文物》1979 年第 9 期。

图 13 - 7 - 31　曲踏墓地 I 区出土海贝

图 13 - 7 - 32　曲踏墓地 I 区 2015M3 出土海贝

贝在新疆地区也出现较多。其中出土最多的是吐鲁番洋海墓地，除了海贝外还有一些铜仿贝，多作为饰物出现在墓主人头侧、臂旁，个别含在口中，保存较好者可见缝缀在毛织物上。此外，在哈密天山北路墓地、焉布拉克墓地、五堡墓地、莫呼查汗墓地、扎滚鲁克墓地中都发现海贝，用于墓主人的带饰、鞋饰和衣饰①。洛浦山普拉墓地的一座墓葬中出土 5 枚海贝，一端钻小孔，出土时与料珠一起用毛线串联，用作项链。

青藏高原西部地区发现的海贝也均放置在头颈部分，装饰位置与新疆地区发现的海贝相似，可能为项链或头颈部包裹的毛织物上的饰物。其中仅域村墓地出土的海贝带有穿孔，与洛浦山普拉墓地出土的海贝用法类似。

这些海贝大都属于一个相同的品种，为腹足纲宝螺超科宝螺科的黄宝螺种（*Monetariamoneta*），分布于南亚次大陆以及与东南亚地区毗邻的印度洋和太平洋热带地区深海海洋。相关研究表明，中国境内古代所用海贝并非源自东南沿海，而是源自印度洋沿岸，海贝的使用有从西、西北向东、东南传播的轨迹。从印度洋到土库曼地区，再经欧亚草原、蒙古草原到达中国青海东部或长城地带，很可能是中国古代早期海贝的一个输入途径②。在这样一个大背景下，西藏西部及周邻地区的海贝，无疑应是源自印度洋沿岸、通过印度河上游或北印度地区输入。与海贝伴出的还有前述印度圣螺制作的圆盘形贝饰、红玉髓、蚀花玛瑙珠、玻璃珠等，均属于印度河上游地区和北印度地区这一时期所流行的装饰物品。

（三）植物种子珠

植物种子珠仅发现薏苡籽珠一种，主要出土于曲踏墓地 I 区和 II 区的个别墓葬中。

曲踏墓地 II 区 2014M3 中出土 4 颗。深褐色，形制大小统一，呈水滴状，顶部较尖，基部截平，两端各有一个穿孔，穿孔周边有磨痕，应是作为串珠装饰使用。长 0.85、

① 吕恩国：《洋海货贝的历程》，《吐鲁番学研究》2016 年第 1 期。

② 彭柯、朱岩石：《中国古代所用海贝来源新探》，《考古学集刊》第 12 集，第 119—147 页。

图 13 - 7 - 33　曲踏墓地Ⅱ区出土
薏苡籽珠（2014M3 左：13）

图 13 - 7 - 34　曲踏墓地Ⅰ区 2018M2 出土薏苡籽珠

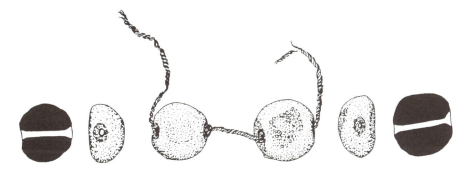

图 13 - 7 - 35　米布拉克 63 号洞室墓出土植物种子珠

（Preliminary report on the 1992 campaign of the Institute of Prehistory of the University of Cologne，fig. 5 - 5）

直径 0.55、孔径 0.10 厘米。（图 13 - 7 - 33）

　　曲踏墓地Ⅰ区婴幼儿墓葬 2018M2 中出土 25 颗。深褐色，呈水滴状，顶部较尖，基部截平，两端各有一个穿孔，大小略有差别。位于头骨之下，应为项饰。长 1.00—1.18、宽 0.6—0.7 厘米。（图 13 - 7 - 34）

　　穆斯塘米布拉克墓地出土 2 颗。用绳线串连，珠为圆形，一侧较扁平，两端有穿孔。直径约为 1.4、长 1.37 厘米。但该种子未确定是否为薏苡籽珠[①]。（图 13 - 7 - 35）

　　此类串珠在新疆地区同时期墓葬中也有一些发现。如洛浦山普拉墓地发现两串由薏苡籽和玻璃珠制作的项链，发现时佩戴于墓主人颈部[②]（图 13 - 7 - 36）；民丰尼雅

---

① A. Simons，W. Schoen，S. S. Shrestha，Archaeological Research in Mustang. Report on the Fieldwork of the year 1994 and 1995 done by the Cologne University Team，*Ancient Nepal*，1998，no. 140，pp. 65 - 83.

② 新疆维吾尔自治区博物馆、新疆文物考古研究所编著：《中国新疆山普拉》，新疆人民出版社，2001 年，第 150 页，图 274、275。

图 13 - 7 - 36　新疆洛浦山普拉墓地出土薏苡籽珠项链
（《中国新疆山普拉》第 150 页，图 274、275）

遗址的墓葬中也发现有一串"粟米状串珠"，出土于墓主人头颈部①；伊吾县沙梁子墓地发现 2 颗薏苡籽珠饰②。除了新疆之外，这类饰珠在伊朗和中亚地区也有发现③，据推测其功能除了装饰外，还可以作为贴身的辟邪物和身份的象征。

薏苡籽珠（*Coix lacryma-jobi*；Job'tears）多生长在南亚温暖潮湿的地带，主要是由南亚各个蒙古人种族群栽培的作物，在印度有 3000—4000 年的种植历史，但在古代栽培并不丰富。东北印度是各类薏苡属的栽培中心，据称是由游牧的雅利安人带到喜马拉雅山地进行种植，或在蒙古征服时期由东喜马拉雅山地向南亚低海拔地区扩散④。用薏苡籽做串珠在印度有着比较悠久的传统，至今仍然在印度广泛流行。在公元前 4 世纪—前 1 世纪的一些遗址中出土有薏苡籽珠，例如北方邦的Ahichchhatra 遗址⑤（图 13 - 7 - 37），在时代和空间距离上与我国西藏西部地区都非常接近，因此我国西藏西部和新疆地区发现的这类串珠很可能自印度北部地区输入。

---

① 新疆文物考古研究所：《新疆民丰县尼雅遗址 95MNI 号墓地 M8 发掘简报》，《文物》2000 年第 1 期。

② 新疆维吾尔自治区文物考古研究所藏。

③ P. Francis, Jr., Plants as Human Adornment in India, *Economic Botany*, vol. 38, no. 2, 1984, pp. 194 - 209.

④ D. K. Hore, R. S. Rathi, Characterization of Job's Tears Germplasm in North-east India, *Nature Product Radiance*, 2007, vol. 6, no. 1, pp. 50 - 54; M. G. Dikshit, Beads from Ahichchhatra, U. P., *Ancient India*, 1952, no. 8, pp. 33 - 63.

⑤ A. K. Pokharia et al., On the botanical findings from excavations at Ahichchhatra: a multicultural site in Upper Ganga Plain, Uttar Pradesh, *Current science*, 2015, vol. 109, no. 7, pp. 1293 - 1304; M. G. Dikshit, Beads from Ahichchhatra, *Ancient India*, 1952, no. 8, pp. 33 - 63.

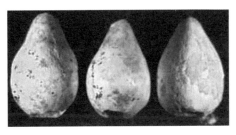

图 13 – 7 – 37 印度北方邦 Ahichchhatra 遗址出土薏苡籽

（On the Botanical Findings from Excavations at Ahichchhatra a Multicultural Site in Upper Ganga Plain, Uttar Pradesh, p. 1297, fig. 3 – xviii, xix）

第八节 其他随葬品

草编器、粮食和陶器等随葬物品在青藏高原西部地区有大量的发现，它们存在一些共性：属于当地人群的日常生活用品和资料；对自然条件和生产技术上的要求并不太高，一部分可以本地生产，另一部分可能来自周边的低海拔区域，因此并没有突出体现出长距离、跨区域的商贸网络特性。但这些随藏品对于我们理解当地古代人群的生产生活状态和较近距离的商贸交流状况同样具有重要的价值。

一 草编器

草编器在西藏西部尤其是札达河谷的墓葬中较为常见，集中发现于曲踏墓地Ⅰ、Ⅱ区，以及卡尔普墓地、桑达沟口墓地、皮央·东嘎墓地等。其中以曲踏墓地Ⅱ区最为集中，6 座墓葬中共出土 48 件之多。草编器皆用苇草编织而成，形制基本相似，整体形状略呈方斗形，底小口大，底部和口部为圆形或圆角方形。多放置于棺内外和墓葬的壁龛内，大部分已朽毁，少量保存完好。大部分草编器尺寸接近，内装盛青稞的秸秆、糠麸类碎屑（图 13 – 8 – 1、2）。草编器 2014M3 右：30 是其中较为典型和完整的一件，高 9.70、口径 17.50、底径 8.50、厚 0.60 厘米。（图 13 – 8 – 3）

曲踏墓地Ⅰ区的婴幼儿墓葬中出土 5 件。呈圆盘形，尺寸均较大，长 16—30、宽约 15 厘米。多用作葬具装盛婴幼儿骨骸。曲踏墓地Ⅰ区的 2 座大型洞室墓（2009M1、2009M2）中各出土一件草编器。为圆盘形，尺寸较大，长 27、宽 18、高 5、厚 1.2 厘米。其内装有较多黑色团块状食物残渣，与故如甲木墓地发现的茶叶形状相似。（见图 13 – 4 – 5）

故如甲木墓地出土的 1 件草编器（2012M1 采：23）形制较为特殊。平面呈长椭圆形，平底，两侧面变形，向中间倾斜，用苇草上下交错编 13 层，一端的开口处破损。长 25.6、宽 8.6、高 10、厚 0.5 厘米。（图 13 – 8 – 4）

　　札达地区出土的草编器是札达河谷地带所特有的器物，在其他地区较为少见，这说明此类草编器很可能是札达地区本地制作的。通过对草编器残片的显微形态及植硅体特征观察和分析，可知这些器物是用苇草（*Phragmites australis*）编织的①。札达象泉河谷的支流上有不少溪水草滩，多有芦苇生长，可提供一定的制作材料。但由于此类器物数量较多，其中一部分也很可能来自周邻的低海拔地区。此类草编器在苇草形态和编织技法上与穆斯塘地区的竹编器非常接近，两者之间必有一些编织技术上的交流，不排除来自同一地区的可能。

　　距离札达河谷稍远的故如甲木墓地所出草编器，在形制和编织技法上均与札达地区的草编器不同，而与我国新疆塔里木盆地南缘（图 13 - 8 - 5）②和中亚地区（图 13 - 8 - 6）③所见的汉晋时期草编器较为接近。可见在 2—4 世纪，我国南疆或中亚地区的草编

图 13 - 8 - 1　曲踏墓地Ⅱ区 2014M3 右室
出土草编器

图 13 - 8 - 2　曲踏墓地Ⅱ区 2014M3 右室
出土草编器

图 13 - 8 - 3　曲踏墓地Ⅱ区出土
草编器（2014M3 右：30）

图 13 - 8 - 4　故如甲木墓地出土
草编器（2012M1 采：23）

---

① 任萌、杨益民、仝涛等：《西藏阿里曲踏墓地及加嘎子墓地可见残留物的科技分析》，《考古与文物》2020年第 1 期。
② 新疆维吾尔自治区博物馆编：《新疆出土文物》，文物出版社，1975 年，图版 37。
③ 马特巴巴伊夫、赵丰主编：《大宛遗锦：乌兹别克斯坦费尔干纳蒙恰特佩出土的纺织品研究》，上海古籍出版社，2010 年，图 1：33。

图 13 - 8 - 5　民丰尼雅遗址出土藤奁及木梳、木篦
（《新疆出土文物》图版 37）

图 13 - 8 - 6　中亚地区出土苇编器
（《大宛遗锦》图 1：33）

器物或影响到这一地区。较之于公元前 3 世纪—前 1 世纪札达河谷的草编器，故如甲木墓地的草编器似乎具有更为广阔的中亚背景。

二　粮食

青稞作为本地区的主要粮食，在墓葬中有较多发现。出土青稞的墓地包括曲踏墓地 I 区和 II 区、皮央·东嘎格林塘墓地、故如甲木墓地、加嘎子墓地、萨木宗墓地等。通常以袋子、草编器或铜质、木质器皿装盛，置于墓室之内，其主要寓意是为墓主人提供食物。大多是直接随葬青稞种子颗粒（图 13 - 8 - 7），加嘎子墓地和萨木宗墓地的一些青稞被碾磨成粉。

多种食物或粮食经常混杂在一起随葬。在故如甲木墓地的铜釜、铜瓮内，青稞与茶叶混杂在一起。加嘎子墓地出土的铜釜内放有青稞、小麦、稻壳及黍、粟等，其中稻米及青稞被碾磨成粉，并夹杂了少量小麦、水稻、小米等作物的种子。这种将作物颗粒添加到青稞面粉中的作法在日常饮食中较少见到，推测应与丧葬习俗有关。此外，在穆斯塘的米布拉克墓地也有稻米发现[1]，但数量及随葬方式不详。故如甲木墓地一旁的卡尔东城址也出土有青稞、粟和可食用松子颗粒[2]。这些发现显示出这一区域粮食种子存在的普遍性。

由于青藏高原西部地区平均海拔在 4000 米以上，仅能种植少量青稞。因此加嘎子墓地、卡尔东城址和米布拉克墓地出土的水稻、粟、黍等，并不属于本地所产，应来自周边海拔 2000 米以下的河谷地带[3]，甚至更遥远的印度次大陆。这一发现具有重大

---

[1]　K. W. Alt, J. Burge, A. Simons et al., Climbing into the past—first Himalayan mummies discovered in Nepal, *Journal of Archaeological Science*, 2003, vol. 30, pp. 1529 - 1535.

[2]　玜玉、吕红亮、李永宪等：《西藏高原的早期农业：植物考古学的证据》，载四川大学博物馆等编：《南方民族考古》第十一辑，科学出版社，2015 年，第 91—114 页。

[3]　顾明：《海拔对水稻生长发育的影响》，《耕作与栽培》1997 年第 Z1 期；江爱良：《论我国水稻的种植上限》，《地理科学》1982 年第 4 期。

图 13 - 8 - 7 　曲踏墓地 II 区 2014M2
出土青稞种子

价值，不仅反映出当时本地人群的食物种类较为丰富，食物来源较为多样，同时也折射出本地与周边较低海拔的河谷地带之间的物质交换已经深入到日常饮食领域，其交流的频度和规模远远超出奢侈品和非日常必需类物品。

水稻在距今 4000 年的早哈拉帕时期，已经广泛分布于印度西北部、恒河上游及巴基斯坦等地区，这一时期也出现了部分中国起源的作物，其中包括黍[1]。但其向北部地区的传播似乎要晚的多。中亚阿姆河流域乌兹别克斯坦的卡尔查延（Khalchayan）遗址出土有贵霜时期的稻米和粟[2]，其年代为距今 1700 年，与我国西藏西部的加嘎子墓地和故如甲木墓地年代相当，稻米属于南亚粳稻类型，与印度西北部巴拉塔勒（Balathal）遗址出土的水稻形态较为接近。研究者已敏锐指出它应该源自南亚西北部，从印度西北部及巴基斯坦地区向北扩散，进而到达阿姆河流域。青藏高原西部地区出现的粳稻也基本与此同步，但传播的途径应该较中亚地区更为便捷，主要通过穿越喜马拉雅的诸多山谷通道得以实现。由于卡尔查延遗址仅发现 2 颗粳稻颗粒，中亚又属于内陆干旱—半干旱地区，并不适宜稻米的大面积耕作，因此在这一时期中亚地区出现的稻米，很大可能与青藏高原西部地区一样，源自与印度北部地区的商业交换而非本地生产。而这一时期经由喜马拉雅和中亚地区连接西北印度的丝绸之路尤其繁荣，可能是此类作物同时出现在半干旱地区和高海拔地区的主要原因。

三　陶器

陶器主要出自我国西藏札达地区和北印度加瓦尔地区的墓葬中，其中尤以曲踏墓地 I 区和 II 区、卡尔普墓地、皮央·东嘎墓葬群、马拉里墓地等出土数量最多、组合最为完整，而故如甲木墓地、加嘎子墓地、萨木宗墓地等高海拔地区则出土较少。由于一些早期阶段（公元前 6 世纪—前 4 世纪）的墓葬如格布赛鲁墓地、皮央·东嘎格林塘墓地出土陶器资料尚未公布，目前还无法建立起完整的年代演化序

[1] D. Q. Fuller, Pathways to Asian Civilizations: Tracing the Origins and Spread of Rice and Rice Cultures, *Rice*, 2011, 4, pp. 78 - 92.

[2] 陈冠翰、周新郢、王建新等：《阿姆河流域贵霜时期的水稻遗存及喜马拉雅南麓通道的农业交流》，《中国科学：地球科学》2020 年第 6 期。

列。而曲踏墓地出土陶器极为丰富，且跨时段较长，基本上可以视作本地区公元前 3 世纪—公元 2 世纪陶器形制演化序列的主轴，并可以通过横向的对比进一步观察到区域之间的文化联系。

曲踏墓地Ⅱ区出土陶器是本地区公元前 3 世纪至公元前后陶器制造业的典型代表。7 座洞室墓中出土陶器 85 件，主要器形为圜底罐和小平底罐，可分为 6 种类型。

Ⅰ型　大型高领双耳罐（10 件）（图 13 - 8 - 8、9）

Ⅱ型　中型喇叭口双耳圜底罐（11 件）（图 13 - 8 - 10、11）

Ⅲ型　中型短颈单/双耳圜底罐（19 件）（图 13 - 8 - 12、13）

Ⅳ型　中型喇叭口斜槽流双耳小平底罐（6 件）（图 13 - 8 - 14、15）

Ⅴ型　中型喇叭口直流双耳小平底罐（6 件）（图 13 - 8 - 16、17）

Ⅵ型　小型喇叭口单耳小平底罐（33 件）（图 13 - 8 - 18、19）

6 种类型陶罐均为夹砂红陶。其中大型器物为双耳罐，饰粗绳纹，用于储存食物或水；中型为汲水或炊煮器皿，根据具体需要器耳有对称和不对称性变化，流部有斜槽形和直管形两种，饰粗绳纹。在Ⅱ型喇叭口罐的颈部常有红褐色彩绘，以垂直的波线纹为主，有的口沿内部彩绘有涡纹。Ⅴ型和Ⅵ型陶罐均装饰回形和三角形刻划纹，颈腹部及流上施加彩绘，主要为波线纹，或沿刻划纹勾勒、描绘。此二类属于餐饮用具，器形小巧，装饰精致。

曲踏墓地Ⅰ区大型洞室墓、故如甲木墓地和马拉里墓地出土的陶器代表了 2—4 世纪制陶业的发展。陶器主要器形为罐，共 36 件，可分为 5 种类型。

Ⅰ型　大型双耳陶罐（3 件）（图 13 - 8 - 20、21）

Ⅱ型　喇叭口单耳小平底罐（4 件）（图 13 - 8 - 22、23）

Ⅲ型　喇叭口单耳高圈足罐（8 件）（图 13 - 8 - 24、25）

Ⅳ型　高领双耳直流小平底罐（10 件）（图 13 - 8 - 26 ~ 28）

Ⅴ型　高领单耳小平底罐（11 件）（图 13 - 8 - 29 ~ 31）

除陶罐外，还出土有高圈足或平底小陶杯 9 件，主要发现于故如甲木墓地、萨木宗墓地等（图 13 - 8 - 32 ~ 35）。

这一时期陶器的具体变化表现在：前一阶段的大部分器形消失，大型陶罐减少，形制仍为双耳、绳纹，但领部变短；炊煮用的双耳圜底罐减少；圜底罐消失，多为略内凹的小平底；彩绘陶器消失不见。其中前一阶段使用的器形仅有喇叭口直流双耳罐和喇叭口高领单耳小平底罐保留下来。新出现的高圈足罐和高圈足杯极具特色。

　　可见在公元前 3 世纪—公元 2 世纪之间，札达地区的陶器形制经历了剧烈的变化。但陶器一直都有明确的功能分工，并形成固定的组合形式，这是本地区陶器制造业发达的体现。由于札达地区黄土资源丰富，烧制陶器的燃料（如灌木、牛粪等）也不缺乏，因此具备本地制作的自然条件，很有可能札达地区就是这一时期的一个陶器制作中心，但具体制作地点目前尚不确定。由于陶器较为笨重、易碎，不宜长距离运输，因而它所输出的距离相对于其他物品来说比较有限，所携带的区域贸易和交流的信息量也较弱。以曲踏墓地Ⅱ区为代表的公元前 3 世纪至公元前后的陶器群也见于曲踏墓地Ⅰ区的婴幼儿墓地、卡尔普墓地、桑达沟口墓地、皮央·东嘎墓群和马拉里墓地，它的分布基本上是以札达河谷为中心。目前来看分布最远的是马拉里墓地，虽然位于印度北阿坎德邦，但实际上距离曲踏墓地仅约 180 千米。以曲踏墓地Ⅰ区大型洞室墓和故如甲木墓地为代表的公元 2—4 世纪的陶器群，其分布仍然大致局限于这一范围之内，只是皮央·东嘎墓地和马拉里墓地的同类型陶器在数量上明显增加。此外，在斯皮蒂玛尼贡麻墓地也发现一些与故如甲木墓地类似的Ⅰ型大型双耳陶罐，可见其沿着象泉河的传播距离有所扩展。故如甲木墓地出土的Ⅰ型大型双耳陶罐底部破损处用铜片和铜钉修补后继续使用，可见较大型陶器在这一高海拔地区是较为珍贵的物品，它很可能是来自札达地区的输入品；该墓地中出土的唯一一件Ⅳ型高领双耳直流小平底罐，也与曲踏墓地Ⅰ区出土的同类器物完全相同；其他陶器均为制作粗糙的高圈足小陶杯和陶钵，应属于本地区所作。类似的情形也见于加嘎子墓地和萨木宗墓地。在这些海拔高、距离札达较远的地区，陶器不仅数量较少，而且制作粗糙简陋，显然属于在本地制作的，在日常生活中并没有扮演主要角色。

图 13 - 8 - 8　曲踏墓地Ⅱ区出土Ⅰ型陶罐
（大型高领双耳罐　2014M4∶2）

图 13 - 8 - 9　曲踏墓地Ⅱ区出土Ⅰ型陶罐
（大型高领双耳罐　2014M3 左∶12）

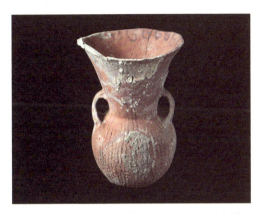

图13-8-10　曲踏墓地Ⅱ区出土Ⅱ型陶罐
（中型喇叭口双耳圜底罐　2014M5：11）

图13-8-11　曲踏墓地Ⅱ区出土Ⅱ型陶罐
（中型喇叭口双耳圜底罐　2014M3右：8）

图13-8-12　曲踏墓地Ⅱ区出土Ⅲ型陶罐
（中型短颈双耳圜底罐　2014M2：1）

图13-8-13　曲踏墓地Ⅱ区出土Ⅲ型陶罐
（中型短颈单耳圜底罐　2014M2：5）

图13-8-14　曲踏墓地出土Ⅳ型陶罐
（中型喇叭口斜槽流双耳小平底罐　2014M3右：2）

图13-8-15　曲踏墓地出土Ⅳ型陶罐
（中型喇叭口斜槽流双耳小平底罐　2014M2：6）

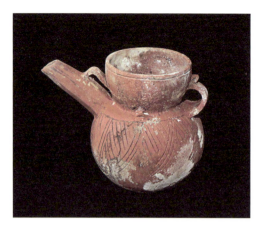

图 13 - 8 - 16　曲踏墓地Ⅱ区出土Ⅴ型陶罐
（中型喇叭口直流双耳小平底罐　2014M3 左∶9）

图 13 - 8 - 17　曲踏墓地Ⅱ区出土Ⅴ型陶罐
（中型喇叭口直流双耳小平底罐　2015M1∶5）

图 13 - 8 - 18　曲踏墓地Ⅱ区出土Ⅵ型陶罐
（小型喇叭口单耳小平底罐　2014M3 右∶5）

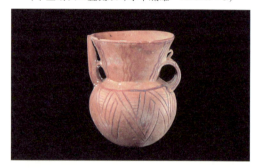

图 13 - 8 - 19　曲踏墓地Ⅱ区出土Ⅵ型陶罐
（小型喇叭口单耳小平底罐　2014M3 左∶3）

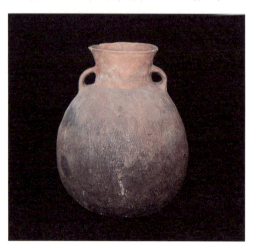

图 13 - 8 - 20　故如甲木墓地出土Ⅰ型陶罐
（大型双耳陶罐　2012M1 采∶33）

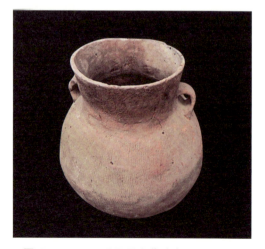

图 13 - 8 - 21　玛尼贡麻墓地出土Ⅰ型陶罐
（大型双耳陶罐　The Ancient Burial Sites of Spiti The indigenous socioeconomic and cultural order and trans-regional communications in the era before the spread of Buddhism，fig. 14）

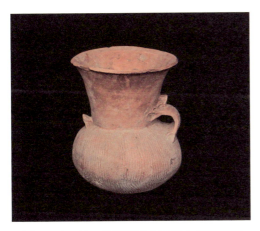

图 13 - 8 - 22　曲踏墓地 I 区出土 II 型陶罐
（喇叭口单耳小平底罐　2009M1）

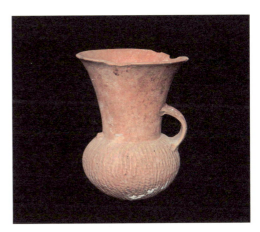

图 13 - 8 - 23　曲踏墓地 I 区出土 II 型陶罐
（喇叭口单耳小平底罐　2009M1）

图 13 - 8 - 24　曲踏墓地 I 区出土 III 型陶罐
（喇叭口单耳高圈足罐　2009M1）

图 13 - 8 - 25　马拉里墓地出土 III 型陶罐
（喇叭口单耳高圈足罐　in courtesy of R. C. Bhatt）

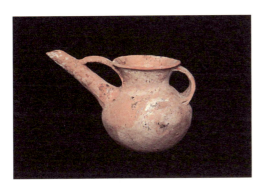

图 13 - 8 - 26　曲踏墓地 I 区出土 IV 型陶罐
（高领双耳直流小平底罐　2009M1）

图 13 - 8 - 27　故如甲木墓地出土 IV 型陶罐
（高领双耳直流小平底罐　2013M1）

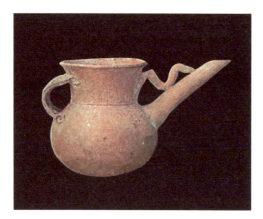

图 13 - 8 - 28　马拉里墓地出土Ⅳ型陶罐
（高领双耳直流小平底罐　Archaeological and Geophysical Investigations of the High Mountain Cave Burials in the Uttarakhand Himalaya，fig. 8）

图 13 - 8 - 29　曲踏墓地Ⅰ区出土Ⅴ型陶罐
（高领单耳小平底罐　2009M1）

图 13 - 8 - 30　曲踏墓地Ⅰ区出土Ⅴ型陶罐
（高领单耳小平底罐　2009M1）

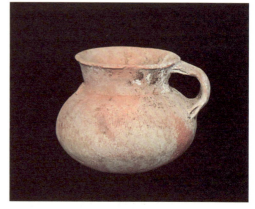

图 13 - 8 - 31　曲踏墓地Ⅰ区出土Ⅴ型陶罐
（高领单耳小平底罐　2009M1）

图 13 - 8 - 32　故如甲木墓地出土高圈足陶杯
（2012M4：3）

图 13 - 8 - 33　故如甲木墓地出土高圈足陶杯
（2012M1 采：32）

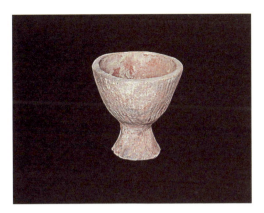

图 13 – 8 – 34 故如甲木墓地出土高圈足陶杯
（2012M4：2）

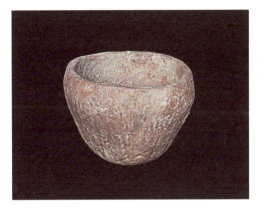

图 13 – 8 – 35 故如甲木墓地出土平底陶杯
（2012M4：1）

第九节 小结

由前文分析可见，青藏高原西部的出土遗物，除了少量类别的本地物品外，大多来自周邻地区，这些物品根据它们的属性和来源地可以归纳为如下四类。

一 奢侈物品

只有少量贵族阶层才能拥有。在青藏高原西部地区发现不多，只能通过长途贸易获取，主要包括丝织品、茶叶和漆器，其产地为中原汉地，可能有一少部分丝织品属于新疆本土生产。这些远道而来的物品并非是本地区生活的必需品，而是一种象征身份地位的奢侈品。它们都是通过新疆南部地区中转输入到高海拔的西藏西部和穆斯塘地区。

二 贵重物品

主要包括金属器和装饰品。青藏高原西部地区除了黄金制品外并不具备制作这些物品的自然资源和技术，多数都来自较远的区域：青铜短剑和铜柄铁剑可能自川滇西北地区输入；一字格铁剑、木柄铁匕首或铁锥、铁马衔、带柄铜镜、铜镯、铜珠等饰件等可能来自我国新疆或中亚；较大型的铜质容器、黄铜饰件、双翼铁箭镞等可能来自巴基斯坦北部地区；珠饰中的蚀花玛瑙珠、红玉髓、大部分玻璃珠、薏苡籽珠、印度圣螺贝饰和海贝均通过印度河上游或印度北部的喜马拉雅山谷通道输入，其产地应为印度河流域、印度次大陆和印度洋海岸地区；一部分玻璃珠可能来自中亚或萨珊波斯。青藏高原西部富含黄金矿藏，且其加工制作技术较为简单，因此黄金制品很可能是在本土的某些地点制作，并扩散到整个区域。

三 稀缺日常物品

这类日常物品包括木器、竹器和一些谷物等。虽然林木在本地区极少分布，但木器却有大量使用。种类包括建筑用材、木制葬具，日常用具如木盘、木案、木盒、纺织工具等，贴身用品如木梳、刻纹木牌、钻木取火器等。木制品具有耐久结实、易于加工、方便运输等优点，其材料来源多为喜马拉雅山低海拔谷地或者南坡地带。木材种类目前可见乔松、三尖杉等。也有一定数量的竹器，包括竹弓、竹筒杯、竹编器、竹席等，应该来自喜马拉雅山南坡的竹子产地。另外，还出现了一些本地区无法种植的谷物，如稻、粟、黍等，大大丰富了当地人的饮食结构，这些谷物应该也是从喜马拉雅山南麓低海拔地区的农业区交换而来。

四 本土生产物品

由于本土资源严重匮乏，仅能生产少数种类的生活用品，包括陶器、草编器、毛织物等。粮食作物主要为青稞，但产量并不是很高，需要从其他地区输入稻、粟、黍等谷物作为补充。马、牛、羊等动物较为丰富，各个时期和不同地区的墓葬中普遍有动物殉葬，它们在当地人群日常生活和宗教生活中扮演着重要角色，同时也可能是用来与其他地区进行交换的主要物品之一。此外，湖盐也是本土出产的一类重要物品，虽然在考古资料中并没有体现，但在汉文文献中有明确的记载①。

上述外来物品除了其材质和制作工艺外，在器物形态上也透露出丰富的文化信息，折射出更为广阔的区域之间的密切联系。木器可能是喜马拉雅山南麓地区生产和制作的，但器物形制受到我国南疆地区的深刻影响，这包括方形木盘、马蹄形木梳、刻纹木牌、钻木取火器等。马蹄形木梳和一字格铁剑不像丝绸、茶叶和漆器那样源自中原汉地，但其形制明显受到汉文化的影响。使用黄金面具的葬俗虽然具有浓厚的本土特色，但在中亚和欧亚的广阔范围内，都可以看到类似葬俗的影子，很有可能是青藏高原西部地区这一习俗的源头。这一文化联系在岩画题材上有更加明显的表现，甚至指向更为久远的时期。西藏西部地区几种典型的岩画题材，包括饰 S 纹动物图像、对三

---

① 《隋书·女国》记载女国"尤多盐，恒将盐向天竺兴贩，其利数倍"，见《隋书》卷八三《西域传·女国》第 1851 页。

角形动物图像、车马图像等，在拉达克地区、印度河上游地区，一直到中亚和欧亚草原地区都有广泛的分布，显示出这些文化因素的来源地和输入西藏西部的具体途径。

　　由此可见，青藏高原西部地区出土的各类遗物，为我们展现出一个宏大广阔的文化交流网络，这一网络可以由内到外划分为三个圈层：中心圈层为西藏西部地区，其内部又以象泉河谷地为核心，是一小部分物品的产地；第二圈层包括我国新疆南部、印度河上游地区和北印度喜马拉雅山地，是大部分物品的直接来源地；最外圈层为我国中原地区、中亚和欧亚草原地带以及南亚次大陆，是一部分物品的最终源头。而从出土遗物的年代特征来看，这一文化交流网络的开拓和完善是一个历史的过程。岩画题材所展示的主要为青铜时代末期到铁器时代早期的交流，这一交流通道在公元前3世纪—前1世纪间进一步加强和繁荣。但最本质的改变发生在2—4世纪，以中原汉地的奢侈品的输入为标志，诸多交换物品显示出这一交通网络的拓展达到了前所未有的广度和深度。物品交换的背后是不同区域之间人群的移动和意识形态的交流，势必会促使输入地与输出地之间在一定程度上保持物质文化、技术和社会发展形态上的趋同性甚至是同步性。考古材料显示，也正是在2—4世纪，西藏西部地区的社会结构也发生了质的改变，出现了军事防御特征突出的大型都城（卡尔东城址）和强烈的贫富差距，并伴随着人群居住地向高海拔地区的扩张。这很有可能与文献记载中的象雄（羊同国）的建立和频繁活动有关。从这个意义上讲，这一广阔的文化交流网络很可能是导致西藏西部地区社会形态和结构发生质变的一个重要诱因。

第十四章
青藏高原西部的贸易与交通

公元前 3 世纪—公元 5 世纪，青藏高原西部地区的考古学文化面貌呈现出一定程度的统一性。这不仅体现在墓葬形制上，还体现在大量的出土遗物上。产生这一统一性的主要原因是，该区域内部的各个分区之间形成了一个频繁交流互动的交通网络。同时这一区域也是一个向外部世界开放的地区，与周邻地区存在频繁的沟通和交流。而这一现象更深层次的原因，则是青藏高原西部地区独特的自然地理条件。由于地处高海拔地区，自然资源极端匮乏，除了少数物品如牲畜、皮毛、青稞、食盐等之外，这里的大部分生活必需品都不得不依靠外部的输入和补给，较贵重的物品和奢侈品更是如此。这一状况决定了商业交换和交通运输在青藏高原西部地区的社会生活中必然占有极为重要的位置。

一 贸易模式

哈扎诺夫（A. M. Khazanov）认为游牧民族与外界的互动有两种不同的形式[①]。一种为在农业区和城市社会之间进行直接的商业交换，这实际上是典型的"垂直贸易"，利用高原地区的动物产品交换河谷地带农民的谷物粮食；另一种是"长程贸易"，游牧人作为运输者或中间人参与到不同定居区域之间的贸易中，这种形式的游牧贸易不太依赖游牧业本身的生产能力，而更多地依赖牦牛、犏牛、山羊和绵羊提供的运输能力。对驮畜的控制，加上跨越不同生态区的有利地理位置，以及对艰险地形路线的透彻了解，使游牧民族和半游牧民族经常成为跨地区、跨文化贸易的中间人和运输者。如果动物控制、有利的地理位置、生态系统的互补性和充足的需求相结合，那么对游牧民族来说，长途商队贸易有时比直接用畜牧业交换农产品更有利可图。

---

① A. M. Khazanov, *Nomads and the outside world*, Cambridge University Press, 1984, p. 202.

　　青藏高原西部对外交通的最大障碍，一方面是喜马拉雅山脉和喀喇昆仑山山脉所构成的难以逾越的天然屏障；另一方面是动辄超过 1000 千米的空间距离，其间多是缺乏中转补给的高海拔无人区。要克服如此巨大的天然屏障，必须有专门从事商贸和运输的商队，利用长期积累下来的丰富的地理知识和游商经验，选取每年中特定的时段（通常为 6—10 月），通过一些固定的河谷通道和山口关隘来实现不同生态区的跨越。并且由于路途艰辛遥远、后勤补给困难、盗匪劫掠等因素，商队通常需要达到一定的规模。尤其是自新疆南部地区输入的物品，需要穿越羌塘高原，或途经喀喇昆仑山口和拉达克地区，才能辗转到达西藏西部。其间海拔高、路程险远，游牧部落分布稀疏，甚至是大片的无人区，因此会严重缺乏中继站补给，若非专门的商队断然无法通行。这些跨地区、跨文化贸易交换的商品，往往属于易于携带、不易折损破碎且利润丰厚的奢侈品、贵重物品或稀缺物资，西藏西部地区出土的丝绸、茶叶、漆器、金属制品、珠饰等均属此类。《隋书·女国》记载的女国"尤多盐，恒将盐向天竺兴贩，其利数倍"，也属此类远距离贸易。因此可以推测，至少在 2—4 世纪，青藏高原的西部地区可能已经出现了后世习见的运输商队。这样的商队在 19 世纪之前的西藏西部地区相当常见。根据古代文献和民族志资料，从古代到近代有不少高原人群在跨喜马拉雅地带专门从事商业贸易和运输，其中包括女国（羊同）人、吐蕃人、叶尔羌人、克什米尔人①、羌巴人（Chang Pa）②、北阿坎德邦的菩提亚—索卡人（Bhotiya-Shauka）人③、尼瓦尔人（Newar）④ 等。

　　"垂直贸易"主要发生在喜马拉雅山地带一些重要的山口关隘和交通枢纽，南北麓邻近地区的村落城镇会参与物品的交易，由此发展成地区性的贸易市场。其交换的商品多数属于本土或附近地域生产的粮食、牲畜、皮毛、木材、竹木器、陶器等日常用品。在象泉河谷地与北印度山地之间从事的大多数贸易和交换均属此类，尤其是故如甲木墓地和加嘎子墓地出土的水稻、粟、黍等非本地产谷物，以及同时期中亚阿姆河流域卡尔查延遗址出土的稻米和粟，应该都是与北印度地区的谷物产地交换得来。近现代的民族志资料为我们理解该区域古代商贸交换提供了线索：19 世纪的边境贸易商人沿萨特累季河上游（即象泉河）经金瑙尔（Kinnaur）地区从印度低地进口大量货

① 〔英〕克莱门茨·R. 马克姆编著，张皓、姚乐野译：《叩响雪域高原的门扉——乔治·波格尔西藏见闻及托马斯·曼宁拉萨之行纪实》，四川民族出版社，2002 年，第 282—284 页。

② P. S. Jina, The Chang Pa of the Ladakh Himalayas: Some Observations on Their Economy and Environment, *Nomadic Peoples*, 1999, New Series, vol. 3, no. 1, pp. 94–105.

③ M. P. Joshi, C. W. Brown, Some Dynamics of Indo-Tibetan Trade through Uttarūkhaṇa (Kumaon-Garhwal), India. *Journal of the Economic and Social History of the Orient*, 1987, vol. 30, no. 3, pp. 303–317.

④ T. T. Lewis, Newars and Tibetans in the Kathmandu Valley: Ethnic Boundaries and Religious History, *Journal of Asian and African Studies*, 1989, vol. 38, pp. 31–57; J. Sen, India's Trade with Central Asia via Nepal, *Bulletin of Tibetology*, 1971, vol. 8, pp. 21–40.

物，然后通过什布奇山口（Shipki la）运送到西藏和拉达克，货物包括"各种谷物和豆类（大麦、小麦、大米、小米、豆类、鹰嘴豆、扁豆）、面粉、油、干果和蔬菜、香料、各种形式的烟草、染料、木材（在西藏很难买到）、铜和黄铜器皿，还有钢铁工具"。当地商人还通过其他一些山口进行贸易，其中包括 Lukma-La（Gongma-La），Yamrang-la，Gumarang-la，Shimdang la，Raniso-la，Keobarang 等。巴斯帕河谷（Baspa Valley）和附近地区的人经常经过 Yamrang-la 和 Chor-Gad 谷地前往西藏①。谷物在西藏西部严重短缺，常以食盐来进行交换，被称之为"盐粮贸易"。进口谷物主要为青稞，还有一小部分小麦，主要来自拉胡尔（Lahul）和库卢（Kulu），被运送到拉达克拉普苏（Rupshu）和阿里噶大克的贸易市场。库蒙地区的菩提亚人（Bhotia）也将谷物运送到西藏西部以弥补食物的不足。盐粮贸易在冬季延伸到库蒙地区的中、低海拔地带，商人们在此购买小麦、稻米和粗粮，春季时用绵羊驮到位于通道附近的菩提亚村，当冰雪融化以后运送到高海拔的西藏西部。稻米属于高级阶层的食品，从西藏东南地区的低海拔区域察隅和墨脱（Pemakoe）进口一些，但由于距离产地过于遥远，更多的优质稻米从印度阿萨姆、不丹和尼泊尔地区购得，在卫藏和阿里之间的游牧王国如 Lower Droshue，也常购买尼泊尔稻米来换取食盐。②

从我国西藏阿里地区出土的众多来自北印度较低海拔地区的物产可知，在2—4世纪我国西藏西部地区与北印度山地之间已经存在非常密切的物质交换，以弥补高海拔地区人群生活的各种需要。如果考虑到北印度地区出产的谷物如稻米、粟、黍等都可通过喜马拉雅山一些河谷通道进入我国西藏西部地区，又结合汉文献记载中位于青藏高原西部地区的"女国"向天竺兴贩食盐以获厚利，可以推知在当时这种"盐粮贸易"的模式可能已经在喜马拉雅山地区形成了。这一模式在此后的一千多年成为西藏西部地区与外部交通贸易的一个主导模式，对该地区经济的发展起到不可低估的促进作用，同时也加深了我国西藏西部与印度河上游、喜马拉雅山南麓及印度次大陆之间的文化联系。

二 交通路线

从文献记载及考古资料的分析来看，青藏高原西部通往外部世界的通道中，最重要的是狮泉河通道和象泉河通道。此外，通往我国南疆地区的羌塘高原通道以及通往北印度和尼泊尔的一些重要河谷通道，对于青藏高原西部古代文化面貌的形成都起到了不可忽视的作用。（地图14-1）

① R. Beszterda, The Shipki la and its Place in Cross-border Trade between India and Tibet, *The Tibet Journal*, Autumn/Winter 2015, vol. 40, no. 2, pp. 239 – 259.
② W. Van Spengen, The Geo-History of Long-Distance Trade in Tibet 1850 – 1950, *The Tibet Journal*, 1995, vol. 20, no. 2, pp. 18 – 63.

（一）狮泉河通道

石泰安指出："西藏西部对西藏文明的形成曾起过重大作用。那里既与犍陀罗和乌仗（斯瓦特）接壤，又与该地区的其他小国毗邻，希腊、伊朗和印度诸文明中的古老成分都经由那里到吐蕃。"[①] 我国西藏西部与这些国家和地区的联系，主要是通过狮泉河（印度河上游）通道实现的，来自我国新疆、中亚、巴基斯坦北部和西北印度的文化因素通过这一通道源源不断地输入到西藏西部，对该地区文化的发展乃至西藏文明的形成发挥了重要作用。考古资料证实，这一通道早在青铜时代末期和铁器时代早期，已经展现出塑造西藏西部地区文化的巨大影响力。

青藏高原西部地区的岩画主要从日土向西沿狮泉河及其支流沿岸分布，拉达克岩画最集中的分布地带是自西部的达村到东部的奇德芒之间的狮泉河谷地，其次是向北通往喀喇昆仑山口的努布拉和什约克河谷，以及向南的赞斯卡河及其支流。出拉达克后，岩画分布带继续沿印度河谷向西延伸至巴尔蒂斯坦和吉尔吉特，进而向西南至斯瓦特河谷，向北经洪扎河谷至帕米尔山结和中亚地区。如果将这些岩画分布点串起来，基本上可以勾勒出自我国西藏西部到巴基斯坦北部和中亚地区的交通路线，史前时期的西藏西部主要是通过这一通道保持与外界的沟通交往。我国西藏地区岩画中出现的丰富的中亚因素，显然是通过狮泉河通道输入的。

在早期铁器时代，拉达克列城墓地的出土物显示出与阿里地区同时期墓地较多的相似性，成为我国西藏西部地区与中亚、欧亚草原之间连接的关键纽带。西藏西部及周邻地区公元前3世纪至公元5世纪墓葬中出土大量来自我国新疆、中亚、欧亚草原、巴基斯坦北部和西北印度的器物，包括丝绸、茶叶、金属器、装饰品等奢侈品和贵重物品，大多都是通过这一通道输入的，连接青藏高原西部和穿越喜马拉雅山脉的通道也因此融入丝绸之路的交通网络之中。商业交换成为该地区人群社会生活的一个重要构成部分，文化的频繁交流促进了青藏高原西部地区与周邻先进文明之间发展的同步性。

汉藏文献记载表明，7世纪末到9世纪中叶，吐蕃为了与唐朝争夺安西四镇及帕米尔地区，也为了其自身与西域各国的交使、贸易的需要，曾致力于经营一条由大、小勃律、过护蜜、东至四镇、西抵吐火罗的通道，即为"勃律道"，对青藏高原经克什米尔、帕米尔到达中亚的交通拓展，起到了巨大的促进作用。吐蕃利用此道，加强了与

---

① 〔法〕石泰安：《西藏的文明》，中国藏学出版社，1999年，第23页。

西域的政治、经济和文化联系①。由于吐蕃势力沿狮泉河通道西进，在拉达克、巴尔蒂斯坦、洪扎河谷、海德奇石（Haldeikish）、加古杰（Gahkuch）②、瓦罕走廊③等，留下大量吐蕃时期佛塔石刻和吐蕃铭文，它们成为这条路线走向的地标。

由于独特的地理位置，拉达克在中亚、南亚和我国西藏西部之间的商业往来和文化交流中一直占据着重要地位。在拉达克西部的卡拉泽（Khalatse）、东卡和桑贾克（Sanjak）发现佉卢文题记④，证明在1—2世纪贵霜人曾经沿印度河上游东进到列城附近。10世纪成书的波斯文古地理书《世界境域志》记载，阿富汗麝香是从吐蕃输入，"所有的印度产品皆输入吐蕃，再从吐蕃输出到穆斯林各国"，"勃律藏是吐蕃的一个省，与勃律相境邻。其居民主要是商人，住在帐篷与毡房中"⑤。中亚粟特人也在毗邻西藏西部的地区留下印记。在班公湖西畔叫章孜（Tangtse/Drangste）的地方，发现有粟特文题记，"210年（可能为841/842年），来自撒马尔罕的诺斯凡（佛教）高僧作为大使，致礼吐蕃可汗"⑥，此外还有三个景教十字架图像和粟特文"耶稣"题记，显示狮泉河通道是中亚人进入吐蕃腹心地带的重要通道。

晚期的历史文献也记载了这条通道的持续繁荣。在新疆的叶尔羌汗国时期，这条路线上有大规模的军事行动和频繁的商业活动。叶尔羌汗国统治者速檀·赛德汗远征拉达克、巴尔蒂斯坦和克什米尔，就采用叶城—喀喇昆仑山口—努布拉河谷—拉达克一线。米尔咱·马黑麻·海答儿所著《拉失德史》，详细记述了叶尔羌（今叶城）经拉达克与新疆、西藏之间的商道和贸易情况："姜巴——游牧民——的生活方式如下。冬季他们带着新疆货盐块、山羊毛衣料、莪术、牦牛、金子和围巾等货物下到前述各山的西坡和南坡，也就是到达痕都斯坦并在该地进行贸易；到了春季，他们又从那里带着当地出产的布匹、糖食、大米、谷类等，装在羊身上，满载而归。喂好了羊以后，他们就连续不停地慢慢往新疆走，一直到冬季才抵达。他们在春季已采办了新疆所需要的藏货，到冬季便将印度货和藏货在新疆脱手；到（第二年）春季再带着新疆货回到图伯特。下一冬季他们又去印度。他们在痕都斯坦装的货，到新疆卸下，而在新疆装的货，则到痕都斯坦卸下。因此，他们的冬天是轮流在痕都斯坦或新疆度过的。所

---

① 杨铭：《唐代中西交通吐蕃——勃律道考》，《西域研究》2007年第2期。

② G. Orofino, A Note on Some Tibetan Petroglyphs of the Ladakh Area.

③ J. Mock，A Tibetan Toponym from Afghanistan，*evue d'Etudes Tibétaines*，2013，no. 27，pp. 5 – 9.

④ L. Bruneau，Influence of the Indian Cultural Area in Ladakh in the 1st Millinium AD: The Rock inscription evidence，*Puratattva*，2011，vol. 41，pp. 179 – 190.

⑤ （佚名）著，王治来译注：《世界境域志》，上海古籍出版社，2010年，第65—66页。

⑥ N. Sims-Williams, The Sogdian Inscriptions of Ladakh, In: K. Jettmar et al. eds., *Antiquities of Northern Pakistan. Reports and Studies*，Ⅱ，Mainz: von Zabern, 1993, pp. 151 – 163, pl. 1 – 16.

有的姜巴都是这样生活法。一个姜巴所运的货有时多达一万羊驮，而每一羊驮则估计有十二'曼'左右。数字多么巨大！如此巨量的货物是在痕都斯坦或在新疆一年所载的数目。他们不论到什么地方，都带着这些货物，从来不感到疲劳或厌倦。其他任何民族从未听说过有这种生活方式。实际上，有人甚至不相信这件事。"①

参照标识性的考古资料及丰富的文献记载，并结合自然地理状况、民族志和近现代历史资料，我们可以对狮泉河通道的交通网络作一大致勾勒②。该通道自西藏西部的交通枢纽和商业重镇噶大克（噶尔）出发，沿狮泉河西北行，经扎西岗、碟木绰克（Demchok）、越塔格朗拉山口（Taglang La），经楚马桑（Chumathang）和乌布希（Up-shi）到达列城；或经日土至班公湖畔的章孜、丘舒尔（Chushul），越羌拉山口（Chang La）到达拉达克的首府列城。历史上的列城是一个重要的交通枢纽和商业中心，以列城为中心，向西经佛图拉山口（Fatu La）、纳米奇拉山口（Namyki La）和佐吉拉山口（Zoji la），通向克什米尔的斯利那加；向西南经赞斯卡、克什瓦尔（Kishtwar）至查谟（Jammu）；向南的路线通往拉胡尔、库卢、康拉山谷、巴沙尔、努尔普尔及旁遮普省的其他贸易集市；向西北沿印度河经巴尔蒂斯坦、吉尔吉特、洪扎河谷，通向斯瓦特和帕米尔高原，与中亚丝绸之路相连接；向北的道路通往新疆的叶城和和田，这条路线长约500英里，根据季节有三条路线可以选择：第一条是扎密斯坦或冬季路线，这条商道的大部分路程是在封冻河谷中行进，越卡尔东山口（Khardong La），沿努布拉河谷北上，经巴纳米克（Panamik）和萨赛大坂（Saser La），翻喀喇昆仑山口，经苏盖提、赛图拉，沿桑株道或克里阳道到达南疆的叶城、和田和皮山；第二条路线是夏季路线，经羌拉山口，沿什约克河谷北上，越喀喇昆仑山口后与第一条路线汇合；第三条路线是由拉达克越羌拉山口，沿羌臣摩河谷东上，翻越昌器利满大坂（空喀山口）到阿克赛钦，经林济塘、甜水海、阿吉阑干，沿喀喇喀什河至赛图拉与第一条路线汇合。

（二）象泉河通道

公元前3世纪至公元5世纪，我国西藏西部及周邻地区出土的大部分稀缺日常物

---

① 〔古中亚〕米尔咱·马黑麻·海答儿著，新疆社会科学院民族研究所译，王治来校注：《中亚蒙兀尔史——拉失德史》，新疆人民出版社，1983年，第375—376页。
② 殷晴：《古代于阗的南北交通》，《历史研究》1992年第3期；陆水林：《新疆经喀喇昆仑山山口至列城道初探》，《中国藏学》2011年第S1期；J. Rizvi, *Trans-Himalayan Caravans: Merchant Princes and Peasant Traders in Ladakh*, Oxford University Press, 1999, 6th impression, Oxford India Paperbacks 2012, p. 174; S. Joldan, Relationship between Ladakh and Buddhist Tibet: Pilgrimage and trade, *The Tibet Journal*, Autumn 2006, vol. 31, no. 3, pp. 43 –76.

品均可通过印度北部的喜马拉雅山谷通道输入，而象泉河通道是其中最为重要的一个，对于象泉河谷文化的发展起到至关重要的作用，甚至可以说，这一通道是象泉河谷地古代人群的生命补给线。正是这一通道的存在，才使得象泉河谷地的经济文化得以发展、人口得以增长、人群活动区域得以向更高海拔的地区扩展。象雄时期的都城琼隆银城和古格时期都城古格故城都修建于此河谷地带，除了部分自然环境原因外，也与象泉河谷通道的联通作用不无关系。当然，文化的交流并非单向的，我国西藏西部的本土物产也通过这一通道输送到北印度山地及南亚次大陆。一些来自我国新疆、中亚和欧亚草原的奢侈物品，也可通过这一通道输入到北印度地区，促进当地的社会经济文化的发展。

依据考古资料并参照民族志、近现代史料，可以对这一路线的具体走向进行大致勾勒：该通道自门士出发，沿象泉河西北行，经琼龙（曲龙）、甲尼玛（Gyanima，又译"姜叶马"）、达巴、扎不让（札达），翻越什布奇山口（Shipki la），至喜马歇尔邦的金瑙尔、斯皮蒂地区，西南经普村（Poo）、格尔巴（Kalpa）、奇尼（Chini），到达巴沙尔的兰布尔（Rampur-Bashahr）；自什布奇山口有通道向东可以直达噶大克；自达巴南下，越尼提山口（Niti Pass），经马拉里到达北阿坎德邦的加瓦尔（Garhwal）地区；自兰布尔有路线可与库卢和拉胡尔相通，进而通向拉达克列城。

门士是狮泉河通道与象泉河通道的连接点，是该地区一个重要的交通枢纽。自噶大克出发向拉萨和北印度加瓦尔地区，都需经过门士。在清代设有驿站"米杂尔"或"门泽"（Missar），是拉萨到托林寺之间官道上 33 个驿站中的第 31 站（琼龙、达巴为最后 2 站）[①]。至迟从 19 世纪起，这里也是香客前往冈仁波齐神山转山朝圣前进行沐浴的地点。卡尔东城址作为这一时期象泉河谷最大的、军事防御性最强的城址，其选址明显考虑到了门士在西藏西部交通上的重要性。

故如甲木—曲龙地区、札达县地区、金瑙尔—斯皮蒂地区和加瓦尔地区各个墓地出土的大部分物品，都显示出这一通道的重要作用。出土的丝绸、茶叶、漆器、金属器等，应该是从噶大克方向输入的我国南疆和印度河上游物品；而木材、木器、竹器、部分谷物，和装饰品中的一些蚀花玛瑙珠、红玉髓、大部分玻璃珠、薏苡籽珠、印度圣螺贝饰和海贝等，应该均与经什布奇山口或尼提山口至喜马拉雅山南坡的通道有关；作为交换物品，西藏西部的本地物产如牲畜、皮毛、食盐、黄金等，也通过这些通道输入对方市场。

这些通道在重要的山口、河谷、关隘地带形成大大小小的交易市场。虽然目前尚

---

① 房建昌：《近代西藏麝香之路考》，《西藏研究》2015 年第 4 期。

无法从考古资料上证实这些商贸市场的位置，但从民族志资料和近现代历史记载来看，它们位于甲尼玛、什布奇山口、尼提山口、玛那山口（Mana Pass）、巴沙尔的兰布尔等地。近代的兰布尔中心市场是该通道在喜马拉雅南坡最大的集市，与噶大克一样，是来自西藏、叶尔羌、克什米尔、拉达克和金瑙尔的商人的聚集地。①

　　该地区由于地处喜马拉雅山深处，在汉文献中较少涉及。唯一有关的记载可能是金瑙尔地区。《大唐西域记校注》记载"自屈露多国南行七百余里，越大山，济大河，至设多图卢国"。一般认为屈露多应该为库卢，设多图卢国为萨特累季河（Sutlej）之古名。② 玄奘所记载的该路线即为兰布尔通库卢和拉胡尔、进而通向拉达克列城的通道。

　　（三）羌塘高原通道

　　该通道是从塔里木盆地南缘翻越昆仑山中部的克里雅山口，进入西藏西部和羌塘高原的一条通道，具体路线为从于田的普鲁村出发，经阿拉叫依、苏皮塔什、苏巴什，翻越硫磺大坂后，东南过乌鲁克库勒、乌拉音库勒，过阿特塔木大坂，又西南经克里雅山口进入藏北，向西南可达阿里日土，向东南可到达藏北改则。有关该通道的文献资料不多，11 世纪初阿拉伯地理学家加尔迪齐著《记述的装饰》，其中介绍了去吐蕃的三条路线，其中一条为从和田向南，至阿拉善（Alshan），然后走过和田人建造的处于两山之间的一座桥，最后通过使人喘不过气来的"毒山"到达"吐蕃的可汗之门"③。吐蕃时期的文献资料虽无直接记载，但也透露出该通道在吐蕃时期被频繁使用的信息④。8 世纪吐蕃进占塔里木盆地后，于阗成为其重要的统治基地，沿于阗河北上 185 千米的神山堡（麻扎塔格）为其重要的军事指挥中心。故通过克里雅山口北至麻扎塔格的路线，与东西向的绿洲通道形成十字交叉战略布局，吐蕃借此路线进可以侵扰四镇，退可以隐迹昆仑，是有效控制整个塔里木盆地的交通枢纽和军事重镇。故此道又被称为"吐蕃—于阗道"。

　　该通道是所有自塔里木盆地入藏通道中最短程的，但也最为崎岖难行，其主要原因是阿拉叫依至硫磺大坂之间海拔急剧升高，沟壑凶险，水流湍急，骡马难以通行。急剧升高的海拔对来自低地的旅行者会造成极大威胁，而对于自高原而下的吐蕃军队

---

①　W. Van Spengen, The Geo-History of Long-Distance Trade in Tibet 1850 – 1950, *The Tibet Journal*, 1995, vol. 20, no. 2, pp. 18 – 63.

②　《大唐西域记校注》，第 375—376 页。

③　〔俄〕瓦·弗·巴托尔德著，王小甫译：《加尔迪齐著〈记述的装饰〉摘要》，《西北史地》1983 年第 4 期。

④　殷晴：《古代于阗和吐蕃的交通及其友邻关系》，《民族研究》1994 年第 5 期。

来说，则是极佳的侵扰偷袭和撤退自保的捷径。一般认为该通道仅用作吐蕃的军事用途，而非普通商人旅客所能通行。

此外，自和田出发大致沿今新藏公路沿线进入西藏西部，也是一条可能在吐蕃时期就被使用的通道。其具体走向是自和田向南，经桑株古道至赛图拉，又东南经大红柳滩、泉水沟至阿克赛钦，翻越界山大坂到达日土和噶大克。这一通道最大的挑战为近五百千米的阿克赛钦无人区。但其通行性要优于克里雅古道，较为适合古代商队的长途运输。

在象泉河谷地出土的器物中，包含大量来自新疆南部尤其是和田、民丰、且末等丝绸之路南线的文化因素，诸如丝绸、茶叶、漆器、马蹄形木梳、刻纹木牌、纺织工具、长方形木盘、箱式木棺等，显示出与洛浦山普拉墓地、且末扎滚鲁克墓地、民丰尼雅遗址、吐鲁番洋海墓地等有非常密切的联系。在札达县格布赛鲁墓地中，还出土有与新疆察吾乎文化高度相似的彩绘网格纹陶器①，可见西藏西部地区在日用器物形制和生活方式上深受南疆地区的影响。这些物品中除了丝绸、茶叶、漆器之类为远程贸易输入的奢侈品外，其余木器均无须远程携来，而是可以在邻近的喜马拉雅山谷地或其南坡生产制作，但在器物形制上显然参照了南疆地区同类器物的特征和制作方法。而在印度河上游地区的通道沿线，迄今都没有发现过类似物品，因此可以推测这些文化因素是从和田及其以东的丝绸之路沿线直接输入西藏西部地区的。从器物类别上看，这些文化的影响应是长期持续性的，并以民间为主导。

（四）卡利甘达基河通道

在喜马拉雅山脉中段，也有一些峡谷通道起到沟通青藏高原与南亚次大陆的作用，但由于目前田野工作所限，仅在少数通道上发现考古证据，尼泊尔北部穆斯塘地区的卡利甘达基河谷是其中最重要的地点之一。

穆斯塘是尼泊尔北部延伸入青藏高原的一块凸出的高地，卡利甘达基河谷（Kali Gandaki）自北向南贯通喜马拉雅山脉，成为连接青藏高原和恒河平原之间的重要通道。该通道从阿里噶大克（噶尔）向东南，经门士、玛旁雍错，越马攸木山口，沿马泉河至仲巴县，折向南经克拉山口（Kora La）进入穆斯塘地区，沿卡利甘达基河谷南下，经珞门塘（Lo Manthang）、卡格贝尼（Kagbeni）、佐莫索姆（Jomosom），继续向南经布德沃尔（Bhutwal）通往佛祖诞生地蓝毗尼（Lumbini）。

---

① （记者）田进：《考古发现西藏西部高原丝绸之路重要文物遗存》，中新网西安1月28日电，http://www.chinan-ews.com/cul/2018/01-28/8435374.shtml；（记者）春拉：《西藏阿里墓葬考古发掘探寻高原史前文明足迹》，新华网拉萨8月15日电 http://m.xinhuanet.com/xz/2018-08/16/c_137395292.htm.

穆斯塘的独特位置使其成为印度和中亚之间文化和自然地理上的一个过渡地带。历史上穆斯塘地区的洛门塘将自己视为阿里地区的一个部分，其最东端的南界，又被称为"低地阿里"①。根据《拉达克王统记》记载，上穆斯塘地区的珞王国（Blo-bo）与象雄都在公元前 7 世纪成为吐蕃的一部分②，因此伴随着吐蕃向中亚的扩张，穆斯塘地区也融入吐蕃所经营的交通网络之中。

由于该地区海拔高且群山环绕，缺乏可耕种土地、灌溉水源和人力资源，珞巴人虽然有少量的农业，但不足以支撑本地人群的粮食需求；放牧牦牛、羊、马是该地区的一个重要生业，但草原面积也不足以支撑规模较大的牧群，在历史上该地区经常将牛羊群赶到今西藏境内进行放牧。该地区在至少 15 世纪以来最重要的产业是商业贸易。珞巴人利用卡利甘达基河谷通道，用南方低地生产的谷物和手工业产品来交换西藏的食盐、矿产和牧业产品，并一度控制这一商贸通道，获利丰厚③。该通道上最重要的转运站位于塔考拉河谷（Thakkhola valley）地带，曾经设在科邦（Kowang）或图库切（Thukche），它们处于这条商道的中段，是南北商品汇聚和交易之地④。

穆斯塘地区的这一贸易通道及商品交换模式可能在两千多年前已经形成雏形，考古资料似乎支持这一推断。该地区的古代遗存如楚克潘尼遗址和墓地（公元前 1200年—前 450 年）、米布拉克墓地（公元前 400 年—公元 50 年）、普泽林（Phudzelin）遗址和墓地以及琼嘎（Khyinga）墓地大都集中分布于塔考拉河谷和穆格蒂纳特河谷（Muktinath Valley）之间。这些墓葬中的出土遗物显示出贸易和交换在当时人们社会生活中的地位，以及卡利甘达基河谷通道对沟通喜马拉雅山脉南北所起到的重要作用。

与象泉河谷地的札达地区类似，穆斯塘地区海拔较低的地带如楚克潘尼墓地（海拔 2600 米）和米布拉克墓地（海拔 3600 米）出土的大部分陶器为本土制作，而位于高海拔地区的萨木宗墓地（海拔 4000 米），则与故如甲木—曲龙地区（海拔 4200 米）相似，陶器数量极少且制作粗糙，代之以较大型铜器和竹木器作为主要生活用具。其主要原因是陶器笨重、易碎，不便长途运输，而且在高海拔地区缺乏进行本地烧制的条件。因此在不同区域之间，陶器并没有显示出太多的共性。但这些地区的其他大部分日常生活用具、装饰品和部分谷物粮食，多数都依赖较低海拔地区的供应和输入：建筑用木材、竹木制品（如竹席、竹杯、竹篮、木碗等）、棉织物、植物种子珠（如薏

① D. P. Jackson, The Early History of Lo（Mustang）and Ngari, *Contributions to Nepalese Studies*, 1976, vol. 4, no. 1, pp. 39 – 56.

② A. H. Francke, *Antiquities of Indian Tibet: Archaeological survey of India*, vol. Ⅱ, 1914, pp. 83 – 84.

③ C. Von Fuerer-Haimendorf, *Himalayan traders*, London: John Murray, 1975, p. 137.

④ 同上, p. 182.

苡籽串珠）以及粮食中的稻米、粟和部分青稞等，都来自尼泊尔南部或印度北部较低海拔且产量较高的区域；海贝和印度圣螺制作的圆盘形贝饰来自印度洋沿岸；蚀花红玉髓、玻璃珠可能有多个来源，有的直接源自印度南部或斯里兰卡，另一部分可能是中亚或西亚产品，经由印度河上游地区自巴基斯坦北部地区输入；金属器也都为外部输入，较大型的铜质容器、黄铜饰件等可能来自巴基斯坦北部地区，铜镯、铁镯、铜镜属于中亚、欧亚草原地区的传统。铁器除了萨木宗墓地外发现较少，其来源可能与我国新疆或中亚地区有关。金银面具也非本地出产，应该来自西藏西部的某处制作地点。萨木宗墓地发现一些丝绸残片，实验室分析显示属于中原汉地生产，应该也是通过新疆丝绸之路的南线输入，与故如甲木墓地和曲踏墓地的丝绸具有同样的来源和输入路线。

从葬俗上看，穆斯塘地区与青藏高原西部其他几个地区之间在丧葬文化上高度相似，例如采用洞室墓、箱式木棺、侧身屈肢葬式，使用黄金面具、流行动物殉葬等习俗，这些共性也是区域间频繁的文化交流的结果。

（五）吉隆沟通道

从我国西藏日喀则西部地区经吉隆沟通往尼泊尔和印度的通道，开通于吐蕃时期，故又被称为"吐蕃—尼婆罗道"，是唐代文献所称自唐入印的"东道"最后一段。关于这条通道的具体路线，道宣在《释迦方志》（成书于 658 年前后）有详细记载："其东道者……又南少东至吐蕃国。又西南至小羊同国。又西南度呾仓法关，吐蕃南界也。又东少南度末上加三鼻关，东南入谷，经十三飞梯、十九栈道。又东南或西南，缘葛攀藤，野行四十余日，至北印度泥婆罗国。（此国去吐蕃约九千里）。"[1] "呾仓法关"即吉隆贡塘拉山山口，而"末上加"则指的是吉隆热索桥，"十三飞梯，十九栈道"，大概是对吉隆沟内险峻难行之路的描述[2]。由此可知该路线是自拉萨、日喀则西行，自萨嘎渡雅鲁藏布江后，翻越马拉山，从吉隆盆地北缘的孔塘拉山山口进入吉隆沟，再南行过热索桥至尼泊尔境，又沿特里苏利河谷（Trisuli Valley）而下，经通泽（Dhunche）至都城加德满都。此道向南又可通往印度巴特那（Patna）。

与该通道直接相关的考古证据是唐朝使节王玄策 658 年自长安第三次出使印度而留下的《大唐天竺使之铭》摩崖题铭[3]。该题铭位于吉隆县城（旧名宗喀）以北 4.5

① ［唐］道宣著，范祥雍点校：《释迦方志》，中华书局，1983 年，第 14—15 页。
② a. 霍巍：《从考古材料看吐蕃与中亚、西亚的古代交通——兼论西藏西部在佛教传入吐蕃过程中的历史地位》，《中国藏学》1995 年第 4 期；b. 霍巍：《〈大唐天竺使出铭〉相关问题再探》，《中国藏学》2001 年第 1 期。
③ 西藏自治区文管会文物普查队：《西藏吉隆县发现唐显庆三年〈大唐天竺使出铭〉》《考古》1994 年第 7 期；霍巍：《『大唐天竺使出銘』及其相關問題的研究》，〔日〕《東方学報》（京都）第 66 册，1994 年；同②b。

千米的阿瓦呷英山口处一面崖壁上，海拔 4130 米，1992 年由考古学家霍巍、李永宪发现。其地点证实了该通道的具体经行路线，铭文内容提供了关于大、小羊同国的重要信息。

与穿越喜马拉雅山脉的其他通道不同，吉隆沟通道可能主要是服务于唐朝、吐蕃与尼泊尔、印度交往的官方通道，是在当时唐朝与青藏高原诸国之间政治联姻、睦邻友好的政治环境下开通的。虽然青藏高原自然环境恶劣，充满挑战，但这一通道相比"自古取道迂回，致成远阻"①的沙漠绿洲丝绸之路来说，是一条直通南亚"近而少险阻"的捷径。因此在开通后的数十年间，使节、僧侣往来频繁，一度取代了传统的沙漠丝绸之路，成为中原内地通往印度的最优选路径。但随着大非川之战后唐蕃之间关系的恶化，该通道渐趋衰落。

《旧唐书·西戎传》记载尼婆罗国"多商贾，少田作"，可见其国民多利用境内交通孔道的地理优势来从事商业贸易活动。但从目前来看，该通道沿线的考古资料发现并不多，因此无法对 7 世纪中叶以前这一通道的使用情况进行具体分析和综合评估。

从汉藏文献记载来看，在吐蕃时期甚至更早期，还有其他一些穿越喜马拉雅山的峡谷通道开通并发挥着连接作用，如经普兰的孔雀河通道和卡里河（Kali River）通道（经里普列克山口 Lipulekh Pass，即强拉山口）、聂拉木通道（经固帝山口，Kuti Pass）、亚东通道（经乃堆拉山口，Na thu La Pass）等。但目前这些通道沿线都还缺乏足够的考古学证据来支持这一推测。此外，从早期岩画、立石遗迹的分布来看，沿羌塘高原东西走向很可能还存在一条游牧人群通道，但该路线的具体走向、兴盛年代及在多人程度上起到沟通青藏高原东西两端的作用尚有待进一步的考古工作来揭示。

---

① ［宋］志磐著，释道法校注：《佛祖统记校注》卷三三，上海古籍出版社，2012 年，第 733 页。

第十五章
结　语

　　由于青藏高原山脉河流多为东—西和西北—东南走向分布，因此沿南北方向纵贯穿越整个高原的交通路线，注定是所有路线中最为困难和充满挑战的。在吐蕃时期以前，青藏高原上的交通与文化交流，除了横断山区之外，多是以东西方向为主导。汉晋时期，汉文化沿河湟谷地向西延伸到青藏高原的东北缘。吐谷浑时期完全打通了青藏高原北部地区东西走向的丝绸之路，柴达木盆地周缘作为东西方的连接纽带，其重要性甚至超越了北部的河西走廊，成就了该地区在古代历史上的初次繁荣。在青藏高原西部地区，古代人群沿东西方向跨区域的沟通和交流早在青铜时代晚期已经开启，来自中亚和欧亚草原地区的岩画要素，通过拉达克的狮泉河通道向东深入影响到我国藏西阿里地区。汉晋时期这一通道的影响力进一步加强，来自遥远的中原汉地的丝绸、茶叶、漆器等物品，辗转输入到西喜马拉雅山脉的北麓。青藏高原的北部和西部，这两个在地理上最接近丝绸之路主干道的区域，均表现出以东西方向的文化交流为主导、并在发展程度上领先于高原其他地区的态势，这是青藏高原吐蕃之前丝绸之路的一个重要特征。

　　而吐蕃时期纵贯南北方向通道——唐初文献称之为"东道"——的打通，毫无疑问是青藏高原古代人类活动史上的一个重大转折，因为它打破、跨越了多重自然形成的高山峡谷屏障，并非简单地遵从历史上自然形成的人群迁移和文化交流通道，这与晚期沿东西方向打通横断山脉而形成茶马古道的过程非常类似。由于难度太大，它必须以官方为背景、投入大量的资力、并由多方共同合作才能够得以开通和维护。而一旦开通以后，其产生的影响必定极为深刻：一方面为东亚的官方使节、僧侣和商队开辟了除以往的陆路、海路之外的第三条通往南亚的通道，而且这条通道的距离大大缩短了；另一方面，从整个人类的探索史来看，这也是首次由官方组织完成的穿越喜马拉雅山脉峡谷通道的壮举，是人类挑战极端恶劣环境、打通最难逾越的天然屏障，以实现跨文明交流所创造的奇迹，标志着青藏高原丝绸之路交通路网的全线打通和最终形成，对于青藏高原的文化发展具有深远的历史影响。

一　青藏高原丝绸之路的形成、发展及利用

青藏高原东北段的河湟地区开发较早，汉代的羌中道从帝国的西部经过河湟地区进入北部的河西走廊。交通的开拓促进了文化的传播，河湟地区由此被纳入了汉文化区。至今，青海发现的大部分汉至魏晋时期的遗址和墓葬，都分布在该地区，总计将近300处。这批墓葬的形制和出土器物与中原地区相似，但同时也存在一些地方特色。"汉匈奴归义亲汉长"铜印、帕提亚风格的银壶，都反映出青藏高原边缘地带与周边地区的早期联系。

4—7世纪，慕容鲜卑的一支——吐谷浑在青海北部建立政权，由于其曾经的政治中心在黄河之南，因此它所控制的交通要道被称为"河南道"。根据文献记载，吐谷浑统治时期是青海丝绸之路的繁盛阶段，甚至一度取代了河西走廊成为主干道，并通过长江水系打通了西域与长江中下游南朝政权的联系，不但延续了中国自汉朝以来的中西文化交流，也促进了青海乃至西藏地区的文化演进。虽然文献中关于吐谷浑作为丝绸之路控制者和中间人的记载非常丰富，但实际上这一时期的考古发现并不多，这主要是因为吐谷浑作为西迁鲜卑的一支，可能继承了这一草原民族的丧葬传统，主要施行潜埋，没有唐朝和吐蕃墓葬那样高大的封土，大量的遗物可能仍然深埋于地下，有待于进一步的发掘和甄别。西宁、乌兰等地出土的一些波斯萨珊银币、拜占庭金币、丝绸和金银器等应该可以归为这一时期。都兰地区一些墓葬中曾经出土有精美的青瓷莲花尊，可能是来自长江中游地区南朝时期的遗物，应该是吐谷浑参与丝绸之路长距离贸易的明证。

吐蕃王朝在7世纪统一了整个青藏高原，在经历了11代赞普、250年的繁荣之后，于9世纪后半叶土崩瓦解。吐蕃强盛时期的统治区域，囊括了整个青藏高原和相邻的河西、新疆乃至中亚地区，统一的行政区域为高原丝绸之路的繁荣创造了条件。大量的考古资料证明，吐蕃统治时期丝绸之路并没有衰落，而是被充分开发利用，为吐蕃政权服务。海西州都兰县、乌兰县以及德令哈市境内的吐蕃时期墓葬出土了丰富的各类材质的遗物，其中丝绸数量庞大，多为中原唐朝所织造，几乎囊括了唐代所有的品种。另有一部分为中亚、西亚地区织造，以粟特锦居多。一部分丝绸上装饰有中亚、西亚的流行图案，可能是唐朝所仿造、专门为藩属国家或边境市场而定制的。墓葬中还发现大量蕴含东西方文化要素的遗物，其中金银器的数量非常丰富，包括专用单体器物、日用器皿、丧礼用品、带饰、鞍饰等。仅有少量东罗马金币、萨珊银币以及金

银容器直接来自中亚、西亚地区，而大部分金银器应为本地制作，形成了明显的吐蕃风格。但无论其器形、装饰纹样还是制作技术，都明显吸收融合了唐朝、粟特、萨珊和突厥金银器的影响，一些装饰主题直接源自中亚、西亚甚至是希腊文化区，它们的制作者很可能有不少是来自中亚、西亚的匠人。漆器的数量不多，有的为本地制作，有的可能来自周边的汉文化区，如河西或高昌。器物上的文字题记显示汉人和知晓古藏文的吐蕃人或吐谷浑人参与了器物的制造。这说明唐朝一些先进的制作技术输入到了这一区域，构成本地手工业的一个组成部分。吐蕃还从中亚、西亚和南亚地区输入大量玻璃、宝石和半宝石，将其广泛应用于器物和贴身饰物上。绿松石装饰大量使用，在吐蕃时期成为青藏高原人群独具特色的装饰手法和审美倾向。吐蕃时期丝绸之路的繁盛景象还直观地反映在出土的大批彩绘木棺板画上，这些棺板画上所绘人物的服饰特征、器物造型以及生活方式诸方面，都深受中亚地区游牧民族的影响，与粟特、突厥等民族的文化面貌呈现出一体化的趋势。说明青藏高原北部地区与中亚、欧亚草原之间通过丝绸之路建立了密切的联系，吐蕃对于这些地区的游牧民族文化持开放包容、吸纳融合的态度。而唐朝文化的影响力因为吐蕃化政策的推行而受到一定的遏制，可能仅限于丝绸和部分器物种类的制作和装饰上，汉语言和文化没有得到推广，唐朝的丧葬制度和儒家礼仪在这一区域也没有得到广泛传播，具有唐代特色的壁画墓虽有，但发现极少。而且随着吐蕃化的深入，唐文化的影响力有衰减的趋势。

　　通过分析文献资料，结合考古遗存的区域分布，我们能够大致对青藏高原北部的丝绸之路路网进行重建：从河湟地区的西宁向北，经门源、扁都口至张掖，与河西走廊丝绸之路干道相接；从河湟地区出发，沿青海湖南北两侧向西，经过海西地区的茶卡、乌兰和德令哈，经柴达木盆地的北缘，经当金山口到达甘肃敦煌；从青海湖向西南，经都兰、格尔木、茫崖，越阿尔金山口到达新疆南部，在且末和若羌与新疆的丝绸之路南线相接；从青海湖东南，经共和、兴海、黄河源，越巴颜喀拉山，由清水河镇至玉树，逾唐古拉山查吾拉山口经那曲入藏，然后再经日喀则、吉隆宗喀到达尼泊尔加德满都谷地，进而到达北印度。

　　在吐蕃王国征服之前，青藏高原的西部地区与北部地区基本上保持同步发展，处于大致相当的发展阶段，这主要因为丝绸之路的存在和利用有助于维持地区之间发展的相对平衡。我国西藏西部地区与其西部的拉达克和中亚地区具有相当密切的文化联系，这在青铜时代和早期铁器时代的岩画上有充分的体现。西藏西部的岩画分布情况也显示出这一区域与克什米尔、中亚之间的交流在空间上的连续性。在公元前7世纪—前4世纪，这一地区的墓葬中出现一些铜器、玻璃珠和贝饰，可能来自中亚和印度次大陆，但其数量并不多，代表了这一区域早期的人类活动和对外文化交流状况。

在公元前 3 世纪—前 1 世纪，该地区墓葬和遗址数量大增，出土遗物种类和数量也突飞猛进，其中包括黄金面具、红铜器皿、青铜短剑、带柄铜镜、铜/铁镯、铜饰珠、铜纽扣、铁箭镞、木柄铁匕首、铁马衔等金属器物，方背木梳、刻纹木牌、长方形木盘、四足或方圈足木案、纺织用具等木器，竹弓箭、竹编器等竹器，蚀花玛瑙珠、玻璃珠、红玉髓珠、植物种子珠、印度圣螺贝饰、海贝等饰珠或饰件，以及大量粮食和动物骨骼。这些物品有着广泛而不同的来源，其中黄金面具、带柄铜镜、铁器等金属器反映了青藏高原西部文化具有广阔宏大的欧亚大陆文化背景。饰珠类装饰品来自印度河上游地区和印度洋地区，显示其与南亚次大陆之间的联系更加密切。竹木器、粮食等物品直接来自邻近的较低海拔河谷地带。实际上，除了本地能够出产的少量青稞、陶器、食盐、毛织物、畜牧产品之外，大部分物品都来自周边较低海拔地区。通过分析可知，它们在青藏高原西部高原地区的出现主要是经由喜马拉雅的河谷通道实现的，其贸易形式属于典型的"垂直贸易"。

1—4 世纪，也就是中原内地的汉晋时期，青藏高原西部地区的文化面貌发生了一些极为重要的变化。这一时期，本地区继续与喜马拉雅山南麓低海拔地区和印度次大陆地区保持畅通的物质交换，除了金属器、竹/木器、染色毛织物等生活用品外，墓葬中还新出现了稻米、粟等本地无法种植的谷物。珠饰主要为玻璃珠，此前较为流行的蚀花玛瑙珠、红玉髓、贝饰、植物种子珠等饰珠在这一时期较为少见。尤其值得重视的是，在这一时期的墓地包括故如甲木墓地、加嘎子墓地和曲踏墓地 II 区，以及邻近的尼泊尔穆斯塘的萨木宗墓地中，都出土了确定来自中原汉地的丝绸。"工侯"文织锦在西藏阿里地区的高级贵族墓葬中出现，说明本地区对它所蕴含的政治意味有一定的了解。除了丝织品外，故如甲木墓地和曲踏墓地出土的茶叶和漆器，应该也是来自中原内地的物品。此外，还出现马蹄形木梳、一字格铁剑、钻木取火器等器物，都反映了新疆地区汉晋时期文化的强烈影响。这些器物带有浓厚的汉式风格，可见汉文化在遥远的西藏阿里地区的影响力增强。在西藏西部和南疆地区之间，分布着空阔无垠的无人区，无法进行分段式或接力式的物质交换，这些汉地物品和汉文化因素的出现，可能是通过丝绸之路"长程贸易"实现的。西藏西部在地理位置上靠近塔里木盆地的丝绸之路主干道，它的一条支线从和田、叶城一带向南延伸，翻越喀喇昆仑山口到达克什米尔的拉达克，然后再沿印度河而上到达阿里地区。当然也不排除从和田地区通过桑株古道或克里雅古道直接通往高原的可能。在吐蕃时期，这几条路线成为吐蕃进军中亚和和田的捷径，被称之为"吐蕃—于阗道"。

依据各类物品的来源和功能，西藏西部地区汉晋时期物品可以分为奢侈物品、贵重物品、稀缺日常物品和本土生产物品。它们为我们展现了一个宏大广阔的文化交流网络，这一网络由几条重要的河谷通道构成，分别为狮泉河通道、象泉河通道、羌塘高原通道、卡利甘达基河通道和吉隆沟通道。从辐射范围来看，这一网络由内到外可以划分为三个圈层：中心圈层为西藏西部地区，其内部又以象泉河谷地为核心，是一小部分物品的产地；第二圈层包括我国新疆南部、印度河上游地区和北印度低海拔的喜马拉雅山地，是大部分物品的直接来源地；最外圈层为我国中原地区、中亚和欧亚草原地带，以及南亚次大陆，是一部分物品的最终源头。而从出土遗物的年代特征来看，这一文化交流网络的开拓和完善经历了一个历史的过程。岩画题材所展示的文化联系证实了青铜时代末期到铁器时代早期存在跨区域的交流通道，这一通道在公元前3世纪—前1世纪间进一步加强和繁荣，但最本质的改变发生在公元2—4世纪，以来自中原汉地的奢侈品的输入为标志，显示出这一交通网络的拓展达到了前所未有的广度和深度。

中原汉地与西藏西部地区的直接交往开始于吐蕃时期。从文献记载来看，643年王玄策使团应该是第一批出现在喜马拉雅地区的中原人。405年，法显从中亚地区辗转到达佛祖诞生地——蓝毗尼（今尼泊尔布德沃尔南部），该地向北正对尼泊尔穆斯塘地区，两地间通过卡利甘达基河谷相连，只有200千米之遥，这是当时中国人通过丝绸之路到达距喜马拉雅山中段最近的地方。吉隆"大唐天竺使之铭"的发现，证实了唐朝使团穿越喜马拉雅山地区的历史事实以及经行的具体路线。

由此我们可以认识到青藏高原西部丝绸之路的发展阶段和文化交流模式：汉晋时期中原地区的物产和文化因素经南疆地区输入，影响到喜马拉雅山北麓地带，这主要是通过东西方向的狮泉河通道实现的，属于"物"的传播；吐蕃时期打通了沿南北方向纵贯整个高原的"东道"，使中原人得以直接穿越喜马拉雅山脉通道到达印度次大陆，印度和喜马拉雅深处的诸王国也直接遣使通唐，实现了"人"的直接往来。

二　青藏高原丝绸之路形成和发展的内部动因

如果回顾欧亚大陆之间交往的历史，不难发现古代东西方沟通交流的途径和主导区域有自北方向南方逐渐转移的大趋势。草原之路是欧亚之间开通和使用最早的路线，从旧石器时代到青铜时代一直是东西方文化交流的主要发生地带。途经沙漠—绿洲的陆地丝绸之路开通稍晚，其标志性事件为张骞凿通西域，但实际上它的启用和兴盛的年代应该远早于这一官方行动。在汉唐之间的上千年间，沙漠—绿洲通道取代草原之路成为东西方文化交流的主宰通道。但这一通道在唐代晚期逐渐衰落，代之而兴起的是海上丝绸之路，至宋、元、明时期发展至巅峰，明中后期至清因为海禁政策，海上通道逐渐衰落。

青藏高原丝绸之路实际上是沙漠—绿洲陆地丝绸之路向青藏高原上的延伸和扩展，在时段和发展节奏上基本与之相吻合：该路线在两汉时期开始在青藏高原边缘的局部地区启用，到唐代其主体框架完全形成和开通，唐代之后青藏高原丝绸之路衰落。这表面上看是因为唐蕃关系的恶化，实际上背后的深层原因则是唐代经济重心南移、海上丝绸之路逐渐兴盛的历史背景。

丝绸之路主导区域由北而南逐渐转移，是古代欧亚地区人类社会发展和对世界认知区域逐渐扩大的结果。人们对古代自然交通地理的认知和利用是由易而难、由近而远进行的。欧亚草原是欧亚大陆之间最便捷、最适合人群大规模长距离迁徙移动的通道，在漫长的迁徙路线上分布着不同的部落人群，他们可以成为丝绸之路联通的中间人和接力者。沙漠—绿洲通道则需要穿越内亚地区环境严酷的死亡之海——塔克拉玛干沙漠，其间绿洲的分布是断续的、稀疏的、变化的，这一障碍需要社会发展到一定的阶段才能够克服，例如具备便利的交通工具、成熟的邮驿体系、充足的安全保障、交通地理知识的积累等。其中还有最为重要的一点，就是丝绸之路两端或经行区域，有足够强的探知欲望和沟通动力，才能够维系这一路线的持续运营。沙漠—绿洲通道之所以能够开通，是因为张骞衔命出使大月氏，而这一通道的持续大规模使用，应该是东西方对对方的商贸需求，尤其是东方丝绸等商品的巨大诱惑，这也是这一通道成为丝绸之路的主要原因。

青藏高原丝绸之路是沙漠—绿洲通道的重要补充，由于海拔较高，山川险要，青藏高原对于高原之外的人群是难以克服的巨大障碍，其跨越难度要远远超出沙漠绿洲地区，它的开通和使用同样需要足够强的内部和外部动力。从最早启用的汉代"羌中道"，到吐谷浑时期发展成熟的"河南道""青海道"，均是在沙漠—绿洲通道因各种原因无法或不便使用时发展起来的，其功能和走向都附属于沙漠—绿洲的陆地丝绸之路主干道。吐蕃时期"唐蕃古道"的开通，则是唐和吐蕃双方谋求接触以及吐蕃对外领土扩张的结果，其功能和走向均有所不同。海上丝绸之路的兴盛，则需要对海洋地理知识以及沿途各个岛国、终端国之间的深入了解，并且在造船和导航技术达到一定水平时才得以实现，较之于陆地丝绸之路包括青藏高原丝绸之路，其难度更加巨大，但在运输效率、贸易商品类别、沿途安全性方面，陆地丝绸之路是无法比拟的。

青藏高原丝绸之路的主要挑战之一，来自低海拔地区人们对于高海拔地区的畏惧，古代文献中有大量关于高原反应的记载，称之为"瘴病"或"瘴气症"，是一种人和牲畜都无法避免的、无药可救的致命疾病。另一个障碍则是对青藏高原自然地理知识缺乏足够的了解，内地鲜有人知道还可以通过穿越喜马拉雅山脉的"东道"到达印度。但这些障碍在 7 世纪中叶都得以克服。唐朝分别与吐谷浑和吐蕃、吐蕃与尼泊尔均在

640 年前后通婚结亲，在高原上形成了睦邻友好的国际氛围。吐蕃为了促成与唐朝的通婚，还使用了奉献厚礼和战争威胁多重手段，最终形成吐蕃和唐朝之间"甥舅之好"的密切关系，增加了彼此之间全方位的了解。同在 640 年，求法于印度的玄奘与摩伽陀国王尸罗逸多（戒日王）会晤，戒日王因仰慕大唐威仪，谋求联通建交。唐使王玄策遂经由唐蕃古道三次往返唐朝和印度，可谓凿通了喜马拉雅山谷通道，产生了巨大影响，其所著《中天竺行记》（今轶）可作为此道通行的路书宝典，唐文献中也自此起对于该路线有了一个专用名称——"东道"，并对沿途经行的路标地形有了详细具体的记载。此后大批唐蕃高僧、使节和商人往返于这一通道，在当时的中印文化交往中发挥了重要作用。因此可见，这一通道的开通和使用是与吐谷浑、吐蕃、泥婆罗和天竺国之间谋求接触和互联互通的强烈愿望分不开的，而这一情势所反映的是不同地域和国家之间对和平共处、互通有无、文明共享的共同追求，这也是丝绸之路的宗旨和价值所在。

　　丝绸之路的这一特性同样反映在青藏高原西部地区。青藏高原西部地区与北部和南部地区在地理环境条件上有很大区别，这里自然资源极为匮乏，自古而今本地人群基本生活的维系，都高度依赖周边低海拔地区的物质输送，这使得贸易和交换成为该地区人群日常生活的一个主要方面。可以说，没有商贸和文化交流就没有古代人群在高原上生存空间的拓展和社会的进步。因此，能否与周邻低海拔地区友好交往和互通有无，是决定青藏高原西部古代人群生死存亡的大事，这也是穿越喜马拉雅的丝绸之路诸支线能够持久繁盛的主要原因之一。因此可知，与其他区域的丝绸之路一样，对异质先进文化的强烈需求是青藏高原丝绸之路开通、形成和繁荣的内在动因，也是青藏高原在这一时期融合为多元文化区的根本原因。

三　青藏高原丝绸之路的历史影响

　　青藏高原丝绸之路对于青藏高原文化的形成、发展和演进，以及青藏高原民族的融合和统一具有深刻且深远的历史影响。青藏高原丝绸之路路网的形成，是人类不断探索、开发和利用高海拔艰险地区、逐渐实现向地球第三极开拓和定居而产生的副产品，同时也是达成这一成功实践的必要途径。无论是旧石器时代人类拓居青藏高原的"三级跳"，还是新石器时代人类借助麦作农业逐渐实现对青藏高原的永久定居，无不是一个自低海拔地区逐渐向高海拔地区迁移、适应的漫长历史过程。史前时期，在西藏腹心地带和西部绝远区域乃至喜马拉雅山地出现的藏民先祖，都是通过高原东部和北部地区的一系列河谷通道逐渐迁入的中国北方蒙古人群。进入历史时期，羌人、吐谷浑人和汉人在青藏高原北部地区的拓展，实际上也是这一史前潮流的进一步延伸。

借助低海拔地区农业文化区积累的先进技术和丰富资源，不同人群途经不同的通道向青藏高原进发，逐渐深入到高原腹心地带的河谷平地和高原牧场，发展出农耕和畜牧的生业模式。在土壤肥沃的雅砻河谷地带孕育出发达的农业，在草场广袤的藏北羌塘高原地区形成成熟的牧业。为弥补不同经济形态之间的差异性，商贸交换在高原内部及其与周邻之间发展兴盛起来。在高原西部的喜马拉雅山地，人们充分利用垂直贸易方式，从周边较低海拔地区获取各类物质和技术支持，并借此不断扩大在高原上的生存空间。低海拔地区人群向高原上的开拓自然是出自各种各样的内因，包括人口压力、环境变迁，或者是出于某个统治者的政治抱负。但至中古早中期，人类已经基本实现了对青藏高原无人区以外的大部分地区的占据和利用，这是青藏高原丝绸之路所产生的最为直接和重要的影响。

青藏高原丝绸之路对青藏高原与外部世界的文化交流和融合发挥了极为重要的影响。新石器时代，青藏高原仅有东部、东北部和西部的边缘地区与周邻低海拔地区的农业人群保持着一定程度的文化联系。但在汉晋时期以后，这些区域的文化联系突然加剧，东汉时期的羌汉战争、北方草原地带的吐谷浑人的迁入和扩张、象雄王国的形成和崛起，是这些地区文化互动频繁的具体体现。这些高原边缘区域因靠近陆地丝绸之路的主干道而大受裨益，来自我国中原、南亚次大陆、中亚和欧亚草原的丰富物品通过这些丝绸之路分支输送到高原，使得这些区域文化的演进与周邻地区基本同步，并领先于交通相对不便的其他地区。随着社会复杂化的进一步加深，高原上形成了多个割据一方的王国，北部吐谷浑的兴盛和西部象雄的崛起尤其引人注目，青藏高原丝绸之路交通网络的初期形态已经形成，这为吐蕃时期雅砻部落征服诸小邦和统一整个青藏高原，在物质文化、语言宗教等方面奠定了基础。可以说，如果没有汉晋时期青藏高原丝绸之路的开拓和利用，远在吐蕃腹心地带的雅砻部落很难在短短数十年间驰骋于青藏高原，形成一个强大统一的高原王国。

青藏高原丝绸之路的开发和利用是多民族共同参与、通力合作的结果，同时也促进了青藏高原的民族融合。汉晋时期的汉人、氐人、羌人、南匈奴人，魏晋南北朝时期的吐谷浑人，吐蕃时期的羊同、苏毗、多弥、白兰、党项等族群，都对青藏高原丝绸之路的开通和兴盛做出了重要贡献。若没有这些王国和族群世代对各自所辖区域的经营开发和对自然地理环境的探索，任何一个强大的新征服者都无法轻易地完善、利用好这些高原通道。同时青藏高原丝绸之路的开通也将这些民族更紧密地联系在一起，通过通婚、会盟、征战、商贸、宗教活动等，加强交往，相互融合，在高原上形成一个民族大熔炉。尤其是吐蕃在新征服区推行的吐蕃化政策，从行政体制、服饰、语言文字、宗教信仰等各个方面施行统一化的策略，使得整个青藏高原的文化面貌发生了重大改变，逐渐呈现出文化一体化的态势，最终促成了藏民族和藏文明的形成。其中一些民族，如青海境内的氐人、羌人、吐谷浑人等，逐渐被吸收入藏族，成为其重要的组成部分。另一方面，唐和吐蕃之间通过青藏高原丝绸之路的密切交流，促进了吐蕃的社会进步和科技水平的提高，加深了汉藏之间的相互理解。通过官方遣使和民间的商贸互市，唐朝的丝绸、漆器、茶叶、医药、乐舞艺术、天文历法、手工业技术、佛教信仰等输入吐蕃境内，丰富了吐蕃的社会生活，也改变了吐蕃的政治、经济和文化发展轨迹。中亚、西亚的丝绸、宝石玻璃、金银器制作技术、生活习俗等，也通过商贸、人群迁徙等形式，对吐蕃文化产生了一定的影响。当然，任何丝绸之路上的文化交流都是双向的、多元的，青藏高原的本土文化也通过这些交通线路，对周边区域产生了不同程度的影响。来自青藏高原的各类本土产品大量出现在中亚、印度和波斯，吐蕃的珍宝器物、优良马匹等高原物产不断输入到唐朝中原地区。吐蕃人也在河西、新疆和陇东都留下了他们的踪迹，与汉族和其他民族杂居共处，同为一家，绵延千载。

在青藏高原丝绸之路发展的最巅峰阶段，作为一个国际化通道，它首次实现了东亚和南亚之间的直接官方交往，在中国古代对外交往史上书写下了浓墨重彩的一笔。由唐王朝及吐谷浑、吐蕃政权与尼泊尔、北印度官方合力打通的穿越喜马拉雅的通道，促进了东亚和南亚在宗教、商贸、政治和文化上的直接交流。在西藏后弘期，这一通道对于西藏的佛教传播和社会发展产生了极为重要的影响。

因此可知，丝绸之路的精髓就是不同文明之间的开放与包容，互通与互鉴，而不是隔阂、自闭与排他。正是通过青藏高原的丝绸之路，人类才得以在青藏高原艰险的高海拔地区逐渐拓居，并发展出农业、牧业和商业等不同的生业形态，形成大大小小的高原古王国。也正是通过青藏高原的丝绸之路，吐蕃才得以在极短的时间内兼并诸国，统一高原，交通东亚、中亚和南亚，并历经二百多年的经营、融合和吸收之后，藏民族和藏文明的格局得以形成。同时，也正是通过青藏高原的丝绸之路，使汉藏两个民族在经济、文化上相互依存，休戚与共，共同融入了不可分割的一个整体。藏文明也逐渐形成了与中原文明互动交织的结构，为元朝将西藏纳入中央王朝的统一管辖体系奠定了坚实的物质文化基础，使其最终成为中华文明不可分割的一部分。

参考文献

中文部分·古籍文献

（佚名）撰，〔晋〕郭璞注：《穆天子传》，上海古籍出版社，1990 年。

〔汉〕司马迁：《史记》，中华书局，1959 年。

〔南朝宋〕范晔撰，〔唐〕李贤注：《后汉书》，中华书局，1965 年。

〔西晋〕陈寿：《三国志》，中华书局，1959 年。

〔南朝梁〕萧子显：《南齐书》，中华书局，1972 年。

〔北魏〕杨衒之著，周祖谟校释：《洛阳伽蓝记》，科学出版社，1958 年。

〔北齐〕魏收：《魏书》，中华书局，1974 年。

〔唐〕姚思廉撰：《梁书》，中华书局，1973 年。

〔唐〕魏征：《隋书》，中华书局，1973 年。

〔唐〕房玄龄：《晋书》，中华书局，1974 年。

〔唐〕李延寿：《北史》，中华书局，1974 年。

〔唐〕玄奘、辩机著，季羡林等校注：《大唐西域记校注》，中华书局，1985 年。

〔唐〕令狐德棻：《周书》，中华书局，1971 年。

〔唐〕道宣著，范祥雍点校：《释迦方志》，中华书局，1983 年。

〔唐〕慧超著，张毅笺释：《〈往五天竺国传〉笺释》，中华书局，2000 年。

〔唐〕姚汝能撰，曾贻芳点校：《安禄山事迹》，上海古籍出版社，1983 年。

〔唐〕杜佑撰，王文锦等点校：《通典》，中华书局，1988 年。

〔唐〕张彦远：《历代名画记》，人民美术出版社，1963 年。

〔后晋〕刘昫：《旧唐书》，中华书局，1975 年。

〔宋〕王溥：《唐会要》，中华书局，1960 年。

〔宋〕王钦若：《册府元龟》，中华书局，1967 年。

［宋］刘惟简：《虏廷事实》，载［明］陶宗仪编撰：《说郛》卷八，涵芬楼本，中国书店，1986 年。

［宋］李昉等：《太平御览》，中华书局，1960 年。

［宋］欧阳修：《新唐书》，中华书局，1975 年。

［宋］欧阳修：《新五代史》，中华书局，1974 年。

［宋］司马光：《资治通鉴》，中华书局，1956 年。

［宋］李焘：《续资治通鉴长编》，中华书局，1980 年。

［宋］志磐著，释道法校注：《佛祖统记校注》，上海古籍出版社，2012 年。

［元］脱脱等：《辽史》，中华书局，1974 年。

［明］宋应星撰，潘吉星译注：《天工开物译注》，上海古籍出版社，1993 年。

［清］董浩等：《全唐文》，中华书局，1983 年。

［清］周希武著，吴均校释：《玉树调查记》，青海人民出版社，1986 年。

中文部分·研究论著和论文

安金槐编：《中国考古》，上海古籍出版社，1992 年。

安志敏：《青海古代文化》，《考古》1959 年第 7 期。

巴桑旺堆：《试解列山古墓葬群历史之谜》，《西藏研究》2006 年第 3 期。

巴桑旺堆：《试解列山古墓葬群历史之谜》，载四川大学中国藏学研究所编：《藏学学刊》第 3 辑，四川大学出版社，2007 年。

巴桑旺堆：《新见吐蕃摩崖石刻》，《西藏研究》1982 年第 2 期。

薄小莹：《吐谷浑之路》，《北京大学学报》1988 年第 4 期。

北京大学中国中古史研究中心编：《敦煌吐鲁番文献研究论集》，中华书局，1982 年。

才让太：《古老的象雄文明》，《西藏研究》1985 年第 2 期。

蔡永华：《解放后西安附近发现的西汉、新莽钱范》，《考古》1978 年第 2 期。

柴焕波：《佛国的盛筵：孟加拉国毗诃罗普尔（Vikrampura）佛教遗址的发掘》，《中国文物报》2016 年 1 月 1 日第 6 版。

常霞青：《麝香之路上的西藏宗教文化》，浙江人民出版社，1988 年。

陈春晓：《宋元明时期波斯绿松石入华考》，《北京大学学报（哲学社会科学版）》2016 年第 1 期。

陈冠翰、周新郢、王建新等：《阿姆河流域贵霜时期的水稻遗存及喜马拉雅南麓通道的农业交流》，《中国科学：地球科学》2020 年第 6 期。

陈国科：《西城驿——齐家冶金共同体——河西走廊地区早期冶金人群及相关问题

初探》,《考古与文物》2017 年第 5 期。

陈践:《藏语 ringlugs 一词演变考——敦煌藏文古词研究之一》,《中国藏学》1991年第 3 期。

陈良伟:《丝绸之路河南道》,中国社会科学出版社,2002 年。

陈庆英、高淑芬:《中国边疆通史丛书:西藏通史》,中州古籍出版社,2003 年。

陈渠珍著,任乃强校注:《艽野尘梦》,重庆出版社,1982 年。

陈小平:《唐蕃古道》,三秦出版社,1989 年。

陈小平:《唐蕃古道的走向和路线》,《青海社会科学》1987 年第 3 期。

陈炎:《汉唐时期缅甸在西南丝道中的地位》,《东方研究》1980 年第 1 期。

陈忠凯:《唐代人的生活习俗——"合葬"与"归葬"》,《文博》1995 年第 4 期。

成倩、于春、席琳等:《西藏阿里洛布措环湖遗址出土玻璃成分检测与初步研究——兼论丝绸之路西藏西部阿里段》,载四川大学中国藏学研究所编:《藏学学刊》第 17 辑,中国藏学出版社,2017 年。

程义:《西安地区唐代双室墓葬研究》,《中原文物》2014 年第 6 期。

褚俊杰:《论苯教丧葬仪轨的佛教化——敦煌古藏文写卷 P. T. 239 解读》,《西藏研究》1990 年第 1 期。

褚俊杰:《吐蕃苯教丧葬仪轨研究——敦煌古藏文写卷 P. T. 1042 解读》,《中国藏学》1989 年第 3 期。

褚俊杰:《吐蕃苯教丧葬仪轨研究(续)——敦煌古藏文写卷 P. T. 1042 解读》,《中国藏学》1989 年第 4 期。

崔永红:《丝绸之路青海道盛衰变迁述略》,《青海社会科学》2016 年第 1 期。

崔永红:《文成公主与唐蕃古道》,青海人民出版社,2017 年。

崔永红、张得祖、杜常顺编:《青海通史》,青海人民出版社,1999 年。

崔永红:《草原王国的覆灭:吐谷浑》,《中国国家地理》2006 年第 3 期。

崔兆年:《浅议青海史前文化的绿松石饰》,《青海社会科学》2007 年第 1 期。

敦煌文物研究所:《新发现的北魏刺绣》,《文物》1972 年第 2 期。

敦煌文物研究所编:《中国石窟:敦煌莫高窟四》,文物出版社、株式会社平凡社,1987 年。

房建昌:《近代西藏麝香之路考》,《西藏研究》2015 年第 4 期。

冯汉镛:《关于"经西宁通西域路线"的一些补充》,《考古通讯》1958 年第 7 期。

冯汉镛:《唐五代时剑南道的交通路线考》,《文史》第 14 辑,中华书局,1982 年。

冯汉镛:《唐代马湖江通吐蕃路线行程考》,《文史》第 30 辑,中华书局,1988 年。

冯汉镛：《唐代西蜀经吐蕃通天竺路线考》，《西藏研究》1985 年第 4 期。

冯汉镛：《川藏线是西南最早的国际通道考》，《中国藏学》1989 年第 1 期。

冯燕：《国外西藏研究概况（1949—1978）》，中国社会科学出版社，1979 年。

甘福熹主编：《丝绸之路上的古代玻璃研究》，复旦大学出版社，2007 年。

甘肃省文物局编：《甘肃文物菁华》，文物出版社，2006 年。

甘肃省文物工作队：《甘肃省泾川县出土的唐代舍利石函》，《文物》1966 年第 3 期。

高翠：《唐代真珠考略》，《中国国家博物馆馆刊》2016 年第 4 期。

高江涛：《试论中国境内出土的塞伊玛——图尔宾诺式倒钩铜矛》，《南方文物》2015 年第 4 期。

葛梦嘉、蒋玉秋、方丹丹等：《新疆原始腰机织造技艺考析》，《装饰》2020 年第 3 期。

宫大中：《邙洛北魏孝子画像石棺考释》，《中原文物》1984 年第 2 期。

顾明：《海拔对水稻生长发育的影响》，《耕作与栽培》1997 年第 Z1 期。

顾吉辰：《北宋时期中西交通考述——兼述吐蕃在中西交通史上的地位和作用》，《西藏研究》1989 年第 2 期。

顾颉刚：《从古籍中探索我国的西部民族：羌族》，《社科科学战线》1980 年第 1 期。

顾朴光：《古代埃及面具文化刍论》，《贵州民族学院学报》2002 年第 2 期。

古顺芳：《大同北魏墓葬乐舞俑初探》，《文物世界》2004 年第 6 期。

国家文物局：《中国文物地图集·西藏自治区分册》，文物出版社，2010 年。

国家文物局：《中国文物地图集·青海分册》，中国地图出版社，1996 年。

郭富：《四川地区早期带柄铜镜的初步研究》，《四川文物》2013 年第 6 期。

郭物：《通过天山的沟通——从岩画看吉尔吉斯斯坦和中国新疆在早期青铜时代的文化联系》，《西域研究》2011 年第 3 期。

韩孔乐、罗丰：《固原北魏墓漆棺的发现》，《美术研究》1984 年第 2 期。

韩伟编：《海内外唐代金银器萃编》，三秦出版社，1989 年。

何强：《西藏吉堆吐蕃墓地的调查与分析》，《文物》1993 年第 2 期。

何周德、索朗旺堆：《桑耶寺简志》，西藏人民出版社，1987 年。

河北省博物馆、河北省文物管理处：《河北省出土文物选集》，文物出版社，1980 年。

洪石：《战国秦汉时期漆器的生产与管理》，《考古学报》2005 年第 4 期。

侯石柱：《近年来境内吐蕃时期考古遗存的发现与研究》，《文物》1993 年第 2 期。

胡保华：《试论中国境内散见夹叶阔叶铜矛的年代、性质与相关问题》，《江汉考古》2015 年第 6 期。

胡嘉：《有关文成公主的几件文物》，《文物》1959 年第 7 期。

胡嘉麟：《浑源彝器晋地遗风——记上海博物馆藏李峪村出土青铜器》，《艺术品》2014 年第 6 期。

华林甫：《二十世纪正史地理志研究述评》，《中国地方志》2006 年第 2 期。

黄明兰：《北魏孝子棺线刻画》，人民美术出版社，1985 年。

黄明信：《吐蕃佛教》，中国藏学出版社，2010 年。

黄启善：《广西发现的汉代玻璃器》，《文物》1992 年第 9 期。

黄盛璋、方永：《吐谷浑故都——伏俟城发现记》，《考古》1962 年第 8 期。

黄盛璋：《关于中国纸和造纸法传入印巴次大陆的时间和路线问题》，《历史研究》1980 年第 1 期。

黄盛璋：《匈奴官印综论》，《社会科学战线》1987 年第 3 期。

黄盛璋：《元兴元年瓦当与西海郡》，《考古》1961 年第 3 期。

黄宣镇：《绿松石矿床的成矿特征及找矿方向》，《中国非金属矿工业导刊》2003 年第 6 期。

霍川、霍巍：《汉晋时期藏西"高原丝绸之路"的开通及其历史意义》，《西藏大学学报（社会科学版）》2017 年第 1 期。

霍巍：《从考古材料看吐蕃与中亚、西亚的古代交通——兼论西藏西部在佛教传入过程中的历史地位》，《中国藏学》1995 年第 4 期。

霍巍：《〈大唐天竺使出铭〉相关问题再探》，《中国藏学》2001 年第 1 期。

霍巍：《"高原丝绸之路"的形成、发展及其历史意义》，《社会科学家》2017 年第 11 期。

霍巍：《"高原丝绸之路与文化交融互动"专栏》，《中华文化论坛》2020 年第 6 期。

霍巍：《论藏东吐蕃摩崖造像与吐蕃高僧益西央》，《西藏大学学报（社会科学版）》2015 年第 2 期。

霍巍：《青海出土吐蕃木棺板画的初步观察与研究》，《西藏研究》2007 年第 2 期。

霍巍：《青藏高原东麓吐蕃时期佛教摩崖造像的发现与研究》，《考古学报》2011 年第 3 期。

霍巍：《试论吐蕃王陵——琼结藏王墓地研究中的几个问题》，载四川联合大学西藏考古与历史文化研究中心、西藏自治区文物管理委员会编：《西藏考古》第一辑，四川大学出版社，1994 年。

霍巍：《试论西藏及西南地区出土的双圆饼形剑首青铜短剑》，载吉林大学边疆考古研究中心编：《庆祝张忠培先生七十岁论文集》，科学出版社，2004 年。

霍巍：《唐蕃古道上的金银器和丝织品》，《光明日报》2020 年 12 月 19 日第 10 版。

霍巍：《吐蕃马具与东西方文明的交流》，《考古》2009 年第 11 期。

霍巍：《吐蕃时代墓葬的动物殉祭习俗》，《西藏研究》1994 年第 4 期。

霍巍：《吐蕃王朝时期的佛寺遗存与汉地文化影响》，《西藏民族学院学报（哲学社会科版）》2015 年第 3 期。

霍巍：《吐蕃系统金银器研究》，《考古学报》2009 年第 1 期。

霍巍：《突厥王冠与吐蕃王冠》，《考古与文物》2009 年第 5 期。

霍巍：《西域风格与唐风染化——中古时期吐蕃与粟特人的棺板装饰传统试析》，《敦煌学辑刊》2007 年第 1 辑。

霍巍：《西藏昂仁古墓葬的调查发掘与吐蕃时期丧葬习俗研究——兼论敦煌古藏文写卷 PT1042 考释的几个问题》，载四川大学博物馆、西藏自治区文物管理委员会编：《南方民族考古》1991 年第 4 辑，四川科学技术出版社，1992 年。

霍巍：《西藏高原史前时期墓葬的考古发现与研究》，《中国藏学》1994 年第 4 期。

霍巍：《西藏古代墓葬制度史》，四川人民出版社，1995 年。

霍巍：《西藏西部早期文明的考古学探索》，《西藏研究》2005 年第 1 期。

霍巍：《一批流散海外的吐蕃文物的初步考察》，《故宫博物院院刊》2007 年第 5 期。

纪敏烈等：《凤凰山一六七号墓所见汉初地主阶级丧葬礼俗》，《文物》1976 年第 10 期。

季羡林：《唐太宗与摩揭陀——唐代印度制糖术传入中国问题（下）》，《文献》1988 年第 3 期。

（记者）陈国安：《新疆出土竹器证明新疆与中原汉前即有贸易来往》，新华网乌鲁木齐 1 月 11 日，http：//news. sohu. com/35/99/news147639935. shtml.

（记者）春拉：《阿里考古发掘迄今所知西藏境内最早墓葬》，新华社拉萨 4 月 10 日电，http：//www. xinhuanet. com/2018-04/10/c_129847547. htm.

（记者）春拉：《西藏阿里墓葬考古发掘探寻高原史前文明足迹》，新华网拉萨 8 月 15 日电，http：//m. xinhuanet. com/xz/2018-08/16/c_137395292. htm.

（记者）赵朗：《西藏发现前吐蕃时期墓葬》，中新社拉萨 4 月 3 日电，http：//www. chinanews. com/cul/2019/04-03/8799615. shtml.

（记者）赵朗：《西藏发掘 24 座墓葬展现西部早期文明》，中国新闻社拉萨 4 月 4 日电，http：//www.chinanews.com/cul/2019/04-04/8800887.shtml.

（记者）田进：《考古发现西藏西部高原丝绸之路重要文物遗存》，中新网西安 1 月 28 日电，http：//www.chinanews.com/cul/2018/01-28/8435374.shtml.

江爱良：《论我国水稻的种植上限》，《地理科学》1982 年第 4 期。

江玉祥主编：《古代西南丝绸之路研究》，四川大学出版社，1990 年。

江玉祥：《古代西南丝绸之路沿线出土的"摇钱树"探析》，载江玉祥编：《古代西南丝绸之路研究》第二辑，四川大学出版社，1995 年。

姜伯勤：《中国祆教艺术史研究》，三联出版社，2004 年。

金书波：《从象雄走来》，西藏人民出版社，2012 年。

金维诺、张亚莎、邢军主编：《中国美术全集·岩画版画》，时代出版传媒股份有限公司，黄山书社，2010 年。

金维诺总主编、本卷主编赵丰：《中国美术全集·纺织品一》，黄山书社，2010 年。

孔令忠、侯晋刚：《记新发现的嘉峪关毛庄子魏晋墓木板画》，《文物》2006 年第 11 期。

孔庆典：《中古时期中古西北民族的生肖纪年》，《西域研究》2010 年第 3 期。

李斌城等：《隋唐五代社会生活史：归葬先茔》，中国社会科学出版社，1998 年。

李炳泽：《茶由南向北的传播：语言痕迹考察》，载张公瑾主编：《语言与民族物质文化史》，民族出版社，2002 年。

李剑平：《唐代服饰图形"陵阳公样"》，《设计》2016 年第 17 期。

李林辉：《近年来西藏地区主要开展的考古工作及收获》，《中国边疆考古学术讨论会论文摘要》，2005 年 11 月 7 日成都"中国边疆考古学术讨论会"会议论文集。

李零：青海大通县上孙家寨汉简性质小议》，《考古》1983 年第 6 期。

李青会等：《浅议中国出土的汉代玻璃耳珰》，《广西民族大学学报（自然科学版)》2011 年第 1 期。

李青会、干福熹、顾冬红：《关于中国古代玻璃研究的几个问题》，《自然科学史研究》2007 年第 2 期。

李胜男、赵永斌、高诗珠等：《陶家寨墓地 M5 号墓主线粒体 DNA 片段分析》，《自然科学进展》2009 年第 11 期。

李文瑛：《新疆境内考古发现的丝绸文物》，《东方早报》2015 年 11 月 11 日第 B10 版。

李萧主编：《吐鲁番文物精粹》，上海辞书出版社，2006 年。

李小强：《阿姆河流域贵霜时期的水稻遗存及喜马拉雅南麓通道的农业交流》，《中国科学：地球科学》2020 年第 6 期。

李兴盛：《乌兰察布盟鲜卑墓葬综述》，《内蒙古文物考古》2003 年第 1 期。

李秀辉、韩汝玢：《青海都兰吐蕃墓葬出土金属文物的研究》，《自然科学史研究》1992 年第 3 期。

李延祥等：《新疆哈密两处古绿松石矿遗址初步考察》，《考古与文物》2019 年第 6 期。

黎瑶渤：《辽宁北票县西官营子北燕冯素弗墓》，《文物》1973 年第 3 期。

李映辉：《唐代佛教地理研究》，湖南大学出版社，2004 年。

李永平：《肃南大长岭唐墓出土文物及相关问题研究》，《台北故宫文物月刊》2001 年第 6 期。

李永宪、霍巍、更堆：《阿里地区文物志》，西藏人民出版社，1993 年。

李永宪：《札达盆地岩画的发现及对西藏岩画的几点认识》，载四川大学中国藏学研究所编：《藏学学刊》第 1 辑，四川大学出版社，2004 年。

李占忠：《吐谷浑王后——弘化公主墓解密》，《中国土族》2003 年第 2 期。

李智信：《青海古城考辨》，西北大学出版社，1995 年。

李宗俊：《唐代河西走廊南通吐蕃道考》，《敦煌研究》2007 年第 3 期。

凉山州博物馆、西昌市文管所、盐源县文管所：《盐源近年出土的战国西汉文物》，《四川文物》1999 年第 4 期。

林冠群：《唐代吐蕃的杰琛（rgyalphran）》，载林冠群：《唐代吐蕃史论集》，中国藏学出版社，2006 年。

林健、赵丰、薛雁：《甘肃省博物馆新藏唐代丝绸的鉴定研究》，《文物》2005 年第 12 期。

林梅村：《青海都兰出土伊斯兰织锦及其相关问题》，《中国历史文物》2003 年第 6 期。

林梅村：《塞伊玛——图尔宾诺文化与史前丝绸之路》，《文物》2015 年第 10 期。

林梅村：《唐武德二年罽宾国贡品考——兼论西安何家村唐代窖藏原为大明宫琼林库皇家宝藏》，《考古与文物》2017 年第 6 期。

刘宝山：《青海都兰县出土拜占庭金币》，《中国文物报》2004 年 7 月 24 日第 1 版。

刘兵兵、陈国科、王山等：《甘肃天祝岔山村武周时期吐谷浑王族喜王慕容智墓》，载国家文物局主编：《2019 中国重要考古发现》，文物出版社，2020 年。

刘弘、唐亮：《老龙头墓葬和盐源青铜器》，《中国历史文物》2006 年第 6 期。

刘思文：《新疆阿勒泰早期铁器时代石构墓葬的特点》，《宁夏大学学报（人文社会科学版）》2016 年第 1 期。

刘翔：《青海大通县塞伊玛——图尔宾诺式倒钩铜矛考察与相关研究》，《文物》2015 年第 10 期。

刘馨秋、朱世桂、王思明：《茶的起源及饮茶习俗的全球化》，《农业考古》2015 年第 5 期。

刘迎胜：《"草原丝绸之路"考察简记》，《中国边疆史地研究》1992 年第 3 期。

陆离：《大虫皮考——兼论吐蕃、南诏虎崇拜及其影响》，《敦煌研究》2004 年第 1 期。

陆离：《敦煌、新疆等地吐蕃时期石窟中着虎皮衣饰神祇、武士图像及雕塑研究》，《敦煌学辑刊》2005 年第 3 期。

卢明辉：《"草原丝绸之路"——亚欧大陆草原通道与中原地区的经济交流》，《内蒙古社会科学》1993 年第 3 期。

陆水林：《新疆经喀喇昆仑山口至列城道初探》，《中国藏学》2011 年第 S1 期。

陆耀光主编：《唐蕃古道考察记》，陕西旅游出版社，1989 年。

罗丰：《中国境内发现的东罗马金币》，载罗丰：《胡汉之间：丝绸之路与西北历史考古》，文物出版社，2004 年。

罗世平：《天堂喜宴——青海海西州郭里木吐蕃棺板画笺证》，《文物》2006 年第 7 期。

罗新、叶炜：《新出魏晋南北朝墓志疏证》，中华书局，2005 年。

洛阳博物馆：《洛阳北魏画像石棺》，《考古》1980 年第 3 期。

吕恩国：《洋海货贝的历程》，《吐鲁番学研究》2016 年第 1 期。

吕红亮：《跨喜马拉雅的文化互动：西藏西部史前考古研究》，科学出版社，2015 年。

吕红亮：《西喜马拉雅岩画欧亚草原因素再检讨》，《考古》2010 年第 10 期。

吕馨：《辽墓出土金属面具与网络起源的再探讨》，《南方文物》2012 年第 1 期。

吕一飞：《胡族习俗与隋唐风韵——魏晋北朝北方少数民族社会风俗及其对隋唐的影响》，书目文献出版社，1994 年。

马驰：《史道德的族属、籍贯及后人》，《文物》1991 年第 5 期。

马健：《公元前 8—前 3 世纪的萨彦—阿尔泰——早期铁器时代欧亚东部草原文化交流》，《欧亚学刊》2006 年第 8 期。

马清林、David A. Scott：《甘肃省肃南大长岭唐墓出土鎏金银杯金相学研究》，载中国材料研究会主编：《2002 年材料科学与工程新进展（下）——2002 年中国材料研讨会论文集》，冶金工业出版社，2003 年。

马特巴巴伊夫、赵丰主编：《大宛遗锦：乌兹别克斯坦费尔干纳蒙恰特佩出土的纺织品研究》，上海古籍出版社，2010 年。

芈一之：《八至十世纪甘青区社会状况述论》，《青海民族学院学报》1986 年第 2 期。

穆舜英：《从出土文物中探索新疆古代的科学技术》，《新疆社会科学研究》1982 年第 2 期。

木易：《辽墓出土的金属面具、网络及相关问题》，《北方文物》1993 年第 1 期。

内蒙古文物考古研究所：《内蒙古文物考古论集》第一辑，中国大百科全书出版社，1994 年。

内蒙古文物考古研究所编：《内蒙古文物考古文集》第二辑，中国大百科全书出版社，1997 年。

聂贡官却才旦、白玛朋：《玉树地区吐蕃时期石窟雕像及摩崖介绍》，《中国藏学》1988 年第 4 期。

宁夏固原博物馆：《固原文物精品图集（下册)》，宁夏人民出版社，2013 年。

潘静、井中伟：《中国早期铜镜的类型、流布和功能》，《西域研究》2020 年第 2 期。

潘其风、韩康信：《内蒙古桃红巴拉古墓和青海大通匈奴墓人骨的研究》，《考古》1984 年第 4 期。

裴恒涛：《唐代的家族、地域与国家认同——唐代"归葬"现象考察》，《河南科技大学学报（社会科学版)》2011 年第 6 期。

裴文中：《史前时期之中西交通》，《辩证公论》1948 年第 4 期。

彭柯、朱岩石：《中国古代所用海贝来源新探》，载考古杂志社编：《考古学集刊》第 12 集，中国大百科全书出版社，1999 年。

齐德舜：《吐蕃斥候考》，《中国藏学》2009 年第 3 期。

齐东方：《略论西安地区发现的唐代双室砖墓》，《考古》1990 年第 9 期。

齐东方：《唐代银高足杯研究》，载北京大学考古系编：《考古学研究（二)》，北京大学出版社，1994 年。

齐东方：《唐代金银器研究》，中国社会科学出版社，1999 年。

齐东方、张静：《萨珊式金银多曲长杯在中国的流传与演变》，《考古》1998 年第 6 期。

祁小山、王博编著：《丝绸之路·新疆古代文化》，新疆人民出版社，2008 年。

乔红、张长虹、蔡林海等：《青海玉树三江源地区史前文化与吐蕃文化考古的新篇章》，《青海日报》2015 年 4 月 24 日第 11 版。

青海省博物馆编著：《尘封千年的岁月记忆——丝绸之路"青海道"沿线古代彩绘木棺板画》，文物出版社，2019 年。

青海省文化厅、青海省文物考古研究所编：《青海考古五十年文集》，青海人民出版社，1999 年。

青海省文物考古研究所：《青海省考古五十年述要》，载文物出版社编：《新中国考古五十年》，文物出版社，1999 年。

青海藏族研究会编：《都兰吐蕃文化全国学术论坛论文集》，文物出版社，2017 年。

邱中郎：《青藏高原旧石器的发现》，《古脊椎动物学报》1958 年第 2—3 期。

饶宗颐：《饶宗颐史学论著选》，上海古籍出版社，1993 年。

任萌、杨益民、全涛等：《西藏阿里曲踏墓地及加嘎子墓地可见残留物的科技分析》，《考古与文物》2020 年第 1 期。

任经午：《河西甸子与哈密绿松石》，《地球》1985 年第 1 期。

沙武田：《吐蕃统治时期敦煌石窟研究》，中国社会科学出版，2013 年。

山西省考古研究所、运城市文物工作站、绛县文化局：《山西绛县横水西周墓发掘简报》，《文物》2006 年第 8 期。

陕西省考古研究院：《以实干笃定前行，以奋斗不负韶华（四），2019 年业务成果汇报会纪要》，https：//www.sohu.com/a/377886504_199807，2020-03-05/2020-07-17.

沈年润：《释东汉三老赵掾碑》，《文物》1964 年第 5 期。

邵文实：《唐代后期河西地区的民族迁徙及其后果》，《敦煌学辑刊》1992 年第 1、2 期。

沈柏村：《唐代舍利容器纹饰的文化内涵》，《东南文化》1997 年第 2 期。

沈福伟：《外国人在中国西藏的地理考察（1845—1945）》，《中国科技史料》1997 年第 2 期。

沈以正：《敦煌艺术》，（台北）雄狮图书有限公司，1977 年。

石硕、罗宏：《高原丝路：吐蕃"重汉缯"之俗与丝绸使用》，《民族研究》2015 年第 1 期。

史美光、何欧里、周福征：《一批中国汉墓出土钾玻璃的研究》，《硅酸盐学报》1986 年第 3 期。

史美光、周福征：《青海大通县出土汉代玻璃的研究》，《文物保护与考古科学》

1990 年第 2 期。

释如常、吴棠海主编：《佛教地宫还原：佛陀舍利今重现，地宫还原见真身》，财团法人佛光山文教基金会，2011 年。

水涛：《中国西北地区青铜时代考古论集》，科学出版社，2001 年。

四川大学考古学系编：《四川大学考古专业创建 40 周年暨冯汉骥教授百年诞辰纪念文集》，四川人民出版社，2001 年。

四川联合大学西藏考古与历史文化研究中心、西藏自治区文物管理委员会编：《西藏考古》第一辑，四川大学出版社，1994 年。

松田寿男：《吐谷浑遣使考（上）》，《西北史地》1981 年第 2 期

松田寿男：《吐谷浑遣使考（下）》，《西北史地》1981 年第 3 期。

宋建忠等：《山西绛县横水发掘大型西周墓葬发现"诩伯"及夫人墓葬，首次面世古籍记载的"荒帷"》，《中国文物报》2005 年 12 月 7 日。

宋新潮：《中国早期铜镜及其相关问题》，《考古学报》1997 年第 2 期。

苏芳淑主编：《金曜风华·赤犴青骢——梦蝶轩藏中国古代金饰》卷 II，香港中文大学出版社，2013 年。

宿白：《藏传佛教寺院考古》，文物出版社，1996 年。

苏海洋、雍际春：《丝绸之路青海段交通线综考》，《丝绸之路》2009 年第 6 期。

索朗旺堆主编：《阿里地区文物志》，西藏人民出版社，1993 年。

索朗旺堆编：《西藏岩画艺术》，四川人民出版社，1994 年。

索南才让：《唐代佛教对吐蕃佛教的影响》，《西藏民族学院学报》2008 年第 5 期。

孙机：《大通银壶考》，《中国历史文物》2002 年第 3 期。

孙机：《论近年内蒙古出土的突厥与突厥式金银器》，《文物》1993 年第 8 期。

孙守道：《"匈奴西岔沟文化"古墓群的发现》，《文物》1960 年第 8—9 期。

孙武军、张佳：《敦煌壁画迦陵频伽图像的起源与演变》，《中国国家博物馆馆刊》2018 年第 4 期。

谭蝉雪：《印沙·脱佛·脱塔》，《敦煌研究》1989 年第 1 期。

谭立人、周原孙：《唐蕃交聘表》，《中国藏学》1990 年第 2 期。

谭立人、周原孙：《唐蕃交聘表（续）》，《中国藏学》1990 年第 3 期。

唐长孺：《南北朝期间西域与南朝的陆路交通》，载唐长孺：《魏晋南北朝史论拾遗》，中华书局，1983 年。

唐长孺：《魏晋南北朝史论拾遗》，中华书局，1983 年。

汤惠生：《略说青海都兰出土的吐蕃石狮》，《考古》2003 年第 12 期。

汤惠生、张文华：《青海岩画：史前艺术中二元对立思维及其观念的研究》，科学出版社，2001 年。

汤惠生：《青海玉树地区唐代佛教摩崖考述》，《中国藏学》1998 年第 1 期。

汤惠生：《青藏高原旧石器时代晚期至新石器时代初期的考古学文化及经济形态》，《考古学报》2011 年第 4 期。

汤惠生：《藏族饰珠"GZI"考略》，《中国藏学》1995 年第 2 期。

汤隆皓：《西藏岩画研究回顾》，《中国藏学》2018 年第 4 期。

特日根巴彦尔：《欧亚草原中东部地区车辆岩画的分布特点及内容分析》，《中原文物》2012 年第 2 期。

田广金：《近年来内蒙古地区的匈奴考古》，《考古学报》1983 年第 1 期。

童恩正：《我国西南地区青铜剑的研究》，《考古学报》1977 年第 2 期。

童恩正：《西藏考古综述》，《文物》1985 年第 9 期。

仝涛：《甘肃肃南大长岭吐蕃墓葬的考古学观察》，《考古》2018 年第 6 期。

仝涛：《考古发现填补青藏高原丝路缺环》，《中国社会科学报》2016 年 8 月 25 日第 7 版。

仝涛、李林辉：《欧亚视野内的喜马拉雅黄金面具》，《考古》2015 年第 2 期。

仝涛：《木棺装饰传统——中世纪早期鲜卑文化的一个要素》，载四川大学中国藏学研究所编：《藏学学刊》第 3 辑，四川大学出版社，2007 年。

仝涛：《青海都兰热水一号大墓的形制、年代及墓主人身份探讨》，《考古学报》2012 年第 4 期。

仝涛：《青海郭里木吐蕃棺板画所见丧礼图考释》，《考古》2012 年第 11 期。

仝涛：《丝绸之路上的疑似吐蕃佛塔基址——青海都兰考肖图遗址性质刍议》，《中山大学学报（社会科学版）》2017 年第 2 期。

仝涛：《西藏阿里象雄都城"穹窿银城"附近发现汉晋丝绸》，《中国文物报》2011 年 9 月 23 日第 4 版。

仝涛：《西藏西部的丝绸与丝绸之路》，《中国国家博物馆馆刊》2017 年第 2 期。

吐鲁番市文物局、新疆文物考古研究所、吐鲁番学博物馆：《新疆洋海墓地》，文物出版社，2019 年。

王保东主编：《肃州历史文化遗产研究论文集》，甘肃文化出版社，2016 年。

王炳华：《新疆岩画的内容及其文化涵义——新疆岩画概观之二》，《新疆师范大学学报（哲学社会科学版）》2004 年第 3 期。

王博、傅明方：《包孜东、麻扎甫塘古墓与龟兹古国文化》，《龟兹学研究》第二辑，2007 年。

王朝闻总主编，陈绶祥卷主编：《中国美术史·隋唐卷》，齐鲁书社、明天出版社，2000 年。

王惠民：《〈董保德功德记〉与隋代敦煌崇教寺舍利塔》，《敦煌研究》1997 年第 3 期。

王冀青：《关于"丝绸之路"一词的词源》，《敦煌学辑刊》2015 年第 2 期。

王坤、傅惟光：《辽代的契丹和草原丝绸之路》，《理论观察》2015 年第 6 期。

王泷：《固原漆棺彩画》，《美术研究》1984 年第 2 期。

王丕考：《青海西宁波斯萨珊朝银币出土情况》，《考古》1962 年第 9 期。

王仁湘等：《西藏琼结吐蕃王陵的勘测与研究》，《考古学报》2002 年第 4 期。

王树芝等：《都兰三号墓的精确年代——利用树轮年代学研究方法》，中国文化遗产研究院：《文物科技研究》第五辑，科学出版社，2007 年。

王树芝：《故如甲木墓地 M1 所出木材的鉴定和树轮分析》，《考古学报》2014 年第 4 期。

王树芝：《青海都兰地区公元前 515 年以来树木年轮表的建立及应用》，《考古与文物》2004 年第 6 期。

王铁英：《马镫的起源》，《欧亚学刊》2002 年第 3 期。

王㵚：《复面、眼罩及其他》，《文物》1962 年第 7—8 期。

王团战：《大周沙州刺史李无亏墓及征集到的三方唐代墓志》，《考古与文物》2004 年第 1 期。

王献军：《唐代吐蕃统治河陇地区汉族琐谈》，《西藏研究》1989 年第 2 期。

王小甫：《七至十世纪西藏高原通其西北之路——联合国教科文组织（UNESCO）"平山郁夫丝绸之路研究奖学金"资助考察报告》，载春史卞麟锡教授停年纪念论丛委员会编：《春史卞麟锡教授停年纪念论丛》，釜山：图书出版公司，2000 年 12 月，第 305—321 页。

王巍：《东亚地区古代铁器及冶铁术的传播与交流》，中国社会科学出版社，1999 年。

王维坤：《试论日本正仓院珍藏的镀金鹿纹三足银盘》，《考古与文物》1996 年第 5 期。

王旭东、汤姆·普利兹克主编：《丝绸之路上的文化交流——吐蕃时期艺术珍品》，中国藏学出版社，2020 年。

王尧、陈践：《青海吐蕃简牍考释》，《西藏研究》1991 年第 3 期。

王育龙、萧健一：《西安新出土的汉代金牌饰》，《收藏家》2001 年第 11 期。

王仲殊：《汉代物质文化略说》，《考古》1956 年第 1 期。

韦荣慧：《中华民族服饰文化》，中国纺织工业出版社，1992 年。

魏坚：《内蒙古地区鲜卑墓葬的发现与研究》，科学出版社，2004 年。

魏健鹏：《敦煌壁画中吐蕃赞普像的几个问题》，《西藏研究》2011 年第 1 期。

魏文斌、吴荭：《炳灵寺石窟的唐蕃关系史料》，《敦煌研究》2001 年第 1 期。

文婧：《浅析新疆考古出土的汉代铜镜》，《昌吉学院学报》2008 年第 1 期。

武伯纶：《唐代的覆面和胡部新声》，《文物》1961 年第 6 期。

乌恩：《北方草原考古学文化比较研究———青铜时代至早期匈奴时期》，科学出版社，2008 年。

吴浩军、赵建平：《西沟唐墓十二神兽砖雕艺术欣赏》，《丝绸之路》1994 年第 4 期。

巫新华、杨军、戴君彦：《海昏侯墓出土玛瑙珠、饰件的受沁现象解析》，《文物天地》2019 年第 2 期。

吴焯：《青海道述考》，《西北民族研究》1999 年第 2 期。

吴焯：《四川早期佛教遗物及其年代与传播途径的考察》，《文物》1992 年第 11 期。

吴景敖：《西陲史地研究》，中华书局，1948 年。

吴均：《自截支桥至悉诺逻驿唐蕃古道的走向》，《中国藏学》1988 年第 2 期。

武敏：《吐鲁番出土蜀锦的研究》，《文物》1984 年第 6 期。

吴平：《青海互助县高寨乡东庄村汉墓清理记》，《青海考古学会会刊》1984 年第 6 期。

西藏文管会：《松噶尔石雕五塔》，载西藏自治区文管会编：《扎囊县文物志》，内部资料，2009 年，第 37 页。

席琳：《吐蕃佛教石刻造像综述》，《西北大学学报（哲学社会科学版）》2011 年第 1 期。

夏鼐：《青海西宁出土的波斯萨珊朝银币》，《考古学报》1958 年第 1 期。

夏鼐：《新疆新发现的古代丝织品——绮、锦和刺绣》，《考古学报》1963 年第 1 期。

夏鼐：《武威唐代吐谷浑慕容氏墓志》，载夏鼐：《考古学论文集（上）》，河北教育出版社，2000 年。

夏吾卡先：《吐蕃石狮子考古调查及相关文化研究》，《西藏研究》2017 年第 2 期。

肖永明：《树木年轮在青海西部地区吐谷浑与吐蕃墓葬研究中的应用》，《青海民族研究》2008 年第 3 期。

谢尔盖、冯筱媛、林英：《公元前三千纪至公元前一千纪稀有商品贸易网络中的中亚——以青金石与玻璃为中心的探讨》，《海洋史研究》2018 年第 2 期。

谢继胜：《川青藏交界地区藏传摩崖石刻造像与题记分析——兼论吐蕃时期大日如来与八大菩萨造像渊源》，《中国藏学》2009 年第 1 期。

谢静：《敦煌莫高窟〈吐蕃赞普礼佛图〉中吐蕃族服饰初探——以第 159 窟、第 231 窟、第 360 窟为中心》，《敦煌学辑刊》2007 年第 2 期。

谢佐、格桑本、袁复堂：《青海金石录》，青海人民出版社，1993 年。

辛峰、马冬：《青海乌兰茶卡棺板画研究》，《青海民族大学学报》2017 年第 3 期。

新疆维吾尔自治区博物馆编：《新疆出土文物》，文物出版社，1975 年。

新疆维吾尔自治区博物馆：《新疆维吾尔自治区博物馆》，文物出版社，1991 年。

熊昭明、李青会：《广西出土汉代玻璃器的考古学与科技研究》，文物出版社，2011 年。

熊昭明：《汉代合浦港的考古学研究》，文物出版社，2018 年。

徐学书：《关于滇文化和滇西青铜文化年代的再探讨》，《考古》1999 年第 5 期。

徐彦钧：《论敦煌莫高窟壁画中的大象》，《大众文艺》2015 年第 7 期。

许红梅：《都兰县出土的东罗马金币考证》，《青海民族研究》2004 年第 2 期。

许新国、刘小何：《青海吐蕃墓葬发现木板彩绘》，《中国西藏》2006 年第 6 期。

许新国、赵丰：《都兰出土丝织品初探》，《中国历史博物馆馆刊》1991 年第 15—16 期。

许新国：《茶卡出土的彩绘木棺盖板》，《青海民族大学学报》2011 年第 1 期。

许新国：《茶卡吐谷浑国王陵浅谈》，《青海民族学院学报》2009 年第 4 期。

许新国：《柴达木盆地吐蕃墓出土漆器》，载许新国：《西陲之地与东西方文明》，燕山出版社，2006 年。

许新国：《大通上孙家寨出土"汉匈奴归义亲汉长"铜印考说》，《青海社会科学》1989 年第 4 期。

许新国：《都兰出土舍利容器——镀金银棺考》，《中国藏学》2009 年第 2 期。

许新国：《都兰热水血渭吐蕃大墓殉马坑出土舍利容器推定及相关问题》，《中国历史博物馆馆刊》1995 年第 1 期。

许新国：《都兰吐蕃墓出土含绶鸟织锦研究》，《中国藏学》1996 年第 1 期。

许新国：《都兰吐蕃墓中镀金银器属粟特系统的推定》，《中国藏学》1994 年第

4 期。

　　许新国：《郭里木吐蕃墓葬棺板画研究》，《中国藏学》2005 年第 1 期。

　　许新国：《连珠纹与哈日赛沟吐谷浑古墓发掘》，《青海民族大学学报（社会科学版）》2011 年第 4 期。

　　许新国：《青海都兰吐蕃墓出土太阳神图案织锦考》，《中国藏学》1997 年第 3 期。

　　许新国：《青海考古的回顾与展望》，《考古》2002 年第 12 期。

　　许新国：《青海省互助土族自治县东汉墓葬出土文物》，《文物》1981 年第 2 期。

　　许新国：《青海丝绸之路在中西交通史中的地位和作用》，载许新国：《西陲之地与东西方文明》，北京燕山出版社，2006 年，第 142—147 页。

　　许新国：《吐蕃墓出土蜀锦与青海丝绸之路》，载四川大学中国藏学研究所编：《藏学学刊》第 3 辑，四川大学出版社，2007 年。

　　许新国：《吐蕃墓的墓上祭祀建筑问题》，《青海文物》1995 年第 9 期。

　　许新国：《吐蕃丧葬殉牲习俗研究》，《青海文物》1991 年第 6 期。

　　许新国：《乌兰县泉沟吐蕃时期的壁画墓》，《青海藏族》2012 年第 1 期。

　　许新国：《西陲之地与东西方文明》，燕山出版社，2006 年。

　　许新国：《兴海县出土唐狮纹画像砖图像考》，《青海文物》1996 年第 10 期。

　　严耕望：《唐代交通图考》第二卷《河陇碛西区》，《"中研院"历史语言研究所集刊之八十三》，1983 年。

　　杨泓：《中国隋唐时期佛教舍利容器》，《中国历史文物》2004 年第 4 期。

　　杨建华、邵会秋、潘玲：《欧亚草原东部的金属之路——丝绸之路与匈奴联盟的孕育过程》，上海古籍出版社，2017 年。

　　杨建华、张盟：《中亚天山、费尔干纳与帕米尔地区的早期铁器时代研究——与新疆地区的文化交往》，载吉林大学边疆考古研究中心编：《边疆考古研究》第 9 辑，科学出版社，2010 年。

　　杨铭：《试论唐代西北诸族的"吐蕃化"及其历史影响》，《民族研究》2010 年第 4 期。

　　杨铭：《唐代中西交通吐蕃—勃律道考》，《西域研究》2007 年第 2 期。

　　杨铭：《吐蕃统治敦煌与吐蕃文书研究》，中国藏学出版社，2008 年。

　　杨铭：《吐蕃与南亚中亚各国关系史述略》，《西北民族研究》1990 年第 1 期。

　　杨清凡：《弗兰克与西部西藏历史研究——兼论西部西藏考古的发端》，载四川大学中国藏学研究所编：《藏学学刊》第 13 辑，中国藏学出版社，2015 年。

　　易学钟：《云南永胜金官龙潭出土青铜器》，《云南文物》1986 年总第 19 期。

殷晴：《古代新疆的南北交通及经济文化交流》，《新疆文物》1990 年第 4 期。

殷晴：《古代于阗的南北交通》，《历史研究》1992 年第 3 期。

殷晴：《古代于阗和吐蕃的交通及其友邻关系》，《民族研究》1994 年第 5 期。

于春、席琳、何伟：《西藏阿里洛布措环湖遗址考古调查札记》，《大众考古》2017 年第 7 期。

于志勇：《楼兰—尼雅地区出土汉晋文字织锦初探》，《中国历史文物》2003 年第 6 期。

于志勇：《新疆考古发现的钻木取火器初步研究》，载文化遗产研究与保护技术教育部重点实验室、西北大学文化遗产与考古学研究中心编：《西部考古》第三辑，三秦出版社，2008 年。

俞伟超：《尼雅 95MN I 号墓地 M3 与 M8 墓主身份试探》，《西域研究》2000 年第 3 期。

喻燕娇：《馆藏花斑纹玛瑙珠小议》，《文物天地》2015 年第 9 期。

袁国藩：《元代蒙人之丧葬制度》，载袁国藩：《元代蒙古文化论集》，台湾商务印书馆，2004 年。

袁晓红：《新疆汉晋小河遗址一件黄铜样品的科学分析》，中国化学会应用化学委员会：《全国第 11 届考古与文物保护化学学术研讨会论文集：文物保护研究新论（二）》，文物出版社，2010 年。

张得祖：《丝绸之路在青海》，《青海师范学院学报（哲学社会科学版）》1982 年第 1 期。

张广立、徐庭云：《西安韩森寨出土的鸾鸟菱花纹银盘及其制作年代》，《考古与文物》1988 年第 4 期。

张建林：《日土岩画的初步研究》，《文物》1987 年第 2 期。

张建林：《藏传佛教后弘期早期擦擦的特征——兼谈吐蕃擦擦》，《中国藏学》2010 年第 1 期。

张建林：《荒原古堡——西藏古格王国故城探察记》，四川教育出版社，1996 年。

张建林：《日土岩画的初步研究》，《文物》1987 年第 2 期。

张杰：《新疆玛纳斯河流域首次发现安德罗诺沃文化墓葬》，《中国文物报》2017 年 12 月 15 日第 8 版。

张敬雷：《青海省西宁市陶家寨汉晋时期墓地人骨研究》，吉林大学博士论文，2008 年。

张丽华：《十二生肖的起源及墓葬中的十二生肖俑》，《四川文物》2003 年第 5 期。

张芢胤等：《青海大通上孙家寨古代居民 mtDNA 遗传分析》，《人类学学报》2013 年第 2 期。

张启珍、李冀源：《从河湟汉墓看"河西初开"时的多元族群融合》，《青海民族大学学报（社会科学版)》2018 年第 1 期。

张森水：《西藏定日新发现的旧石器》，中国科学院西藏科学考察队：《珠穆朗玛峰地区科学考察报告 1966—1968 第四纪地质》，科学出版社，1976 年。

张亚莎、龚田夫：《西藏岩画中的"塔图形"》，《中国藏学》2005 年第 1 期。

张亚莎：《西藏美术史》，中央民族大学出版社，2006 年。

张亚莎：《西藏西部垒石建筑岩画的发展轨迹——与巴基斯坦吉拉斯岩画的对比研究》，《三峡论坛（三峡文学理论版)》2010 年第 1 期。

张云、张钦：《唐代内地经吐蕃道与印度的佛教文化交流》，《西藏民族学院学报（哲学社会科学版)》2013 年第 1 期。

张云：《论吐蕃文化对西夏的影响》，《中国藏学》1989 年第 2 期。

张云：《上古西藏与波斯文明》，中国藏学出版社，2017 年。

张云：《丝路文化·吐蕃卷》，浙江人民出版社，1996 年。

张云：《吐蕃丝绸之路与文化交流》，《光明日报》2017 年 11 月 7 日。

张长虹：《藏东地区吐蕃时期大日如来图像研究》，《青海民族研究》2017 年第 1 期。

张忠孝：《青海地理》，青海人民出版社，2004 年。

赵丰：《纺织品考古新发现》，香港：艺纱堂服饰出版社，2002 年。

赵丰：《魏唐织锦中的异域神祇》，《考古》1995 年第 2 期。

赵丰：《西北风格汉晋织物》，香港：艺纱堂/服饰工作队，2008 年。

赵丰：《新疆地产绵线织锦研究》，《西域研究》2005 年第 1 期。

赵生琛：《青海西宁发现波斯萨珊朝银币》，《考古通讯》1958 年第 1 期。

赵心愚：《吐蕃入滇与滇藏交通的发展》，《西藏研究》2006 年第 2 期。

郑学檬：《南传"棉路"与海南棉织文明探源——关于黄道婆研究的一份背景资料》，载陈光良主编：《黄道婆文化研究文集》，中山大学出版社，2018 年。

中国材料研究会主编：《2002 年材料科学与工程新进展（下）——2002 年中国材料研讨会论文集》，冶金工业出版社，2003 年。

中国大百科全书编辑委员会编：《中国大百科全书·民族》，中国大百科全书出版社，1992 年。

中国金银玻璃珐琅器全集编辑委员会：《中国美术分类全集·中国金银玻璃珐琅器

全集 2·金银器（二）》，河北美术出版社，2004 年。

中国美术全集编辑委员会、敦煌研究院：《中国美术全集·绘画编·15 下·敦煌壁画》，上海人民美术出版社，1985 年。

中国美术全集编辑委员会编：《中国美术全集·工艺美术编 6·印染织绣（上）》，文物出版社，1986 年。

中国青铜器全集编辑委员会编：《中国美术分类全集·中国青铜器全集》第 15 卷《北方民族》，文物出版社，1995 年。

中国社会科学院民族研究所社会历史资料组编译：《民族社会历史译文集（第 1 集）》（内部资料），1977 年。

中国文物精华编辑委员会编：《中国文物精华》，文物出版社，1993 年。

中国文物精华编辑委员会编：《中国文物精华》，文物出版社，1997 年。

钟侃、韩孔乐：《宁夏南部春秋战国时期的青铜文化》，中国考古学会编：《中国考古学会第四次年会论文集》，文物出版社，1983 年。

周廷儒：《论罗布泊的迁移问题》，《北京师范大学学报（自然科学版）》1978 年第 3 期。

周伟洲：《古青海路考》，《西北大学学报》1982 年第 1 期。

周伟洲：《吐谷浑的历史和文化》，《文明》2006 年第 11 期。

周伟洲：《吐谷浑史》，宁夏人民出版社，1984 年。

周伟洲：《吐谷浑资料辑录》，青海人民出版社，1992 年。

周伟洲：《魏晋十六国时期鲜卑族向西北地区的迁徙及其分布》，《民族研究》1983 年第 5 期。

周伟洲主编：《西北民族论丛》第 14 辑，中国社会科学文献出版社，2016 年。

周长山：《"海上丝绸之路"概念之产生与流变》，《广西地方志》2014 年第 3 期。

朱活：《居延简耿勋碑与东汉币制》，《中国钱币》1991 年第 2 期。

朱丽双：《〈于阗国授记〉译注（上）》，《中国藏学》2012 年第 S1 期。

朱世奎、程起骏：《吐谷浑白兰地望新考》，《青海社会科学》2008 年第 2 期。

作铭：《我国出土的蚀花的肉红石髓珠》，《考古》1974 年第 6 期。

中文部分·发掘简报和报告

安英新：《新疆伊犁昭苏县古墓葬出土金银器等珍贵文物》，《文物》1999 年第 9 期。

安峥地：《唐房陵大长公主墓清理简报》，《文博》1990 年第 1 期。

敖汉旗文化馆：《敖汉旗李家营子出土的金银器》，《考古》1978 年第 2 期。

白万荣：《青海乐都发现东汉 "诏假司马印"》，《文物》1995 年第 12 期。

伯果、谢继胜、扎西尖措等：《青海化隆旦斗岩窟壁画初步调查》，《考古与文物》2014 年第 2 期。

蔡林海：《都兰县考肖图吐蕃时期遗址》，《中国考古学年鉴》，文物出版社，1997 年。

成都市文物考古研究所、凉山彝族自治州博物馆编著：《老龙头墓地与盐源青铜器》，文物出版社，2009 年。

赤列次仁、陈祖军：《堆龙德庆县吐蕃时期噶琼寺西塔遗址》，载中国考古学会编：《中国考古学年鉴 2015》，中国社会科学出版社，2016 年。

程林泉、张翔宇：《西安北郊再次发现北周粟特人墓葬》，《中国文物报》2004 年 11 月 24 日第 1 版。

大同市博物馆、山西省文管会：《山西大同石家寨北魏司马金龙墓》，《文物》1972 年第 3 期。

大同市考古研究所：《山西大同沙岭北魏壁画墓发掘简报》，《文物》2006 年第 10 期。

大同市考古研究所：《山西大同下深井北魏墓发掘简报》，《文物》2004 年第 6 期。

大同市考古研究所、山西省考古研究所：《山西大同市北魏宋绍祖墓发掘简报》，《文物》2001 年第 7 期。

盖培、王国道：《黄河上游拉乙亥石器时代遗址发掘报告》，《人类学学报》1983 年第 1 期。

甘肃省文物考古研究所：《甘肃高台县汉晋墓葬发掘简报》，《考古与文物》2005 年第 5 期。

郭珉：《吉林大安县后宝石墓地调查》，《考古》1997 年第 2 期。

何克洲、张德荣：《青海民和县胡李家发现汉墓》，《考古》2004 年第 3 期。

湖北省博物馆：《武汉地区四座南朝纪年墓》，《考古》1965 年第 4 期。

李永宪：《西藏日土县塔康巴岩画的调查》，《考古》2001 年第 6 期。

李毓芳：《陕西咸阳马泉西汉墓》，《考古》1979 年第 2 期。

刘俊喜、高峰：《大同智家堡北魏墓棺板画》，《文物》2004 年第 12 期。

刘俊喜：《山西大同沙岭发现北魏壁画墓》，《中国文物报》2006 年 2 月 24 日第 1 版。

刘瑞、李毓芳、王自力等：《西安市阎良区秦汉栎阳城遗址墓葬的发掘》，《考古》2016 年第 9 期。

卢耀光、尚杰民、贾鸿健：《青海西宁市发现一座北朝墓》，《考古》1989 年第 6 期。

罗丰编：《宁夏固原南郊隋唐墓地》，文物出版社，1996 年。

洛桑扎西：《那曲尼玛县夏桑、加林山岩画调查简报》，《西藏研究》2002 年第 3 期。

内蒙古文物工作队：《内蒙古扎赉诺尔古墓群发掘简报》，《考古》1961 年第 12 期。

内蒙古文物工作队：《内蒙古哲里木盟奈林稿辽代壁画墓》，《考古学集刊》1981 年第 1 集。

内蒙古文物考古研究所：《辽陈国公主驸马合葬墓发掘简报》，《文物》1987 年第 11 期。

宁夏固原博物馆：《宁夏固原唐史道德墓清理简报》，《文物》1985 年第 11 期。

宁夏文物考古研究所：《宁夏固原九龙山隋墓发掘简报》，《文物》2012 年第 10 期。

宁夏文物考古研究所、中国社会科学院考古所宁夏考古组、同心县文物管理所：《宁夏同心倒墩子匈奴墓地》，《考古学报》1988 年第 3 期。

青海省文物管理处考古队：《青海大通上孙家寨的匈奴墓》，《文物》1979 年第 4 期。

青海省文物管理委员会：《西宁市南滩汉墓》，《考古》1964 年第 5 期。

青海省文物考古队、互助县文化局图书馆：《青海互助土族自治县王家庄汉墓》，《青海考古学会会刊》1993 年第 5 期。

青海省文物考古工作队：《青海大通县上孙家寨一一五号汉墓》，《文物》1981 年第 2 期。

青海省文物考古工作队：《青海湖环湖考古调查》，《考古》1984 年第 3 期。

青海省文物考古研究所、北京大学考古文博学院：《都兰吐蕃墓》，科学出版社，2005 年。

青海省文物考古研究所、北京大学考古文博学院：《贵南尕马台》，科学出版社，2016 年。

青海省文物考古研究所（李冀源、胡晓军、陈海清、梁官锦）：《青海都兰热水哇沿水库发掘古代遗址和墓葬》，《中国文物报》2015 年 7 月 3 日第 8 版。

青海省文物考古研究所、民和回族土族自治县博物馆：《青海民和县胡李家汉墓 2001 年至 2004 年发掘简报》，《四川文物》2019 年第 5 期。

青海省文物考古研究所、陕西省考古研究院：《青海都兰县哇沿水库古代墓葬 2014

年发掘简报》，《考古与文物》2018 年第 6 期。

青海省文物考古研究所、四川大学中国藏学研究所、四川大学考古学系：《青海玉树勒巴沟吾娜桑嘎佛教摩崖石刻调查简报》，载四川大学中国藏学研究所编：《藏学学刊》第 16 辑，中国藏学出版社，2017 年。

青海省文物考古研究所、四川大学中国藏学研究所：《青海玉树勒巴沟古秀泽玛佛教摩崖造像调查简报》，载四川大学中国藏学研究所编：《藏学学刊》第 16 辑，中国藏学出版社，2017 年。

青海省文物考古研究所、四川大学中国藏学研究所：《青海玉树勒巴沟恰冈佛教摩崖造像调查简报》，载四川大学中国藏学研究所编：《藏学学刊》第 16 辑，中国藏学出版社，2017 年。

青海省文物考古研究所：《青海互助县高寨魏晋墓的清理》，《考古》2002 年第12 期。

青海省文物考古研究所：《青海民和县东垣村发现东汉墓葬》，《考古》1986 年第9 期。

青海省文物考古研究所：《青海平安县古城青铜时代和汉代墓葬》，《考古》2002年第 12 期。

青海省文物考古研究所：《青海省西宁市陶家寨汉墓 2002 年发掘简报》，《东亚古物 B 卷》，文物出版社，2007 年。

青海省文物考古研究所：《青海乌兰县大南湾遗址试掘简报》，《考古》2002 年第12 期。

青海省文物考古研究所：《青海西宁陶家寨汉墓发掘简报》，《文物》2015 年第9 期。

青海省文物考古研究所：《上孙家寨汉晋墓》，文物出版社，1993 年。

任晓燕：《记西宁南滩的一座汉墓》，《青海文物》1987 年第 3 期。

任晓燕、乔虹：《西宁陶家寨汉晋墓地——青海省基建设考古重要发现》，载青海省文物考古研究所编著：《再现文明》，文物出版社，2013 年。

任树民：《陕西白水县发现"晋归义羌王"印》，《考古》1991 年第 3 期。

山西大同市博物馆、山西省文物工作委员会：《山西大同石家寨司北魏马金龙墓》，《文物》1972 年第 3 期。

山西省大同市考古研究所：《大同湖东北魏一号墓》，《文物》2004 年第 12 期。

山西省考古研究所、大同市博物馆：《大同南郊北魏墓群发掘简报》，《文物》1992年第 8 期。

山西省考古研究所：《山西浑源县李峪村东周墓》，《考古》1983 年第 8 期。

山西省考古研究所、太原市考古研究所、太原市晋源区文物旅游局：《太原隋代虞弘墓清理简报》，《文物》2001 年第 1 期。

山西省考古研究所、太原市文物考古研究所：《太原隋虞弘墓》，文物出版社，2005 年。

陕西省博物馆：《陕西省耀县柳林背阴村出土一批唐代银器》，《文物》1966 年第 1 期。

陕西省博物馆等：《西安南郊何家村发现唐代窖藏文物》，《文物》1972 年第 1 期。

陕西省考古研究所：《唐惠庄太子墓发掘简报》，《考古与文物》1999 年第 2 期。

陕西省考古研究所：《西安北周安伽墓》，文物出版社，2003 年。

陕西省考古研究所：《西安发现的北周安伽墓》，《文物》2001 年第 1 期。

陕西省考古研究所等：《唐新城长公主墓发掘报告》，科学出版社，2004 年。

陕西省考古研究院等：《法门寺考古发掘报告》，文物出版社，2007 年。

陕西省考古研究院、西藏自治区文物保护研究所：《西藏日土洛布措环湖考古调查取得重要收获》，《中国文物报》2013 年 10 月 18 日第 1 版。

陕西省考古研究院：《以实干笃定前行，以奋斗不负韶华（四），2019 年业务成果汇报会纪要》，https：//www.sohu.com/a/377886504_199807，2020-03-05/2020-07-17.

陕西省文管会、澄城县文化馆联合发掘队：《陕西坡头村西汉铸钱遗址发掘简报》，《考古》1982 年第 1 期。

陕西省文物管理委员会：《陕西省三原县双盛村李和墓清理简报》，《文物》1966 年第 1 期。

施爱民：《肃南大长岭吐蕃文物出土记》，《丝绸之路》1999 年第 S1 期。

施爱民：《肃南西水大长岭唐墓清理简报》，《陇右文博》2004 年第 1 期。

四川大学中国藏学研究所等：《西藏琼结县藏王陵 1 号陵陵垣的试掘》，《考古》2016 年第 9 期。

四川大学中国藏学研究所等：《西藏芒康嘎托镇新发现吐蕃摩崖石刻调查简报》，载四川大学中国藏学研究所编：《藏学学刊》第 16 辑，中国藏学出版社，2017 年。

四川大学中国藏学研究所等：《西藏札达县格布赛鲁墓地调查简报》，《考古》2001 年第 6 期。

四川大学中国藏学研究所、四川大学考古学系、西藏自治区文物局：《皮央·东嘎遗址考古报告》，四川人民出版社，2001 年。

四川大学中国藏学研究所、四川大学考古学系、西藏自治区文物局：《西藏阿里地区丁东居住遗址发掘简报》，《考古》2007 年第 11 期。

四川大学中国藏学研究所、四川大学考古学系、西藏自治区文物局：《西藏札达县皮央·东嘎遗址古墓群试掘简报》，《考古》2001 年第 6 期。

四川省文物考古研究院、石渠县文化局：《四川石渠县新发现吐蕃石刻群调查简报》，《四川文物》2013 年第 6 期。

随县擂鼓墩一号墓考古发掘队：《湖北随县曾侯乙墓发掘简报》，《文物》1979 年第 7 期。

塔拉、张亚强：《内蒙古通辽市吐尔基山辽代墓葬》，《考古》2004 年第 7 期。

田广金：《桃红巴拉的匈奴墓》，《考古学报》1976 年第 1 期。

吐鲁番文管所：《鄯善苏巴什古墓葬发掘简报》，《考古》1984 年第 1 期。

王太明、贾文亮：《山西榆社县发现北魏画像石棺》，《考古》1993 年第 8 期。

西安市文物保护考古所：《西安北周凉州萨保史君墓发掘简报》，《文物》2005 年第 3 期。

西安市文物保护考古所：《西安市北周史君石椁墓》，《考古》2004 年第 7 期。

西藏文管会文物普查队：《乃东县切龙则木墓群 G 组 M1 殉马坑清理简报》，《文物》1985 年第 9 期。

西藏自治区文管会文物普查队：《西藏吉隆县发现唐显庆三年〈大唐天竺使出铭〉》，《考古》1994 年第 7 期。

西藏自治区文管会文物普查队：《西藏纳木错扎西岛洞穴岩壁画调查简报》，《考古》1994 年第 7 期。

西藏自治区文物管理委员会：《西藏昌都卡若遗址试掘简报》，《文物》1979 年第 9 期。

西藏自治区文管会文物普查队：《西藏日土县古代岩画调查简报》，《文物》1987 年第 2 期。

西藏自治区文管会文物普查队：《西藏山南隆子县石棺墓的调查与清理》，《考古》1984 年第 7 期。

西藏自治区文物管理委员会、四川大学历史系：《昌都卡若》，文物出版社，1985 年。

西藏自治区文物管理委员会：《阿里地区古格王国遗址调查记》，《文物》1981 年第 11 期。

西藏自治区文物局、四川联合大学考古专业：《西藏阿里东嘎、皮央石窟考古调查报告》，《文物》1997 年第 9 期。

肖湘、黄纲正：《长沙咸家湖西汉曹（女巽）墓》，《文物》1979 年第 3 期。

新疆社会科学院考古研究所：《帕米尔高原古墓》，《考古学报》1981 年第 2 期。

新疆社会科学院考古研究所：《新疆阿拉沟竖穴木椁墓发掘简报》，《文物》1981年第1期。

新疆吐鲁番学研究院、新疆文物考古研究所：《新疆鄯善洋海墓地发掘报告》，《考古学报》2011年第1期。

新疆维吾尔自治区博物馆、阿克苏地区文管所、温宿县文化馆：《温宿县包孜东墓葬群的调查和发掘》，《新疆文物》1986年第2期。

新疆维吾尔自治区博物馆等：《新疆且末扎滚鲁克一号墓地发掘报告》，《考古学报》2003年第1期。

新疆维吾尔自治区博物馆、西北大学历史系考古专业：《1973年吐鲁番阿斯塔那古墓群发掘简报》，《文物》1975年第7期。

新疆维吾尔自治区博物馆、新疆文物考古研究所编著：《中国新疆山普拉》，新疆人民出版社，2001年。

新疆维吾尔自治区博物馆：《吐鲁番县阿斯塔那——哈拉和卓古墓发掘简报（1963—1965）》，《文物》1973年第10期。

新疆维吾尔自治区博物馆考古队：《新疆民丰大沙漠中的古代遗址》，《考古》1961年第3期。

新疆文物考古研究所：《阿斯塔那古墓群第十次发掘简报》，《新疆文物》2000年第3、4期合刊。

新疆文物考古研究所：《新疆布尔津喀纳斯下湖口图瓦新村墓地发掘简报》，《文物》2014年第7期。

新疆文物考古研究所：《新疆察吾呼——大型氏族墓地发掘报告》，东方出版社，1999年。

新疆文物考古研究所：《新疆和静哈布其罕萨拉墓地墓群2013年发掘简报》，《文物》2014年第12期。

新疆文物考古研究所：《新疆和静县莫呼查汗墓地发掘简报》，《考古与文物》2014年第5期。

新疆文物考古研究所：《新疆库车县库俄铁路沿线考古发掘简报》，《西部考古》2016年第1期。

新疆文物考古研究所：《新疆民丰县尼雅遗址95MNⅠ号墓地M8发掘简报》，《文物》2000年第1期。

新疆文物考古研究所：《新疆莫呼查汗墓地》，科学出版社，2016年。

新疆文物考古研究所：《新疆尼勒克乌吐兰墓地发掘简报》，《文物》2014年第

12 期。

新疆文物考古研究所:《新疆萨恩萨伊墓地》,文物出版社,2013 年。

新疆文物考古研究所:《新疆尉犁县营盘墓地 15 号墓发掘简报》,《文物》1999 年第 1 期。

新疆文物考古研究所:《新疆下坂地墓地》,文物出版社,2012 年。

许淑珍:《西宁市陶家寨汉墓清理简报》,《青海考古学会学刊》1984 年第 6 期。

杨铁军:《西宁彭家寨两座汉墓发掘简报》,《青海文物》1991 年第 6 期。

伊克昭盟文物工作站、内蒙古文物工作队:《西沟畔匈奴墓》,《文物》1980 年第 7 期。

伊克昭盟文物工作站:《伊克昭盟补洞沟匈奴墓葬清理简报》,《内蒙古文物考古》1980 年(创刊号)。

印志华、李则斌:《江苏邗江姚庄 101 号西汉墓》,《文物》1988 年第 2 期。

负安志:《陕西长安县南里王村与咸阳飞机场出土大量隋唐珍贵文物》,《考古与文物》1993 年第 6 期。

云南省文物考古研究所:《剑川鳌凤山古墓发掘报告》,《考古学报》1990 年第 2 期。

张新宁:《云南德钦县纳古石棺墓》,《考古》1983 年第 3 期。

赵存禄:《青海民和县出土的二方铜印》,《文物》1987 年第 3 期。

赵殿增、高英民:《四川阿坝州发现汉墓》,《文物》1976 年第 11 期。

昭陵博物馆:《唐昭陵段简璧墓清理简报》,《文博》1989 年第 6 期。

郑隆、李逸友:《察右后旗二兰虎沟的古墓群》,载内蒙古文物工作队编:《内蒙古文物资料选辑》,内蒙古人民出版社,1964 年。

张晓霞、罗延焱、郭晓云:《西藏改则岩画的田野调查》,《内蒙古艺术学院学报》2018 年第 1 期。

中国墓室壁画全集编辑委员会编:《中国美术分类全集·中国墓室壁画全集 2·隋唐五代》,河北出版传媒集团公司、河北教育出版社,2011 年。

中国社会科学院考古研究所内蒙古工作队:《内蒙古敖汉旗周家墓地发掘简报》,《考古》1984 年第 5 期。

中国科学院考古研究所:《西安郊区隋唐墓》,科学出版社,1966 年。

中国社会科学院考古研究所:《唐长安城郊隋唐墓》,文物出版社,1980 年。

中国社会科学院考古研究所、西藏自治区文物保护研究所、阿里地区文化局等:《西藏阿里地区故如甲木墓地和曲踏墓地》,《考古》2015 年第 7 期。

中国社会科学院考古研究所、西藏自治区文物保护研究所：《西藏阿里地区噶尔县故如甲木墓地 2012 年发掘报告》，《考古学报》2014 年第 4 期。

中国社会科学院考古研究所、西藏自治区文物局：《拉萨曲贡》，中国大百科全书出版社，1999 年。

中国社会科学院考古研究所：《藏王陵》，文物出版社，2006 年。

中国社会科学院考古研究所、海南蒙古族藏族自治州民族博物馆、乌兰县文体旅游广电局：《青海乌兰县泉沟一号墓发掘简报》，《考古》2020 年第 8 期。

中国社会科学院考古研究所西藏队、西藏自治区文物管理委员会：《西藏朗县列山墓地的调查与发掘》，《考古》2016 年第 11 期。

中国社会科学院考古研究所新疆队、新疆巴音郭楞蒙古族自治州文管所：《新疆和静县察吾乎沟口三号墓地发掘简报》，《考古》1990 年第 10 期。

中国社会科学院考古研究所新疆工作队、新疆巴音郭楞蒙古自治州文管所：《新疆轮台县群巴克墓葬第二、三次发掘简报》，《考古》1991 年第 8 期。

中国社会科学院考古研究所新疆工作队、新疆喀什地区文物局、塔什库尔干县文物管理所：《新疆塔什库尔干吉尔赞喀勒墓地 2014 年发掘报告》，《考古学报》2017 年第 4 期。

中国社会科学院考古研究所新疆工作队：《新疆塔什库尔干吉尔赞喀勒墓地发掘报告》，《考古学报》2015 年第 2 期。

周金玲、李文瑛：《新疆尉犁县营盘墓地 1995 年发掘简报》，《文物》2002 年第 6 期。

中文部分·译著

〔奥地利〕勒内·内贝斯基·沃杰科维茨著，谢继胜译：《西藏的神灵和鬼怪》，西藏人民出版社，1996 年。

〔俄〕鲁伯-列斯尼契科著，李琪译：《阿斯塔那古代墓地》，《西域研究》1995 年第 1 期。

拔塞囊著，佟锦华、黄布凡译注，《〈拔协〉（增补本）译注》，四川民族出版社，1990 年。

〔俄〕瓦·弗·巴托尔德著，王小甫译：《加尔迪齐著〈记述的装饰〉摘要》，《西北史地》1983 年第 4 期。

巴卧·祖拉陈哇著，黄颢译注：《〈贤者喜宴〉摘译（三）》，《西藏民族学院学报》1981 年第 2 期。

巴卧·祖拉陈哇著，黄颢译注：《〈贤者喜宴〉摘译（四)》，《西藏民族学院学报》1981 年第 3 期。

巴卧·祖拉陈哇著，黄颢译注：《〈贤者喜宴〉摘译（九)》，《西藏民族学院学报》，1982 年第 4 期。

巴卧·祖拉陈哇著，黄颢译注：《〈贤者喜宴〉摘译（十三)》，《西藏民族学院学报》1984 年第 1 期。

蔡巴·贡噶多吉著，东嘎·洛桑赤列校注，陈庆英、周润年译：《红史》，西藏人民出版社，2002 年。

达仓宗巴·班觉桑布著，陈庆英译：《汉藏史籍》，西藏人民出版社，1986 年。

〔德〕N. G. 容格、V. 容格、H. G. 希特尔著，朱欣民译：《西藏出土的铁器时代铜镜》，载四川联合大学西藏考古与历史文化研究中心、西藏自治区文物管理委员会编：《西藏考古》第一辑，四川大学出版社，1994 年。

〔法〕布尔努瓦著，耿昇译：《西藏的黄金与银币：历史、传说与演变》，中国藏学出版社，1999 年。

〔法〕麦克唐纳著，耿昇译：《敦煌吐蕃历史文书考释》，青海人民出版社，1991 年。

〔法〕沙畹著，冯承钧译：《西突厥史料》，中华书局，1958 年。

〔法〕石泰安著，耿昇译：《西藏的文明》，中国藏学出版社，1999 年。

〔法〕石泰安著，高昌文译：《有关吐蕃苯教殡葬仪轨的一卷古文书》，载中国敦煌吐鲁番学会主编：《国外敦煌吐蕃文书研究选译》，甘肃人民出版社，1992 年，第 251—281 页。

根敦琼培著，法尊大师译：《白史》，西北民族学院研究所，1981 年。

〔古希腊〕希罗多德著，王以铸译：《历史》卷三，商务印书馆，1959 年。

〔古印度〕阿底峡尊者发掘，卢亚军译注：《柱间史——松赞干布的遗训》，中国藏学出版社，2010 年。

〔美〕大卫·克里斯蒂安、刘玺鸿译：《丝绸之路还是草原之路？——世界史中的丝绸之路》，载周伟洲主编：《西北民族论丛》2016 年第 14 辑。

〔美〕迈克尔·芬克尔著，刘珺译：《尼泊尔天穴探秘》，《华夏地理》总第 124 期，2012 年 10 月。

〔挪威〕帕·克瓦尔耐著，褚俊杰译：《西藏苯教徒的丧葬仪式》，载王尧主编：《国外藏学研究译文集》第五辑，西藏人民出版社，1989 年。

恰白·次旦平措、诺章·吴坚、平措次仁著，陈庆英等译：《西藏通史——松石宝串》，西藏社会科学院、中国西藏杂志社、西藏古籍出版社，1996 年。

〔日〕森安孝夫著，钟美珠、俊谋译：《中亚史中的西藏——吐蕃在世界史中所居地位之展望》，《西藏研究》1987 年第 4 期。

〔日〕佐藤长著，梁今知译：《隋炀帝征讨吐谷浑的路线》，《青海社会科学》1982 年第 1 期。

〔日〕佐藤长著，王丰才译：《吐谷浑的诸根据地》，《西北史地》1982 年第 2 期。

〔瑞士〕阿米·海勒：《公元 8—10 世纪东藏的佛教造像及摩崖石刻》，载王尧主编：《国外藏学研究译文》第十五辑，西藏人民出版社，2001 年。

萨迦·索南坚赞著，陈庆英、仁庆扎西译注：《王统世系明鉴》，辽宁人民出版社，1985 年。

释迦仁钦德著，汤池安译：《雅隆尊者教法史》，西藏人民出版社，1989 年。

索南坚赞著，刘立千译注，《西藏王统记》，民族出版社，2000 年。

王尧、陈践译注：《敦煌本吐蕃历史文书（增订本）》，民族出版社，1992 年。

王尧、陈践译注：《敦煌本吐蕃历史文书》，民族出版社，1980 年。

〔匈〕乌瑞著，沈卫荣译：《释 Khrom：七—九世纪吐蕃帝国的行政单位》（Khrom：Administrative Units of the Tibetan Empire in the 7th-9th Centuries），载王尧主编：《国外藏学研究译文集》第一辑，西藏人民出版社，1985 年。

五世达赖喇嘛著，刘立千译注：《西藏王臣记》，民族出版社，2000 年。

〔匈〕雅诺什·哈尔马塔主编：《中亚文明史》第二卷《定居文明与游牧文明的发展：公元前 700 年至公元 250 年》，中国对外翻译出版公司，2002 年。

〔意〕L. 伯戴克著，扎洛译：《拉达克王国：公元 950—1842 年（ ）——拉达克的早期历史》，《西藏民族学院学报（哲学社会科学版）》2009 年第 2 期。

〔意〕G. 杜齐著，向红笳译：《西藏考古》，西藏人民出版社，2004 年。

〔意〕G. 图齐著，魏正中、萨尔吉主编：《梵天佛地》，上海古籍出版社，2009 年。

〔意〕伯戴克著，张长虹译：《西部西藏的历史》，载四川大学中国藏学研究所编：《藏学学刊》第 8 辑，四川大学出版社，2012 年。

〔英〕H. E. 理查德森著，石应平译：《吐蕃摩崖石刻的研究札记》，载四川联合大学西藏考古与历史文化研究中心、西藏自治区文物管理委员会编：《西藏考古》第一辑，四川大学出版社，1994 年。

〔英〕克莱门茨·R. 马克姆编著，张皓、姚乐野译：《叩响雪域高原的门扉——乔治·波格尔西藏见闻及托马斯·曼宁拉萨之行纪实》，四川民族出版社，2002 年。

〔英〕F. W. 托玛斯著，刘忠、杨铭译注：《敦煌西域古藏文社会历史文献》，民族出版社，2003。

扎敦·格桑丹贝坚赞著，德倩旺姆译注：《世界地理概说译注》，《中国藏学》2015
年第 4 期。

中国敦煌吐鲁番学会主编：《国外敦煌吐蕃文书研究选译》，甘肃人民出版社，
1992 年。

〔古中亚〕米尔咱·马黑麻·海答儿著，新疆社会科学院民族研究所译，王治来校
注：《中亚蒙兀尔史——拉失德史》，新疆人民出版社，1983 年。

（佚名）著，王治来译注：《世界境域志》，上海古籍出版社，2010 年。

西文部分

Agrawal，D. P.，J. S. Kharakwal，S. Kusumgar et al.，Cist Burials of the Kumaun Himalayas，*Antiquity*，1995，vol. 69.

Agrawal，D. P.，M. Shah，*Review：Ancient Glass and India. Sen，S. N. and Mamta Chaudhary*，New Delhi：Indian National Science Academy，1985.

Al'baum，L. I.，*Živopis'Afrasiaba*，Tashkent，1975.

Albaum，L. I.，*Balalyk-Tepe：Kistorii materialnoi kultury i iskusstva Tokharistana*，Tashkent，1960.

Aldenderfer，M.，L. Dussubieux，*Regional connections identified through the analysis of glass beads from Samdzong，Upper Mustang，Nepal*，CE 500. Presented at The 80th Annual Meeting of the Society for American Archaeology，San Francisco，California，2015. https：// core. tdar. org/document/396443/regional-connections-identified-through-the-analysis-of-glass-beads-from-samdzong-upper-mustang-nepal-ce-500.

Aldenderfer，M.，Variation in Mortuary Practice on the Early Tibetan Plateau and the High Himalayas，*The Journal of the International Association for Bon Research*，vol. 1，Inaugural Issue，2013.

Allchin，F. R.，N. Hammond ed.，*The Archaeology of Afghanistan：from Earliest Times to the Timurid Period*，Academic Press，1978.

Alram，M.，Coins and the Silk Road，In：A. L. Juliano，J. A. Lerner，*Monks and merchants：Silk Road treasures from northwest China，Gansu and Ningxia Provinces，fourth-seventh century*，New York，2001.

Alt，W. K.，J. Burge，A. Simons et al.，Climbing into the past—first Himalayan mummies discovered in Nepal，*Journal of Archaeological Science*，2003，vol. 30，pp. 1529 – 1535.

André，G.，Une tombe princière Xiongnu à Gol Mod，Mongolie（campagnes de fouilles

2000—2001），*Arts Asiatiques*，2002，vol. 57.

Anthony，D. W.，Horse，Wagon and Chariot：Indo-European language and archaeology，*Antiquity*，1995，vol. 69.

Apollo，M.，The Population of Himalayan Regions by the Numbers：Past，Present and Future，In：R. Efe，M. Ozturk eds.，*Contemporary Studies in Environment and Tourism.* Cambridge Scholars Publishing，2017.

Aung San Suu Kyi eds.，*Tibetan studies in honour of Hugh Richardson：Proceedings of the international seminar on Tibetan studies*，*Oxford* 1979，Warminster：Aris & Philllips，1980.

Bálint，C.，*Die Archäologie der Steppe. Steppenvölker zwischen Donau und Volga vom 6. bis zum 10. Jahrhundert*，Herausgegeben von Falko Daim，Böhlau，Wien，1989.

Bandini-König，D.，O. von Hinüber eds.，*Die Felsbildstationen Shing Nala und Gichi Nala（Materialien zur Archäologie der Nordgebiete Pakistans）*，vol. 4，Heidelberg：Verlag Philipp von Zabern，2001.

Barbier，J. P.，*Art des steppes. Ornements et pièces de mobilier funèraire scytho-sibèrien dans les collections du Musèe Barbier-Mueller*，Geneva，1996.

Baumann，B.，*Der Silberpalast des Garuda：die Entdeckung von Tibets Letztem Geheimnis*，München：Malik-Verlag，2009.

Baumer C.，*The History of Central Asia*，*Volume One：The Age of the Steppe Warriors*，I. B. Tauris & Co. Ltd，2012.

Bayar，D.，Gedenkstaetten und Steinskulpturen der Alttuerkischen Zeit，In：*Dschingis Khan und seine Erben*，*Das Weltreich der Mongolen*，München：Hirmer Verlag，2005.

Bayar，D.，Recent archaeological research at the Bilge-Kagan's site，*Archaeology，Ethnology and Anthropology of Eurasia*，2004，no. 4（20）.

Beck，H. C.，*The beads from Taxila（Memoirs of the Archaeological Survey of India，no. 65）*，J. Marshall ed.，Delhi：Manager of Publications，1941.

Beckwith，C. I.，The Tibet Empire in the west，In：M. Aris，Aung San Suu Kyi eds.，*Tibetan studies in honour of Hugh Richardson：Proceedings of the international seminar on Tibetan studies*，*Oxford* 1979，Warminster：Aris & Philllips，1980，pp. 30 – 38.

Beckwith，C. I.，Tibet and the early medieval florissance in Eurasia：A preliminary note on the economic history of the Tibetan Empire，*Central Asiatic Journal*，1977，vol. 21.

Belenizki，A. M.，*Mittelasien Kunst der Sogden*，Leipzig：VEB E. A. Seemann，1980.

Bellezza，J. V.，Ancient ceremonial structures of Upper Tibet and Indus Kohistan，

Flight of the Khyung, April 2010. http: //www. tibetarchaeology. com/april-2010/.

Bellezza, J. V. , Bon Rock Paintings at gNam mtsho: Glimpses of the Ancient Religion of Northern Tibet, *Rock Art Research*, 2000, vol. 17, no. 1, Melbourne.

Bellezza, J. V. , *Flight of the Khyung*, November 2011. http: //www. tibetarchaeology. com/november-2011/.

Bellezza, J. V. , Gods, Hunting and Society Animals in the Ancient Cave Paintings of Celestial Lake in Northern Tibet, *East and West*, 2002, vol. 52 (1 – 4), pp. 347 – 396.

Bellezza, J. V. , *Metal and Stone Vestiges*: *Religion*, *Magic and Protection in the Art of Ancient Tibet*, April 29, 2004. https: //www. asianart. com/articles/vestiges/index. html#9.

Bellezza, J. V. , Riding high: The chariots of ancient Upper Tibet, *Flight of the Khyung*, August 2010. http: //www. tibetarchaeology. com/august-2010/.

Bellezza, J. V. , The Ancient Burial Sites of Spiti: The indigenous socioeconomic and cultural order and trans-regional communications in the era before the spread of Buddhism, *Flight of the Khyung*, January 2016. http: //www. tibetarchaeology. com/january-2016/.

Bellezza, J. V. , *The Dawn of Tibet*: *The Ancient Civilization on the Roof of the World*, Lanham: Rowman & Littlefield Publishers, 2014.

Bellezza, J. V. , Visitations from Upper Tibet and Ladakh: A survey of trans-regional rock art in Spiti, *Flight of the Khyung*, August 2015. http: //www. tibetarchaeology. com/august-2015/.

Bellezza, J. V. , *Zhang Zhung*: *Foundations of Civilization in Tibet. A Historical and Ethnoarchaeological Study of the Monuments*, *Rock Art*, *Texts*, *and Oral Tradition of Ancient Tibetan Upland* (*Denkschriften der Philosophisch-Historischen Klasse*), Wien: Verlag der Österreichischen Akademie der Wissenschaften, 2008.

Benko, M. , Burial Masks of Eurasian Mounted Nomad Peoples in the Migration Period (1st Millennium A. D.), *Acta Orientalia Academiae Scientiarum Hungaricae*, 1992/93, vol. 46, nos. 2/3.

Bernstam, A. N. , Naskanje izobrazenija Sajmali Tas, *Sovetskaja Etnografija*, 1952, vol. 2, Karatau (Kazakhstan).

Beszterda, R. , The Shipki la and its Place in Cross-border Trade between India and Tibet, *The Tibet Journal*, Autumn/Winter 2015, vol. 40, no. 2.

Bhan, K. K. , P. Ajithprasad, *Excavations at Shikarpur* 2007 – 2008: *A Costal Port and Craft Production Center of the Indus Civilization in Kutch*, *India*. Accessed: 18 October 2020.

URL: http://a. harappa. com/content/excavations-shikarpur-gujarat-2008-2009.

Bhatt, R. C. , K. L. Kvamme, V. Nautiyal et al. , Archaeological and Geophysical Investigations of the High Mountain Cave Burials in the Uttarakhand Himalaya, *Indo-Kōko-Kenkyū-Studies in South Asian Art and Archaeology*, 2008 – 2009, vol. 30.

Bist, K. , N. Rawat, A Comparative Study of Burial Tradition in Higher Himalaya with Special reference to Malaria: New Findings and Their Importance, *Proceedings of the Indian History Congress*, 2013, vol. 74.

Boardman, J. , *The Diffusion of Classical Art in Antiquity*, London: Thames & Hudson Ltd, 1994.

Brantingham, P. J. , H. Z. Ma, J. W. Olsen et al. , Speculation on the timing and nature of Late Pleistocene hunter-gatherer colonization of the Tibetan Plateau, *Chinese Science Bulletin*, 2003, vol. 48.

Brill, R. H. , Chemical Analyses of Some Early Indian Glasses, *Archaeometry of Glass*, Corning, New York: Corning Museum of Glass, 1999 – 2012.

Bruneau, L. , Étude thématique et stylistique des pëtroglyphes du Ladakh (Jammu et Cachemire, Inde): Une nouvelle contribution à l'art rupestre d'Asie centrale por l'Age du Bronze, *Eurasia antiqua: Zeitschrift für Archäologie Eurasiens*, 2012, no. 18, pp. 69 – 88.

Bruneau, L. , Influence of the Indian Cultural Area in Ladakh in the 1st Millinium AD: The Rock inscription evidence, *Puratattva*, 2011, vol. 41.

Bruneau, L. , J. V. Bellezza, The Rock Art of Upper Tibet and Ladakh: Inner Asian cultural adaptation, regional differentiation and the "Western Tibetan Plateau Style", *Revue d'Etudes Tibétaines*, Décembre 2013, no. 28, pp. 5 – 161.

Bruneau, L. , L'architecture bouddhique dans la vallée du Haut Indus: un essai de typologie des représentations rupestres de stūpa, *Arts Asiatiques*, 2007, vol. 62, pp. 63 – 75.

Bruneau, L. , *Le Ladakh (état de Jammu et Cachemire, Inde) de l'Âge du Bronze à l'introduction du Bouddhisme: une étude de l'art rupestre*, 4 *volumes*, Paris, Université de Paris I / Panthéon-Sorbonne (Unpublished PhD thesis), 2010.

Bunker, E. C. , T. S. Kawami et al. , *Ancient bronzes of the eastern Eurasian Steppes: From the Arthur M. Sackler Collections*, New York, 1997.

Caffarelli, M. V. P. , Architectural style in tombs from the period of the kings, In: J. C. Singer, P. Denwood eds. , *Tibetan art: Towards a definition of style*, London: Laurence King/Alan Marcuson, 1997.

Carter, A. K., L. Dussubieux, Geologic provenience analysis of agate and carnelian beads using laser ablation-inductively coupled plasma-mass spectrometry (LA-ICP-MS): A case study from Iron Age Cambodia and Thailand, *Journal of Archaeological Science: Reports*, 2016, vol. 6.

Carter, M. L., Three Silver Vessels from Tibet's Earliest Historical Era: A Preliminary Study, *Cleveland Studies in the History of Art*, 1998, vol. 3.

Caubet, A. ed., *Cornaline et pierres précieuses*, Paris: Musée du Louvre/La documentation française, 1999.

Chaudhary, P. K., ASI to Develop Ancient Site of Vikramshila Mahavihara, *The Times of India*, 10 October 2009.

Chayet, A., *Art et Archéologie du Tibet*, Paris: Picard, 1994.

Curtis, J. E., *Parthian gold from Nineveh*, *British Museum Yearbook. I: The Classical tradition*, London: BMP, 1976.

Czaplicka, M. A., *The Turks of Central Asia in History and at the Present Day: An Ethnological Inquiry into the Pan-Turanian*, Adamant Media Corporation, 2005.

Dani, A. H., *Chilas: The City of Nanga Parvat (Dyamar)*, Islamabad, 1983.

Dani, A. H., *History of Northern Areas of Pakistan (up to 2000 AD)*, Lahore: Sang-e-Meel, 2001.

Dani, A. H., The Sacred Rock of Hunza, *Journal of Central Asia*, 1985, no. 8 (2).

Das, S. C., *Tibetan-English Dictionary*. Reprint, Delhi: Motilal Banarsidass, 2004.

Davis-Kimball, J., V. A. Bashilov, L. T. Yablonsky eds., *Nomads of the Eurasian steppes in the Early Iron Age*, Berkeley: Zinat Press, 1995.

Deshpande-Mukherjee, A. et al., A Note on the Marine Shell Objects from the Burial Sites of Malari, Lippa and Ropa in the Trans-Himalayan Region of India, In: A. C. Christie ed., *Archaeo + Malacology Group Newsletter*, 2015, no. 25.

Deshpande-Mukherjee, A., Shell fishing and Shell craft Activities during the Harappan period in Gujarat, *Man and Environment*, 1998, vol. 23, no. 1.

Denwood, P., A Greek Bowl from Tibet, *Iran*, 1973, vol. 11.

Denwood, P., Stupas of the Tibetan Bonpos: the Stupa, Its Religious, Historical and Architectural Significance, In: A. L. Dallapiccola ed., *Beitraege zur Suedasienforschung*, Bd. 55, Wiesbaden, 1980.

Devers, Q., L. Bruneau, M. Vernier, An archaeological survey of the Nubra Region (Ladakh, Jammu and Kashmir, India), *Études mongoles et sibériennes, centrasiatiques et* tibétaines, 2015, no. 46. https：//journals. openedition. org/emscat/2647.

Dikshit, M. G. , Beads from Ahichchhatra, U. P. , *Ancient India*, 1952, no. 8.

Dong, G. , D. Zhang, X. Liu et al. , Response to Comment on "Agriculture facilitated permanent human occupation of the Tibetan Plateau after 3600 BP", *Science*, 2015, vol. 348, no. 6237.

Dussubieux, L. , B. Gratuze, Analysis of glass from the Indian world and from southeast Asia, *Bead Study Trust Newsletter*, 2001, no. 37.

Dussubieux, L. , B. Gratuze, Glass in South Asia, In：K. H. A. Janssens ed. , *Modern Methods for Analysing Archaeological and Historical Glass*, Wiley-Blackwell House, 2013, pp. 399 – 413.

Elisseeff, V. ed. , *The Silk Roads：Highways of culture and commerce*, New York, 2000.

Ermakov, D. , *Bo and Bon. Ancient Shamanic Traditions of Siberia and Tibet in Their Relation to the Teachings of a Central Asian Buddha*, Kathmandu, 2008.

Errington, E. , Tahkal：the Nineteenth-Century Record of Two Lost Gandhara Sites, *The Bulletin of the School of Oriental and African Studies*, University of London, 1987, vol. 50, part 2.

Falk, H. , A Bronze Tub with a Brahmi Inscription from Swat, *Bulletin of the Asia Institute*, 2011, vol. 25, new series.

Fitzgerald-Huber, L. G. , Qijia and Erlitou：The question of contacts with distant cultures, *Early China*, 1995, no. 20.

Fitzsimmons, T. , *Stupa Designs at Taxila*, Institute for Research in Humanities Kyoto University, 2001.

Foucher, A. , La vieille route de l'Inde de Bactres à Taxila, *Mémoires de la Délégation archéologique franaise en Afghanistan*, 1, Paris, 1942.

Francfort, H. P. , Archaic Petroglyphs of Ladakh and Zanskar, In：M. Lorblanchet ed. , *Rock Art in the Old World：papers presented in Symposium A of the AURA Congress*, Darwin (*Australia*), 1988, New Delhi, Ignca, 1992, pp. 147 – 192.

Francfort, H. P. , Some aspects of horse representation in the petroglyphs of Inner Asia from earliest periods to the 1st millennium BCE, In：L. Ermolenko ed. , *Arkheologiia Iuzhnoi Sibiri*, Kemerovo：Kemerovo State University, 2011.

Francis, P. , Jr. , Beadmaking at Arikamedu and beyond, *World Archaeology*, 1991, vol. 23, no. 1.

Francis, P., Jr., *Indian Agate Beads.* Lake Placid, New York: Centre for Bead Research, 1982.

Francis, P., Jr., Plants as Human Adornment in India, *Economic Botany*, 1984, vol. 38, no. 2, pp. 194 – 209.

Francis, P., Jr., Two Bead Strands from Andhra Pradesh, India, *Asian Perspectives*, 1990, vol. 29, no. 1.

Francke, A. H., *Antiquities of Indian Tibet*, Calcutta: Superintendent Goverment Printing, 1914.

Francke, A. H., Notes on Rock Carvings from Lower Ladakh, *The Indian Antiquary*, October 1902, pp. 398 – 401.

Frenez, D., Manufacturing and Trade of Asian Elephant Ivory in Bronze Age Middle Asia. Evidence from Gonur Depe (Margiana, Turkmenistan), *Archaeological Research in Asia*, September 2018, vol. 15.

Frings, J., *Dschingis Khan und seine Erben: Das Weltreich der Mongolen*, München: Kust-und Ausstellungshalle der Bundesrepublik Deutschland; Hirmer Verlag, 2005.

Fuller, D. Q., Pathways to Asian civilizations: Tracing the origins and spread of rice and rice cultures, *Rice*, 2011, 4.

Ganhar, J. N., P. N. Ganhar, *Buddhism in Kashmir and Ladakh*, New Delhi: Shri Prem Nath Ganhar, 1956.

Giorgio, S., Discovery of Protohistoric Cemeteries in the Chitral Valley (West Pakistan), *East and West*, 1969, vol. 19, no. 1/2, pp. 92 – 9.

Gleba, M., I. V. Berghe, M. Aldenderfer, Textile technology in Nepal in the 5th-7th centuries CE: the case of Samdzong, *STAR: Science & Technology of Archaeological Research*, 2016, vol. 2, no. 1, pp. 25 – 35.

Göbl, R., *Sasanian numismatics*, Eng. transl. by P. Severin, Braunschweig: Klinkhardt & Biermann (Manuals of middle Asian numismatics, volume I), 1971.

Goldina, R. D., Artefacts from the Turbinella Pyrum Shell Found at 3rd-4th Century Sites in the Middle Kama Region, *Vestnik Arheologii Antropologii I Etnografii*, 2018, no. 4 (43).

Gruschke, A., *The cultural monuments of Tibet's outer provinces: Amdo, volume* 1, *The Qinghai part of Amdo*, Bangkok, 2001.

Gyllensvärd, B., *Chinese gold & silver in the Carl Kempe collection*, Stockholm: Nordisk Rotogravyr, 1953.

Gyllensvärd, B., *T'ang gold and silver*, Götemborg: Elanders Boktryckeri Aktiebolag, 1957.

Haarh, E., *The Yar-Lun Dynasty: A Study with Particular Regard to the Contribution by Myths and Legends to the History of Ancient Tibet and the Origin and Nature of its Kings*, Koebenhavn: G. E. C. Gad's forlag, 1969.

Han, W., C. Deydier, *Ancient Chinese gold*, Paris: Les Editions d'Art et d'Histoire, RHIS, 2001.

Hargreaves, H., *Archaeological Survey of India*, *Annual Report*, 1910 – 1911.

Harper, P. O., *The Royal Hunter Art of the Sasanian Empire*, New York: The Asia Society, 1978.

Harrist, R. E., The artist as antiquarian: Li Gonglin and his study of early Chinese art, *Artibus Asiae*, 1995, vol. 55, nos. 3 – 4.

Heller, A., Archaeological Artefacts from the Tibetan Empire in Central Asia, *Orientations*, 2003, vol. 34, no. 4.

Heller, A., Archaeology of Funeral Rituals as Revealed by Tibetan Tombs of the 8th to 9th Century, In: M. Compareti, P. Raffetta, G. Scarcia eds, *Transoxiana Webfestschrift Series I: Webfestschrift Marshak* 2003, *Ēran ud Anērān: Studies presented to Boris Il'ic Marsak on the occasion of his* 70th *birthday*, Rome: Electronic Version (October 2003) -Updated August 2006. Available at http://www.transoxiana.org/Eran/Articles/heller.html.

Heller, A., Early Ninth Century Images of Vairochana from Eastern Tibe, *Orientations*, 1994, vol. 25, no. 6, pp. 74 – 79.

Heller, A., Lions and Elephants in Tibet, Eighth to Ninth Centuries, In: J. A. Lerner, Lilla Russell-Smith eds., *Journal of Inner Asian*, *Art and Archaeology*, *volume 2. Roderick Whitfield Felicitation volume*, Turnhout: Brepols, 2007.

Heller, A., Preliminary Remarks on Painted Wooden Panels from Tibetan Tombs, In: B. Dotson et al. eds., *Scribes, Texts, and Rituals in Early Tibet and Dunhuang*, Proceedings of the 12th Seminar of the International Association for Tibetan Studies, Wiesbaden: Reichert Verlag, 2013.

Heller, A., *Questions concerning Tibet and International Trade Routes*, 8th *to* 11th *Century Circle of Tibetan and Himalayan Studies*, SOAS, London, April, 23, 1998.

Heller, A., Research on the Role of Birds and Deer in Early Tibetan Rituals, 敦煌研究院与美国普利兹克艺术合作基金会主办, "2019 敦煌论坛: 6—9 世纪丝绸之路上的文化交流国际学术研讨会", 2019 年 10 月 17—21 日。

Heller，A. ，Some Preliminary Remarks on the Excavations at Dulan，*Orientations*，1998，vol. 29，no. 9.

Heller，A. ，The Silver Jug of the Lhasa Jokhang：Some observations on silver objects and costumes from the Tibetan Empire（7th-9th century），2002. http：//www. asianart. com/articles/heller/.

Heller，A. ，*Tibetan art：Tracing the Development of Spiritual Ideals and Art in Tibet，600—2000 AD*，Milan，1999.

Heller，A. ，Tibetan Inscriptions on Ancient Silver and Gold Vessels and Artefacts，*Journal of the International Association for Bon Research*，2013，vol. 1.

Heller，A. ，Two Inscribed Fabrics and Their Historical Context：Some Observations on Esthetics and Silk Trade in Tibet，7th to 9th Century，In：K. Otavsky ed. ，*Entlang der Seidenstrasse. Frühmittelalterliche Kunst zwischen Persien und China in der Abegg-Stiftung，Riggisberger Berichte* 6，Riggisberg，1998，pp. 95 – 118.

Heller，A. ，Works from the Nyingjei Lam collection in the Light of Recent Sculptural Finds in Tibet，*Oriental Art*，2000，vol. 46，no. 2，pp. 14 – 23. Title was Misprinted；Correct title：Chronological Study of Dated Sculptures from Tibet and the Himalayas，7th-17th century.

Hemphill，B. E. ，M. Zahir，I. Ali，Skeletal Analysis of Gandharan Graves at Shah Mirandeh，Singoor，Chitral，*Ancient Pakistan*，2017，vol. 28.

Henss，M. ，King Srong Btsan sGam po revisited：The royal statues in the Potala Palace and in the Jokhang at Lhasa. Problems of historical and stylistic evidence，载霍巍、李永宪主编：《西藏考古与艺术：国际学术讨论会论文集》，四川人民出版社，2004 年，第 128—171 页。

Hoffmann，H. ，Die Gräber der tibetischen Könige im Distrikt 'P' yons-rgyas，*Nachrichten der Akademie der Wissenschaften in Göttingen*，philologisch-historische Klasse，Nr. 1. Göttingen：Vandenhoeck & Ruprecht，1950.

Hoffmann，H. ，*Quellen zur Geschichte der Tibetischen Bon-Religion*，Wiesbaden：Akademie der Wissenschaften und der Literatur in Mainz，Franz Steiner Verlag，1950.

Hore，D. K. ，Genetic resources among bamboos of Northeastern India，*Journal of Economic and Taxonomic Botany*，1998，vol. 22（1）.

Hore，D. K. ，R. S. Rathi，Characterization of Job's Tears Germplasm in Northeast India，*Nature Product Radiance*，2007，vol. 6（1），pp. 50 – 54.

Hsieh, C., J. K. Hsieh, *China: A provincial atlas*, New York: Simon & Schuster Macmillan, 1995.

Huang, W., The prehistoric human occupation of the Qinghai-Xizang Plateau. *Göttinger Geographische Abhandlungen*, 1994, vol. 95.

Huntington, S. L., Huntington, J. C., *Leaves from the Bodhi Tree: The Art of Pala India* (8th-12th *Centuries*) *and its International Legacy*, Seattle and London: the University of Washington Press, 1990.

Jackson, D. P., The Early History of Lo (Mustang) and Ngari, *Contributions to Nepalese Studies*, 1976, vol. 4, no. 1.

Jacobson, E., Warriors, Chariots, and Theories of Culture, *Mongolian Studies*, 1990, vol. 13, The Hangin Memorial Issue.

Jettmar, K., D. König, V. Thewalt, *Antiquities of Northern Pakistan*, *vol.* 1, Mainz: Verlag Phillip von Zabern, 1989.

Jettmar, K., *L'art des steppes. Le style animalier eurasiatique*, *genèse et arrière-plan social*, Paris, Albin Michel, 1965.

Jettmar, K., Exploration in Baltistan, In: M. Taddei ed., *South Asian Archaeology* 1987, Rome, 1990.

Jettmar, K., Felsbilder und Inschriften am Karakorum Highway, *Central Asiatic Journal*, 1980, vol. 24, nos. 3/4.

Jettmar, K., Non-Buddhist traditions in the petroglyphs of the Indus valley, In: J. Schotsmans, M. Taddei eds., *South Asian Archaeology*, Instituto Univesitario Oriental Dipartimento Di Studi Asiatici, Naples, 1985, pp. 751 – 775.

Jettmar, K., *Rockcarvings and Inscriptions in the Northern Areas of Pakistan*, Islamabad, 1982.

Jettmar, K., V. Thewalt, *Between Gandhara and the Silk roads: Rock Carving along the Karakorum Highway*, Mayence, Philipp von Zabern, 1987.

Jha, A. K., Chemical Industries in Ancient India (from the Mauryan Era to the Gupta Age), *Proceedings of the Indian History Congress*, 2003, vol. 64.

Jina, P. S., The Chang Pa of the Ladakh Himalayas: Some Observations on Their Economy and Environment, *Nomadic Peoples*, 1999, New Series, vol. 3, no. 1, pp. 94 – 105.

Johnson, W., *Report of a Mission to Yarkund in* 1873: *vol.* 1, Calcutta: The Foreign Department Press, 1875.

Joldan, S. , Relationship between Ladakh and Buddhist Tibet: Pilgrimage and trade, *The Tibet Journal*, Autumn 2006, vol. 31.

Jordanes, G. , *The Origin and Deeds of the Goths*, translated by Charles Christopher Mierow, Princeton: Princeton University Press, 1908.

Joshi, M. P. , C. W. Brown, Some Dynamics of Indo-Tibetan Trade through Uttarākhaṇa (Kumaon-Garhwal), India. *Journal of the Economic and Social History of the Orient*, 1987, vol. 30, no. 3.

Juliano, A. L. , J. A. Lerner, Cultural crossroad: Central Asian and Chinese entertainers on the Miho funerary couch, *Orientations*, 2001, vol. 28, no. 9.

Juliano, A. L. , J. A. Lerner, *Monks and merchants: Silk Road treasures from northwest China, Gansu and Ningxia Provinces, fourth-seventh century*, New York: Abrams/The Asia Society, 2001.

Juliano, A. L. , *Treasures of China*, New York, 1981.

Kanungo, A. K. , R. H. Brill, Kopia, India's First Glassmaking Site: Dating and Chemical Analysis, *Journal of Glass Studies*, 2009, vol. 51.

Karmay, H. , Tibetan costume, seventh to eleventh centuries, In: A. Macdonald, Y. Imadea eds. , *Essais Sur L'art du Tibet*, Paris: 1977.

Karmay, S. G. , A general introduction to the history and doctrines of Bon, *Memoirs of the research department of the Toyo Bunko*, no. 33, Tokyo, 1975.

Karmay, S. G. , *Secret Visions of the Fifth Dalai Lama: the Gold Manuscript in the Fournier Collection*, London: Serindia Publications, 1988.

Kenoyer, J. M. , Shell working industries of the Indus civilization: A summary, *Paleorient*, 1984, vol. 10/1.

Kenoyer, J. M. , Shell-working in the Indus Civilization, In: M. Jansen, M. Mulloy, G. Urban eds. , *Forgotten cities on the Indus, early civilization in Pakistan from the* 8th *to the* 2nd *Millennium BC*, Mainz: Verlag Philipp von Zabern, 1991.

Khan, A. N. , A. Nisar, L. M. Olivieri et al. , The Recent Discovery of Cave Paintings in Swat A Preliminary Note, *East and West*, 1995, vol. 45, no. 1/4.

Khazanov, A. M. , *Nomads and the outside world*, Cambridge University Press, 1984.

Klimburg-Salter, D. E. , *Tabo, a lamp for the Kingdom. Early Indo-Tibetan Buddhist Art in the Western Himalaya*, Milan and New York: Skira-Thames and Hudson, 1997.

Kubarev, G. B. , The Robe of the Old Turks of Central Asia according to Art Materials,

Archaeology, *Ethnology & Anthropology of Eurasia*, 2000, vol. 3.

Kubarev, V. D. , *Kurgany Ulandryka*, Novosibirsk, Nauka, 1987.

Kvaerne, P. , *Tibet Bon Religion*: *A Death Ritual of the Tibetan Bonpos*, Leiden: E. J. Brill, 1985.

Lallou, M. , Rituel Bon-po des Funérailles Royales, *Journal Asiatique*, 1952, vol. 240.

Lapierre, N. , *Le bouddhisme en Sogdiane d'après les donnees de l'archéologie* (*IV-ixe siecles*), Paris, 1998.

Lebedynsky, I. , *Les Sarmates-Amazones et lanciers cuirassés entre Oural et Danube* (*VIIe siècle avant J. C. -VIe siècle après J. C.*), Errance, 2002.

Le Breton, L. , The Early Periods at Susa, Mesopotamian Relations, *Iraq*, 1957, vol. 19, no. 2, pp. 79 – 124.

Lee-Kalisch, Jeong-hee ed. , *Tibet*: *Klöster öffnen ihre Schatzkammern*, *Ausstellungs-Katalog*, Kulturstiftung Ruhr Essen, Villa Hügel, 2006.

Leshnik, L. S. , Some Early Indian Horse-Bits and Other Bridle Equipment, *American Journal of Archaeology*, 1971, vol. 75.

Lewis, T. T. , Newars and Tibetans in the Kathmandu Valley: Ethnic Boundaries and Religious History, *Journal of Asian and African Studies*, 1989, vol. 38, pp. 31 – 57.

Litvinskiĭ, B. A. , *Eisenzeitliche kurgane zwischen Pamir und Aral-See*, München: C. Beck, 1984.

Lu, H. , J. P. Zhang, Y. M. Yang et al. , Earliest tea as evidence for one branch of the Silk Road across the Tibetan Plateau, *Scientific Reports*, 2016, vol. 6.

Madsen, D. B. , H. Z. Ma, P. J. Brantingham et al. , The Late Upper Paleolithic occupation of the northern Tibetan Plateau margin, *Journal of Archaeological Science*, 2006, no. 33.

Mahboubian, H. , *Art of Ancient Iran*: *Copper and Bronze*, London: Philip Wilson, 1997.

Maillard, M. , *Grottes et mounuments d'Asie Centrale*, Paris, 1983.

Margulies, E. , Cloisonné enamel, In: A. U. Pope, P. Ackerman (Asst. Editor) eds. , *A Survey of Persian Art vol. II* (*Text*), London and New York: Oxford University Press, 1938—1939 (reprint 1967) .

Marie-Louise, I. , La cornaline de l'Indus et la voie du Golfe au Illème millénaire, In: A. Caubet ed. , *Cornaline et pierres précieuses*, Paris: Musée du Louvre/La documentation française, 1999.

Marschak, B. , *Silberschaetze des Orients*: *Metallkunst des 3. – 13. Jahrhunderts und ihre*

Kontinuitaet, Leipzig: VEB E. A. Seemann Verlag, 1986.

Marshall, J. , *Taxila: An Illustrated Account of Archaeological Excavations Carried Out at Taxila under the Orders of the Government of India between the Years* 1913 *and* 1934, Cambridge University Press, Cambridge, Eng. 1951.

Massa, G. , M. Aldenderfer, M. Martinón-Torres, Of gold masks, bronze mirrors and brass bracelets: Analyses of metallic artefacts from Samdzong, Upper Mustang, Nepal 450 – 650 CE, *Archaeological Research in Asia*, 2019, vol. 18, pp. 68 – 81.

Mehta, V. , The Hidden Rock Art of Ladakh, *Flight of the Khyung*, May 2017, Access 14th of June 2016. Available from: http: //www. tibetarchaeology. com/may-2017/.

Mei, J. J. , Qijia and Seima-Turbino: The question of early contacts between Northwest China and the Eurasian Steppe. *Bulletin of The Museum of Far Eastern Antiquities*, 2003, vol. 75.

Miho Museum, *Eleven panels & two gate towers with relief carvings from a funerary couch*, 2008, http: //www. miho. or. jp/booth/html/artcon/00000432e. htm.

Miho Museum, *Treasures of the Ancient Bactria*, Miho Museum, 2002.

Miklashevich, Ye. A. , Petroglify Cholpon-Aty, *Drevneye iskusstvo Aziyi*, *Petroglify*, Kernero, 1995, Vo. S. 63 – 68.

Miniaev, S. , The excavation of Xiongnu sites in the Buryatia Republic, *Orientations*, 1995, vol. 26, no. 10.

Minkenhof, S. H. , Date and Provenance of Death Masks of the Far East, *Artibus Asiae*, 1951, vol. 14, no. 1/2, pp. 62 – 71.

Mock, J. , A Tibetan Toponym from Afghanistan, *evue d'Etudes Tibétaines*, October 2013, no. 27.

Mohanty, P. , B. Mishra, Beads from the archaeological sites of Kalahandi District, Orissa, *Bead Study Trust Newsletter*, 1999, no. 34.

Mongait, A. , *Archaeology in the USSR*, Moscow: Foreign Languages Publishing House, 1959.

Mordvinceva, V. , Sarmatische Phaleren, *Archäologie in Eurasien*, Band 11, Rahden/Westf: Leidorf, 2001.

Mukherjee, B. N. , *The Rise and Fall of the Kushana Empire*, Calcutta: Firma KLM Private Limited, 1988.

Murphy, E. M. , Mummification and Body Processing: Evidence from the Iron Age in Southern Siberia, *Kurgans*, *Ritual Sites*, *and Settlements: Eurasian Bronze and Iron Age*, British Archaeological Reports, 2000.

Murray, T., Demons and Deities: Masks of the Himalayas, *HALI Annual*, 1995, no. 2.

Museum Rietberg Zürich, *Chinesisches Gold und Silber: Die Sammlung Pierre Uldry*, Zürich, 1994, no. 20, p. 78.

Muthesius, A., *Byzantine silk weaving AD 400 to AD 1200*, Vienna: Verlag Fassbaender, 1997.

Myer, P. R., Stupas and Stupa-Shrines, *Artibus Asiae*, 1961, vol. 24, no. 1.

National Museum of Chinese History, *A journey into China's antiquity*, Beijing, 1997.

Nautiyal, V. et al., Lippa and Kanam: Trans-Himalayan cist burial culture and pyrotechnology in Kinnaur, Himachal Pradesh, India, *Antiquity*, vol. 88, no. 339, March 2014.

Neogi, P., *Copper in Ancient India*, Calcutta: Sarat Chandra Roy, Anglo-Sanskrit Press, 1918.

Olivieri, L. M., M. Vidale, Beyond Gogdara I: New Evidence of Rock Carvings and Rock Artefacts from the Kandak Valley and Adjacent Areas (Swat, Pakistan), *East and West*, 2004, vol. 54, no. 1/4, pp. 121 – 180.

Olivieri, L. M., The Rock-Carvings of Gogdara I (Swat): Documentation and Preliminary Analysis, *East and West*, 1998, vol. 48, no. 1/2, pp. 57 – 91.

Orofino, G., A Note on Some Tibetan Petroglyphs of the Ladakh Area, *East and West*, 1990, vol. 40, no. 1/4.

Otavsky, K., Stoffe von der Seidenstraße: Eine neue Sammlungsgruppe in der Abegg-Stiftung, In: K. Otavsky ed., *Entlang der Seidenstrasse: Frühmittelalterliche Kunst zwischen Persien und China in der Abegg-Stiftung*, *Riggisberger Berichte* 6, Riggisberg, 1998, pp. 13 – 41.

Pfrommer, M., Großgriechischer und Mittelitalischer Einfluss in der Rankenornamentik Frühhellenistischer Zeit, *Jahrbuch des Deutschen Archäologischen Instituts* Bd. 97, 1982.

Pfrommer, M., *Metalwork from the Hellenized East: Catalogue of the Collections*, the J. Paul Getty Museum, Malibu: J. Paul Getty Museum Publications, 1993.

Pokharia, A. K. et al., On the botanical findings from excavations at Ahichchhatra: a multicultural site in Upper Ganga Plain, Uttar Pradesh, *Current science*, 2015, vol. 109, no. 7, pp. 1293 – 1304.

Pope, A. U. ed., P. Ackerman (Asst. Editor), *A Survey of Persian Art: from Prehistoric Times to the Present*, vol. 1, London and New York: Oxford University Press, 1938—39.

Popescu, G. A., C. S. Antonini, K. Baipakov eds., *L'Uomo D'Oro: La Cultura Delle Steppe Del Kazakhstan Dall'età Del Bronzo Alle Grandi Migrazioni*, *Exh. cat.* Mantua: Palazzo

Te; Milano: Electa, 1998.

Qamar, M. S., Rock Carvings and Inscriptions from Tor-Derai (District Loralai), *Pakistan Archaeology* 10 – 22, 1974 – 1986.

Raven, D., *Ancient Military: The Military of Ancient India*, http://ancientmilitary. com/ancient-india-military. htm.

Rhie, M. M., Eleventh-century monumental sculpture in the Tsang region, In: J. C. Singer, P. Denwood eds. , *Tibetan art: Towards a definition of style*, London: Laurence King, 1997.

Richardson, H. , More on Ancient Tibetan Costumes, *Tibetan Review*, May-June 24, 1975.

Rizvi, J. , *Trans-Himalayan Caravans: Merchant Princes and Peasant Traders in Ladakh*, Oxford University Press, 1999, 6th impression, Oxford India Paperbacks, 2012.

Roerich, G. , *The Animal Style Among the Nomads of Northern Tibet*, Prague: Seminarium Kondakovianum, 1930.

Roerich, G. , *Tibetan Paintings*, Paris: Paul Geuthner, 1925.

Roerich, G. , *Trails to Inmost Asia. Five Years of Exploration with the Roerich Central Asian Expedition*, New Haven: Yale University Press, 1931.

Rudenko, S. I. , A. N. Glukhov, Могильник Кудырге на Алтае, *Материалы по этнографии*, 1927, vol. 3 (2) .

Rudenko, S. I. , *Die Kultur der Hsiung-nu und die Hügelgräber von Noin Ula*. Übersetzung aus dem Russischen von H. Pollems, Bonn: Rudolf Habelt Verlag GMBH, 1969.

Rudenko, S. I. , *Frozen tombs of Siberia: the Pazyryk burials of Iron Age horsemen*, transl. by M. W. Thompson, London: J. M. Dent & Sons LTD, 1970.

Ruitenbeek, K. , *Chinese shadows: Stone reliefs, rubbings and related works of art from the Han Dynasty (206 BC-AD 220) in the Royal Ontario Museum*, Toronto, 2002.

Saini, N. , C. Nirmala, M. S. Bisht, *Bamboo Resource of Himachal Pradesh (India) and Potential of Shoots in Socio-economic Development of the State*, 10th World Bamboo Congress, Korea, 2015.

Satō, H. , The route from Kokonor to Lhasa during the T'ang period, *Acta Asiatica Bulletin of the Institute of Eastern Culture*, 1975, no. 29.

Scaglia, G. , Central Asians on a Northern Chi'i gate shrine, *Artibus Asiae*, 1958, vol. 21, no. 1.

Schafer, E. H. , *The golden peaches of Samarkand: A study of T'ang exotics*, The regents of the University of California, 1963.

Schorta, R. , A. Bayer, *Seventh to Eighth Century Woven Silks with Patterns of Animals and Birds and Their Transformation to Artifacts of Silk and Gold*，敦煌研究院与美国普利兹克艺术合作基金会主办，"2019 敦煌论坛：6—9 世纪丝绸之路上的文化交流国际学术研讨会"，2019 年 10 月 17—21 日。

Schindel, N. , *Sylloge Nummorum Sasanidarum*, Paris-Berlin-Wien, Band III/1：Shapur II. -Kawald I. /2. Regierung. Band III/2：Katalogband. Wien, 2004.

Seipel, W. , 7000 *Jahre persische Kunst：Meisterwerke aus dem Iranischen Nationalmuseum in Teheran*, Wien, 2000.

Sen, J. , India's Trade with Central Asia via Nepal, *Bulletin of Tibetology*, 1971, vol. 8, pp. 21 – 40.

Shepherd, D. G. , W. B. Henning, Zandaniji identified?, In：R. Ettinghausen ed. , *Aus der Welt der islamischen Kunst：Festschrift für E. Kühnel*, Berlin, 1959.

Sher, Ja. A. , O. Garyaeva, The rock art of northern Eurasia, In：P. G. Bahn, A. Fossati eds. , *Rock art studies：news of the world I. Recent developments in rock art research（Acts of Symposium 14D at the NEWS95 World Rock Art Congress, Turin and Pinerolo, Itlay）*, Oxbow Monograpy 72, Oxford, 1996.

Sher, Ja. A. , *Petroglify srednej i central'noj Azii*, Moscow, Nauka, 1980.

Shrestha, K. , Distribution and Status of Bamboo in Nepal, In：A. N. Rao, V. Ramanatha Rao eds. , *Bamboo Conservation, diversity, ecogeography, germplasm, resource utilization and taxonomy, Proceedings of training course cum workshop 10-17 May, Kunming and Xishuangbanna, Yunnan, China*, 1998. https：//bioversityinternational. org/fileadmin/bioversity/publications/Web_version/572/ch29. htm.

Simons, A. , W. Schön, Cave Systems and Terrace Settlements in Mustang, Nepal. Settlement Periods from Prehistoric Time up to the Present Day, *Beiträge zur Allgemeinen und Vergleichenden Archäologie*, 1998, no. 18, pp. 27 – 47.

Simons, A. , W. Schön, S. S. Shrestha, Archaeological Research in Mustang. Report on the Fieldwork of the year 1994 and 1995 done by the Cologne University Team, *Ancient Nepal*, 1998, no. 140, pp. 65 – 83.

Simons, A. , W. Schön, S. S. Shrestha, Preliminary report on the 1992 campaign of the Institute of Prehistory of the University of Cologne, *Ancient Nepal*, 1994, no. 136.

Simons, A. , W. Schön, S. S. Shrestha, The prehistoric settlement of Mustang, first result of the 1993 archaeological investigations in cave systems and connected ruined sites,

Ancient Nepal, 1994, no. 137, pp. 93 – 129.

Sims-Williams, N., The Sogdian Inscriptions of Ladakh, In: K. Jettmar et al. eds., *Antiquities of Northern Pakistan. Reports and Studies*, *II*, Mainz: von Zabern, 1993, pp. 151 – 163.

Singer, P., *Early Chinese gold & silver*, New York, 1971.

Singh, A. K., Cist Burials in Kinnaur, Western Himalayas, A Preliminary Report on Recent Discovery, *Central Asiatic Journal*, vol. 43, no. 2, 1999.

Snellgrove, D., *The Nine Ways of Bon: Excerpts from Gzi-Brjid*, London, 1967.

Spooner, D. B., Excavations at Shah-ji-ki-Dheri, *Archaeological Survey of India*, *Annual Report*, 1908 – 1909, pl. X.

Stein, M. A., *Ancient Khotan: Detailed Report of Archaeological Explorations in Chinese Turkestan*, vol. 1, Oxford: Clarendon Press, 1907.

Stein, M. A., *Innermost Asia: Detailed Report of Explorations in Central Asia, Kan-Su and Eastern Īrān*, vol. 3, Oxford: The Clarendon Press, 1928.

Stein, M. A., *Serindia: Detailed report of explorations in Central Asia and westernmost China*, Delhi, 1981.

Stein, R. A., *Tibetan civilization*, Eng. transl. by J. E. S. Driver, Reprint, Stanford, California: Stanford University Press, 1972.

Stein, R. A., Un Document Ancien Relatif aux Rites Funéraires des Bon-po Tibétains, *Journal Asiatique*, 1970, vol. 258.

Sulimirski, T., *The Sarmatians*, London: Thames & Hudson, 1970.

Sung, Ying-hsing in 1637, *T'ien-kung k'ai-wu: Chinese technology in the seventeenth century*, transl. by E-tu Zen Sun, Shiou-Chuan Sun, University Park, Pennsylvania: Pennsylvania State University Press, 1966.

Sylwan, V., Investigation of silk from Edsen Gol and Lop-Nor: reports from the scientific expedition to the Northwestern Province of China under the leadership of Dr. Sven Hedin, *The Sino-Swedish Expedition Publication* 32, *VII Archaeology* 6. Stockholm: Bokforlags Aktiebolaget Thule, 1949.

Tala'I, H., Notes on New Pottery Evidence from the Eastern Urmia Basin: Gol Tepe, *Iran*, 1984, vol. 22.

Tallgren, A. M., Inner Asiatic and Siberian Rock Pictures, *Eurasia Septentrionalis Antiqua*, 1933, no. 8.

Tallgren, A. M., *Trouvailles tombales Sibériennes en 1889*, Suomen Muinaismuistoyhdistyksen Aikakauskirja, 1, Helsinki, 1921.

Tamang, D. K., D. Dhakal, S. Gurung et al., Bamboo Diversity, Distribution Pattern and its uses in Sikkim (India) Himalaya, *International Journal of Scientific and Research Publications*, February 2013, vol. 3, no. 2.

Tarasov, P., Karl-Uwe Heussner, M. Wagner et al., Precipitation changes in Dulan from 515 BC—800 AD inferred from tree-ring data related to the human occupation of NW China, *Eurasia Antique*, 2003, vol. 9.

Tashbayeva, K., Petroglyphs of Kyrgyzstan, In: K. Tashbayeva, M. Khujanazarov, V. Ranov et al., *Petroglyphs of Central Asia*, *International Institute for Central Asian Studies*, Samarkand, Bishkek, 2001.

The Research Center for Silk Roadology ed., Studies of the Silk Road in Qinghai Province, China, *Silkroadology*, 2002, vol. 14, Nara: The Nara International Foundation.

Thewalt, V., Rockcarvings and Inscriptions Along the Indus: the Buddhist Tradition, In: J. Schotsmans, M. Taddei eds., *South Asian Archaeology* 1983, Naples, 1985.

Thewalt, V., *Stupas, Tempel und verwandte Bauwerke in Felsbildern bei Chilas am oberen Indus (Nordpakistan)*. http: //www. thewalt. de/chilas1. htm.

Thomas, F. W., *Tibetan literary texts and documents concerning Chinese Turkestan (Part II: Documents)*, London, 1951.

Tong, T., P. Wertmann, The Coffin Painting of the Tubo Period from the Northern Tibetan Plateau, In: M. Wagner, W. Wang eds., *Archaeologie in China*, Band 1, *Bridging Eurasia*, Mainz: Verlag Philipp von Zabern, 2010, pp. 187 – 213.

Torroni, A., J. Miller, L. Moore et al., Mitochondrial DNA analysis in Tibet-Implications for the origin of the Tibetan population and its adaptation to high altitude, *American Journal of Physical Anthropology*, 1994, vol. 93, no. 2, pp. 189 – 199.

Tucci, G., *Indo-Tibetica*, 7 *vols.*, Rome, 1932—1941.

Tucci, G., Preliminary Report on an Archaeological Survey in Swat, *East and West*, 1958, vol. 9, no. 4.

Tucci, G., *Stupa: Art, Architectonics and Symbolism*, *English version of Indo-Tibetica* 1, L. Chandra ed., transl. by U. M. Vesci, New Delhi: Aditya Prakashan, 1988.

Tucci, G., *Tibetan Painted Scrolls*, 3 *vols.*, Roma, Istituto Poligrafico e Zecca dello Stato, 1949.

Tucci, G., *Transhimalaya*, Eng. transl. by J. Hogarth, Geneva: Nagel Publishers, 1973.

Tucker, J. , *The Silk Road*: *Art and history*, London: Philip Wilson Publishers, 2003.

Twitchett, D. , M. Loewe eds. , *The Cambridge history of China* (*volume* 1): *The Ch'in and Han Empires*, *221 B. C. -A. D. 220*, Cambridge, 1986.

Twitchett, D. , M. Loewe eds. , *The Cambridge history of China* (*volume* 3): *Sui and T'ang China*, 589—906, *Part I*, Cambridge, 1979.

Uldry, P. , H. Brinker, F. Louis, *Schinesisches Gold und Silber*: *Die Sammlung Pierre Uldry*, exh. cat. , Rietberg Museum, Zurich, 1994.

Umehara, T. , *Miho Museum*: *Southwing*, Miho Museum, 1997.

Uray, G. , Khrom: Administrative units of the Tibetan Empire in the 7th-9th centuries, In: M. Aris, Aung San Suu Kyi eds. , *Tibetan studies in honour of Hugh Richardson*: *Proceedings of the international seminar on Tibetan studies*, Oxford, 1979, Warminster: Aris & Philllips, 1980.

Vadetskaia, E. B. , *The Ancient Yenisei Masks from Siberia*, Krasnoiarsk, St-Peterburg, 2009.

Van Spengen, W. , The Geo-History of Long-Distance Trade in Tibet 1850 – 1950, *The Tibet Journal*, 1995, vol. 20, no. 2.

Vernier, M. , L. Bruneau, Animal style of the steppes in Ladakh: A presentation of newly discovered petroglyphs, In: L. M. Olivieri, L. Bruneau, M. Ferrandi eds. , *Pictures in Transformation*: *Rock art Research between Central Asia and the Subcontinen*, British Archaeological Reports (BAR), International Series 2167, Oxford: Archaeopress, 2010.

Vernier, M. , L. Bruneau, *Franco-Indian Archaeological Mission in Ladakh*, *Mission Archéologique Franco-Indienne au Ladakh* (*INDIA*), Report: fieldwork 2015.

Vernier, M. , Zamthang, epicentre of Zanskar's rock art heritage, *Revue d'Etudes Tibétaines*, 2016, no. 35.

Vollmer, J. E. et al. , *Silk Roads · China Ships*, Ontario, 1983.

Von Fürer-Haimendorf, C. , *Himalayan traders*, London: John Murray, 1975.

Von Richthofen, F. F. , *China*: *Ergebnisse eigener Reisen und darauf gegründeter Studien*, Bde. I, II und IV (von 5) in 3 Bdn. Berlin, D. Reimer, 1877.

Wagner, M. , Kayue-Ein Rundkomplex des 2. Jahrtausends v. Chr. am Nordwestrand des chinesischen Zentralreiches, In: R. Eichmann, H. Parzinger eds. , *Migration und Kulturtransfer*, *Der Wandel vorder-und zentralasiatischer Kulturen im Umbruch vom 2. zum 1. vorchristlichen Jahrtausend*: *Akten des Internationalen Kolloquiums Berlin*, 23. *bis* 26. *November* 1999,

Bonn, 2001.

Wagner, M. , W. Wang eds. , *Archaeologie in China*, Band 1, *Bridging Eurasia*, Mainz: Verlag Philipp von Zabern, 2010.

Wang, T. , *Tibetans or Tuyuhun*: *An Archaeological Perspective on Dulan*, Speech presented in the School of Oriental and African Studies (SOAS), The University of London, 15 November, 2000.

Watt, J. C. Y. , J. Y. An, A. F. Howard et al. , *China*: *Down of a Golden Age, 200 – 750 AD*. Exhibition catalogue, New York: The Metropolitan Museum of Art, New Haven and London: Yale University Press, 2004.

Waugh, D. C. , *The National Museum of Mongolian History*, *Ulaanbaatar*: *The early Türk Empire and the Uighurs*. http: //depts. washington. edu/silkroad/museums/ubhist/turk. html.

Weber, C. D. , Chinese Pictorial Bronze Vessels of the Late Chou Period, Part IV, *Artibus Asiuae*, 1968, vol. 30.

Whitfield, R. , *The art of Central Asia*: *The Stein collection in the British Museum*, *vol. 1*, *Paintings from Dunhuang*, Tokyo: Kodansha Ltd, 1982.

Xu, X. G. , An investigation of Tubo sacrificial burial practices, *China Archaeology and Art Digest*, 1996, vol. 1, no. 3.

Xu, X. G. , The Tibetan cemeteries in Dulan County: Their discovery and investigation, *China Archaeology and Art Digest*, 1996, vol. 1, no. 3.

Yatsenko, S. A. , The Late Sogdian costume (the 5th-8th centuries AD), In: M. Compareti, P. Raffetta, G. Scarcia eds, *Transoxiana Webfestschrift Series 1*: *Webfestschrift Marshak* 2003, *Ēran ud Anērān*: *Studies presented to Boris Il'ic Marsak on the occasion of his* 70th *birthday*, Rome: Electronic Version (October 2003) -Updated August 2006. http: //www. transoxiana. org/Eran/Articles/yatsenko. html.

Zhang, X. L. et al. , The earliest human occupation of the high-altitude Tibetan Plateau 40 thousand to 30 thousand years ago, *Science*, 2018, vol. 362, no. 6418, pp. 1049 – 1051. DOI: 10. 1126/science. aat8824.

Zhao, M. , Q. Kong, H. Wang et al. Mitochondrial genome evidence reveals successful Late Paleolithic settlement on the Tibetan Plateau, *Proceedings of the National Academy of Sciences of the United States of America*, 2009, vol. 106, no. 50.

Zhu, T. S. , The Sun God and the Wind Deity at Kizil, In: M. Compareti, P. Raffetta,

G. Scarcia eds., *Transoxiana Webfestschrift Series I: Webfestschrift Marshak* 2003, *Ēran ud Anērān: Studies presented to Boris Il'ic Marsak on the occasion of his 70th birthday*, Rome: Electronic Version (October 2003) -Updated August 2006. http://www.transoxiana.org/Eran/Articles/tianshu.html, Давыдова, А. В., Иволгинский комплекс (городище и могильник) —памятник хунну в Забайкалье. Л., Изд-во ЛГУ, 1985.

日文部分

古代オリエント博物館，朝日新聞社編：《南ロシア騎馬民族の遺宝展図録》，朝日新聞社，1991 年。

霍巍：《『大唐天竺使出銘』及其相關問題的研究》，〔日〕《東方学報》（京都）第 66 册，1994 年。

奈良国立博物館，なら・シルクロード博協会主催，《シルクロード・オアシスと草原の道》，奈良県立美術館，1988 年。

奈良県立美术馆：《シルクロ－ド大文明展シルクロ－ド草原の道》，大冢巧艺社，1988 年。

三杉隆敏：《海のシルクロードを求めて——東西やきもの交渉史（探寻海上丝绸之路——东西陶瓷交流史）》，大阪：創元社，1968 年。

深井晋司：《镀金银制八曲长杯》，《ペルシア古美术研究・ガラス器・金属器》，吉川弘文館，1968 年。

シルクロード学研究ンセター：《中国・青海省におけるシルクロードの研究》，《シルクロード学研究》Vol. 14，2002。

正倉院事務所：《正倉院寶物 染織（下）》，宮内庁蔵版，朝日新聞社，1964。

正倉院事務所：《正倉院寶物 中倉》，宮内庁蔵版，朝日新聞社，1960。

后　记

　　我与青藏高原考古的结缘，经历了一个有点婉转曲折的过程。早年在四川大学追随霍巍教授读书期间，囿于当时的认知，总觉着西藏尤其是藏西阿里地区，不论在地理环境上还是人文历史上，都是遥远而神秘、绝世而独立的，远远超出了自己的知识范围和探知能力。而且每每看到从高原上回归的，蓄着满脸胡须和被强烈的紫外线晒得黝黑爆皮的老师和同学们时，内心在深深敬佩的同时，也生出一丝畏惧，因而错失了进入高原参加田野工作实践的机会。2004 年我去德国图宾根大学史前考古研究所攻读博士，也是因缘际会，有幸选择了德国考古研究院欧亚考古研究所王睦教授（Mayke Wagner）作为我的副导师。由于当时欧亚考古研究所正与青海省文物考古研究所合作开展青海丝绸之路考古合作项目，王睦老师建议我选择这一课题作为博士论文研究方向。2006 年在王睦老师的安排下，我第一次赴青海省海西州临摹郭里木墓地出土的几幅木棺板画，当时就被吐蕃时期的历史文化深深吸引了。

　　2009 年有幸进入中国社会科学院考古研究所西藏工作队工作，此后十年间相继在西藏阿里和青海海西地区开展了一系列考古调查和发掘，取得了一些成绩。随着对青藏高原古代文化了解的加深，愈发认识到青藏高原古代考古学文化不仅具有显著的独特性，同时也呈现出丰富多元的一面，与周边区域的文化联系相当密切，是整个欧亚大陆丝绸之路文化交流网络的有机组成部分。因此萌发了将高原的北部和西部汉晋至唐蕃时期考古材料统合起来、系统解读和论证这一区域与域外的交通与文化联系的想法，于是在 2014 年申请了国家社会科学基金项目的资助（14BKG015 "汉唐时期青藏高原丝绸之路的考古学研究"），这才有了这本书的成形。它实际上是这些年我工作和学习的一个阶段性总结，也是我从对青藏高原一无所知到深入探索这一过程的见证，希望能得到学界师友们的批评指正。

　　在本书的材料搜集和撰写过程中，我得到很多领导、老师、同仁们的热心指导、帮助和支持，借此机会表达一下我的感激之情。首先要感谢王睦教授，在她的引领下，我才能够参与青海丝绸之路研究项目的研究工作。在德国柏林撰写论文的两年间，她为我提供了宽敞明亮的办公环境，不但可以让我充分地利用藏书丰富的欧亚考古研究所、德国考古研究院总部乃至德国国家图书馆和柏林所有博物馆的资料，还有大量的机会向她本人以及不断来访的各个领域的顶尖专家学者们讨教。在她的悉心指导下，我的博士论文《青藏高原北部中世纪早期丝绸之路的考古学与文献学重建》获得了"非常好"（Magna Cum Laude）的成绩，并顺利获得了德国图宾根大学的博士学位。

霍巍教授是将我领入考古学殿堂的恩师，能追随他读书学习是我今生莫大的荣幸。这些年来无论我身在何方，无论是学业上还是生活上遇到任何的难题，都会毫不犹豫地首先向他求教和求助。在本书构思框架和撰写的过程中，霍巍教授也给予了我很多帮助和鼓励。他对我在西藏阿里地区和青海海西地区的调查和发掘工作一直保持着浓厚的兴致和高度敏锐的洞察力，经常亲临现场提供大量高屋建瓴的宝贵意见。尤其是近些年来他对"高原丝绸之路"的系列论述和思考，给了我非常大的启发。

社科院考古所前所长王巍先生、现所长陈星灿先生都对我在西藏和青海的调查和发掘工作给予高度重视。从每个发掘和调查项目的立项、论证、推进到结项，都因有他们高瞻远瞩的学术视野和高效及时的切实扶持才得以顺利进行，而这些发掘和调查项目的成果构成了本书最为核心的内容。考古所科研处刘国祥处长对我的国家社科基金项目的推进和结项工作付出了常人难以想象的辛劳，并提出了许多中肯的修改意见，我必须向他和科研处的其他同仁表达由衷的感谢！考古所边疆研究室丛德新主任对我们发掘项目的推进以及本书的成形都提出了宝贵的意见和建议。考古所科技中心刘建国主任对我们发掘项目的地图测绘以及本书中地图的使用上提供了强有力的支持。

在青海地区的考古调查和发掘工作是在青海省文物局、青海省文物考古研究所、海西州民族博物馆等机构诸位领导和同仁们的无私帮助下完成的。许新国、郭红、任晓燕、马占庭、武国龙、乔虹、肖永明、辛峰、陶建国、朱有振、贾玉璐等领导和师友都通过各种形式给我提供了指导和帮助，使我在海西州的田野工作能够顺利开展，并取得了很大的收获。孟柯、毛玉林、夏艳平等与我并肩战斗的年轻同事对考古发掘和研究工作的热情和投入也令我十分感动和难忘。

在西藏阿里地区的考古调查和发掘工作离不开西藏自治区文物局、西藏自治区文物保护研究所、阿里地区文化（文物）局和札达县文物局诸位领导、学兄和同仁的大力协助。刘世忠、哈比布、李林辉、夏格旺堆等领导、师友均为故如甲木墓地和曲踏墓地的发掘和调查提供了很多支持和帮助。李林辉、罗丹和郝小峰还深度参与到一线考古发掘工作中去，这对初次登上高原进行考古工作的我来说受益匪浅，那些同他们一起并肩战斗的岁月令人终生难忘。高峰和洛桑对发掘项目的顺利推进提供了很多热心细致的服务，洛桑还为我慷慨提供了直达布日寺墓地的相关调查资料。在西藏阿里奔波的数年间，博士生姚娅和西藏队技师王存存两位年轻女孩不畏艰险、吃苦耐劳、细心专业的工作态度令我既震撼又感动，在此对她们的付出一并致谢。

在青海和西藏交通路线的调查中，有幸得到易华、赵慧民、刘建国等诸位老师的陪伴和关照，使得漫长而艰辛的旅途充满生机和乐趣，同时他们也让我增长了不少见识和本领。考古所文保中心李存信老师对我们考古发掘出土文物的保护工作付出了很多心血，这些出土文物资料也被充分吸收到本研究之中。早在德国读书期间已经结识的王丁、巫新华、李肖等师长，一直对本人寄予厚望，鼓励有加，在王丁教授的热心举荐下，吐蕃时期遗存专题研究中的部分内容得以在《中山大学学报（哲学社会科学版）》先期刊出。

四川大学李永宪教授、故宫博物院张长虹学妹都长期关注和鼓励本人的研究工作，随时与我分享他们最新的研究成果，使我能及时补充到本研究之中。王煜为本研究提供了很多中肯的修改意见，夏吾卡先为我提供了关于青海出土擦擦的资料，对他们的帮助表示真挚的感谢。

珠饰的研究得到覃春雷、崔剑锋的热心帮助和指点，他们的真知灼见使我避免了传统考古学者很容易犯的一些错误。在对考古新资料进行梳理和思考的过程中，有幸得到"爱考古"的杨雪梅、王澜、刘慧、郭物、吕鹏等诸位师友的热心帮助和鼓励。青藏高原研究所侯居崝给我提供了大量关于青藏高原自然地理和科学考察方面的资料，并一直鼓励、催促我将西藏丝绸之路的考古调查工作再推向一个新台阶。

在本书撰写过程中，瑞士藏学家阿米·海勒（Amy Heller）给我提供了很多重要信息，并把尚未发表的海外收藏的木棺板画材料提前发予我分享。西藏岩画研究专家美国学者约翰·文森特·贝勒兹（John Vincent Bellezza）慨允我使用他所发表的大量岩画资料。奥地利萨珊银币研究专家迈克尔·阿尔拉姆（Michael Alram）对我关于青海发现的萨珊银币章节给予了很多指正。瑞士阿拜格基金会纺织品研究中心主任肖特·瑞谷拉（Schorta Regula）和她的同事安嘉·拜耳（Anja Bayer）慨允我使用她们尚未正式发表的关于阿拜格基金会所收藏的丝织品和金银器的新观点和新资料，在此深表谢忱。瑞典远东古物博物馆的伊娃·米达尔（Eva Myrdal）博士对我关于西藏阿里地区丝绸的产地的讨论提供了很多修改意见，并协助我将这部分章节发表于瑞典《远东古物博物馆馆刊》上，对她耐心严谨的工作表示真挚的感谢。

在图片资料的使用上，本人得到一些国内外文博机构的授权、帮助和支持，其中包括青海省博物馆、香港中文大学文物馆、美国普利兹克艺术合作基金会、瑞士阿拜格基金会纺织品研究中心等。美国普利兹克艺术合作基金会总监大卫·普利兹克（David Pritzker）博士，授权本书使用普利兹克家族的珍贵藏品图片。在版权申请过程中本人多次劳烦孙杰馆长、许晓东馆长、大卫·普利兹克博士和肖特·瑞谷拉主任等，对于他们的耐心付出和慷慨帮助表示由衷的感谢。

非常感谢文物出版社的支持，由于稿件提交仓促、任务量大，我的具体要求多而繁琐，编辑孙丹为本书的成稿、编排、校对和出版付出了很多辛劳，使本书能够顺利面世。

最后要感谢我的家人。在过去整整十年时间里，每到发掘季节，我一走就是数月，不说兼顾家庭，甚至连面都无法见上一次。我的岳母和夫人承担了所有家务和抚养孩子的重任，其辛苦程度可想而知！在感激之余，内心是满满的愧疚，感谢她们对我的理解和支持！我还要感谢我的父母双亲，他们不但将我抚养成人，还为我提供了较为安心的生活环境，让我能够里里外外读了那么多年"无用的书"，从事不挣钱的考古行当，在我心目中他们确确实实是最伟大的人！

仝　涛

2021 年 3 月于北京寓所